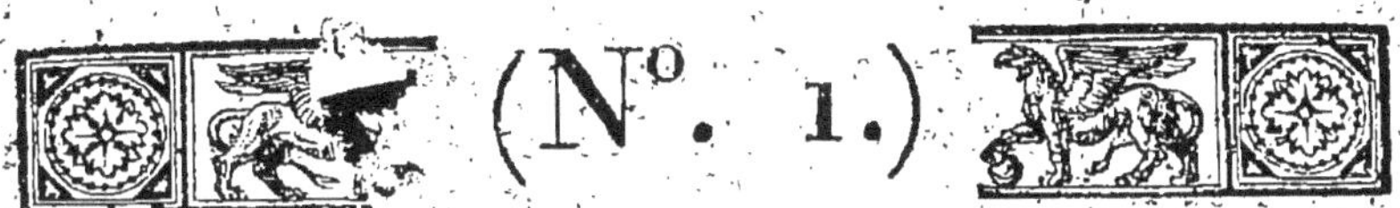

ARRÊTÉS ET PROCLAMATIONS DU GOUVERNEMENT.

Arrêté des Consuls de la République.

Du 20 Brumaire, an VIII de la République une et indivisible.

LES CONSULS DE LA RÉPUBLIQUE, après avoir entendu le ministre de la justice, arrêtent :

Les fonctionnaires institués par le Directoire exécutif, et dont les pouvoirs n'ont pas été révoqués, continueront à exercer, en vertu de l'arrêté de leur nomination, jusqu'à ce qu'il en ait été autrement ordonné.

Le présent arrêté sera imprimé ; les divers ministres, chacun en ce qui le concerne, sont chargés de son exécution.

Signé, BONAPARTE, SIEYES, ROGER-DUCOS.

Pour copie conforme : *le secrétaire général*, signé, Lagarde.

Arrêté des Consuls de la République, qui nomme le citoyen Cambacérés *ministre de la justice.*

Du 20 Brumaire.

LES CONSULS DE LA RÉPUBLIQUE arrêtent ce qui suit :

Le citoyen *Cambacérés* est nommé ministre de la justice.

Le présent arrêté sera imprimé.

Signé, BONAPARTE, SIEYES, ROGER-DUCOS.

Pour copie conforme : *le secrétaire général*, signé, Lagarde.

Arrêté des Consuls de la République, qui nomme les secrétaires du Consulat.

Du 20 Brumaire.

LES CONSULS DE LA RÉPUBLIQUE arrêtent ce qui suit :

A

Le citoyen *Maret* est nommé secrétaire-général du Consulat, et le citoyen *Lagarde*, secrétaire-général-adjoint.

Le citoyen *Lagarde* signera comme adjoint, en l'absence du citoyen *Maret*.

Le présent arrêté sera imprimé au Bulletin des lois.

Signé, BONAPARTE, SIEYES, ROGER-DUCOS. Pour copie conforme : signé, Lagarde, *secrétaire-général.*

Arrêté des Consuls, qui nomme le citoyen Laplace *ministre de l'intérieur.*

Du 20 Brumaire.

LES CONSULS DE LA RÉPUBLIQUE arrêtent ce qui suit :

Le citoyen *Laplace* est nommé ministre de l'intérieur.

Signé, BONAPARTE, SIEYES, ROGER-DUCOS. Pour copie conforme : signé, Lagarde, *secrétaire-général.*

Arrêté des Consuls de la République, qui détermine des mesures de sûreté contre plusieurs individus.

Du 20 Brumaire.

LES CONSULS DE LA RÉPUBLIQUE, en exécution de l'article III de la loi du 19 de ce mois, qui les charge spécialement de rétablir la tranquillité intérieure,

Arrêtent :

Article I. Les individus ci-après nommés : Destrem, ex-député, Aréna, ex-député, Marquezi, ex-député, Truck, ex-député, Felix Lepelletier, Charles Hesse, Scipion Duroure, Gagny, Massard, Fournier, Giraud, Fiquet, Bache, Boyer, Vanhek, Michel, Brutus Maignet, Marchand, Gabriel, Mamin, J. Sabatier, Clémence, Marné, Jourdeuil, Metge, Mourgoing, Corchand, Maignan de Marseille, Henriot, Lebois, Soulavie, Dubreuil, Didier, Lamberté, Daubigny, Xavier Audouin, sortiront du territoire continental de la République française.

II. Les individus ci-après nommés : Briot, Antonelle, Lachevardière, Poulain-Grandprey, Grandmaison, Talot, Daubermesnil, Frison, Declercq, Lesage-Senault, Prudhon, Groscassand-Dorimont, Guesdon, Julien de Toulouse, Sonthonax, Tilly, ex-chargé d'affaires à Gènes, Stevenotte, Gastaing, Bouvier, Delbrel, seront tenus de se rendre dans la commune de la Rochelle, département de la Charente-Inférieure, pour être ensuite conduits et retenus dans tel lieu de ce département qui sera indiqué par le ministre de la police générale.

III. Immédiatement après la publication du présent arrêté, les individus compris dans les deux articles précédens, seront dessaisis de l'exercice de tout droit de propriété, et la remise ne leur en sera faite que sur la preuve authentique de leur arrivée aux lieux fixés par le présent arrêté.

IV. Seront pareillement dessaisis de l'exercice de ce droit, ceux qui quitteront le lieu où ils se seront rendus ou celui où ils auront été conduits en vertu des dispositions précédentes.

V. Le présent arrêté sera inséré au Bulletin des lois. Les ministres de la police générale, de la marine, et des finances, sont chargés, chacun en ce qui le concerne, d'en surveiller et d'en assurer l'exécution.

Les Consuls de la République, signé, SIEYES, ROGER-DUCOS, BONAPARTE. Pour copie conforme, *le secrétaire-général*, signé, Hugues B. Maret.

Arrêté des Consuls de la République, relatif au président du tribunal criminel du département de l'Yonne.

Du 26 Brumaire.

LES CONSULS DE LA RÉPUBIQUE, vu l'extrait des registres du tribunal criminel du département de l'Yonne, séant à Auxerre, en date du 23 de ce mois, duquel il résulte que le n°. 323 du Bulletin des lois de la République, contenant une loi du 19 de ce mois, et un arrêté des Consuls de la République du 20 du même mois, a été présenté le 23 à ce tribunal; qu'il en a ordonné la lecture; et qu'aussitôt après, le citoyen *Barnabé*, président, non-seulement s'est opposé à l'enregistrement de ce numéro du Bulletin des lois, mais qu'il en a refusé de mettre aux voix l'enregistrement, et de prononcer ensuite la décision prise par les quatre autres juges du tribunal, portant qu'il est donné acte de la lecture et publication dudit Bulletin, et ordonné qu'il sera déposé au greffe du tribunal, et consigné sur le registre à ce destiné; et enfin, qu'après ce refus, cette décision a été prononcée par le plus ancien des quatre autres juges;

Après avoir entendu le ministre de la justice;

Considérant que, suivant l'article XI du titre II de la loi des 16—24 août 1790, les tribunaux sont tenus de faire transcrire purement et simplement dans un registre particulier les lois qui leur sont envoyées; que, suivant les articles IV et VII de la loi du 12 vendémiaire an IV, les Bulletins des lois doivent être envoyés aux tribunaux, et y être déposés à perpétuité pour l'utilité publique; qu'en conséquence de cette disposition, le dépôt de ces lois doit être constaté par un acte authentique émané des tribunaux:

Que, suivant l'article 208 de la loi du premier vendémiaire an IV, les jugemens sont prononcés à haute voix, et que l'une des principales fonctions déléguées au président, c'est de prononcer ces jugemens, quels qu'ils soient, lorsqu'ils ont été rendus contre son avis;

Qu'en refusant de mettre aux voix la lecture du n°. 323 du Bulletin des lois, et de prononcer à haute voix la décision du tribunal, le citoyen *Barnabé*, président, a entravé et arrêté l'exécution des lois, et fait un acte public de révolte, qui doit être réprimé,

Arrêtent:

Article I. En exécution des articles 203, 262 et 263 de l'acte du premier vendémiaire an IV, des articles 561, 562 et 644, quatrième partie du code des délits et des peines, la décision du tribunal criminel du département de l'Yonne, ci-dessus énoncée, sera dénoncée au tribunal de cassation par le commissaire du Gouvernement près de ce tribunal, pour être annullée, et le citoyen *Barnabé* être dénoncé au Pouvoir législatif comme prévenu de forfaiture.

II. En exécution de l'article III de la loi du 19 brumaire présent mois, qui charge spécialement les Consuls de la République de rétablir la tranquillité intérieure, le citoyen *Barnabé* sera tenu de se rendre dans la commune d'Orléans, département du Loiret, pour y rester en surveillance jusqu'à ce qu'il en ait été autrement ordonné, et de se présenter à cet effet à l'administration municipale de cette commune.

III. En conséquence, il sera procédé au remplacement provisoire du citoyen *Barnabé*, suivant l'article 269 du code des délits et des peines.

IV. Immédiatement après la notification qui sera faite du présent arrêté par le commissaire du Gouvernement près l'administration du département de l'Yonne au domicile du citoyen *Barnabé*, il sera dessaisi du droit de propriété, et la remise ne lui en sera faite que sur la preuve authentique de sa mise en surveillance, par l'administration municipale.

V. Il sera également dessaisi de l'exercice de ce droit, s'il quitte ladite commune d'Orléans avant d'y avoir été autorisé par un arrêté des Consuls.

VI. Les ministres de la justice, de la police, et des finances, sont chargés, chacun en ce qui le concerne, de l'exécution du présent arrêté, qui sera imprimé.

Signé, SIEYES, ROGER-DUCOS, BONAPARTE. Pour copie conforme : *le secrétaire-général*, signé, Hugues B. Maret.

ARRÊTÉ des Consuls de la République, contenant nomination de délégués dans les départemens.

Du 29 Brumaire.

LES CONSULS de la République, en vertu des articles IV et VII de la loi du 19 de ce mois, et pour l'exécution de leur arrêté de ce jour, relatif à l'envoi des délégués des Consuls dans les départemens,

Arrêtent ce qui suit :

ART. I. Sont nommés délégués des Consuls dans chaque arrondissement formant une division militaire, pour lequel ils sont respectivement désignés, les citoyens dont les noms suivent :

Nos des Divisions.	NOMS des Départemens qui composent les divisions.	NOMS DES DÉLÉGUÉS.
1ere. LILLE	Nord Aisne	*Barret* (de la Lys).
2e. SEDAN	Ardennes Meuse Marne	*Grenot.*
3e. METZ	Moselle	*Delpierre* le jeune.
4e. NANCY	Meurthe Vosges	*Vallée* (de la Meuse).
5e. STRASBOURG	Bas-Rhin Haut-Rhin	*Mallarmé.*
6e. BESANÇON	Mont-Terrible Haute-Saone Doubs Jura Ain	*Labrouste.*

Nos des Divisions.	Noms des Départemens qui composent les divisions.	NOMS DES DÉLÉGUÉS.
7e. GRENOBLE.	Isère. Drôme. Mont-Blanc. Hautes-Alpes.	*Méric.*
8e. MARSEILLE.	Vaucluse. Bouches-du-Rhône. Basses-Alpes. Var. Alpes-Maritimes.	*Fabre* (de l'Aude).
9e. MONTPELLIER.	Ardèche. Gard. Lozère. Hérault. Tarn. Aveyron.	*Jard-Panvilliers.*
10e. PERPIGNAN.	Aude. Pyrénées-Orientales. Arriége. Haute-Garonne. Hautes-Pyrénées. Gers.	*Penières.*
11e.	Basses-Pyrénées. Landes. Gironde.	*Febvre* (du Jura).
12e.	Charente-Inférieure. Deux-Sèvres. Vendée. Loire-Inférieure.	*Poulain (Célestin).*
13e.	Ille-et-Vilaine. Morbihan. Finistère. Côtes-du-Nord.	*Challan.*
14e.	La Manche. Calvados. Orne.	*Guérin* (du Loiret).

Nos des Divisions.	Noms des Départemens qui composent les divisions.	Noms des délégués.
15e	Eure Seine-Inférieure Somme	*Després* (de l'Orne).
16e	Pas-de-Calais	*Bosc.*
17e	Seine Seine-et-Oise Seine-et-Marne Oise Loiret Eure-et-Loir	*Mouricault.*
18e	Aube Haute-Marne Yonne Côte-d'Or Saone-et-Loire Nièvre	*Simon.*
19e	Rhône Loire Cantal Puy-de-Dôme Haute-Loire	*Vezin.*
20e	Corrèze Lot Lot-et-Garonne Dordogne Charente	*Carret* (du Rhône).
21e	Cher Indre Allier Creuse Haute-Vienne Vienne	*Chasset.*
22e	Sarthe Loir-et-Cher Indre-et-Loire Maine-et-Loire Mayenne	*Lecointe-Puyraveau.*

Nos des Divisions.	Noms des Départemens qui composent les divisions.	NOMS DES DÉLÉGUÉS.
23e	Corse	
24e	Dyle .... Escaut .... Lys .... Jemmape .... Deux-Nèthes	*Crochon.*
25e	Forêts .... Sambre-et-Meuse .... Ourthe .... Meuse-Inférieure	*Chénard.*

II. Lesdits délégués se conformeront, dans l'exercice de leur mission, aux articles I et II de l'arrêté de ce jour, lesquels en déterminent la nature et l'objet.

III. Les ministres de l'intérieur et de la guerre sont chargés de l'exécution du présent arrêté, qui sera inséré au bulletin des lois.

Les Consuls de la République, signé, Sieyes, Roger-Ducos, Bonaparte. Pour copie conforme, *le secrétaire général*, signé, Hugues B. Maret.

Arrêté des Consuls de la République, qui nomme le citoyen Forfait *ministre de la marine.*

Du premier Frimaire.

Les Consuls de la République arrêtent ce qui suit :

Le citoyen *Forfait*, ingénieur-constructeur de la marine, est nommé ministre de la marine et des colonies, en remplacement du citoyen *Bourdon.*

Le présent arrêté sera imprimé.

Les Consuls de la République, signé, Sieyes, Bonaparte, Roger-Ducos. Pour copie conforme, *le secrétaire général*, signé, Hugues B. Maret.

ARRÊTÉ des Consuls de la République, qui nomme le citoyen Talleyrand-Périgord *ministre des relations extérieures.*

Du premier Frimaire.

LES CONSULS de la République arrêtent ce qui suit :

Le citoyen *Talleyrand-Périgord* est nommé ministre des relations extérieures, en remplacement du citoyen *Reinhard*, démissionnaire.

Le présent arrêté sera imprimé.

Les Consuls de la République, signé, SIEYES, BONAPARTE, ROGER-DUCOS. Pour copie conforme, *le secrétaire général*, signé, Hugues B. Maret.

ARRÊTÉ des Consuls de la République, contenant des changemens dans les nominations de délégués faites par celui du 29 brumaire.

Du 2 Frimaire.

LES CONSULS de la République, vu leur arrrêté du 29 brumaire dernier, portant qu'il sera envoyé un délégué des Consuls dans chaque arrondissement formant une division militaire, aux fins des articles IV et VII de la loi du 19 du même mois, et celui du même jour, portant nomination desdits délégués ;

Après avoir entendu le ministre de l'intérieur, et considérant que les citoyens *Labrouste*, *Poulain* (*Célestin*) et *Mouricault*, nommés délégués des Consuls dans les sixième, douzième et dix-septième divisions militaires, n'ont pas accepté la mission qui leur avoit été confiée, et que le citoyen *Penières*, nommé à une semblable mission dans la dixième division militaire, est absent par congé,

Arrêtent ce qui suit :

ART. I. Les citoyens *Lahary*, *Picault* (de Seine-et-Marne) et *Vacher*, membres du Conseil des Anciens, sont nommés délégués des Consuls, en remplacement des citoyens *Labrouste*, *Poulain* (*Célestin*) et *Mouricault*, aux fins de l'arrêté du 29 brumaire dernier ; savoir :

Le citoyen *Lahary*, dans la sixième division militaire, composée des départemens du Mont-Terrible, de la Haute-Saone, du Doubs, du Jura et de l'Ain ;

Le citoyen *Picault* (de Seine-et-Marne), dans la douzième division militaire, composée des départemens de la Charente-Inférieure, des Deux-Sèvres, de la Vendée et de la Loire-Inférieure ;

Le citoyen *Vacher*, dans la dix-septième division militaire, composée des départemens de la Seine, de Seine-et-Oise, de Seine-et-Marne, de l'Oise, du Loiret et d'Eure-et-Loir.

II. La nomination du citoyen *Penières* aux fonctions de délégué des Consuls, portée en l'arrêté du même jour 29 brumaire dernier, est rapportée.

Le citoyen *Rabaut*, membre du Conseil des Anciens, est nommé délégué des Consuls dans la dixième division militaire, comprenant les départemens de l'Aude, des Pyrénées-Orientales, de l'Arriége, de la Haute-Garonne, des Hautes-Pyrénées et du Gers.

III. Lesdits délégués se conformeront, dans l'exercice de leur mission, aux articles I et II de l'arrêté du 29 brumaire dernier, lesquels en déterminent la nature et l'objet.

IV. Les ministres de l'intérieur et de la guerre sont chargés de l'exécution du présent arrêté, qui sera inséré au bulletin des lois.

Les Consuls de la République, signé, BONAPARTE, ROGER-DUCOS, SIEYES. Pour copie conforme, *le secrétaire général*, signé, Hugues B. Maret.

ARRÊTÉ des Consuls de la République, qui ordonne la formation d'une commission militaire extraordinaire pour l'examen des causes de la reddition de plusieurs places-fortes d'Italie.

Du 3 Frimaire.

LES CONSULS de la République, sur le rapport du ministre de la guerre :

Considérant que les commandans des places de Peschiera, du château de Brescia, Pizzighitone, du château de Milan et de la citadelle de Turin, se sont rendus avant que l'ennemi eût fait sauter la contrescarpe pour le passage du fossé, et sans attendre qu'il y eût de brèche, ou du moins qu'elle fût praticable;

Considérant, d'un autre côté, que le général en chef ayant laissé garnison dans ces places, elles ont dû être approvisionnées en artillerie et en vivres, et que si elles ne l'ont pas été convenablement, la faute en est ou au commissaire, ou aux officiers d'artillerie,

Arrêtent :

ART. I. Il sera formé une commission militaire extraordinaire, composée de cinq membres nommés par le ministre de la guerre.

II. Cette commission se fera rendre compte de l'état des places ci-dessus au moment de leur investissement par l'ennemi; elle examinera la conduite de ceux qui étoient chargés de leur armement et approvisionnement, et de ceux qui étoient chargés de les défendre.

III. Elle fera un rapport circonstancié et motivé sur chacune de ces places, lequel servira d'acte d'accusation, s'il y a lieu, pour ceux qu'elle désignera comme devant être traduits devant un conseil de guerre.

IV. Le ministre de la guerre est chargé de l'exécution du present arrêté, qui sera imprimé.

Les Consuls de la République, signé, Roger-Ducos, Sieyes, Bonaparte. Pour copie conforme, *le secrétaire général*, signé, Hugues B. Maret.

Extrait des registres des délibérations des Consuls de la République.

Du 4 Frimaire.

Rapport fait par le ministre de la justice aux Consuls de la République.

Citoyens Consuls,

Je viens soumettre à votre examen le compte rendu de la promulgation du décret du 18 brumaire, et de celle de la loi du lendemain 19.

Vous y verrez que ces deux actes de la puissance législative ont été accueillis par-tout avec la satisfaction qu'ils devoient inspirer, et qu'à l'exception de quelques esprits prévenus, exagérés ou mal-intentionnés, l'immense majorité du peuple n'a aperçu, dans les changemens qui viennent de s'opérer, que le salut de la République, et le présage heureux des destinées que ce grand événement lui prépare.

Cette touchante unanimité de suffrages dans la partie la plus nombreuse des citoyens, ne permet plus de craindre qu'un génie désorganisateur puisse mettre obstacle au bien que la France attend de votre courage et de vos soins.

Investis, par la loi du 19 brumaire, de toute la plénitude des pouvoirs nécessaires pour créer et maintenir la paix intérieure, vous avez dû porter le dernier coup aux factions qui l'avoient altérée, en éloignant de la société les chefs et les sectateurs d'un parti qui a mis si souvent la liberté en péril, et qui, dans ces derniers temps, n'a pas craint de manifester sans détour les coupables projets qu'il avoit conçus.

Vous avez atteint, citoyens Consuls, le but desiré.

La faction qui avoit voulu former un état dans l'État, n'existe plus. Ses membres, dispersés, sont livrés à leur rage impuissante, ou au poids de leurs propres remords. Les hommes séduits ont abjuré solennellement leurs erreurs; et la confiance générale vous environnant de toute l'efficacité de ses moyens, il n'est plus besoin, pour conserver la tranquillité publique, que d'exercer une stricte surveillance sur les mêmes individus que des mesures plus énergiques ont empêché de la troubler.

C'est dans cet esprit, citoyens Consuls, que je vous propose l'arrêté ci-joint.

Salut et respect.

Le ministre de la justice, signé, CAMBACÉRÈS.

LES CONSULS de la République, après avoir entendu le ministre de la justice, tant sur la promulgation du décret du 18 et de la loi du 19 brumaire, que sur les mesures de sûreté déterminées par l'arrêté du 20,

Arrêtent ce qui suit :

ART. I. Les individus qui, en conformité de l'arrêté du 20 brumaire, étoient tenus de sortir du territoire continental de la République, et ceux qui devoient se rendre dans le département de la Charente-Inférieure, sont mis sous la surveillance du ministre de la police générale.

II. Il se retireront respectivement dans les communes qui leur seront désignées par ce ministre, et y demeureront jusqu'à ce qu'il en soit autrement ordonné.

III. Il leur est enjoint de se représenter à l'administration municipale aux époques que le ministre de la police générale aura soin de déterminer.

IV. Le ministre de la police générale est chargé de l'exécution du présent arrêté, qui sera imprimé au bulletin des lois, ainsi que le rapport fait par le ministre de la justice.

Les Consuls de la République, signé, SIEYES, BONAPARTE, ROGER-DUCOS. Pour copie conforme, *le secrétaire général*, signé, Hugues B. Maret.

ARRÊTÉ des Consuls de la République, qui nomme le citoyen Chaillot *délégué dans la sixième division militaire, en remplacement du citoyen* Lahary.

Du 4 Frimaire.

LES CONSULS de la République, vu leur arrêté du 2 de ce mois, portant nomination du citoyen *Lakary*, membre du Conseil des Anciens, en qualité de délégué des Consuls dans la sixième division militaire.

Après avoir entendu le ministre de l'intérieur;

Considérant que le citoyen *Lahary* a déclaré ne pouvoir accepter la mission qui lui avoit été confiée,

Arrêtent ce qui suit:

ART. I. Le citoyen *Chaillot*, membre du Conseil des Cinq-Cents, est nommé délégué des Consuls, en remplacement du citoyen *Lahary*, dans la sixième division militaire, composée des départemens du Mont-Terrible, de la Haute-Saone, du Doubs, du Jura et de l'Ain.

II. Ledit délégué se conformera, dans l'exercice de sa mission, aux articles I et II de l'arrêté du 29 brumaire dernier, lesquels en déterminent la nature et l'objet.

III. Les ministres de l'intérieur et de la guerre sont chargés de l'exécution du présent arrêté, qui sera inséré au bulletin des lois.

Les Consuls de la République, signé, SIEYES, BONAPARTE, ROGER-DUCOS. Pour copie conforme, *le secrétaire-général*, signé, Hugues B. Maret.

ARRÊTÉ des Consuls de la République, additionnel à celui du 13 vendémiaire an 7, relatif aux bureaux de garantie des matières et ouvrages d'or et d'argent établis à Spire et à Mayence.

Du 8 Frimaire.

LES CONSULS de la République, étant informés que l'on a omis de comprendre les cantons de Frankenthal et de Woerstadt, dans la nomenclature de ceux devant former les arrondissemens des bureaux de garantie des matières et ouvrages d'or et d'argent établis à Spire et à Mayence; vu l'arrêté du Directoire exécutif du 13 vendémiaire dernier, la demande de l'administration centrale du département du Mont-Tonnerre, et l'avis de l'administration des monnaies sur cet objet; et ouï le rapport du ministre des finances,

Arrête:

ART. I. Le canton de Frankenthal est compris dans l'arrondissement du bureau de garantie établi à Spire; et le canton de Woerstadt est compris dans l'arrondissement de pareil bureau établi à Mayence.

II. Le ministre des finances est chargé de l'exécution du présent arrêté, qui sera imprimé au bulletin des lois.

Les Consuls de la République, signé, BONAPARTE, SIEYES, ROGER-DUCOS. Pour copie conforme, *le secrétaire général*, signé, Hugues B. Maret.

Arrêté des Consuls de la République, qui nomme les administrateurs de la caisse d'amortissement.

Du 8 Frimaire.

Les Consuls de la République, vu la loi du 6 de ce mois, et ouï le rapport du ministre des finances,

Arrêtent ce qui suit :

Art. I. La direction de la caisse d'amortissement sera confiée à trois administrateurs.

II. Sont nommés administrateurs de ladite caisse les citoyens *Chanorier*, *Mollien* et *Décretot*.

III. L'établissement de la caisse sera formé dans la maison nationale dite *la ci devant Mairie*, rue neuve des Capucines ; elle est mise, à cet effet, à la disposition du ministre des finances.

IV. Les administrateurs s'occuperont, sans délai, du plan de leur organisation ; ils le soumettront au ministre des finances, pour être définitivement approuvé par les Consuls de la République.

V. Le ministre des finances est chargé de l'exécution du présent arrêté, qui sera imprimé au bulletin des lois.

Les Consuls de la République, signé, Bonaparte, Roger-Ducos, Sieyes. Pour copie conforme, *le secrétaire général*, signé, Hugues B. Maret.

Arrêté des Consuls de la République, relatif aux Prêtres assermentés, mariés, ou n'exerçant plus leur culte, dont la déportation auroit été ordonnée en application de la loi du 19 Fructidor an V.

Du 8 Frimaire.

Les Consuls de la République, chargés spécialement du rétablissement de l'ordre intérieur ;

Après avoir entendu le ministre de la police générale,

Arrêtent ce qui suit :

Article I. Les arrêtés du Directoire exécutif, tant individuels que collectifs, rendus en application de l'article XXIV de la loi du 19 fructidor an V, sont rapportés, en ce qui concerne les prêtres qui se trouvent compris dans l'une des trois classes suivantes :

1°. Ceux qui auroient prêté tous les sermens que les lois ont prescrits aux ministres du culte, et aux époques désignées par ces mêmes lois, et qui ne les ont pas rétractés ;

2°. Ceux qui se seroient mariés ;

3°. Ceux qui n'ayant point exercé, ou qui ayant cessé d'exercer, avant la loi du 7 vendémiaire an IV, le ministère de leur culte sans en avoir repris l'exercice depuis cette époque, n'étoient plus assujétis à aucun serment.

II. Les prêtres compris dans l'une de ces trois classes, et qui se trouveroient actuellement détenus soit à l'île de Ré, soit à l'île d'Oléron, seront mis en liberté après avoir justifié de leur droit à l'une des exceptions ci-dessus déterminées, par-devant l'administration municipale dans l'arrondissement de laquelle ils se trouvent, et par des certificats authentiques délivrés par les administrations municipales des cantons où ils résidoient lorsque leur déportation a été prononcée, et visés par les administrations centrales de leurs départemens respectifs.

III. Ceux qui se sont soustraits à la déportation, justifieront de leur droit à jouir de cette disposition, par-devant les administrations centrales de leur département.

IV. Les individus désignés dans l'article II, se feront délivrer, par l'autorité qui aura reconnu leur droit aux exceptions déterminées dans l'article premier, un acte authentique qui constate l'application qui leur en aura été faite.

V. Les administrations centrales adresseront au ministre de la police le tableau nominatif de tous les prêtres mis en liberté ; il sera fait mention, dans ce tableau, du lieu dans lequel chacun de ces prêtres déclarera vouloir fixer sa résidence.

VI. Cet arrêté sera imprimé au Bulletin des lois ; et le ministre de la police générale est chargé de son exécution.

Les Consuls de la République, signé, BONAPARTE, ROGER-DUCOS, SIEYES. Pour copie conforme, *le secrétaire général*, signé, Hugues B. Maret.

Arrêté des Consuls de la République, qui ordonne la déportation hors du territoire de la République, des émigrés naufragés à Calais.

Du 18 Frimaire.

LES CONSULS DE LA RÉPUBLIQUE, chargés spécialement de l'établissement de l'ordre dans l'intérieur, après avoir entendu le rapport du ministre de la police générale ;

Considérant, 1°. que les émigrés détenus au château de Ham, ont fait naufrage sur les côtes de Calais ;

2°. Qu'ils ne sont dans aucun cas prévu par les lois sur les émigrés ;

3°. Qu'il est hors du droit des nations policées, de profiter de l'accident d'un naufrage, pour livrer, même au juste courroux des lois, des malheureux échappés aux flots,

Arrêtent:

Article I. Les émigrés français naufragés à Calais le 23 brumaire an 4, et dénommés dans le jugement de la commission militaire établie à Calais le 9 nivose an IV, seront déportés hors du territoire de la République.

II. Les ministres de la police générale et de la guerre sont chargés, chacun en ce qui le concerne, de l'exécution du présent arrêté, qui sera imprimé au Bulletin des lois.

Les Consuls de la République, signé, ROGER-DUCOS, SIEYES, BONAPARTE. Pour copie conforme, *le secrétaire général*, Hugues B. Maret.

Arrêté des Consuls de la République, qui prescrit des mesures pour accélérer le paiement des rentes et pensions du deuxième semestre de l'an VII.

Du 18 Frimaire.

LES CONSULS DE LA RÉPUBLIQUE, vu la loi du 20 brumaire an VIII ;

Après avoir entendu le rapport du ministre des finances ;

Considérant que la prompte exécution de cette loi est un acte de justice envers les rentiers et pensionnaires, et tend d'ailleurs à faciliter le recouvrement des contributions ;

Considérant que les formes usitées pour la confection des bons peuvent être simplifiées, et qu'il en résultera tout-à-la-fois économie et célérité ;

Considérant enfin qu'il convient de rendre communes aux bons du deuxième semestre an VII, quelques mesures adoptées pour ceux des deux semestres antérieurs,

Arrêtent ce qui suit :

Article I. Les commissaires de la trésorerie feront toutes les dispositions nécessaires pour que le paiement des arrérages des rentes et pensions du deuxième semestre an VII, soit ouvert, au plus tard, le premier nivose prochain.

II. Pour le paiement de ce semestre, il sera fabriqué, sans délai, des bons au porteur, à talon, dans les coupures de vingt et vingt-cinq francs, jusqu'à concurrence de trente-neuf millions cinq cent mille francs.

III. Le libellé de ces bons sera conforme aux modèles ci-annexés.

IV. Ces bons seront numérotés à la main, comme ceux des deux semestres précédens, et timbrés des mêmes timbres.

V. Les bons du deuxième semestre de l'an VII ne seront point signés à la main; les signatures qui y seront apposées, seront griffées: et à cet effet les commissaires de la trésorerie sont autorisés à choisir le nombre de griffes qu'ils jugeront nécessaire, parmi celles qui avoient été fabriquées pour les mandats territoriaux, et qui existent actuellement dans les mains du directeur de l'imprimerie de la République.

VI. Lorsque les sommes dûes aux rentiers et pensionnaires ne pourront pas être payées avec des bons de vingt et vingt-cinq francs, sans fractions, ils continueront de rendre en numéraire l'excédant des bons qui leur seront délivrés; ils pourront se réunir pour le réglement des appoints.

VII. Les contribuables qui acquitteront leurs contributions avec des bons au porteur, paieront, comme par le passé, les appoints en numéraire.

VIII. Les bons ne pourront être versés qu'à la trésorerie, ou dans les mains des receveurs généraux des départemens et de leurs préposés, ou enfin dans celles du receveur général du département de la Seine et de ses préposés, tant dans la commune de Paris qu'à Franciade et au Bourg-Egalité.

IX. Au moment de la rentrée des bons, ils seront annullés par deux barres croisées, en présence des parties qui les auront versés.

X. Dans les départemens autres que celui de la Seine, les bons rentrés seront versés chaque décade, par les préposés, entre les mains des receveurs généraux, et envoyés par ceux-ci à la trésorerie, aussi chaque décade.

XI. Dans le département de la Seine, les percepteurs remettront chaque jour, au receveur général, les bons qu'ils auront reçus dans la journée, avec un bordereau du montant de leur recette. Le receveur général versera lesdits bons à la trésorerie tous les cinq jours.

XII. Les dispositions des arrêtés du Directoire, des 23 ventose et 3 prairial an VII, sont étendues au deuxième semestre an VII, en ce qui concerne les pensionnaires ecclésiastiques non encore compris aux états prescrits par l'arrêté du 5 prairial an VI : en conséquence, ils recevront les arrérages du deuxième semestre an VII, sur un mandat qui leur sera délivré par l'administration centrale du département dans lequel ils ont reçu ou dû recevoir, sur pareil mandat, le premier semestre an VII.

XIII. Les anciens pensionnaires invalides qui n'ont pas encore obtenu du ministre de la guerre les nouveaux brevets prescrits par l'arrêté du Directoire du 9 frimaire an VII, seront payés provisoirement des arrérages de l'an VII, sur des mandats qui leur seront délivrés par l'administration centrale de leur département, en produisant un certificat de la remise de leur ancien titre, soit dans les bureaux du ministre de la guerre, soit à leur administration centrale ou municipale, comme ils ont dû le faire en exécution dudit arrêté du 9 frimaire.

XIV. Le ministre des finances, et les commissaires de la trésorerie, sont chargés, chacun en ce qui le concerne, de l'exécution du présent arrêté, qui sera inséré au Bulletin des lois.

Les Consuls de la République, signé, SIÉYES, BONAPARTE, ROGER-DUCOS. Pour copie conforme, *le secrétaire général*, Hugues B. Maret.

(Suivent les Modèles).

TALON. TIMBRE sec. *TALON.*

RÉPUBLIQUE FRANÇAISE.

Arrêté des Consuls du 18 Frimaire an 8.

Loi du vingt-sept Brumaire an 8.

Deuxième Semestre de l'an sept.

BON *de* VINGT FRANCS,

AU PORTEUR, applicable au paiement du *Principal des* Contributions directes, et des *Neuf dixièmes* des Patentes de l'an HUIT.

Série A. N°.

Vu au Contrôle,
(griffe.)

Pour le Caissier général,
(griffe.)

Arrérages de Rentes et Pensions.

ARRÉRAGES de Rentes et de Pensions. DEUXIÈME Semestre de l'an 7.

RÉPUBLIQUE FRANÇAISE.

*B*ON *de* VINGT-CINQ FRANCS, au Porteur, applicable au paiement du PRINCIPAL des *Contributions directes* et des NEUF DIXIÈMES des *Patentes* de l'an huit.

N°.

Série A.

Pour le Caissier général,
(griffe.)

Vu au Contrôle.
(griffe.)

Lot du vingt-sept Brumaire an huit. *ARRÊTÉ des Consuls du* 18 *Frimaire an* 8.

TALON.

TIMBRE sec.

TALON.

20

Du 18 *frimaire an VIII.*

Arrêté des Consuls de la République, portant que, jusqu'à l'organisation du service maritime et colonial, il ne sera proposé aucune demande en avancement, etc.

Du 19 Frimaire.

Les Consuls de la République, après avoir entendu le ministre de la marine et des colonies,

Arrêtent qu'il ne sera proposé aucune demande en avancement, indemnité, vacations, rappel d'aucuns traitemens et autres réclamations ne faisant point partie d'appointemens, d'ici à l'organisation du service maritime et colonial.

Le ministre de la marine et des colonies est chargé de l'exécution du présent arrêté, qui sera imprimé au Bulletin des lois.

Les Consuls de la République, signé, Sieyes, Bonaparte, Roger-Ducos. Pour copie conforme, *le secrétaire général*, signé Hugues B. Maret.

Arrêté des Consuls de la République, concernant la police et la discipline militaire à bord des vaisseaux de la République.

Du 19 Frimaire.

Les Consuls de la République, considérant que les lois actuelles sur la police et la discipline militaire à bord des vaisseaux, sont insuffisantes pour maintenir l'exactitude nécessaire à ce service,

Arrêtent :

Article I. Les généraux commandans des escadres et divisions, sont autorisés à faire tels réglemens de police et de discipline dont ils reconnoîtront la nécessité pour le maintien de l'ordre et de la subordination à bord des bâtimens armés de la République. Ces réglemens seront provisoirement exécutés, jusqu'à ce qu'il ait été statué sur les modifications à apporter aux lois existantes.

II. Le ministre de la marine et des colonies est chargé de l'exécution du présent arrêté, qui sera imprimé.

Les Consuls de la République, signé, Sieyes, Bonaparte, Roger-Ducos. Pour copie conforme, *le secrétaire-général*, Hugues B. Maret.

Arrêté des consuls de la République, concernant les officiers civils et militaires de la marine et des colonies qui demeureroient à Paris sans autorisation.

Du 19 Frimaire.

Les Consuls de la République, après avoir entendu le ministre de la marine et des colonies,

Arrêtent qu'à compter du premier nivose prochain, il ne sera payé aucuns appointemens ni supplémens à tous les officiers civils et militaires de la marine et des colonies demeurant à Paris sans faire partie de l'administration centrale, à moins qu'ils n'aient une autorisation nouvelle du ministre pour y rester.

Le ministre de la marine et des colonies est chargé de l'exécution du présent arrêté, qui sera inséré au Bulletin des lois.

Les Consuls de la République, signé, Sieyes, Bonaparte, Roger-Ducos. Pour copie conforme, *le secrétaire-général*, Hugues B. Maret.

Proclamation des Consuls de la République.

Du 24 Frimaire.

Les Consuls de la République aux Français.

Une Constitution vous est présentée.

Elle fait cesser les incertitudes que le Gouvernement provisoire mettoit dans les relations extérieures, dans la situation intérieure et militaire de la République.

Elle place dans les institutions qu'elle établit, les premiers magistrats dont le dévouement a paru nécessaire à son activité.

La Constitution est fondée sur les vrais principes du Gouvernement représentatif, sur les droits sacrés de la propriété, de l'égalité, de la liberté.

Les pouvoirs qu'elle institue seront forts et stables, tels qu'ils doivent être pour garantir les droits des citoyens et les intérêts de l'État.

Citoyens, la révolution est fixée aux principes qui l'ont commencée : elle est finie.

Les Consuls de la République, signé, Roger-Ducos, Sieyes, Bonaparte. Pour copie conforme, *le secrétaire général*, signé, Hugues B. Maret.

Arrêté des Consuls de la République, concernant l'ouverture des registres pour l'émission des votes sur la Constitution.

Du 24 Frimaire.

Les Consuls de la République, en exécution de l'article IV de la loi du 23 frimaire, qui règle la manière dont la Consitution sera présentée au Peuple français,

Arrêtent ce qui suit :

Art. I. Aussitôt après la réception de la Constitution, et de la loi du 23 frimaire, les administrations centrales et municipales, les agens communaux, les tribunaux et les juges-de-paix, ouvriront deux registres sur papier libre, l'un d'acceptation, l'autre de non-acceptation de la Constitution.

II. Les administrations municipales enverront à chacun des agens communaux, des tribunaux, juges-de-paix et notaires de leur arrondissement, deux registres semblables, également sur papier libre.

III. A l'expiration des délais portés par l'article III de la même loi du 23 frimaire, les administrations centrales et municipales, les agens communaux, les tribunaux, et les juges-de-paix, fermeront et arrêteront les deux registres d'acceptation et de non-acceptation.

IV. Les mêmes délais étant expirés, les juges-de-paix mettront leur *visa* aux deux registres d'acceptation et de non-acceptation de chacun des notaires de leur arrondissement.

V. Les registres clos et arrêtés par les administrations centrales et communales, et par les agens municipaux, seront immédiatement envoyés au ministre de l'intérieur.

VI. Les registres clos et arrêtés par les tribunaux et les juges-de-paix seront immédiatement envoyés au ministre de la justice.

VII. Les registres adressés, en conformité des deux articles précédens, aux ministres de l'intérieur et de la justice, seront remis aux directeurs de la poste de chaque commune et arrondissement, sans frais et sur récépissé.

VIII. Les frais faits et avancés par les administrations centrales et communales pour l'établissement de leurs registres et pour ceux des agens communaux, tribunaux, juges-de-paix et notaires, seront acquittés par la régie de l'enregistrement.

IX. Les ministres de l'intérieur, de la justice et des finances, sont chargés, chacun pour ce qui le concerne, de l'exécution du présent arrêté, qui sera inséré au bulletin des lois.

Les Consuls de la République, signé, Roger-Ducos, Sieyes,

BONAPARTE. Pour copie conforme, *le secrétaire général*, signé, Hugues B. Maret.

AU NOM DES CONSULS DE LA RÉPUBLIQUE FRANÇAISE, le ministre de la justice ordonne que la proclamation et l'arrêté ci-dessus seront imprimés, et publiés dans les formes ordinaires, mande et ordonne en outre aux administrations centrales de les faire afficher et promulguer dans les lieux accoutumés. A Paris, le 24 frimaire an 8. *Signé*, CAMBACÉRÈS.

ARRÊTÉ des Consuls de la République, qui approuve un plan de remboursement, par voie de loterie, du prêt de douze millions offert au trésor public.

Du 24 Frimaire.

LES CONSULS de la République, ouï le rapport du ministre des finances,

Arrêtent :

Le plan présenté par les commissaires du commerce et de la banque de Paris, pour le remboursement, par voie de loterie, du prêt de douze millions, offert au trésor public, et remboursable sur les produits en numéraire de la nouvelle subvention de guerre, est approuvé.

Un double de ce plan demeurera annexé au présent arrêté, qui sera imprimé au bulletin des lois.

Le ministre des finances est chargé de son exécution.

Les Consuls de la République, signé, SIEYES, BONAPARTE, ROGER-DUCOS. Pour copie conforme, *le secrétaire général*, signé, Hugues B. Maret.

RAPPORT aux Consuls de la République, par le ministre des finances.

CITOYENS CONSULS,

Le prêt de douze millions que le commerce et la banque de Paris, s'étoient promis de faire au Gouvernement comme avance sur la subvention de guerre, paroissant offrir quelques difficultés dans l'exécution, un projet de loterie a été proposé pour compléter les neuf millions qui restent à fournir.

En voici le plan tel qu'il a été convenu dans une dernière réunion des négocians et banquiers.

1. Il sera ouvert un emprunt de douze millions en forme de loterie.

Chaque billet sera de trois cents francs, et le nombre des billets sera de quarante mille.

Le remboursement s'effectuera par voie de loterie.

La sortie des billets sera déterminée par le sort en quatre tirages, qui auront lieu, le premier en pluviose prochain, le second en ventose, le troisième en germinal, le quatrième en floréal; et le paiement s'effectuera deux mois après chaque tirage.

Vingt mille de ces billets jouiront d'une prime graduelle, qui en portera le montant depuis 350 francs jusqu'à 120,000 francs, assujétis néanmoins à une retenue du dixième en faveur de la loterie; cette retenue s'opérera à l'époque du paiement.

Les vingt mille autres billets ne donneront que le remboursement du capital qui aura été versé.

La division des lots, à chaque tirage, est conçue de manière qu'en outre des lots inférieurs, il y a, au premier tirage, un gros lot de 25,000 francs; au second, de 40,000 francs; au troisième, de 60,000 francs; et au quatrième, de 120,000 francs.

Les fonds provenant de la subvention de guerre sont affectés en entier, jusqu'à dûe concurrence, à l'acquittement de l'emprunt et des accessoires, comme ils l'étoient à la première opération; et celle-ci sera dirigée de même par les commissaires du commerce, déja nantis des lettres de crédit de la trésorerie.

Tel est le développement de cette nouvelle mesure, moins généreuse sans doute, mais qui paroît commandée par la difficulté des circonstances; et l'intérêt du service me semble inviter à l'approuver, ne fût-ce que pour ne pas laisser en souffrance des dispositions diverses de paiement qu'on avoit cru pouvoir calculer à l'avance, d'après le succès promis et probable de la première opération.

Les frais de celle-ci seront au surplus peu considérables, si on les évalue d'après le cours ordinaire de l'intérêt.

Ces frais s'éleveront en effet à 1,670,000 francs; mais il en faut déduire la retenue du dixième qui se fera au profit de la loterie, sur tous les lots excédant 300 francs; ci, ... 767,000 fr.

Il n'en coûtera donc définitivement que 903,000

Ce qui donne un calcul de 7 et demi pour cent ou environ, du capital de douze millions.

Je vous propose, citoyens Consuls, pour accréditer d'autant l'opération, de l'approuver par l'arrêté ci-joint, nécessaire d'ailleurs à l'aspect sous lequel elle se présente comme loterie, quoiqu'elle ne soit en résultat qu'un emprunt au profit du Gouvernement.

Paris, le 24 frimaire an 8.

Le ministre des finances, signé, GAUDIN.

Pour copie conforme, *le secrétaire général*, signé, Hugues B. Maret.

ARRÊTÉ *des Consuls de la République, portant révocation et remplacement des trois administrateurs de la loterie nationale.*

Du 27 Frimaire.

LES CONSULS de la République, après avoir entendu le rapport du ministre des finances,

Arrêtent :

Les trois administrateurs de la loterie nationale sont révoqués ; ils sont remplacés par les citoyens *Thabault*, *Amelot* et *Dutremblay*.

Le ministre des finances est chargé de l'exécution du présent arrêté, qui sera imprimé au bulletin des lois.

Les Consuls de la République, signé, ROGER-DUCOS, BONAPARTE, SIEYES. Pour copie conforme, *le secrétaire général*, signé, Hugues B. Maret.

ARRÊTÉ *des Consuls de la République, concernant les militaires domiciliés dans les pays nouvellement réunis à la République.*

Du 27 Frimaire.

LES CONSULS de la République, sur le rapport du ministre de la guerre,

Arrêtent :

Les militaires domiciliés dans les pays nouvellement réunis à la République, sont admissibles dans les compagnies des vétérans et à la maison nationale des Invalides, pourvu qu'ils réunissent les conditions exigées par les lois, et qu'ils justifient avoir servi pendant la guerre de la liberté dans les troupes françaises.

Le ministre de la guerre est chargé de l'exécution du présent arrêté, qui sera imprimé au bulletin des lois.

Les Consuls de la République, signé, ROGER-DUCOS, SIEYES, BONAPARTE. Pour copie conforme, *le secrétaire général*, signé, Hugues B. Maret.

ARRÊTÉ *des Consuls de la République, sur les secours à accorder aux femmes des militaires et employés à l'armée* d'Orient.

Du 29 Frimaire.

LES CONSULS de la République, vu l'article III de la loi du 19 de ce mois, qui met un fonds d'un million à la disposition du ministre de la guerre, pour servir au paiement des sommes dûes aux militaires et agens d'administration revenant de l'armée d'*Orient* ;

Considérant que la difficulté des communications avec la France, empêche les officiers et employés à l'armée d'*Egypte* de faire porter des secours à leurs femmes ;

Sur le rapport du ministre de la guerre,

Arrêtent :

Art. I. Les secours à accorder aux femmes dont les maris sont employés à l'armée d'*Orient*, seront réglés ainsi qu'il suit :

Aux femmes des officiers généraux, le cinquième des appointemens de leurs maris ;

Aux femmes des officiers supérieurs, le quart ;

Aux femmes des capitaines, lieutenans et sous-lieutenans, le tiers des appointemens de la dernière classe du grade de leurs maris ;

Aux femmes des sous-officiers et soldats, la moitié de la sode de leurs maris ;

Aux femmes des commissaires ordonnateurs, le quart ;

Aux femmes des commissaires des guerres, le tiers des appointemens attribués aux commissaires des guerres de la dernière classe ;

Aux femmes des officiers de santé en chef, et officiers de santé de première classe, le quart des appointemens de leurs maris ;

Aux femmes des chirurgiens et pharmaciens des grades inférieurs, le tiers des appointemens de la dernière classe ;

A celles des artistes et savans, le tiers des appointemens de capitaine d'infanterie de la dernière classe ;

A celles des employés d'administration, 300 francs par an ;

Et à celles des ouvriers, la moitié de la solde d'un soldat.

II. Ces secours seront payés, mois par mois, à la caisse du payeur de chaque département, par les ordres des commissaires de la trésorerie, sur les ordonnances du ministre de la guerre.

III. Les secours accordés par le présent arrêté seront retenus sur les appointemens des maris des citoyennes qui y ont droit.

Pour obtenir lesdits secours, les réclamantes seront obligées de présenter,

1°. Un certificat du ministre de la guerre, constatant que le mari fait partie de l'armée d'*Orient* ;

2°. Un certificat de l'administration municipale du lieu de leur résidence, constatant qu'elles ne jouissent pas d'un revenu suffisant pour les faire subsister ;

3°. Un certificat de vie ;

4°. Un extrait de l'acte de mariage ; et un certificat de non-divorce.

IV. Le ministre de la guerre est chargé de l'exécution du présent arrêté, qui sera imprimé.

Les Consuls de la République, signé, ROGER-DUCOS, SIEYES, BONAPARTE. Pour copie conforme, *le secrétaire général*, signé, Hugues B. Maret.

ARRÊTÉ des Consuls de la République, qui suspend provisoirement l'admission des bons de réquisition en paiement des contributions directes.

Du 29 Frimaire.

LES CONSULS de la République, après avoir entendu le rapport du ministre des finances sur les infidélités qui se commettent dans l'admission des bons de réquisition en paiement des contributions directes de l'an 7 et années antérieures, et sur le préjudice notable qui en résulte tant pour les finances de la République que pour la dépense générale du service;

Vu les arrêtés des 24 floréal, 27 prairial et 6 fructidor an 7,

Arrêtent :

Art. I. L'admission des bons de réquisition en paiement des contributions directes de l'an 7 et années antérieures, demeure provisoirement suspendue.

II. A la réception du présent arrêté, les administrations centrales chargeront sur-le-champ les administrations municipales et de canton, de constater, sans le moindre retard, par un procès-verbal, le montant des bons de réquisition existans dans les caisses, tant des receveurs généraux que de leurs préposés, et enfin des percepteurs des communes.

III. Lesdits percepteurs et préposés sont tenus, aussi-tôt après la vérification, de verser lesdits bons; savoir, les percepteurs, dans la caisse des préposés; et ceux-ci, dans celle des receveurs généraux. Ces versemens devront être accompagnés d'une expédition, visée par les administrations municipales ou de canton, du montant des bons dont l'existence aura été constatée par la vérification ordonnée par l'article II ci-dessus.

IV. Aucun versement de bons de réquisition ne sera admis qu'autant qu'il sera accompagné du procès-verbal de vérification; et il ne pourra en être reçu, pour quelque somme que ce puisse être, au-delà du montant constaté par le procès-verbal.

V. Les versemens à faire, tant par les percepteurs aux caisses des préposés, que par ces derniers à celles des receveurs généraux, devront être terminés dans les dix jours, au plus tard, qui suivront la réception des ordres adressés par les administrations centrales aux administrations municipales et de canton.

VI. Après ce délai, l'administration centrale constatera, par un procès-verbal, le montant des versemens faits par les préposés dans la caisse du receveur général, où lesdits bons demeureront provisoirement déposés : elle en fera former deux bordereaux, l'un pour le ministre de la guerre, l'autre pour celui des finances. Ces bordereaux indiqueront la nature et la quantité des denrées, les prix et le lieu où elles ont été versées, afin que le ministre de la guerre puisse délivrer les ordonnances nécessaires pour la régularisation définitive de cette opération.

VII. Tous les citoyens qui ont fourni aux réquisitions, et qui se trouveront porteurs de bons qu'ils n'auroient pas encore employés au paiement de leurs contributions, en feront la déclaration devant leur administration municipale, qui leur en donnera acte, au moyen duquel il ne pourra être exercé contre eux aucune poursuite pour raison de leurs contributions directes antérieures à l'an 8, dans le même département, jusqu'à concurrence du montant des bons existans entre leurs mains.

VIII. Tout citoyen qui, sans avoir fourni personnellement aux réquisitions, se trouveroit porteur de bons, sera pareillement tenu d'en faire sa déclaration à son administration municipale.

IX. Les administrations municipales formeront sans délai un état nominatif de tous les porteurs de bons, en énonçant le montant des bons appartenans à chacun d'eux, la nature et la quantité des denrées fournies, les prix et le lieu où elles ont été versées, et adresseront de suite ledit état à l'administration centrale.

X. L'administration centrale transmettra tous ces états, à fur et à mesure qu'ils lui parviendront, au ministre de la guerre, pour être par lui procédé ainsi qu'il est prescrit par l'article VI ci-dessus. Il sera, en outre, formé un résultat général du montant des bons compris dans les états adressés au ministre de la guerre ; et ledit résultat sera adressé par l'administration centrale au ministre des finances.

XI. Les bons du syndicat seront admis en paiement des contributions de l'an 7 et années antérieures, comme ils le sont dans la subvention de guerre, en fournissant moitié en numéraire. Les porteurs desdits bons auxquels il conviendroit d'en obtenir des coupures, pourront s'adresser aux commissaires de la trésorerie nationale, qui leur feront délivrer des rescriptions au porteur, applicables tant dans la subvention de guerre qu'aux contributions directes arriérées, avec la condition de fournir pareille somme en numéraire.

XII. Les ministres de la guerre et des finances, et les commissaires de la trésorerie nationale, sont chargés de l'exécution du présent arrêté, qui sera imprimé au bulletin des lois.

Les Consuls de la République, signé, ROGER-DUCOS, SIEYES, BONAPARTE. Pour copie conforme : *le secrétaire général*, signé, Hugues B. Maret.

ARRÊTÉ des Consuls de la République, qui remet en vigueur le réglement du 26 juillet 1778, concernant la navigation des bâtimens neutres.

Du 29 Frimaire.

LES CONSULS de la République, vu la loi du 23 frimaire an 8, qui abroge l'article I de la loi du 29 nivose an 6, relative à la course maritime ;

Considérant que l'abrogation de cette loi remet nécessairement en vigueur la législation précédemment existante ;

Que cette législation, fixée par le réglement du 26 juillet 1778, est celle qui a été reconnue la plus propre à concilier les intérêts de la République et les droits des puissances neutres ;

Desirant de prévenir, de la part des armateurs français et neutres, des erreurs ou des interprétations qui contrarieroient les vues d'après lesquelles la loi du 29 nivose an 6 a été rapportée,

Arrêtent :

Art. I. Les dispositions prescrites par le réglement du 26 juillet 1778 concernant la navigation des bâtimens neutres, seront strictement observées par tous ceux à qui elles sont applicables ; sauf, en cas de contravention de leur part, à subir les confiscations et condamnations en dommages-intérêts déterminés par ledit réglement et par les lois.

II. Les ministres de la justice, de la marine, des relations extérieures et des finances, sont chargés, chacun en ce qui le concerne, de l'exécution du présent arrêté, qui sera inséré au bulletin des lois.

Les Consuls de la République, signé, BONAPARTE, ROGER-DUCOS, SIEYES. Pour copie conforme, *le secrétaire général*, signé, Hugues B. Maret.

BAUDOUIN, Imprimeur du Tribunat et du Corps législatif, place du Carrousel, n°. 662.

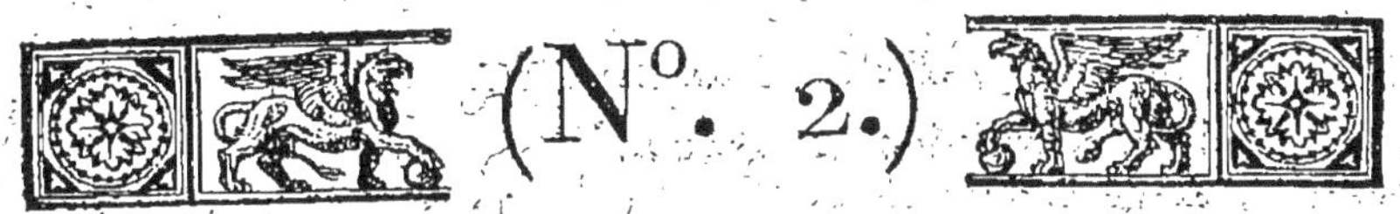

(Nº. 2.)

ARRÊTÉS ET PROCLAMATIONS DU GOUVERNEMENT.

Procès-verbal des élections des membres du Sénat conservateur, de ceux du Corps législatif, et de ceux du Tribunat, en exécution de la Constitution.

Du 3 Nivose, an 8 de la République une et indivisible.

Cejourd'hui, 3 nivose an 8 de la République, les citoyens *Sieyes* et *Roger-Ducos*, Consuls sortans; les citoyens *Cambacérés* et *Lebrun*, second et troisième Consuls, se sont réunis pour, en exécution de l'article 24 de la Constitution, et de la loi de ce jour, qui ordonne, article premier, que le Sénat conservateur entrera en fonctions demain 4 nivose, nommer la majorité du Sénat conservateur: en conséquence ils ont nommé, pour former ladite majorité, les vingt-neuf citoyens dont les noms suivent, classés dans leur ordre alphabétique.

Beaupuy, de la commission des anciens.
Berthollet, administrateur de la monnaie.
Cabanis, de la commission des cinq-cents.
Cornet, de la commission des anciens.
Cousin, du conseil des anciens.
Creuzé-Latouche, de la commission des cinq-cents.
Dailly, ex-constituant.
Destutt-Tracy, ex-constituant.
Dubois-Dubay, du conseil des anciens.
Ducis, de l'institut national.
Fargues, de la commission des anciens.
Garan-Coulon, ex-conventionnel, substitut du commissaire du Gouvernement au tribunal de cassation.

Garat, de la commission des anciens.
Hatry, ex-général en chef.
Kellermann, ex-général en chef.
Lacépède, professeur au muséum d'histoire naturelle.
Lambrechts, ex-ministre de la justice, président de l'administration centrale de la Dyle.
Laplace, ministre de l'intérieur.
Lecouteulx-Canteleu, ex-constituant, président de l'administration de la Seine.
Lemercier, de la comission des anciens.
Lenoir-Laroche, de la commission des anciens.
Lespinasse, général de division.
Monge, ex-ministre de la marine.
Pléville-le-Peley, vice-amiral.
Porcher, de la commission des anciens.
Resnier, ex-envoyé de la République à Genève, archiviste des relations extérieures.
Rousseau, de la commission des anciens.
Vimar, de la commission des anciens.
Volney, de l'institut national.

Les vingt-neuf citoyens ci-dessus dénommés, formant, avec les citoyens *Sieyes* et *Roger-Ducos*, la majorité du Sénat conservateur, la première nomination prescrite par l'article 24 de la Consitution se trouve consommée; et il est arrêté que lesdits citoyens seront convoqués individuellement, à demain neuf heures du matin, dans le palais du Sénat conservateur, pour se compléter conformément au même article de la Constitution.

Fait au palais du Sénat conservateur, le 3 nivose, an VIII de la République.

Signé, SIEYES, ROGER-DUCOS, CAMBACÉRÉS, LEBRUN.

Séance du 4 nivose.

Cejourd'hui, 4 nivose, an VIII de la République, les citoyens composant la majorité du Sénat conservateur, convoqués pour se compléter, aux termes de l'article 24 de la Constitution, y ont procédé sous la présidence du citoyen *Dailly*, doyen d'âge, le citoyen *Fargues*, comme le plus jeune, remplissant les fonctions de secrétaire.

Les vingt-neuf citoyens dont les noms suivent, classés dans leur ordre alphabétique, ont été nommés pour compléter le Sénat conservateur.

Abrial, commissaire du Gouvernement au tribunal de cassation.
Casa-Biancà (*Raphaël*), général de division.

Chasset, du conseil des anciens.
Choiseul-Praslin, ex-constituant.
Chollet (de la Gironde), de la commission des cinq-cents.
Clément de Ris, ex-commissaire de l'instruction publique, ex-président de l'administration d'Indre-et-Loire.
Cornudet, de la commission des anciens.
Cretet, de la commission des anciens.
Darcet, de l'institut national.
Daubenton, professeur au muséum d'histoire naturelle.
Davous, administrateur du département de la Seine.
Depere (*Mathieu*), de la commission des anciens.
Dizez, ex-conventionnel, commissaire du Gouvernement à l'administration centrale du département des Landes.
Drouin (*Louis*), négociant à Nantes.
François (*de Neuf-château*), ex-directeur, ex-législateur, ex-ministre de l'intérieur.
Herwyn, de la commission des anciens.
Journu-Aubert, ex-législateur, négociant à Bordeaux.
Lagrange, de l'institut national.
Laville-Leroulx, négociant, ex-constituant.
Lejean (*Lazare*), négociant à Marseille.
Levavasseur, négociant, président du tribunal de commerce à Rouen.
Peré, de la commission des anciens.
Perregaux, banquier.
Regnier, de la commission des anciens.
Rœderer, ex-constituant.
Sers, (de la Gironde), ex-législateur, négociant à Bordeaux.
Vernier, de la commission des anciens.
Vien, peintre, de l'institut national.
Villetard, de la commission des cinq-cents.

Les conservateurs qui viennent d'être nommés, seront individuellement convoqués pour quatre heures après midi, à l'effet de procéder aux élections qui sont confiées au Sénat conservateur par les articles 20 et 24 de la Constitution.

Fait au palais du Sénat conservateur, le 4 nivose, an VIII de la République.

Signé, DAILLY, *président*; FARGUES, *secrétaire*.

Séance du 4 nivose, après midi.

Cejourd'hui, 4 nivose, an VIII de la République, quatre heures après midi, les citoyens nommés pour composer le Sénat conservateur, au nombre prescrit par la Constitution, étant réunis, les citoyens *Abrial*, *Cretet*, *Regnier* et *Rœderer*, ont fait connoître à l'assemblée qu'ayant déja accepté d'autres fonctions, ils ne pouvoient remplir celles auxquelles le Sénat conservateur les appeloit; en conséquence il a été procédé à leur remplacement.

Les suffrages se sont réunis sur les citoyens

Bougainville, vice-amiral.
Morard de Galles, vice-amiral.
Jacqueminot, de la commission des cinq-cents.
Serrurier, général de division.

Ces quatre citoyens sont immédiatement convoqués pour venir prendre part aux opérations de l'assemblée.

Le nombre des membres dont le Sénat doit se composer se trouvant complet, aux termes des articles 24 et 25 de la Constitution, leur première opération a été de s'organiser par la nomination d'un président et de deux secrétaires. Le citoyen *Sieyes* est élu président; les citoyens *Roger-Ducos* et *Lacépède* sont élus secrétaires, et ils prennent place au bureau.

Signé, DAILLY, *président d'âge;* FARGUES, *secrétaire provisoire.*

Le Sénat conservateur se trouvant définitivement organisé, ses membres ont tous individuellement prêté le serment prescrit par la loi du 25 brumaire dernier.

Le Sénat prend les arrêtés suivans :

Arrête que l'existence constitutionnelle du Sénat conservateur sera notifiée de suite aux Consuls de la République.

Arrête qu'il reste en permanence pour procéder sans discontinuation aux élections prescrites par l'article 20 de la Constitution.

Le Sénat conservateur a élu, pour composer le Corps législatif, les trois cents citoyens dont les noms suivent, classés dans leur ordre alphabétique.

Albert aîné (de la Seine), du conseil des anciens.
Albert jeune (du Bas-Rhin), du conseil des cinq-cents.
Allart (du Rhône), du conseil des anciens.
Anquetin (de la Seine-Inférieure), du conseil des anciens.
Auverlot (de Jemmape), du conseil des cinq-cents.
Appert (du Loiret), du conseil des anciens.
Aubert (de la Seine), du conseil des cinq-cents.
Auguis (des Deux-Sèvres), du conseil des cinq-cents.
Baborier (de la Drôme), du conseil des anciens.
Baillon (du Nord), du conseil des anciens.
Barailon (de la Creuse), du conseil des anciens.
Baron (de la Marne), du conseil des anciens.

Barré (de la Sarthe), du conseil des anciens.
Barriere (des Basses-Alpes), du conseil des cinq-cents.
Barrot (de la Lozère), du conseil des anciens.
Bassaget (de Vaucluse), du conseil des anciens.
Bassange (de l'Ourthe), du conseil des cinq-cents.
Bazoche (de la Meuse), du conseil des anciens.
Beauchamp (de l'Allier), du conseil des cinq-cents.
Beerenbroeck (des Deux-Nèthes), du conseil des anciens.
Belleville, ex-ministre de la République à Gènes.
Belzais-Courmesnil (de l'Orne), du conseil des cinq-cents.
Bergeras (des Basses-Pyrénées), du conseil des anciens.
Bergier (du Puy-de-Dôme), ex-législateur.
Berquier-Neuville (du Pas-de-Calais), du conseil des cinq-cents.
Berthezen (du Gard), ex-conventionnel.
Blarau (de Jemmape), du conseil des anciens.
Boëri (de l'Indre), du conseil des cinq-cents.
Boileau (de l'Yonne), du conseil des cinq-cents.
Bollet (du Pas-de-Calais), du conseil des anciens.
Bollioud (de l'Ardèche), du conseil des cinq-cents.
Bonaparte (*Joseph*) département du Golo, ex-législateur.
Bordes (de l'Arriége), du conseil des cinq-cents.
Bouisseren (de la Charente-Inférieure), du conseil des anciens.
Bourdon (de la Seine-Inférieure), du conseil des anciens.
Bourg-la-Prade (de Lot-et-Garonne), du conseil des cinq-cents.
Bourgois (de la Seine-Inférieure), du conseil des anciens.
Brault (de la Vienne), du conseil des anciens.
Bréard (de la Charente-Inférieure), ex-conventionnel.
Brémontier (de la Seine-Inférieure), du conseil des cinq-cents.
Bucaille (du Pas-de-Calais), ex-constituant.
Cacault (de la Loire-Inférieure), du conseil des cinq-cents.
Casenave (des Basses-Pyrénées), de la commission de cinq-cents.
Castagné (du Tarn), du conseil des cinq-cents.
Castaing (de l'Orne), du conseil des cinq-cents.
Cayre (du Rhône), du conseil des cinq cents.
Cazaux (de la Haute-Garonne), du conseil des cinq-cents.
Chaillot (de Seine-et Marne), du conseil des cinq-cents.
Champion (de la Meuse), du conseil des anciens.
Champion (du Jura), du conseil des anciens.
Charrel (de l'Isère), du conseil des cinq-cents.
Chatry-Lafosse (du Calvados), de la commission des anciens.
Cherrier (de la Moselle), ex-conventionnel, contrôleur des postes à Metz.
Cholet-Beaufort (du Puy-de Dôme), du conseil des cinq-cents.
Crochon (de l'Eure), du conseil des cinq-cents.
Clary (*Etienne*) (des Bouches-du-Rhône), négociant à Marseille.

Clavier (de la Loire-Inférieure), du conseil des anciens.
Claviere (du Cantal), du conseil des cinq-cents.
Clauzel (de l'Arriège), du conseil des cinq-cents.
Cochon-Duvivier (de la Charente-Inférieure), officier de santé de première classe de la marine.
Collard (des Forêts), du conseil des cinq cents.
Collet (de l'Yonne), du conseil des cinq-cents.
Combes-Dounous (du Lot), du conseil des cinq-cents.
Compayre (du Tarn), du conseil des cinq-cents.
Cornilleau (de la Sarthe), ex-législateur.
Coulmiers (de la Seine), ex-constituant, administrateur de l'hospice de Charenton.
Coutausse (de Lot-et-Garonne), du conseil des anciens.
Couzard (de la Gironde), du conseil des cinq-cents.
Crevelier (de la Charente), du conseil des cinq-cents.
Dabray (des Alpes-Maritimes), du conseil des cinq-cents.
Dalphonse (de l'Allier), du conseil des anciens.
Danel (du Nord), du conseil des cinq-cents.
Danet (du Morbihan), du conseil des anciens.
Daracq (des Landes), du conseil des cinq-cents.
Dauphole (des Hautes-Pyrénées), du conseil des cinq-cents.
Dedelay-Dagier (de la Drôme), du conseil des anciens.
Defrance (de Seine-et-Marne), ex-conventionnel
Delamarre (de l'Oise), du conseil des anciens.
Delattre (de la Somme), du conseil des cinq cents.
Delecloix (de la Somme), du conseil des anciens.
Delneufcourt (de Jemmape), du conseil des anciens.
Delort (de la Corrèze), du conseil des anciens.
Delpierre aîné (des Vosges), du conseil des cinq-cents.
Delzons (du Cantal), du conseil des anciens.
Desmazieres (de Maine-et-Loire), du conseil des anciens.
Desnos (de l'Orne), du conseil des cinq-cents.
Desprez (de l'Orne), du conseil des cinq-cents.
Devaux (de la Lys), du conseil des cinq-cents.
Devinck-Thierry (de l'Escaut), de la commission des cinq-cents.
Dillon (de la Vendée), du conseil des cinq-cents.
Drulh (de la Haute-Garonne), ex-conventionnel.
Dubosq (du Calvados), du conseil des cinq-cents.
Dubourg (de l'Oise), du conseil des anciens.
Duflos (du Pas-de-Calais), du conseil des cinq-cents.
Dumas (du Mont-Blanc), ex-conventionnel, accusateur public près le tribunal criminel du département.
Dumoulin (du Nord), du conseil des cinq-cents.
Dupin (de la Nièvre), du conseil des anciens.
Duplaquet (de l'Aisne), du conseil des cinq-cents.

Dupoix (des Landes), du conseil des cinq-cents.
Dupuys (de Seine et-Oise), ex-conventionnel.
Durand (de Loir-et-Cher), du conseil des cinq-cents.
Dutrou-Bornier (de la Vienne), du conseil des cinq-cents.
Duval (de la Seine-Inférieure), ex-ministre de la police.
Duvillard (du Léman), chef de bureau à la trésorerie, et membre associé de l'institut.
Engerrand (de la Manche), du conseil des cinq-cents.
Enjubault (de la Mayenne), du conseil des cinq-cents.
Eschasseriaux jeune (de la Charente-Inférieure), du conseil des cinq-cents.
Estaque (de l'Arriége), du conseil des anciens.
Eversdyck (de l'Escaut), du conseil des cinq-cents.
Fabry (de l'Ourthe), du conseil des cinq-cents.
Faure (de la Haute-Loire), du conseil des anciens.
Febvre (du Jura), du conseil des cinq-cents.
Félix-Faulcon (de la Vienne), du conseil des cinq-cents.
Fery (de la Dyle), du conseil des cinq-cents.
Florent-Guyot (de la Côte-d'Or), ex-ministre plénipotentiaire à la Haye.
Fontenay (d'Indre-et-Loire), ex-législateur.
Foubert (de la Dyle), du conseil des cinq-cents.
Fouquet (du Cher), du conseil des anciens.
Fourmi (de l'Orne), du conseil des anciens.
Fournier (de l'Hérault), du conseil des anciens.
Franck (des Forêts), du conseil des anciens.
Frégeville, de la commission des cinq-cents.
Frochot (de la Côte-d'Or), ex-constituant.
Fulchiron l'aîné (*Joseph*) (du Rhône), banquier.
Gantois (de la Somme), du conseil des cinq-cents.
Garnier-Deschesnes (de Seine-et Oise), du conseil des cinq-cents.
Gassendi (des Basses-Alpes), ex-constituant.
Gaudin (de la Vendée), du conseil des anciens.
Gauthier (de la Côte d'or), du conseil des anciens.
Gauthier (de la Corrèze), du conseil des anciens.
Geoffroi (*Côme*) (de Saone-et-Loire), ex législateur.
Germain (du Jura), du conseil des cinq cents.
Gesnouin (du Finistère), du conseil des cinq cents.
Gheysens (de la Lys), du conseil des anciens.
Gilbert, professeur à l'école vétérinaire d'Alfort.
Gintrac (de la Dordogne), du conseil des anciens.
Girod (de l'Ain), du conseil des cinq cents.
Girot-Pouzols (du Puy-de-Dôme), du conseil des cinq-cents.
Gonnet (de la Somme), du conseil des anciens.
Gossuin (du Nord), du conseil des cinq-cents.

Goyet-Dubignon (de la Mayenne), du conseil des anciens.
Grappe (du Doubs), du conseil des cinq-cents.
Grégoire (de la Meurthe), ex conventionnel.
Grenot (du Jura), du conseil des cinq-cents.
Guérin (des Deux Sèvres), du conseil des anciens.
Guérin (du Loiret), du conseil des cinq-cents.
Guichard (de l'Yonne), du conseil des cinq-cents.
Guillemot (de la Côte d'Or), du conseil des cinq cents.
Guirail (des Basses-Pyrénées), du conseil des cinq-cents.
Guiter (des Pyrénées-Orientales), ex-conventionnel.
Guyot-Desherbiers (de la Seine), du conseil des cinq-cents.
Hardy (de la Seine-Inférieure), du conseil des cinq-cents.
Hémart (de la Marne), du conseil des cinq-cents.
Hopsomer (de l'Escaut), du conseil des anciens.
Houdebert de Loué (de la Sarthe), du conseil des cinq-cents.
Hubard (de la Meuse-Inférieure), du conseil des anciens.
Huon (du Finistère), du conseil des anciens.
Hattinguais (de Seine-et-Marne), du conseil des cinq cents.
Jacomet (des Pyrénées-Orientales), du conseil des anciens.
Jacomin (de la Drôme), du conseil des cinq-cents.
Jan (de l'Eure), du conseil des anciens.
Janod (du Jura), du conseil des cinq-cents.
Jourdan (de la Nièvre), du conseil des cinq-cents.
Jouvent (de l'Hérault), du conseil des cinq-cents.
Juhel (de l'Indre), du conseil des cinq-cents.
Kervélégan (du Finistère), du conseil des cinq-cents.
Laborde (du Gers), ex-législateur.
Lachieze (du Lot), du conseil des anciens.
Lacrampe (des Hautes-Pyrénées), du conseil des cinq-cents.
Lafont (de Lot-et-Garonne), du conseil des cinq-cents.
Lagrange (de Lot-et-Garonne), du conseil des anciens.
Lametherie (*Antoine*), (de Saone-et-Loire), ex constituant.
Langlois (de l'Eure), du conseil des anciens.
Lapotaire (du Morbihan), du conseil des anciens.
Larcher (de la Haute-Marne), du conseil des anciens.
Latour - Dauvergne, capitaine des grenadiers.
Laumond (de la Creuse), du conseil des cinq-cents.
Leblanc (de l'Oise), du conseil des cinq-cents.
Leblanc (des Hautes-Alpes), du conseil des cinq-cents.
Leblond, bibliothécaire des Quatre-Nations.
Lecerf (de l'Eure), du conseil des anciens.
Leclerc (de Maine-et-Loire), ex-conventionnel.
Leclerc (*Nicolas*) (de Seine-et-Oise).
Lefevre-Caillet (du Pas-de-Calais), ex-législateur.
Lefevre-la-Roche, ex-administrateur du département de la Seine.

Lefebvrier (du Morbihan), du conseil des cinq-cents.
Légier (du Loiret), du conseil des cinq-cents.
Legrand (de l'Indre), ex législateur.
Lemaillaud (du Morbihan), du conseil des anciens.
Lemée (des Côtes-du-Nord), du conseil des anciens.
Lemesle (de la Seine-Inférieure), du conseil des cinq-cents.
Lemoine (du Calvados), ex-conventionnel.
Lenormand (du Calvados), du conseil des cinq-cents.
Lerouge (de l'Aube), du conseil des anciens.
Leroux (*Etienne*) (de la Seine), du conseil des cinq-cents.
Leroy (de l'Eure), du conseil des cinq cents.
Lespinasse (de la Haute-Garonne), ex-législateur.
Lesoinne (de l'Ourthe), du conseil des anciens.
Lévêque (du Calvados), commissaire central du département.
Lobjoy (de l'Aisne), du conseil des anciens.
Louvet (de la Somme), du conseil des cinq-cents.
Loyaud (de la Vendée), du conseil des anciens.
Luminais (de la Vendée), du conseil des cinq-cents.
Lucas (de l'Allier), ex-constituant.
Mallein (de l'Isère), du conseil des anciens.
Mansord (du Mont-Blanc), du conseil des cinq-cents.
Maras (d'Eure-et Loir), du conseil des cinq-cents.
Marc-Aurele (de la Haute-Garonne), ex-consul à Barcelone.
Martinet (de la Drôme), du conseil des cinq-cents.
Massa (des Alpes-maritimes), ex conventionnel, commissaire central du département.
Maugenest (de l'Allier), du conseil des cinq-cents.
Maupetit (de la Mayenne), du conseil des anciens.
Ménard (de la Dordogne), ex-conventionnel.
Menessier (de l'Aube), du conseil des cinq-cents.
Méric (de l'Aude), du conseil des anciens.
Metzger (du Haut-Rhin), du conseil des cinq-cents.
Meyer (de l'Escaut), du conseil des cinq-cents.
Meyer (du Tarn), du conseil des anciens.
Mollevault (de la Meurthe), du conseil des cinq-cents.
Montault-Desilles (de la Vienne), du conseil des anciens.
Montardier (de Seine-et Oise), du conseil des cinq-cents.
Monseignat (de l'Aveyron), du conseil des cinq-cents.
Morand (des Deux-Sèvres), du conseil des anciens.
Moreau-Sigismond (du Mont-Terrible), du conseil des anciens.
Morel (de la Marne), du conseil des cinq-cents.
Mosneron aîné, négociant à Nantes, ex-législateur.
Moulland (du Calvados), du conseil des anciens.
Nairac (de la Charente-Inférieure), du conseil des cinq-cents.
Olbrechts (de la Dyle), du conseil des anciens.

Ornano (*Michel*), du département de Liamone.
Ortalle (de Jemmape), du conseil des cinq-cents
Paillart (d'Eure-et-Loir), du conseil des anciens.
Pampelone (de l'Ardèche), ex-constituant.
Papin (des Landes), du conseil des anciens.
Pellé (de Seine-et Oise), du conseil des anciens.
Pémartin (des Basses Pyrénées), du conseil des cinq-cents.
Perrier (de Grenoble), négociant.
Perrin (des Vosges), de la commission des anciens.
Pictet-Diodati (du Léman), membre de l'administration centrale du département.
Pigeon (de la Dordogne), du conseil des cinq cents.
Pilatre (de Maine-et-Loire), ex-conventionnel, administrateur des hospices civils.
Pillet (de la Loire-Inférieure), du conseil des cinq-cents.
Poisson (de la Manche), du conseil des anciens.
Poulain (*Célestin*) (de la Marne), du conseil des cinq-cents.
Poultier (du Pas-de-Calais), du conseil des cinq-cents.
Provost (de la Mayenne), du conseil des cinq-cents.
Rabasse (de la Seine-Inférieure), du conseil des cinq-cents.
Rabaut (du Gard), du conseil des anciens.
Raingeard (de la Loire-Inférieure), du conseil des anciens.
Rallier (d'Ille-et-Vilaine), du conseil des cinq-cents.
Ramel (de la Loire), du conseil des cinq-cents.
Rampillon (de la Vienne), du consiel des cinq-cents.
Reguis (des Basses-Alpes), du conseil des anciens.
Renaud-Lascourt (du Gard).
Renault (de l'Orne), du conseil des cinq-cents.
Reybaud-Clauzonne (du Var), ex-accusateur public du tribunal criminel.
Ricard (du Rhône), du conseil des cinq-cents.
Richard (de la Loire), du conseil des anciens.
Ricour (de la Lys), du conseil des cinq-cents.
Riviere (du Nord), du conseil des anciens.
Rodat (de l'Aveyron), du conseil des anciens.
Roemers (de la Meuse-Inférieure), du conseil des cinq-cents.
Roger-Martin (de la Haute-Garonne), ex-législateur.
Rossée (du Haut-Rhin), ex-législateur.
Rousseau-d'Etelonne (des Ardennes), ex-banquier à Paris.
Rouvelet (de l'Aveyron), du conseil des cinq-cents.
Saint-Martin (de l'Ardèche), du conseil des cinq-cents.
Saint-Pierre-Lesperet (du Gers), ex-administrateur du département.
Sallenave (des Basses-Pyrénées), du conseil des cinq-cents.
Salligny (de la Marne), du conseil des anciens.

Savary (de l'Eure), du conseil des cinq-cents.
Sauret (de l'Allier), du conseil des cinq-cents.
Schirmer (du Haut-Rhin), du conseil des anciens.
Sherlock (de Vaucluse), du conseil des cinq-cents.
Sieyes (*Léonce*) (du Var), ex-administrateur du département.
Simon (de Sambre-et-Meuse), du conseil des anciens.
Simon (de Seine-et-Marne), du conseil des cinq-cents.
Simonnet (de l'Yonne), du conseil des anciens.
Tack (*Paul*) (de l'Escaut), du conseil des cinq-cents.
Tardy (de l'Ain), du conseil des cinq-cents.
Tarte (de Sambre et Meuse), du conseil des cinq-cents.
Tarteyron (de la Gironde), du conseil des anciens.
Teissier (des Bouches-du-Rhône), négociant, commissaire de la comptabilité intermédiaire.
Thénard (de la Charente-Inférieure), du conseil des cinq-cents.
Thevenin (du Puy-de-Dôme), du conseil des anciens.
Thierry (de la Somme), du conseil des anciens.
Toulgoët (du Finistère), du conseil des anciens.
Trottier (du Cher), du conseil des cinq-cents.
Turgan (des Landes), du conseil des anciens.
Trumeau (de l'Indre), du conseil des cinq-cents.
Vacher (*Charles*) (du Cantal), du conseil des anciens.
Van Kempen (du Nord), du conseil des anciens.
Van Ruymbeke (de la Lys), du conseil des cinq-cents.
Vergniaud (de la Haute Vienne), du conseil des cinq-cents.
Verne (de la Loire), du conseil des anciens.
Vigneron (de la Haute-Saone), ex-conventionnel.
Villars (de la Haute Garonne), ex-conventionnel.
Villers (de la Loire-Inférieure), ex-conventionnel.
Villot (de l'Escaut), du conseil des cinq-cents.
Vozelle (de la Haute-Loire), du conseil des cinq-cents.

Le Sénat conservateur a élu, pour composer le Tribunat, les cent citoyens dont les noms suivent, classés dans leur ordre alphabétique.

Adet, ex ministre de la République aux États-Unis d'Amérique.
Andrieux, du conseil des cinq cents.
Arnould (de la Seine), du conseil des cinq-cents.
Bailleul, du conseil des cinq cents.
Bara (des Ardennes), du conseil des cinq-cents.
Baret (de la Lys), du conseil des anciens.
Beauvais, de la commission législative des cinq-cents.
Benjamin Constant (du Léman), homme de lettres.
Bérenger, de la commission des cinq-cents.
Berthelemy (de la Corrèze), du conseil des cinq-cents.

Bézard (de l'Oise), du conseil des cinq cents.
Bitouzé-Linieres, du conseil des cinq-cents.
Boisjolin, professeur d'histoire à l'école centrale du Panthéon.
Bosc (de l'Aube), du conseil des cinq-cents.
Boutteville, de la commission des anciens.
Caillemer, du conseil des anciens.
Cambe, du conseil des cinq-cents.
Carret (du Rhône), du conseil des cinq-cents.
Chabaud-Latour (du Gard), de la commission des cinq-cents.
Chabot (de l'Allier), du conseil des anciens.
Challan (de Seine-et-Oise), du conseil des cinq-cents.
Chassiron, de la commission des anciens.
Chauvelin, ex-ambassadeur de la République à Londres.
Chazal, de la commission des cinq-cents.
Chenard, du conseil des cinq-cents.
Chénier, de la commission des cinq-cents.
Costé (de la Seine-Inférieure), du conseil des cinq-cents.
Courtois, du conseil des anciens.
Crassous (de l'Hérault), ex législateur.
Curée, du conseil des cinq-cents, ex-législateur.
Daunou, de la commission des cinq-cents.
Debry (*Jean*), du conseil des cinq-cents.
Defermon, ex-législateur, commissaire de la trésorerie nationale.
Delpierre le jeune, du conseil des cinq-cents.
Desmeunier, ex-constituant.
Desmousseaux, administrateur des hospices civils de Paris.
Desrenaudes (de la Corrèze), homme de lettres.
Dieudonné, du conseil des anciens.
Dubois (des Vosges), ex-législateur, commissaire de la trésorerie.
Duchêne, du conseil des cinq-cents.
Duveyrier, ex-secrétaire général de la justice.
Eschasseriaux l'aîné, du conseil des cinq-cents.
Fabre (de l'Aude), du conseil des cinq-cents.
Faure (de la Seine), du conseil des cinq-cents.
Favard, du conseil des cinq cents.
Gallois, membre associé de l'institut.
Ganilh, homme de loi.
Garat-Mailla (des Basses-Pyrénées), homme de lettres.
Garry fils aîné (de la Haute-Garonne), homme de loi.
Gaudin (*Émile*), de la commission des cinq-cents.
Gillet (de Seine et-Oise), du conseil des cinq-cents.
Gillet-la-Jacqueminiere (du Loiret), du conseil des cinq-cents.
Ginguené, ex-ambassadeur de la République à Turin.
Girardin (*Stanislas*), ex-législateur.

Goupil-Préfeln fils, de la commission des anciens.
Gourlay, de la commission des cinq-cents.
Grenier (du Puy-de-Dôme), du conseil des cinq-cents.
Guinard, du conseil des cinq-cents.
Gattinguer, du conseil des anciens.
Huguet (de la Seine), du conseil des anciens.
Imbert (de la Ferté-sous-Jouarre), ex-législateur.
Isnard, ingénieur en chef des ponts et chaussées.
Jacquemont, chef de division au ministère de l'intérieur.
Jard-Panvilliers, du conseil des cinq cents.
Jaucourt, ex-législateur.
Jubé, adjudant-général, ex-commandant de la garde du directoire.
Labrouste, du conseil des cinq-cents.
Laloi, de la commission des anciens.
Lahary, du conseil des anciens.
Laromiguiere, membre associé de l'institut national.
Laussat, de la commmission des anciens.
Lecointe-Puyraveau, du conseil des cinq-cents.
Legier (des Forêts), du conseil des cinq-cents.
Legonidec, substitut du commissaire du Gouvernement au tribunal criminel du département des Landes.
Legoupil-Duclos, du conseil des cinq-cents.
Lejourdan, du conseil des anciens.
Leroy, ex-commissaire près le bureau central de Paris.
Ludot, de la commission des cinq-cents.
Malès (de la Corrèze), du conseil des cinq-cents.
Malherbe (de l'Ille-et-Vilaine), du conseil des cinq-cents.
Mallarmé, du conseil des cinq-cents.
Mathieu, de la commission des cinq-cents.
Miot, ex-ministre de la République à Florence, secrétaire général de la guerre.
Mongez, administrateur des monnaies.
Mouricault (de la Seine), du conseil des anciens.
Noël, ex-ambassadeur près la République batave, chef de division au ministère de l'intérieur.
Parent-Réal, du conseil des cinq-cents.
Pénières, du conseil des cinq-cents.
Pérée (de la Manche), ex-législateur.
Picault (de Seine-et-Marne), du conseil des anciens.
Portiez (de la Seine), du conseil des-cinq-cents.
Riouffe, homme de lettres.
Roujoux, du conseil des anciens.
Savoy-Rollin, ex-avocat-général à Grenoble.
Say (*Jean-Baptiste*), homme de lettres.
Sédillez, de la commission des anciens.

Thibaud, de la commission des cinq-cents.
Thiessé, de la commission des cinq-cents.
Trouvé, ex-ambassadeur près la République cisalpine.
Vesin, du conseil des cinq-cents.

Le Sénat conservateur arrête que, conformément à l'article II de la loi du 3 nivose, il communiquera de suite aux commissions législatives du Conseil des Anciens et du Conseil des Cinq-Cents la nomination des membres du Tribunat et du Corps législatif.

Le citoyen *Didot* l'aîné est nommé imprimeur du Sénat conservateur.

Les citoyens *Charles Bréal*, du département de la Seine-Inférieure, et *Desforges-Beaumé*, du département de l'Aisne, sont messagers d'état pour le Sénat conservateur.

Lecture faite du procès-verbal ci-dessus, sa rédaction est définitivement arrêtée et adoptée. Il sera publié.

Le Sénat s'ajourne à demain 6 nivose, à midi, et la séance est levée.

Fait au palais du Sénat conservateur, le 5 nivose, an VIII de la République.

Signé, Sieyes, *président;* Roger-Ducos, Lacépède, *secrétaires.*

Extrait des registres du Sénat conservateur.

Du 7 Nivose.

On procède au remplacement des citoyens *Defermon* et *Dubois* (des Vosges), non-acceptans au Tribunat. Les citoyens *Lebreton*, membre de l'institut, et *Alexandre*, commissaire ordonnateur, obtiennent la majorité absolue des suffrages; ils sont proclamés membres du Tribunat.

Signé, Sieyes, *président;* Roger-Ducos, Lacépède, *secrétaires.*

Pour expédition conforme: *signé* Sieyes, *président;* Roger-Ducos, *sec·étaire.* Pour copie conforme: *le secrétaire d'état*, signé, Hugues B. Maret.

Extrait des registres du Sénat conservateur.

Du 7 Nivose.

On procède au remplacement des citoyens *Florent-Guyot* et *Sherlock*, non-acceptans au corps législatif. Les citoyens *Pison-du-Galand* (de l'Eure), et *Demonceaux* (de l'Aisne), ex-législateurs, obtiennent la majorité absolue des suffrages ; ils sont proclamés membres du Corps législatif.

Signé, Sieyes, *président ;* Roger-Ducos, Lacépède, *secrétaires.*

Pour expédition conforme : *signé* Sieyes, *président ;* Roger-Ducos, *secrétaire.* Pour copie conforme : *le secrétaire d'état*, signé, Hugues B. Maret.

PROCLAMATION.

Du 4 Nivose.

Bonaparte, premier Consul de la République, aux Français.

Français,

Rendre la République chère aux citoyens, respectable aux étrangers, formidable aux ennemis ; telles sont les obligations que nous avons contractées en acceptant la première magistrature.

Elle sera chère aux citoyens, si les lois, si les actes de l'autorité sont toujours empreints de l'esprit d'ordre, de justice, de modération.

Sans l'ordre, l'administration n'est qu'un chaos ; point de finances, point de crédit public ; et avec la fortune de l'État, s'écroulent les fortunes particulières. Sans justice, il n'y a que des partis, des oppresseurs et des victimes.

La modération imprime un caractère auguste aux gouvernemens comme aux nations ; elle est toujours la compagne de la force, et le garant de la durée des institutions sociales.

La République sera imposante aux étrangers, si elle sait respecter dans leur indépendance le titre de sa propre indépendance ; si ses engagemens préparés par la sagesse, formés par la franchise, sont gardés par la fidélité.

Elle sera enfin formidable aux ennemis, si ses armées de terre et de mer sont fortement constituées, si chacun de ses défenseurs trouve une famille dans le corps auquel il appartient, et dans cette famille un héritage de vertus et de gloire ; si l'officier, formé par de longues études, obtient, par un avancement régulier, la récompense due à ses talens et à ses travaux.

A ces principes tiennent la stabilité du Gouvernement, les succès du commerce et de l'agriculture, la grandeur et la prospérité des nations.

En les développant, nous avons tracé la règle qui doit nous juger. Français, nous vous avons dit nos devoirs : ce sera vous qui nous direz si nous les avons remplis.

Signé, Bonaparte. Par le premier Consul : *le secrétaire d'État*, signé, Hugues B. Maret. *Le ministre de la justice*, signé, Abrial.

PROCLAMATION.

Du 4 Nivose.

BONAPARTE, premier Consul de la République, aux Soldats français.

SOLDATS,

En promettant la paix au peuple français, j'ai été votre organe : je connais votre valeur.

Vous êtes les mêmes hommes qui conquirent la Hollande, le Rhin, l'Italie, et donnèrent la paix sous les murs de Vienne étonnée.

Soldats, ce ne sont plus vos frontières qu'il faut défendre ; ce sont les états ennemis qu'il faut envahir.

Il n'est aucun de vous qui n'ait fait plusieurs campagnes, qui ne sache que la qualité la plus essentielle d'un soldat est de savoir supporter les privations avec constance ; plusieurs années d'une mauvaise administration ne peuvent être réparées dans un jour.

Premier magistrat de la République, il me sera doux de faire connoître à la nation entière les corps qui mériteront, par leur discipline et leur valeur, d'être proclamés les soutiens de la patrie.

Soldats, lorsqu'il en sera temps, je serai au milieu de vous ; *et l'Europe se souviendra que vous êtes de la race des braves.*

Signé, BONAPARTE. Par le premier Consul : *le secrétaire d'État,* signé, Hugues B. Maret. *Le ministre de la justice,* signé, ABRIAL.

PROCLAMATION.

Du 4 Nivose.

BONAPARTE, premier Consul de la République, à l'armée d'Italie.

SOLDATS,

Les circonstances qui me retiennent à la tête du Gouvernement, m'empêchent de me trouver au milieu de vous.

Vos besoins sont grands : toutes les mesures sont prises pour y pourvoir.

Les premières qualités du soldat sont la constance et la discipline ; la valeur n'est que la seconde.

Soldats, plusieurs corps ont quitté leurs positions : ils ont été sourds à la voix de leurs officiers ; la dix-septième légère est de ce nombre.

Sont-ils donc tous morts les braves de Castiglione, de Rivoli, de Neumarck ! Ils eussent péri plutôt que de quitter leurs drapeaux, et ils eussent ramené leurs jeunes camarades à l'honneur et au devoir.

Soldats, vos distributions ne vous sont pas régulièrement faites, dites-vous ! Qu'eussiez-vous fait si, comme les quatrième et vingt-deuxième légères, les dix-huitième et trente-deuxième de ligne, vous vous fussiez trouvés au milieu du désert, sans pain ni eau, mangeant du cheval et des mulets ? *La victoire nous donnera du pain*, disoient-elles. Et vous.... vous quittez vos drapeaux !

Soldats d'Italie, un nouveau général vous commande : il fut toujours à l'avant-garde dans les plus beaux jours de votre gloire. Entourez-le de votre confiance ; il ramenera la victoire dans vos rangs.

Je me ferai rendre un compte journalier de la conduite de tous les corps, et spécialement de la dix-septième légère et de la soixante-troisième de ligne : *elles se ressouviendront de la confiance que j'avois en elles.*

Signé, BONAPARTE. Par le premier Consul : *le secrétaire d'État*, signé, Hugues B. Maret. *Le ministre de la justice*, signé, ABRIAL.

ARRÊTÉ qui nomme le citoyen Lucien Bonaparte *ministre de l'intérieur.*

Du 4 Nivose.

BONAPARTE, premier Consul de la République,

Nomme le citoyen *Lucien Bonaparte* aux fonctions de ministre de l'intérieur ;

Ordonne en conséquence que ledit citoyen *Lucien Bonaparte* se rendra sur-le-champ au palais, pour prêter serment et être installé.

Signé, BONAPARTE. Par le premier Consul : *le secrétaire d'État*, signé, Hugues B. Maret. *Le ministre de la justice*, signé, ABRIAL.

ARRÊTÉ qui nomme le citoyen Abrial *ministre de la justice.*

Du 4 Nivose.

BONAPARTE, premier Consul de la République,

Nomme le citoyen *André-Joseph Abrial* aux fonctions de ministre de la justice ;

Ordonne en conséquence que ledit citoyen *Abrial* se rendra sur-le-champ au palais, pour prêter serment et être installé.

Signé, BONAPARTE. Par le premier Consul : *le secrétaire d'État*, signé, Hugues B. Maret. *Le ministre de la justice*, signé, ABRIAL.

Arrêté qui nomme secrétaire d'État le citoyen Maret.

Du 4 Nivose.

Bonaparte, premier Consul de la République,

Nomme le citoyen *Hugues-Bernard Maret* secrétaire d'État.

Le présent arrêté sera imprimé au bulletin des lois.

Signé, Bonaparte. Par le premier Consul : *le secrétaire d'État*, signé, Hugues B. Maret. *Le ministre de la justice*, signé, Abrial.

Arrêté des Consuls de la République, qui règle le mode et la nature des récompenses nationales à décerner aux militaires.

Du 4 Nivose.

Les Consuls de la République, considérant que l'article 87 de la Constitution porte qu'il sera décerné des récompenses nationales aux guerriers qui auront rendu des services éclatans en combattant pour la République, et voulant statuer sur le mode et sur la nature de ces récompenses, après avoir entendu le rapport du ministre de la guerre,

Arrêtent ce qui suit :

Art. premier. Il sera donné aux individus des grades ci-dessous désignés, qui se distingueront par une action d'éclat ; savoir,

1°. Aux grenadiers et soldats, des fusils d'honneur qui seront garnis en argent ;

2°. Aux tambours, des baguettes d'honneur qui seront garnies en argent ;

3°. Aux militaires des troupes à cheval, des mousquetons ou carabines d'honneur, garnis en argent ;

4°. Et aux trompettes, des trompettes d'honneur, en argent. Les fusils, baguettes, mousquetons, carabines et trompettes porteront une inscription contenant les noms des militaires auxquels ils seront accordés, et celui de l'action pour laquelle ils les obtiendront.

II. Les canonniers-pointeurs les plus adroits qui, dans une bataille, rendront le plus de services, recevront des grenades d'or, qu'ils porteront sur le parement de leur habit.

III. Tout militaire qui aura obtenu une de ces récompenses, jouira de cinq centimes de haute-paie par jour.

IV. Tout militaire qui prendra un drapeau à l'ennemi, fera prisonnier un officier supérieur, arrivera le premier pour s'emparer d'une pièce de canon, aura droit par cela seul, chacun suivant son arme, aux récompenses ci-dessus.

V. Il sera accordé des sabres d'honneur aux officiers et aux soldats qui se distingueront par des actions d'une valeur extraordinaire, ou qui rendroient des services extrêmement importans.

Tout militaire qui aura obtenu un sabre d'honneur, jouira d'une double paie.

VI. Les généraux en chef sont autorisés à accorder, le lendemain d'une bataille, d'après la demande des généraux servant sous leurs ordres, et des chefs des corps, les brevets des fusils, carabines, mousquetons, grenades, baguettes et trompettes d'honneur.

Un procès-verbal constatera, d'une manière détaillée, l'action de l'individu ayant des droits à une des marques distinctives. Ce procès-verbal sera envoyé, sans délai, au ministre de la guerre, qui fera expédier sur-le-champ à ce militaire la récompense qui lui est due.

VII. Le nombre des récompenses accordées ne pourra excéder celui de trente par demi-brigade et par régiment d'artillerie, et il sera moindre de moitié pour les régimens de troupes à cheval.

VIII. Les demandes pour les sabres seront adressées au ministre de la guerre vingt-quatre heures après la bataille; et les individus pour lesquels elles auront été faites, n'en seront prévenus par le général en chef que lorsque le ministre les aura accordés; il ne pourra pas y en avoir plus de deux cents pour toutes les armées.

IX. Les procès-verbaux dressés par les chefs des corps, généraux, et par le général en chef d'une armée, lesquels constateront les droits de chaque individu à l'une des récompenses indiquées, seront immédiatement imprimés, publiés, et envoyés aux armées par ordre du ministre de la guerre.

Le premier Consul, signé, BONAPARTE. Par le premier Consul: *le serétaire d'État*, signé, Hugues B. Maret. *Le ministre de la guerre*, signé, ALEX. BERTHIER.

EXTRAIT du registre des délibérations du Conseil d'État.

Du 4 Nivose.

LE CONSEIL D'ÉTAT, délibérant sur le renvoi qui lui avoit été fait par les Consuls de la République, d'un arrêté de la section de la législation, présentant la question de savoir si les lois des 3 brumaire an 3, 19 fructidor an 5 et 9 frimaire an 6, qui excluent de la participation aux droits politiques et de l'admissibilité aux fonctions publiques, les parens d'émigrés et les ci-devant nobles, ont cessé d'exister par le fait de la Constitution, ou s'il faut une loi pour les rapporter;

Est d'avis que les lois dont il s'agit, et toute autre loi dont le texte seroit inconciliable avec celui de la Constitution, ont été abrogées par le fait seul de la promulgation de cette Constitution, et qu'il est inutile de s'adresser au législateur pour lui demander cette abrogation.

En effet, c'est un principe éternel, qu'une loi nouvelle fait cesser toute loi précédente, ou toute disposition de loi précédente contraire à son texte, principe applicable, à plus forte raison, à la Constitution, qui est la loi fondamentale de l'État.

Or les conditions qui déterminent le droit de voter et celui d'être élu aux diverses fonctions publiques, sont réglées par l'acte constitutionnel. Il n'est pas permis au législateur d'en retrancher quelques-unes, ni d'en ajouter de nouvelles : son texte est général, impérieux, exclusif.

Donc toute loi ancienne qui en contrarieroit l'application, a cessé d'exister, du moment où l'acte constitutionnel a été promulgué.

Ainsi le Gouvernement a le droit d'appeler aux fonctions publiques ceux des ci-devant nobles ou parens d'émigrés qu'il jugera dignes de sa confiance ; il n'a pas besoin pour cela du consentement du législateur ; le peuple, en acceptant la Constitution, lui en a donné le droit absolu.

Les lois dont il s'agit n'étoient d'ailleurs que des lois de circonstance, motivées sur le malheur des temps et la foiblesse du Gouvernement d'alors. Aujourd'hui ces motifs ne peuvent plus être allégués. Le Gouvernement créé par la Constitution de l'an 8, a toute la force nécessaire pour être juste, et maintenir dans toute leur pureté les principes de l'égalité et de la liberté. La seule distinction qui puisse diriger ses choix, est celle de la probité, des talens et du patriotisme.

Pour extrait : *le secrétaire général du Conseil d'État*, signé J. G. Locré. Par les Consuls : *le secrétaire d'État*, signé, Hugues B. Maret. *Le ministre de la justice*, signé, Abrial.

Baudouin, imprimeur du Corps législatif et du Tribunat, place du Carrousel, N°. 662.

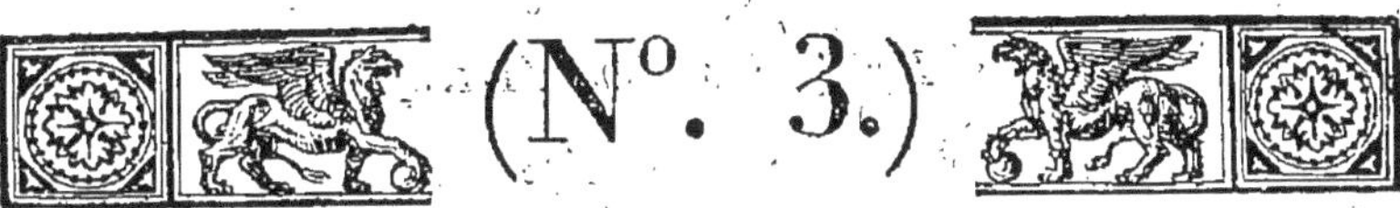

(N°. 3.)

ARRÊTÉS
ET
PROCLAMATIONS
DU GOUVERNEMENT.

Arrêté portant nomination de conseillers d'État.

Du 4 Nivose, an 8 de la République une et indivisible.

BONAPARTE, premier Consul de la République,

Arrête :

ART. I. Sont nommés aux fonctions de conseillers d'État, chacun dans une des sections du Conseil d'État établi par l'article 52 de la Constitution, les citoyens ci-après désignés ;

SAVOIR :

A la section de la guerre,

Les citoyens *Brune*, général de division ;
Dejean, général d'artillerie ;
Lacuée, ex-législateur ;
Marmont, général de division ;
Petiet, ex-législateur.

A la section de la marine,

Les citoyens *Gantheaume*, contre-amiral ;
Champagny, ancien officier de la marine ;
Fleurieu, ex-ministre de la marine ;
Lescallier, commissaire ordonnateur de la marine ;
Redon, ex-commissaire de la marine ;

. . . .

A

A la section des finances,

Les citoyens *Defermon*, ex-commissaire de la trésorerie;
Duchâtel (de la Gironde), ex-législateur;
Devaisnes, administrateur de la caisse des comptes courans;
Dubois (des Vosges), ex-législateur;
Jolivet, ex-législateur;
Regnier, ex-législateur;
Dufresne, ex-directeur du trésor public.

A la section de législation,

Les citoyens *Boulay* (de la Meurthe), ex-législateur;
Berlier, ex-législateur;
Moreau de Saint-Méry, ex-constituant;
Emméry, ex-constituant;
Réal, commissaire près l'administration centrale du département de la Seine.

A la section de l'intérieur,

Les citoyens *Rœderer*, ex-constituant;
Benezech, ex-ministre de l'intérieur;
Cretet, ex-législateur;
Chaptal, membre de l'institut;
Regnaud (de Saint-Jean-d'Angely), ex-constituant;
Fourcroy, membre de l'institut.

II. Le citoyen *Locré*, ex-secrétaire-rédacteur du Conseil des Anciens, est nommé secrétaire général du Conseil d'État.

III. Sont nommés pour remplir, pendant l'an 8, les fonctions de présidens des sections respectives du Conseil d'État,

Les citoyens *Brune*, à la section de la guerre;
Gantheaume, à la section de la marine;
Deferm n, à la section des finances;
Boulay, à la section de législation;
Rœderer, à la section de l'intérieur.

IV. Le citoyen *Dufresne* est spécialement chargé de la direction du trésor public.

V. Les citoyens *Lescallier*, *Regnier* et *Cretet*, sont pareillement chargés spécialement,

Le citoyen *Lescallier*, des colonies;
Le citoyen *Regnier*, des domaines nationaux;
Le citoyen *Cretet*, des ponts et chaussées, canaux et cadastres.
Leurs fonctions particulières seront déterminées par un réglement.

VI. Les citoyens ci-dessus nommés se rendront sur-le-champ au palais, pour prêter serment de fidélité à la Constitution, et être installés.

VII. Le présent arrêté sera imprimé au bulletin des lois.

Signé, BONAPARTE. Par le premier Consul : *le secrétaire d'État*, signé, Hugues B. Maret. *Le ministre de la justice*, signé, ABRIAL.

RÈGLEMENT pour l'organisation du Conseil d'État.

Du 5 Nivose.

LES CONSULS de la République arrêtent :

ART. I. Le Conseil d'État est composé de trente à quarante membres.

II. Il se forme en assemblée générale, et se divise en sections.

III. L'assemblée générale ne peut avoir lieu que sur la convocation des Consuls.

Elle est présidée par le premier Consul ; et, en son absence, par l'un des deux autres Consuls.

IV. Les ministres ont la faculté d'entrer dans l'assemblée générale du Conseil d'État, sans que leur voix y soit comptée.

V. Les conseillers d'État sont divisés en cinq sections ;

SAVOIR :

Une section des finances ;
Une section de législation civile et criminelle ;
Une section de la guerre ;
Une section de la marine ;
Une section de l'intérieur.

VI. Chaque section est présidée par un conseiller d'État, nommé chaque année par le premier Consul.

Lorsque le second ou troisième Consul se trouve à une section, il la préside.

Les ministres peuvent, lorsqu'ils le croient utile, assister, sans voix délibérative, aux séances des sections.

VII. Cinq conseillers d'État sont spécialement chargés de diverses parties d'administration, quant à l'instruction seulement : ils en suivent les détails, signent la correspondance, reçoivent et appellent toutes les informations, et portent aux ministres les propositions de décision que ceux-ci soumettent aux Consuls.

Un d'eux est chargé des bois et forêts, et anciens domaines ;

Un autre, des domaines nationaux ;

Un autre, des ponts et chaussées, canaux de navigation et cadastres ;

Un autre, des sciences et des arts ;

Un autre, des colonies.

VIII. La proposition d'une loi ou d'un réglement d'administration publique, est provoquée par les ministres, chacun dans l'étendue de ses attributions.

Si les Consuls adoptent leur opinion, ils renvoient le projet à la section compétente, pour rédiger la loi ou le réglement.

Aussitôt le travail achevé, le président de la section se transporte auprès des Consuls pour les en informer.

Le premier Consul convoque alors l'assemblée générale du Conseil d'État.

Le projet y est discuté, sur le rapport de la section qui l'a rédigé.

Le Conseil d'État transmet son avis motivé aux Consuls.

IX. Si les Consuls approuvent la rédaction, ils arrêtent définitivement le réglement ; ou, s'il s'agit d'une loi, ils arrêtent qu'elle sera proposée au Corps législatif.

Dans le dernier cas, le premier Consul nomme, parmi les conseillers d'État, un ou plusieurs orateurs qu'il charge de présenter le projet de loi et d'en soutenir la discussion.

Les orateurs, en présentant les projets de lois, développent les motifs de la proposition du Gouvernement.

X. Quand le Gouvernement retire un projet de loi, il le fait par un message.

XI. Le Conseil d'État développe le sens des lois, sur le renvoi qui lui est fait par les Consuls, des questions qui leur ont été présentées.

Il prononce, d'après un semblable renvoi,

1°. Sur les conflits qui peuvent s'élever entre l'administration et les tribunaux ;

2°. Sur les affaires contentieuses dont la décision étoit précédemment remise aux ministres.

XII. Les conseillers d'État chargés de la direction de quelques parties de l'administration publique, n'ont point de voix au Conseil d'État lorsqu'il prononce sur le contentieux de cette partie.

XIII. Le Conseil d'État a un secrétaire général.

Ses fonctions sont,

1°. De faire le départ des affaires entre les différentes sections ;

2°. De tenir la plume aux assemblées générales du Conseil d'État, et aux assemblées particulières que les présidens des sections tiendront chaque décade ;

3°. De présenter aux Consuls le résultat du travail de l'assemblée générale ;

4°. De contre-signer les avis motivés du Conseil, et les décisions des bureaux ;

5°. De garder les minutes des actes de l'assemblée générale du Conseil d'État, des sections, et des conseillers chargés des parties d'administration ; d'en délivrer ou signer les expéditions ou extraits.

XIV. Le traitement uniforme des conseillers d'État est de vingt-cinq mille francs.

Il est accordé un supplément de traitement aux présidens des sections, et à ceux des conseillers d'État qui seront chargés de la direction de quelque partie de l'administration publique.

XV. Le traitement du secrétaire général est fixé à quinze mille francs.

Le présent arrêté sera inséré au bulletin des lois.

Le premier Consul, signé, BONAPARTE. Par le premier Consul : *le secrétaire d'État*, signé, Hugues B. Maret. *Le ministre de la justice*, signé, ABRIAL.

ARRÊTÉ qui permet à divers individus condamnés à la déportation par des actes législatifs, de rentrer sur le territoire de la République.

Du 5 Nivose.

LES CONSULS de la République, en vertu de la loi du 3 de ce mois, concernant les individus nominativement condamnés à la déportation, sans jugement préalable, par un acte législatif ;

Vu les lois des 12 germinal an 3 et 19 fructidor an 5 ;

Après avoir entendu le ministre de la police générale,

Arrêtent :

ART. I. Il est permis aux individus ci-après nommés de rentrer sur le territoire de la République.

II. Ils se rendront, et demeureront sous la surveillance du ministre de la police générale, dans les communes désignées ainsi qu'il suit :

Laffon-Ladebat, à Paris ;
Carnot, à Paris ;
Barthelemy, à Paris ;
Boissy-d'Anglas, à Annonay ;
Couchery, à Besançon ;
Delahaye, à Rouen ;

Delarue, à la Charité-sur-Loire ;
Doumerc, à Paris ;
Dumolard, à Grenoble ;
Duplantier, à Paris ;
Duprat, à Tartas ;
Gau, à Auxerre ;
Lemarchand - Gomicourt, à Rouen ;
Jourdan (André - Joseph), à Orléans ;
Mersan, à Beaugency ;
Madier, à Auxerre ;
Noailles, à Toulouse ;
Mac-Curtin, à Auxonne ;
Pavie, à Toulouse ;
Pastoret, à Dijon ;
Polissard, à Mâcon ;
J. J. Aimé, à Dijon ;
Borne, au Puy ;
André de la Lozère, à Toulouse ;
Morgan, à Besançon ;
Cochon, à Paris ;
Portalis, à Paris ;
Paradis, à Anvers ;
Muraire, à Paris ;
Laumont, à Nevers ;
Praire-Montault, à Paris ;
Quatremère-Quincy, à Paris ;
Saladin, à Valenciennes ;
Siméon, à Paris ;
Viennot - Vaublanc, à Melun ;
Villaret - Joyeuse, à Paris ;
Barbé - Marbois, à Paris ;
Dumas, à Sens ;
Barère, à Paris ;
Vadier, à Chartres.

III. Les administrations communales informeront le ministre de la police de l'arrivée de chaque individu dans leurs arrondissemens respectifs.

IV. Tout individu compris dans l'une des lois des 12 germinal an 3 et 19 fructidor an 5, et non dénommé ci-dessus, qui rentrera sur le continent français sans y être autorisé par une permission expresse du Gouvernement, sera considéré et poursuivi comme émigré.

V. Le ministre de la police générale est chargé de l'exécution du présent arrêté, qui sera imprimé.

Le premier Consul, signé, Bonaparte. Par le premier Consul : *le secrétaire d'État*, signé, Hugues B. Maret. *Le ministre de la justice*, signé, Abrial.

Arrêté des Consuls de la République, concernant les individus dénommés dans celui du 4 Frimaire.

Du 5 Nivose.

Les Consuls de la République arrêtent ce qui suit :

Les individus dénommés dans l'arrêté du 4 frimaire dernier, cessent d'être sous la surveillance du ministre de la police générale.

Le premier Consul, signé, Bonaparte. Par le premier Consul : *le secrétaire d'État*, signé, Hugues B. Maret. *Le ministre de la justice*, signé, Abrial.

ARRÊTÉ qui rapporte ceux par lesquels le Directoire exécutif a converti des pensions de retraite en traitemens de réforme.

Du 6 Nivose.

LES CONSULS DE LA RÉPUBLIQUE, vu l'avis motivé du Conseil d'État,

Arrêtent ce qui suit :

Tous les arrêtés par lesquels le Directoire exécutif a converti des pensions de retraite en traitemens de réforme sont rapportés. Leur effet cessera à dater du premier germinal prochain, époque à laquelle lesdits militaires jouiront de leur solde de retraite, conformément aux dispositions de la loi du 28 fructidor an 7.

ARRÊTÉ relatif au paiement de la solde des militaires de l'armée de terre qui passeront aux colonies, ou qui seront employés pour le service de la marine.

Du 6 Nivose.

LES CONSULS de la République, vu l'avis motivé du Conseil d'État,

Arrêtent ce qui suit :

ART. I. Les militaires de tout grade, faisant partie de l'armée de terre, qui passeront aux colonies, et ceux qui seront embarqués ou employés pour le service de la marine, seront payés de la totalité de la solde et supplément de solde qui leur sont attribués par les lois sur les fonds affectés aux dépenses du ministre de la marine et des colonies, d'après les ordonnances du ministre de la guerre.

II. Les sommes que le ministre de la marine justifiera avoir fait payer pour la solde des militaires de l'armée de terre qui auront passé aux colonies ou auront été embarqués ou employés pour le service de la marine, lui seront remboursées par le ministre de la guerre.

Le présent arrêté sera imprimé.

Le premier Consul, signé, BONAPARTE. Par le premier Consul : *le secrétaire d'État*, signé, Hugues B. Maret. *Le ministre de la justice*, signé, ABRIAL.

BAUDOUIN, imprimeur du Corps législatif et du Tribunat, place du Carousel, N°. 662.

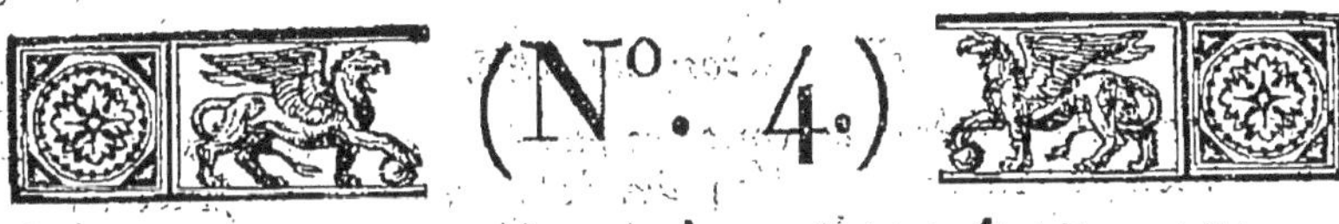

ARRÊTÉS ET PROCLAMATIONS DU GOUVERNEMENT.

PROCLAMATION.

Du 7 Nivose.

Les Consuls de la République aux habitans des départemens de l'Ouest.

UNE guerre impie menace d'embraser une seconde fois les départemens de l'Ouest. Le devoir des premiers magistrats de la République est d'en arrêter les progrès et de l'éteindre dans son foyer ; mais ils ne veulent déployer la force qu'après avoir épuisé les voies de la persuasion et de la justice.

Les artisans de ces troubles sont des partisans insensés de deux hommes qui n'ont su honorer ni leur rang par des vertus, ni leur malheur par des exploits ; méprisés de l'étranger, dont ils ont armé la haine, sans avoir pu lui inspirer d'intérêt.

Ce sont encore des traîtres vendus à l'Anglais, et instrumens de ses fureurs, ou des brigands qui ne cherchent dans les discordes civiles que l'aliment et l'impunité de leurs forfaits.

A de tels hommes le Gouvernement ne doit ni ménagement ni déclaration de ses principes.

Mais il est des citoyens chers à la patrie, qui ont été séduits par leurs artifices : c'est à ces citoyens que sont dues les lumières et la vérité.

Des lois injustes ont été promulguées et exécutées ; des actes arbitraires ont alarmé la sécurité des citoyens et la liberté des consciences ; par-tout des inscriptions hasardées sur des listes d'émigrés ont frappé des citoyens qui n'avoient jamais abandonné ni leur patrie, ni même leurs foyers ; enfin de grands principes d'ordre social ont été violés.

C'est pour réparer ces injustices et ces erreurs, qu'un Gouvernement fondé sur les bases sacrées de la liberté, de l'égalité, du système représentatif, a été proclamé et reconnu par la nation. La volonté cons-

A

tante, comme l'intérêt et la gloire des premiers magistrats qu'elle s'est donnés, sera de fermer toutes les plaies de la France ; et déja cette volonté est garantie par tous les actes qui sont émanés d'eux.

Ainsi la loi désastreuse de l'emprunt forcé, la loi, plus désastreuse, des otages, ont été révoquées ; des individus déportés sans jugement préalable sont rendus à leur patrie et à leurs familles. Chaque jour est et sera marqué par des actes de justice ; et le Conseil d'État travaille sans relâche à préparer la réformation des mauvaises lois, et une combinaison plus heureuse des contributions publiques.

Les Consuls déclarent encore que la liberté des cultes est garantie par la Constitution ; qu'aucun magistrat ne peut y porter atteinte ; qu'aucun homme ne peut dire à un autre homme : *Tu exerceras un tel culte ; tu ne l'exerceras qu'un tel jour.*

La loi du 11 prairial an 3, qui laisse aux citoyens l'usage des édifices destinés au culte religieux, sera exécutée.

Tous les départemens doivent être également soumis à l'empire des lois générales ; mais les premiers magistrats accorderont toujours et des soins et un intérêt plus marqué, à l'agriculture, aux fabriques et au commerce, dans ceux qui ont éprouvé de plus grandes calamités.

Le Gouvernement pardonnera ; il fera grace au repentir ; l'indulgence sera entière et absolue ; mais il frappera quiconque, après cette déclaration, oseroit encore résister à la souveraineté nationale.

Français, habitans des départemens de l'Ouest, ralliez-vous autour d'une Constitution qui donne aux magistrats qu'elle a créés, la force comme le devoir de protéger les citoyens, qui les garantit également et de l'instabilité et de l'intempérance des lois.

Que ceux qui veulent la gloire de la France se séparent des hommes qui persisteroient à vouloir les égarer pour les livrer au fer de la tyrannie, ou à la domination de l'étranger.

Que les bons habitans des campagnes rentrent dans leurs foyers et reprennent leurs utiles travaux ; qu'ils se défendent des insinuations de ceux qui voudroient les ramener à la servitude féodale.

Si, malgré toutes les mesures que vient de prendre le Gouvernement, il étoit encore des hommes qui osassent provoquer la guerre civile, il ne resteroit aux premiers magistrats qu'un devoir triste, mais nécessaire à remplir, celui de les subjuguer par la force.

Mais non : tous ne connoîtront plus qu'un sentiment, l'amour de la patrie. Les ministres d'un Dieu de paix seront le premiers moteurs de la réconcilation et de la concorde : qu'ils parlent aux cœurs le langage qu'ils apprirent à l'école de leur maître ; qu'ils aillent dans les temples qui se rouvrent pour eux, offrir avec leurs concitoyens le sacrifice qui expiera les crimes de la guerre et le sang qu'elle a fait verser.

Le premier Consul, signé, BONAPARTE. Par le premier Consul : *le secrétaire d'État*, signé, Hugues B. Maret. *Le ministre de la justice*, signé, ABRIAL.

ARRÊTÉ relatif aux édifices destinés à l'exercice d'un culte.

Du 7 Nivose.

LES CONSULS de la République, vu l'avis motivé du Conseil d'État,

Arrêtent ce qui suit :

Les citoyens des communes qui étoient en possession, au premier jour de l'an 2, d'édifices originairement destinés à l'exercice d'un culte, continueront à en user librement sous la surveillance des autorités constituées, et aux termes des lois des 11 prairial an 3 et 7 vendémiaire an 4, pourvu, et non autrement, que lesdits édifices n'aient point été aliénés jusqu'à présent ; auquel cas les acquéreurs ne pourront être troublés, ni inquiétés, sous les peines de droit.

Les ministres de la justice et de la police sont chargés, chacun en ce qui le concerne, de l'exécution du présent arrêté, qui sera inséré au bulletin des lois.

Le premier Consul, signé, BONAPARTE. Par le premier Consul : *le secrétaire d'État*, signé, Hugues B. Maret. *Le ministre de la justice*, signé, ABRIAL.

ARRÊTÉ contenant des mesures relatives aux départemens de l'Ouest.

Du 7 Nivose.

LES CONSULS de la République, en conséquence de la proclamation de ce jour,

Arrêtent :

ART. I. Dans la décade qui suivra la publication dans les communes composant l'arrondissement de l'armée d'Angleterre, tant de la proclamation faite aujourd'hui par les Consuls, que des arrêtés y annexés, tous les attroupemens des insurgés se dissoudront ; chaque habitant rentrera dans sa commune.

II. Les armes de toute espèce, notamment les pièces de canon et les fusils qui ont été fournis par les Anglais, seront déposés dans les lieux et selon le mode que prescrira le général Hédouville.

III. Amnistie entière et absolue est accordée aux habitans des départemens de l'Ouest pour tous les événemens passés, sans que ceux qui ont pris part aux troubles, puissent, en aucun cas, être recherchés ni poursuivis à raison de ce.

IV. Les communes qui resteroient en rebellion, seront déclarées par le général Hédouville, *hors de la Constitution*, et traitées comme ennemies du Peuple français.

Le premier Consul, signé, BONAPARTE. Par le premier Consul : *le secrétaire d'État*, signé, Hugues B. Maret. *Le ministre de la justice*, signé, ABRIAL.

ARRÊTÉ qui détermine la formule du serment à prêter par les fonctionnaires publics, etc.

Du 7 Nivose.

LES CONSULS de la République, vu l'avis motivé du Conseil d'État, d'après l'acceptation faite par le Peuple français de la Constitution de l'an 8,

Arrêtent ce qui suit :

Tous les fonctionnaires publics, ministres des cultes, instituteurs et autres personnes qui étoient par les lois antérieures à la Constitution, assujétis à un serment ou déclaration quelconque, y satisferont par la déclaration suivante :

JE PROMETS FIDÉLITÉ A LA CONSTITUTION.

Les ministres de la justice et de la police générale sont chargés, chacun en ce qui le concerne, de l'exécution du présent arrêté, qui sera inséré au bulletin des lois.

Le premier Consul, signé, BONAPARTE. Par le premier Consul : *le secrétaire d'État*, signé, Hugues B. Maret. *Le ministre de la justice*, signé, ABRIAL.

ARRÊTÉ relatif à l'exercice des cultes.

Du 7 Nivose.

LES CONSULS de la République, vu l'avis motivé du Conseil d'État ;

Instruits que quelques administrations, forçant le sens des lois qui constituent l'annuaire républicain, ont, par des arrêtés, ordonné que les édifices destinés au culte ne seroient ouverts que les décadis ; considérant qu'aucune loi n'a autorisé ces administrations à prendre de pareilles mesures,

Arrêtent ce qui suit :

ART. I. Lesdits arrêtés sont cassés et annullés.

II. Les lois relatives à la liberté des cultes seront exécutées selon leur forme et teneur.

III. Les ministres de la justice et de la police générale sont chargés, chacun en ce qui le concerne, de l'exécution du présent arrêté, qui sera inséré au bulletin des lois.

Le premier Consul, signé, BONAPARTE. Par le premier Consul : *le secrétaire d'État*, signé, Hugues B. Maret. *Le ministre de la justice*, signé, ABRIAL.

BAUDOUIN, imprimeur du Corps législatif et du Tribunat, place du Carousel, N°. 662.

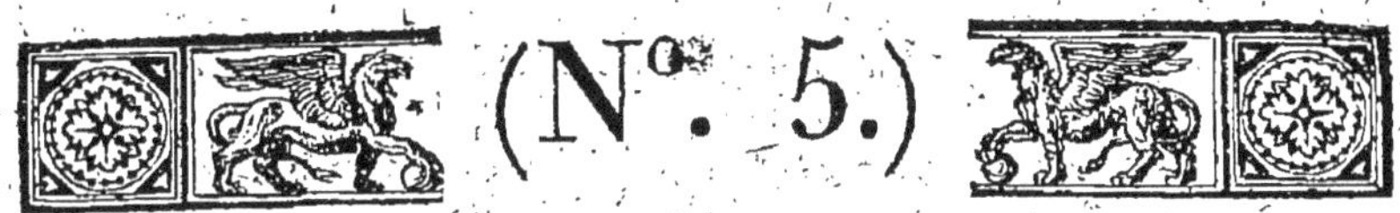

ARRÊTÉS
ET
PROCLAMATIONS
DU GOUVERNEMENT.

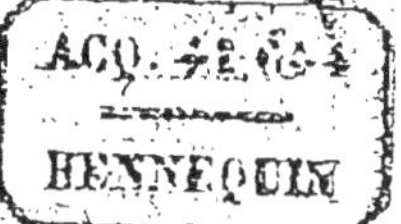

Arrêté qui ordonne l'exécution de travaux destinés à l'embellissement de l'hôtel national des Invalides.

Du 8 Nivose.

Les Consuls de la République, après avoir entendu le rapport du ministre de l'intérieur,

Arrêtent :

Art. I. Les plans et projets présentés par la commission nommée pour proposer des embellissemens dans l'hôtel national des Invalides et dans les environs de cet édifice sont adoptés, et il sera procédé sans délai à leur exécution. Les membres de la commission dirigeront les travaux.

II. Les premiers frais qu'exigeront ces travaux seront pris sur le produit de la vente qui sera faite des ateliers inutiles construits sur l'esplanade voisine de l'hôtel des Invalides.

III. Les ministres de la guerre, de l'intérieur et des finances, sont chargés, chacun en ce qui le concerne, de l'exécution du présent arrêté, qui sera imprimé ainsi que le rapport.

Le premier Consul, signé, Bonaparte. Par le premier Consul, *le secrétaire d'État*, signé, Hugues B. Maret. *Le ministre de l'intérieur*, signé, L. Bonaparte.

A

Paris, le 8 Nivose an 8 de la République, une et indivisible.

Rapport présenté aux Consuls de la République par le ministre de l'intérieur.

Le Gouvernement a desiré que tous les arts concourussent à décorer l'asyle que la reconnoissance nationale a consacré aux défenseurs de la patrie blessés dans les combats ou vieillis sous les drapeaux; il a voulu que les plus beaux trophées de nos victoires y fussent étalés avec pompe, et pussent encore réjouir les yeux des braves qui les ont conquis : le Gouvernement sera satisfait ; bientôt la France pourra montrer avec orgueil à l'Europe le palais des guerriers vétérans.

La vaste esplanade située entre l'édifice et la Seine sera plantée d'arbres de diverses espèces ; ils couvriront de leur ombre les tombeaux des guerriers morts les armes à la main.

Au milieu de cet élysée, l'eau jaillira d'une large coupe antique de porphyre ; des attributs allégoriques, et le lion de bronze conquis à Venise, orneront ce premier monument.

A l'entrée de l'avant-cour on supprimera les trophées de mauvais goût qui couronnent deux anciens piédestaux, et on les remplacera par des groupes majestueux.

Les chevaux corinthiens conquis à Venise seront placés dans la grande cour intérieure ; ils seront attelés au char de la Victoire, et érigés sur un piédestal orné de trophées d'armes modernes. Cette partie du projet a été adoptée par les Consuls d'après un rapport de mon prédécesseur.

L'église sera transformée en une *galerie militaire ;* on inscrira sur les murs l'époque et l'histoire abrégée des principales victoires des Français pendant la guerre de la liberté ; ce sera le calendrier des guerriers : sur le frontispice sera mise l'inscription, *A la Victoire.*

Entre les arcades, on construira des piédestaux destinés à porter les figures des braves qui ont illustré et défendu la patrie dans tous les temps. Là, auprès des statues de *Turenne* et du vainqueur de Norlingue et de Rocroy, seront érigées les statues de *Hoche*, de *Joubert* et de *Dugomier*, de *Marceau* et de *Dampierre.*

La réception des drapeaux sera toujours faite dans ce temple, et la voûte en sera ornée.

On invitera les peintres à représenter à fresque des sujets guerriers, sur la partie des murs cachée aujourd'hui par l'orgue ; et c'est ainsi qu'on essaiera de naturaliser en France ce genre de peinture si expéditif, et que préféroient les plus célèbres maîtres de l'école italienne.

Sur le plateau où s'élevoit l'autel, on placera une statue de Mars; et, en avant de cette statue, une tribune où se prononceront des oraisons funèbres et des harangues militaires.

Tels sont, en grande partie, les projets que de célèbres artistes, *David*, *Moitte*, *Legrand*, etc. proposent par mon organe au Gouvernement. En nommant les artistes, j'ai fait l'éloge des projets.

Les sommes que l'on consacre annuellement à l'encouragement des arts, seroient employées, en partie, à l'exécution de ces embellissemens. Tout artiste qui obtiendroit un prix, seroit admis à l'honneur de travailler aux décorations du *palais des vétérans*.

La France applaudira à cet utile emploi que le Gouvernement fera des talens et du génie. Orner la retraite des vieux guerriers, procurer à leur grande ame quelques nobles jouissances jusque sur le bord de leur tombe, c'est acquitter une dette de la patrie.

Les honneurs rendus aux héros ne sont point stériles. L'élysée des guerriers sera une école de victoires. Plus d'un jeune Français viendra porter son offrande d'admiration aux pieds des statues des héros des siécles passés, et promettre à leurs manes de les égaler en courage et en vertus.

Je propose aux Consuls de prendre un arrêté approbatif des plans et projets que j'ai développés dans ce rapport.

Signé, L. BONAPARTE.

Pour copie conforme :

Le secrétaire d'État, signé, Hugues B. Maret.

Arrêté concernant le traitement de réforme pour les officiers de tous les grades.

Du 8 Nivose.

LES CONSULS DE LA RÉPUBLIQUE, vu l'avis motivé du Conseil d'État,

Arrêtent ce qui suit:

Art. I Le traitement de réforme pour les officiers de tous les grades, demeure fixé au taux déterminé dans le tableau annexé à la loi du 28 fructidor an 7.

II. Jouiront dudit traitement de réforme les officiers de tous les grades qui ont fait partie de l'armée, lors de l'organisation exécutée en vertu de l'arrêté du 18 nivose an 4 ; ceux qui en ont fait partie depuis cette époque, ainsi que ceux qui en feront partie à l'avenir, à moins qu'ils n'aient cessé ou cessent d'être en activité, soit par l'effet d'un jugement, soit par celui d'une démission, soit enfin par le refus de reprendre de l'activité au moment où ils ont été ou seront appelés à la défense de la patrie.

Le premier Consul, signé, BONAPARTE. Par le premier Consul: *le secrétaire d'État*, signé, Hugues B. Maret. *Le ministre de la guerre*, Alex. BERTHIER.

Arrêté qui ordonne la publication du procès-verbal des élections des membres du Sénat conservateur, du Tribunat et du Corps législatif.

Du 9 Nivose.

AU NOM DU PEUPLE FRANÇAIS, BONAPARTE, premier Consul de la République, arrête ce qui suit:

Art. I. Le procès-verbal des élections des membres du Sénat conservateur, de ceux du Tribunat et de ceux du Corps législatif, sera inséré au Bulletin des lois.

II. Le ministre de la justice enverra à chacun des individus nommés dans les procès-verbaux mentionnés ci-dessus, un exemplaire du Bulletin des lois où ces procès-verbaux seront insérés, lequel leur tiendra lieu de notification, et leur servira de titre pour constater leur qualité.

Le premier Consul, signé, BONAPARTE. Par le premier Consul: *le secrétaire d'état*, signé, Hugues B. Maret.

ARRÊTÉ relatif à une omission dans celui du 5 nivose, qui permet à divers individus déportés de rentrer sur le territoire de la République.

Du 9 Nivose.

LES CONSULS de la République, informés que l'arrêté du 5 nivose, qui permet à divers individus condamnés à la déportation par des actes législatifs, de rentrer sur le territoire de la République, n'a pas été imprimé dans son entier dans tous les exemplaires du bulletin des lois n°. 340; qu'il a été omis dans quelques-uns de ces exemplaires, à la liste des noms, celui du citoyen *Bayard*; qu'il a été pareillement omis l'article V, ainsi conçu:

« Les dispositions du présent arrêté seront sans effet à l'égard de » ceux qui étant actuellement sur le continent de la République, ne » se seront pas présentés dans le délai de deux décades devant la municipalité du lieu de la surveillance qui leur est indiqué: quant à » ceux qui se trouvent en ce moment en pays étranger, il leur est accordé quatre décades »,

Arrêtent que le nom du citoyen *Bayard* sera compris dans la liste ;

Arrêtent pareillement que l'article V ci-dessus sera exécuté, comme faisant partie de l'arrêté.

Le premier Consul, signé, BONAPARTE. Par le premier Consul : *le secrétaire d'État*, signé, Hugues B. Maret. *Le ministre de la justice*, signé, ABRIAL.

ARRÊTÉ qui ouvre une souscription volontaire à Paris, en faveur des indigens.

Du 11 Nivose.

LES CONSULS de la République, après avoir entendu le ministre de l'intérieur, arrêtent :

Art. I. Il est ouvert une souscription volontaire à Paris pour venir au secours des indigens pendant l'hiver.

II. La liste des souscripteurs sera imprimée au bulletin des lois, et affichée dans toute l'étendue du département de la Seine.

III. Le ministre de l'intérieur est chargé de l'exécution du présent arrêté, qui sera imprimé.

Le premier Consul, signé, BONAPARTE. Par le premier Consul : *le secrétaire d'État*, signé, Hugues B. Maret. *Le ministre de l'intérieur*, signé, L. BONAPARTE.

Arrêté qui autorise divers individus déportés par des actes législatifs, à rentrer sur le territoire de la République.

Du 13 Nivose.

LES CONSULS DE LA RÉPUBLIQUE, en vertu de la loi du 3 de ce mois, concernant les individus nominativement condamnés à la déportation, sans jugement préalable, par un acte législatif ;

Vu les lois des 19 et 22 fructidor an V, et les arrêtés du Directoire exécutif des 28 prairial et 16 fructidor an VII, qui font l'application individuelle et nominative des dispositions de la loi du 22 fructidor an V ;

Après avoir entendu le ministre de la police générale,

Arrêtent :

Art. I. Les individus ci-après nommés : *Suard*, *Caussé*, *Michaud*, *Laharpe*, *Fontanes*, *Bourlet* (de Vauxelles), *Lunier*, *Porte*, *Beaulieu*, *Xhrouet*, *Perlet*, *Lefevre*, *Grandmaison*, *Pontcharraux* (dit le Romain), *Sicard*, *Migneret*, *Lasalle*, *Grimaldy*, *Caillot*, *Denis*, *Flechelles* frères, *Auvray*, *Chotard*, *Daubonneau*,

Langlois (Isidore), *Fiévé*, *Clausson*, *Colas*, sont autorisés à rentrer sur le territoire de la République.

II. Ils se rendront à Paris, et se présenteront devant le ministre de la police générale, lequel leur assignera la commune où ils devront se retirer, et rester en surveillance.

III. Le commissaire du Gouvernement près l'administration départementale de la Seine informera le ministre de l'arrivée de chaque individu dans la commune qui lui est assignée.

IV. Tout individu frappé par les arrêtés précités, et non compris dans l'article premier ci-dessus, qui rentrera ou sera trouvé sur le continent français sans en avoir obtenu la permission expresse du Gouvernement, sera considéré et poursuivi comme émigré.

V. Les dispositions du présent arrêté seront sans effet à l'égard de ceux qui étant actuellement sur le continent de la République, ne se seront pas présentés, dans le délai de deux décades, devant la municipalité du lieu de la surveillance qui leur est indiqué; et quant à ceux qui se trouvent en ce moment en pays étranger, il leur est accordé quatre décades.

VI. Le ministre de la police générale est chargé de l'exécution du présent arrêté, qui sera imprimé.

Le premier Consul, signé, BONAPARTE. Par le premier Consul : *le secrétaire d'état*, signé, Hugues B. Maret. *Le ministre de la police générale*, signé, FOUCHÉ.

Arrêté qui permet aux citoyens Blain *et* Mailhe *de rentrer sur le territoire de la République.*

Du 13 Nivose.

LES CONSULS DE LA RÉPUBLIQUE arrêtent ce qui suit:

Art. I. Les noms des citoyens *Blain* et *Mailhe* seront portés dans la liste des individus compris dans l'arrêté du 5 nivose, qui permet à divers individus condamnés à la déportation par des actes législatifs, de rentrer sur le territoire de la République.

II. Le citoyen *Mailhe* se rendra à Paris, et le citoyen *Blain* à Arles, pour y demeurer sous la surveillance du ministre de la police générale.

III. Toutes les dispositions de l'arrêté du 5 nivose précité sont communes aux citoyens *Mailhe* et *Blain*.

IV. Le présent arrêté sera imprimé, et inséré au Bulletin des lois.

Le premier Consul, signé, BONAPARTE. Par le premier Consul : *le secrétaire d'état*, signé, Hugues B. Maret. *Le ministre de la justice*, signé ABRIAL.

Arrêté contenant réglement sur le service de l'artillerie.

Du 13 Nivose.

Les Consuls de la République, vu l'avis motivé du Conseil d'État ; considérant qu'il importe au bien du service, de donner aux équipages d'artillerie un mode d'organisation qui les rapproche davantage de celle de l'armée, et d'assurer aux charretiers et employés qui les composent, le paiement de leur solde, et la fourniture des objets d'habillement et d'entretien qui leur sont nécessaires,

Arrêtent :

Art. I. Les charretiers d'artillerie seront organisés en bataillons de cinq compagnies. Les corps porteront le nom de *bataillons du train d'artillerie :* les soldats du train d'artillerie seront traités comme les autres soldats de la République.

II. Sur les cinq compagnies, une d'élite sera, de préférence, attachée au service de l'artillerie à cheval ; elle sera composée des hommes les plus forts, les plus adroits et les plus exercés. Trois autres seront destinées au service des parcs, des places et de l'artillerie à pied ; et la dernière servira de dépôt, fournira au remplacement, et restera au parc.

III. Chaque compagnie d'élite sera composée de quatre-vingts hommes, sous-officiers compris, et sera commandée par un maréchal-des-logis chef, deux maréchaux-des-logis et trois brigadiers.

Chaque compagnie ordinaire sera composée de soixante hommes, sous-officiers compris, et sera commandée par un maréchal-des-logis chef, deux maréchaux-des-logis et quatre brigadiers.

Il sera attaché un trompette à chaque compagnie.

IV. Chaque soldat de train d'artillerie aura soin de deux chevaux.

V. Chaque bataillon du train d'artillerie sera commandé par un capitaine, un lieutenant et un quartier-maître.

VI. Tous les officiers et sous-officiers du train d'artillerie devront avoir fait la guerre, et seront choisis, de préférence, parmi les employés actuels des équipages d'artillerie.

VII. Les bataillons et les officiers qui les commandent, sont sous les ordres des différens commandans d'artillerie, quel que soit leur grade.

VIII. Les bataillons du train d'artillerie d'une même armée, sont sous les ordres,

De l'inspecteur-général du train d'artillerie, ayant le grade de chef de brigade;

D'un major du train d'artillerie, ayant le grade de chef de bataillon;

De deux capitaines-inspecteurs, et de deux adjoints-lieutenans.

Tous les officiers, tant de l'état-major du train d'artillerie d'une armée que de l'état-major des bataillons, seront brevetés par le ministre.

IX. Lorsque, par les événemens de la guerre, les bataillons du train se trouveront au dépôt, sans chevaux, ils seront armés, et feront le service du parc et de la place, aux postes désignés par le commandant.

X. Dans le cas où un supplément de soldats du train d'artillerie deviendroit nécessaire, la partie active des bataillons se complétera au parc des compagnies de dépôt, et celles-ci se compléteront comme les autres troupes de la République.

XI. La taille requise pour les canonniers ne le sera pas pour les soldats du train d'artillerie.

XII. Les généraux d'artillerie aux différentes armées sont chargés de l'organisation de ces corps.

En conséquence, ils nommeront à tous les emplois, et en enverront l'état au ministre de la guerre, afin qu'il y donne sa sanction.

Les soldats du train d'artillerie parviendront, par la suite, aux places de brigadiers, et ceux-ci à celles de maréchaux-de-logis, de deux manières; savoir, les trois quarts à l'ancienneté, et un quart au choix de l'inspecteur général du train d'artillerie.

XIII. Nul ne pourra être brigadier s'il ne sait lire et écrire.

XIV. L'habillement des soldats du train d'artillerie sera composé d'un habit-veste, une capote ample, un gilet, un pantalon et un surculotte gris-de-fer, des bottines, des boutons d'artillerie en métal blanc, et un chapeau à trois cornes. Ceux qui serviront dans les compagnies d'élite, porteront un pompon rouge.

XV. La solde des soldats du train d'artillerie composant les compagnies ordinaires, est fixée à cinquante centimes; celle des brigadiers à soixante; celle des maréchaux-des-logis à soixante-quinze centimes par jour: celle du trompette sera la même que celle du trompette d'artillerie légère.

Les compagnies d'élite toucheront un supplément de solde, qui sera de cinq centimes pour les soldats, et de dix centimes pour les brigadiers et maréchaux-des-logis et trompettes.

La solde sera payée, comme celle des autres troupes, par le payeur de l'armée, et sur les mêmes fonds.

XVI. La solde des officiers du train d'artillerie est fixée ainsi qu'il suit :

Inspecteur général chef de brigade . . . . 8,000 fr.
Major du train d'artillerie chef de bataillon 5,000
Capitaine-inspecteur 4,000
Capitaine commandant les bataillons 3,500
Adjoint-lieutenant du major du train d'artillerie . . . 3,000
Lieutenant employé dans les bataillons 2,400
Quartier-maître 2,400

XVII. La masse d'entretien pour les soldats du train d'artillerie, brigadiers et maréchaux-des-logis, sera conforme à celle de l'artillerie à pied.

La retenue pour la masse de linge et chaussure sera de six centimes.

XVIII. La masse de linge et chaussure, pour chaque bataillon, sera déposée dans la caisse du quartier-maître.

Dans les déplacemens, le bordereau et l'argent de la partie de la masse qui revient à la compagnie détachée, lui seront envoyés.

XIX. La masse de linge et chaussure sera dirigée, dans chaque bataillon, par le quartier-maître, et, dans chaque compagnie, par le maréchal-des-logis chef, qui tiendra un compte ouvert avec chaque soldat et sous-officier.

Les sommes nécessaires pour fournir à l'entretien du linge et de la chaussure, seront prises sur la masse déposée dans la caisse du corps, sur les bons du quartier-maître, d'après l'état fourni par le chef de compagnie, et visé par le capitaine commandant le bataillon.

XX. Il sera formé, dans chaque bataillon, un conseil d'administration composé de deux officiers, et du plus ancien maréchal-des-logis.

XXI. Le conseil d'administration du parc est chargé de vérifier, tous les ans, les comptes arrêtés par les conseils d'administration des bataillons.

XXII. Le ministre de la guerre est chargé de l'exécution du présent arrêté, qui sera inséré au bulletin des lois.

Le premier Consul, signé, BONAPARTE. Par le premier Consul : *le secrétaire d'État*, signé Hugues B. Maret. *Le ministre de la justice*, signé, ABRIAL.

Arrêté qui ordonne l'érection d'un monument à la mémoire du chef de brigade Dupuy, *et des braves de la trente-deuxième demi-brigade morts au champ d'honneur.*

Du 14 Nivose.

LES CONSULS DE LA RÉPUBLIQUE,

Considérant que le chef de brigade *Dupuy*, mort les armes à la main au Caire, a commandé pendant cinq campagnes la 32e. demi-brigade, qui, dans chaque bataille où elle a donné, a décidé la victoire par sa bravoure,

Arrêtent ce qui suit :

Le ministre de l'intérieur fera élever une des colonnes de granit qui ont été apportées de la Grèce, au milieu de la grande place de la commune de Toulouse, lieu de la naissance du chef de brigade *Dupuy*. La colonne portera cette inscription : *A Dupuy et aux braves de la trente-deuxième demi-brigade morts au champ d'honneur.*

Le présent arrêté sera imprimé au Bulletin des lois.

Le premier Consul, signé, BONAPARTE. Par le premier Consul : *le secrétaire d'état*, signé, Hugues B. Maret. *Le ministre de la justice*, signé, ABRIAL.

EXTRAIT des registres du Sénat conservateur.

Du 14 Nivose.

On réclame comme une erreur qui s'est glissée au procès-verbal, et relativement au citoyen *Pison-du Galland*, membre du Corps législatif, porté sous l'indication du département de l'*Eure*, quoiqu'il appartienne à celui de l'*Isère*. Vérification faite par l'un des secrétaires, du procès-verbal de la séance du 7 nivose, où cette erreur s'est glissée, le Sénat arrête que, pour la rectifier, il sera fait mention au procès-verbal de ce jour, que le citoyen *Pison-du-Galland* appartient en effet au département de l'Isère, et qu'il sera fait un message en conséquence au Corps législatif, au Tribunat et aux Consuls de la République.

Signé, SIEYES, *président* ; Roger-Ducos, B. G. A. B. Lacépède, *secrétaires*.

Du 24 Nivose an 8 de la République française.

Au nom du Peuple français, BONAPARTE, premier Consul de la

République, ordonne que l'acte du Sénat conservateur qui précède, sera inséré au bulletin des lois. *Signé*, BONAPARTE. Par le premier Consul : *le secrétaire d'État*, signé, Hugues B. Maret. *Le ministre de la justice*, signé, ABRIAL.

BAUDOUIN, imprimeur du Corps législatif et du Tribunat, place du Carrousel, N°. 662.

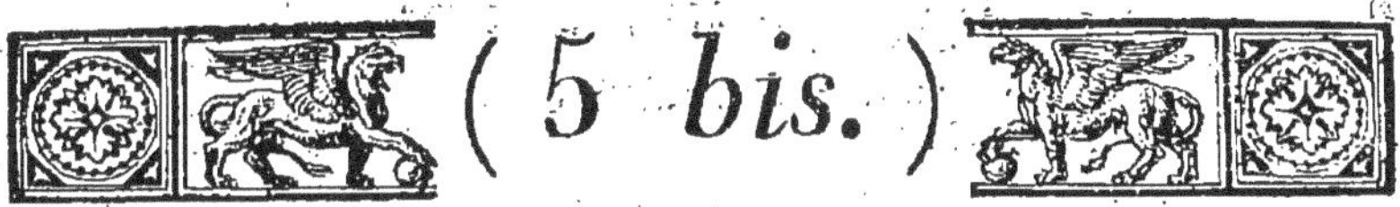

ARRÊTÉS ET PROCLAMATIONS DU GOUVERNEMENT.

Arrêté qui rapporte ceux par lesquels des pensions de retraite ont été converties en traitemens de réforme.

Du 8 Nivose an 8.

LES CONSULS DE LA RÉPUBLIQUE, vu l'avis motivé du conseil d'état,

Arrêtent ce qui suit :

Tous les arrêtés par lesquels le Directoire exécutif a converti des pensions de retraite en traitemens de réforme, sont rapportés. Leur effet cessera à dater du premier germinal prochain, époque à laquelle lesdits militaires jouiront de leur solde de retraite, conformément aux dispositions de la loi du 28 fructidor an 7.

Le présent arrêté sera imprimé au Bulletin des lois.

Le premier Consul, signé, BONAPARTE. Par le premier Consul : *le secrétaire d'état*, signé, Hugues B. Maret. *Le ministre de la justice*, signé, ABRIAL.

Arrêté relatif aux traitemens de réforme.

Du 8 Nivose.

LES CONSULS DE LA RÉPUBLIQUE, vu l'avis motivé du conseil d'état,

Arrêtent ce qui suit :

Art. I. Le traitement de réforme pour les officiers de tous les

A

grades, demeure fixé au taux déterminé dans le tableau annexé à la loi du 28 fructidor an 7.

II. Jouiront dudit traitement de réforme, les officiers de tous les grades qui ont fait partie de l'armée lors de l'organisation exécutée en vertu de l'arrêté du 18 nivose an 4, ceux qui en ont fait partie depuis cette époque, ainsi que ceux qui en feront partie à l'avenir, à moins qu'ils n'aient cessé ou ne cessent d'être en activité, soit par l'effet d'un jugement légal, soit par celui d'une démission, soit enfin par le refus de reprendre de l'activité au moment où ils ont été ou seront appelés à la défense de la patrie.

Le présent arrêté sera imprimé au Bulletin des lois.

Le premier Consul, signé, BONAPARTE. Par le premier Consul : *le secrétaire d'état*, signé, Hugues B. Maret. *Le ministre de la justice*, signé, ABRIAL.

Arrêté qui nomme le citoyen Lavalette *chargé d'affaires de la République à Dresde.*

Du 9 Nivose.

AU NOM DU PEUPLE FRANÇAIS, BONAPARTE, premier Consul de la République, sur le rapport du ministre des relations extérieures,

Arrête ce qui suit :

Art. I. Le citoyen *Lavalette*, aide-de-camp, est nommé chargé d'affaires de la République à Dresde. Il jouira du même traitement que son prédécesseur.

II. Le ministre des relations extérieures est chargé de l'exécution du présent arrêté, qui sera inséré au Bulletin des lois.

Le premier Consul, signé, BONAPARTE. Par le premier Consul : *Le secrétaire d'état*, signé, Hugues B. Maret. *Le ministre des relations extérieures*, signé, TALLEYRAND-PÉRIGORD.

Arrêté qui nomme le citoyen Helflinger *chargé d'affaires de la République à Hesse-Darmstadt.*

Du 9 Nivose.

AU NOM DU PEUPLE FRANÇAIS, BONAPARTE, premier Consul de la République, sur le rapport du ministre des relations extérieures,

Arrête ce qui suit :

Art. I. Le citoyen *Helflinger*, précédemment chargé d'affaires de la République à Dresde, passera dans cette même qualité à Hesse-Darmstadt.

II. Il jouira du traitement accordé à son prédécesseur.

Le ministre des relations extérieures est chargé de l'exécution du présent arrêté, qui sera inséré au Bulletin des lois.

Le premier Consul, signé, BONAPARTE. Par le premier Consul: *le secrétaire d'état*, signé, Hugues B. Maret. *Le ministre des relations extérieures*, signé, TALLEYRAND-PÉRIGORD.

Arrêté qui nomme le citoyen Semonville *ministre plénipotentiaire de la République à la Haye.*

Du 9 Nivose.

AU NOM DU PEUPLE FRANÇAIS, BONAPARTE, premier Consul de la République,

Arrête ce qui suit:

Art. I. L'arrêté qui nomme le citoyen *Grouvelle* ministre plénipotentiaire de la République à la Haye, est rapporté. Le citoyen *Grouvelle* recevra postérieurement une autre destination.

II. Le citoyen *Semonville*, ancien ambassadeur de la République à la Porte, est nommé ministre plénipotentiaire de la République à la Haye.

III. Le citoyen *Champigny-Aubin*, secrétaire de cette légation, est rappelé.

IV. Le citoyen *Marivault*, précédemment chargé de diverses missions dans le Nord et en Italie, est nommé secrétaire de légation à la Haye, avec le même traitement que son prédécesseur.

Le ministre des relations extérieures est chargé de l'exécution du présent arrêté, qui sera inséré au Bulletin des lois.

Signé, BONAPARTE, Par le premier Consul: *le secrétaire d'état*, signé, Hugues B. Maret. *Le ministre de la justice*, signé, ABRIAL.

Arrêté qui nomme le général Beurnonville *ministre plénipotentiaire à Berlin.*

Du 9 Nivose.

AU NOM DU PEUPLE FRANÇAIS, BONAPARTE, premier Consul de la République, sur le rapport du ministre des relations extérieures,

Arrête ce qui suit:

Art. I. Le général *Beurnonville* est nommé ministre plénipotentiaire et envoyé extraordinaire de la République à Berlin. Il jouira du même traitement que son prédécesseur.

II. Le citoyen *Bignon*, précédemment secrétaire de légation en Helvétie, est nommé premier secrétaire de légation à Berlin. Il jouira du traitement annuel de huit mille francs.

III. Le citoyen *Caillard*, précédemment employé dans la légation de Berlin, est nommé second secrétaire de cette légation. Il jouira du traitement annuel de quatre mille francs.

Le ministre des relations extérieures est chargé de l'exécution du présent arrêté, qui sera inséré au Bulletin des lois.

Signé, BONAPARTE. Par le premier Consul : *le secrétaire d'état*, signé, Hugues B. Maret. *Le ministre des relations extérieures*, signé, TALLEYRAND-PÉRIGORD.

BAUDOUIN, imprimeur du Corps législatif et du Tribunat, rue de Grenelle-Saint-Germain, N°. 1131.

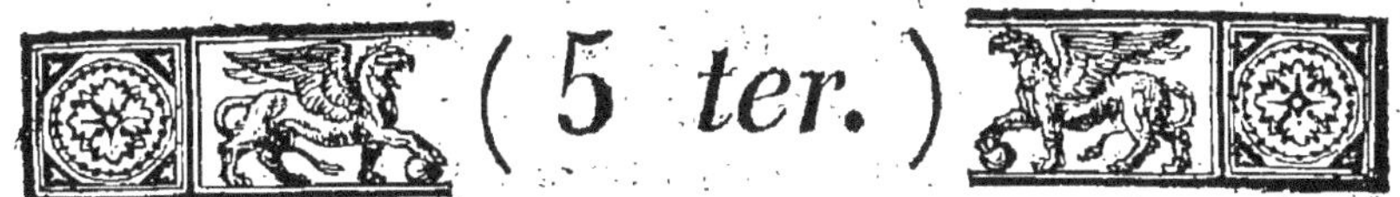

ARRÊTÉS
ET
PROCLAMATIONS
DU GOUVERNEMENT.

Arrêté qui nomme le citoyen Duvidal *inspecteur général près de l'administration des postes.*

Du 14 Nivose an 8.

AU NOM DU PEUPLE FRANÇAIS, BONAPARTE, premier Consul de la République, d'après le rapport du ministre des finances,

Arrête :

Le citoyen *Duvidal*, actuellement administrateur des hospices civils de Paris, est nommé à la place d'inspecteur général près l'administration des postes dans cette commune, au lieu des deux substituts du commissaire du Gouvernement qui avoient été précédemment établis.

Le ministre des finances est chargé de l'exécution du présent arrêté, qui sera inséré au bulletin des lois.

Le premier Consul, signé, BONAPARTE. Par le premier Consul : *le secrétaire d'état*, signé, Hugues B. Maret. *Le ministre des finances*, signé, GAUDIN.

Arrêté relatif à l'organisation administrative de la poste aux lettres.

Du 14 Nivose.

LES CONSULS DE LA RÉPUBLIQUE, sur le rapport du ministre des finances ; le Conseil d'état entendu,

Arrêtent ce qui suit :

Art. I. Toutes les délibérations relatives au service de la poste

A

aux lettres sont prises par trois administrateurs au moins, en présence du commissaire du Gouvernement, au *visa* duquel toutes ces délibérations sont soumises.

II. Les administrateurs nomment à tous les emplois, et prononcent les destitutions, sauf le recours au ministre des finances.

III. Les commissions expédiées aux directeurs et aux contrôleurs par les administrateurs, sont visées par le commissaire.

IV. Les inspecteurs ne peuvent être choisis que parmi les employés des postes aux lettres, sur la présentation du commissaire. Leurs commissions, expédiées par les administrateurs, sont visées par le ministre des finances.

V. Le ministre des finances arrête tous les états de dépense.

VI. Il fixe également la proportion des remises indiquées par les articles VIII et X de la loi du 25 frimaire an 8, conformément à l'article XI de cette loi, et soumet le projet de cette fixation à l'approbation des Consuls.

VII. Il règle aussi les bases des services d'entreprise, l'établissement des bureaux de poste et de distribution.

VIII. Les deux substituts du commissaire des postes qui avoient été établis à Paris pour la surveillance des opérations du bureau de départ et de celui de l'arrivée, sont remplacés par un inspecteur général nommé par le premier Consul de la République.

IX. Cet inspecteur général jouira du traitement qui avoit été attribué par la loi du 25 frimaire à l'un des deux substituts qu'il remplace.

X. Le ministre des finances est chargé de l'exécution du présent réglement, qui sera imprimé au Bulletin des lois.

Le premier Consul, signé, BONAPARTE. Par le premier Consul: *le secrétaire d'état*, signé, Hugues B. Maret. *Le ministre des finances*, signé, GAUDIN.

Arrêté qui nomme le citoyen Coquebert-Monbret *commissaire général des relations commerciales à Amsterdam.*

Du 16 Nivose.

AU NOM DU PEUPLE FRANÇAIS, BONAPARTE, premier Consul de la République,

Arrête :

Art. I. Le citoyen *Coquebert-Monbret*, ex-consul à Hambourg est à Dublin, est nommé au commissariat général des relations commerciales de la République à Amsterdam, vacant par la promotion du citoyen *Fonseuberte* à celui de Cadix.

II. Le citoyen *Coquebert-Monbret* jouira du même traitement que son prédécesseur.

Le ministre des relations extérieures est chargé de l'exécution du présent arrêté, qui sera inséré au Bulletin des lois.

Le premier Consul, signé, BONAPARTE. Par le premier Consul: *le secrétaire d'état*, signé, Hugues B. Maret. *Le ministre de la justice*, signé, ABRIAL.

Arrêté relatif à la confection des travaux maritimes.

Du 28 Nivose.

AU NOM DU PEUPLE FRANÇAIS, BONAPARTE, premier Consul de la République,

Arrête:

Le ministre de la marine fera sur-le-champ les dispositions nécessaires pour la reprise des travaux maritimes qui doivent avoir lieu à l'ouverture de la campagne prochaine, sans que cela puisse coûter, pour cette année, plus d'un million.

Il arrêtera et présentera sans délai la liste nominative des ingénieurs et élèves qui seront destinés à la direction et à la surveillance de ces travaux.

Les ingénieurs employés aux travaux des ports secondaires et de commerce, ainsi que ceux affectés aux bâtimens civils des grands ports militaires, seront tous désignés sous la dénomination d'ingénieurs des travaux maritimes

Ces ingénieurs seront entièrement assimilés aux ingénieurs-constructeurs de vaisseaux.

Le ministre proposera un réglement sur l'ensemble et les détails de ce service.

Le présent arrêté sera inséré au Bulletin des lois.

Le premier Consul, signé, BONAPARTE. Par le premier Consul, *le secrétaire d'état*, signé, Hugues B. Maret. *Le ministre de la justice*, signé, ABRIAL.

Extrait des délibérations des Consuls de la République.

Du 29 Nivose.

Extrait du registre des délibérations du conseil d'état, séance du 29 Nivose an 8.

PROJET de FORMULE pour la PROMULGATION DES LOIS.

AU NOM DU PEUPLE FRANÇAIS, BONAPARTE, premier Consul, proclame loi de la République le décret suivant, rendu par le Corps législatif le
sur la proposition faite par le Gouvernement le
communiquée au Tribunat le

[*TEXTE.*]

Soit la présente loi revêtue du sceau de l'État, insérée au Bulletin des lois, inscrite dans les registres des autorités judiciaires et administratives, et le ministre de la justice chargé d'en surveiller la publication. A le an de la République.

Signé, BONAPARTE, *premier Consul.* Contre-signé, *le secrétaire d'état,* Et scellé du sceau de l'État.

Approuvé : *le premier Consul*, signé, BONAPARTE. Par le premier Consul : *le secrétaire d'état*, signé, Hugues B. Maret. *Le ministre de la justice*, signé, ABRIAL.

Arrêté qui nomme le général Bernardotte *conseiller d'état.*

Du 4 Pluviose.

AU NOM DU PEUPLE FRANÇAIS, BONAPARTE, premier Consul de la République,

Arrête ce qui suit :

Le citoyen *Bernadotte*, général de division, est nommé conseiller d'état, section de la guerre.

Le présent arrêté sera inséré au bulletin des lois.

Signé, BONAPARTE. Par le premier Consul : *le secrétaire d'état*, signé, Hugues B. Maret. *Le ministre de la justice*, signé, ABRIAL.

BAUDOUIN, imprimeur du Corps législatif et du Tribunat, rue de Grenelle-Saint-Germain, n°. 1131.

(N°. 6.)

ARRÊTÉS ET PROCLAMATIONS DU GOUVERNEMENT.

Arrêté qui supprime le syndicat du commerce et détermine l'emploi de ses effets.

Du 15 Nivose an 8.

Les Consuls de la République, vu les arrêtés du Directoire exécutif, des 7, 19 et 28 thermidor an 7,

Ouï le rapport du ministre des finances,

Arrêtent ce qui suit :

Art. I. Le syndicat du commerce est supprimé.

II. Dans le délai d'une décade, les commissaires du syndicat fourniront à la trésorerie nationale le compte et les pièces justificatives de leurs opérations jusqu'à ce jour, pour être ledit compte arrêté par le ministre des finances, sauf l'approbation des Consuls.

III. Dans le jour, le syndicat fera verser à la trésorerie nationale tous les fonds qu'il peut avoir en caisse, et successivement ceux qui pourroient lui être encore adressés par les receveurs généraux de département.

IV. Il sera restitué, sans délai, aux délégataires le quart de leurs délégations par eux cédé en exécution de l'arrêté du 7 thermidor. Cette restitution leur sera faite en mandats ou rescriptions de la trésorerie nationale, acquitables dans les formes et valeurs prescrites par l'arrêté de ce jour.

V. Les effets du syndicat continueront d'être admis en paiement, tant de la subvention de guerre que des contributions de l'an 7, et

A

années antérieures, maisons et bâtimens à vendre à Paris, et domaines nationaux à aliéner en exécution de la loi du 26 vendémiaire an 7, le tout conformément aux lois et arrêtés qui en ont autorisé l'admission et déterminé le mode.

Les effets du syndicat participeront de plus à la répartition de fonds à faire chaque mois à la trésorerie nationale, conformément à l'arrêté de ce jour, concernant les délégations.

VI. Le ministre des finances est chargé de l'exécution du présent arrêté, qui sera imprimé au bulletin des lois.

Le premier Consul, signé, BONAPARTE. Par le premier Consul : *le secrétaire d'État*, signé, Hugues B. Maret. *Le ministre des finances*, signé, GAUDIN.

ARRÊTÉ *concernant le paiement des délégations sur les contributions arriérées des années 5, 6 et 7.*

Du 15 Nivose.

LES CONSULS de la République, après avoir entendu le rapport du ministre des finances sur les diverses opérations relatives au service du trésor public qui ont précédé l'établissement du nouveau Gouvernement;

Considérant que les délégations faites à un grand nombre de fournisseurs, d'une forte partie de contributions et autres produits arriérés pour les années 5, 6 et 7, occasionnent une confusion qui favorise tantôt la stagnation des fonds dans les caisses de perception, tantôt la violation de ces mêmes caisses de la part des autorités locales, dont les dispositions particulières contrarient souvent celles que le Gouvernement avoit faites pour l'ensemble du service général;

Considérant qu'un tel état de choses s'oppose invinciblement au rétablissement de l'ordre dans l'administration de la fortune publique, et nuit également et aux intérêts du Gouvernement et à ceux des délégataires eux-mêmes,

Arrêtent :

ART. I. A compter du jour de la réception du présent arrêté dans chaque département, tout paiement aux délégataires sur les contributions et autres produits arriérés des années 5, 6 et 7, cessera d'être fait dans les caisses des receveurs généraux.

II. Le directeur des contributions, ou, à son défaut, l'inspecteur, se transportera dans le jour chez le receveur général, pour constater le montant des fonds en caisse, qu'il fera verser de suite à la caisse du payeur général, à la seule exception des fonds provenant des centimes additionnels ou des droits de passe ; il dressera un bordereau du montant des fonds trouvés en caisse, en distinguant la nature des recettes; il énoncera, dans le même bordereau, les sommes provenant des centimes additionnels, et celles provenant du droit de passe, qui seront restées dans la main du receveur général, et adressera, sans délai, ledit bordereau au ministre des finances.

III. L'opération ci-dessus terminée, le directeur des contributions, ou l'inspecteur, se fera représenter toutes les lettres de crédit délivrées sur la caisse du receveur général par les commissaires de la trésorerie nationale; il vérifiera les paiemens faits à compte des lettres de crédit; il arrêtera, conjointement avec le receveur, le montant desdits paiemens, après en avoir constaté la conformité avec les journaux de dépense; il dressera du tout procès-verbal, qu'il adressera, sans aucun retard, au ministre des finances.

IV. Le receveur général sera tenu, de son côté, de renvoyer aussitôt au conseiller d'État directeur général du trésor public les lettres de crédit ainsi vérifiées.

V. Il sera formé, tant à la trésorerie nationale à Paris, que chez chacun des payeurs de département, par le directeur des contributions, ou par l'inspecteur, un état des ordonnances non encore acquittées, avec distinction d'exercice; lequel sera adressé sans délai au directeur général du trésor public.

La trésorerie nationale constatera de plus le montant des traites ou rescriptions par elle délivrées, restant à acquitter.

VI. Le ministre des finances rendra compte chaque mois, aux Consuls de la République, du montant des recettes faites sur les contributions et autres produits arriérés, afin qu'ils déterminent la portion des recettes qui devra être affectée au paiement des effets énoncés au présent arrêté.

VII. Lesdits effets, ainsi que les billets du syndicat, seront en outre admis, comme numéraire, dans le paiement du prix total des domaines ruraux à vendre, à dater du premier pluviose, sauf le droit d'enregistrement et ceux attribués aux administrations, lesquels continueront à être acquittés en numéraire.

VIII. Les dispositions du présent arrêté ne sont point applicables aux lettres de crédit délivrées par la trésorerie nationale aux négocians et banquiers de Paris, jusqu'à concurrence de douze millions, sur le produit de la subvention de guerre établie par la loi du 29 brumaire dernier : ces lettres de crédit seront néanmoins représentées au directeur général du trésor public, pour être revêtues de son *visa*.

IX. Il est de nouveau expressément défendu à toute autorité civile ou militaire, à peine d'en répondre personnellement, de disposer d'aucune somme versée dans les caisses publiques, autrement qu'en vertu d'ordonnances du ministre compétent, revêtues des formes constitutionnelles.

X. Le ministre des finances est chargé de l'exécution du présent arrêté, qui sera imprimé au bulletin des lois.

Le premier Consul, signé, BONAPARTE. Par le premier Consul : *le secrétaire d'État*, signé, Hugues B. Maret. *Le ministre des finances*, signé, GAUDIN.

ARRÊTÉ portant création d'un premier inspecteur général de l'artillerie.

Du 15 Nivose.

LES CONSULS de la République, le Conseil d'État entendu,

Arrêtent ce qui suit :

Art. I. Il sera nommé un premier inspecteur général du corps de l'artillerie.

II. Le premier inspecteur a, sous l'autorité du ministre, la surveillance générale du matériel et du personnel de l'artillerie. Il inspecte et fait inspecter les régimens d'artillerie à pied et à cheval, les écoles, les directions, les manufactures d'armes, les fonderies de canons, et tous les établissemens quelconques du ressort de l'artillerie.

III. Les inspecteurs généraux lui rendront compte des résultats de leurs tournées : les mémoires, plans et projets lui seront adressés. Il correspondra avec les directeurs, et leur demandera tous les comptes qu'il croira convenables.

IV. Le premier inspecteur présentera au ministre les résultats des revues des inspecteurs : il lui soumettra, toutes les fois qu'il le desirera, le tableau du matériel et du personnel de l'artillerie des différentes armées et des places frontières ; il donnera en même temps des vues sur ces divers objets.

V. Le premier inspecteur est tenu de présenter au ministre tous les projets de changement et d'amélioration qu'il croira convenables, tant pour le matériel que pour le personnel

VI. Il dénonce au ministre tous les abus d'administration qu'il reconnoît ; il propose toutes les économies qu'il croit possibles.

VII. Le travail arrêté par le ministre sur la présentation du premier inspecteur, sera exécuté dans ses bureaux, ainsi que par le passé : s'il jugeoit nécessaire d'y faire quelques changemens, il en instruiroit le premier inspecteur général ; il lui donneroit également connoissance des ordres particuliers que les besoins urgens du service auroient pu nécessiter.

VIII. Le comité central de l'artillerie sera désormais sous les ordres immédiats du premier inspecteur général, qui le présidera lorsqu'il assistera à ses séances.

Le ministre de la guerre est chargé de l'exécution du présent arrêté, qui sera inséré au bulletin des lois.

Le premier Consul, signé, BONAPARTE. Par le premier Consul : *le secrétaire d'État*, signé, Hugues B. Maret. *Le ministre de la justice*, signé, ABRIAL.

ARRÊTÉ portant création d'un premier inspecteur général et de six inspecteurs généraux de l'arme du génie.

Du 15 Nivose.

LES CONSULS de la République, le Conseil d'État entendu,

Arrêtent :

Art. I. Il y aura un premier inspecteur général de l'arme du génie ; il sera général de division.

II. Il y aura en outre six inspecteurs généraux ; ils seront choisis soit parmi les inspecteurs généraux actuels, soit parmi les directeurs ayant le grade d'officier général.

III. Le premier inspecteur général travaillera avec le ministre de la guerre : il lui fournira tous les renseignemens, soit sur le personnel de l'arme du génie, soit sur toutes les parties du matériel confiées à cette arme.

IV. Il travaillera également avec le ministre de la marine et des colonies, pour tous les objets relatifs au service de l'arme du génie, soit dans les ports de France, soit dans les colonies.

V. Les ministres de la guerre et de la marine arrêteront, chacun en ce qui le concerne, le travail relatif à l'arme du génie.

VI. Le premier inspecteur général correspondra, pour tous les objets de service, avec les inspecteurs généraux, les directeurs des fortifications et les commandans du génie aux armées. Ils lui rendront compte du personnel et du matériel. Ils lui adresseront les mémoires, plans, projets, etc.

VII. Le comité central des fortifications sera sous les ordres immédiats du premier inspecteur général : il le présidera toutes les fois qu'il assistera à ses séances.

VIII. Le dépôt des fortifications établi à Paris, sera sous la surveillance du premier inspecteur général. Il en sera de même du dépôt des fortifications pour les colonies et de celui des plans en relief.

IX. L'école du génie sera également sous la surveillance du premier inspecteur général.

X. Les inspecteurs généraux feront leur inspection dans l'arrondissement qui leur sera déterminé, et aux époques qui leur seront prescrites : ils se conformeront aux ordres de service qui leur seront donnés par le ministre de la guerre, ainsi qu'aux instructions du premier inspecteur général.

XI. Les inspecteurs généraux actuels qui ne seront point choisis pour remplir les nouvelles places, seront susceptibles d'être rappelés aux fonctions de directeur.

XII. Les directeurs nommés inspecteurs généraux, seront toujours susceptibles de reprendre les fonctions de directeur, s'ils sont remplacés dans celles d'inspecteur général.

XIII. Le travail de l'arme du génie, arrêté par le ministre de la guerre, sera exécuté dans ses bureaux ainsi que par le passé. Si le ministre, après avoir arrêté le travail présenté par le premier inspecteur général, jugeoit nécessaire d'y faire quelques changemens, il en instruiroit le premier inspecteur général ; il lui donneroit également connoissance des ordres particuliers que les besoins urgens du service pourroient nécessiter.

Le présent arrêté sera inséré au bulletin des lois.

Le premier Consul, signé, BONAPARTE. Par le premier Consul : *le secrétaire d'État*, signé, Hugues B. Maret. *Le ministre de la justice*, signé, ABRIAL.

ARRÊTÉ sur le service de la garde d'honneur du Corps législatif et du Tribunat.

Du 18 Nivose.

LES CONSULS de la République, vu l'avis motivé du Conseil d'État,

Arrêtent :

Le commandant de la garde d'honneur qui, en exécution de la loi du 3 nivose dernier, doit être fournie au Corps législatif, prendra directement les ordres du président pour tout ce qui concerne la police du palais du Corps législatif.

Il en sera de même du commandant de la garde d'honneur fournie au Tribunat.

Le ministre de la police est chargé de l'exécution du présent arrêté, qui sera inséré au bulletin des lois.

Le premier Consul, signé, BONAPARTE. Par le premier Consul : *le secrétaire d'État*, signé, Hugues B. Maret. *Le ministre de la justice*, signé, ABRIAL.

ARRÊTÉ concernant la nomination des membres des bureaux centraux, des commissaires de police et des officiers de paix.

Du 19 Nivose.

LES CONSULS de la République arrêtent ce qui suit:

Les membres des bureaux centraux, les commissaires de police et les officiers de paix seront nommés par le premier Consul, sur la présentation du ministre de la police générale.

Le présent arrêté sera imprimé au bulletin des lois.

Le premier Consul, signé, BONAPARTE. Par le premier Consul: *le secrétaire d'État*, signé, Hugues B. Maret. *Le ministre de la justice*, signé, ABRIAL.

BAUDOUIN, imprimeur du Corps législatif et du Tribunat, place du Carrousel, N°. 662.

Arrêté concernant [illegible] [illegible] des commissaires de police [illegible].

Du [illegible]

Les Consuls de la République arrêtent [illegible] :

Les membres des [illegible], les [illegible] de police et les officiers de paix seront nommés par [illegible], sur la présentation du ministre de la police générale.

Le présent arrêté sera imprimé au Bulletin des lois.

Le premier Consul, signé, BONAPARTE. [illegible] *le secrétaire d'État*, signé, Hugues B. Maret. [illegible] signé, ABRIAL.

BAUDOUIN, Imprimeur du [illegible]
place du Carrousel, [illegible]

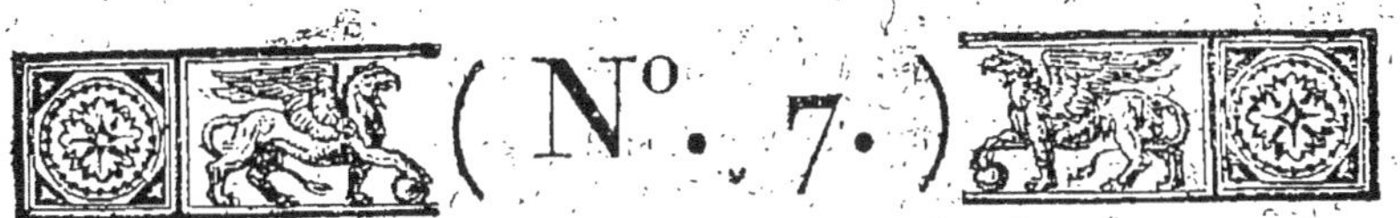

ARRÊTÉS ET PROCLAMATIONS DU GOUVERNEMENT.

Proclamation et Arrêté qui prescrit des mesures pour la dispersion et la destruction des rebelles dans les départemens de l'Ouest.

Du 21 Nivose an 8.

LES CONSULS DE LA RÉPUBLIQUE,

Aux habitans des départemens de l'Ouest.

TOUT ce que la raison a pu conseiller, le Gouvernement l'a fait pour ramener le calme et la paix au sein de vos foyers.

Après de longs délais, un délai nouveau a été donné pour le repentir. Un grand nombre de citoyens a reconnu ses erreurs et s'est rallié au Gouvernement. Qu'ils vivent tranquilles à l'ombre des lois qu'ils ont reconnues, sous un Gouvernement qui, sans haine et sans vengeance, sans crainte et sans soupçon, protège également tous les citoyens et punit ceux qui en méconnoissent les devoirs.

Il ne peut plus rester armé contre la France que des hommes sans foi comme sans patrie, de perfides instrumens d'un ennemi étranger, ou des brigands noircis de crimes que l'indulgence même ne sauroit pardonner.

La sûreté de l'État et la sécurité des citoyens veulent que de pareils hommes périssent par le fer et tombent sous le glaive de la force nationale. Une plus longue patience seroit le triomphe des ennemis de la République.

Des forces redoutables n'attendent que le signal pour disperser et détruire ces brigands : que le signal soit donné.

Gardes nationales, joignez l'effort de vos bras à celui des troupes de ligne. Si vous connoissez parmi vous des hommes partisans des brigands, arrêtez-les ; que nulle part ils ne trouvent d'asyle contre le soldat qui va les poursuivre ; et s'il étoit des traîtres qui osassent les recevoir et les défendre, qu'ils périssent avec eux.

Habitans des départemens de l'Ouest, de ce dernier effort dépend la tranquillité de votre pays, la sécurité de vos familles, la sûreté de vos propriétés : d'un même coup vous terrasserez et les scélérats qui vous dépouillent et l'ennemi qui achète et paie leurs forfaits.

Les Consuls de la République arrêtent ce qui suit :

Art. I. Il est défendu à tous les généraux et fonctionnaires publics de correspondre en aucune manière, et sous quelque prétexte que ce soit, avec les chefs des rebelles.

II. Les gardes nationales de toutes les communes prendront les armes, et chasseront les brigands de leur territoire.

III. Les communes dont la population excède cinq mille habitans, fourniront des colonnes mobiles pour secourir les communes d'une moindre population.

IV. Toute commune qui donneroit asyle et protection aux brigands, sera traitée comme rebelle, et les habitans pris les armes à la main seront passés au fil de l'épée.

V. Tout individu qui prêcheroit la révolte et la résistance armée, sera fusillé sur-le-champ.

VI. Le général commandant l'armée de l'Ouest fera tous les réglemens nécessaires pour l'organisation des gardes nationales, pour prescrire les arrondissemens que les grandes communes doivent surveiller ; et il donnera les ordres pour que toutes les troupes, les compagnies franches, les colonnes mobiles soldées, soient exclusivement employées à parcourir la campagne et poursuivre les rebelles.

Le présent acte sera inséré au bulletin des lois.

Le premier Consul, signé, Bonaparte. Par le premier Consul : *le secrétaire d'État*, signé, Hugues B. Maret. *Le ministre de la justice*, signé, Abrial.

Arrêté qui supprime la place de commissaire du Gouvernement près des bureaux centraux.

Du 21 Nivose.

Les Consuls de la République,

Considérant que les membres des bureaux centraux étant des commissaires du Gouvernement, les fonctions d'un commissaire auprès d'eux sont inutiles, et ne pourroient qu'entraver la marche des affaires ;

Arrêtent ce qui suit :

Art. I. La place de commissaire du Gouvernement auprès des bureaux centraux des communes de Paris, de Bordeaux, de Lyon et de Marseille, est supprimée.

II. Le ministre de l'intérieur est chargé de l'exécution du présent arrêté, qui sera imprimé au Bulletin des lois.

Le premier Consul, signé, BONAPARTE. Par le premier Consul : *le secrétaire d'état*, signé, Hugues B. Maret. *Le ministre de la justice*, signé, ABRIAL.

Arrêté qui confirme le citoyen Sanson *dans le grade de général de brigade.*

Du 21 Nivose.

BONAPARTE, premier Consul de la République,

Sur le rapport du ministre de la guerre,

Arrête :

Le citoyen *Sanson*, chef de brigade du génie, est confirmé dans le grade de général de brigade.

Il jouira de ce grade conformément à la loi du 15 vendémiaire an IV.

Le ministre de la guerre est chargé de l'exécution du présent arrêté, qui sera imprimé.

Signé, BONAPARTE. Par le premier Consul, *le secrétaire d'état*, signé, Hugues B. Maret. *Le ministre de la guerre*, signé, ALEX. BERTHIER.

ARRÊTÉ contenant des mesures pour assurer le paiement des traitemens et dépenses du Corps législatif, du Tribunat, des trois Consuls et du Conseil d'État.

Du 21 Nivose.

LES CONSULS de la République, voulant assurer le paiement exact des traitemens et dépenses du Corps législatif pendant sa session et son ajournement, celui du Tribunat, des trois Consuls et du Conseil d'Etat, celui des frais d'entretien des bâtimens affectés à l'usage du Corps législatif et du Tribunat pendant leurs sessions et leurs ajournemens, et enfin régulariser ces dépenses conformément à la Constitution ;

Le Conseil d'État entendu,

Arrêtent :

Art. I. Le ministre des finances proposera, chaque mois et à l'avance, au Gouvernement, l'arrêté prescrit par l'art. 56 de la Constitution, pour les dépenses du Corps législatif, du Tribunat, des Consuls et du Conseil d'État.

II. Il ordonnancera, d'après l'arrêté du Gouvernement, le mois de traitement de chacun des membres desdites autorités.

III. Il demandera, de même, les arrêtés du Gouvernement pour les dépenses administratives desdites autorités, à mesure que les états lui en seront remis, et en ordonnancera le paiement.

IV. Le payeur de la trésorerie fera payer lesdites autorités dans le local qu'elles auront indiqué.

V. Le ministre de l'intérieur est chargé de pourvoir à la disposition, à l'entretien et aux réparations des lieux destinés aux séances du Corps législatif et du Tribunat. Il nommera, à cet effet, un architecte, qui, sur la demande des présidens du Corps législatif et du Tribunat, et sous sa surveillance, fera faire tous les travaux nécessaires; et il en ordonnancera les dépenses.

Les ministres des finances et de l'intérieur sont chargés, chacun en ce qui le concerne, de l'exécution du présent arrêté, qui sera inséré au bulletin des lois.

Le premier Consul, signé, BONAPARTE. Par le premier Consul : *le secrétaire d'État*, signé, Hugues B. Maret. *Le ministre de la justice*, signé, ABRIAL.

ARRÊTÉ relatif au paiement des traitemens et dépenses du Sénat conservateur.

Du 22 Nivose.

LES CONSULS de la République, devant assurer le paiement exact des dépenses du Sénat conservateur conformément aux art. 22 et 56 de la Constitution et à la loi du 3 de ce mois, le Conseil d'État entendu,

Arrêtent :

Le ministre des finances prescrira à la régie de l'enrégistrement et des domaines, de tenir à la disposition du Sénat conservateur, sur des revenus de domaines nationaux, la somme nécessaire pour les traitemens de ses membres et ses dépenses administratives pendant les neuf derniers mois de l'an 8, jusqu'à concurrence de la somme d'un million deux cent soixante-quinze mille francs, fixée par la loi du 3 de ce mois.

Le ministre se fera rendre compte par la régie, des sommes par elle payées, se fera remettre le bordereau des acquits, et délivrera l'ordonnance nécessaire pour qu'il en soit compté dans la forme constitutionnelle.

La régie fera payer par un de ses préposés, les dépenses du Sénat conservateur, dans le local qu'il aura indiqué.

Le présent arrêté sera inséré au bulletin des lois.

Le premier Consul, signé, BONAPARTE. Par le premier Consul : *le secrétaire d'État*, signé, Hugues B. Maret. *Le ministre de la justice*, signé, ABRIAL.

Arrêté qui annulle les décisions du Directoire exécutif, concernant les prises du corsaire l'Aventurier.

Du 25 Nivose.

Les Consuls de la République, considérant, 1°. que les rapports qui existent entre les citoyens d'un même pays, sont réglés par les lois particulières à chaque pays; que ceux qui existent entre les habitans et les Gouvernemens de deux pays ennemis, sont déterminés par les lois de la guerre; que ceux qui existent entre les habitans et les Gouvernemens de deux pays alliés, amis ou neutres, sont fixés par les règles du droit public;

2°. Que la décision du Directoire exécutif, qui a autorisé le général en chef de l'armée d'Italie à employer son pouvoir pour l'exécution, sur le territoire ligurien, d'un jugement du tribunal d'Aix, contre des négocians liguriens, est une violation des principes,

Arrêtent ce qui suit:

Art. I. Les décisions du Directoire exécutif relativement aux prises du corsaire *l'Aventurier*, sont annullées, ainsi que les actes d'administration qui en ont été la suite.

II. Les différens relatifs à ces prises, sont remis dans l'état où ils étoient à l'époque où le Directoire exécutif de la République française est irrégulièrement intervenu dans la discussion.

III. Les ministres de la justice et des relations extérieures se concerteront pour l'exécution de l'article II, et pour que justice soit rendue, selon le droit et les formes en usage entre les États indépendans, aux citoyens français qui sont intéressés dans cette discussion.

Les ministres de la justice, des finances et de la guerre, sont chargés, chacun en ce qui le concerne, de l'exécution du présent arrêté, qui sera imprimé au Bulletin des lois.

L'envoi en sera fait par le ministre des relations extérieures à tous les agens de la République résidant en pays étrangers.

Le premier Consul, signé, Bonaparte. Par le premier Consul: *le secrétaire d'état*, signé, Hugues B. Maret. *Le ministre de la justice*, signé, Abrial.

Arrêté qui suspend l'empire de la Constitution dans quatre départemens.

Du 26 Nivose.

Les Consuls de la République, vu la loi du 23 nivose qui suspend l'empire de la Constitution dans les lieux des 12.e, 13.e, 14.e et 22.e divisions militaires auxquels le Gouvernement croira nécessaire d'appliquer cette mesure,

Arrêtent ce qui suit:

Art. I. L'empire de la Constitution est suspendu dans les départemens des Côtes-du-Nord, d'Ille-et-Vilaine, du Morbihan et de la Loire-Inférieure.

II. Le réglement arrêté ce présent jour 26 nivose, pour les lieux où la Constitution est suspendue par la loi du 23 nivose an VIII, sera exécuté dans les départemens précités, suivant sa teneur.

III. Les ministres de la justice, de la guerre, de la police générale, de l'intérieur, et des finances, sont chargés, chacun pour ce qui le concerne, de l'exécution du présent arrêté, qui sera inséré au Bulletin des lois.

Le premier Consul, signé, Bonaparte. Par le premier Consul, *le secrétaire d'état*, signé, Hugues B. Maret. *Le ministre de la justice*, signé, Abrial.

Arrêté contenant des mesures relatives aux lieux où la Constitution est suspendue.

Du 26 Nivose.

Les Consuls de la République, sur le rapport du ministre de la justice, vu l'avis motivé du conseil d'état,

Arrêtent :

Art. I. Le général commandant en chef l'armée de l'Ouest pourra faire des réglemens, même portant peine de mort, pour les lieux où la Constitution est suspendue.

II. Le général en chef pourra imposer des contributions extraordinaires, par forme de peine, sur les communes, cantons ou départemens.

Il pourra prendre les mesures usitées en pays ennemi, pour assurer le paiement de ces contributions et le maintien de la tranquillité publique.

III. Les autorités existantes continueront provisoirement leurs fonctions.

IV. Le Gouvernement, lorsqu'il jugera nécessaire leur remplacement total ou partiel, nommera, pour chaque département, un lieutenant de justice et police, et un lieutenant d'administration et finances.

V. La justice criminelle sera exercée par un tribunal extraordinaire.

VI. Ce tribunal sera composé du lieutenant de justice et police, de sept assesseurs, et d'un commissaire du Gouvernement : l'un des assesseurs fera les fonctions de rapporteur.

Le tribunal sera présidé par le lieutenant, et, en son absence, par un assesseur.

Il sera nommé trois assesseurs suppléans.

VII. Les assesseurs, les suppléans et le greffier seront nommés par le lieutenant de justice et police.

VIII. Le tribunal procédera suivant les formes établies par la loi du 13 brumaire an V concernant les conseils de guerre.

Il se conformera, quant à l'application des peines, aux réglemens du général en chef; et pour les cas qui n'y seront pas prévus, aux lois pénales ordinaires.

IX. Le général en chef, les généraux sous ses ordres, les lieutenans de justice et police, et les commissaires du Gouvernement, feront traduire devant les conseils de guerre les individus arrêtés les armes à la main, ou faisant partie de rassemblemens armés; et devant les tribunaux extraordinaires, les prévenus de délits portés au code pénal, ou de contravention aux réglemens du général en chef.

X Les mandats d'arrêt décernés en vertu de l'article précédent, seront exécutés provisoirement sur tout le territoire de la République; mais les individus arrêtés hors des lieux où la Constitution est suspendue, ne pourront être traduits devant les tribunaux désignés ci-dessus, qu'avec l'autorisation du ministre de la justice.

XI. Les jugemens du tribunal extraordinaire et des conseils de guerre seront exécutés sans appel, révision ni cassation.

Néanmoins, et en cas seulement de condamnation à mort, le général en chef pourra suspendre l'exécution du jugement, à la charge d'en référer dans les vingt-quatre heures au Gouvernement.

Il n'est pas dérogé par cet article aux lois observées dans les conseils de guerre, pour jugemens des délits militaires et l'exécution de ces jugemens.

XII. Le lieutenant de justice et police pourra, avec l'approbation du général en chef, déterminer le lieu où siégera le tribunal, et en ordonner la translation.

XIII. En remplacement de chacun des tribunaux de police correctionnelle, le lieutenant de justice et police nommera un seul juge, pour connoître des délits qui sont de la compétence de la police correctionnelle.

Ses jugemens seront exécutés provisoirement, sauf l'appel devant le lieutenant de justice et police, qui statuera définitivement.

XIV. Les tribunaux civils et de commerce continueront leurs fonctions. Les juges qui les composent, pourront être destitués et remplacés par le premier Consul, sur le rapport du ministre de la justice.

La justice de paix, la police municipale, seront maintenues; mais le lieutenant de justice et police pourra destituer et remplacer provisoirement les juges-de-paix, les agens municipaux, les commissaires du Gouvernement près les administrations municipales, et les commissaires de police.

XV. Le lieutenant d'administration et finances remplacera l'administration centrale du département et le commissaire du Gouvernement, dans toutes celles de leurs fonctions qui ne sont pas attribuées ci-dessus au lieutenant de justice et police.

XVI. Le lieutenant d'administration et finances surveillera tous les agens et percepteurs des contributions directes ou indirectes, et en général ceux qui seront chargés des diverses parties de l'administration.

Il pourra nommer, pour les différentes branches de service, des agens extraordinaires, notamment pour la répartition et la perception des contributions ordinaires, et des contributions extraordinaires que le général en chef pourroit imposer en vertu de l'article II du présent réglement.

XVII. Le lieutenant d'administration et finances pourra, avec l'approbation du général en chef, déterminer le lieu où siégera l'administration, et en ordonner la translation.

XVIII. Les réglemens et les ordres du général en chef, relatifs aux habitans des lieux où la Constitution est suspendue, seront envoyés par le chef de l'état-major général aux lieutenans de justice et police, d'administration et finances, qui les feront publier, et en instruiront le Gouvernement dans les vingt-quatre heures.

XIX. Le lieutenant de justice et police, celui d'administration et finances, correspondront avec les ministres suivant la division de leurs attributions.

XX. Il n'est point dérogé, par le présent réglement, aux réglemens antérieurs concernant la marine.

Les ministres de la justice, de l'intérieur, des finances, de la guerre, et de la police générale, sont chargés, chacun en ce qui le concerne, de l'exécution du présent arrêté, qui sera imprimé au Bulletin des lois.

Le premier Consul, signé, Bonaparte. Par le premier Consul : *le secrétaire d'État*, signé, Hugues B. Maret. *Le ministre de la justice*, signé, Abrial.

Baudouin, imprimeur du Corps législatif et du Tribunat, place du Carrousel, N°. 662.

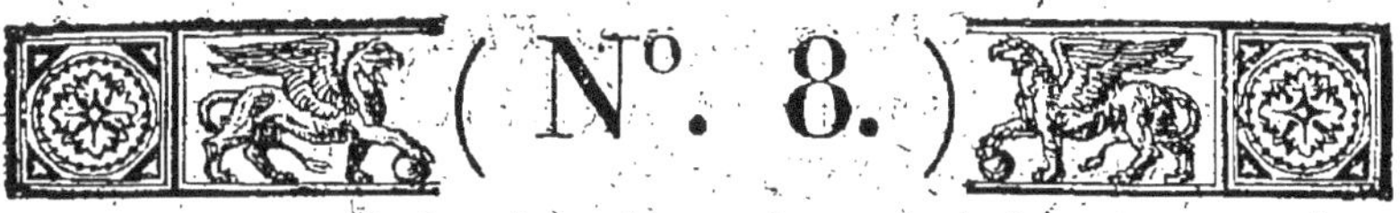

ARRÊTÉS ET PROCLAMATIONS DU GOUVERNEMENT.

Arrêté relatif aux journaux.

Du 27 Nivose an 8.

Les Consuls de la République, considérant qu'une partie des journaux qui s'impriment dans le département de la Seine sont des instrumens dans les mains des ennemis de la République, que le Gouvernement est chargé spécialement par le peuple français de veiller à sa sûreté,

Arrêtent ce qui suit :

Art. I. Le ministre de la police ne laissera, pendant toute la durée de la guerre, imprimer, publier et distribuer que les journaux ci-après désignés :

Le Moniteur universel ;
Le journal des Débats et des Décrets ;
Le journal de Paris ;
Le Bien-informé ;
Le Publiciste ;
L'Ami des lois ;
La Clef du cabinet ;
Le Citoyen français ;
La Gazette de France ;
Le journal des Hommes libres ;
Le journal du Soir, par les frères Chaigneau ;
Le journal des Défenseurs de la patrie ;
La Décade philosophique,

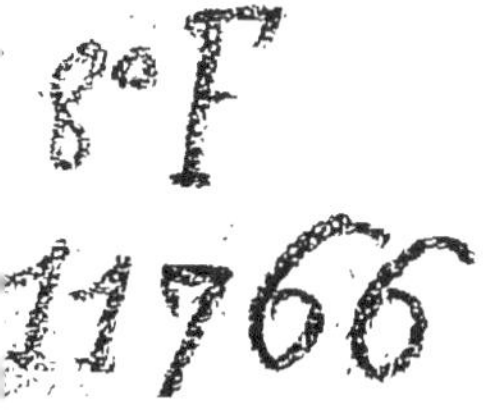

Et les journaux s'occupant exclusivement des sciences, arts, littérature, commerce, annonces et avis.

II. Le ministre de la police générale fera incessamment un rapport sur tous les journaux qui s'impriment dans les autres départemens.

III. Le ministre de la police veillera à ce qu'il ne s'imprime aucun nouveau journal, tant dans le département de la Seine que dans les autres départemens de la République.

IV. Les propriétaires et rédacteurs des journaux conservés par le présent arrêté, se présenteront au ministre de la police pour justifier de leur qualité de citoyen français, de leur domicile et de leur signature, et promettront fidélité à la Constitution.

V. Seront supprimés, sur-le-champ, tous les journaux qui inséreront des articles contraires au respect dû au pacte social, à la souveraineté du peuple et à la gloire des armées, ou qui publieront des invectives contre les Gouvernemens et les nations amis ou alliés de la République, lors même que ces articles seroient extraits des feuilles périodiques étrangères.

VI. Le ministre de la police générale est chargé de l'exécution du présent arrêté, qui sera imprimé au Bulletin de lois.

Le premier Consul, signé, BONAPARTE. Par le premier Consul: *le secrétaire d'état*, signé, Hugues B. Maret. *Le ministre de la justice*, signé, ABRIAL.

ARRÊTÉ qui déclare celui du 3 frimaire, relatif à la reddition de plusieurs places-fortes d'Italie, applicable à d'autres places.

Du 27 Nivose.

LES CONSULS de la République, sur le rapport du ministre de la guerre, arrêtent:

Art. I. L'arrêté du 3 frimaire an 8, qui ordonne la formation d'une commission extraordinaire pour faire un rapport préliminaire sur l'état des places de Peschiera, Brescia, Pizzighitone, Milan et Turin, est applicable aux places de Ferrare, de Perugia, de Civita-Vecchia et autres de l'armée d'*Italie* qui sont dans le même cas.

II. Le ministre de la guerre est chargé de l'exécution du présent arrêté, qui sera imprimé.

Le premier Consul, signé, BONAPARTE. Par le premier Consul: *le secrétaire d'État*, signé, Hugues B. Maret. *Le ministre de la guerre*, signé, Alex. BERTHIER.

ARRÊTÉ qui destine un local à l'établissement de la banque de France.

Du 28 Nivose.

LES CONSULS de la République, vu l'avis motivé du Conseil d'État sur le renvoi à lui fait de la proposition du ministre des finances,

Arrêtent ce qui suit :

Art. I. La maison nationale dite *de l'Oratoire*, et la ci-devant église qui en fait partie, rues Honoré et de l'Oratoire à Paris, sont mises à la disposition du ministre des finances, pour servir à l'établissement de la banque de France.

II. Il en sera passé bail, pour vingt-sept ans, aux régens de ladite banque, au prix d'estimation qui sera réglé, et à la charge des réparations de toute nature et des frais du bail.

III. Le ministre des finances est chargé de l'exécution du présent arrêté, qui sera imprimé au bulletin des lois.

Le premier Consul, signé, BONAPARTE. Par le premier Consul : *le secrétaire d'État*, signé, Hugues B. Maret. *Le ministre des finances*, signé, GAUDIN.

ARRÊTÉ qui prescrit la destination des fonds que recevra la caisse d'amortissement.

Du 28 Nivose.

LES CONSULS de la République, le Conseil d'État entendu sur le renvoi à lui fait de la proposition du ministre des finances,

Arrêtent ce qui suit :

Art. I. Tous les fonds que recevra la caisse d'amortissement, seront versés par elle à la banque de France.

II. La moitié des fonds provenant des cautionnemens à fournir par les receveurs-généraux de département en exécution de la loi du 6 frimaire dernier, sera portée en compte courant au crédit de la caisse d'amortissement; l'autre moitié sera convertie en actions de la banque, inscrites au nom de la caisse d'amortissement.

III. Les obligations des receveurs généraux de département, qui auront été protestées sur eux, seront visées par l'administration de la caisse d'amortissement, et ensuite remboursées par la banque, jusqu'à concurrence tant des fonds qui y auront été versés à titre d'actions que de ceux qui existeroient alors dans ces caisses à titre de compte courant.

IV. Le recouvrement desdites obligations sera poursuivi par la banque et à son profit, avec subrogation à tous les droits de la nation.

V. Le ministre des finances est chargé de l'exécution du présent arrêté, qui sera imprimé.

Le premier Consul, signé, BONAPARTE. Par le premier Consul : *le secrétaire d'État*, signé, Hugues B. Maret. *Le ministre des finances*, signé, GAUDIN.

ARRÊTÉ relatif au mode de promulgation des lois.

Du 28 Nivose.

LES CONSULS de la République arrêtent ce qui suit :

Art. I. Il y aura dans le cabinet de travail des Consuls, un coffre dans lequel seront déposés les sceaux de la République, et placés les décrets du Corps législatif jusqu'au moment de leur promulgation.

II. Le secrétaire d'État recevra les décrets du Corps législatif ; il les déposera dans le coffre établi à cet effet.

Le dixième jour après l'émission des décrets du Corps législatif, le secrétaire d'État les représentera au premier Consul, qui ordonnera l'apposition du sceau de l'État et la promulgation de la loi.

III. L'expédition officielle de la loi, signée, contresignée et scellée, sera transmise, dans le jour, au ministre de la justice, par le secrétaire d'État.

IV. Le présent arrêté sera imprimé.

Le premier Consul, signé, BONAPARTE. Par le premier Consul : *le secrétaire d'État*, signé, Hugues B. Maret. *Le ministre de la justice*, signé, ABRIAL.

ACTE du Sénat conservateur, contenant rectification d'une erreur de nom dans le procès-verbal de nomination des membres du Corps législatif.

Du 28 Nivose.

Par une lettre adressée au Sénat, le citoyen *Blanc* (des Hautes-Alpes), membre du Corps législatif, réclame contre son inscription au procès-verbal sous le nom de *Leblanc*, qu'il n'a jamais porté : il demande que cette erreur soit rectifiée.

Vérification faite du procès-verbal de la séance du 4 nivose, où cette erreur s'est glissée, le Sénat arrête que, pour la rectifier, il sera fait mention au procès-verbal de ce jour, que le citoyen *Blanc*, nommé au Corps législatif pour le département des Hautes-Alpes ; doit être inscrit sous ce nom, et non sous celui de *Leblanc.*

L'arrêté du Sénat, à cet égard, sera transmis par un message, au Corps législatif, au Tribunat et aux Consuls de la République.

Pour extrait conforme, *signé*, SIEYES, *président*; Roger-Ducos, Lacépède, *secrétaires.*

Le premier Consul ordonne que l'acte du Sénat conservateur, qui précède, sera inséré au bulletin des lois. Paris, le 4 pluviose an 8 de la République française.

Le premier Consul, signé, BONAPARTE. Par le premier Consul : *le secrétaire d'État*, signé, Hugues B. Maret. *Le ministre de la justice*, signé, ABRIAL.

Arrêté concernant l'administration du trésor public.

Du 1er Pluviose.

LES CONSULS DE LA RÉPUBLIQUE, sur le rapport du ministre des finances, et vu l'article 56 de la Constitution, portant que l'un des ministres sera chargé de l'administration du trésor public, le conseil d'état entendu, arrêtent :

Art. I. L'administration du trésor public fait partie des attributions du ministre des finances.

II. Un conseiller d'état est spécialement chargé de la direction générale du trésor public.

III. Les cinq commissaires de la trésorerie nationale sont supprimés.

IV. Il sera nommé deux administrateurs, l'un pour la recette, l'autre pour la dépense.

V. Il y aura trois caisses dans le trésor public.

Une caisse générale fera toutes les recettes et toutes les dépenses en masse, et ne pourra, dans aucun cas, ni recevoir ni payer en détail.

Une caisse sera chargée uniquement de faire toutes les recettes journalières et de détail ; et elle versera chaque jour dans la caisse générale tous les fonds qu'elle aura reçus. Le caissier général lui en donnera son récépissé sur le livre-journal tenu par ledit caissier, et visé par le contrôleur attaché particulièrement à ladite caisse.

Ce caissier fournira en même-temps au caissier général l'état détaillé desdites recettes, relevé du livre-journal, et certifié tant par lui que par son contrôleur.

A la fin de l'année, ledit livre-journal sera remis par le caissier des recettes journalières, certifié de lui et de son contrôleur, au caissier général, qui lui en donnera décharge ; et le caissier général le présentera aux commissaires de la comptabilité nationale, pour servir de pièce de recette à l'appui de son compte.

Une troisième caisse recevra tous les jours, de la caisse générale, les fonds nécessaires pour les dépenses de toutes les parties de l'administration, et, sur les mandats des quatre payeurs généraux ci-après établis, elle paiera directement aux parties prenantes, jusqu'à concurrence des sommes destinées au service de chaque ministère. Le caissier de cette troisième caisse fournira d'abord au caissier général, son récépissé du montant des sommes qu'il en aura reçues ; et il le retirera, en remettant à la fin du jour, audit caissier général, les mandats mêmes des payeurs, qu'il aura acquittés : ces mandats seront rendus, le 9 de chaque décade, aux quatre payeurs généraux, lesquels fourniront en échange, au caissier général, un seul récépissé qui réunira l'ensemble de ces divers mandats, et fera la décharge provisoire dudit caissier général en même temps qu'elle formera l'obligation comptable desdits payeurs.

VI. Il y aura dans l'enceinte de la trésorerie, quatre payeurs généraux nommés par le premier Consul, sur la proposition du conseiller d'état directeur du trésor public, et la présentation du ministre des finances ; savoir :

Un pour les dépenses de la guerre,

Un pour les dépenses de la marine,

Un pour la dette publique,

Un pour les dépenses diverses des autres parties de l'administration générale du Gouvernement.

Ils examineront toutes les pièces de dépenses et les acquits des parties prenantes, après s'être assurés que les sommes demandées par elles font partie des ordonnances des ministres, à imputer sur les crédits ouverts par le Gouvernement aux diverses parties du service. En retirant ces acquits des parties prenantes, ils leur délivreront des mandats sur le payeur des dépenses journalières, qui les acquittera.

VII. Il sera établi auprès de chaque payeur général un contrôleur à la nomination du premier Consul : ce contrôleur visera toutes les ordonnances du ministre auquel chacune de ces caisses correspondra, ainsi que les mandats qui seront délivrés par le payeur aux parties prenantes sur la caisse des dépenses journalières, tant pour les paiemens à faire à Paris, que pour les envois de fonds nécessaires aux départemens et aux armées. Lesdits mandats ne seront valables qu'avec le *visa* du contrôleur.

VIII. Les quatre payeurs généraux entreront en exercice au 1.er de germinal prochain; le service continuera, jusques-là, d'être exécuté dans la forme actuelle.

IX. Lesdits payeurs généraux nommeront les préposés qui seront jugés utiles au service dont ils seront chargés, tant à Paris que dans les départemens et aux armées, et ils les mettront en fonctions; mais ils ne pourront le faire qu'après en avoir obtenu l'agrément du conseiller d'état directeur du trésor, lequel pourra les destituer, lorsqu'il se sera convaincu qu'ils ont malversé dans l'exercice de leurs fonctions, ou qu'ils ne les remplissent pas avec assez d'ordre et d'exactitude.

X. Les préposés des quatre payeurs généraux seront comptables envers eux de tous les fonds qu'ils auront reçus, et des paiemens qu'ils auront faits; et ils justifieront ceux-ci par des acquits en règle.

XI. Lesdits payeurs généraux rendront compte, tous les ans, à la comptabilité nationale, de la totalité de leur service, dans les trois premiers mois de l'année suivante. Leur recette sera constatée par les récépissés qu'ils auront délivrés au caissier de la caisse générale du trésor public; et leur dépense, par les acquits des parties prenantes, revêtus des formes prescrites par la loi.

XII. Le caissier général présentera, tous les jours, au directeur général du trésor public, deux états; l'un, des sommes reçues dans le jour, certifié par le caissier particulier des recettes et par son contrôleur; l'autre, de tous les paiemens faits également dans le jour, par la caisse des dépenses, sur les mandats des payeurs généraux; et ce second état sera certifié par le caissier des dépenses.

Ces états seront remis par le directeur général aux deux administrateurs du trésor public, qui, après les avoir examinés, les remettront au bureau de la comptabilité centrale, afin d'en porter toutes les parties dans leurs comptes respectifs; ils passeront ensuite dans les divers bureaux établis pour suivre et contrôler l'universalité des recettes et des dépenses de la trésorerie.

A la fin de chaque décade, il sera fait un recensement double de ces états journaliers: un sera remis au ministre des finances, et l'autre au conseiller d'état directeur général du trésor.

XIII. Avant le premier nivose de chaque année, le caissier général du trésor public présentera à la comptabilité nationale le compte de toutes les recettes et de toutes les dépenses qu'il aura faites dans l'année précédente. Il fournira à l'appui de ce compte, comme il a été dit à l'article V, le livre-journal des recettes particulières, qui formera sa recette, ainsi que les récépissés des receveurs généraux, qui justifieront ses dépenses.

XIV. Il sera formé dans l'intérieur du trésor public, divers bureaux; savoir:

Quatre bureaux dans lesquels on contrôlera tous les mouvemens de fonds de chacun des quatre payeurs généraux, en suivant ceux qui seront sortis de la caisse des dépenses pour les départemens et les armées, jusqu'au dernier emploi auquel ils seront destinés: à cet effet, tous les préposés des payeurs généraux enverront, chaque décade, au conseiller détat directeur général du trésor, les bordereaux, certifiés d'eux, des divers paiemens et viremens de fonds qu'ils auront faits pour toutes les parties du service;

Un bureau pour vérifier et contrôler la rentrée de toutes les contributions directes et indirectes, et s'assurer de l'exécution exacte des traités passés avec les receveurs généraux des départemens;

Un bureau dans lequel on tiendra un registre journalier de toutes les créances foncières et viagères sur la nation, des transferts de propriété, des extinctions, et généralement de toutes les opérations relatives à la dette publique;

Un bureau de comptabilité centrale, qui tiendra des comptes distincts et séparés pour chaque nature de recettes et de dépenses, de toutes les sommes qui seront entrées et sorties des différentes caisses, soit en espèces effectives, soit en passage de fonds, ou viremens par assignations, qu'il sera nécessaire de faire pour la facilité du service et éviter des transports inutiles de numéraire.

XV. Tous les mois le directeur général du trésor rendra compte au premier Consul, en présence du ministre des finances, de l'état de situation de toutes les caisses de receveurs et de payeurs, et lui fera connoître la bonne ou la mauvaise gestion des préposés. S'il s'en trouve dont la conduite ne présente pas toute la clarté et la sûreté qu'exige l'ordre de ses devoirs, le directeur général proposera au premier Consul, de nommer le nombre de sujets qui sera nécessaire pour se transporter sur les lieux, et vérifier sévèrement l'état des caisses. Les fonctions de ces vérificateurs finiront avec la mission dont ils auront été chargés.

XVI. Il sera exigé de tous les caissiers, des payeurs généraux et de leurs préposés, un cautionnement, dont une partie comptant en numéraire, l'autre en immeubles, et dont les quotités seront fixées par un réglement particulier.

XVII. La partie de numéraire provenant des cautionnemens des caissiers, des payeurs et de leurs préposés, sera versée à la caisse d'amortissement, aux mêmes conditions que celles des receveurs généraux, conformément à loi du 6 frimaire dernier.

XVIII. Les bureaux qui sont maintenant occupés des comptabilités arriérées, ainsi que de la liquidation de la dette publique, seront transférés hors de l'enceinte de la trésorerie, et le directeur général proposera les moyens de confectionner promptement le travail dont ces bureaux sont chargés.

XIX. Le directeur général composera tous les bureaux de la trésorerie nationale, comme il le jugera convenable pour la clarté, la rapidité et le bon ordre des opérations du service.

XX. Il sera statué par un réglement particulier,

1°. Sur le nombre des sujets nécessaire dans les divers bureaux intérieurs du trésor public; 2°. sur le nombre des proposés subordonnés aux quatre payeurs généraux, et sur les lieux où le besoin du service exigera qu'ils soient établis; 3°. sur les traitemens qu'il sera juste d'accorder à tous.

XXI. Un autre réglement particulier déterminera les fonctions qui doivent être attribuées à l'agence judiciaire de la trésorerie, pour faire rentrer les débets des comptables et les autres objets dûs au trésor.

XXII. Le ministre des finances est chargé de l'exécution du présent réglement, qui sera imprimé au Bulletin des lois.

Le premier Consul, signé, BONAPARTE. Par le premier Consul: *le secrétaire d'état*, signé, Hugues B. Maret. *Le ministre des finances*, signé, GAUDIN.

Arrêté relatif aux édifices destinés à l'exercice des cultes, et à la célébration des cérémonies décadaires.

Du 2 Pluviose.

LES CONSULS DE LA RÉPUBLIQUE, sur le rapport du ministre de la police;

Vu l'arrêté du 7 nivose an 8;

Vu également les lois du 11 prairial an 3 et du 13 fructidor an 6;

Le conseil d'état entendu,

Arrêtent:

Art. I. Les édifices remis, par l'arrêté du 7 nivose, à la disposition des citoyens pour l'exercice des cultes, et qui, antérieurement à l'époque de cet arrêté, servoient à la célébration des cérémonies décadaires, continueront de servir à cette célébration comme à celle des cérémonies des cultes.

II. Les autorités administratives régleront les heures qui seront données à l'exercice du culte et aux cérémonies civiles, de manière à prévenir leur concurrence : elles prendront les mesures nécessaires pour assurer le maintien du bon ordre et de la tranquillité, dans le temps consacré au culte et aux cérémonies civiles.

III. Le ministre de la police générale est chargé de l'exécution du présent arrêté, qui sera imprimé au Bulletin des lois.

Le premier Consul, signé, Bonaparte. Par le premier Consul : *le secrétaire d'état*, signé, Hugues B. Maret. *Le ministre de la police générale*, signé, Fouché.

Arrêté relatif à la solde des troupes.

Du 2 Pluviose.

Les Consuls de la République, sur le rapport du ministre de la guerre, le conseil d'état entendu,

Arrêtent :

Art. I. L'exécution de la loi du 23 fructidor an 7, sur le personnel de la guerre, ayant été suspendue par la loi du 26 brumaire suivant, la solde des troupes sera payée, à compter du premier vendémiaire an 8, comme elle l'étoit antérieurement à ladite loi du 23 fructidor, sur le pied fixé par les lois des 23 floréal an 5 et 11 frimaire an 6.

II. Les ministres de la guerre et des finances sont chargés, chacun en ce qui le concerne, de l'exécution du présent arrêté, qui sera inséré au Bulletin des lois.

Le premier Consul, signé, Bonaparte. Par le premier Consul : *le secrétaire d'état*, signé, Hugues B. Maret. *Le ministre de la guerre*, signé, Alex. Berthier.

Arrêté concernant les officiers suspendus ou destitués.

Du 2 Pluviose.

Les Consuls de la République, sur le rapport du ministre de la guerre, le conseil d'état entendu,

Arrêtent :

Article I. Les officiers de tous les grades, suspendus ou destitués, appelés à jouir du traitement de réforme par l'arrêté du 8 nivose, ne toucheront ce traitement qu'à dater dudit jour 8 nivose.

II. Les officiers de tous les grades suspendus ou destitués, appelés à jouir du traitement de réforme par l'arrêté du 8 nivose, qui ont été ou seront remis en activité pour être employés aux armées, recevront, en outre de leur traitement d'activité, la gratification de campagne.

III. Le ministre de la guerre est chargé de l'exécution du présent arrêté, qui sera imprimé au Bulletin des lois.

Le premier Consul, signé, BONAPARTE. Par le premier Consul : *le secrétaire d'état*, signé, Hugues B. Maret. *Le ministre de la guerre*, ALEX. BERTHIER.

Arrêté qui nomme les administrateurs pour la partie de la recette et pour celle des dépenses du trésor public.

Du 4 Pluviose.

LES CONSULS DE LA RÉPUBLIQUE, vu l'article IV de leur arrêté du premier de ce mois, concernant l'organisation du trésor public ; ouï le rapport du ministre des finances,

Arrêtent ce qui suit :

Le citoyen *Lemonnier*, ci-devant commissaire de la trésorerie nationale, est nommé administrateur pour la partie de la recette, et le citoyen *Laquiante*, ci-devant contrôleur près ladite trésorerie, administrateur pour la partie des dépenses du trésor public.

Le ministre des finances est chargé de l'exécution du présent arrêté, qui sera imprimé au Bulletin des lois.

Le premier Consul, signé, BONAPARTE. Par le premier Consul : *le secrétaire d'état*, signé, Hugues B. Maret. *Le ministre des finances*, signé, GAUDIN.

BAUDOUIN, imprimeur du Corps législatif et du Tribunat, place du Carrousel, N°. 662.

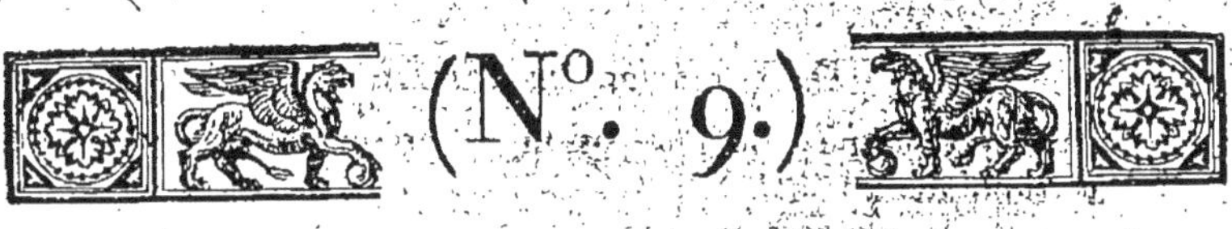

ARRÊTÉS
ET
PROCLAMATIONS
DU GOUVERNEMENT.

Arrêté qui règle le mode d'admission des bons de réquisition en paiement des contributions directes de l'an 8.

Du 4 Pluviose an 8.

Les Consuls de la République, sur la proposition du ministre des finances; vu l'arrêté du 29 frimaire dernier, relatif à l'admission dans les caisses publiques, des bons de réquisition pour fournitures ou frais de transport aux armées, depuis le premier germinal an 7; le conseil d'état entendu,

Arrêtent :

Art. I. Les bons de réquisition admis par la loi du 27 vendémiaire dernier, en paiement des contributions directes de l'an 8, ne seront reçus dans les caisses des receveurs et de leurs préposés, que lorsqu'ils auront été préalablement ordonnancés par le ministre de la guerre, conformément aux dispositions de l'arrêté du 29 frimaire dernier.

II. Conformément à l'article VII de l'arrêté du 29 frimaire, il continuera d'être sursis à toutes poursuites contre les contribuables qui se trouvent dans les cas prévus par ledit article.

III. Il sera observé, pour la vérification, l'ordonnance et l'admission définitive de ces bons, les mêmes formalités que celles prescrites par l'arrêté du 29 frimaire dernier.

IV. Les ministres de la guerre et des finances sont chargés, chacun

en ce qui le concerne, de l'exécution du présent arrêté, qui sera inséré au Bulletin des lois.

Le premier Consul, signé, BONAPARTE. Par le premier Consul : *le secrétaire d'état*, signé, Hugues B. Maret. *Le ministre des finances*, signé, GAUDIN.

Arrêté relatif au départ des conscrits.

Du 4 Pluviose.

LES CONSULS DE LA RÉPUBLIQUE, le conseil d'état entendu, Arrêtent :

Art. I. Le ministre de la guerre enverra, par des courriers extraordinaires, ordre à tous les bataillons de conscrits armés ou non armés, habillés ou non habillés, qui auroient ou n'auroient pas reçu de destination, de se rendre à Paris, à Lyon, ou dans les places de dépôt qu'il leur indiquera.

II. Le ministre de la guerre dirigera particulièrement sur Paris et Lyon les bataillons de conscrits dont l'habillement et l'armement seront le plus en retard.

III. Chaque bataillon devra se mettre en marche pour le lieu de sa destination, au plus tard, le troisième jour après la réception de l'ordre du ministre.

IV. Nul ne pourra, sous aucun prétexte, apporter aucun retard à l'exécution ponctuelle et complète de l'ordre du ministre de la guerre, relatif au départ de tous les conscrits.

Le ministre de la guerre est chargé de l'exécution du présent arrêté, qui sera inséré au Bulletin des lois.

Le premier Consul, signé, BONAPARTE. Par le premier Consul : *le secrétaire d'état*, signé, Hugues B. Maret. *Le ministre de la justice*, signé, ABRIAL.

Arrêté contenant réglement sur les opérations relatives à l'armement, à l'habillement et à l'équipement des conscrits.

Du 4 Pluviose.

LES CONSULS DE LA RÉPUBLIQUE, le conseil d'état entendu, Arrêtent :

Art. I. Immédiatement après la réception de l'arrêté de ce jour, relatif au départ des bataillons de conscrits, les scellés seront mis sur les magasins des armes et des effets d'habillement et d'équipement destinés ou appartenant aux bataillons de conscrits.

Ces scellés seront apposés par un commissaire des guerres.

Quoiqu'un bataillon de conscrits ait déja quitté le lieu de sa formation, les scellés n'en seront pas moins apposés sur les magasins dans lesquels les administrations centrales auront fait déposer les objets qui devoient leur être fournis.

II. Les commissaires des guerres chargés de l'apposition des scellés, se feront représenter les livres tenus par les administrations centrales, relatifs aux achats, traités et fournitures pour l'armement, l'habillement et l'équipement des conscrits : ils les arrêteront, *ne varietur.*

Ils arrêteront de même les livres de recette et dépense, tant en nature qu'en effets, que les conseils d'administration ou bataillons de conscrits ont dû tenir.

Ils donneront ordre de suspendre toute livraison et confection d'effets d'armement, d'habillement et d'équipement.

III. Les scellés sur les magasins des administrations centrales et des bataillons, seront levés dans les vingt-quatre heures, au plus tard, de leur apposition.

A mesure qu'il levera lesdits scellés, le commissaire des guerres fera, en présence d'un membre de l'administration centrale et d'un membre du conseil d'administration du corps, un inventaire exact de tous les objets confectionnés ou non confectionnés relatifs à l'armement, à l'habillement et à l'équipement des conscrits.

Un double dudit inventaire sera adressé de suite au ministre de la guerre.

IV. Les effets d'habillement et d'équipement non confectionnés, trouvés sous le scellé, seront de suite remis à l'administration centrale, qui les conservera en dépôt, à la disposition du ministre de la guerre.

Les effets d'habillement et d'équipement confectionnés, seront, s'il y a lieu, remis au conseil d'administration du bataillon, pour être distribués de suite aux compagnies.

Les effets d'habillement ou d'équipement confectionnés, qui excéderont le besoin des compagnies, seront, sous son récépissé, remis au commissaire des guerres.

Les armes seront distribuées aux compagnies, et l'excédant sera remis au commissaire des guerres, sous son récépissé.

V. En passant la revue destinée à constater l'effectif de chaque compagnie, le commissaire des guerres se fera remettre un état sommaire, signé par le capitaine, dans lequel seront spécifiés les objets reçus par ladite compagnie pour son armement, son habillement et son équipement.

VI. Il sera formé, au chef-lieu de chaque division militaire, par les ordres du général commandant ladite division, un conseil d'administration destiné à vérifier et arrêter provisoirement toutes les recettes et dépenses, soit en nature, soit en argent, qui auront été faites pour chacun des bataillons de conscrits levés dans l'étendue de la division.

VII. Le conseil d'administration sera composé du général commandant la division, qui le présidera, du commissaire ordonnateur, d'un officier d'artillerie, d'un officier supérieur, et d'un citoyen versé dans la connoissance des objets relatifs à l'habillement et à l'équipement des troupes, mais qui n'aura pris aucune part à la fourniture des bataillons de conscrits: ce citoyen sera désigné par le tribunal de commerce, ou, à son défaut, par l'administration municipale.

VIII. Les administrations centrales adresseront au conseil d'administration de la division, copie collationnée par le commissaire des guerres, de tous les arrêtés et traités relatifs à l'armement, l'habillement et équipement des bataillons de conscrits: elles lui adresseront aussi, s'il y a lieu, copie de tous les traités qu'elles auront faits, et des arrêtés qu'elles auront pris pour la subsistance, le logement et autres objets fournis auxdits bataillons.

IX. Le payeur et le receveur général de chaque département adresseront audit conseil un bordereau des sommes qu'ils auront payées auxdits bataillons, en distinguant ce qui aura été imputé sur la solde, d'avec ce qui l'aura été sur chacune des parties d'armement, d'habillement et d'équipement, etc.

Ils adresseront aussi audit conseil un bordereau des sommes qu'ils auront versées, soit entre les mains des administrations centrales, soit entre celles des divers fournisseurs.

X. Le commissaire des guerres chargé de la police de chacun desdits bataillons, adressera aussi audit conseil un extrait de chacune des revues qu'il aura passées, et un bordereau de toutes les ordonnances qu'il aura expédiées ou transmises audit bataillon.

Les commissaires des guerres qui auront apposé les scellés sur les magasins, et passé la revue du départ desdits bataillons, adresseront audit conseil une copie des procès-verbaux et inventaires qu'ils auront faits, ainsi que le double des états qui leur auront été remis par les capitaines des compagnies.

XI. Les fournisseurs de toute espèce adresseront audit conseil une copie des traités qu'ils auront souscrits, une déclaration des objets qu'ils auront fournis, des sommes qu'ils auront perçues, et de celles qui leur seront encore redues.

Lesdits fournisseurs joindront à cette déclaration, ou leur soumission pour continuer leurs fournitures, ou leur demande en résiliement de leurs traités.

XII. Dès l'instant de sa formation, le conseil d'administration de chaque division se livrera à l'examen de toutes les opérations faites par les administrations centrales pour les bataillons de conscrits, et il tiendra registre de toutes ses délibérations.

Il examinera chacun des marchés passés par les administrations centrales; et après avoir comparé les prix accordés, avec la qualité des fournitures et avec les prix ordinaires du pays, il délibérera à l'effet de savoir si chacun desdits marchés doit être maintenu ou continué, ou s'il doit être annullé.

XIII. Il vérifiera si les sommes que les administrations centrales ont reçues, ont été entièrement consommées, et si elles ont été employées à l'objet de leur destination.

XIV. Il vérifiera si les bataillons ont reçu la quantité d'objets que les administrations et les fournisseurs déclareront leur avoir livrés.

XV. Il vérifiera si les étoffes et autres matières premières fournies aux bataillons, sont conformes aux échantillons arrêtés, et si les objets confectionnés l'ont été convenablement.

XVI. Il vérifiera si les bataillons ont reçu les sommes qui leur étoient redues, et si l'emploi en a été fait par les conseils d'administration conformément aux réglemens militaires.

XVII. Les conseils d'administration sont appelés, en un mot, par le présent réglement, à préparer au ministre de la guerre le moyen de porter la surveilance la plus exacte sur les opérations de tous genres faites pour la levée, l'habillement, l'armement, l'équipement, la solde, la subsistance, le logement, le chauffage, etc. des bataillons de conscrits.

Lesdits conseils feront connoître au ministre leur opinion sur chacune desdites opérations.

XVIII. Tous les officiers généraux, supérieurs et subalternes, nommés soit par le ministre de la guerre, soit par les officiers généraux employés dans les divisions, soit par les administrations centrales, pour organiser, former, inspecter et surveiller les bataillons de conscrits, et qui ne font point partie desdits bataillons, cesseront leurs fonctions à dater du jour de la publication du présent arrêté.

XIX. Les généraux commandant les divisions militaires, prendront des précautions afin de faire joindre les conscrits qui seront restés aux hôpitaux, ceux qui se trouveront en congé, ainsi que ceux qui, faisant partie de l'un des bataillons sous leurs ordres, seront restés dans leurs foyers sans avoir obtenu un congé ou exemption en bonne et dûe forme pour cause d'infirmité.

XX. Les généraux commandant les divisions militaires, et les commissaires ordonnateurs, sont, chacun en ce qui le concerne, personnellement responsables de l'exécution du présent arrêté.

Ils en accuseront la réception au ministre de la guerre ; ils l'instruiront, chaque décade, des progrès de son exécution.

Le ministre de la guerre rendra de ces objets un compte particulier au premier Consul, et lui fera connoître les généraux et les commissaires des guerres qui auront rempli avec le plus d'exactitude et de zèle les fonctions qui leur sont déléguées.

Le présent arrêté sera inséré au Bulletin des lois.

Le premier Consul, signé, BONAPARTE. Par le premier Consul : *le secrétaire d'état*, signé, Hugues B. Maret. *Le ministre de la justice*, signé, ABRIAL.

Arrêté qui ordonne l'incorporation des bataillons de conscrits.

Du 4 Pluviose.

LES CONSULS DE LA RÉPUBLIQUE, le conseil d'état entendu,

Arrêtent :

Art. I. A dater du premier ventose prochain, il n'existera plus aucun bataillon de conscrits.

En conséquence, le ministre de la guerre donnera les ordres les plus précis, afin qu'avant l'époque ci-dessus prescrite, les individus qui composent lesdits bataillons soient incorporés dans les demi-brigades qui en ont besoin.

Si, après le complément des demi-brigades, il se trouvoit un excédant, il seroit également réparti entre les différentes compagnies des demi-brigades.

II. Les bataillons de conscrits qui sont déja rendus aux armées, ou dans les places de dépôt, seront incorporés, au plus tard, dans le cours de la décade qui suivra la réception du présent arrêté.

III. Les bataillons qui ne sont point encore rendus aux armées, ou au lieu de leur incorporation, seront incorporés, au plus tard, dans la décade qui suivra leur arrivée aux armées ou dans le lieu assigné pour leur incorporation.

IV. Les officiers attachés aux bataillons et compagnies de conscrits, auront la faculté de rentrer dans leurs foyers, et y jouiront de leur traitement de réforme.

Les officiers qui faisoient partie des demi-brigades avant la formation des bataillons auxiliaires, auront la faculté d'y rentrer.

V. Le ministre de la guerre rendra, chaque décade, au premier Consul, un compte particulier des incorporations qui auront été opérées, et lui fera connoître les officiers généraux qui auront apporté, dans l'exécution du présent arrêté, le plus d'activité et de zèle.

Le présent arrêté sera inséré au Bulletin des lois.

Le premier Consul, signé, BONAPARTE. Par le premier Consul : *le secrétaire d'état*, signé, Hugues B. Maret. *Le ministre de la justice*, signé, ABRIAL.

BAUDOUIN, imprimeur du Corps législatif et du Tribunat, place du Carrousel, N°. 662.

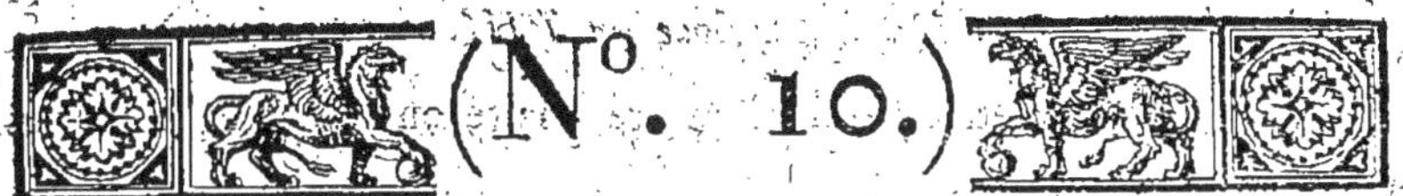

ARRÊTÉS
ET
PROCLAMATIONS
DU GOUVERNEMENT.

DÉLIBÉRATION du Conseil d'État, sur la manière de procéder contre les émigrés rentrés.

Du 5 Pluviose an 8.

LA section de justice, vu le rapport fait aux Consuls par le ministre de la justice, renvoyé au Conseil d'État par le premier Consul, et à la section par le Conseil ;

Ayant délibéré sur la question de savoir *comment on doit procéder contre les émigrés rentrés* ;

A reconnu que l'article 93 de l'acte constitutionnel lève toute espèce de doute sur cette question.

Cet article, en même temps qu'il déclare qu'en aucun cas la nation française ne souffrira le retour des Français émigrés, reconnoît formellement que les lois rendues contre les émigrés n'ont pas cessé d'exister.

Si elles existent aujourd'hui comme par le passé, les formes, les tribunaux, les peines, créés par elles seules et pour elles seules, existent en même temps.

Et la Constitution n'ayant apporté aucune modification ni à la peine ni aux formes qui dirigent l'application de la peine, l'émigré rentré peut être aujourd'hui, comme par le passé, traduit devant les tribunaux militaires créés par les lois qui forment encore aujourd'hui le code des émigrés ; et ces tribunaux peuvent aujourd'hui, comme

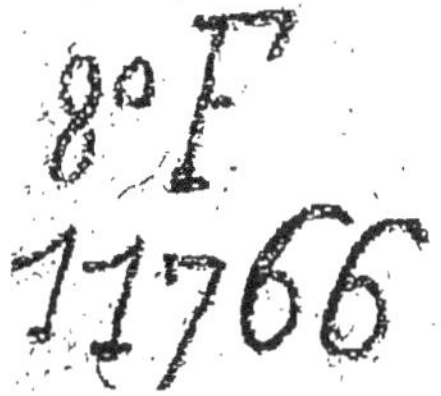

par le passé, soumettre l'émigré rentré à la reconnoissance de l'identité.

La section pense que, par la suite, il sera peut-être utile et politique de solliciter une loi qui ne punisse d'abord que de la *déportation* l'infraction au bannissement, et qui n'applique la peine de mort qu'à l'infraction de cette dernière peine.

Cette modification fait partie du travail général sur les émigrés, soumis au Conseil.

Mais la section reconnoît que le Gouvernement ne peut attendre dans l'inaction l'époque où cette modification pourra être admise, et que, par provision, les lois existantes peuvent et doivent recevoir leur application.

Elle estime que, pour éviter de déplorables abus, le Gouvernement devroit se réserver à lui seul le droit de former toute commission spéciale et d'y traduire l'émigré.

Le Conseil d'État, après avoir, sur le renvoi des Consuls et sur le rapport de la section de la justice, discuté l'avis ci-dessus, l'approuve, et arrête qu'il sera présenté aux Consuls, dans la forme prescrite par le réglement.

Pour extrait conforme : *le secrétaire général du Conseil d'État*, signé, Locré. Approuvé par le premier Consul, *signé*, BONAPARTE. Par le premier Consul : *le secrétaire d'État*, signé, Hugues B. Maret. *Le ministre de la justice*, signé, ABRIAL.

DÉLIBÉRATION du Conseil d'État, sur la date des lois.

Du 5 Pluviose.

La section de législation, sur le rapport du bureau de l'envoi des lois, est d'avis que la véritable date de la loi est celle de son émission par le Corps législatif. Trois choses sont nécessaires à la formation de la loi, sa proposition par le Gouvernement, sa communication au Tribunat, et son acceptation par le Corps législatif. A la vérité, la promulgation doit être suspendue pendant dix jours, pour donner lieu au recours en inconstitutionnalité devant le Sénat conservateur : mais si ce recours n'est pas exercé, il en résulte seulement que la loi est jugée constitutionnelle par les deux autorités qui ont droit d'exercer le recours ; et si ce recours a lieu, et que le Sénat ne le déclare pas fondé, il en résulte encore que l'acte dénoncé n'est pas inconstitutionnel, et que par conséquent il est loi. Mais dans l'un et l'autre cas, l'acte du Corps législatif est loi du moment de son émission.

La promulgation est nécessaire, sans doute ; mais seulement pour faire connoître la loi, pour la faire exécuter : c'est la première condition, le premier moyen de son exécution, et voilà pourquoi elle appartient au pouvoir exécutif. Le Gouvernement a une part à la législation, mais seulement par la proposition de la loi ; et quand il la promulgue, ce n'est plus comme partie intégrante du pouvoir législatif, mais seulement comme pouvoir distinct et séparé, comme pouvoir exécutif. Et il faut bien se garder de confondre cette promulgation avec la sanction que le roi constitutionnel avoit en 1791, ou avec l'acceptation que le Conseil des Anciens avoit par la constitution de l'an 3. Cette sanction et cette acceptation étoient parties nécessaires de la formation de la loi, et ne ressembloient en rien à sa promulgation. Aussi la loi datoit-elle, en 1791, du jour de la sanction, et sous la constitution de l'an 3, du jour de l'acceptation par les Anciens, et non du jour de sa promulgation, soit par le roi constitutionnel, soit par le directoire exécutif.

Ainsi, sous la Constitution actuelle, elle doit dater du jour de son émission par le Corps législatif, dernière condition essentielle à sa formation.

Le Conseil d'État, après avoir, sur le rapport de la section de législation, discuté l'avis motivé ci-dessus et d'autre part, l'approuve, et arrête qu'il sera présenté aux Consuls dans la forme prescrite par le réglement.

Pour extrait conforme : *le secrétaire général du Conseil d'État*, signé, J. G. Locré. Adopté par le premier Consul, *signé*, BONAPARTE. Par le premier Consul : *le secrétaire d'Etat*, signé, Hugues B. Maret. *Le ministre de la justice*, signé, ABRIAL.

ARRÊTÉ *relatif aux pensionnaires domiciliés dans les départemens réunis par la loi du 9 vendémiaire an 4, et dans le ci-devant pays de Bouillon.*

Du 6 Pluviose.

LES CONSULS de la République, sur le rapport du ministre des finances, vu la loi du 17 floréal an 5, et l'arrêté du Directoire exécutif du 5 prairial an 6 ;

Le Conseil d'État entendu,

Arrêtent :

ART. I. Il sera formé, par chaque administration centrale des départemens réunis par la loi du 9 vendémiaire an 4, sous sa responsabilité, et conformément au modèle annexé au présent, un tableau général, divisé par cantons, des pensionnaires rappelés dans la loi du 17 floréal an 5, domiciliés dans son arrondissement, et vivant au premier germinal an 7.

II. Aucun pensionnaire ne sera inscrit sur ce tableau, qu'après avoir remis l'extrait de son acte de naissance, son certificat de vie et de résidence, et sa déclaration portant qu'il lui est ou ne lui est pas échu de succession. Dans le premier cas, la pension sera réduite du vingtième du capital échu à titre de succession, en conformité de la loi du 17 nivose an 2; et l'époque de l'ouverture de la succession sera indiquée au tableau.

Les extrait et certificat ci-dessus mentionnés seront délivrés, sans aucuns frais, par les administrateurs et dépositaires des registres.

III. Seront provisoirement exclus du tableau, tous individus inscrits sur la liste des émigrés, qui n'ont point obtenu leur radiation définitive, ainsi que ceux qui n'ont point été relevés de la peine de déportation contre eux prononcée.

IV. Les administrations ne pourront, à peine de responsabilité, inscrire les pensionnaires au tableau pour de plus fortes sommes que celles dont ils jouissoient au 17 floréal an 5, d'après leur âge et qualité, et les fixations qui leur ont été respectivement attribuées par l'instruction des commissaires chargés de la suppression des établissemens religieux dont ils étoient membres.

V. A l'avenir, les pensions mentionnées au présent seront réduites à mesure et en proportion des successions qui écherront aux pensionnaires: à cet effet, ils en feront par écrit, à peine d'être privés de leurs pensions, en exécution de la loi du 17 nivose an 2, la déclaration exacte à l'administration centrale, qui, après vérification, statuera sur la suppression ou réduction de la pension, et soumettra son arrêté à l'approbation du ministre des finances.

VI. Seront exécutées, à l'égard des pensions mentionnées au présent, les dispositions des articles VIII, IX, X, XI, XIII et XIV de l'arrêté du Directoire exécutif, du 5 prairial an 6, relatives aux départemens dans lesquels doivent être inscrits les pensionnaires dits ecclésiastiques de l'ancienne France, aux renseignemens à fournir par les administrations municipales, aux pièces produites par les pensionnaires, au délai dans lequel le tableau devra être transmis au ministre des finances, à sa vérification, et à ses dépôt et transcription à la trésorerie nationale, et enfin au changement de domicile des pensionnaires, et au paiement des décomptes des pensions éteintes.

VII. A partir du premier vendémiaire an 8, ces pensions ne pourront être payées que sur les états adressés par la trésorerie nationale aux payeurs généraux dans les départemens, lesquels exigeront, à chaque paiement, à peine de rejet de cette dépense de leur compte, la déclaration relative aux successions, prescrite par l'article 2 du présent.

Les semestres échus au premier vendémiaire an 8, continueront à être payés, comme par le passé, sur les mandats des administrations centrales.

VIII. Toutes les dispositions du présent arrêté sont déclarées communes aux religieux et religieuses du ci-devant pays de Bouillon, réparti entre les départemens des Ardennes, de l'Ourthe et des Forêts, par la loi du 4 brumaire an 4; en conséquence, les administrations centrales de ces trois départemens adresseront au ministre des finances un tableau de particulier de ces ex-religieux, en prenant pour base de la fixation leurs pensions, celles qui leur avoient été attribuées, à raison de leur âge et qualité, par l'assemblée représentative de ce pays, lors de la suppression des monastères de son arrondissement.

Ne seront pas compris sur ce tableau, ceux de ces religieux qui auroient été admis à recevoir les bons de retraite dont la distribution a été ordonnée en faveur des ecclésiastiques et religieux de la ci-devant Belgique, par les lois des 15 fructidor an 4 et 5 frimaire an 6.

IX. Le ministre des finances est chargé de l'exécution du présent arrêté, qui sera inséré au bulletin des lois.

Le premier Consul, signé, BONAPARTE. Par le premier Consul : le *secrétaire d'État*, signé, Hugues B. Maret. *Le ministre des finances*, signé, GAUDIN.

Suit le Tableau.

DÉPARTEMENT DE

TABLEAU *des pensionnaires compris dans la loi du 17 floréal an V, domiciliés dans ce département, et du montant annuel de la pension à laquelle chacun d'eux a droit.*

Désignation des cantons.	Noms de famille des pensionnaires.	Leurs prénoms.	Date de leur naissance.	Leur domicile actuel.	Dernière qualité d'après laquelle leur pension a été fixée.	Pensions dont ils jouissoient au 17 floréal an 5, calculés		Déduction sur les pensions, du revenu calculé au denier 20 des capitaux recueillis à titre de successions par les ex-religieux et religieuses, en conformité de la loi du 17 nivose an 2.	Restant net du montant de chaque pension par année.	Total par canton, du montant des pensions	Nombre et nature des pièces justificatives du droit à la pension, produites par chaque individu.	*Observations.*
						En florins de Brabant.	En livres tournois.					
Inscrire les cantons par ordre alphabétique.	*Inscrire les noms de famille par ordre alphabétique.*											

RÉCAPITULATION.

CANTONS.	SOMMES.
....	
....	
....	
TOTAL général........	

Pour modèle du tableau à joindre à l'arrêté des Consuls du 6 pluviose an 8. *Le ministre des finances*, signé, GAUDIN.

Pour expédition conforme : *le secrétaire d'état*, signé, Hugues B. Maret.

Acte du Sénat conservateur, portant nomination de trois membres du Corps législatif.

Du 8 Pluviose.

Le Sénat, réuni au nombre de membres prescrit par la Constitution, procède au scrutin pour la nomination d'un membre du Corps législatif, en remplacement du citoyen *Joseph Bonaparte*. Le citoyen *Arrighi* (*Hyacinthe*), ex-commissionnaire du Gouvernement, réunit la majorité absolue des suffrages, et est proclamé, en conséquence, membre du Corps législatif pour le département du Golo.

On procède à un second scrutin pour le remplacement du citoyen *Latour-d'Auvergne*, non-acceptant au Corps législatif. Le citoyen *Devismes*, ex-constituant, réunit la majorité absolue des suffrages, et est proclamé, en conséquence, membre du Corps législatif.

On procède à un troisième scrutin pour le remplacement au Corps législatif, du citoyen *Garnier-Deschesnes*. Le citoyen *Bodinier*, de Saint-Malo, ex-législateur, réunit la majorité absolue des suffrages, et est proclamé membre du Corps législatif.

Le Sénat arrête que ces nominations seront notifiées par un message, au Corps législatif, au Tribunat et aux Consuls de la République.

Pour extrait conforme, *signé*, Sieyes, *président*; Roger-Ducos, Lacépède, *secrétaires*.

Bonaparte, premier Consul, ordonne que l'acte du Sénat conservateur, qui précède, sera inséré au bulletin des lois. Le ministre de la justice enverra à chacun des citoyens *Arrighi*, *Devismes* et *Bodinier*, un exemplaire du bulletin des lois où cet acte sera inséré, pour leur tenir lieu de notification, et leur servir de titre pour constater leur qualité. A Paris, le 8 pluviose an 8 de la République.

Signé, Bonaparte. Par le premier Consul : *le secrétaire d'État*, signé, Hugues B. Maret. *Le ministre de la justice*, signé, Abrial.

Arrêté qui règle les fonctions des commissaires des guerres et des inspecteurs aux revues.

Du 9 Pluviose.

Les Consuls de la République, le Conseil d'État entendu, Arrêtent :

Art. I. Les fonctions attribuées aux commissaires des guerres seront désormais partagées entre deux corps distincts et indépendans l'un de l'autre.

Le premier, sous le titre d'*Inspecteurs aux revues*, sera chargé de l'organisation, embrigadement, incorporation, levée, licenciement, solde et comptabilité des corps militaires, de la tenue des contrôles et de la formation des revues : il sera immédiatement sous les ordres du ministre de la guerre.

Le second, sous le titre de *Commissaires des guerres*, conservera les autres détails de l'administration militaire qui lui sont attribués par la loi du 28 nivose an 3.

SAVOIR:

1°. La surveillance des approvisionnemens en tout genre, tant aux armées que dans les places;

2°. La levée des contributions en pays ennemi;

3°. La police des étapes et convois militaires;

4°. Des équipages des vivres, de l'artillerie et de l'ambulance;

5°. Des hôpitaux, des prisons, corps-de-garde et autres établissemens militaires;

6°. Les distributions de vivres, fourrage, chauffage, habillement et équipement;

7°. La vérification des dépenses résultant de ces distributions, et de toutes les autres dépenses, excepté celles de la solde.

II. Le corps des inspecteurs aux revues sera organisé ainsi qu'il suit :

Inspecteurs généraux	6.
Inspecteurs	18.
Sous-inspecteurs	36.
	60.

III. Les inspecteurs généraux feront, tous les ans, une revue générale de chacun des corps de l'armée : cette revue aura pour objet, 1°. de constater l'effectif actuel de chaque corps et les mouvemens qui auront eu lieu pendant l'année;

2°. De présenter la situation de l'habillement, équipement et de l'armement, et de faire connoître ses besoins pour l'année suivante;

3°. D'indiquer les fournitures en tout genre qui lui auront été faites pendant l'année;

4°. D'arrêter définitivement leur comptabilité.

IV. Les inspecteurs généraux résideront à Paris, hors le temps de leurs tournées, et formeront près du ministre de la guerre un comité central des revues et d'administration des troupes.

Ce comité sera présidé par un des inspecteurs généraux, qui travaillera directement avec le ministre, et lui fournira tous les renseignemens qu'il pourra desirer, tant sur l'effectif et la solde des troupes que sur la situation de leur habillement, équipement et armement.

V. Les inspecteurs feront, tous les trois mois, la revue des corps militaires qui leur seront désignés par les inspecteurs généraux.

La revue se fera par appel nominal, sur les états qui seront remis aux inspecteurs au moment de leur arrivée, et qui seront certifiés, savoir, pour l'état-major des demi-brigades et régimens, par les commandans des corps; et, pour les compagnies, par les capitaines ou officiers qui se trouveront commander les compagnies.

Ces états contiendront les noms des officiers, sous-officiers et soldats, ainsi que les notes de toutes les mutations qui auront eu lieu pour chaque homme dans l'intervalle d'une revue à l'autre; ils contiendront en outre, pour les troupes à cheval, l'effectif des chevaux et les mutations survenues depuis la dernière revue.

VI. Indépendamment de ces états, il sera adressé, toutes les décades, aux inspecteurs, les notes journalières des mouvemens qui auront eu lieu dans le corps, pour être inscrites jour par jour sur des contrôles particuliers qui seront tenus par les inspecteurs.

Ces états de mouvement seront signés par l'officier chargé du détail, et visés par le commandant du corps.

VII. Tout officier qui sera convaincu d'avoir porté sur les états mentionnés aux articles V et VI, un plus grand nombre d'hommes ou de chevaux que ceux qui existoient réellement, ou qui les auroit employés pour plus de temps qu'ils ne doivent y être, sera dénoncé au général de l'armée ou de la division, qui le fera traduire devant un conseil de guerre, pour y être jugé comme dilapidateur des deniers de la République.

VIII. Les inspecteurs se feront représenter, au moment de leur revue, les contrôles qui doivent être tenus par les ordres des conseils d'administration, et vérifieront si les mouvemens qui y ont été portés se trouvent conformes à ceux qui leur auront été remis par les commandans des compagnies : ils arrêteront et signeront ces contrôles, et rendront compte au ministre des négligences ou des abus qui pourront s'y être glissés.

IX. Ils vérifieront également et arrêteront les registres relatifs aux diverses parties de la comptabilité des corps.

X. L'arrêté de la revue contiendra, 1°. le nombre des hommes de chaque grade présens; 2°. le nombre de jours pendant lesquels ils devront être payés; 3°. le décompte de la somme à payer conformément aux lois sur la solde.

Il sera ajouté au décompte, le montant de la masse d'entretien, et de toutes celles qui pourront être mises à la disposition des conseils d'administration.

XI. Il sera fait quatre expéditions de ces revues : la première sera remise au payeur de l'armée ou de la division ; la seconde à l'ordonnateur pour servir de base à la comptabilité de toutes les fournitures ; la troisième, au conseil d'administration des corps que la revue concernera ; la quatrième sera adressée aux inspecteurs généraux formant le comité central des revues à Paris.

Cette dernière expédition sera accompagnée de deux états, servant à constater, 1°. la situation de l'habillement, de l'équipement et de l'armement ; 2°. la situation de la caisse au moment de la revue.

Ces deux états seront certifiés par les conseils d'administration, et visés par les inspecteurs.

XII. Indépendamment de ces revues, les inspecteurs formeront tous les mois, d'après les états de mouvement qui leur seront remis, conformément à l'article V, un tableau général de l'effectif des troupes dont l'inspection leur aura été confiée ; ils l'adresseront au comité central dans la première décade de chaque mois.

XIII. Les sous-inspecteurs feront, d'après les ordres des inspecteurs, des revues particulières et inopinées, toutes les fois que le bien du service pourra l'exiger : l'objet de ces revues sera de vérifier si les contrôles sont tenus avec exactitude et fidélité, et de constater l'effectif des hommes et des chevaux.

XIV. Les sous-inspecteurs seront sous les ordres immédiats des inspecteurs, et seront employés au travail des revues, qu'ils ne pourront signer qu'en l'absence des inspecteurs, et lorsqu'ils seront détachés avec des corps de troupes éloignés du quartier général ou de la résidence ordinaire de l'inspecteur.

XV. Les inspecteurs généraux, inspecteurs et sous-inpecteurs aux revues, seront toujours au choix du Gouvernement. Ils seront pris parmi les officiers généraux et supérieurs, et les ordonnateurs qui en seront jugés susceptibles par leurs talens, leur zèle et leur moralité.

XVI. Les inspecteurs généraux auront le grade et le traitement de généraux de division ; les inspecteurs, le grade et le traitement de généraux de brigade.

Les sous-inspecteurs seront divisés en deux classes : les dix-huit de la première auront 8,000 francs de traitement ; les dix-huit de la seconde, 7,000 francs : les uns et les autres auront le rang de chef de brigade, et les rations attribuées à ce grade.

XVII. Les inspecteurs généraux recevront une indemnité pour les frais de tournée ; elle sera fixée par le ministre de la guerre, conformément au nombre de lieues qu'ils auront à parcourir, et suivant ce qui est réglé pour les frais de route accordés aux généraux qui voyagent avec ordre d'urgence.

Les frais de bureau du comité central seront également fixés par le ministre, et imputés sur les fonds affectés à la dépense de ces bureaux.

XVIII. Les inspecteurs généraux qui seront employés aux armées, jouiront d'un supplément de traitement de 1,000 francs par mois, à titre d'indemnité, pour frais extraordinaires de bureau et de tournée.

XIX. Il sera accordé aux inspecteurs une indemnité pour leurs frais de bureau; elle sera réglée par le ministre de la guerre, d'après le nombre de corps qu'ils auront à inspecter : cette dépense ne pourra excéder 40 francs par mois, pour chaque demi-brigade ou régiment d'artillerie et de troupes à cheval : elle sera acquittée sur les fonds affectés aux dépenses extraordinaires des armées.

XX. Les sous-inspecteurs n'auront droit à l'indemnité ci-dessus, que lorsqu'ils rempliront les fonctions d'inspecteurs, et pendant le temps qu'ils les rempliront.

XXI. L'uniforme des inspecteurs aux revues sera réglé ainsi qu'il suit :

Habit de drap écarlate; collet et paremens de drap bleu national, veste et culottes blanches; bouton de cuivre doré, semblable à celui de l'état-major.

Les inspecteurs généraux auront la broderie des généraux de division : les inspecteurs, celle des généraux de brigade, et les sous-inspecteurs, celle des adjudans-généraux.

XXII. Le corps des commissaires des guerres sera organisé ainsi qu'il suit :

Commissaires ordonnateurs.	35.
Commissaires ordinaires de première classe . . .	120.
Commissaires ordinaires de deuxième classe . . .	120.
Adjoints.	35.
	310.

Les commissaires ordonnateurs et ordinaires continueront à être chargés aux armées, et dans les divisions militaires, des détails d'administration qui leur sont attribués par la loi du 28 nivose an 3 et l'instruction qui fait suite à ladite loi, à l'exception des revues et autres détails qui sont réservés aux inspecteurs aux revues par le présent réglement.

XXIII. Les dépenses résultant de toutes les fournitures qui seront faites aux troupes, ne pourront être acquittées que sur les ordonnances des commissaires ordonnateurs, et d'après les états vérifiés et arrêtés par les commissaires des guerres ; mais ils seront tenus de se conformer, les uns et les autres, aux livrets des revues qui seront fournis par les inspecteurs, ces livrets devant être la base fondamentale et unique de toutes les comptabilités.

XXIV. La solde des commissaires des guerres sera réglée ainsi qu'il suit :

Aux commissaires ordonnateurs . . . . . . 10,000 fr.
Aux commissaires de première classe 5,000
Aux commissaires de seconde classe 4,000
Aux adjoints. 1,800

Les ordonnateurs qui seront chargés en chef de l'administration d'une armée, recevront, en sus de leurs appointemens, une indemnité de 1,000 francs par mois.

XXV. Les frais de bureau des ordonnateurs en chef continueront à être payés sur les états de la dépense effective, appuyés de pièces justificatives : les autres ordonnateurs recevront une indemnité de 250 fr. par mois ; les commissaires ordinaires de première et deuxième classe, de 125 francs.

Les adjoints n'auront aucun droit à cette indemnité.

XXVI. Le logement, soit en nature, soit en argent, sera réglé conformément à ce qui est prescrit par la loi du 28 nivose an 3.

XXVII. Quant aux rations de vivres et fourrages, les ordonnateurs en chef aux armées seront traités comme les généraux de division ; les autres ordonnateurs, comme les chefs de brigade de cavalerie.

XXVIII. L'uniforme des commissaires des guerres sera le même que celui qui leur a été précédemment réglé, à l'exception des revers rouges qui sont supprimés.

XXIX. Les commissaires ordonnateurs et ordinaires seront choisis parmi les commissaires ordonnateurs et ordinaires actuels, ou qui ont été réformés depuis le 4 brumaire an 4, et parmi les officiers de la ligne et de l'état-major qui en seront jugés susceptibles.

Et les adjoints, parmi les élèves qui ont été admis à servir en cette qualité près des ordonnateurs.

XXX. Cette première organisation faite, nul ne pourra entrer dans le corps des commissaires des guerres que d'après un examen qui sera ouvert tous les ans au lieu indiqué par le ministre de la guerre. Cet examen roulera sur les élémens de mathématiques, et sur la théorie de l'administration militaire, c'est-à-dire, sur la composition des corps des diverses armes, sur la solde et les fournitures qui doivent leur être faites, et le mode de comptabilité de toutes les dépenses.

XXXI. Il ne sera admis à cet examen que les citoyens français, âgés de vingt-un ans, qui justifieront avoir servi au moins trois ans dans les troupes, et qu'ils sont actuellement officiers. Ils devront être porteurs de certificats de bonne conduite, délivrés par les conseils d'administration, et, s'ils ne tiennent à aucun corps, par l'état-major de l'armée ou de la division à laquelle ils sont attachés.

XXXII. Les adjoints parviendront aux places de commissaire de seconde classe, un tiers à l'ancienneté, et les deux autres tiers au choix.

Les commissaires de seconde classe parviendront également à la première, un tiers par ancienneté, et les deux autres tiers au choix.

Les ordonnateurs seront tous au choix du Gouvernement, et pris parmi les commissaires des guerres de première classe.

XXXIII. Les commissaires ordonnateurs et ordinaires des guerres qui ne seront pas compris dans la nouvelle organisation, jouiront du traitement de réforme déterminé par la loi du 28 fructidor an 7. Ceux qui ont été précédemment employés comme officiers dans la ligne, pourront y être placés dans les grades dont ils seront jugés susceptibles.

XXXIV. Le ministre de la guerre est chargé de l'exécution du présent arrêté, qui sera inséré au bulletin des lois.

Le premier Consul, signé, BONAPARTE. Par le premier Consul : *le secrétaire d'État*, signé, Hugues B. Maret. *Le ministre de la justice*, signé, ABRIAL.

ARRÊTÉ relatif à la liquidation des débets des comptables du département de la Seine.

Du 9 Pluviose.

LES CONSULS de la République, sur le rapport du ministre des finances, vu la loi du 9 septembre 1792 et celle du 13 frimaire dernier, le Conseil d'État entendu,

Arrêtent ce qui suit :

Les arrêtés du département de la Seine, des 28 nivose et 6 germinal an 5, qui ont fixé les débets des comptables, seront remis à l'agent du trésor public, pour en suivre l'effet, conformément à la loi du 13 frimaire dernier ; sauf, en cas de réclamation des parties, à soumettre la contestation au Conseil d'État, en conformité de l'article 52 de la Constitution.

Le ministre des finances est chargé de l'exécution du présent arrêté, qui sera inséré au bulletin des lois.

Le premier Consul, signé, BONAPARTE. Par le premier Consul : *le secrétaire d'État*, signé, Hugues B. Maret. *Le ministre des finances*, signé, GAUDIN.

Arrêté qui ordonne la confection d'un état des citoyens dont la vingtième année étoit révolue au premier vendémiaire an 8.

Du 12 Pluviose.

Les Consuls de la République, le Conseil d'État entendu,

Arrêtent ce qui suit :

Le commissaire du Gouvernement près chaque administration centrale, adressera au ministre de la guerre, avant le premier ventose prochain, l'état nominatif, canton par canton, des citoyens qui ont eu vingt ans révolus à l'époque du premier vendémiaire an 8.

Le présent arrêté sera inséré au bulletin des lois.

Le premier Consul, signé, Bonaparte. Par le premier Consul, *le secrétaire d'État*, signé, Hugues B. Maret. *Le ministre de la justice*, signé, Abrial.

Arrêté relatif aux équipages de l'artillerie.

Du 14 Pluviose.

Les Consuls de la République, le Conseil d'État entendu, Arrêtent :

Art. I. Les chevaux destinés au service des équipages d'artillerie, appartiendront dorénavant à la République, et seront entretenus à ses frais.

II. La reprise des équipages aura lieu dans toute la République, au premier germinal prochain ; le ministre de la guerre est chargé de régler les conditions de cette reprise.

III. L'administration de l'équipage de chaque armée sera confiée au conseil d'administration du grand parc d'artillerie ; il sera chargé de pourvoir à l'entretien des chevaux et harnais, et à leur remplacement.

IV. Les conseils d'administration des bataillons du train d'artillerie, auront, sous l'autorité du conseil d'administration du parc, la surveillance des équipages, et seront chargés des détails de l'entretien.

Les conseils seront présidés par un capitaine d'artillerie qui sera nommé par le général d'artillerie, et qui leur restera attaché pendant toute la campagne.

V. Les chevaux d'artillerie seront nourris aux frais de la République ; la dépense en sera réglée comme pour les chevaux de la cavalerie.

VI. Il sera accordé une somme de cinq francs par mois et par cheval, pour l'entretien et renouvellement des harnais, le ferrage et les médicamens.

VII. Il sera établi une masse pour le remblacement des chevaux morts ou tués ; cette masse sera fixée à 60 francs par cheval et par an, au complet et l'équipage.

VIII. Les sommes accordées par les articles précédens, seront déposées dans la caisse du parc, d'une manière distincte, et confiées à la surveillance du conseil d'administration, qui pourra seul ordonner de leur emploi.

IX. Le conseil d'administration du grand parc d'artillerie choisira, lorsqu'il y aura lieu, les officiers du train qu'il croira les plus propres à l'achat des chevaux nécessaires à l'équipage.

X. Le compte des dépenses résultant de l'achat et de l'entretien des chevaux, sera rendu, à la fin de chaque année, par le conseil d'administration du parc, de la même manière que celui des autres dépenses de l'artillerie.

XI. A l'époque du désarmement, il sera réservé mille chevaux pour le service des écoles et principaux établissemens d'artillerie ; le surplus sera réparti dans les campagnes par les ordres du ministre de la guerre, et confié à des cultivateurs aux moyens et conditions ci-après.

XII. Il sera ouvert un registre à l'administration de chaque département ; celui qui voudra se charger d'un cheval, se fera inscrire.

XIII. Chaque individu, en recevant un cheval, contractera l'engagement formel de le représenter, ou un semblable, de même qualité et de même valeur, toutes les fois qu'il en sera requis.

XIV. Celui qui recevra un cheval, sera tenu de fournir une caution.

XV. Tout citoyen qui ne pourra représenter le cheval qui lui aura été confié, ou un autre équivalent, sera tenu de donner en remplacement une somme de cinq cents francs, au paiement de laquelle il sera contraint par corps ainsi que sa caution.

XVI. Il y aura un officier du train d'artillerie dans chacun des départemens où les chevaux seront répartis.

Il fera la revue et l'inspection de ces chevaux plusieurs fois l'année, en constatera l'état, et dénoncera à l'inspecteur général du train les cultivateurs qui ne seroient pas en règle.

XVII. Tout officier du train d'artillerie qui négligeroit de rendre le compte demandé dans l'article précédent, sera destitué.

XVIII. Il y aura un inspecteur général du train pour plusieurs départemens : il aura la surveillance supérieure sur cinq mille chevaux, et sera toujours considéré comme le chef de l'équipage ; il recevra les comptes des officiers particuliers, et s'adressera aux administrations centrales pour faire faire les poursuites nécessaires contre les dépositaires des chevaux qui seroient en contravention avec le présent réglement.

XIX. Cet inspecteur général correspondra avec le premier inspecteur du corps de l'artillerie, et lui rendra tous les comptes qui lui seront demandés.

XX. Il sera, chaque année, pris sur les fonds de la guerre, une somme de trois cent mille francs, destinée à donner des récompenses à ceux des cultivateurs qui tiendront aux ordres du Gouvernement les chevaux les meilleurs.

XXI. Les primes seront payées sur les ordres du ministre de la guerre, sur le compte qui lui sera rendu par le premier inspecteur du corps de l'artillerie.

Le ministre de la guerre est chargé de l'exécution du présent arrêté, qui sera inséré au bulletin des lois.

Le premier Consul, signé, BONAPARTE. Par le premier Consul : *le secrétaire d'État*, signé, Hugues B. Maret. *Le ministre de la justice*, signé, ABRIAL.

Arrêté qui ordonne la formation de quatre bataillons de volontaires d'infanterie légère, sous le nom de Francs.

Du 14 Pluviose.

LES CONSULS de la République, le Conseil d'État entendu,
Arrêtent :

Art. I. Il sera formé quatre bataillons de volontaires d'infanterie légère, qui seront distingués par le surnom de *Francs*. Un sera levé dans la douzième division militaire, un dans la treizième, un dans la quatorzième, un dans la vingt-deuxième.

II. Ces bataillons seront distingués entre eux par les n.os 1, 2, 3 et 4. Le n°. premier appartiendra à celui qui sera formé dans la douzième division ; le n°. 2 à celui qui sera dans la treizième, ainsi de suite.

III. Chacun de ces bataillons sera divisé en neuf compagnies, une de carabiniers et huit de chasseurs francs.

IV. Chaque compagnie sera composée ainsi qu'il suit ;

SAVOIR :

1 Capitaine,
1 Lieutenant,
2 Sous-lieutenans,
1 Sergent-major,
4 Sergens,
1 Fourrier-écrivain,
8 Caporaux,
2 Tambours,
120 Carabiniers ou chasseurs Francs.

140.

V. L'état-major de chaque bataillon sera composé ainsi qu'il suit ;

SAVOIR :

1 Chef de bataillon.
1 Adjudant-major,
1 Adjudant-sous-officier,
1 Porte-drapeau,
1 Officier de santé,
1 Tambour-major,
1 Maître armurier,
1 Maître tailleur,
1 Maître cordonnier,
1 Maître guêtrier.

VI. Les officiers et sous-officiers seront nommés sur la présentation du général en chef de l'armée de l'*Ouest*.

VII. Ces bataillons seront habillés, armés et équipés comme le reste de l'infanterie légère ; les carabiniers seront armés de carabines rayées.

VIII. La discipline, l'avancement, la solde, seront les mêmes que dans les autres troupes de la République.

IX. Il y aura un conseil d'administration pour chaque bataillon ; il sera composé d'un chef de bataillon, de deux capitaines, deux lieutenans ou sous-lieutenans nommés par les officiers des grades respectifs.

X. Le général en chef de l'armée de l'*Ouest* désignera les places dans lesquelles lesdits bataillons devront être formés ; et il chargera un officier général actuellement employé sous ses ordres, de la formation de chacun de ces bataillons, et un inspecteur aux revues, d'en surveiller les détails.

XI. Le ministre de la guerre est chargé de l'exécution du présent arrêté, qui sera inséré au bulletin des lois.

Le premier Consul, signé, BONAPARTE. Par le premier Consul : *le secrétaire d'État*, signé, Hugues B. Maret. *Le ministre de la justice*, signé, ABRIAL.

BAUDOUIN, imprimeur du Corps législatif et du Tribunat, place du Carrousel, N°. 662.

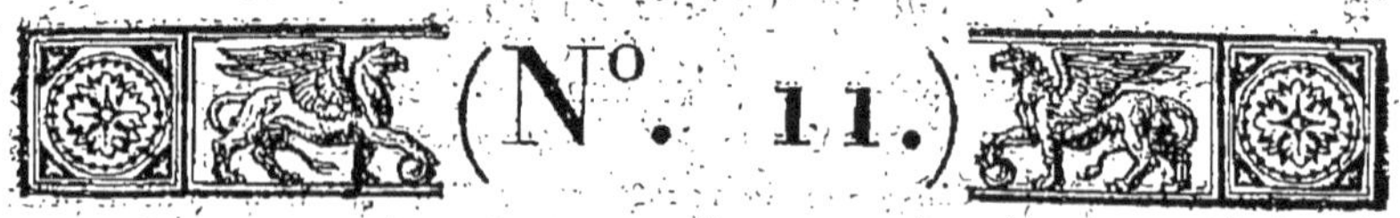

ARRÊTÉS ET PROCLAMATIONS DU GOUVERNEMENT.

Arrêté qui ordonne la confection d'un tableau nominatif des conscrits appelés à la formation des bataillons auxiliaires.

Du 14 Pluviose.

Les Consuls de la République, le Conseil d'État entendu,

Arrêtent :

Art. I. Dans la décade qui suivra la réception du présent arrêté, le commissaire du Gouvernement près de chaque administration centrale, adressera au général commandant la division militaire dans laquelle le département est compris, le tableau nominatif de tous les conscrits, qui, en exécution des précédentes lois, ont été appelés à la formation des bataillons auxiliaires.

II. Ce tableau sera divisé par cantons, et indiquera le domicile de chaque conscrit.

III. A côté du nom de chaque individu, le commissaire du Gouvernement fera inscrire l'une des trois notes suivantes :

A été reconnu par le jury incapable de servir.

Ne s'est point présenté.

S'est présenté, et a été compris dans l'organisation.

IV. Si le même département a fourni deux ou un plus grand nombre de bataillons, le tableau demandé par les articles ci-dessus sera divisé en autant d'états particuliers qu'il y aura été formé de bataillons.

A

V. Les chefs des demi-brigades dans lesquelles les bataillons de conscrits ont été ou seront incorporés, se feront remettre de suite les contrôles desdits bataillons, et adresseront aux généraux commandant les divisions militaires dans lesquelles lesdits bataillons ont été formés, un état nominatif de tous les individus qui, en ayant fait partie, se trouveront absens de leurs drapeaux.

Cet état indiquera le lieu du domicile et contiendra le signalement de chaque conscrit absent de son corps.

VI. Dès que les généraux commandant les divisions militaires auront reçu les états ci-dessus exigés, ils donneront des ordres à la gendarmerie pour arrêter et conduire au chef-lieu de la division les conscrits qui auront déserté, ainsi que ceux qui ayant été appelés ne se seront point présentés ; et ils les feront conduire au dépôt de leur demi-brigade.

VII. Le ministre de la guerre rendra au premier Consul un compte particulier de l'exactitude, du zèle et de l'activité que les commissaires du Gouvernement, les chefs de bataillon et de demi-brigade, les officiers de la gendarmerie nationale, ainsi que les généraux commandant les divisions militaires, auront déployés dans l'exécution du présent arrêté, qui sera inséré au bulletin des lois.

Le premier Consul, signé, BONAPARTE. Par le premier Consul : *le secrétaire d'État*, signé, Hugues B. Maret. *Le ministre de la justice*, signé, ABRIAL.

Arrêté relatif au mode de jugement des prisonniers de guerre étrangers.

Du 17 Pluviose.

LES CONSULS de la République, le Conseil d'État entendu,

Arrêtent :

ART. I. Les prisonniers de guerre étrangers sont justiciables des conseils de guerre pour tous les délits dont ils pourroient se rendre coupables, excepté les cas de révolte à main armée, auxquels cas ils seront jugés par des commissions militaires.

II. Les ministres de la guerre et de la justice sont chargés de l'exécution du présent arrêté, qui sera inséré au bulletin des lois.

Le premier Consul, signé, BONAPARTE. Par le premier Consul : *le secrétaire d'État*, signé, Hugues B. Maret. *Le ministre de la justice*, signé, ABRIAL.

Arrêté qui règle le mode d'admission et d'avancement dans le corps de la gendarmerie.

Du 17 Pluviose.

Les Consuls de la République, le Conseil d'État entendu,

Arrêtent :

L'admission et l'avancement dans le corps de la gendarmerie, seront réglés ainsi qu'il suit :

1°. Les gendarmes seront pris parmi les militaires âgés de vingt-cinq ans et au-dessus jusqu'à quarante, de la taille de cinq pieds quatre pouces, sachant lire et écrire, et ayant servi cinq ans dans un régiment de troupes à cheval, dont un au moins pendant la guerre de la liberté; ils devront, en outre, être porteurs d'un congé en bonne forme, et d'un certificat de bonne conduite, délivrés par les conseils d'administration des corps dans lesquels ils auront servi. Ils seront à la nomination du ministre de la guerre, sur la présentation des conseils d'administration des compagnies.

2°. Les brigadiers seront pris parmi les gendarmes de la compagnie qui se seront distingués, dans leur service, par des actions d'éclat, ou auront donné le plus de preuves d'aptitude : ils seront nommés par le chef de division, sur une liste de candidats formée par le capitaine de la compagnie; cette liste sera de cinq candidats, réduite à trois par le chef d'escadron.

3°. Un tiers des emplois de maréchaux-des-logis sera donné aux brigadiers plus anciens de grade de chaque compagnie.

Le second tiers sera nommé par le chef de division, sur une liste de cinq candidats, formée par le capitaine de la compagnie, et réduite à trois par le chef d'escadron.

L'autre tiers sera à la nomination du ministre de la guerre, qui pourra les choisir soit parmi tous les brigadiers du corps de la gendarmerie, soit parmi les maréchaux-des-logis de troupes à cheval, qui en seront jugés susceptibles.

4°. Le maréchal-des-logis chef, secrétaire-greffier, sera choisi par le conseil d'administration de la compagnie, parmi les maréchaux-des-logis de la division.

5°. Les emplois de lieutenant seront donnés, un tiers à l'ancienneté, et les deux autres tiers au choix du Gouvernement. Les maréchaux-des-logis d'une division rouleront entre eux pour l'ancienneté. Les places qui seront données au choix, le seront; savoir, la première, aux maréchaux-des-logis de tout le corps de la gendarmerie, sans avoir égard à l'ancienneté, et aux lieutenans réformés depuis le 4 brumaire an 4 ; la seconde, aux lieutenans des troupes à cheval, ayant au moins cinq ans de service en qualité d'officiers.

6°. Les emplois de capitaine seront donnés, un tiers à l'ancienneté, et les deux autres tiers au choix du Gouvernement. Tous les lieutenans du corps de la gendarmerie rouleront entre eux pour l'ancienneté. Sur les deux places qui seront données au choix, la première sera accordée à un lieutenant du corps, actuellement en activité de service, ou à un capitaine réformé depuis le 4 brumaire an 4 ; la seconde sera donnée à un capitaine des troupes à cheval, ayant au moins un an de service dans ce grade.

7°. Les chefs d'escadron seront tous au choix du Gouvernement. La moitié des emplois vacans sera accordée aux capitaines de la gendarmerie en activité de service, ou aux chefs d'escadron de ce corps qui ont été réformés depuis le 4 brumaire an 4 ; l'autre moitié, aux chefs d'escadron de la ligne.

8°. Les chefs de division seront également tous au choix du Gouvernement, et pris indistinctement soit parmi les chefs d'escadron de la gendarmerie en activité de service, soit parmi les chefs d'escadron et de brigade de la ligne, qui pourront y être appelés par l'ancienneté ou la distinction de leurs services.

Le ministre de la guerre est chargé de l'exécution du présent arrêté, qui sera inséré au bulletin des lois.

Le premier Consul, signé, BONAPARTE. Par le premier Consul : *le secrétaire d'État*, signé, Hugues B. Maret. *Le ministre de la justice*, signé, ABRIAL.

Rapport présenté aux Consuls de la République par le ministre de l'intérieur sur l'acceptation de la Constitution.

Du 18 Pluviose.

CITOYENS CONSULS,

Les Français ont reçu la Constitution de l'an 8 avec enthousiasme. Leur expression simultanée de confiance et d'espoir ne laisse plus aucun doute sur la volonté du peuple.

Cependant tous les citoyens ayant été appelés à émettre nominativement leur vœu, j'ai dû recueillir avec soin les votes qui me sont parvenus. J'ai joint à leur résultat le relevé de ceux reçus par les ministres de la justice, de la guerre et de la marine. La distance où se trouvent les fonctionnaires placés sous la surveillance du ministre des relations exérieurés, n'a point permis qu'il m'en fît parvenir. J'ai l'honneur de mettre sous vos yeux le tableau général de ces votes.

Leur nombre est de 3,011,007 ; et celui des non-acceptans, de 1,562.

Trois Constitutions avoient été précédemment proclamées.

Celle de 1791 ne fut point acceptée nominativement.

Le nombre des citoyens acceptant celle de 1793 a été de 1,801,918 : celui des refusans s'est élevé à 11,610.

Les votans pour la Constitution de l'an 3 furent au nombre de 1,057,390 ; les refusans de 49,977.

Ainsi le nombre des votans pour la Constitution de l'an 8 excède de 1,210,089 celui des votans pour la Constitution de 1793 ; et de 1,953,617 celui des votans pour la Constitution de l'an 3.

Différence extrêmement considérable, si l'on considère,

1°. Que la totalité des votes des départemens éloignés n'est pas encore connue ;

2°. Que quelques autres n'ont pas encore envoyé leurs votes ;

3°. Que quinze départemens environ étoient en état de trouble lors de l'envoi de la Constitution ;

4°. Que la brièveté du temps fixé pour l'émission des votes dans chaque commune n'a point permis à tous les citoyens de se présenter aux lieux indiqués ;

5°. Qu'un nombre immense de citoyens, ayant cru que le délai étoit de quinze jours, ont été privés, par la clôture des registres, de la satisfaction de faire connoître leur adhésion.

Quant au nombre des refusans, il est sept fois moindre que celui des refusans en 1793, et trente fois plus foible que les rejets de la Constitution de l'an 3 ; il est donc la preuve complète de l'assentiment général de la nation.

Il suffit, pour s'en convaincre, de remarquer que cette époque est la seule où aucune des mesures propres à assurer la liberté de l'émission des votes, n'a été omise, puisque tous les citoyens ont eu la faculté de confier leur vœu aux dépositaires naturels des plus chers intérêts particuliers, et que cette émission de votes isolés, en écartant le prestige des réunions tumultueuses, a laissé tous les citoyens dans la plénitude de la liberté.

Une telle unanimité de sentimens prouve, citoyens Consuls, qu'après une bien longue et bien douloureuse tourmente, le vaisseau de la République est enfin arrivé au port du salut et de la gloire : c'est là que toutes les divisions, inséparables suites d'une course orageuse, doivent disparoître.

Instruits à l'école du malheur et par une longue expérience, que c'est de l'union seule des citoyens que dépendent la splendeur et la prospérité des États, tous les amis de la patrie, les bons Français, par leur adhésion au nouvel acte constitutionnel, ont enfin déposé sur l'autel de la liberté tous les souvenirs amers et pénibles, tous les regrets insensés, toutes les folles espérances, toutes les animosités funestes, enfans illégitimes et cruels d'une révolution qui ne leur eût pas donné naissance, si le meilleur peuple de la terre n'eût pas été poussé quelquefois, par les factions diverses, hors de son caractère aimant et généreux.

Le jour qui verra bientôt toutes ces passions odieuses expirer, et faire place à un seul sentiment durable, celui de la bienveillance et d'une indulgence mutuelle, ce jour sera le premier de ceux que les destins devoient accorder à l'immortalité de la France régénérée;...... c'est celui où le vœu du peuple français sera solemnellement proclamé :...... il doit marquer par une fête nationale.

Mais il me paroît, citoyens Consuls, que le caractère auguste de ce grand jour doit consister sur-tout dans l'union absolue de tous les Français : tant qu'un reste de guerre intestine souillera les départemens de la Vendée, cette fête de famille vous paroîtroit sans doute troublée, incomplète : je vous propose d'attendre, pour la célébrer, l'époque, déja tant rapprochée depuis votre avénement, de la pacification générale de l'ouest...... Alors, citoyens Consuls, se placera, avec plus de force et d'ensemble, la célébration de cette charte à qui la France devra tant de bien, à qui elle doit déja la fin de tant de maux.

Signé, L. BONAPARTE.

LES CONSULS DE LA RÉPUBLIQUE, entendu le ministre de l'intérieur,

Arrêtent :

Art. I. Le résultat des votes émis sur la Constitution sera proclamé, publié et affiché dans toutes les communes de la République.

II. Il sera célébré dans toutes les communes, pour l'acceptation de la Constitution, une fête nationale consacrée à l'union des citoyens français.

III. Cette fête sera célébrée dans la décade qui suivra l'entière pacification des départemens de l'ouest.

IV. Le ministre de l'intérieur est chargé de l'exécution du présent arrêté, qui sera inséré au Bulletin des lois, ainsi que le rapport du ministre.

Le premier Consul, signé, BONAPARTE. Par le premier Consul, *le secrétaire d'État*, signé, Hugues B. Maret. *Le ministre de l'intérieur*, signé, L. BONAPARTE.

Extrait des registres des délibérations des Consuls de la République, du 18 pluviose.

PROCLAMATION.

LES CONSULS DE LA RÉPUBLIQUE, en conformité de l'art. 5 de la loi du 23 frimaire, qui règle la manière dont la Constitution sera présentée au peuple français ; après avoir entendu le rapport des ministres de la justice, de l'intérieur, de la guerre et de la marine,

Proclament le résultat des votes émis par les citoyens français sur l'acte constitutionnel :

Sur trois millions douze mille cinq cent soixante-neuf votans, quinze cent soixante-deux ont rejeté, trois millions onze mille sept cent ont accepté la Constitution.

Le premier Consul, signé, BONAPARTE. Par le premier Consul, *le secrétaire d'État*, signé, Hugues B. Maret. *Le ministre de la justice*, signé, ABRIAL.

Arrêté qui nomme le citoyen Bigot-Préameneu *commissaire du Gouvernement près le tribunal de cassation.*

Du 19 Pluviose.

BONAPARTE, premier Consul de la République, arrête ce qui suit :

Le citoyen *Bigot-Préameneu*, membre de l'Institut, est nommé commissaire du Gouvernement près le tribunal de cassation.

Le ministre de la justice est chargé de l'exécution du présent arrêté, qui sera imprimé au Bulletin des lois.

Signé, BONAPARTE. Par le premier Consul : *le secrétaire d'État*, signé, Hugues B. Maret. *Le ministre de la justice*, signé, ABRIAL.

*Arrêté qui déclare réversibles aux enfans les secours accordés aux épouses des citoyens employés à l'armée d'*Orient.

Du 21 Pluviose.

LES CONSULS DE LA RÉPUBLIQUE, après avoir entendu le rapport du ministre de la guerre,

Arrêtent :

Art. I. Les secours accordés, par l'arrêté du 29 frimaire dernier, aux femmes des citoyens employés à l'armée d'*Orient*, sont réversibles sur les enfans, en cas de décès de la mère.

II. Ces enfans jouiront des secours, savoir, les garçons jusqu'à l'âge de dix-huit ans seulement, et les filles jusqu'à celui de quatorze.

III. Pour obtenir ces secours, les réclamans seront obligés de présenter,

1°. Un certificat du ministre de la guerre, constatant que le père fait partie de l'armée d'*Orient;*

2°. Un certificat de l'administration municipale du lieu de leur résidence, constatant qu'ils ne jouissent pas d'un revenu suffisant pour les faire subsister;

3°. Un certificat de vie;

4°. Un extrait de leur acte de naissance;

5°. L'acte de décès de la mère.

IV. Le ministre de la guerre est chargé de l'exécution du présent arrêté, qui sera inséré au Bulletin des lois.

Le premier Consul, signé, BONAPARTE. Par le premier Consul, *le secrétaire d'État*, signé, Hugues B. Maret. *Le ministre de la guerre*, signé, ALEX. BERTHIER.

Arrêté relatif aux militaires dont la solde sera payée à Paris.

Du 21 Pluviose.

LES CONSULS DE LA RÉPUBLIQUE, sur le rapport du ministre de la guerre,

Arrêtent :

Art. I. La solde des troupes ne sera payée à Paris, pendant les mois de pluviose et ventose, qu'aux militaires en garnison.

II. Les ministres de la guerre et des finances sont chargés, chacun en ce qui le concerne, de l'exécution du présent arrêté, qui sera imprimé.

Le premier Consul, signé, BONAPARTE. Par le premier Consul : *le secrétaire d'État*, signé, Hugues B. Maret. *Le ministre de la guerre*, signé, ALEX. BERTHIER.

Arrêté qui ordonne la réunion des deux légions Polonaises employées à l'armée d'Italie.

Du 21 Pluviose.

LES CONSULS DE LA RÉPUBLIQUE, sur le rapport du ministre de la guerre,

Arrêtent :

Art. I. Les première et deuxième légions Polonaises employées à l'armée d'*Italie*, seront sur-le-champ réunies en une seule légion, qui demeurera attachée à cette armée.

II. Cette légion sera formée à l'instar de celle qui s'organise à l'armée du *Rhin*, d'après la loi du 22 fructidor an 7.

III. La commune de Marseille est désignée pour lieu de rassemblement de cette légion.

IV. Le ministre de la guerre demeure chargé de l'exécution du présent arrêté, qui sera imprimé au Bulletin des lois.

Le premier Consul, signé, BONAPARTE. Par le premier Consul: *le secrétaire d'état*, signé, Hugues B. Maret. *Le ministre de la guerre*, signé, ALEX. BERTHIER.

Acte du Sénat conservateur, qui nomme le citoyen Barthelemy *membre de ce Sénat.*

Du 24 Pluviose.

Un arrêté pris dans la dernière séance, renvoie à celle de ce jour la nomination à faire d'un membre du Sénat, entre les deux candidats présentés, l'un par le Corps législatif et le Tribunat, l'autre par le premier Consul de la République.

Le Sénat, réuni au nombre de membres prescrit par l'article 90 de la Constitution, procède au scrutin pour cette nomination. Le citoyen *Barthelemy*, ancien ambassadeur de la République, candidat présenté par le premier Consul, réunit la majorité absolue des suffrages, et est proclamé, en conséquence, membre du Sénat conservateur.

Le Sénat arrête que cette nomination sera sur-le-champ notifiée, par un message, au Corps législatif, au Tribunat, et aux Consuls de la République.

Pour extrait conforme, *signé*, SIEYES, *président*; ROGER-DUCOS, B. G. E. L. LACÉPÈDE, *secrétaires*.

BONAPARTE, premier Consul, ordonne que l'acte du Sénat conservateur, qui précède, sera inséré au Bulletin des lois. Le ministre de la justice enverra au citoyen *Barthelemy* un exemplaire du Bulletin des lois où cet acte sera inséré, pour lui tenir lieu de notification, et lui servir de titre pour constater sa qualité. A Paris, le 24 pluviose, an 8 de la République.

Signé, BONAPARTE. Par le premier Consul, *le secrétaire d'état*, signé, Hugues B. Maret. *Le ministre de la justice*, signé ABRIAL.

Acte du Sénat conservateur, qui nomme le citoyen Joseph Moreau membre du Tribunat.

Du 24 Pluviose.

Le Sénat, réuni au nombre de membres prescrit par la Constitution, procède au scrutin pour le remplacement du citoyen *Baret*, tribun, décédé à Maubeuge.

Le citoyen *Moreau (Joseph)*, commissaire du Gouvernement près le tribunal de police correctionnelle de Morlaix, département du Finistère, ayant réuni la majorité absolue des suffrages, est proclamé membre du Tribunat.

Le Sénat arrête que cette nomination sera notifiée, par un message, au Corps législatif, au Tribunat, et aux Consuls de la République.

Collationné à l'original par nous, président et secrétaires du Sénat conservateur. A Paris, le 24 pluviose, an 8 de la République française. *Signé*, SIEYES, *président*; ROGER-DUCOS, B. G. E. L. LACÉPÈDE, *secrétaires*.

BONAPARTE, premier Consul, ordonne que l'acte du Sénat conservateur, qui précède, sera inséré au Bulletin des lois. Le ministre de la justice enverra au citoyen *Moreau* un exemplaire du Bulletin des lois où cet acte sera inséré, pour lui tenir lieu de notification, et lui servir de titre pour constater sa qualité. A Paris, le 24 pluviose, an 8 de la République.

Signé, BONAPARTE. Par le premier Consul, *le secrétaire d'état*, signé, Hugues-B. Maret. *Le ministre de la justice*, signé, ABRIAL.

Arrêté relatif à l'uniforme des préposés à la régie des douanes qui sont habituellement armés.

Du 25 Pluviose.

LES CONSULS DE LA RÉPUBLIQUE, sur la proposition du ministre des finances; le conseil d'état entendu,

Arrêtent ce qui suit :

Art. I. Les capitaines, lieutenans, sous-lieutenans et préposés à la régie des douanes qui sont habituellement armés pour la surveillance dont ils sont chargés sur les frontières et sur les côtes, porteront un uniforme, dont ils seront tenus de se pourvoir à leurs frais.

II. Cet uniforme consistera pour tous en un habit de drap vert, doublé de même, avec revers, collet montant et rabattant, paremens fermés de trois boutons, poches en travers garnies de trois boutons, gilet rouge et culotte verte, le bouton jaune, et portant pour exergue, *République française*, et pour légende, *Douanes nationales*.

III. Pour distinguer les différens grades, les simples préposés porteront un baudrier jaune, avec une plaque qui aura pour légende *Douanes nationales*. Les officiers, au lieu de baudrier, auront un collet jaune.

IV. Le ministre des finances est chargé de l'exécution du présent arrêté, qui sera inséré au Bulletin des lois.

Le premier Consul, signé, BONAPARTE. Par le premier Consul, *le secrétaire d'État*, signé, Hugues B. Maret. *Le ministre des finances*, signé, GAUDIN.

BAUDOUIN, imprimeur du Corps législatif et du Tribunat, place du Carrousel, N°. 662.

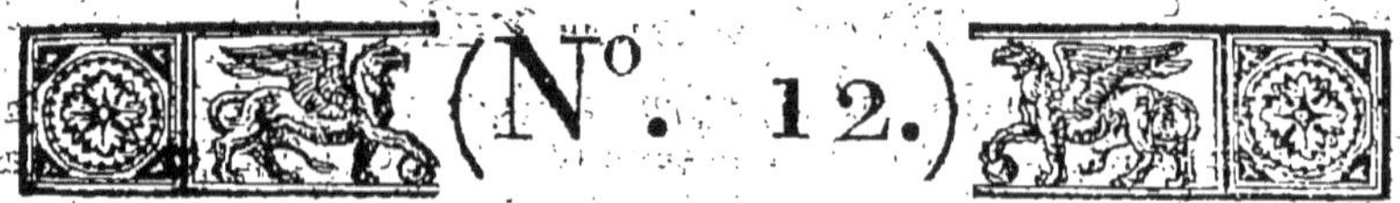

ARRÊTÉS
ET
PROCLAMATIONS
DU GOUVERNEMENT.

Arrêté contenant réglement sur la régie des poudres et salpêtres.

Du 27 Pluviose.

Les Consuls de la République, sur le rapport des ministres de la guerre et des finances, le conseil d'état entendu,

Arrêtent :

Art. I. La régie des poudres et salpêtres est mise dans les attributions du ministère de la guerre ; en conséquence, les administrateurs de la régie rendront compte au ministre, et au premier inspecteur général de l'artillerie.

II. La régie des poudres et salpêtres reste constituée et organisée comme elle l'est aujourd'hui. Les règles d'admission et d'avancement sont conservées.

III. La régie continuera à fournir à la guerre et à la marine les poudres qui leur seront nécessaires pour leur service.

IV. Les fonds provenant des bénéfices sur la vente des poudres et des salpêtres, seront versés dans la caisse de la régie.

V. La régie des poudres est chargée de présenter au premier inspecteur du corps de l'artillerie, l'état des ateliers de salpêtre qu'il est convenable d'établir, afin d'en augmenter la récolte.

VI. Les chefs d'ateliers seront commissionnés par le ministre de la guerre, et choisis sur un examen qui sera fait, sur l'ordre de l'administration, par un de ses agens.

VII. Les chefs d'ateliers et leur principal ouvrier sont exempts temporairement du service militaire ; en conséquence, le ministre de la guerre fera délivrer les congés nécessaires, d'après l'état qui lui sera fourni par le premier inspecteur de l'artillerie.

VIII. Les chefs d'ateliers seront tenus de fournir, chaque année, une quantité déterminée de salpêtre ; cette quantité sera fixée par l'administration des poudres, sur la proposition du commissaire.

IX. Le prix du salpêtre pur sera dorénavant composé de deux parties, l'une fixe, l'autre variable.

La première sera portée à 1 fr. 55 centimes par kilogramme, pour Paris, Lyon, Marseille et Bordeaux ; à 1 franc 65 centimes, pour les départemens de l'Indre, Indre-et-Loire, Loir-et-Cher, Maine-et-Loire, Vienne, et Deux-Sèvres ; et pour le reste de la République, à 1 franc 45 centimes. Cette partie représentera les dépenses d'exploitation.

La seconde dépendra du prix et de la quantité de la potasse qui y aura été employée.

X. Le prix de la potasse sera fixé par l'administration centrale de chaque département sur le taux du commerce, toutes les fois que le commissaire des poudres ou les chefs d'ateliers lui en feront la demande. Dans tous les temps, la régie pourra remplacer en nature la potasse pure consommée.

XI. Tout fabricant qui emploie du salpêtre comme matière première dans ses opérations, pourra en importer par les seuls ports de Marseille, Lorient, le Havre, Dunkerque et Anvers. Ce salpêtre ne pourra être introduit, des ports désignés ci-dessus, dans l'intérieur, qu'au moyen d'un acquit-à-caution délivré par les employés des douanes. Lors du déchargement, il en sera justifié à l'autorité du lieu où sont situés les ateliers pour lesquels le salpêtre sera destiné : cette autorité inscrira la décharge sur l'acquit-à-caution, qui sera renvoyé, dans le mois, à la régie des douanes.

XII. Il est défendu à ces fabricans, ou à tous autres particuliers, de vendre du salpêtre, sous les peines portées par les lois.

XIII. Tous les traitemens se composeront à l'avenir de deux parties, l'une fixe, l'autre de remises. Les remises porteront sur la récolte du salpêtre, et sur la fabrication de la poudre de guerre.

XIV. Le traitement fixe de chacun des administrateurs généraux sera de 6,000 francs. Le traitement de tous les préposés sera réglé depuis le *minimum* de 1,500 francs jusqu'au *maximum* de 4,500 fr., sur un état présenté par la régie au ministre de la guerre, et formé d'après l'importance de chaque place.

XV. Les remises accordées aux administrateurs ne porteront, pour le salpêtre, que sur l'excédant de huit cent mille kilogrammes ; et pour la poudre fabriquée, sur l'excédant d'un million.

Les remises seront ainsi calculées :

1 centime par kilogramme de salpêtre, sur les 400 premiers mille,

2 centimes, sur les 400 mille suivans,

Et 3 centimes par kilogramme, sur tout le surplus;

1 centime par kilogramme de poudre, sur les 500 premiers mille,

2 centimes, sur tout le surplus.

XVI. Les remises accordées aux préposés de la régie seront calculées sur les mêmes bases que celles des administrateurs, mais de manière cependant que leur somme, réunie à celle des traitemens fixes, ne forme pas un taux moyen supérieur à 5,000 fr.

XVII. Il sera accordé des primes aux salpêtriers; savoir, 10 centimes par kilogramme au-dessus de la quantité exigée par l'article IX, et jusqu'à un total égal à sa moitié : 20 centimes par kilogramme de la deuxième moitié, et 30 centimes pat kilogramme au-dessus.

XVIII. Tous les entrepôts de salpêtre sont supprimés; en conséquence, les chefs d'ateliers sont tenus de faire transporter directement leurs salpêtres dans les rafineries nationales; le transport leur sera payé, lorsque la distance excédera un myriamètre, sur le taux du commerce, réglé par l'administration centrale.

XIX. Sont exceptés provisoirement de la précédente disposition, pour l'an 8 seulement, les entrepôts qui reçoivent annuellement une quantité de vingt-cinq mille kilogrammes de salpêtre.

XX. La poudre livrée par la régie pour le service de la guerre et de la marine, sera payée à la régie à raison de 2 francs 80 centimes le kilogramme.

Les poudres livrées aux armateurs et corsaires, et autres particuliers, continueront à être payées conformément à la loi du 13 fructidor an 5.

XXI. Il sera mis à la disposition de la régie 600,000 fr. par mois; savoir, 400,000 sur les fonds de la guerre, et 200,000 francs sur ceux de la marine. Ces deux sommes seront données tant à compte de ce qui est dû par ces deux ministères, que pour servir au paiement des fournitures courantes.

XXII. La régie des poudres est chargée de faire toutes les recherches nécessaires pour trouver le moyen de fonder une récolte nationale de potasse qui puisse suffire à la fabrication du salpêtre. Elle rendra compte de ses travaux au ministre de la guerre.

XXIII. Le premier inspecteur de l'artillerie fera inspecter les poudreries par des officiers supérieurs d'artillerie : ces officiers lui rendront compte de l'état où elles se trouvent, de l'activité et de la nature des travaux.

XXIV. Les ministres de la guerre et des finances sont chargés de l'exécution du présent arrêté, qui sera imprimé au Bulletin des lois.

Le premier Consul, signé, BONAPARTE. Par le premier Consul : *le secrétaire d'état*, signé, Hugues B. Maret. *Les ministres de la guerre et des finances*, ALEX. BERTHIER et GAUDIN.

Arrêté relatif à la vente des maisons et terreins situés à Paris et désignés dans la loi du 3 Nivose an 8.

Du 27 Pluviose.

LES CONSULS DE LA RÉPUBLIQUE, le conseil d'état entendu,

Arrêtent ce qui suit :

Art. I. L'administration centrale du département de la Seine fera procéder à la vente des maisons, terreins et emplacemens situés dans la ville de Paris et désignés dans la loi du 3 nivose dernier, aux termes et conditions ci-après.

II. La totalité du prix tant de l'estimation que des enchères, sera acquittée ainsi qu'il suit ; savoir :

Il sera versé aux mains du receveur de la régie, un dixième de la mise à prix, en numéraire, et comptant, avant la clôture du procès-verbal de vente ;

Un tiers du prix total, en effets du syndicat, dans le mois de l'adjudication ;

Un sixième aussi de la totalité du prix, et dans le même délai, en délégations sur les contributions de l'an 7 et années antérieures ;

Et le surplus du prix total, en quatre cédules ou obligations de sommes égales, payables en quatre termes, de manière que la totalité en soit soldé au premier germinal an 9.

III. Les cédules porteront intérêt à raison de cinq pour cent par an, sans retenue : et le montant en sera joint au principal de chaque cédule.

IV. Les procès-verbaux d'estimation des maisons et bâtimens, comprendront nommément, et en détail, les glaces, chambranles et cheminées de marbre qui pourront s'y trouver, avec leur estimation particulière. Les enchères seront portées sur l'estimation totale.

V. L'article VIII de la loi du 3 nivose n'aura son exécution, quant aux remises, qu'à l'égard de la portion revenant au directeur de la régie.

VI. Le ministre des finances est chargé de l'exécution du présent arrêté, qui sera inséré au bulletin des lois.

Le premier Consul, signé, BONAPARTE. Par le premier Consul : *le secrétaire d'état*, signé, Hugues B. Maret. *Le ministre de la justice*, signé, ABRIAL.

Acte du Sénat conservateur, qui nomme le citoyen Clairon *membre du Corps législatif.*

Du 28 Pluviose.

LE SÉNAT, réuni au nombre de membres prescrit par la Constitution, procède au scrutin pour la nomination d'un membre du Corps législatif, en remplacement du citoyen *Jourdan* (de la Nièvre). Le citoyen *Clairon*, ex-législateur, ayant réuni la majorité absolue des suffrages, est proclamé membre du Corps législatif.

Le Sénat arrête que cette nomination sera notifiée, par un message, au Corps législatif, au Tribunat, et aux Consuls de la République.

Collationné à l'original, par nous président et secrétaires du Sénat conservateur. A Paris, le 28 pluviose, an 8 de la République française. *Signé*, SIEYES, *président;* ROGER-DUCOS, B. G. E. L. LACÉPÈDE, *secrétaires*.

BONAPARTE, premier Consul, ordonne que l'acte du Sénat conservateur, qui précède, sera inséré au Bulletin des lois. Le ministre de la justice enverra au citoyen *Clairon*, ex-législateur, un exemplaire du Bulletin des lois où cet acte sera inséré, pour lui tenir lieu de notification, et lui servir de titre pour constater sa qualité. A Paris, le 28 pluviose, an 8 de la République.

Signé, BONAPARTE. Par le premier Consul : *le secrétaire d'état*, signé, Hugues B. Maret. *Le ministre de la justice*, signé, ABRIAL.

Arrêté qui ordonne la confection de nouveaux timbres pour les journaux et affiches.

Du 29 Pluviose.

LES CONSULS DE LA RÉPUBLIQUE, sur le rapport du ministre des finances, le conseil d'état entendu,

Arrêtent ce qui suit :

Art. I. Il sera gravé, pour le département de la Seine, de nouveaux timbres à trois et cinq centimes, pour le timbrage des papiers destinés aux journaux, papiers-nouvelles, avis et affiches.

II. Dans les dix jours qui suivront la publication et l'affiche à Paris du présent arrêté, les imprimeurs et tous les citoyens qui auroient des papiers frappés des timbres actuels de trois et cinq centimes, seront tenus de les présenter au bureau du timbre, pour être frappés des nouvelles empreintes, sans paiement de droits.

III. Après ce délai, ces papiers ne seront plus admis au nouveau timbre ; et ceux qui s'en serviroient pour l'impression des journaux, papiers-nouvelles, avis et affiches, seront soumis aux peines prononcées par l'article LX de la loi 9 vendémiaire an 6.

IV. Le ministre des finances est chargé de l'exécution du présent arrêté, qui sera imprimé au Bulletin des lois.

Le premier Consul, signé, BONAPARTE. Par le premier Consul : *le secrétaire d'état*, signé, Hugues B. Maret. *Le ministre des finances*, signé, GAUDIN.

Arrêté qui rétablit dans tous leurs droits plusieurs citoyens mis en surveillance.

Du 29 Pluviose.

LES CONSULS DE LA RÉPUBLIQUE arrêtent ce qui suit :

Art. I. Les citoyens *Bayard*, *Delarue*, *Duplantier*, *Duprat*, *Jourdan* (des Bouches-du-Rhône), *Lemarchand-Gomicourt*, *Muraire*, *Boissy-d'Anglas*, *Noailles*, *André* (de la Losère), *Pavie*, *Pastoret*, *Polissard*, *Praire-Montaut*, *Vienot-Vaublanc*, *Dumas*, *Lhomond*, *Paradis*, *Saladin*, *Portalis*, *Dumolard*, *Blain*, *Morgan*, *Suard*, *Mailhe*, cesseront d'être en surveillance, et sont rendus à tous les droits de citoyen.

II. Le ministre de la police générale est chargé de l'exécution du présent arrêté, qui sera imprimé au Bulletin des lois.

Le premier Consul, signé, BONAPARTE. Par le premier Consul : *le secrétaire d'état*, signé, Hugues B. Maret. *Le ministre de la justice*, signé, ABRIAL.

BAUDOUIN, imprimeur du Corps législatif et du Tribunat, place du Carrousel, N°. 662.

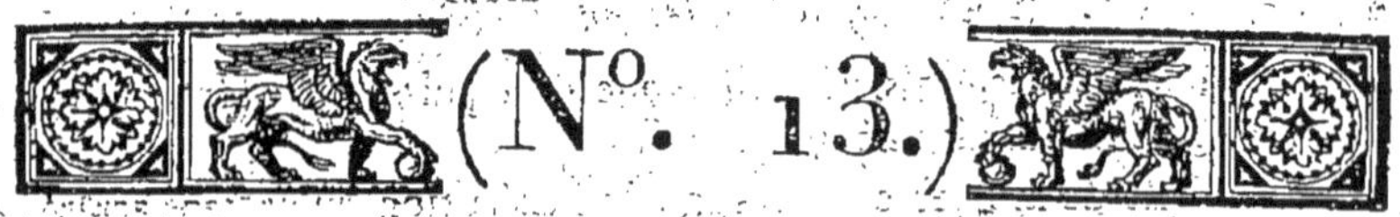

ARRÊTÉS
ET
PROCLAMATIONS
DU GOUVERNEMENT.

Arrêté qui met le citoyen Camille Jordan *en surveillance.*

Du 29 Pluviose.

Les Consuls de la République arrêtent ce qui suit:

Art. I. Le citoyen *Camille Jordan*, nominativement déporté par acte législatif, sera mis en surveillance à Grenoble; il se conformera aux dispositions de l'arrêté du 5 nivose dernier.

II. Le ministre de la police générale est chargé de l'exécution du présent arrêté, qui sera inséré au Bulletin des lois.

Le premier Consul, signé, Bonaparte. Par le premier Consul: *le secrétaire d'état*, signé, Hugues B. Maret. *Le ministre de la justice*, signé, Abrial.

Arrêté relatif aux militaires qui, depuis le 18 brumaire an 8, ont cessé de remplir les fonctions législatives.

Du 29 Pluviose.

Les Consuls de la République, le conseil d'état entendu,

Arrêtent:

Les militaires qui étoient membres du conseil des Anciens ou du conseil des Cinq-Cents au 18 brumaire dernier, et qui n'ont été nommés ni au Sénat conservateur, ni au Tribunat, ni au Corps législatif, seront considérés, jusqu'à l'organisation définitive de l'armée, comme étant en activité de service, et payés, à compter du premier nivose, de la solde dont ils jouissoient à l'époque de leur admission au Corps législatif, sans que cela puisse s'étendre au-delà du premier vendémiaire an 9.

Le ministre de la guerre est chargé de l'exécution du présent arrêté, qui sera imprimé.

Le premier Consul, signé, BONAPARTE. Par le premier Consul : *le secrétaire d'état*, signé, Hugues B. Maret. *Le ministre de la justice*, signé, ABRIAL.

Arrêté qui augmente le nombre des brigades de gendarmerie nationale dans les départemens de l'Ouest.

Du 29 Pluviose.

LES CONSULS DE LA RÉPUBIQUE, considérant que le nombre des brigades de gendarmerie nationale, établies dans les départemens formant l'arrondissement de l'armée de l'*Ouest*, est insuffisant pour la répression des délits et le maintien de l'ordre public ;

Le conseil d'état entendu,

Arrêtent :

Art. I. Il sera établi deux cents brigades de gendarmerie à pied, qui seront réparties, d'après les ordres du général en chef de l'armée de l'*Ouest*, dans les départemens formant les 12e., 13e., 14e. et 22e. divisions militaires.

Ces nouvelles brigades seront sous les ordres des officiers de la gendarmerie à cheval.

II. Le ministre de la guerre désignera les corps d'où seront tirés les sous-officiers et gendarmes qui seront appelés à la formation de ces brigades.

III. Chacune des brigades de gendarmerie à pied sera organisée ainsi qu'il suit :

1 Maréchal-des-logis ;
1 Brigadier ;
8 Gendarmes.

10.

IV. L'uniforme sera le même que pour la gendarmerie à cheval ; l'armement sera semblable à celui de l'infanterie légère.

V. La solde sera payée sur le pied ci-après :

Maréchal des logis.	700 fr. par an.
Brigadiers.	600
Gendarmes.	500

Lorsque les sous-officiers et gendarmes seront envoyés hors du lieu de leur résidence, et qu'ils seront dans le cas de découcher, ils recevront un supplément de solde de six décimes par jour pour les maréchaux-des-logis, cinq décimes pour les brigadiers, et quatre décimes pour les gendarmes.

VI. Au moyen de la solde attribuée aux sous-officiers et gendarmes à pied par l'article précédent, ils seront tenus de pourvoir à leur subsistance, et à l'entretien de leur habillement et équipement; il leur sera seulement délivré, au moment de leur entrée en fonctions, un habillement complet des magasins de la République.

VII. Le traitement des brigades de gendarmerie à pied sera acquitté de la même manière que celui de la gendarmerie à cheval, et conformément aux lois rendues pour la comptabilité de cette arme.

VIII. Les dépenses résultant de l'établissement des deux cents brigades de gendarmerie à pied, seront imputées sur les fonds mis à la disposition du ministre de la guerre par la loi du 26 brumaire dernier.

IX. Le ministre de la guerre est chargé de l'exécution du présent arrêté, qui sera inséré au Bulletin des lois.

Le premier Consul, signé, BONAPARTE. Par le premier Consul: *le secrétaire d'état*, signé, Hugues B. Maret. *Le ministre de la justice*, signé, ABRIAL.

BAUDOUIN, imprimeur du Corps législatif et du Tribunat, place du Carrousel, N°. 662.

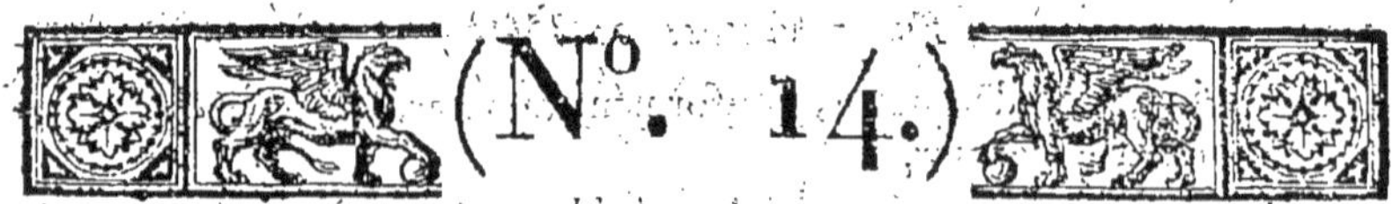

ARRÊTÉS
ET
PROCLAMATIONS
DU GOUVERNEMENT

Arrêté contenant des mesures pour activer la levée de chevaux, ordonnée par la loi du 4 vendémiaire an 8.

Du 2 Ventose.

Les Consuls de la République, sur la proposition du ministre des finances, vu la loi du 4 vendémiaire an 8 ;

Considérant la nécessité d'assurer et d'activer la levée de chevaux qui s'exécute actuellement en vertu de ladite loi, et d'en régulariser le paiement,

Le Conseil d'État entendu,

Arrêtent ce qui suit :

Art. I. Conformément à l'article XV de la loi du 4 vendémiaire an 8, il sera délivré par l'administration centrale de chaque département, à tout propriétaire de chevaux requis en exécution de ladite loi, et compris au registre déposé à l'administration centrale, contenant la minute des procès-verbaux de réception, un mandat nominatif de la valeur du cheval qu'il aura fourni.

II. Dans le cas où plusieurs contribuables se réuniroient pour fournir lesdits chevaux requis, il sera délivré à chacun d'eux nominativement un mandat proportionnel à sa part dans le prix desdits chevaux.

III. Ce mandat sera admis, dans le département du domicile du propriétaire du cheval requis, en paiement des contributions foncière, mobilière, personnelle et somptuaire de l'an 8, et pour moitié seulement dans la subvention de guerre, conformément à l'article XVII de la loi du 27 brumaire dernier.

IV. Pour l'exécution de l'article précédent, les mandats seront présentés au receveur général ou à ses préposés, qui délivreront toutes coupures nécessaires, lesquelles seront reçues pour comptant par les percepteurs des communes.

V. Dans le cas où le montant du mandat excéderoit celui de tout ce que le propriétaire devroit dans le département sur les diverses contributions ci-dessus désignées, le receveur ou le préposé qui aura délivré les coupures, remboursera l'excédant sur les premiers deniers de ses recettes.

VI. Le propriétaire énoncera dans sa quittance, au dos du mandat, les valeurs dans lesquelles il aura été acquitté.

VII. Les administrations centrales adresseront, sans délai, au ministre de la guerre, un bordereau constatant le nombre, l'âge, la taille et le prix des chevaux fournis en exécution de ladite loi du 4 vendémiaire. Le ministre expédiera ses ordonnances, imputables sur ses crédits législatifs.

Les ministres de la guerre et des finances sont chargés, chacun en ce qui le concerne, de l'exécution du présent arrêté, qui sera imprimé au bulletin des lois.

Le premier Consul, signé, BONAPARTE. Par le premier Consul : *le secrétaire d'État*, signé, Hugues B. Maret. *Le ministre des finances*, signé, GAUDIN.

Arrêté qui détermine la manière dont il sera procédé sur les demandes en radiation de la liste des émigrés.

Du 7 Ventose.

LES CONSULS DE LA RÉPUBLIQUE, le Conseil d'État entendu,

Arrêtent ce qui suit :

Art. I. Dans l'intervalle du premier germinal au premier messidor prochain, le Gouvernement, d'après le rapport du ministre de la justice, et en conformité des dispositions suivantes, prononcera sur toutes les réclamations présentées avant le 4 nivose dernier, soit aux administrations civiles, soit au Gouvernement, par des individus inscrits sur des listes d'émigrés.

II. Le ministre de la police générale enverra au ministre de la justice, avant le premier germinal prochain, un état général des réclamations qui pourront être soumises à un examen définitif; il fera un deuxième envoi avant le premier floréal; il fera un troisième et dernier envoi avant le premier prairial.

III. Immédiatement après la publication du présent arrêté, les préfets et sous-préfets adresseront au ministre de la police les demandes en radiation qui seroient encore dans les bureaux des administrations centrales.

Le ministre de la police générale donnera les ordres et les instructions nécessaires pour accélérer les envois.

IV. Les réclamations antérieures au 4 nivose, formées par des individus inscrits sur des listes d'émigrés, seront examinées par une commission composée de trente citoyens, et divisée en six bureaux, chacun de cinq membres.

V. Les trente membres de la commission seront nommés par le premier Consul, sur une liste de soixante candidats, qui sera présentée par les ministres de la justice et de la police.

La répartition en bureaux sera faite par la voie du sort.

VI. Le travail sera également distribué par la voie du sort entre les bureaux de la commission.

A cet effet, le ministre de la justice divisera en cinq parties les affaires qui, aux termes de l'art. II, lui auront été envoyées par le ministre de la police générale.

Cette division sera effectuée dans les vingt-quatre heures qui suivront les envois.

Le ministre fera ensuite exécuter, en sa présence, la distribution par la voie du sort entre les bureaux.

VII. Dans la quinzaine de la distribution des affaires, chaque bureau terminera son travail, et le remettra au ministre de la justice.

Le ministre l'examinera, et en fera la base du rapport qu'il soumettra aux Consuls avant la fin de la décade suivante.

VIII. Le ministre de la justice est autorisé à prendre les mesures nécessaires pour régulariser et activer le travail des bureaux.

Il prononcera sur les difficultés relatives à l'instruction.

IX. Les ministres de la justice et de la police seront chargés, chacun pour ce qui le concerne, de l'exécution du présent arrêté, qui sera inséré au bulletin des lois.

Le premier Consul, signé, BONAPARTE. Par le premier Consul : *le secrétaire d'État*, signé, Hugues B. Maret. *Le ministre de la justice*, signé, ABRIAL.

Arrêté qui met en surveillance les citoyens Royou, Jardin *et* Jolivet-Barrallère, *journalistes déportés.*

Du 7 Ventose.

LES CONSULS de la République arrêtent ce qui suit :

Art. I. Les citoyens *Royou*, *Jardin*, *Jolivet-Barrallère*, journalistes nominativement déportés par actes législatifs, seront mis en surveillance à Paris ; ils se conformeront aux dispositions de l'arrêté du 5 nivose dernier.

II. Le ministre de la police générale est chargé de l'exécution du présent arrêté, qui sera inséré au bulletin des lois.

Le premier Consul, signé, BONAPARTE. Par le premier Consul : *le secrétaire d'État*, signé, Hugues B. Maret. *Le ministre de la justice*, signé, ABRIAL.

Arrêté relatif aux membres de l'Assemblée constituante inscrits sur la liste des émigrés.

Du 11 Ventose.

LES CONSULS de la République, voulant prononcer sur le sort des Français qui, les premiers, reconnurent et proclamèrent, à l'Assemblée constituante, les principes de l'égalité,

Arrêtent ce qui suit :

Art. I. Les membres de l'Assemblée constituante inscrits sur la liste des émigrés, présenteront au ministre de la police générale, des attestations authentiques qui constatent qu'ils ont voté pour l'établissement de l'égalité et l'abolition de la noblesse, et qu'ils n'ont, depuis, fait aucune protestation ni aucun acte qui ait démenti ces principes.

II. Le ministre de la police générale enverra au ministre de la justice, avant le premier germinal prochain, l'état des réclamations et les titres de chacun des individus qui croiront avoir droit à l'application de cet arrêté : ces réclamations seront soumises à l'examen de la commission créée par l'arrêté du 7 de ce mois, et ensuite présentées à la décision définitive des Consuls, conformément au même arrêté.

III. Les membres de l'Assemblée constituante qui obtiendront leur radiation en exécution du présent, rentreront dans la jouissance de ceux de leurs biens qui n'auroient pas été vendus ; mais ils ne pourront prétendre à aucune indemnité pour ceux qui se trouveroient aliénés.

IV. Les ministres de la justice et de la police générale sont chargés, chacun en ce qui le concerne, de l'exécution du présent arrêté, qui sera inséré au bulletin des lois.

Le premier Consul, signé, BONAPARTE. Par le premier Consul : *le secrétaire d'État*, signé, Hugues B. Maret. *Le ministre de la justice*, signé, ABRIAL.

Arrêté contenant nomination aux préfectures de trente-un départemens de la République.

Du 11 Ventose.

Au nom du Peuple français, Bonaparte, premier Consul de la République, nomme, pour remplir les places de préfets dans les départemens de la République, les citoyens dont les noms suivent :

SAVOIR :

Aveyron........	Rodès..........	*Saint-Horent*, ex-législateur.
Bouches du-Rhône.	Aix..............	*Charles Delacroix*, ex-ministre des relations extérieures.
Charente-Inférieure.	Saintes..........	*Français* (de Nantes), ex-législateur.
Côte d'Or.......	Dijon..........	*Guiraudet*, ex secrétaire général des relations extérieures.
Creuse...........	Guéret.........	*Musset*, ex-conventionnel.
Gard............	Nîmes..........	*Dubois*, chef de division à l'intérieur.
Garonne (Haute)..	Toulouse........	*Richard* (de la Sarthe), ex-convent.
Golo............	Bastia...........	*Pietri*, ex-administrateur.
Hérault..........	Montpellier......	*Nogaret* (de l'Aveyron), ex-législat.
Isère...........	Grenoble........	*Ricard*, ex-constituant.
Jemmape........	Mons...........	*Étienne Garnier*, commissaire central de la Seine.
Landes..........	Mont-de-Marsan..	*Mechin*, ex-commissaire à Malte.
Loir-et-Cher.....	Blois............	*Beytz*, ex-législateur.
Loire-Inférieure.....	Nantes.........	*Letourneur* (de la Manche).
Loiret...........	Orléans.........	*Maret*, commissaire central de la Côte-d'Or.
Liamone.........	Ajaccio..........	*Galeazzini* (J.-B.), ex-commissaire central.
Meurthe.........	Nancy..........	*Marquis*, ex-constituant.
Meuse...........	Bar-sur-Ornain....	*Saulnier*, commissaire central de la Meurthe.
Mont-Blanc.......	Chambéri........	*Sauzay*, administrateur de la Seine.
Moselle..........	Metz............	*Colchen*, ex commissaire des relations extérieures.
Nièvre..........	Nevers.........	*Sabathier*, administrateur de la Seine.
Pyrénées (Basses)..	Pau............	*Guinnebaud*, ex constituant.
Rhône..........	Lyon...........	*Verninac*, ex-ambassadeur à la Porte.
Saone-et-Loire.....	Mâcon..........	*Buffault*, ex-administrateur.
Seine...........	Paris...........	*Frochot*, législateur.
Seine-Inférieure....	Rouen.........	*Beugnot*, ex-législateur.
Seine-et-Oise......	Versailles.......	*Germain-Garnier*, ex-administrateur.
Sèvres (Deux).....	Niort..........	*Dupin*, ex-commissaire central de la Seine.

Vaucluse..........	Avignon..........	*Pelet* (de la Lozère), ex-convent.
Vienne..........	Poitiers..........	*Cochon*, ex-ministre de la police.
Vienne (Haute)...	Limoges..........	*Poujeard du Limbert*, ex-constituant.

Ordonne en conséquence qu'ils se rendront sur-le-champ à leur poste, pour y remplir les fonctions qui leur sont attribuées par la loi.

Le ministre de l'intérieur est chargé de l'exécution du présent arrêté.

Signé, BONAPARTE. Par le premier Consul : *le secrétaire d'État*, signé, Hugues B. Maret. *Le ministre de la justice*, signé, ABRIAL.

Arrêté qui réunit à la liquidation générale de la dette publique, le bureau central de la trésorerie nationale chargé des opérations relatives au grand-livre.

Du 12 Ventose.

LES CONSULS de la République, sur la proposition du ministre des finances; le Conseil d'État entendu,

Arrêtent ce qui suit :

Art. I. Le liquidateur général de la dette publique est chargé du travail des liquidations qui avoit lieu ci-devant dans le bureau central de la trésorerie nationale, pour le remboursement et l'inscription au grand-livre, des portions de la dette publique liquidées en *bons* de tiers et de deux tiers.

II. Ledit bureau central de la trésorerie nationale demeure, en conséquence, supprimé, à compter de ce jour, pour être réuni à ceux du liquidateur général : il soumettra, à cet effet, au conseiller d'État directeur du trésor public, le projet d'organisation nécessaire, pour être définitivement approuvé par les Consuls de la République, sur la proposition du ministre des finances.

III. Le liquidateur général de la dette publique opérera, pour le travail de ces liquidations, sous la même responsabilité et dans les mêmes formes que pour celles faisant partie de ses anciennes attributions, et conformément aux lois qui les ont réglées.

IV. Le ministre des finances est chargé de l'exécution du présent arrêté, qui sera inséré au bulletin des lois.

Le premier Consul, signé, BONAPARTE. Par le premier Consul : *le secrétaire d'État*, signé, Hugues B. Maret. *Le ministre des finances*, signé, GAUDIN.

Arrêté qui prescrit un mode pour l'acquittement des rescriptions à délivrer sur le produit des quatre derniers cinquièmes des coupes de bois, ordinaire de l'an 8.

Du 14 Ventose.

Les Consuls de la République, sur la proposition du ministre des finances, le Conseil d'État entendu,

Arrêtent ce qui suit :

Art. I. Les rescriptions qui seront délivrées par la trésorerie nationale, sur le produit des quatre derniers cinquièmes des coupes de bois, ordinaire de l'an 8, échéant le 30 des mois de fructidor et frimaire prochains, seront acquittées dans la forme ordinaire, et à mesure des recouvremens, ou de la manière suivante, au gré des parties.

II. Les préposés de la régie du domaine remettront aux parties prenantes, en échange des rescriptions de la trésorerie, extraits certifiés des procès-verbaux d'adjudication, au bas desquels il sera déclaré que lesdites parties prenantes sont et demeurent subrogées aux droits de la République, jusqu'à concurrence du montant desdites rescriptions, pour en poursuivre le paiement, par toutes les voies de droit, contre les adjudicataires de bois dénommés auxdits procès-verbaux, et leurs cautions.

III. Les préposés de la régie seront tenus, à toutes réquisitions, de se joindre aux porteurs desdites cessions et transferts, pour faire, contre les redevables, toutes poursuites et diligences nécessaires.

IV. Lesdits transferts, acquittés par les porteurs, et visés par les préposés de la régie, serviront de quittances et décharges aux adjudicataires, pour le montant du prix de leur adjudication.

V. Dans le cas où les procès-verbaux du réarpentage produiroient une différence dans le prix des adjudications, il sera tenu compte au cessionnaire, de la différence qui se trouveroit en moins : l'excédant, s'il y en a, sera versé au trésor public.

Les préposés de la régie feront, à cet effet, les réserves nécessaires dans l'acte de cession mentionné en l'article II ci-dessus.

Le ministre des finances est chargé de l'exécution du présent arrêté, qui sera inséré au bulletin des lois.

Le premier Consul, signé, Bonaparte. Par le premier Consul : *le secrétaire d'État*, signé, Hugues B. Maret. *Le ministre des finances*, signé, Gaudin.

Arrêté relatif à l'amnistie accordée aux insurgés des départemens de l'Ouest.

Du 14 Ventose.

Les Consuls de la République, vu la proclamation et l'arrêté du 7 nivose dernier ainsi conçu : « Amnistie entière et absolue est accordée aux habitans des départemens de l'Ouest, pour » tous les événemens passés, sans que ceux qui ont pris part aux troubles, puissent, en aucun cas, être recherchés ni poursuivis à raison » de ce » ;

Vu l'avis du Conseil d'État ;

Considérant que les insurgés des départemens de la Vendée, des Deux-Sèvres, de la Loire-Inférieure et de Maine-et-Loire, ayant satisfait aux conditions prescrites par l'arrêté du 7 nivose dernier, il est juste de les faire jouir de l'amnistie accordée par la disposition ci-dessus :

Arrêtent :

Art. I. Tous ceux qui ont pris part aux troubles survenus dans les départemens de la Vendée, des Deux-Sèvres, de la Loire-Inférieure et de Maine-et-Loire, et qui se sont conformés à l'arrêté du 7 nivose dernier, jouiront de l'amnistie accordée par cet arrêté.

II. En conséquence, ils ne pourront être recherchés et poursuivis pour les faits relatifs aux troubles, soit par action publique, au nom de la nation, soit par action civile, au nom des individus qui prétendroient avoir été lésés.

III. Tous mandats d'arrêt, actes d'accusation ou jugemens de condamnation, pour faits relatifs aux troubles, contre lesdits individus, seront considérés comme non avenus.

IV. Le présent arrêté sera inséré au bulletin des lois.

V. Les ministres de la justice, de la guerre et de police générale, sont chargés d'en assurer l'exécution, et d'adresser, à cet effet, toutes instructions nécessaires aux fonctionnaires publics civils et militaires.

Le premier Consul, signé, Bonaparte. Par le premier Consul, *le secrétaire d'État*, signé, Hugues B. Maret. *Le ministre de la justice*, signé, Abrial.

Baudouin, imprimeur du Corps-législatif et du Tribunat, place du Carrousel, N°. 662.

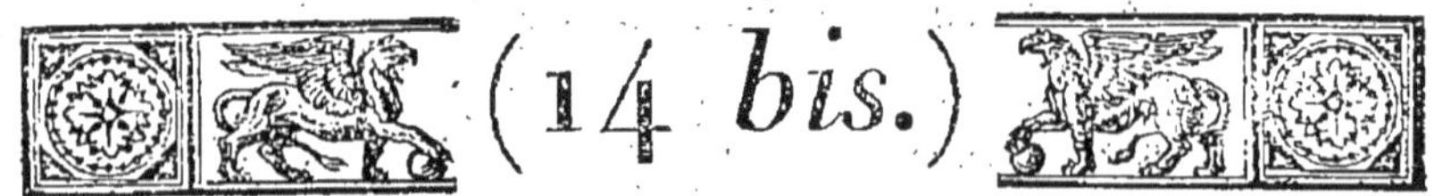

ARRÊTÉS
ET
PROCLAMATIONS
DU GOUVERNEMENT.

Arrêté qui nomme les préfets des départemens.

Du 11 Ventose an 8.

AU NOM DU PEUPLE FRANÇAIS, BONAPARTE, premier Consul de la République, nomme pour remplir les places de préfets dans les départemens de la République, les citoyens dont les noms suivent (1) ;

SAVOIR :

Ain.............	Bourg...........	*Fabry*, ex-législateur de l'Ourthe.
Aisne............	Laon............	*Dauchy*, ex-constituant.
Allier............	Moulins..........	*Huguet*, ex-constituant.
Alpes (Basses)....	Digne...........	*Texier-Olivier*, ex-législateur.
Alpes (Hautes)...	Gap.............	*Bonaire* (du Cher), ex-législateur.
Alpes-Maritimes...	Nice............	*Félix-Desportes*, ex-ministre plénipotentiaire à Genève.
Ardèche..........	Privas..........	*Charles Caffarelli*, ex-administrateur.
Ardennes.........	Mézières........	*Frain*, commissaire centra de la Manche.
Arriége..........	Foix............	*Brun*, commissaire central du département de l'Hérault.
Aube............	Troyes..........	*Lalo*, ex-constituant.
Aude............	Carcassonne......	*Barente*, ex-administrateur central du Puy-de-Dôme.

(1) Le N°. 14 contient l'indication partielle de ces nominations.

Aveyron.........	Rodès...........	*Saint-Horent*, ex-législateur.
Bouches du-Rhône.	Aix...............	*Charles Delacroix*, ex-ministre des relations extérieures.
Calvados.........	Caen..............	*Collet-Descotils*, ex-législateur.
Cantal............	Aurillac..........	*Riou*, ex-législateur.
Charente.........	Angoulême.......	*Delattre*, commissaire central de la Seine-Inférieure.
Charente Inférieure.	Saintes...........	*Français* (de Nantes), ex-législateur.
Cher..............	Bourges..........	*Legendre* (de Lucay), administrat. de l'Indre.
Corrèze..........	Tulle..............	*Verneilh*, commissaire central de la Dordogne.
Côte-d'Or........	Dijon.............	*Guiraudet*, ex-secrétaire-général des relations extérieures.
Côtes-du-Nord....	Port-Brieux.......	*Boullet* (du Morbihan), commissaire central.
Creuse...........	Guéret...........	*Musset*, ex-conventionnel.
Dordogne.........	Périgueux........	*Rivet*, commissaire central de la Corrèze.
Doubs............	Besançon.........	*Gallois*, tribun.
Drôme...........	Valence..........	*Collin*, administrateur des douanes.
Dyle.............	Bruxelles.........	*Doulcet-Pontécoulant*, ex-législateur.
Escaut...........	Gand.............	*Mourgue*, ex-ministre.
Eure.............	Évreux...........	*Lannes*, administrateur.
Eure-et-Loir......	Chartres..........	*Delaistre* (de Seine-et-Oise).
Finistère.........	Quimper.........	*Lévêque*, commissaire central du Calvados.
Forêts...........	Luxembourg......	*Birnbaum*, administrat. du Bas Rhin.
Gard.............	Nîmes...........	*Dubois*, chef de division à l'intérieur.
Garonne (Haute)..	Toulouse.........	*Richard*, (de la Sarthe), ex-convent.
Gers.............	Auch............	*Balguerie*, ex-président de l'administration centrale de la Gironde.
Gironde..........	Bordeaux.........	*Thibaudeau*, ex-législateur.
Golo.............	Bastia............	*Pietri*, ex-administrateur.
Hérault..........	Montpellier.......	*Nogaret* (de l'Aveyron), ex-législat.
Ille-et-Vilaine.....	Rennes...........	*Borie*, ex-administrateur.
Indre............	Châteauroux......	*Dalphonse*, législateur.
Indre-et-Loire......	Tours............	*Graham*, ex-administrateur.
Isère............	Grenoble.........	*Ricard*, ex-constituant.
Jemmape.........	Mons............	*Étienne Garnier*, commissaire central de la Seine.
Jura.............	Lons-le-Saulnier...	*Poncet* (de Saone-et-Loire).
Landes...........	Mont-de-Marsan..	*Méchin*, ex-commissaire à Malte.
Léman...........	Genève..........	*D'Eymar*, ex-constituant.
Liamone.........	Ajaccio..........	*Galeazzini*, ex-commissaire central.
Loir-et-Cher......	Blois............	*Beytz*, ex-législateur.
Loire............	Montbrison......	*Imbert* (de l'Isère), législateur.

Loire (Haute)….	Puy………….	*Lamotte*, ex-législateur.
Loire-Inférieure….	Nantes………	*Letourneur* (de la Manche).
Loiret……….	Orléans………	*Maret*, commissaire central de la Côte-d'Or.
Lot………….	Cahors……….	*Bailly*.
Lot-et-Garonne….	Agen………….	*Rougier-Labergerie*, ex-législateur.
Lozère……….	Mende……….	*Gerphanion*, inspecteur des contrib.
Lys………….	Bruges……….	*Viry* (du Mont-Blanc).
Maine-et-Loire….	Angers……….	*Montaut-Désiles*, législateur.
Manche……….	Saint-Lô……….	*Magnitot*, ancien commissaire de la marine.
Marne……….	Châlons sur-Marne.	*Siméon*, ex-législateur.
Marne (Haute)…	Chaumont……..	*Lignéville*, ex-général de division.
Mayenne……….	Laval………….	*Harmand*, ex-constituant.
Meurthe……….	Nancy………..	*Marquis*, ex-constituant.
Meuse……….	Bar-sur-Ornain….	*Saulnier*, commissaire central de la Meurthe.
Meuse-Inférieure…	Maestricht……..	*Châteaugiron*, ex-présid. de l'adm. centrale du Morbihan.
Mont-Blanc…….	Chambéry……..	*Sauzay*, administrateur de la Seine.
Morbihan…….	Vannes……….	*Giraud* (de Nantes), ex-constit.
Moselle……….	Metz………….	*Colchen*, ex-commissaire des relations extérieures.
Nethes (Deux)….	Anvers………..	*D'Herbouville*, ancien maire de Rouen.
Nièvre……….	Nevers………..	*Sabathier*, administrateur de la Seine.
Nord……….	Douai………..	*Joubert*, ex-constituant.
Oise……….	Beauvais………	*Cambry*, ex-administrat. de la Seine.
Orne……….	Alençon………	*Lamagdelaine*, commissaire central de la Haute-Garonne.
Ourthe……….	Liége……….	*Desmousseaux*, tribun.
Pas-de-Calais……	Arras………..	*Poitevin-de-Maissemy*, ex-adminisc.
Puy-de-Dôme……	Clermont………	*Sugny*, administrateur.
Pyrénées (Basses)..	Pau………….	*Guinnebaud*, ex-constituant.
Pyrénées (Hautes).	Tarbes……….	*Ramond*, ex-législateur.
Pyrénées-Orientales.	Perpignan…….	*Charvet* (de Nanci).
Rhin (Bas)…….	Strasbourg…….	*Lhaumond*, admin. des monnoies.
Rhin (Haut)…..	Colmar……….	*Harmand* (de la Meuse).
Rhône……….	Lyon……….	*Verninac*, ex-ambassadeur à la Porte.
Sambre-et-Meuse…	Namur……….	*Pérez* (de la Haute-Garonne).
Saone (Haute)….	Vesoul……….	*Vergue*, militaire.
Saone-et-Loire…..	Mâcon……….	*Buffault*, ex-administrateur.
Sarthe……….	Mans……….	*Auvray*, chef de brigade.
Seine……….	Paris……….	*Frochot*, législateur.
Seine-Inférieure….	Rouen……….	*Beugnot*, ex-législateur.
Seine-et-Marne…..	Melun……….	…………………………

Seine-et-Oise......	Versailles........	*Germain-Garnier*, ex-administrat.
Sèvres (Deux).....	Niort............	*Dupin*, ex-commissaire central de la Seine.
Somme............	Amiens..........	*Quinette*, ex-ministre de l'intérieur.
Tarn.............	Alby.............	*Lamarque*, ex-législateur.
Var..............	Brignolles........	*Fauchet*, ex-ministre plénipotentiaire à Philadelphie.
Vaucluse.........	Avignon..........	*Pelet* (de la Lozère), ex-convent.
Vendée..........	Fontenai-le-Peuple.	*Jard-Panvillier*, tribun.
Vienne..........	Poitiers..........	*Cochon*, ex-ministre de la police.
Vienne (Haute)...	Limoges..........	*Poujeard du Limbert*, ex-constit.
Vosges..........	Épinal...........	*Desgouttes*, ex-comm. de Genève près la République française.
Yonne..........	Auxerre..........	*Bennet*, chef de division au ministère des finances.

Ordonne en conséquence qu'ils se rendront sur-le-champ à leur poste, pour y remplir les fonctions qui leur sont attribuées par la loi.

Le ministre de l'intérieur est chargé de l'exécution du présent arrêté, qui sera inséré au Bulletin des lois.

Signé, Bonaparte. Par le premier Consul : *le secrétaire d'état*, signé Hugues B. Maret. *Le ministre de la justice*, signé, Abrial.

rrêté qui autorise à doubler la retenue sur le traitement des régisseurs et employés de la régie de l'enregistrement.

Du 13 Ventose.

Les Consuls de la République, sur le rapport du ministre des finances, tendant à augmenter la retenue ordonnée par l'arrêté du comité des finances de la Convention nationale, du 4 brumaire an 4, sur les traitemens et remises des régisseurs et employés de la régie de l'enregistrement et du domaine national, pour servir et suffire au paiement de leurs pensions de retraite ; le conseil d'état entendu,

Arrêtent :

Art. I. Les régisseurs de l'enregistrement sont autorisés à porter à deux pour cent, à compter du premier germinal prochain, la retenue d'un pour cent qui a lieu sur leurs traitemens et ceux de leurs employés, pour servir au paiement de leurs pensions de retraite.

II. Le ministre des finances est chargé de l'exécution du présent arrêté, qui sera imprimé au Bulletin des lois.

Le premier Consul, signé, Bonaparte. Par le premier Consul : *le le crétaire d'État*, signé, Hugues B. Maret. *Le ministre des finances*, signé, Gaudin.

Arrêté qui nomme les citoyens Joseph Bonaparte, Fleurieu *et* Rœderer, *ministres plénipotentiaires, à l'effet de négocier avec les envoyés extraordinaires des États-Unis.*

Du 13 Ventose.

Au nom du peuple français, Bonaparte, premier Consul de la République, sur le rapport du ministre des relations extérieures,

Arrête,

Art. I. Les citoyens *Joseph Bonaparte*, ex-ambassadeur de la République française, *Fleurieu* et *Rœderer*, conseillers d'état, sont nommés ministres plénipotentiaires, à l'effet de négocier avec les ministres plénipotentiaires et envoyés extraordinaires des États-Unis, sur les différens survenus entre les deux États.

II. Les ministres français seront présidés par le citoyen *Joseph Bonaparte.*

Le présent arrêté sera inséré au bulletin des lois.

Signé, Bonaparte. Par le premier Consul : *le secrétaire d'état*, signé, Hugues B. Maret. *Le ministre des relations extérieures*, signé, Talleyrand-Périgord.

Arrêté relatif au service des travaux maritimes.

Du 17 Ventose.

Les Consuls de la République, sur le rapport du ministre de la marine;

Le conseil d'état entendu,

Arrêtent :

Art. I. Sont compris sous la dénomination de travaux maritimes, tous les ouvrages relatifs à la sûreté, facilité et protection de la navigation, soit à la mer, soit dans l'intérieur des ports et havres de la République, le creusement des ports, ainsi que la construction et l'entretien des bâtimens désignés sous le nom de *bâtimens civils.*

II. Le service des travaux maritimes est confié à des ingénieurs-directeurs, des ingénieurs, des sous-ingénieurs, et des élèves des travaux maritimes.

Ces agens sont choisis parmi les ingénieurs et élèves des bâtimens civils de la marine, et parmi les ingénieurs des ponts et chaussées de tout grade, en activité de service, ou qui ont été attachés aux travaux maritimes : le nombre dans chaque grade, pour le service de l'an 8, est déterminé par le tableau ci-joint.

III. Ceux des ingénieurs des bâtimens civils et des ponts et chaussées, ci-devant employés aux travaux maritimes, qui ne sont point compris dans le tableau des ingénieurs arrêté par le premier Consul, seront tenus, pour continuer leur service dans le grade qu'ils occupent, de satisfaire à un examen sur l'art de l'ingénieur des travaux maritimes, par-devant une commission composée de cinq membres, et nommée par le ministre.

IV. Ces examens auront lieu à Paris, dans le cours de l'an 8; et ceux des ingénieurs qui ne s'y présenteront point ou n'y satisferont pas, cesseront d'être ingénieurs: cependant ils jouiront de la moitié de leur traitement actuel, jusqu'à ce qu'ils puissent être employés par le ministre dans les fonctions qui seront jugées les plus convenables aux connoissances pratiques dont ils auront fait preuve; ou enfin, jusqu'à ce qu'il leur soit assigné un traitement de retraite conformément à la loi.

V. Les places de sous-ingénieurs seront ultérieurement données à ceux des élèves de l'école des ponts et chaussées qui, après avoir été employés deux ans aux travaux des ports, seront jugés les plus propres à ce service.

VI. Les élèves destinés temporairement au service des travaux maritimes, seront proposés au ministre de la marine, sur sa demande, par le directeur de l'école des ponts et chaussées.

Quant aux élèves à porter au grade de sous-ingénieurs, ils seront désignés par le même directeur de l'école, de concert avec les ingénieurs-directeurs des travaux maritimes.

VII. En exécution de ces dispositons, les élèves des bâtimens civils sont supprimés.

Ceux d'entre eux qui desireront d'être promus au grade de sous-ingénieurs, seront appelés, pour leur instruction, à l'école des ponts et chaussées, après avoir subi un examen préalable pour constater s'ils ont l'instruction suffisante pour suivre utilement le cours de l'école.

Les élèves admis recevront leur traitement du département de la marine. Ils resteront à l'école pendant deux ans au plus: à cette époque, ou plutôt, s'ils se croient suffisamment instruits, ils subiront un examen conforme à celui qui a lieu pour l'admission des élèves de l'école polytechnique à celle des ponts et chaussées.

Si le résultat de cet examen ne leur procure pas l'admission au grade de sous-ingénieurs, ils cesseront d'être élèves.

VIII. Les commis et dessinateurs employés dans les bureaux des ingénieurs, seront brevetés et entretenus.

Les conducteurs principaux des travaux sont susceptibles de passer à l'entretien comme les maîtres des divers ateliers des ports: leur nombre et leur traitement seront fixés relativement au besoin et à l'importance du service.

IX. Les ingénieurs-directeurs dirigeront et inspecteront les travaux maritimes dans l'étendue des arrondissemens confiés à leur surveillance ; ils pourront aussi n'être que chefs de service d'un ou de plusieurs arrondissemens.

X. Sous les ordres de l'ingénieur-directeur, un ingénieur chef de service dirigera les travaux d'un ou de plusieurs arrondissemens.

XI. Il sera secondé, dans l'exercice de ses fonctions, par des ingénieurs, des sous-ingénieurs et des élèves, dont le nombre sera proportionné au besoin du service.

XII. Aucune espèce de travaux ne pourra être entreprise qu'après que les plans et devis auront été approuvés par le ministre : ceux ayant pour objet la défense de la navigation ne seront exécutés qu'après avoir été, par le ministre de la marine, communiqués au ministre de la guerre, pour avoir l'avis du comité des fortifications.

Cependant, dans le cas de réparations urgentes, nécessitées par un coup de mer ou par quelque autre événement imprévu, les travaux seront ordonnés par l'administrateur en chef, d'après l'avis du conseil d'administration, sur le rapport de l'ingénieur chargé en chef du service ; et dans ce cas, le ministre en sera aussitôt informé, afin qu'il approuve ou modifie les travaux ordonnés.

XIII. La comptabilité des travaux maritimes est astreinte aux mêmes formes que celle des autres travaux de la marine.

(Suit l'État.)

MARINE.

1ere DIVISION.

Travaux maritimes.

État des ingénieurs des travaux maritimes, proposés en remplacement de ceux portés sur l'état approuvé par le premier Consul, et qui sont morts ou démissionnaires.

Du 4 Germinal an 8.

NOMS DES INGÉNIEURS dont les places sont vacantes.	NOMS DES INGÉNIEURS proposés en remplacement.
Clément, mort.	*Carrier.*
Lescaille, nommé ingénieur en chef du Calvados.	*Leclerc-Labourée.*
Guimet, *idem* des Basses-Alpes.	*Desfougères.*
Lamandé.... } Restant attachés au département de l'intérieur.	*Saint-Maurice.*
Espagnoux.. }	*Rance.*
Petrucci..... }	*Martin.*
Normand.... }	*Mandard.*

Le présent arrêté sera inséré au Bulletin des lois.

Le premier Consul, signé, BONAPARTE. Par le premier Consul: *le secrétaire d'état*, signé, Hugues B. Maret. *Le ministre de la marine et des colonies*, signé, FORFAIT.

(Le tableau est ci-joint.)

BAUDOUIN, imprimeur du Corps législatif et du Tribunat, rue de Grenelle-Saint-Germain, N°. 1131.

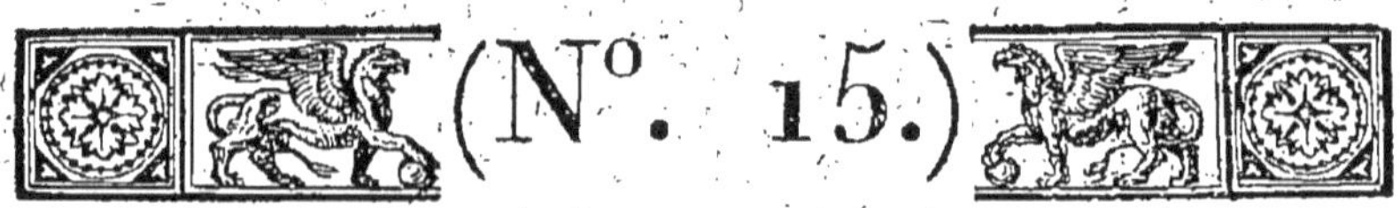

(N°. 15.)

ARRÊTÉS
ET
PROCLAMATIONS
DU GOUVERNEMENT.

PROCLAMATION.

Du 17 Ventose, an 8 de la République une et indivisible.

LES CONSULS DE LA RÉPUBLIQUE AUX FRANÇAIS.

FRANÇAIS,

Vous desirez la paix ; votre Gouvernement la desire avec plus d'ardeur encore : ses premiers vœux, ses démarches constantes ont été pour elle. Le ministère anglais la repousse ; le ministère anglais a trahi le secret de son horrible politique. Déchirer la France, détruire sa marine et ses ports ; l'effacer du tableau de l'Europe, ou l'abaisser au rang des puissances secondaires ; tenir toutes les nations du continent divisées, pour s'emparer du commerce de toutes, et s'enrichir de leurs dépouilles : c'est pour obtenir ces affreux succès, que l'Angleterre répand l'or, prodigue les promesses, et multiplie les intrigues.

Mais ni l'or, ni les promesses, ni les intrigues de l'Angleterre, n'enchaîneront à ses vues les puissances du continent. Elles ont entendu le vœu de la France ; elles connoissent la modération des principes qui la dirigent ; elles écouteront la voix de l'humanité et la voix puissante de leur intérêt.

S'il en étoit autrement, le Gouvernement, qui n'a pas craint

A

d'offrir et de solliciter la paix, se souviendra que **c'est à vous de la** commander.

Pour la commander, il faut de l'argent, du fer et des soldats.

Que tous s'empressent de payer le tribut qu'ils doivent à la défense commune ; que les jeunes citoyens marchent. Ce n'est plus pour des factions, ce n'est plus pour le choix des tyrans qu'ils vont s'armer ; c'est pour la garantie de ce qu'ils ont de plus cher, c'est pour l'honneur de la France, c'est pour les intérêts sacrés de l'humanité et de la liberté. Déja les armées ont repris cette attitude, présage de la victoire. A leur aspect, à l'aspect de la nation entière réunie dans les mêmes intérêts et dans les mêmes vœux, n'en doutez point, Français, vous n'aurez plus d'ennemis sur le continent. Que si quelque puissance encore veut tenter le sort des combats, le premier Consul a promis la paix ; il ira la conquérir à la tête de ces guerriers qu'il a, plus d'une fois, conduits à la victoire. Avec eux il saura retrouver ces champs encore pleins du souvenir de leurs exploits : mais, au milieu des batailles, il invoquera la paix ; et il jure de ne combattre que pour le bonheur de la France et le repos du monde.

LES CONSULS DE LA RÉPUBLIQUE ARRÊTENT :

Art. I. Le département qui, à la fin de germinal, aura payé la plus forte partie de ses contributions, sera proclamé comme ayant bien mérité de la patrie.

Son nom sera donné à la principale place de Paris.

II. Tous les anciens soldats qui auroient obtenu leur congé, tous ceux qui, même faisant partie des compagnies de vétérans, sont encore en état de faire la campagne, tous les jeunes gens de la réquisition et de la conscription, seront sommés au nom de l'honneur, par une proclamation des préfets et des généraux commandans les divisions, de rejoindre leurs drapeaux avant le 15 germinal. Ceux qui ne seroient attachés à aucun corps, se rendront au quartier-général de l'armée de réserve, à Dijon, où ils seront armés et habillés : le premier Consul les passera en revue dans le courant de germinal.

III. Les citoyens français, autres que ceux nommés à l'article II, qui, dans cette circonstance extraordinaire, voudront accompagner le premier Consul, et participer aux périls et à la gloire de la campagne prochaine, se feront inscrire chez les préfets et sous-préfets.

Le ministre de la guerre donnera les ordres nécessaires pour qu'ils soient formés en bataillons volontaires. Ceux qui auroient les moyens de se procurer des chevaux, seront formés en escadrons volontaires : ils seront définitivement organisés à Dijon, et les officiers nommés par le premier Consul.

IV. Au 20 germinal prochain, les préfets de chaque département enverront au ministre de l'intérieur l'état des jeunes gens qu'ils auront fait rejoindre; et il en sera fait un rapport aux Consuls de la République, qui feront proclamer dans toute la République, et à la tête des armées, les dix départemens qui en auront le plus fourni, comme les plus sensibles à l'honneur et à la gloire nationale.

Le premier Consul, signé, BONAPARTE. Par le premier Consul : *le secrétaire d'État*, signé, Hugues B. Maret. *Le ministre de la justice*, signé, ABRIAL.

Arrêté qui crée une armée de réserve.

Du 17 Ventose.

LES CONSULS DE LA RÉPUBLIQUE arrêtent :

Art. I. Il sera créé une armée de réserve forte de soixante mille hommes.

II. Elle sera directement commandée par le premier Consul.

III. L'artillerie sera commandée par le général *Saint-Remy ;*

Le parc, par le chef de brigade *Gassendi ;*

Le génie, par le premier inspecteur du génie, *Marescot.*

IV. L'ordonnateur *Dubreton* remplira les fonctions d'ordonnateur en chef.

V. Les différens corps et les conscrits qui doivent composer cette armée, se mettront sur-le-champ en marche pour Dijon ; ils seront cantonnés dans les villes à vingt lieues à la ronde.

VI. Le ministre de la guerre est chargé de l'exécution du présent arrêté. Il prendra toutes les mesures pour faire réunir à Dijon tous les objets nécessaires pour l'armement, l'habillement et l'équipement de l'armée de réserve.

Le premier Consul, signé, BONAPARTE. Par le premier Consul : *le secrétaire d'État*, signé, Hugues B. Maret. *Le ministre de la justice*, signé, ABRIAL.

Réglement relatif au complément de l'armée de terre.

Du 17 Ventose.

LES Consuls de la République, sur le rapport du ministre de la guerre, le Conseil d'Etat entendu, arrêtent ce qui suit :

TITRE PREMIER.

Appel de trente mille conscrits pour l'armée de réserve.

Art. I. Les conscrits mis à la disposition du Gouvernement par la loi du 17 ventose an 8 fourniront, pour l'armée de réserve, un détachement de 30,000 hommes.

II. Le ministre de la guerre adressera au préfet de chaque département, dans les trois jours de la réception du présent arrêté, l'état sommaire du nombre de conscrits que le département doit fournir pour l'armée de réserve, à raison de sa population.

III. Dans les trois jours de la réception de l'ordre du ministre, chaque préfet adressera aux sous-préfets du département l'état sommaire du nombre de conscrits que chaque arrondissement doit fournir.

IV. Chaque sous-préfet adressera, dans les trois jours de la réception de l'ordre du préfet, à chacun des maires de son arrondissement l'état sommaire des conscrits que chaque municipalité devra fournir. Si les sous-préfets jugent nécessaire de réunir deux ou un plus grand nombre de municipalités à l'effet de fournir conjointement un ou plusieurs conscrits, ils détermineront les lieux de ces réunions, et nommeront le maire sous l'autorité duquel l'opération devra se faire.

V. Dans aucun cas, les Français incapables de servir, désignés dans l'article 3 de la loi du 17 ventose an 8, ne concourront au complément du contingent que chaque municipalité devra fournir; en conséquence, leurs noms seront extraits de la liste, d'après l'ordre que le maire en donnera.

La décision du maire sera transmise par lui au sous-préfet, qui la transmettra avec son avis au général commandant en chef la division militaire, chargé de prononcer définitivement.

VI. Les conscrits absens de leur domicile au moment où le contingent devra être fourni, ne pourront être portés sur la liste des individus qui doivent concourir à fournir le contingent demandé à leur municipalité.

VII. Les Français de l'âge de la conscription absens de leur domicile ordinaire, seront compris parmi les individus destinés à fournir le contingent demandé à la municipalité où ils résideront au moment où le contingent sera fourni.

VIII. Tout conscrit absent de son domicile ordinaire au moment où le contingent sera fourni, sera tenu d'adresser, dans le cours de floréal, au maire du lieu de ce domicile la preuve qu'il a concouru à fournir au contingent. A défaut de cette preuve, le conscrit absent sera, sur la dénonciation du maire, déclaré par le préfet être appelé à servir. Si, dans le cours de prairial, le conscrit absent n'adresse au sous-préfet la preuve qu'il a joint un dépôt de conscrits, ou si sa famille ne fait, dans cet intervalle, admettre un suppléant pour le remplacer, le maire sera tenu de dénoncer ledit conscrit au rapporteur du conseil de guerre de la division militaire, chargé de le poursuivre et faire punir comme déserteur.

IX. Les conscrits désignés pour servir se réuniront, le plus tôt possible, au chef-lieu de leurs départemens respectifs, pour être passés en revue, et dirigés vers la ville de Dijon, quartier-général de l'armée de réserve.

X. Ils seront habillés, armés et équipés au quartier-général de l'armée de réserve.

XI. Ils recevront cinquante centimes pour leur subsistance par chaque journée de séjour au chef-lieu du département.

Ils recevront pour leur subsistance soixante-quinze centimes par jour de route; cette somme leur sera payée de dix en dix jours et d'avance, par les soins, d'après les revues et sur les ordonnances des commissaires des guerres employés dans les départemens qu'ils traverseront.

XII. Tout conscrit qui, aux termes de la loi du 17 ventose an 8, voudra jouir de la faculté de se faire remplacer par un suppléant, sera rendu, avec son suppléant, le 10 germinal prochain, au chef-lieu de son arrondissement. Il se présentera au sous-préfet, chargé, par l'article 4 du titre 3 du présent arrêté, de juger s'il peut être remplacé, et si son suppléant est admissible.

XIII. Si, au moment de son arrivée au quartier-général de l'armée de réserve, le détachement de chaque municipalité ne se trouve pas composé d'un nombre d'individus égal à celui des conscrits appelés, le préfet du département, à qui il en sera donné avis par le chef de l'état-major général de l'armée de réserve, donnera des ordres à sa municipalité de faire partir de suite un nombre de conscrits de la même municipalité, égal à celui des conscrits manquans : ces conscrits seront désignés ainsi qu'il est prescrit ci-dessus.

XIV. Tous les conscrits qui sont mis en activité de service par les articles ci-dessus, qui ne se rendront pas aux lieux prescrits et aux époques fixées, seront dénoncés au conseil de guerre de la division militaire, par les maires, sous-préfets, préfets, et par l'état-major de l'armée de réserve. Ceux desdits fonctionnaires qui négligeront de faire la dénonciation ci-dessus, et les rapporteurs qui négligeront de poursuivre les individus dénoncés, seront eux-mêmes dénoncés au ministre de la guerre, chargé de les faire poursuivre et punir conformément aux lois du 24 brumaire an 6 et du 17 ventose an 8.

XV. Les suppléans qui ne se rendront point dans les dépôts, ou qui s'en absenteront sans autorisation légale, seront de même dénoncés, poursuivis et condamnés conformément aux lois relatives aux déserteurs; les conscrits qu'ils devoient remplacer seront tenus en outre, conformément à l'article 14 du titre III du présent arrêté, ou de marcher eux-mêmes, ou de fournir un nouveau suppléant.

XVI. Il sera choisi par le préfet de chaque département des capitaines, lieutenans ou sous-lieutenans réformés, pour servir de chefs et de guides aux conscrits. Ils en nommeront un pour cinquante conscrits, deux pour cent, ainsi de suite. Ces officiers jouiront, pendant trois mois, du traitement d'activité de leurs grades respectifs; ils recevront de plus, lorsqu'ils seront en route, l'indemnité d'étape accordée aux officiers de leur grade. Ils sont autorisés à requérir, s'il y a lieu, la gendarmerie nationale et les colonnes mobiles pour surveiller la marche des conscrits.

TITRE II.

Réquisitionnaires ou conscrits qui ont précédemment obtenu des congés ou des exemptions de service.

Art. I. Dans les dix jours qui suivront la réception du présent arrêté, le maire de chaque ville, bourg ou village, adressera au préfet du département un état nominatif de tous les réquisitionnaires et conscrits de son arrondissement qui ont obtenu des congés ou des exemptions de service, par quelque autorité et sous quelques motifs qu'ils aient été délivrés.

Le préfet adressera de suite une copie dudit état au général commandant la division militaire dans laquelle le département est compris.

II. Le maire adressera, en même temps, à chacun desdits réquisitionnaires et conscrits de son arrondissement municipal un extrait de la loi du 17 ventose an 8, relative aux réquisitionnaires et conscrits qui ont obtenu des exemptions ou des congés; il leur adressera aussi une copie ou un exemplaire du présent arrêté.

III. Chaque réquisitionnaire ou conscrit sera tenu, dans les dix jours de la réception de l'avis du maire, de présenter ou de faire présenter au sous-préfet de son arrondissement, ou un récépissé du receveur-général du département ou de l'un de ses préposés, de la somme de 300 fr., ou un suppléant destiné à le remplacer, ou les preuves qu'il est dans l'un des cas d'exception prévus dans les art. 5 et 6 de la loi du 17 ventose an 8, ou dans les numéros 1, 2, 3, 4 et 6 de l'article 16 de la loi du 19 fructidor an 6, ou dans les numéros 2, 3 et 4 de l'art. 3 de la loi du 23 fructidor an 6.

IV. Les sous-préfets feront partir de suite pour le chef-lieu du département les suppléans qu'ils auront admis. Ils adresseront aussi, sans nul délai, à leurs préfets respectifs les récépissés de la somme de 300 francs que les réquisitionnaires et conscrits leur auront fait parvenir. Ils adresseront aux généraux commandant les divisions militaires respectives, les pièces que leur ont remises ceux desdits réquisitionnaires et conscrits qui prétendront avoir droit aux exemptions prononcées par les articles 5 et 6 de la loi du 17 ventose an 8, ou par les numéros ci-dessus cités des lois des 19 et 23 fructidor an 6. Ils joindront à ce dernier envoi leur avis sur les droits des pétitionnaires. Ils adresseront enfin auxdits généraux l'état nominatif des réquisitionnaires et conscrits qui auront fourni des suppléans ou payé la somme de 300 francs.

Les commandans des divisions militaires jugeront si les congés accordés par les corps doivent être confirmés, et si les réquisitionnaires et conscrits qui prétendront être en même temps indigens et incapables de servir, doivent obtenir un congé définitif sans remplacement.

Lesdits généraux adresseront aux sous-préfets les congés définitifs des réquisitionnaires et conscrits qui auront fourni des suppléans ou payé la somme de 300 francs; ils leur en adresseront aussi pour ceux qu'ils auront jugé devoir en obtenir en exécution des articles 5 et 6 de la loi du 17 ventose an 8, ou des numéros ci-dessus rapportés des lois des 19 et 23 fructidor an 6. Ils leur transmettront, enfin, l'ordre de faire joindre ceux des réquisitionnaires et conscrits qu'ils n'auront pas jugé être dans l'un des cas prévus par les susdits articles.

V. Tous ceux des réquisitionnaires et conscrits ci-dessus désignés qui, au terme fixé par l'article 3, n'auront point rempli l'une des obligations qui leur sont prescrites, seront, dans les trois jours suivans, déclarés par le sous-préfet déchus du bénéfice de la loi du 17 ventose an 8, et en conséquence tenus, d'après l'ordre que leur en donnera le sous-préfet, de se rendre dans la décade au chef-lieu du département, pour de là passer dans un dépôt de conscrits.

Tous ceux desdits réquisitionnaires et concrits qui ne feront point parvenir, dans la décade suivante, à leurs sous-préfets respectifs des certificats constatant leur présence au chef-lieu du département, seront dénoncés par eux au conseil de guerre de la division, pour être poursuivis et punis comme déserteurs.

VI. Les sous-préfets feront signifier aux réquisitionnaires et conscrits dont les congés n'auront pas été confirmés par les généraux de division, l'ordre de fournir, dans la décade, un suppléant ou un récépissé de 300 francs; ceux qui, au terme fixé, n'auront pas rempli l'une desdites conditions, seront, dans les trois jours suivans, déclarés déchus du bénéfice de la loi du 17 ventose an 8, et en conséquence soumis aux dispositions de l'article 5.

VII. Les préfets adresseront au directeur du trésor public les récépissés qui leur auront été remis par les réquisitionnaires et conscrits, en exécution de l'article 3 du présent arrêté.

VIII. Il sera tenu dans les bureaux du trésor public un compte séparé des sommes qui y auront été versées, soit par les amendes payées par les déserteurs, soit par les fonctionnaires ou autres Français condamnés comme fauteurs ou complices de désertion, soit enfin par les réquisitionnaires et conscrits qui, ayant précédemment obtenu des exemptions ou des congés, auront versé 300 fr. dans le trésor public.

TITRE III,

Relatif au mode de remplacement.

Art. I. Les réquisitionnaires et conscrits de toutes les classes, appelés au service en exécution des lois, qui ne pourroient supporter les fatigues de la guerre, et ceux qui seront reconnus plus utiles à l'Etat en continuant leurs travaux et leurs études qu'en faisant partie de l'armée, seront, conformément à la loi du 17 ventose an 8, admis à se faire remplacer.

II. Les réquisitionnaires et les conscrits indigens, qui seront jugés incapables de supporter les fatigues de la guerre, obtiendront, conformément à la loi du 17 ventose an 8, des congés sans condition de remplacement.

Nul ne pourra être considéré comme indigent, s'il paie lui-même, ou si ses père et mère paient pour leurs impositions directes et leur patente réunies, plus de cinquante francs de contribution.

III. Pour être admis comme suppléant, il faut être Français, être âgé de dix-huit ans au moins et de quarante au plus, avoir au moins un mètre 65 centimètres (5 pieds un pouce), être d'une constitution forte, d'une santé robuste, et n'être soi-même ni réquisitionnaire ni conscrit.

IV. Les sous-préfets jugent, après avoir pris l'avis des maires, si un conscrit ou réquisitionnaire doit être admis à se faire remplacer. Ils jugent seuls si les suppléans sont admissibles.

V. Tout conscrit ou réquisitionnaire qui, se jugeant dans l'un des cas prévus par la loi du 17 ventose an 8, prétendra avoir le droit d'obtenir un congé sans remplacement, adressera au sous-préfet l'extrait du rôle de ses contributions foncière, mobilière et personnelle, et le taux de sa patente; il lui adressera aussi le rôle de toutes les contributions de ses père et mère, ainsi que le taux de leur patente, s'il y a lieu; il lui adressera en même temps les certificats qui constateront ses infirmités: le sous-préfet, après avoir vérifié les faits, transmettra les pièces avec son avis au général commandant la division militaire, qui prononcera définitivement.

VI. Tout conscrit qui voudra obtenir la faculté de se faire remplacer adressera au sous-préfet de son arrondissement, 1°. une pétition dans laquelle il fera connoître ses droits à jouir de la permission de se faire remplacer ; 2°. un extrait en forme de la promesse de lui servir de suppléant, qui lui aura été faite devant un notaire public, par un individu réunissant les conditions prescrites ci-dessus : cette promesse relatera les nom et surnom du suppléant, indiquera sa taille et sa profession, fera connoître le nom de ses père et mère, le lieu de leur domicile et du sien, et contiendra son signalement ; 3°. l'extrait des registres civils, constatant l'âge du suppléant ; 4°. le congé absolu du suppléant, s'il a servi dans les troupes de la République ; 5°. un récépissé du receveur-général du département, ou de l'un de ses préposés, constatant que le pétitionnaire a déposé entre ses mains une somme de 100 francs, destinée à l'habillement et équipement de son suppléant.

VII. Le sous-préfet, après avoir vérifié les faits exposés dans la pétition, examiné les qualités physiques et politiques du suppléant, et visé les autres pièces ci-dessus exigées, prononcera sur la demande du pétitionnaire.

VIII. Lorsque le sous-préfet aura jugé que le pétitionnaire peut être admis à fournir un suppléant, qu'il a rempli toutes les conditions prescrites ci-dessus, et que le suppléant les remplit aussi, il leur en donnera acte ; de suite il fera partir le suppléant, et adressera les récépissés du receveur-général au commandant du dépôt dans lequel le conscrit doit se rendre ; il transmettra son arrêté au ministre de la guerre : cet arrêté motivé sera appuyé des pièces justificatives.

IX. Lorsque le sous-préfet jugera que le pétitionnaire ne peut être admis à fournir un suppléant, il lui donnera l'ordre de se rendre de suite à son corps ; et, dans le cas où il ne jugera pas le suppléant admissible, il accordera un délai d'une décade au pétitionnaire pour en présenter un nouveau ; si, pendant cette décade, le pétitionnaire ne présente point et ne fait pas admettre un suppléant, il sera déchu de son droit d'en fournit, et tenu de partir de suite pour joindre son corps.

X. Les conscrits et les réquisitionnaires actuellement réunis sous les drapeaux, qui desireront se faire remplacer, adresseront leur demande au conseil d'administration de leur corps, dans les formes prescrites ci-dessus. Quoique le conseil leur ait accordé la faculté de se faire remplacer, ils ne pourront quitter leurs corps que du moment où leurs suppléans auront joint les drapeaux, et auront été admis par le chef de la demi-brigade ou du régiment. Dans ce cas, les suppléans voyageront à leurs frais ou à ceux du conscrit remplacé : il en sera de même du conscrit.

XI. Tout réquisitionnaire ou conscrit appelé en exécution des lois, qui n'a point encore joint un corps militaire, et tous ceux qui, en ayant joint un, s'en sont absentés, sont tenus de se rendre, avant le 15 germinal, au chef-lieu du département de leur domicile, ou d'obtenir, avant cette époque, la faculté de se faire remplacer par un suppléant. Au 15 germinal prochain, les conscrits et réquisitionnaires qui ne seront pas porteurs ou d'un congé en bonne et due forme, ou d'un arrêté de remplacement, seront déchus du droit de présenter un suppléant, et poursuivis et punis comme déserteurs.

XII. Les suppléans seront inscrits sur le contrôle du corps dans lequel ils devront servir, sous leurs noms et prénoms ordinaires; mais ils porteront pour surnom celui du conscrit dont ils seront les suppléans, et seront militairement désignés par ce surnom.

XIII. Le conscrit qui se sera fait remplacer par un suppléant restera sur le tableau des conscrits, et n'obtiendra de congé définitif qu'en justifiant, ou que son suppléant est mort sous les drapeaux, ou qu'il a obtenu son congé absolu pour cause de blessures ou d'infirmités contractées au service, ou qu'il a servi le nombre d'années fixées par la loi du 19 fructidor an VI.

XIV. Toutes les fois qu'un suppléant sera rayé du contrôle de son corps pour toute autre cause que celles spécifiées dans l'article 13 ci-dessus, le conseil d'administration de ce corps adressera au préfet de la résidence du conscrit remplacé, l'avis de faire joindre ledit conscrit, ou de le contraindre à se faire remplacer dans un mois au plus tard. Les préfets seront tenus de faire, à cet effet, toutes les diligences prescrites par les réglemens militaires.

XV. Dans aucun cas, le suppléant ne pourra être tenu à servir au-delà du terme prescrit au remplacé.

TITRE IV,

Relatif aux moyens de faire rejoindre les réquisitionnaires, les conscrits et leurs suppléans.

Art. I. Les généraux commandant en chef les divisions militaires, et les officiers-généraux employés sous leurs ordres, sont spécialement chargés du soin de faire rejoindre les réquisitionnaires et conscrits appelés tant par les lois antérieures que par celle du 17 ventose an 8.

II. Lesdits commandans et les officiers-généraux sous leurs ordres sont aussi spécialement chargés, sous leur propre responsabilité, de faire connoître au ministre de la guerre tous les fonctionnaires publics qui négligeront de faire exécuter les lois et arrêtés du Gouvernement relatifs aux déserteurs et réquisitionnaires et conscrits. Ils sont chargés de dénoncer aux commissaires du Gouvernement près les tribunaux, tous les autres Français prévenus d'être dans l'un des cas prévus par les lois du 24 brumaire an 6, et du 17 ventose an 8 : ils sont aussi spécialement chargés de dénoncer et faire dénoncer aux conseils de guerre tous les réquisitionnaires et conscrits qui doivent l'être en exécution des lois et des arrêtés du Gouvernement.

Lesdits officiers-généraux se mettront à portée de justifier au ministre de la guerre de leurs diligences à cet égard.

III. Les préfets adresseront aux généraux commandant les divisions militaires l'état de tous les réquisitionnaires et conscrits appelés à la défense de la patrie par les différentes lois et par les arrêtés du Gouvernement.

Lesdits états seront rédigés ainsi qu'il est prescrit par l'arrêté du 14 pluviose dernier.

IV. Les commandans des dépôts, dont il sera fait mention ci-après, adresseront aussi auxdits commandans des divisions militaires l'état nominatif, canton par canton, de tous les réquisitionnaires et conscrits qui seront arrivés au dépôt. Ces états seront rédigés ainsi qu'il est prescrit par le susdit arrêté du 14 pluviose dernier.

V. Dès que les commandans des divisions militaires auront reçu les états mentionnés ci-dessus, ils chargeront nominativement un ou plusieurs officiers de gendarmerie de chaque département, de se transporter dans les différens cantons de leurs départemens respectifs, pour assurer le départ des conscrits, des réquisitionnaires et de leurs suppléans.

VI. Lesdits commandans de division leur adresseront un état rédigé, canton par canton, contenant le nom et le domicile des Français qui, appelés à la défense de la patrie, n'auront point rejoint le dépôt ou satisfait aux lois et réglemens relatifs au remplacement.

VII. L'officier de gendarmerie fera arrêter et conduire au chef-lieu du département tout réquisitionnaire, conscrit et suppléant en retard, et il dénoncera au rapporteur près le conseil de guerre de la division tout réquisitionnaire, conscrit et suppléant absent de son corps et de ses foyers.

VIII. Le capitaine de la gendarmerie de chaque département est spécialement chargé de la surveillance des conscrits et des réquisitionnaires, pendant leur réunion au chef-lieu du département.

IX. Il veillera à leur discipline et police, et à ce qu'ils soient mis en route vers les dépôts ci-après désignés, dès qu'ils seront réunis au nombre déterminé par le ministre de la guerre, et qui, dans aucun cas, ne pourra dépasser celui de cinquante.

X. Les officiers de gendarmerie qui négligeront l'exécution des dispositions ci-dessus, seront, à la diligence des généraux de division et des préfets, dénoncés au ministre de la guerre, et, s'il y a lieu, au conseil de guerre, pour être poursuivis et punis conformément aux lois du 24 brumaire an 6 et du 17 ventose an 8.

XI. Les conscrits recevront, d'après les ordres du ministre de la guerre, dans le chef-lieu de leurs départemens respectifs, les objets de petit équipement qui leur seront nécessaires pour se rendre dans les dépôts qui leur sont assignés.

XII. Il sera établi six dépôts généraux pour tous les réquisitionnaires et conscrits, autres que ceux qui sont appelés en exécution de l'article premier de la loi du 17 ventose an 8.

Le ministre de la guerre est chargé d'indiquer à chaque administration centrale celui des dépôts vers lequel les conscrits et les réquisitionnaires de son arrondissement doivent être dirigés.

XIII. Le ministre de la guerre désignera un officier-général, qui sera spécialement chargé du commandement de chaque dépôt; il indiquera à cet officier le nombre de conscrits qu'il doit destiner pour chaque arme : cet officier consultera, autant qu'il sera possible, le vœu et le desir des réquisitionnaires et conscrits pour le choix de l'arme dans laquelle ils devront entrer.

Le ministre adjoindra à cet officier-général un nombre d'officiers et sous-officiers suffisant pour la discipline, police et instruction des conscrits réunis dans lesdits dépôts.

XIV. Les conscrits et réquisitionnaires devant être armés, habillés et militairement équipés dans les dépôts, le ministre de la guerre est chargé de donner des ordres, afin que lesdits dépôts soient pourvus de subsistances, d'armes, d'habits et des objets nécessaires à l'équipement militaire desdits réquisitionnaires et conscrits.

XV. Les réquisitionnaires et conscrits passeront, des dépôts, dans les corps de l'arme pour laquelle ils auront été destinés, sur les ordres du ministre, d'après le besoin des corps et le degré d'instruction qu'ils auront acquis.

XVI. Le ministre de la guerre est chargé de l'exécution du présent arrêté.

Le premier Consul, signé, BONAPARTE. Par le premier Consul : *Le secrétaire d'État*, signé, Hugues B. Maret. *Le ministre de la guerre*, signé, ALEX. BERTHIER.

BAUDOUIN, imprimeur du Corps législatif et du Tribunat, place du Carrousel, N°. 662.

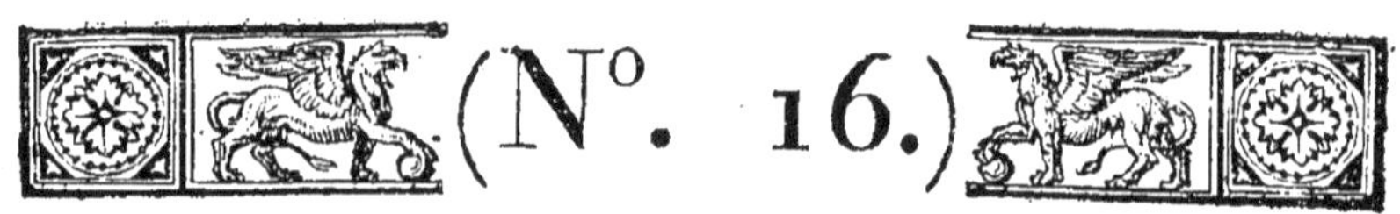

ARRÊTÉS ET PROCLAMATIONS DU GOUVERNEMENT

Arrêté relatif à l'établissement des préfectures.

Du 17 Ventose.

Les Consuls de la République, sur le rapport du ministre de l'intérieur ;

Le Conseil d'État entendu,

Arrêtent :

Art. I. A la réception du présent arrêté, les administrations centrales de département chargeront les administrations municipales,

1°. De dresser, sans délai, un inventaire du mobilier et l'état sommaire des papiers dépendans de la municipalité ;

2°. De constater, par un procès-verbal, l'état des registres des délibérations et celui des registres de l'état civil, le nombre d'années que ces registres comprendront, et les lacunes qui pourront s'y trouver.

II. Les administrations centrales dresseront un inventaire du mobilier dépendant de leur administration : le préfet en fera la vérification, et en dressera procès-verbal. Même inventaire sera fait par les membres des bureaux centraux de police ; et les commissaires généraux et préfet de police en feront pareillement la vérification, et en dresseront procès-verbal.

III. Le ministre de l'intérieur adressera aux administrations centrales une expédition des commissions données aux préfets ; elles feront transcrire ces commissions sur leur registre. Lorsque les préfets se présenteront et produiront leurs commissions, les fonctions des commissaires et administrateurs cesseront.

IV. Les préfets et commissaires généraux de police, à leur arrivée dans la ville pour laquelle ils sont destinés, toucheront à la caisse du receveur général, sur le produit des centimes additionnels, la somme de 2,400 francs pour frais d'établissement : ils toucheront de plus le montant de leurs frais de route, à raison de 10 francs par poste, à compter du lieu de leur départ jusqu'à celui de leur destination.

V. Après que les sous-préfets auront prêté le serment de fidélité prescrit par la loi entre les mains du préfet, les préfets notifieront aux administrations municipales comprises dans l'arrondissement, de cesser leurs fonctions.

VI. Les agens et adjoints rempliront provisoirement, dans leurs communes, les fonctions attribuées par la loi du 28 pluviose aux maires et adjoints.

Le mode de leur remplacement sera réglé ultérieurement.

VII. A la clôture de la dernière séance de chaque administration municipale, le juge-de-paix requis à cet effet par le commissaire du Gouvernement, après avoir reconnu les objets inventoriés, apposera les scellés sur toutes les salles et chambres servant aux séances, bureaux, archives ou magasins de l'administration ; ces scellés ne pourront être levés que sur la demande formelle du sous-préfet, qui s'occupera, le plutôt qu'il sera possible, de la réunion au chef-lieu, ou de l'envoi aux maires et adjoints, des cartons et papiers.

VIII. Les ministres de l'intérieur et de la justice sont chargés, chacun en ce qui le concerne, de l'exécution du présent arrêté, qui sera imprimé au bulletin des lois.

Le premier Consul, signé, BONAPARTE. Par le premier Consul : *le secrétaire d'État*, signé, Hugues B. Maret. *Le ministre de l'intérieur*, signé, L. BONAPARTE.

Arrêté qui nomme le préfet de police de Paris, et les commissaires généraux de police de Lyon, Marseille et Bordeaux.

Du 17 Ventose.

BONAPARTE, premier Consul de la République ;

Vu les articles XIV et XVI de la loi du 28 pluviose dernier, concernant la division du territoire de la République et l'administration ;

En vertu de l'article XVIII de la même loi, et sur la présentation du ministre de la police générale,

Arrête :

Art. I. Le citoyen *Dubois*, membre du bureau central du canton de Paris, est nommé préfet de police à Paris.

II. Les citoyens *Noel* et *Lecointe-Puyraveau*, membres du Tribunat, et le citoyen *P.re Pierre*, chef de division au ministère de l'intérieur, sont nommés commissaires généraux de police dans les communes ci-après :

SAVOIR :

Le premier, à Lyon ;
Le second, à Marseille ;
Le troisième, à Bordeaux.

III. Le ministre de la police générale est chargé de l'exécution du présent arrêté, qui sera inséré au bulletin des lois.

Signé, BONAPARTE. Par le premier Consul : *le secrétaire d'État*, signé, Hugues B. Maret. *Le ministre de la justice*, signé, ABRIAL.

CIRCULAIRE.

Du 17 Ventose.

LES CONSULS DE LA RÉPUBLIQUE,

Aux préfets des départemens.

Le vœu et l'espoir du Gouvernement, citoyens, étoient que votre entrée dans l'administration fût marquée par la paix : ses démarches pour l'obtenir sont connues de l'Europe ; il l'a voulue avec franchise, et il la voudra toujours quand elle sera digne de la nation.

Et en effet, après des succès qu'avouent ses ennemis, quelle autre ambition peut rester au premier Consul, que celle de rendre à la France son antique prospérité, d'y ramener les arts et les vertus de la paix, de guérir les blessures qu'a faites une révolution trop prolongée, et d'arracher enfin l'humanité toute entière au fléau qui la dévore depuis tant d'années ?

Tels étoient ses sentimens et ses vœux lorsqu'il signoit la paix à *Campo-Formio*. Ils n'ont pu que s'accroître et se fortifier, depuis qu'une confiance honorable l'a porté à la première magistrature, et lui a imposé le devoir plus étroit de travailler au bonheur des Français.

Cependant, ses desirs ne sont point accomplis. L'Angleterre respire encore la guerre et l'humiliation de la France. Les autres puissances, pour se déterminer, attendent quelle sera notre attitude, et quelles seront nos ressources.

Si nous sommes toujours cette nation qui a étonné l'Europe de son audace et de ses succès, si une juste confiance ranime nos forces et nos moyens, nous n'aurons qu'à nous montrer, et le continent aura la paix. C'est là ce qu'il faut faire sentir aux Français ; c'est à un généreux et dernier effort qu'il faut appeler tous ceux qui ont une patrie et l'honneur national à défendre. Déployez, pour ranimer ce feu sacré, tout ce que vous avez d'énergie, tout ce que votre réputation et vos talens doivent vous donner de pouvoir et d'influence sur les esprits et sur les cœurs. Portez dans les familles cette juste confiance, que le Gouvernement ne veut que le bonheur public, que les sacrifices qu'il demande seront les derniers sacrifices, et la source de la prospérité commune. Réveillez dans les jeunes citoyens cet enthousiasme qui a toujours caractérisé les Français; qu'ils entendent la voix de l'honneur, et la voix plus puissante de la patrie; qu'ils se remontrent ce qu'ils étoient aux premiers jours de la révolution, ce qu'ils n'ont pu cesser d'être que quand ils ont cru qu'ils avoient à combattre pour des factions. Qu'à votre voix paternelle tout s'ébranle. Ce ne sont plus les accens de la terreur qu'il faut faire entendre aux Français. Ils aiment l'honneur, ils aiment la patrie; ils aimeront un Gouvernement qui ne veut exister que pour l'un et pour l'autre. Vous trouverez dans la proclamation ci-jointe (1), et dans l'arrêté qui l'accompagne, tout ce que les Consuls attendent de votre zèle et du courage des Français.

Le premier Consul, signé, BONAPARTE. Par le premier Consul: *le secrétaire d'État*, signé, Hugues B. Maret. *Le ministre de la justice*, signé, ABRIAL.

Arrêté relatif à l'installation, aux fonctions, au costume des préfets, et au traitement des secrétaires de préfecture, du préfet de police de Paris, et des commissaires généraux de police.

Du 17 Ventose.

LES CONSULS DE LA RÉPUBLIQUE, le conseil d'état entendu,

Arrêtent ce qui suit:

Art. I. Les préfectures et sous-préfectures seront établies dans les lieux déterminés par le tableau annexé au présent réglement.

II. Les préfets, avant d'entrer en fonctions, prêteront serment entre les mains du premier Consul, ou en celles du commissaire qui sera délégué à cet effet.

Les conseillers et secrétaires de préfecture, les sous-préfets, prêteront le leur entre les mains des préfets. Les membres des conseils généraux de département prêteront le leur à l'ouverture de leur première séance, et en adresseront le procès-verbal au préfet.

III. Les maisons et dépendances employées maintenant aux audiences, séances et travail des commissaires du Gouvernement et des administrations centrales, sont à la disposition des préfets, avec le mobilier qu'elles renferment. Ces maisons serviront à la demeure des préfets, à l'établissement du conseil de préfecture, du secré-

(1) Voyez le N°. 15.

tariat général, des bureaux de la préfecture, et à la tenue du conseil général de département.

IV. Les lieux où seront établis les bureaux de sous-préfecture, seront déterminés par les préfets.

V. Le préfet fera, chaque année, une tournée dans son département : il en préviendra les ministres avec lesquels il aura à correspondre ; il rendra compte à chacun, en ce qui le concerne, des résultats de ses tournées.

VI. En cas d'absence, le secrétaire-général de préfecture correspondra avec le préfet, et le représentera dans les cas urgens.

VII. Les préfets pourvoiront au remplacement provisoire des sous-préfets, en cas d'absence ou de maladie.

VIII. Le préfet ne pourra s'absenter de son département sans la permission du premier Consul ; il s'adressera au ministre de l'intérieur pour l'obtenir.

IX. Le traitement des secrétaires de préfecture sera du tiers de celui des préfets ; néanmoins il ne pourra être moindre que trois mille francs, ni plus fort que six mille francs.

X. Le traitement des commissaires généraux de police sera des quatre cinquièmes de celui des préfets. Le local occupé par le bureau central, et le mobilier en dépendant, sont à la disposition des commissaires généraux de police, tant pour l'établissement de leurs bureaux et l'exercice de leurs fonctions, que pour leur habitation.

XI. Le traitement des commissaires de police sera déterminé par un réglement particulier, sur l'avis des préfets.

XII. Le traitement du préfet de police de Paris sera de trente mille francs.

XIII. Le préfet de police de Paris, et les commissaires généraux de police, seront vêtus, dans l'exercice de leurs fonctions, comme il suit : habit bleu ; veste, culotte ou pantalon rouges ; collet, poches et paremens de l'habit brodés en argent, suivant les dessins déterminés pour les habits du Gouvernement ; écharpe blanche, franges d'argent ; chapeau français, brodé en argent ; une arme.

XIV. Les préfets seront vêtus comme il suit : habit bleu ; veste, culotte ou pantalon blancs ; collet, poches et paremens de l'habit brodés en argent, suivant les dessins déterminés pour les habits du Gouvernement ; écharpe rouge, franges d'argent ; chapeau français, brodé en argent ; une arme.

Le premier Consul, signé, BONAPARTE. Par le premier Consul : *le secrétaire d'État, signé*, Hugues B. Maret. *Le ministre de la justice*, signé, ABRIAL.

(Suit le Tableau.)

TABLEAU des chefs-lieux de Préfecture et sous-Préfecture.

NOMS des Départemens.	CHEFS-LIEUX de Préfecture.	NUMÉROS des Arrondissemens communaux.	CHEFS-LIEUX de Sous-Préfecture.	NOMBRE de Sous-préfectures par Département.
Ain	*Bourg*	1.	Bourg	4.
		2.	Nantua	
		3.	Belley	
		4.	Trévoux	
Aisne	*Laon*	1.	Château-Thierry	5.
		2.	Soissons	
		3.	Laon	
		4.	Saint-Quentin	
		5.	Vervins	
Allier	*Moulins*	1.	Mont-Luçon	4.
		2.	Moulins	
		3.	Gannat	
		4.	La Palisse	
Alpes (Basses)	*Digne*	1.	Barcelonnette	5.
		2.	Castellane	
		3.	Digne	
		4.	Sisteron	
		5.	Forcalquier	
Alpes (Hautes)	*Gap*	1.	Briançon	3.
		2.	Embrun	
		3.	Gap	
Alpes-Maritimes	*Monaco*	1.	Nice	3.
		2.	Monaco	
		3.	Puget-Thenières	
Ardèche	*Privas*	1.	Tournon	3.
		2.	Privas	
		3.	L'Argentière	
Ardennes	*Charleville*	1.	Rocroy	5.
		2.	Charleville	
		3.	Sedan	
		4.	Rethel	
		5.	Vouziers	
Arriége	*Foix*	1.	Pamiers	3.
		2.	Saint-Girons	
		3.	Foix	
				35.

NOMS des Départemens.	CHEFS-LIEUX de Préfecture.	NUMÉROS des Arrondissemens communaux.	CHEFS-LIEUX de Sous-Préfecture.	NOMBRE de Sous-Préfectures par Département.
			Ci contre......	35.
Aube..............	*Troyes*......	1.	Arcis-sur-Aube.....	5.
		2.	Nogent-sur-Seine...	
		3.	Troyes...........	
		4.	Bar-sur-Aube.......	
		5.	Bar-sur-Seine.......	
Aude..............	*Carcassonne*..	1.	Castelnaudary......	4.
		2.	Carcassonne........	
		3.	Narbonne.........	
		4.	Limoux...........	
Aveyron...........	*Rodès*......	1.	Espalion..........	5.
		2.	Milhau...........	
		3.	Saint-Afrique.......	
		4.	Rodès............	
		5.	Villefranche.......	
Bouches-du-Rhône..	*Marseille*....	1.	Marseille..........	3.
		2.	Aix..............	
		3.	Tarascon..........	
Calvados...........	*Caen*........	1.	Bayeux...........	6.
		2.	Caen.............	
		3.	Pont-l'Évêque......	
		4.	Lisieux...........	
		5.	Falaise...........	
		6.	Vire.............	
Cantal.............	*Aurillac*.....	1.	Mauriac..........	4.
		2.	Murat............	
		3.	Saint-Flour.......	
		4.	Aurillac..........	
Charente...........	*Angoulême*...	1.	Ruffec...........	5.
		2.	Confolens.........	
		3.	Angoulême........	
		4.	Barbesieux........	
		5.	Cognac...........	
Charente-Inférieure..	*Saintes*......	1.	La Rochelle.......	6.
		2.	Rochefort.........	
		3.	Saint-Jean-d'Angely.	
		4.	Saintes...........	
		5.	Jonsac...........	
		6.	Marennes.........	
				73.

NOMS des Départemens.	CHEFS-LIEUX de Préfecture.	NUMÉROS des Arrondissemens communaux.	CHEFS-LIEUX de Sous-Préfecture.	NOMBRE de Sous-Préfectures par Département.
			De l'autre part...	73.
Cher..............	*Bourges.....*	1.	Sancerre..........	3.
		2.	Bourges...........	
		3.	Saint-Amand.......	
Corrèze............	*Tulle........*	1.	Ussel.............	3.
		2.	Tulle.............	
		3.	Brives............	
Côte-d'Or...........	*Dijon.......*	1.	Châtillon.........	4.
		2.	Semur............	
		3.	Dijon.............	
		4.	Beaune............	
Côtes-du-Nord......	*Saint-Brieux..*	1.	Lannion...........	5.
		2.	Saint-Brieux.......	
		3.	Dinan.............	
		4.	Loudéac...........	
		5.	Guingamp..........	
Creuse............	*Guéret......*	1.	Guéret............	4.
		2.	Boussac...........	
		3.	Aubusson..........	
		4.	Bourganeuf........	
Dordogne..........	*Périgueux....*	1.	Nontron...........	5.
		2.	Périgueux.........	
		3.	Sarlat............	
		4.	Bergerac..........	
		5.	Riberac...........	
Doubs.............	*Besançon....*	1.	Besançon..........	4.
		2.	Baume............	
		3.	Saint-Hippolyte.....	
		4.	Pontarlier.........	
Drôme.............	*Valence.....*	1.	Valence..........	4.
		2.	Die..............	
		3.	Nyons............	
		4.	Montélimart.......	
Dyle..............	*Bruxelles....*	1.	Bruxelles..........	3.
		2.	Louvain.........	
		3.	Nivelle...........	
Escaut............	*Gand.......*	1.	Gand.............	4.
		2.	Oudenarde........	
		3.	Dendermonde......	
		4.	Le Sas-de-Gand.....	
				112.

NOMS des Départemens.	CHEFS-LIEUX de Préfecture.	NUMÉROS des Arrondissemens communaux.	CHEFS-LIEUX de Sous-Préfecture.	NOMBRE de Sous-Préfectures par Département.
			Ci-contre	112.
Eure	*Évreux*	1.	Pont-Audemer	
		2.	Louviers	
		3.	Les Andelys	5.
		4.	Évreux	
		5.	Bernay	
Eure-et-Loir	*Chartres*	1.	Nogent	
		2.	Chartres	
		3.	Châteaudun	4.
		4.	Dreux	
Finistère	*Quimper*	1.	Brest	
		2.	Morlaix	
		3.	Châteaulin	5.
		4.	Quimper	
		5.	Quimperlay	
Forêts	*Luxembourg*	1.	Neufchâteau	
		2.	Luxembourg	
		3.	Bitbourg	4.
		4.	Dieckirch	
Gard	*Nîmes*	1.	Alais	
		2.	Uzès	
		3.	Nîmes	4.
		4.	Le Vigan	
Garonne (Haute)	*Toulouse*	1.	Castel-Sarrasin	
		2.	Toulouse	
		3.	Villefranche	5.
		4.	Muret	
		5.	Saint-Gaudens	
Gers	*Auch*	1.	Condom	
		2.	Lectoure	
		3.	Auch	5.
		4.	Lombez	
		5.	Mirande	
Gironde	*Bordeaux*	1.	Blaye	
		2.	Libourne	
		3.	La Réole	6.
		4.	Bazas	
		5.	Bordeaux	
		6.	Lesparre	
				150.

NOMS des Départemens.	CHEFS-LIEUX de Préfecture.	NUMÉROS des Arrondissemens communaux.	CHEFS-LIEUX de Sous-Préfecture.	NOMBRE de Sous-Préfectures par Département.
			De l'autre part..	150.
Golo	*Bastia*	1. 2. 3.	Bastia Calvi Corté	3.
Hérault	*Montpellier*	1. 2. 3. 4.	Lodève Montpellier Beziers Saint-Pons	4.
Ille-et-Vilaine	*Rennes*	1. 2. 3. 4. 5. 6.	Saint-Malo Fougères Vitré Redon Montfort Rennes	6.
Indre	*Châteauroux*	1. 2. 3. 4.	Issoudun Châteauroux La Châtre Leblanc	4.
Indre-et-Loire	*Tours*	1. 2. 3.	Tours Loches Chinon	3.
Isère	*Grenoble*	1. 2. 3. 4.	Vienne La Tour-du-Pin Grenoble Saint-Marcellin	4.
Jemmape	*Mons*	1. 2. 3.	Tournay Mons Charleroy	3.
Jura	*Lons-le-Sauln.*	1. 2. 3. 4.	Dôle Poligny Lons-le-Saulnier Saint-Claude	4.
Landes	*Mont-de-Mars.*	1. 2. 3.	Mont-de-Marsan Saint Sever Dax	3.
Léman	*Genève*	1. 2. 3.	Genève Thonon Bonneville	3.
				187.

NOMS des Départemens.	CHEFS-LIEUX de Préfecture.	NUMÉROS des Arrondissemens communaux.	CHEFS-LIEUX de Sous-Préfecture.	NOMBRE de Sous-Préfectures par Département.
			Ci-contre......	187.
Liamone...........	*Ajaccio*......	1. 2. 3.	Vico.............. Ajaccio........... Sartenne..........	3.
Loir-et-Cher........	*Blois*........	1. 2. 3.	Vendôme.......... Blois............. Romorantin.......	3.
Loire...............	*Montbrison*..	1. 2. 3.	Roanne........... Montbrison........ Saint-Étienne......	3.
Loire (Haute).....	*Le Puy*... ..	1. 2. 3.	Brioude........... Le Puy............ Issingeaux.........	3.
Loire-Inférieure....	*Nantes*......	1. 2. 3. 4. 5.	Savenay........... Châteaubriant...... Ancenis........... Nantes............ Paimbœuf.........	5.
Loiret.............	*Orléans*.....	1. 2. 3. 4.	Pithiviers.......... Montargis......... Gien.............. Orléans...........	4.
Lot................	*Cahors*......	1. 2. 3. 4.	Montauban........ Figeac............ Gourdon.......... Cahors............	4.
Lot-et-Garonne.....	*Agen*........	1. 2. 3. 4.	Agen.............. Marmande......... Nérac............. Villeneuve-d'Agen...	4.
Lozère.............	*Mende*......	1. 2. 3.	Marvejols......... Mende............ Florac............	3.
Lys................	*Bruges*......	1. 2. 3. 4.	Bruges............ Furnes............ Ypres............. Courtray..........	4.
				223.

NOMS des Départemens.	CHEFS-LIEUX de Préfecture.	NUMÉROS des Arrondissemens communaux.	CHEFS-LIEUX de Sous-Préfecture.	NOMBRE de Sous-Préfectures par Département.
			De l'autre part..	223.
Maine-et-Loire......	*Angers*......	1. 2. 3. 4. 5.	Segré............ Baugé............. Saumur........... Beaupreau......... Angers............	5.
Manche............	*Saint-Lô*....	1. 2. 3. 4. 5.	Valognes.......... Saint-Lô........... Mortain........... Avranches......... Coutances.........	5.
Marne..............	*Châlons*.....	1. 2. 3. 4. 5.	Reims............. Sainte-Menehould.. Vitry-le-Français.... Châlons........... Épernay...........	5.
Marne (Haute).....	*Chaumont*....	1. 2. 3.	Vassy............. Chaumont......... Langres...........	3.
Mayenne...........	*Laval*.......	1. 2. 3.	Mayenne.......... Laval............. Château-Gontier....	3.
Meurthe............	*Nancy*......	1. 2. 3. 4. 5.	Toul.............. Nancy............ Château-Salins...... Sarrebourg......... Lunéville..........	5.
Meuse..............	*Bar-sur-Ornain*......	1. 2. 3. 4.	Bar-sur-Ornain..... Commercy......... Montmédy......... Verdun............	4.
Meuse-Inférieure....	*Maestricht*...	1. 2. 3.	Maestricht......... Hasselt............ Ruremonde........	3.
Mont-Blanc........	*Chambéry*....	1. 2. 3. 4.	Chambéry......... Annecy............ Moutiers.......... Saint-Jean-de-Maurienne...........	4.
				260.

NOMS des Départemens.	CHEFS-LIEUX de Préfecture.	NUMÉROS des Arrondissemens communaux.	CHEFS-LIEUX de Sous-Préfecture.	NOMBRE de Sous-Préfectures par Département.
			Ci-contre......	260.
Morbihan...........	*Vannes*......	1. 2. 3. 4.	Pontivy.......... Ploërmel.......... Lorient............ Vannes............	4.
Moselle.............	*Metz*..........	1. 2. 3. 4.	Briey............. Thionville......... Metz............. Sarguemines........	4.
Nèthes (Deux)....	*Anvers*......	1. 2. 3.	Anvers............ Turnhout........... Malines............	3.
Nièvre..............	*Nevers*......	1. 2. 3. 4.	Cosne............. Clamecy........... Nevers............ Château-Chinon....	4.
Nord...............	*Douay*......	1. 2. 3. 4. 5. 6.	Bergues........... Hazebrouck........ Lille.............. Cambray........... Avesnes........... Douay............	6.
Oise...............	*Beauvais*....	1. 2. 3. 4.	Beauvais.......... Clermont.......... Compiègne......... Senlis............	4.
Orne...............	*Alençon*.....	1. 2. 3. 4.	Domfront .... Argentan.......... Alençon........... Mortagne..........	4.
Ourthe.............	*Liége*........	1. 2. 3.	Liége............. Malmédy........... Huy..............	3.
Pas-de-Calais.......	*Arras*.......	1. 2. 3. 4. 5. 6.	Boulogne.......... Saint-Omer........ Béthune........... Arras............. Saint-Pol.......... Montreuil.........	6.
				298.

NOMS des Départemens.	CHEFS-LIEUX de Préfecture.	NUMEROS des Arrondissemens communaux.	CHEFS-LIEUX de Sous-Préfecture.	NOMBRE de Sous-Préfectures par Département.
			De l'autre part...	298.
Puy-de-Dôme.......	*Clermont*.....	1. 2. 3. 4. 5.	Riom.............. Thiers............. Ambert........... Clermont.......... Issoire............	5.
Pyrénées (Basses)..	*Pau*.........	1. 2. 3. 4. 5.	Pau............... Oléron............ Mauléon........... Baïonne........... Orthez............	5.
Pyrénées (Hautes)..	*Tarbes*......	1. 2. 3.	Tarbes........... Bagnères.......... Argelès...........	3.
Pyrénées-Orientales.	*Perpignan*....	1. 2. 3.	Perpignan.......... Ceret............. Prades............	3.
Rhin (Bas)........	*Strasbourg*...	1. 2. 3. 4.	Weissembourg..... Saverne........... Strasbourg........ Bar..............	4.
Rhin (Haut).......	*Colmar*......	1. 2. 3. 4. 5.	Colmar........... Altkirch......... Delemont.......... Porentruy......... Béfort...........	5.
Rhône.............	*Lyon*........	1. 2.	Villefranche....... Lyon..............	2.
Sambre-et-Meuse....	*Namur*......	1. 2. 3. 4.	Namur............ Dinant............ Marche............ Saint-Hubert......	4.
Saone (Haute).....	*Vesoul*......	1. 2. 3.	Gray............. Vesoul............ Lure.............	3.
Saone-et-Loire......	*Mâcon*......	1. 2. 3. 4. 5.	Autun............ Charolles......... Châlons........... Louhans........... Mâcon............	5.
				337.

NOMS des Départemens.	CHEFS-LIEUX de Préfecture.	NUMÉROS des Arrondissemens communaux.	CHEFS-LIEUX de Sous-Préfecture.	NOMBRE de Sous-Préfectures par Département.
			Ci-contre	337.
Sarthe.............	*Le Mans*....	1.	Mamers...........	4.
		2.	Saint-Calais........	
		3.	La Flèche..........	
		4.	Le Mans..........	
Seine..............	*Paris*........	1.	Saint-Denis	3.
		2.	Sceaux.............	
		3.	Paris..............	
Seine-Inférieure.....	*Rouen*.......	1.	Le Havre..........	5.
		2.	Yvetot............	
		3.	Dieppe............	
		4.	Neufchâtel.........	
		5.	Rouen............	
Seine-et-Marne......	*Melun*.......	1.	Melun............	5.
		2.	Coulommiers.	
		3.	Meaux............	
		4.	Fontainebleau......	
		5.	Provins...........	
Seine-et-Oise........	*Versailles*....	1.	Mantes............	5.
		2.	Pontoise..........	
		3.	Versailles.........	
		4.	Corbeil...........	
		5.	Étampes..........	
Sèvres (Deux).....	*Niort*........	1.	Thouars..........	4.
		2.	Parthenay.........	
		3.	Niort.............	
		4.	Melle.............	
Somme............	*Amiens*......	1.	Abbeville.........	5.
		2.	Doulens..........	
		3.	Péronne..........	
		4.	Montdidier........	
		5.	Amiens...........	
Tarn..............	*Alby*........	1.	Gaillac...........	4.
		2.	Alby.............	
		3.	Castres...........	
		4.	Lavaur...........	
Var................	*Draguignan*..	1.	Brignolles	4.
		2.	Draguignan........	
		3.	Grasse............	
		4.	Toulon...........	
				376.

NOMS des Départemens.	CHEFS-LIEUX de Préfecture.	NUMÉROS des Arrondissemens communaux.	CHEFS-LIEUX de Sous-Préfecture.	NOMBRE de Sous-Préfectures par Département.
			De l'autre part...	376.
Vaucluse	*Avignon*.....	1.	Orange..........	4.
		2.	Avignon..........	
		3.	Carpentras........	
		4.	Apt..............	
Vendée............	*Fontenay*	1.	Les Sables-d'Olonne.	3.
		2.	Montaigu.	
		3.	Fontenay	
Vienne	*Poitiers*......	1.	Loudun	5.
		2.	Châtelleraut.......	
		3.	Montmorillon......	
		4.	Civray	
		5.	Poitiers...........	
Vienne (Haute).....	*Limoges*.....	1.	Bellac.............	4.
		2.	Limoges...........	
		3.	Saint Yrieix.......	
		4.	Rochechouart	
Vosges	*Epinal*......	1.	Neufchâteau	5.
		2.	Mirecourt	
		3.	Épinal............	
		4.	Saint-Dié.........	
		5.	Remiremont	
Yonne.............	*Auxerre*......	1.	Sens	5.
		2.	Joigny	
		3.	Auxerre	
		4.	Tonnerre..........	
		5.	Avallon	
			TOTAL......	402.

Approuvé : *le premier Consul*, signé, BONAPARTE. Par le premier Consul : *le secrétaire d'état*, signé, Hugues B. Maret.

BAUDOUIN, imprimeur du Corps législatif et du Tribunat, rue de Grenelle-Saint-Germain, N°. 1131.

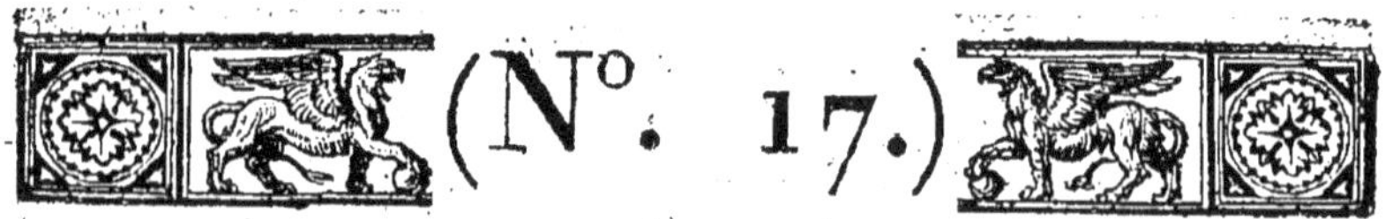

ARRÊTÉS ET PROCLAMATIONS DU GOUVERNEMENT.

Arrêté qui prescrit un mode et des délais pour le versement des cautionnemens à fournir par plusieurs fonctionnaires et employés.

Du 18 Ventose.

LES CONSULS DE LA RÉPUBLIQUE, sur la proposition du ministre des finances; le Conseil d'État entendu,

Arrêtent ce qui suit :

Art. I. Dans la décade de la publication de la loi du 7 de ce mois, et conformément au tableau y annexé, les administrateurs de la régie de l'enregistrement et du domaine, loterie nationale, postes et douanes, dresseront l'état de la répartition des cautionnemens à fournir par chacun des employés desdites administrations et régies; ils le soumettront à l'approbation du ministre des finances dans le même délai.

II. Le montant desdits cautionnemens, tant en numéraire qu'en obligations, sera versé immédiatement, savoir, pour Paris, au trésor public; et dans les départemens, au receveur général ou à ses préposés.

Les obligations seront versées en même temps que le numéraire, et dans le mois de la publication de la loi.

III. Chaque receveur en fournira distinctement sa déclaration à la trésorerie, par bordereaux séparés. Les obligations qui lui auront été versées, resteront provisoirement dans sa caisse, pour y être à la disposition de la trésorerie.

A

IV. Chaque employé dans les administrations ci-dessus, sera tenu de justifier dans le mois, et par un *duplicata* de sa quittance, qu'il a fourni son cautionnement. Ce *duplicata* sera adressé, savoir, pour les employés de la régie de l'enregistrement, du domaine et des douanes, au directeur de chaque département ou de la division, qui en justifiera aux administrateurs desdites régies; et pour ceux des postes et loterie, aux administrateurs généraux à Paris.

V. Lesdits administrateurs en certifieront le ministre des finances, ainsi que de l'exécution de l'art. VIII de la loi du 7 de ce mois, s'il y a lieu, contre ceux de leurs préposés qui n'auroient point satisfait, dans le délai fixé, au paiement de leur cautionnement.

VI. Dans la décade de la publication de la loi, le préposé de la régie de l'enregistrement, dans chaque arrondissement, dressera l'état nominatif des notaires domiciliés dans l'étendue dudit arrondissement : il établira à quel taux doit être fixé le cautionnement desdits notaires, en raison de la population du lieu de leur domicile, et conformément au tableau annexé à la loi, et les avertira de payer.

VII. En cas de difficulté sur ladite fixation, elle sera réglée définitivement par le préfet, sauf le paiement, par provision, de la somme fixée.

VIII. Lesdits cautionnemens, tant en numéraire qu'en obligations, seront versés, dans le mois, dans la caisse du receveur général du département ou de ses préposés : chaque receveur en fournira sa déclaration à la trésorerie, ainsi qu'il est prescrit par l'article III ci-dessus.

IX. Les notaires du département de la Seine verseront immédiatement leur cautionnement, tant en numéraire qu'en cédules, dans la caisse des recettes journalières de la trésorerie nationale à Paris.

X. Dans la décade après le délai d'un mois, ci-dessus fixé, chaque notaire sera tenu de justifier, par un *duplicata* de sa quittance, au commissaire du Gouvernement près le tribunal de police correctionnelle de son arrondissement, du paiement de son cautionnement. Le préposé de la régie de l'enregistrement adressera, à cet effet, audit commissaire, l'état nominatif desdits notaires, pour être par lui requis, s'il y a lieu, et prononcé par le tribunal les peines portées en l'article VIII de la loi.

XI. Les ministres des finances et de la justice sont chargés, chacun en ce qui le concerne, de l'exécution du présent arrêté, qui sera inséré au bulletin des lois.

Le premier Consul, signé, BONAPARTE. Par le premier Consul : *le secrétaire d'État*, signé, Hugues B. Maret. *Le ministre des finances*, signé, GAUDIN.

Arrêté qui autorise le ministre des finances à prendre les mesures nécessaires pour le recouvrement du débet des comptables.

Du 18 Ventose.

Les Consuls de la République, vu l'art. 56 de la Constitution, et les lois des 12 vendémiaire et 13 frimaire derniers, relatives, 1°. aux comptes à fournir par les entrepreneurs, fournisseurs, soumissionnaires et agens quelconques, comptables, depuis la mise en activité de la Constitution de l'an 3 ; 2°. au mode de poursuites pour le recouvrement du débet desdits comptables ; le Conseil d'État entendu,

Arrêtent :

Art. I. Le ministre des finances, comme spécialement chargé de l'administration du trésor public, est autorisé à prendre tous arrêtés nécessaires et exécutoires, par provision, contre les comptables, entrepreneurs, fournisseurs, soumissionnaires et agens quelconques en débet, dans les cas et aux termes prévus par les lois des 12 vendémiaire et 13 frimaire derniers ; le tout ainsi que les ci-devant commissaires de la trésorerie nationale y étoient autorisés par lesdites lois.

II. Les ministres rendront compte, chacun en ce qui le concerne, au Gouvernement, dans la décade, et à l'avenir, de mois en mois, du résultat des comptes qui ont dû être présentés, et des poursuites qui ont été exercées en exécution des lois.

III. Le présent arrêté sera inséré au bulletin des lois.

Le premier Consul, signé, Bonaparte. Par le premier Consul, *le secrétaire d'état*, signé, Hugues B. Maret. *Le ministre de la justice*, signé, Abrial.

Acte du Sénat conservateur, qui rectifie une erreur dans le procès-verbal contenant nomination du citoyen Loyau *au Corps législatif.*

Du 18 Ventose.

Le citoyen *Loyau* (de la Vendée), membre du Corps législatif, porté au procès-verbal d'élection sous le nom de *Loyaud*, demande, par une lettre adressée au président du Sénat, la rectification de cette erreur.

Vérification faite du procès-verbal du 5 nivose dernier, où cette erreur s'est glissée, le Sénat arrête que, pour la rectifier, il sera fait mention au procès-verbal de ce jour, que le citoyen *Loyau*, nommé au Corps législatif pour le département de la Vendée, doit être inscrit sous ce nom, et non sous celui de *Loyaud*.

L'arrêté du Sénat à cet égard sera transmis, par un message, au Corps législatif, au Tribunat et aux Consuls de la République.

Collationné à l'original, par nous président et secrétaires du Sénat conservateur. Le 28 ventose an 8 de la Lépublique. *Signé*, SIEYES, *président ;* Roger-Ducos, B. G. E. L. Lacépède, *secrétaires.*

BONAPARTE, premier Consul de la République, ordonne que l'acte du Sénat conservateur, qui précède, sera inséré au bulletin des lois. A Paris, le 28 ventose an 8 de la République.

Signé, BONAPARTE. Par le premier Consnl : *le secrétaire d'État*, Hugues B. Maret. *Le ministre de la justice*, signé, ABRIAL.

Arrêté relatif à la liquidation des rentes dont le rachat ou l'aliénation sont demandés.

Du 18 Ventose.

LES CONSULS DE LA RÉPUBLIQUE, sur le rapport du ministre des finances; le Conseil d'État entendu,

Arrêtent:

Art. I. Les préposés de la régie de l'enregistrement et du domaine national procéderont, sans délai, à la liquidation des rentes dont le rachat ou l'aliénation sont demandés en exécution de la loi du 21 nivose dernier.

II. Les rentes stipulées payables en nature, seront liquidées, d'après le mode établi par la loi du 29 décembre 1790, pour l'évaluation en numéraire des denrées et autres objets en nature.

III. La liquidation des rentes susceptibles de la retenue de la contribution foncière, sera faite sous la déduction de cette retenue.

IV. Les liquidations seront soumises au *visa* et à l'approbation du préfet du département, avant qu'il soit passé outre au rachat ou à l'aliénation de la rente.

V. Le ministre des finances est chargé de l'exécution du présent arrêté, qui sera inséré au bulletin des lois.

Le premier Consul, signé, BONAPARTE. Par le premier Consul : *le secrétaire d'État*, signé, Hugues B. Maret. *Le ministre des finances*, signé, GAUDIN.

ARRÊTÉ qui nomme les commissaires de police de la commune de Paris.

Du 22 Ventose.

AU NOM DU PEUPLE FRANÇAIS, BONAPARTE, premier Consul de la République; vu l'article XVI de la loi du 28 pluviose dernier, et sur la présentation du ministre de la police générale, nomme, pour remplir les fonctions de commissaires de police dans la commune de Paris, les citoyens dont les noms suivent;

SAVOIR;

Beffara, commissaire actuel.
Comminges, idem.
Pons, idem.
Sandras, idem.
Couté, idem.
Couvreur, idem.
Auger, idem.
Dusser, idem.
Fremy, idem.
Lafontaine, idem.
Arnoud, idem.
Dorvo, ex-commissaire du Gouvernement près la municipalité de Nantes.
Genest, commissaire actuel.
Daubanel, idem.
Clément, idem.
Naudon, idem.
Legoix, idem.
Brouet, idem.
Larcher, idem.
Violette, idem.
Alletz, chef de bureau au bureau central.
Noel, employé *idem*.
Porcher, employé *idem*.
Bauve (*Dominique*), idem.
Jacquemin, idem.
Batelier, idem.
Roussel, idem.
Leroux (*Pierre-Armand*), idem.
Contans, idem.
Bagniard, idem.
Gandilleau, idem.
Becquet, ancien commissaire de police.
Blavier (*Louis-André*), employé au ministère de la police.
Mayeur, idem.
Chazot, idem.
Regnault, commissaire du Gouvernement à Palaiseau.
Taine, commissaire du Gouvernement près la neuvième municipalité.
Chapuis, commissaire du Gouvernement.

Martin Gibergues, ancien procureur au parlement.
Delafontaine, ex-commissaire du Gouvernement.
Chevalier-Daulnay, ancien procureur, chambre des comptes.
Huu l'aîné, ancien procureur au Châtelet.
Vaugeois, commis-greffier près le tribunal criminel de la Seine.
Lebas, ancien commissaire au Châtelet.
Vincent Roi . . . .
Sabry, jurisconsulte.
Tobie, commissaire du Gouvernement près le deuxième arrondissement.
Quin, administrateur municipal du dixième arrondissement.
Masson, secrétaire en chef de la commission des contributions.

Le préfet de la police déterminera les arrondissemens dans lesquels chaque commissaire exercera ses fonctions.

Le ministre de la police générale est chargé de l'exécution du présent, qui sera imprimé.

Le premier Consul, signé, BONAPARTE. Par le premier Consul : *le secrétaire d'État*, signé, Hugues B. Maret. *Le ministre de la police générale*, signé, FOUCHÉ.

ARRÊTÉ *qui nomme les membres de la commission chargée de l'examen définitif des réclamations des individus inscrits sur la liste des émigrés.*

Du 22 Ventose.

AU NOM DU PEUPLE FRANÇAIS, BONAPARTE, premier Consul de la République ; vu l'article IV de l'arrêté du 7 de ce mois, portant formation d'une commission de trente citoyens, pour l'examen définitif des réclamations des individus inscrits sur la liste des émigrés ;

Vu la liste de soixante candidats présentée, conformément à l'article V dudit arrêté, par les ministres de la justice et de la police générale,

Nomme membres de ladite commission les citoyens ci-après :
Lidonne, membre de la commission des émigrés.
Fallet, examinateur au bureau des émigrés.
Turgan l'aîné, *idem.*
Turgan jeune, *idem.*
Viard (de la Meurthe), ex-constituant.
Courtin, ancien chef de la division des émigrés.
Civet, ex-employé au ministère de la police.
Jouenne (du Calvados), ex-législateur.
Bordas, ex-député.
Pons (de Verdun), ex-député.

Tirlet-d'Herbourg, ex-chef adjoint au ministère de la police générale.

Duperrey, membre de la commission des émigrés.

Duchosal, idem.

Lasalle, chef des bureaux de la commission des émigrés.

Marquant, ancien chef de bureau au département.

Lejay, jurisconsulte.

Roucher-Daubanel, secrétaire général de la commission des émigrés.

Dutremblay, secrétaire du général *Joubert*.

Paré, ex-ministre de l'intérieur.

Sieyes l'aîné . . . . . .

Thuriot, jurisconsulte.

Derché, ex-chef de division au ministère des relations extérieures.

Devilliers-Duterrage, membre de la commission des archives, au Louvre.

Leyris, ex-député.

Touvenot, jurisconsulte.

Ragonneau, ex-secrétaire de la commission de Naples.

Rohault-Fleury, ancien chef de bureau de la compagnie des Indes.

Perard, examinateur dans les bureaux de la commission des émigrés.

Niou, chargé de l'échange des prisonniers en Angleterre.

Majour . . . . . .

Ces citoyens se conformeront aux dispositions de l'arrêté précité.

Les ministres de la justice et de la police générale sont chargés, chacun en ce qui le concerne, de l'exécution du présent, qui sera imprimé.

Signé, BONAPARTE. Par le premier Consul : *le secrétaire d'état*, signé, Hugues B. Maret. *Le ministre de la justice*, signé, ABRIAL.

Arrêté qui fixe le délai pendant lequel les billets du syndicat, etc., pourront être employés en paiement de domaines ruraux.

Du 22 Ventose.

LES CONSULS DE LA RÉPUBLIQUE, vu l'arrêté du 15 nivose dernier, qui admet, comme numéraire, les billets du syndicat, et les effets délivrés aux délégataires sur les contributions et autres produits arriérés des années 5, 6 et 7, en paiement du prix total des domaines ruraux à vendre ; considérant que ledit arrêté ne fixe pas le délai dans lequel les acquéreurs qui se libéreront avec lesdits effets, en feront la remise au trésor public, et qu'il est nécessaire de réparer cette omission ;

Le conseil d'état entendu ;

Arrêtent ce qui suit :

Art. I. Les acquéreurs de domaines ruraux qui voudront acquitter tout ou partie du prix de leur acquisition avec les effets mentionnés en l'arrêté du 15 nivose dernier, seront tenus d'en effectuer la remise au trésor public dans les trois mois qui suivront leur adjudication.

II. Ceux d'entre eux qui auront une fois souscrit des obligations, ne pourront les acquitter qu'en numéraire effectif.

III. Le ministre des finances est chargé de l'exécution du présent arrêté, qui sera inséré au Bulletin des lois.

Le premier Consul, signé, BONAPARTE. Par le premier Consul : *le secrétaire d'état*, signé, Hugues B. Maret. *Le ministre de la justice*, signé, ABRIAL.

BAUDOUIN, imprimeur du Corps législatif et du Tribunat, rue de Grenelle-Saint-Germain, N°. 1131.

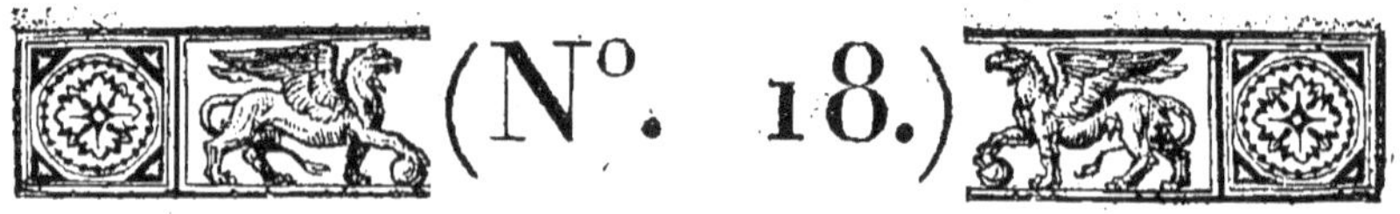

ARRÊTÉS
ET
PROCLAMATIONS
DU GOUVERNEMENT.

Arrêté portant que les citoyens Germain, Blondeau, Cazin, Moroy *et* Buonaroti, *seront mis en surveillance dans l'île d'Oléron.*

Du 23 Ventose.

Les Consuls de la République, sur le rapport du ministre de la police générale, en exécution du jugement de la haute-cour nationale, du 7 prairial an 7, qui condamne à la déportation les citoyens *Germain*, *Blondeau*, *Cazin*, *Moroy* et *Buonaroti*, actuellement détenus au fort national devant Cherbourg,

Arrêtent :

Art. I. Les citoyens ci-dessus nommés seront transférés, des prisons de Cherbourg où ils sont détenus, dans l'île d'Oléron, lieu déterminé pour leur déportation.

II. A leur arrivée dans cette île, ils seront placés sous la surveillance du préfet du département de la Charente-Inférieure.

III. Le ministre de la police générale est chargé de donner tous ordres nécessaires pour l'exécution du présent arrêté, qui sera imprimé.

Le premier Consul, signé, Bonaparte. Par le premier Consul : *le secrétaire d'état*, signé, Hugues B. Maret. *Le ministre de la police générale*, signé, Fouché.

Arrêté relatif aux comptes à rendre par les receveurs-caissiers des commissions civiles établies près des armées.

Du 23 Ventose.

Les Consuls de la République, sur le rapport du ministre

A

des finances, concernant les comptes à rendre par les receveurs-caissiers des commissions civiles établies près des armées; le conseil d'état entendu,

Arrêtent :

Art. I. La commission de comptabilité intermédiaire est chargée de faire rendre, dans les trois mois qui suivront la publication du présent arrêté, aux receveurs-caissiers des commissions civiles établies près des armées, en exécution de l'arrêté du Directoire exécutif du 5 frimaire an 6, le compte de leurs recette et dépense.

II. La commission intermédiaire rendra compte, tous les mois, du résultat de ses opérations, au ministre des finances, qui en fera son rapport aux Consuls.

III. Le présent arrêté sera imprimé au Bulletin des lois: le ministre des finances est chargé de son exécution.

Le premier Consul, signé, BONAPARTE. Par le premier Consul: *le secrétaire d'état*, signé, Hugues B. Maret. *Le ministre des finances*, signé, GAUDIN.

Arrêté relatif aux cautionnemens des receveurs de la loterie.

Du 23 Ventose.

LES CONSULS DE LA RÉPUBIQUE, sur la proposition du ministre des finances, relative aux cautionnemens des receveurs de la loterie; le conseil d'état entendu,

Arrêtent :

Art. I. L'article XV de l'arrêté du 17 vendémiaire an 6 est rapporté : en conséquence, les receveurs de la loterie, tant à Paris que dans les départemens, seront déchargés du cautionnement par eux fourni en immeubles, dès qu'ils auront justifié avoir satisfait à celui qu'ils doivent fournir en numéraire aux termes de la loi du 7 ventose an 8.

II. Sont exceptés des dispositions ci-dessus, ceux desdits receveurs qui se trouveroient en débet.

III. Le ministre des finances est chargé de l'exécution du présent arrêté, qui sera imprimé au Bulletin des lois.

Le premier Consul, signé, BONAPARTE. Par le pemier Consul: *le secrétaire d'état*, signé, Hugues B. Maret. *Le ministre des finances*, signé, GAUDIN.

Arrêté qui détermine la manière dont seront remboursés les cautionnemens en numéraire fournis par les receveurs généraux de département.

Du 23 Ventose.

Les Consuls de la République, vu la loi du 7 ventose an 8; le conseil d'état entendu,

Arrêtent :

Art. I. Les cautionnemens en numéraire fournis par les receveurs généraux de département en exécution de la loi du 6 frimaire an 8, seront remboursés, en cas de cessation de fonctions, conformément à ce qui est établi par la loi du 7 ventose an 8, soit par la caisse d'amortissement, soit par les successeurs desdits receveurs; justification préalablement faite de l'aquittement de la totalité des obligations souscrites par eux et échues, et du versement au trésor public, des sommes qu'ils auroient reçues au-delà du montant desdites obligations.

II. Le ministre des finances est chargé de l'exécution du présent arrêté, qui sera inséré au Bulletin des lois.

Le premier Consul, signé, Bonaparte. Par le premier Consul : *le secrétaire d'état*, signé, Hugues B. Maret. *Le ministre de la justice*, signé, Abrial.

Acte du Sénat conservateur, portant que le citoyen Darçon *est membre de ce Sénat.*

Du 24 Ventose.

Vu les messages du Corps législatif et du Tribunat, en date du 20 de ce mois, annonçant que le citoyen *Darçon*, général, est proposé par ces deux autorités, comme candidat pour la place vacante de Sénateur ;

Vu pareillement le message du premier Consul de la République, en date de ce jour, et par lequel il propose le même candidat,

Le Sénat arrête, conformément à l'article 16 de la Constitution, que le citoyen *Darçon*, officier au corps du génie, candidat proposé à-la-fois par les trois autorités pour la place vacante de Sénateur, est admis en cette qualité dans le sein du Sénat.

Le présent acte d'admission sera notifié, par un message, au Corps législatif, au Tribunat, et au premier Consul de la République.

Collationné à l'original, par nous président et secrétaires du Sénat conservateur. A Paris, le 24 ventose, an 8 de la République française. *Signé*, Sieyes, *président ;* Roger-Ducos, B. G. E. L. Lacépède, *secrétaires.*

BONAPARTE, premier Consul de la République, ordonne que l'acte du Sénat conservateur, qui précède, sera inséré au Bulletin des lois. Le ministre de la justice enverra au citoyen *Darçon* un exemplaire du Bulletin des lois où cet acte sera inséré, pour lui tenir lieu de notification et lui servir de titre pour constater sa qualité. A Paris, le 24 ventose, an 8 de la République.

Signé, BONAPARTE. Par le premier Consul : *le secrétaire d'état*, signé, Huguues B. Maret. *Le ministre de la justice*, signé, ABRIAL.

Arrêté relatif à l'établissement de bureaux de douane pour la visite et le plombage des marchandises expédiées à l'étranger.

Du 25 Ventose.

LES CONSULS DE LA RÉPUBLIQUE, sur la proposition du ministre des finances ; le conseil d'état entendu,

Arrêtent ce qui suit :

Art. I. Il sera, dans les villes de commerce qui en seront jugées susceptibles, établi par l'administration des douanes, sous l'approbation du ministre des finances, des bureaux de douane où les citoyens auront la faculté de faire visiter et plomber les marchandises qu'ils expédieront pour l'étranger.

II. Les caisses et ballots dont les plombs auront été vérifiés, et qui seront accompagnés de l'acquit-à-caution, ne pourront être ouverts aux bureaux de la frontière.

III. Les fraudes et altérations de plombs seront poursuivies et punies conformément à la loi du 22 août 1791.

IV. Les droits ordinaires de sortie, fixés par le tarif des douanes, seront acquittés aux bureaux mentionnés en l'article premier.

V. Il ne pourra être exigé en sus que les salaires de plombage, fixés à 75 centimes par chaque plomb, outre les frais de cordage et d'emballage, qui seront à la charge de l'expéditionnaire.

VI. En exécution de l'article premier du présent arrêté, il sera établi à Paris un bureau de visite, dans le local et sous la surveillance directe de l'administration générale des douanes.

VII. Les ministres des finances et de l'intérieur sont chagés de l'exécution du présent arrêté, qui sera imprimé au Bulletin des lois.

Le premier Consul, signé, BONAPARTE. Par le premier Consul : *le secrétaire d'etat*, signé, Hugues B. Maret. *Le ministre des finances*, signé, GAUDIN.

BAUDOUIN, imprimeur du Corps législatif et du Tribunat, rue de Grenelle-Saint-Germain, N°. 1131.

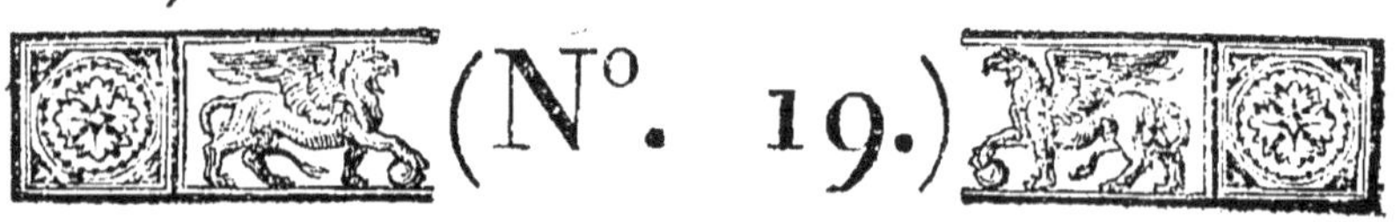

ARRÊTÉS ET PROCLAMATIONS DU GOUVERNEMENT.

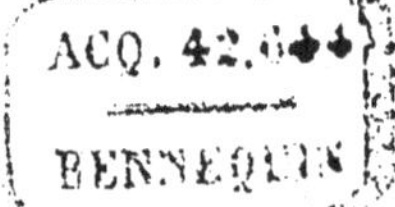

Arrêté qui designe les défenseurs de la patrie auxquels est applicable la loi du 12 thermidor an 7 qui autorise la délivrance de trois mille congés temporaires.

Du 26 Ventose.

Les Consuls de la République, sur le rapport du ministre de la guerre ; le conseil d'état entendu,

Arrêtent :

Art. I. Les dispositions de la loi du 12 thermidor an 7, qui autorise la délivrance de congés temporaires à trois mille défenseurs de la patrie exerçant un des arts relatifs à la fabrication des armes, sont applicables,

1°. Aux défenseurs de la patrie qui sont employés comme ouvriers dans les forges destinées au service de l'artillerie ;

2°. A ceux qui sont employés aussi comme ouvriers dans les fonderies de canons ;

3°. A ceux qui sont employés comme ouvriers dans les moulins à poudre ;

4°. Et à ceux qui le sont de la même manière dans les établissemens nationaux de l'administration des poudres et salpêtres.

II. Les employés ci-dessus désignés devront réunir les conditions exigées par ladite loi : ils seront tenus de remplir les formalités qu'elle prescrit.

III. Lesdits employés qui n'appartiendroient à aucun corps, seront embrigadés par l'ordre du ministre de la guerre.

IV. Le ministre de la guerre présentera aux Consuls, le premier floréal prochain, le tableau général des réquisitionnaires et conscrits employés dans les divers établissemens ci-dessus désignés. Ce tableau fera connoître, outre les détails exigés par l'article XI de la loi du 12 thermidor, l'époque depuis laquelle les réquisitionnaires et conscrits travaillent dans lesdits établissemens, et le genre de travail auquel ils sont constamment occupés.

Le premier Consul, signé, BONAPARTE. Par le premier Consul : *le secrétaire d'état*, signé, Hugues B. Maret. *Le ministre de la guerre*, signé, ALEX. BERTHIER.

ARRÊTÉ contenant réglement sur les revues des troupes de la République.

Du 26 Ventose.

LES CONSULS DE LA RÉPUBLIQUE, sur le rapport du ministre de la guerre,

Le Conseil d'État entendu,

Arrêtent :

Art. I. Toutes les troupes de la République seront passées en revue tous les trois mois.

Les revues seront faites, pour le trimestre de vendémiaire, dans les quinze premiers jours de nivose ; pour le trimestre de nivose, dans les quinze premiers jours de germinal ; pour le trimestre de germinal, dans les quinze premiers jours de messidor ; pour le trimestre de messidor, dans les quinze premiers jours de vendémiaire.

Les revues seront closes, et adressées au comité des inspecteurs généraux, dans le courant du mois où elles auront été passées.

II. L'arrêté de la revue contiendra,

1°. Le nombre des hommes de chaque grade présens ;

2°. Le nombre de jours pour lequel ils devront être payés ;

3°. Le décompte de la somme à payer conformément aux lois sur la solde ;

4°. Le montant de la masse d'entretien de linge et chaussure, et de toutes celles qui pourroient, à l'avenir, être mises à la disposition des conseils d'administration.

III. Un des chefs de bataillon ou d'escadron tiendra, sous la direction et la surveillance du conseil d'administration de chaque corps, le contrôle dudit corps, et sera personnellement responsable de son exacte tenue.

Il y aura un contrôle particulier pour les officiers formant l'état-major,

Un pour les officiers de santé,

Un pour les musiciens,

Un pour les ouvriers,

Un pour les sous-officiers et soldats composant chaque compagnie.

Ces contrôles seront conformes au modèle annexé au présent réglement, sous le n°. 1 (*).

Outre les nom, prénom et surnom de chaque homme, chacun d'eux y sera désigné par un numéro.

Ces numéros ne changeront point pendant le cours de l'année.

Les individus qui surviendront après la confection des contrôles, seront ajoutés à la suite et dans l'ordre des numéros.

Lors du renouvellement annuel des contrôles, et de leur première confection, les numéros seront affectés à chaque homme, en raison de son rang d'ancienneté dans le contrôle particulier où il devra être inscrit.

Dans le cas où un homme passera d'une compagnie dans une autre, il sera inscrit sur le contrôle de la compagnie où il entrera, suivant l'ordre des numéros; mais en observant de faire mention du numéro qu'il avoit dans la compagnie dont il faisoit précédemment partie.

Contrôles tenus par les inspecteurs. États décadaires.

IV. Les inspecteurs tiendront un contrôle exactement conforme à celui énoncé en l'article précédent.

A cet effet, il leur sera adressé, toutes les décades, par le commandant du corps, les états contenant les notes journalières des mouvemens qui auront eu lieu pendant la décade précédente, pour être inscrites par eux sur lesdits contrôles.

Ces états de mouvemens décadaires seront signés par l'officier chargé de la tenue du contrôle, et visés par le commandant du corps; ils seront conformes au modèle n°. 2.

Contrôles de signalemens pour les chevaux. États décadaires.

V. Il sera tenu de plus, pour les troupes à cheval, de doubles contrôles, destinés à inscrire les mutations des chevaux de chaque régiment, tant ceux des officiers que ceux des cavaliers, dragons, hussards ou chasseurs à cheval, suivant le modèle n°. 3.

(*) Les tableaux ont été imprimés séparément pour le service des autorités militaires.

Un de ces contrôles demeurera entre les mains du corps, l'autre en celles de l'inspecteur.

On observera, dans ces contrôles, le même ordre des numéros, tel qu'il est prescrit pour les contrôles des hommes qui composent les compagnies.

Les commandans des régimens des troupes à cheval adresseront pareillement, toutes les décades, à l'inspecteur, un état de mouvemens journaliers et de mutations des hommes et des chevaux, suivant le modèle n°. 4.

Vérification des contrôles et de l'effectif, par une revue provisoire.

VI. Ces contrôles seront suivis avec la plus grande exactitude, à compter du premier germinal prochain.

En conséquence, aussitôt que les inspecteurs auront reçu des commissaires des guerres, ci-devant chargés des revues, les contrôles des différens corps de troupes, ils feront à ces corps une revue provisoire, tant pour vérifier l'exactitude desdits contrôles, que pour s'assurer de l'effectif des corps à l'époque susdite.

Nouveaux contrôles à la fin de l'année.

VII. A la fin de chaque année, il sera adressé de nouveaux contrôles aux inspecteurs, qui renverront les anciens au ministre de la guerre, après avoir préalablement transcrit sur les nouveaux, par relevé sur les anciens, les noms et grades des hommes existans au premier vendémiaire.

Dans les troupes à cheval, les signalemens des chevaux existans au premier vendémiaire seront aussi reportés sur un nouveau contrôle de mouvemens, qui sera pareillement envoyé à cet effet.

Contrôles ; à qui remis lorsqu'un corps partira.

VIII. Lorsqu'un corps de troupes devra marcher, l'inspecteur, dans l'arrondissement duquel il étoit stationné, adressera les contrôles de ce corps directement à l'inspecteur dans l'arrondissement duquel il devra passer.

Registre de signalemens.

IX. Indépendamment des contrôles ci-dessus désignés, les conseils d'administration continueront de faire tenir, par le quartier-maître, un registre de signalemens, sur lequel devront être inscrits tous les hommes, dans l'ordre de leur arrivée au corps, et qui contiendra leurs noms et prénoms, leur âge et leur signalemet, le lieu de leur naissance, leur département et l'état de leurs services s'ils en ont.

Les commandans des corps seront tenus de représenter le livre des signalemens aux inspecteurs, lorsqu'ils en seront par eux requis, pour y faire les vérifications qu'ils jugeront nécessaires.

Il sera pareillement tenu, dans les troupes à cheval, un registre de signalemens pour les chevaux.

Les officiers généraux, ou commandans des places, prévenus par l'inspecteur avant sa revue.

X. Les inspecteurs, avant de faire leurs revues, seront tenus d'en prévenir, la veille au plus tard, l'officier général ou tout autre qui commanderoit dans la place ou quartier.

Ils indiqueront, en même temps, l'heure et le lieu qu'ils auront choisis à cet effet. L'officier général ou celui commandant ne pourront s'y opposer, à moins de fortes raisons, dont ils seront tenus de rendre compte sur-le-champ au ministre de la guerre : les inspecteurs en rendront pareillement compte aux inspecteurs généraux.

XI. Les commandans des places ou quartiers avertiront, à l'avance, les commandans des corps, du lieu et de l'heure où ils devront passer en revue, d'après l'indication des inspecteurs.

XII. Lorsqu'un corps devra passer en revue, les compagnies seront mises en haie ; les officiers et sous-officiers de chaque compagnie seront placés à la droite, suivant leur grade ; et les soldats, cavaliers, dragons, hussards ou chasseurs à cheval, suivant le rang et leurs numéros dans le contrôle de la compagnie.

La troupe sera dans la plus grande tenue.

L'état-major sera placé à la droite du premier bataillon ou escadron.

La troupe restera en haie et en silence, sans qu'aucun homme puisse sortir de son rang avant la fin de la revue.

Les capitaines de chaque compagnie d'infanterie feront successivement porter les armes à leurs troupes, quand l'inspecteur les passera en revue.

Les capitaines de cavalerie leur feront mettre le sabre à la main.

Postes relevés.

XIII. Tous les officiers, sous-officiers et soldats devront être présens aux revues ; à cet effet, toutes les gardes et postes, et même les travailleurs aux travaux publics appartenant aux corps qui devront passer en revue, seront généralement relevés par d'autres troupes de la garnison ; et en cas qu'il n'y ait qu'un régiment dans une place, les gardes et postes seront relevés par les compagnies de grenadiers, ou par des compagnies entières de fusiliers, lesquelles passeront ensuite en revue devant l'inspecteur.

Dans tous les cas, le surplus du corps restera sous les armes jusqu'à ce que les compagnies de grenadiers ou de fusiliers détachées pour les gardes et les postes, aient été relevées par d'autres compagnies qui auront déja passé en revue, et se soient réunies à ces troupes pour y passer également.

Il en devra être de même pour les régimens de troupes à cheval.

Comment les revues seront faites. Feuilles d'appel.

XIV. Les inspecteurs feront leurs revues par appel nominal sur les états ou feuilles d'appel qui leur seront remis, et qui seront certifiés, savoir, pour l'état-major des demi-brigades et des régimens, par les commandans des corps; et pour les compagnies, par les capitaines ou officiers qui se trouveroient commander lesdites compagnies.

Ces états contiendront les noms des officiers, sous-officiers et soldats, ainsi que des notes de toutes les mutations qui auront eu lieu pour chaque homme dans l'intervalle d'une revue à l'autre.

Ils contiendront en outre, pour les troupes à cheval, l'effectif des chevaux, et les mutations survenues depuis la dernière revue.

Ils seront conformes au modèle n° 5.

Usage de ces feuilles pour la vérification des mouvemens.

XV. Les inspecteurs se feront représenter, au moment de leur revue, les contrôles qui devront être tenus sous la surveillance des conseils d'administration, et vérifieront si les mouvemens qui y ont été portés se trouvent conformes à ceux qui leur auront été remis par les commandans des compagnies : ils arrêteront et signeront ces contrôles, et rendront compte aux inspecteurs généraux, des négligences ou des abus qui pourront s'y être glissés.

Les troupes défileront devant les inspecteurs.

XVI. Si les inspecteurs jugent à-propos de faire défiler les troupes pour opérer une vérification plus exacte des compagnies, elles défileront par compagnies ou par pelotons.

Comment seront punis ceux qui auront donné de faux états.

XVII. Tout officier qui sera convaincu d'avoir porté sur les états mentionnés aux articles IV, V et XIV, un plus grand nombre d'hommes ou de chevaux que ceux qui existent réellement, ou qui les auroit employés pour plus de temps qu'ils ne devoient l'être, sera dénoncé par l'inspecteur au général de l'armée ou de la division, qui le fera traduire devant un conseil de guerre, pour y être jugé comme dilapidateur des deniers de la République.

Officiers nouvellement pourvus, employés du jour de leur réception.

XVIII. Les officiers auxquels le ministre auroit fait expédier des commissions pour des emplois dans lesquels ils n'auroient pas encore été reçus, ne seront compris dans la revue, pour être payés de leur solde, qu'après leur arrivée au corps, et à dater du jour de leur réception.

Officiers montés à de nouveaux grades.

XIX. Les officiers présens qui monteront à de nouveaux grades dans les mêmes corps, seront rappelés, pour être payés du supplément de solde attribué à leur nouveau grade, à compter de la date de leur commission.

La même disposition aura lieu à l'égard des officiers qui, ayant obtenu du ministre de la guerre des congés avec solde, monteront, pendant le temps de leur absence, à un nouveau grade.

Officiers absens.

XX. Les inspecteurs marqueront dans leurs extraits de revue, les officiers absens, le jour de leur départ, le lieu où ils seront allés; si c'est par congé, si leur congé est avec ou sans solde, et pour combien de temps; et ils marqueront également ceux qui se seront absentés sans congé, et depuis quel temps; et enfin, ceux dont le congé sera expiré.

Ne seront censés absens par congé que les officiers à qui le ministre de la guerre en aura accordé.

Absens par congés, comment passés.

XXI. Aucun officier ne pourra profiter de son congé qu'après l'avoir présenté à l'inspecteur, s'il est sur les lieux. En cas d'absence de l'inspecteur, l'officier sera tenu de se procurer un certificat du commandant de la place, qui justifiera que ledit officier n'est parti qu'après l'arrivée de son congé: ce certificat sera aussitôt adressé à l'inspecteur, par le commandant du corps.

Officiers absens par congé avec solde, comment payés à leur retour.

XXII. Les officiers qui auront obtenu des congés avec solde, seront compris dans les extraits de revues des inspecteurs, pour être payés jusqu'au jour de leur départ exclusivement; et lorsque lesdits officiers seront de retour à l'expiration de leur congé, ils seront tenus de se présenter à l'inspecteur, ou, en son absence, de se munir d'un certificat du commandant de la place, qui constatera le jour de leur arrivée.

Ce certificat sera aussitôt adressé à l'inspecteur par le commandant du corps ; et lesdits officiers seront rappelés en conséquence, dans la prochaine revue, pour être payés de leur solde pendant le temps de leur absence.

Les officiers qui ne justifieront pas avoir rejoint à l'expiration de leurs congés, seront privés de leur solde pour tout le temps de leur absence.

Officiers en convalescence par congé avec solde ; comment payés chez eux.

XXIII. Lorsque des officiers malades ou blessés auront obtenu des congés avec solde pour aller en convalescence, le conseil d'administration leur délivrera une ampliation de leur congé, portant l'autorisation de recevoir le montant de leur solde chez le payeur divisionnaire le plus à portée de leur domicile.

Les quittances desdits officiers pendant tout le temps que durera leur congé, seront envoyées tous les trois mois au payeur de la division où le corps se trouvera en garnison ou quartier, et remises pour comptant au conseil d'administration.

L'inspecteur rappellera dans sa revue lesdits officiers pour le temps énoncé aux quittances susdites.

Officiers par congé sans solde ; comment payés à leur retour.

XXIV. Les officiers qui auront obtenu des congés sans solde, seront compris dans les revues des inspecteurs pour être payés jusqu'au jour de leur départ exclusivement ; et ceux desdits officiers qui rejoindront leurs corps soit avant soit après l'expiration desdits congés, seront compris dans lesdits extraits de revues pour être payés du jour de leur arrivée.

Officiers morts ou retirés pendant leurs congés ; comment rappelés.

XXV. A l'égard des officiers absens par congé avec solde, et qui viendront à mourir, à changer de destination, ou à se retirer avec pension pendant la durée de leurs congés, les inspecteurs sont autorisés à les rappeler dans la première revue qu'ils passeront au corps après la mort ou la retraite desdits officiers, et à faire payer leur solde jusqu'au jour de leur mort inclusivement, ou de leur retraite exclusivement, sur les extraits mortuaires en bonne forme qui leur seront remis pour les officiers morts, et sur les certificats du commandant du corps pour ceux qui auront changé de destination, ou qui se seront retirés, étant en congé avec solde.

Mention des emplois vacans.

XXVI. Les inspecteurs feront mention, dans leurs extraits de revue, des emplois vacans, de l'époque où ils l'auront été, du nom des officiers qui remplissoient lesdits emplois, et du motif de la vacance.

Originaux des brevets et congés, communiqués aux inspecteurs.

XXVII. Les originaux de toutes les routes, brevets d'officiers et congés, seront communiqués aux inspecteurs, à l'effet d'y prendre les dates, notes et indications dont ils auront besoin pour remplir leurs contrôles et pour arrêter leurs revues.

Les originaux des congés resteront au corps; et il en sera seulement expédié des copies, par le conseil d'administration, aux officiers qui les auront obtenus.

XXVIII. Les hommes qui reviendront de congé, des hôpitaux externes, qui reviendront des prisons de l'ennemi, et tous ceux qui joindront un corps pour la première fois, seront, dans les vingt-quatre heures de leur arrivée, présentés à l'inspecteur par le fourrier ou maréchal-des-logis de la compagnie à laquelle ils seront destinés, à l'effet d'être aussitôt portés sur le contrôle de la compagnie, de la date de leur présentation, et pour être payés de leur solde à compter dudit jour.

Dans l'absence de l'inspecteur, ces hommes seront présentés au commandant de la place, et les mouvemens seront en outre portés exactement sur les états décadaires : cette présentation, qui sera constatée, et cette inscription, rempliront, vis-à-vis de l'inspecteur, les indications qui précèdent.

Hommes montant à la haute-paie.

XXIX. Les hautes-paies devant être remplacées sur-le-champ, les inspecteurs rappelleront les hommes qui monteront à une haute-paie, pour le supplément de solde affecté à leur nouveau grade, à compter de la vacance dudit grade.

Hommes passant dans d'autres compagnies.

XXX. Ceux desdits hommes qui passeront dans d'autres compagnies avec un plus haut grade, ne feront point nombre, lors de la revue, dans les compagnies desquelles ils sortiront; et il n'en sera fait mention dans les extraits des revues, à l'apostille de leur compagnie, que pour les faire payer jusqu'au jour exclusivement qu'ils l'auront quittée; ces hommes devant faire nombre dans les compagnies où ils auront passé, et y être payés de leur solde à compter du jour qu'ils y auront été reçus, et rappelés du supplément de solde attribué à leur nouveau grade du jour de la vacance.

Il en sera de même des officiers, sous-officiers et soldats de toute arme qui, sans changer de grade, passeroient d'une compagnie dans une autre.

Malades aux hôpitaux du lieu ou au corps.

XXXI. Les inspecteurs ne comprendront dans leurs revues les malades aux hôpitaux du lieu ou au corps, pour être payés de leur solde, qu'après avoir vérifié exactement l'existence desdits hommes.

Les corps resteront sous les armes, et ne rentreront dans leurs quartiers qu'après que les inspecteurs auront fait cette vérification.

Journées des hommes aux hôpitaux du lieu, acquittées sur des feuilles de retenue.

XXXII. Les journées des sous-officiers et soldats de toute arme, aux hôpitaux du lieu, seront payées par les corps, conformément aux lois du 23 floréal an 5 et du 26 fructidor an 7, jusqu'à la concurrence des deux tiers de la solde, sur les feuilles de retenue qui seront délivrées à cet effet tous les mois par les économes des hôpitaux, visées, vérifiées et arrêtées par les commissaires des guerres qui en auront la police.

Le surplus de la solde desdits hommes, concernant la poche et le linge et chaussure, sera employé dans leur décompte, ainsi qu'il est psescrit par les réglemens.

Malades aux hôpitaux externes.

XXXIII. Les hommes qui se trouveront aux hôpitaux externes au moment de la revue, seront compris dans les compagnies à l'effectif, et employés pour *mémoire* seulement. Les inspecteurs ne les feront payer que jusqu'au jour exclusivement de leur départ pour se rendre aux hôpitaux; et, à leur retour, ils ne seront payés que du lendemain de leur arrivée; mais ils seront rappelés de leur poche et de leur linge et chaussure pour le temps de leur absence.

Seront réputés aux hôpitaux externes, les hommes qui se trouveroient à l'hôpital du lieu, le jour du départ d'une troupe pour changer de garnison ou de quartier.

A l'égard des officiers qui seront traités aux hôpitaux, il sera retenu sur leur solde, pour chaque journée,

SAVOIR:

Pour chaque journée de sous-lieutenant . . .	1 fr.	25 c.
Pour chaque journée de lieutenant	1.	50.
Pour chaque journée de capitaine.	2.	00.
Pour chaque journée de grade au-dessus . . .	3.	00.

Journées des malades aux hôpitaux externes, acquittées sur des feuilles de retenue.

XXXIV. Il sera expédié pour les hommes, aux hôpitaux externes, des feuilles de retenue pareilles à celles énoncées en l'article XXXII.

Ces feuilles seront acquittées, tous les mois, par le payeur général de la division où l'hôpital sera situé, et envoyées pour comptant à celui de la division où le corps aura passé, pour être portées en retenue au corps à la prochaine revue.

Pour cet effet, ces feuilles seront remises par le payeur, à mesure de leur arrivée, au conseil d'administration, qui en donnera son récépissé comptable.

Lors de l'arrêté de la prochaine revue, les feuilles susdites seront présentées à l'inspecteur, qui les emploiera pour leur valeur au bas de la revue.

S'il avoit été adressé au payeur des feuilles de retenue pour hôpitaux externes, que le conseil d'administration ne pourroit pas recevoir, elles seront rendues au payeur, en motivant au dos les causes du refus.

Quinze centimes par lieue.

XXXV. Il sera donné 15 centimes par lieue de poste, aux hommes sortant des hôpitaux externes, pour leur procurer le moyen de rejoindre, lorsqu'ils auront plus d'une journée à faire pour arriver au corps.

Les 15 centimes par lieue ne leur seront délivrés que sur les ordres du commissaire des guerres, du préfet ou sous-préfet. Ils ne recevront à-la-fois que ce qui leur sera nécessaire pour se rendre d'un gîte principal à l'autre ; et mention sera faite, chaque fois, de la somme qu'ils auront reçue, au dos de leur billet de sortie de l'hôpital, ainsi qu'au dos de leur cartouche, sous peine que la retenue n'en sera pas reçue au corps ; et il sera pareillement fait mention, sur l'une et sur l'autre pièce, de la route qu'ils auront à tenir.

Seront exceptés de cette disposition, les hommes absens par congé qui pourroient entrer aux hôpitaux externes ; et les 15 centimes par lieue ne leur seront point donnés, attendu qu'ils ont dû partir munis de l'argent nécessaire pour faire leur route, et que la dépense des 15 centimes par lieue, à supporter par la République, ne concerne que les hommes restés malades en route, marchant avec leurs corps, ou qui auront été envoyés de leurs garnisons auxdits hôpitaux.

Les voitures pour les sous-officiers et soldats malades, ne pourront être accordées que par les commissaires des guerres, les préfets et les sous-préfets ; elles ne pourront l'être qu'après vérification de l'état du soldat ou sous-officier, et qu'à ceux qui, voyageant avec leur corps, seront restés malades en route, ou qui, de leur garnison, auront été envoyés aux hôpitaux externes.

Bordereaux pour le remboursement des quinze centimes.

XXXVI. Les sommes provenant des quinze centimes par lieue donnés aux soldats sortant des hôpitaux externes, seront comprises, mois par mois, dans des bordereaux qui seront arrêtés, pour chaque corps, par le commissaire des guerres employé dans le lieu de résidence du payeur dans l'arrondissement duquel les avances auront été faites, et envoyés pour comptant au payeur de la division où le corps se trouvera placé, pour être portés en retenue au corps à la prochaine revue.

Ces bordereaux seront employés, dans les revues, comme les feuilles de retenue énoncées dans l'art. XXXIV.

Les inspecteurs n'alloueront cette dépense que pour les hommes qui seront dans le cas de l'article précédent.

Absens par congés limités.

XXXVII. Les hommes absens par congés au moment de la revue, feront nombre dans les compagnies : les inspecteurs en feront note sur les contrôles et sur leurs extraits de revues ; bien entendu que les inspecteurs auront visé lesdits congés, ou qu'en cas d'absence il leur aura été représenté un état justificatif du jour du départ desdits hommes, certifié par le commandant de la place qui aura visé les congés.

Il est défendu aux inspecteurs de passer dans leurs revues des hommes en congé, lorsque les corps n'auront pas obtenu du ministre la permission d'en donner, ou d'en passer un plus grand nombre que celui qui aura été formellement autorisé par le ministre.

Tout petit congé, d'une revue à l'autre, non autorisé par le ministre, est formellement interdit.

Hommes absens par congé.

XXXVIII. Les hommes qui s'absenteront par congé, toucheront le décompte de ce qui leur sera dû de solde jusqu'au jour de leur départ exclusivement.

Hommes revenant de congé.

XXXIX. Les hommes qui rejoindront à l'expiration de leurs congés, seront rappelés de leur demi-solde seulement, et de leur linge et chaussure en entier pour tout le temps de leur absence.

Hommes rentrés après l'expiration de leurs congés.

XL. A l'égard des hommes qui ne rejoindront qu'après l'expiration de leurs congés, ils ne toucheront point de décompte, et ne devront être rappelés pour le temps de leur absence que de leur linge et chaussure, à moins qu'ils ne justifient de leur absence pour cause de maladie constatée par des billets de sortie d'hôpitaux en bonne forme.

Absens par congés expirés, comment employés dans les revues.

XLI. Les hommes absens par congés expirés, seront employés pour *mémoire* dans les revues de solde jusqu'à la revue finale de l'inspecteur général aux revues; et les inspecteurs rayeront alors de leurs contrôles ceux desdits hommes que ledit inspecteur général aura ordonné d'en retrancher.

Dans le cas où quelqu'un desdits hommes absens par congé auroit déserté, et que la désertion auroit été constatée, il sera aussitôt rayé du contrôle.

Défense de donner des à-comptes ou effets en route, et d'admettre dans les hôpitaux ceux qui n'auront pas de cartouche.

XLII. Il est expressément défendu aux commissaires des guerres, officiers municipaux et autres qu'il appartiendra, de faire donner des à-comptes, soit en argent, soit en effets, à aucun militaire faisant partie d'une troupe à pied ou à cheval, ni de les faire recevoir dans les hôpitaux militaires, à moins qu'ils ne soient porteurs d'une cartouche en bonne forme, sur laquelle seront inscrits, chaque fois, l'argent ou les effets donnés, ainsi que la date des entrées aux hôpitaux et de la sortie desdits hommes; le tout à peine, pour ceux qui auroient contrevenu aux défenses ci-dessus, de supporter la retenue des sommes ou frais de journées qui n'auroient point été portés sur lesdites cartouches.

Hommes s'écartant de leur route, arrêtés par la gendarmerie.

XLIII. Les hommes porteurs de congés et de billets de sortie des hôpitaux, qui se seroient écartés de la route inscrite au dos de leurs cartouches et billets de sortie, seront arrêtés par la gendarmerie nationale, et reconduits à leurs corps, de brigade en brigade.

Effets en route délivrés seulement aux lieux où résident des préfets ou sous-préfets.

XLIV. Pour éviter les abus sans nombre qui se renouvellent journellement par la trop grande facilité que trouvent les hommes absens de leur corps à recevoir des effets en route, il ne sera plus fourni, à l'avenir, auxdits hommes, aucuns effets de quelque nature qu'ils puissent être, que par les ordres des commissaires des guerres, des préfets et sous-préfets.

Cartouches des hommes en congé rentrés des hôpitaux externes, représentées aux inspecteurs.

XLV. Les inspecteurs, lors de leurs revues, se feront représenter les cartouches des hommes mentionnés en l'art. XXXV, à l'effet d'en déduire les journées d'hôpitaux, et de ne rappeler lesdits hommes pour la demi-solde de leur absence, qu'à la déduction de la retenue à exercer pour lesdites journées.

Les quinze centimes par lieue que les hommes susdits se trouveroient avoir touchés en route, seront à leur compte, ainsi que le prix des effets de linge et chaussure qui leur auront été fournis.

Bordereaux des sommes payées et des effets délivrés aux hommes allant en congé ou en revenant.

XLVI. En conséquence de la disposition qui précède, il sera formé, mois par mois, dans chaque division militaire, par le payeur de la division, des bordereaux contenant les noms des hommes allant par congé ou en revenant, qui auront reçu en route de l'argent ou des effets, avec le montant des sommes qu'ils auront reçues et le prix des effets qui leur auront été délivrés. Ces bordereaux, certifiés par le payeur qui en aura fait les avances, et arrêtés par le commissaire des guerres de son arrondissement, seront adressés aux corps auxquels lesdits hommes appartiendront, et la dépense en sera portée en retenue au compte desdits hommes.

Pour cet effet, il ne sera fait de décompte auxdits hommes que trois mois après leur retour, afin que l'on soit bien assuré de la rentrée de tous les bordereaux qui pourroient les concerner.

Homme rentré sans sa cartouche, privé de sa solde pour le temps de son absence.

XLVII. Tout homme qui rentrera au corps sans être porteur de sa cartouche, ne touchera point de décompte de sa solde pour le temps de son absence, et le montant en sera versé à sa masse de linge et chaussure, pour subvenir au remboursement des avances qui pourroient lui avoir été faites.

Morts ou désertés.

XLVIII. Les hommes morts à l'hôpital du lieu ou à leur compagnie, et ceux désertés, seront payés dans les revues jusqu'au jour inclus de leur mort ou désertion.

Il ne sera fait aucun rappel pour ceux morts en congé.

Hommes retirés avec pension, ou admis aux invalides.

XLIX. Les hommes retirés avec pension, ou admis à l'hôtel national des invalides, seront payés jusqu'au jour exclusivement de leur départ pour se rendre chez eux ou à l'hôtel.

Ceux congédiés pour infirmités, ou réformés, le seront jusques et compris le jour de leur congé ou réforme.

Les congés absolus ou de réforme présentés aux inpecteurs.

L. Tous les congés absolus ou de réforme seront présentés aux inspecteurs, pour être visés d'eux, et inscrits à mesure sur leurs contrôles; et en cas d'absence, ils seront visés par le commandant de la place seulement, et mention en sera faite dans les écrits décadaires qui seront adressés aux inspecteurs.

Passe-volans.

LI. Tout soldat, cavalier, dragon, hussard ou chasseur à cheval, qui sera surpris dans un autre corps que le sien pour y passer en revue, ou qui se trouvera pour le même objet dans une autre compagnie que la sienne, sera dénoncé par l'inspecteur au commandant de la place, qui le fera traduire devant un conseil de guerre, ainsi que le commandant de la compagnie, pour y être jugés d'après les lois et réglemens militaires.

Il en sera usé de même lorsqu'un individu non militaire se présentera pour passer en revue dans une compagnie.

Prisonniers de guerre.

LII. Les prisonniers de guerre de tout grade ne seront payés dans les revues que jusqu'au jour inclusivement où ils auront été faits prisonniers: ils continueront d'y être compris seulement pour *mémoire*, afin qu'il puisse leur être fait, à leur retour, le décompte de la portion de solde qui pourra leur être accordée, à titre d'indemnité, pour le temps de leur absence.

A leur retour, ils seront employés dans les revues du lendemain de leur arrivée.

Les hommes tués dans une affaire de guerre seront compris dans les extraits de revues, pour être payés jusqu'au jour de leur mort inclusivement.

Chevaux présens et effectifs.

LIII. Les inspecteurs ne comprendront dans leurs revues des troupes à cheval que les chevaux présens et effectifs, tant ceux des officiers que ceux de la troupe.

Les officiers devront être montés sur des chevaux d'escadron; les chevaux de la troupe seront marqués de la marque du régiment.

Chevaux éclopés, morts ou réformés.

LIV. Dans le nombre des chevaux effectifs, seront compris ceux qui, étant éclopés, seront restés dans quelque ville ou village, lesquels néanmoins ne passeront présens, soit qu'ils appartiennent à des officiers, soit qu'ils fassent partie des chevaux de la troupe, que sur le certificat du commandant de la place, ou, en son absence, du premier officier municipal.

Les chevaux morts ou réformés seront employés dans les revues jusqu'au jour de leur mort ou réforme inclusivement.

Revues faites aux troupes à leur arrivée.

LV. Lorsqu'un corps de troupe arrivera dans une place ou quartier pour y tenir garnison, l'inspecteur le passera en revue, à l'effet d'en constater l'effectif pour établir les fournitures qui devront lui être faites; et, en conséquence, il en fera passer sur-le-champ une expédition au commissaire des guerres employé dans la place.

En l'absence de l'inspecteur, il sera remplacé par le commandant de la place, qui fera passer au commissaire des guerres une expédition de la revue.

Le commandant du corps en adressera aussitôt une expédition à l'inspecteur.

Cet extrait de revue sera conforme au modèle n°. 6.

Route sur laquelle un corps aura marché, présentée à l'inspecteur.

LVI. L'inspecteur se fera représenter, à la revue de trimestre qui suivra l'arrivée d'un corps dans une place ou quartier, la route sur laquelle ce corps aura marché, pour connoître les jours pendant lesquels il aura reçu l'indemnité accordée pour tenir lieu d'étape.

L'inspecteur vérifiera, d'après les mouvemens survenus pendant la route, ce qui étoit dû au corps pour raison de ladite indemnité; et le montant en sera employé dans le décompte, au bas de la revue.

Le surplus, s'il y a excédant, sera passé pour comptant au conseil d'administration dans le décompte de la même revue.

L'inspecteur gardera la route dont il s'agit, et la joindra à l'extrait de revue qu'il adressera aux inspecteurs généraux.

Revues faites aux troupes avant leur départ.

LVII. L'inspecteur de la garnison ou quartier d'où une troupe partira, lui fera une revue pour servir au paiement de l'étape ou de l'indemnité accordée pour en tenir lieu, et pour la fourniture du logement pendant la route.

Il la portera par extrait sur le dos de la route, en y comprenant seulement les hommes présens en état de partir, ceux qui resteront à l'hôpital étant censés dès-lors à l'hôpital externe.

Cette revue sera conforme au modèle n°. 7. En cas d'absence de l'inspecteur, il sera remplacé dans cette fonction par l'officier qui commandera dans la place.

Jours complémentaires, comment payés.

LVIII. Les jours complémentaires ne seront payés qu'aux sous-officiers et soldats de toute arme.

En conséquence il en sera fait mention dans la revue des trois derniers mois de chaque année.

Les officiers présens au corps ne recevront, pour les jours complémentaires, que les rations qui leur sont accordées selon les cas prévus par la loi.

Forme des extraits de revues portant décompte.

LIX. Les extraits de revues de solde seront rédigés par les inspecteurs dans la forme du modèle n°. 8, joint au présent réglement. Il en sera formé quatre expéditions :

La première sera remise au payeur de l'armée ou de la division ;

La seconde, à l'ordonnateur, pour servir de base à la comptabilité de toutes les fournitures ;

La troisième, au conseil d'administration des corps que la revue concerne ;

La quatrième sera adressée aux inspecteurs généraux formant le comité central des revues à Paris.

Cette dernière expédition sera accompagnée des états ci-après ;

SAVOIR :

1°. État sommaire de la situation du corps, suivant le modèle n°. 9 ;

2°. L'état de situation de l'habillement, équipement et de l'armement, suivant le modèle n°. 10 ;

3°. L'état de situation de la caisse au moment de la revue, suivant le modèle n°. 11 ;

4°. L'état nominatif des officiers qui ont obtenu leur retraite, qui sont passés dans d'autres corps, qui n'ont pas rejoint à l'expiration de leur congé, qui ont donné leur démission ou abandonné leur emploi, ou qui sont morts depuis la dernière revue, suivant le modèle n°. 12 ;

5°. L'état nominatif des hommes aux hôpitaux externes, suivant le modèle n°. 13 ;

6°. État nominatif des hommes absens par congé, suivant le modèle n°. 14 ;

7°. État des hommes désertés depuis la dernière revue, suivant le modèle n°. 15;

8°. État des prisonniers de guerre, suivant le modèle n°. 16;

9°. État des officiers qui ne sont pas montés, suivant le modèle n°. 17.

Ces états seront certifiés par les conseils d'administration, et visés par les inspecteurs.

Tarif de la solde de tous les grades.

LX. Pour faciliter l'exécution des dispositions qui précèdent, il sera joint au présent réglement, suivant le modèle n°. 18, un tarif de la solde de tous les grades, par jour, mois et an, avec l'indication du net de la solde, et de la retenue qui en sera déduite pour le linge et chaussure des sous-officiers et soldats, suivant les différentes armes.

Revues particulières quand les inspecteurs le jugeront convenable.

LXI. Les inspecteurs feront des revues particulières et inopinées, toutes les fois que le bien du service pourra l'exiger. L'objet de ces revues sera de vérifier si les contrôles sont tenus avec exactitude et fidélité, pour constater l'effectif des hommes et des chevaux.

Tableau de mouvement à envoyer tous les mois.

LXII. Indépendamment de ces revues, les inspecteurs formeront, tous les mois, d'après les états de mouvemens qui leur seront remis conformément aux articles V et V, et suivant le modèle n°. 19, une tableau général de l'effectif de chaque corps dont l'inspection leur aura été confiée: ils l'adresseront au comité central des inspecteurs généraux, dans la dernière décade de chaque mois.

Visite de l'habillement, équipement, armement.

LXIII. Aussitôt que les inspecteurs auront passé leurs revues, ils procéderont à la vérification des effets d'habillement, équipement et armement, pour constater leur situation, et les augmentations ou réparations qui y auront été faites depuis la revue précédente, conformément à ce qui est prescrit par le réglement d'administration.

Arrêté provisoire des registres.

LXIV. Immédiatement après cette opération, les inspecteurs feront convoquer le conseil d'administration, et procéderont à l'examen provisoire des registres et des masses, et à la vérification de la caisse, en se conformant à cet égard au réglement d'administration des différens corps de troupes.

Revues de détachement.

LXV. Lorsqu'une demi-brigade et autres corps d'infanterie ou régimens de troupes à cheval, seront divisés, soit par détachement d'un bataillon ou escadron, soit par détachement de quelques compagnies, et que les bataillons, escadrons ou compagnies seront détachés sur le territoire de la République en Europe (l'île de Corse exceptée), les revues des inspecteurs et les décomptes des payeurs de la guerre se feront, pour tous les corps, dans les lieux où l'état-major sera en garnison ou quartier, comme si le corps y étoit rassemblé.

Pour cet effet, les inspecteurs dans l'arrondissement desquels se trouveront ces détachemens, enverront à celui du lieu où résidera l'état-major, l'extrait de la revue qu'ils auront faite auxdits détachemens, laquelle ne contiendra que les simples apostilles relatives aux mutations survenues depuis la dernière revue, sans porter décompte.

L'inspecteur de la garnison ou quartier où l'état-major sera établi, formera la revue générale de solde du corps, d'après les extraits de revues susdits, et y ajoutera les sommes relatives à la solde et aux masses.

Le payeur, en soldant le décompte dudit corps, donnera pour comptant, au conseil d'administration, les récépissés dès à-comptes payés aux détachemens, dans les lieux de leur emplacement.

Détachemens embarqués, ou hors du territoire de la République.

LXVI. A l'égard des détachemens commandés pour servir sur les vaisseaux de l'État, ou pour marcher hors du territoire de la République, hors de l'Europe, ou stationnés dans l'île de Corse, ils cesseront d'être compris dans les revues que les inspecteurs feront aux corps d'où seront tirés lesdits détachemens, et ils ne les porteront dans lesdites revues que pour *mémoire* seulement, à compter du jour de leur départ pour le lieu de l'embarquement ou de la frontière.

Ces détachemens auront alors une comptabilité séparée, jusqu'au moment de leur réunion au corps dont ils faisoient partie.

Ces dispositions sont applicables aux détachemens qui seroient demeurés dans l'intérieur de la République, tandis que les corps auxquels ils appartiennent seroient passés avec leur état-major à une expédition éloignée.

Les revues qui seront passées auxdits détachemens dans les lieux où ils se trouveront, seront envoyées sur-le-champ au corps pour servir à leur rappel dans la première revue.

Lorsque lesdits détachemens seront rentrés au corps, ils seront compris et rappelés, dans la première revue de solde, pour tout le temps qui se sera écoulé depuis le dernier rappel.

Les à-comptes payés à ces détachemens par le payeur de la guerre ou autre pour leur solde ou entretien, seront donnés pour comptant dans les décomptes successifs qui se feront au corps, à mesure que lesdits détachemens y seront rappelés.

Officiers généraux et autres en activité et sans troupe; comment passés en revue.

LXVII. La solde des officiers généraux, adjudans-généraux, aides-de-camp, des inspecteurs-généraux, inspecteurs et sous-inspecteurs aux revues, des commissaires ordonnateurs et ordinaires des guerres, et des adjoints, des officiers détachés du corps de l'artillerie et du génie, lorsqu'ils seront employés dans les divisions ou qu'ils seront aux armées, et celle des commandans, adjudans de place, ne pourront être payées que sur des extraits de revues portant décompte, qui seront également formés tous les trois mois par les inspecteurs aux revues.

Ces extraits de revues seront rédigés suivant le modèle n°. 20, annexé au présent réglement.

Officiers généraux aux armées.

LXVIII. Pour faciliter dans les armées l'exécution de la disposition qui précède, le chef de l'état-major général fera passer, le premier de chaque trimestre, à l'inspecteur chargé des revues, l'état nominatif de tous les officiers généraux, de leurs états-majors et aides-de-camp et adjoints, ainsi que des commissaires des guerres qui auront été employés à l'armée pendant le trimestre précédent, avec les mutations qui seront survenues dans l'intervalle d'une revue à l'autre, en se conformant au modèle ci-joint sous le n°. 21.

Officiers généraux dans les divisions, et commandans de place.

LXIX. Dans les divisions de l'intérieur, il sera fourni à l'inspecteur un semblable état par le commandant en chef de la division.

Cet état comprendra en outre les officiers commandans et adjudans de place, conformément au modèle n°. 22.

Officiers de l'artillerie et du génie.

LXX. L'officier commandant l'artillerie dans une division, remettra pareillement à l'inspecteur, le premier de chaque trimestre, l'état nominatif des officiers du corps d'artillerie détachés dans les places, forges, fonderies, manufactures et autres établissemens. Cet état comprendra tous les mouvemens qui seront survenus d'une revue à l'autre, avec les dates de congés, motifs d'absence et de retour, suivant le modèle n°. 23.

Il en sera usé de même par l'officier commandant le corps du génie dans une division : il se conformera, pour la formation de son état de trimestre, au modèle ci-dessus désigné.

L'ordonnateur enverra de la même manière l'état des commissaires des guerres employés dans la division.

État général de tous les officiers généraux et autres officiers sans troupe, arrêté par le ministre.

LXXI. Le ministre de la guerre adressera régulièrement aux inspecteurs généraux, l'état de tous les officiers généraux, adjudans généraux, et de leurs aides-de-camp et adjoints, commissaires ordonnateurs et ordinaires des guerres, ainsi que des officiers à la suite des armées, des divisions et des corps, et leur fera connoître les mutations qui pourront y survenir. Les inspecteurs généraux en adresseront aussitôt des expéditions aux inspecteurs, auxquels il est expressément défendu de comprendre dans leurs revues, d'autres officiers employés aux armées, dans les divisions militaires et dans les places, que ceux dénommés dans les états qui leur auront été adressés, en conséquence des ordres du ministre, par les inspecteurs généraux.

Il sera adressé un pareil état au payeur général de la guerre, afin que ces officiers y dénommés puissent toucher, chaque mois, des à-comptes sur leur solde ; de manière cependant que ces à-comptes ne puisse jamais excéder le montant de la solde du mois écoulé.

Envoi des revues mentionnées aux articles précédens.

LXXII. Lorsque les inspecteurs auront reçu les états qui précèdent, et dressé en conséquence les extraits de revues, ils en formeront quatre expéditions pour être distribuées ainsi qu'il est prescrit par l'art. LIX du présent réglement.

Décomptes formés par les payeurs.

LXXIII. Les payeurs établiront leurs décomptes avec les corps conformément aux extraits de revues qui leur seront remis par les inspecteurs.

Les décomptes seront signés par tous les membres du conseil d'administration, suivant le modèle ci-joint, n°. 24; et les payeurs en formeront une ampliation signée d'eux, au dos de l'extrait de revue qui aura été remis par les inspecteurs aux commandans des corps.

A l'égard des décomptes à faire en vertu des revues individuelles, les payeurs les arrêteront par chaque individu.

Contrôles imprimés chaque année.

LXXIV. Le ministre de la guerre donnera des ordres pour qu'il soit imprimé, chaque année, des contrôles pour les troupes de toute arme, afin de mettre les inspecteurs en état de se conformer à l'art. IV du présent réglement.

Un corps ayant changé de garnison pendant un trimestre, à qui sera adressé l'extrait de revue.

LXXV. Toutes les fois qu'un corps de troupes aura changé de garnison ou de quartier pendant un trimestre, le commissaire ordonnateur de la division où ledit corps se trouvera lors de la revue de l'inspecteur, gardera l'expédition originale de la revue que l'inspecteur lui aura remise, et en adressera une copie certifiée à l'ordonnateur de la division d'où ledit corps sera sorti, pour servir au décompte de la subsistance et autres fournitures que ledit corps y aura reçues, ou pour les justifier ou rectifier s'il y a lieu.

Récépissés d'à-compte envoyés au payeur de la division où un corps aura passé dans le courant d'un trimestre.

LXXVI. Lorsqu'un corps aura quitté une garnison ou quartier dans le courant d'un trimestre, le payeur militaire de la division d'où le corps sera sorti, enverra à celui de la division où le corps aura passé, les récépissés des à-comptes qu'il aura fournis au corps, pour qu'ils soient délivrés pour comptant au conseil d'administration lors du décompte de trimestre.

Dans tous les cas, lorsqu'un corps quittera une division dans le courant d'un trimestre, il devra se munir d'un certificat du payeur, énonçant le montant des sommes qu'il en aura reçues, et l'époque où il aura cessé d'être payé.

Les officiers sans troupe se conformeront à la même disposition.

Troupe en marche pendant la fin d'un trimestre et le commencement d'un autre.

LXXVII. Lorsqu'un corps se trouvera en marche vers la fin d'un trimestre, et qu'il n'arrivera à sa nouvelle garnison ou quartier que pendant le trimestre suivant, sa revue de décompte lui sera faite pour le trimestre expiré pendant la route; et l'inspecteur n'y comprendra aucun des jours du trimestre courant pendant lesquels le corps aura continué sa marche. Quant aux sommes payées au corps pour l'indemnité de l'étape en route, elles ne seront imputées que sur le décompte du trimestre de l'arriéré.

Sous-inspecteurs employés aux revues comme les inspecteurs.

LXXVIII. Les sous-inspecteurs créés par l'arrêté du 9 pluviose dernier, rempliront, près des corps de troupes de toute arme, les mêmes fonctions que les inspecteurs, et se conformeront à ce qui est prescrit par le présent réglement.

Désignation des corps dont les inspecteurs et sous-inspecteurs passeront les revues.

LXXIX. Chaque inspecteur ou sous-inspecteur employé dans les divisions de l'intérieur, passera les revues des corps stationnés dans l'arrondissement qui lui aura été affecté par les inspecteurs généraux.

Aux armées l'inspecteur général désignera aux inspecteuts et sous-inspecteurs les corps dont ils devront passer les revues.

En l'absence de l'inspecteur général, la répartition des troupes sera faite par l'inspecteur qu'il aura désigné pour résider près du général en chef.

LXXX. Le ministre de la guerre est chargé de l'exécution du présent arrêté.

Le premier Consul, signé, BONAPARTE. Par le premier Consul: *le secrétaire d'État*, signé, Hugues B. Maret. *Le ministre de la guerre*, signé, Alex. BERTHIER.

BAUDOUIN, imprimeur du Corps législatif et du Tribunat, rue de Grenelle-Saint-Germain, N°. 1131.

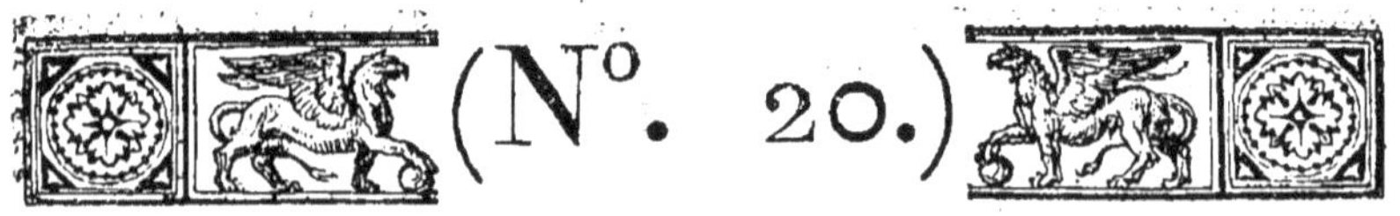

ARRÊTÉS
ET
PROCLAMATIONS
DU GOUVERNEMENT.

Arrêté contenant réglement sur les dépenses des préfectures et sous-préfectures.

Du 28 Ventose.

LES CONSULS DE LA RÉPUBLIQUE, sur le rapport du ministre de l'intérieur; le conseil d'état entendu,

Arrêtent ce qui suit:

Art. I. Les dépenses des administrations centrales et municipales cesseront au premier floréal prochain.

II. Les dépenses des préfectures et sous-préfectures de chaque département ne pourront exc der, pour les cinq derniers mois de l'an 8, les sommes fixées par le tableau annexé au présent réglement.

III. Les dépenses des traitemens des employés de tous les grades, des garçons de bureau, concierges, huissiers, servant tant auprès du préfet et dans ses bureaux, qu'auprès du secrétaire général, qu'auprès du conseil du contentieux et du conseil général de département, ne pourront excéder, pour les cinq derniers mois de l'an 8, les cinq douzièmes du *maximum* établi par la sixième colonne du tableau annexé.

IV. Les dépenses d'impression, papier, lumières, chauffage, et autres objets relatifs à l'universalité des employés attachés à la préfecture, au secrétariat, au conseil du contentieux et au conseil général, ne pourront excéder, pour les cinq derniers mois de l'an 8, les cinq douzièmes du *maximum* établi par la septième colonne du tableau annexé.

V. Les dépenses imprévues, comprenant,

1°. Le loyer de la maison habitée par le préfet, ou occupée par ses bureaux et par les établissemens accessoires à la préfecture (lorsqu'il ne pourra lui être fourni une maison nationale);

2°. La contribution foncière et les réparations grosses et menues de la maison nationale occupée par la préfecture;

3°. Les réparations locatives de la maison louée par le préfet;

4°. Les frais de tournée du préfet dans l'étendue du département;

5°. Les dépenses d'ameublement, entretien et réparation du mobilier de la préfecture;

6°. Enfin, toutes les autres dépenses imprévues d'administration,

Ne pourront excéder, dans le cours d'une année, et dans chaque département, les sommes fixées dans la huitième colonne du tableau annexé.

En conséquence, il ne pourra être employé, pour les cinq derniers mois de l'an 8, que les cinq douzièmes des sommes énoncées en ladite colonne.

VI. Une somme de trois cents francs par département pourra être employée, sous la direction du président, aux faux frais de l'assemblée annuelle du conseil général de chaque département, conformément à la neuvième colonne du tableau annexé.

VII. Le traitement des employés des sous-préfets, les frais de leurs bureaux, leur loyer, et leurs dépenses prévues et imprévues, sont fixés, pour chaque département et pour l'année entière, au *maximum* établi par la onzième colonne du tableau annexé; il ne pourra en être employé que les cinq douzièmes pour les cinq derniers mois de l'an 8.

Le préfet indiquera ce qui appartient à chaque sous-préfecture de son département dans la somme totale portée dans la onzième colonne.

VIII. Une somme de cent cinquante francs pourra être employée, sous la direction du président, aux faux frais de l'assemblée annuelle du conseil général d'arrondissement de chaque sous-préfecture, conformément à la douzième colonne du tableau annexé.

IX. Les dépenses générales de préfecture et de sous-préfecture, seront réglées, chaque année, par les Consuls de la République, sur le rapport du ministre de l'intérieur.

A cet effet, chaque préfet adressera au ministre de l'intérieur, avant la fin du mois de messidor, l'état de ces dépenses projetées pour l'année suivante.

Le conseil général du département adressera séparément un projet des mêmes dépenses.

X. Toutes les dépenses administratives de préfecture et de sous-préfecture, seront ordonnancées par le préfet, conformément à l'état arrêté par les Consuls, et acquittées par le receveur général de département, sur les dix centimes additionnels aux contributions directes, établis par la loi du 25 ventose an 8.

Le ministre de l'intérieur est chargé de l'exécution du présent arrêté.

Le premier Consul, signé, BONAPARTE. Par le premier Consul : *le secrétaire d'état*, signé, Hugues B. Maret. *Le ministre de l'intérieur*, signé, LUCIEN BONAPARTE.

(*Le Tableau est ci-contre.*)

Du 28 ventose an VIII.

Proclamation qui convoque le Corps législatif au premier germinal, pour dix jours.

Du 28 Ventose.

Au nom du peuple français, Bonaparte, premier Consul de la République, proclame l'acte du Gouvernement, dont la teneur suit :

Les Consuls de la République, vu l'article 33 de la Constitution, et le conseil d'état entendu, convoquent le Corps législatif au premier germinal, pour demeurer en session jusqu'au 10 du même mois.

Soit le présent acte revêtu du sceau de l'Etat, inséré au Bulletin des lois, inscrit dans les registres des autorités judiciaires et administratives, et le ministre de la justice chargé d'en surveiller la publication.

Signé, Bonaparte. Par le premier Consul: *le secrétaire d'état*, signé, Hugues B. Maret. Et scellé du sceau de l'Etat.
Le ministre de la justice, signé, Abrial.

Acte du Sénat conservateur, qui proclame le citoyen Ramond *membre du Corps législatif.*

Du 28 Ventose.

Le Sénat, réuni au nombre de membres prescrit par l'article 90 de la Constitution, procède au scrutin pour l'élection d'un membre du Corps législatif, en remplacement du citoyen *Baborier*, démissionnaire.

Le citoyen *Ramond*, ex-législateur, réunit la majorité absolue des suffrages. Il est proclamé, en conséquence, membre du Corps législatif.

Le Sénat arrête que cette nomination sera notifiée, par un message, au Corps législatif, au Tribunat, et au premier Consul de la République.

Collationné à l'original, par nous président et secrétaires du Sénat conservateur. Le 28 ventose, an 8 de la République. *Signé*, Sieyes, *président*; Roger-Ducos, B. G. E L. Lacépède, *secrétaires*.

Bonaparte, premier Consul de la République, ordonne que l'acte du Sénat conservateur, qui précède, sera inséré au Bulletin des lois. Le ministre de la justice enverra au citoyen *Ramond*, ex-législateur, un exemplaire du Bulletin des lois où cet acte sera inséré, pour lui tenir lieu de notification, et lui servir de titre pour constater sa qualité. A Paris, le 28 ventose, an 8 de la République.

Signé, BONAPARTE. Par le premier Consul : *le secrétaire d'état*, signé, Hugues B. Maret. *Le ministre de la justice*, signé, ABRIAL.

Arrêté relatif à la convocation du Corps législatif au premier germinal, pour demeurer en session jusqu'au 10.

Du 28 Ventose.

LES CONSULS DE LA RÉPUBLIQUE, le conseil d'état entendu,

Arrêtent :

Art. I. Le ministre de l'intérieur est chargé de faire connoître dans le plus court délai, à chacun des membres du Corps législatif, l'acte du Gouvernement, de ce jour, qui convoque le Corps législatif au premier germinal, pour demeurer en session jusqu'au 10.

II. Il sera fait un message au Corps législatif et au Tribunat, pour leur annoncer la présentation, qui aura lieu avant le 30 ventose, de projets de lois qui devront être discutés pendant les dix premiers jours de germinal.

Le premier Consul, signé, BONAPARTE. Par le premier Consul : *le secrétaire d'état*, signé, Hugues B. Maret. *Le ministre de la justice*, signé, ABRIAL.

Arrêté portant qu'il sera élevé des colonnes à la mémoire des braves morts pour la défense de la patrie et de la liberté.

Du 29 Ventose.

LES CONSULS DE LA RÉPUBLIQUE, après avoir entendu le ministre de l'intérieur,

Arrêtent ce qui suit :

Art. I. Il sera élevé, dans chaque chef-lieu de département, sur la plus grande place, une colonne à la mémoire des braves du département morts pour la défense de la patrie et de la liberté.

II. Sur cette colonne seront inscrits les noms de tous les militaires domiciliés dans le département qui, après s'être distingués par des actions d'éclat, seroient morts sur le champ de bataille.

III. Le nom d'aucun homme vivant ne pourra être inscrit sur la colonne, à l'exception de celui des militaires qui, en conséquence de l'arrêté du 4 nivose dernier, auront obtenu des sabres, fusils, grenades ou baguettes d'honneur.

IV. A Paris, outre la colonne du département de la Seine, qui sera élevée sur la place *Vendôme*, il sera érigé une grande colonne nationale au milieu de la place de la *Concorde*.

V. Les noms des militaires morts après avoir rendu des services d'une importance majeure, serons inscrits sur la colonne nationale.

VI. Les conseils de département sont chargés d'arrêter dans la prochaine session, sur la présentation du préfet, les noms des militaires qui doivent être inscrits sur la colonne départementale.

VII. Les frais des colonnes des départemens seront pris sur les centimes additionnels : le ministre de l'intérieur réglera le *maximum*.

VIII. Les frais de la colonne nationale seront pris sur le trésor public.

IX. Les formes et les dimensions des colonnes seront arrêtées par un jury d'artistes, et approuvées par le ministre de l'intérieur, qui est chargé de l'exécution du présent arrêté.

X. Le présent arrêté sera imprimé au Bulletin des lois.

Le premier Consul, signé, BONAPARTE. Par le premier Consul : *le secrétaire d'état*, signé, Hugues B. Maret. *Le ministre de l'intérieur*, signé, LUCIEN BONAPARTE.

BAUDOUIN, imprimeur du Corps législatif et du Tribunat, rue de Grenelle-Saint-Germain, N°. 1131.

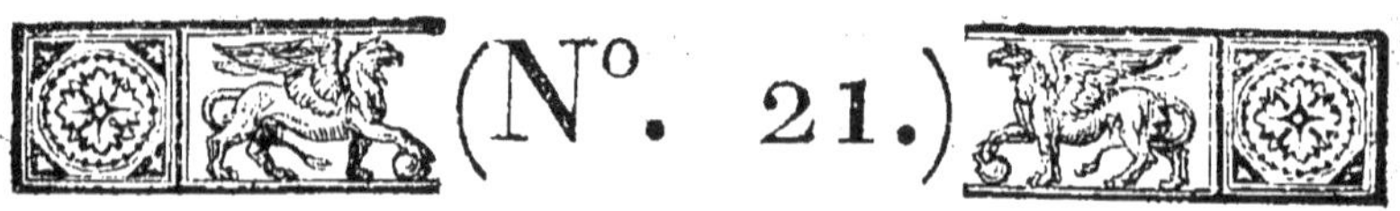

(N°. 21.)

ARRÊTÉS
ET
PROCLAMATIONS
DU GOUVERNEMENT.

Arrêté qui charge les préfets et sous-préfets de la suite des opérations relatives à la répartition des contributions de l'an 8.

Du 1er Germinal, an 8.

Les Consuls de la République, sur la proposition du ministre des finances; vu la loi du 28 pluviose dernier sur l'organisation administrative, d'après laquelle les préfets et sous-préfets sont chargés de la suite des opérations commencées par les administrations centrales et municipales qu'ils remplacent; le conseil d'état entendu,

Arrêtent ce qui suit:

Art. I. Dans le cas où les administrateurs de département n'auroient pas terminé la répartition entre les cantons, du montant de la contribution personnelle, mobiliaire et somptuaire de l'an 8, à l'époque de la cessation de leurs fonctions, le préfet procédera sur-le-champ à cette opération.

II. Les sous-préfets sont chargés de faire la répartition de cette même contribution entre les communes de leurs arrondissemens, partout où elle n'aura pas été faite par l'administration municipale.

III. Les préfets informeront le ministre des finances, de l'exécution du présent arrêté, qui sera imprimé au Bulletin des lois.

Le premier Consul, signé, Bonaparte. Par le premier Consul: *le secrétaire d'état*, signé, Hugues B. Maret. *Le ministre des finances*, signé, Gaudin.

A

Rapport sur le Prytanée français, et arrêté qui le divise en quatre grands colléges.

Du 1er. Germinal.

Les Consuls de la République, sur le rapport du ministre de l'intérieur, dont la teneur suit :

Citoyens Consuls,

Le Prytanée français a remplacé tous les établissemens publics qui, sous le nom de colléges, étoient consacrés dans Paris à l'instruction générale, et composoient l'ancienne Université. Après les violentes secousses qui ont détruit tant d'autres institutions, on doit être satisfait de voir s'élever, pour ainsi dire, du milieu des ruines, ce dernier asyle ouvert à l'instruction publique : mais plus on sent fortement son utilité, plus on regrette que les malheurs du temps, qui ont apporté de si grands obstacles à la restauration de l'éducation en France, n'aient permis que ce foible effort en sa faveur. Malgré les réglemens qui ont été faits pour assurer aux jeunes gens des départemens, des places dans le Prytanée, il faut avouer qu'il ne peut guère être considéré que comme un établissement local : et d'ailleurs, la modicité des revenus qui sont affectés à son entretien, et celle des sommes que le Gouvernement y consacre, restreignent à un trop petit nombre de sujets le bienfait de l'enseignement, et ne permettent pas que celui qu'on y donne ait une influence sensible sur l'immense population de la République. Depuis la suppression des corps enseignans, l'instruction est à-peu-près nulle en France : ce n'est pas qu'il n'existe, soit à Paris, soit dans les départemens, plusieurs professeurs habiles et zélés pour les progrès de leur art ; mais ces hommes précieux, épars et disséminés, ne se prêtent aucun secours entre eux, et sont comme autant d'étincelles qui, faute d'être réunies dans un foyer commun, ne donnent qu'une foible et mourante clarté. Les théories ingénieuses, les méthodes utiles, passent avec ceux qui les avoient inventées : aucune tradition ne se forme, aucun système ne se transmet. L'expérience d'un maître habile ne contribuera point à frayer la route de ses successeurs : personne n'en recueille la trace ; et la partie pratique de l'éducation n'étant plus fondée sur l'habitude et l'imitation, chacun entre dans la carrière réduit à ses seules idées, et se trouve, dès les premiers pas, livré à l'incertitude de l'inexpérience et au hasard de ses propres essais. Chez un grand peuple dont les institutions sont fixes, l'éducation nationale doit être en harmonie avec ses institutions ; les principes n'en peuvent être abandonnés au hasard ; il ne doit point dépendre des hommes de les déterminer ou de les confondre : ici la chose subsiste avant l'individu ;

elle n'en reçoit ni sa direction, ni sa forme; c'est à elle au contraire de le façonner et de le plier au système permanent d'instruction.

Le Prytanée, tel qu'il existe aujourd'hui, ne sauroit atteindre ce but. 1°. L'établissement est unique, et par conséquent il ne peut recevoir qu'un trop petit nombre d'élèves : l'expérience a fait connoître que le nombre de ceux qu'on rassemble dans un même collége, ne doit guère passer deux cents. 2°. Si l'on se borne à n'y admettre que ceux qui ont droit à une éducation gratuite, il arrivera que l'enfant né avec d'heureuses dispositions, et dont la famille jouit d'une honnête aisance, se verra privé des avantages de l'instruction publique, et ne pourra plus que recevoir, dans la maison paternelle, ou sous la discipline d'un instituteur particulier, les préjugés domestiques, les habitudes locales qui l'isoleront un jour, par les mœurs, du reste de ses concitoyens, l'éloigneront des affaires, et le rendront pour ainsi dire étranger parmi ses proches et dans son propre pays.

Il faut se hâter, citoyens Consuls, de remédier à ces inconvéniens, et multiplier les établissemens d'instruction publique, autant que les circonstances le permettent, en attendant qu'il soit possible d'en proportionner le nombre aux besoins d'un peuple nombreux, répandu sur une immense étendue de territoire. On pourroit, par exemple, diviser le Prytanée en quatre colléges, placés, l'un à Paris, dans le local actuel du Prytanée; les autres, à Fontainebleau, à Versailles, à Saint-Germain. On conserveroit les places d'élèves, en les affectant exclusivement à ceux qui seroient pris parmi les enfans peu fortunés des militaires morts sur le champ de bataille, et des fonctionnaires publics morts dans l'exercice de leurs fonctions. Les revenus annuels du Prytanée, et la subvention de 200,000 fr. accordée à cet établisement pour l'an 8, seroient affectés tous les ans au paiement des places d'élèves du Gouvernement: mais afin de favoriser, autant qu'il seroit possible, la propagation des lumières et l'avancement de l'instruction, on décideroit que des pensionnaires externes pourroient être admis dans ces établissemens, en se soumettant à payer, par chaque année, une somme égale à celle à laquelle est supposée s'élever la dépense de chaque élève. Cette somme peut se fixer à 1,000 francs pour Paris, et à 800 francs pour les autres colléges.

Je vous propose en conséquence, citoyens Consuls, 1°. de diviser le Prytanée en quatre colléges, nombre que l'on pourra ensuite augmenter en proportion des élèves; 2°. d'affecter à chacun de ces colléges cent places payées par le Gouvernement, et exclusivement accordées aux enfans peu aisés des militaires et des fonctionnaires publics morts pour le service de l'Etat; 3°. d'autoriser ces colléges à recevoir des élèves, dont la pension est fixée à 800 et à 1,000 fr.

Par-là, citoyens Consuls, la réorganisation des colléges s'annonce à la France; les récompenses de la nation sont fixées sur ceux qui auroient toujours dû en être l'objet; les particuliers ont le moyen de faire élever leurs enfans dans des écoles permanentes: et ce moyen est illimitée; car à proportion des pensionnaires qui s'inscriront, vous pourrez augmenter le nombre des colléges.

D'après ces bases, j'ai l'honneur de vous proposer le projet d'arrêté suivant.

Salut et respect.

Signé, Lucien Bonaparte.

Arrêtent ce qui suit:

Art. I. Le Prytanée sera divisé en quatre grands colléges soumis à la même administration, et placés, le premier, dans le local actuel du Prytanée; le deuxième, à Fontainebleau; le troisième, à Versailles; et le quatrième, à Saint-Germain.

II. Dans chacun de ces colléges, il y aura cent places d'élèves payées par le Gouvernement, dont la nomination sera faite par le premier Consul, sur la présentation du ministre de l'intérieur.

III. Ces élèves seront pris exclusivement parmi les enfans peu fortunés des militaires morts sur le champ de bataille, et des fonctionnaires publics morts dans l'exercice de leurs fonctions.

IV. Les élèves actuels du Prytanée seront répartis dans ces quatre colléges par l'administration.

V. Les revenus du Prytanée, et la subvention de 200,000 francs accordée pour l'an 8 à cet établissement, sont affectés, tous les ans, au paiement des quatre cents bourses.

VI. Les places de pensionnaire sont fixées à 1,000 francs pour Paris, et à 800 francs pour les autres colléges: ces sommes seront versées, tous les trois mois, par quart, dans la caisse de l'établissement à Paris.

VII. L'administration centrale du Prytanée est confiée à un directoire composé de cinq administrateurs qui exercent gratuitement.

VIII. Lorsqu'un citoyen aura été nommé par le Gouvernement à une place d'élève, il s'adressera à l'administration centrale, qui lui désignera celui des quatre colléges où il sera reçu.

IX. Les parens des pensionnaires s'adresseront aussi à l'administration, et ils désigneront le collége où ils veulent que leurs enfans soient reçus.

X. Le ministre de l'intérieur fera les réglemens nécessaires pour le mode d'administration et d'instruction à suivre dans le Prytanée;

il est chargé de l'exécution du présent arrêté, qui sera imprimé au Bulletin des lois.

Le premier Consul, signé, BONAPARTE. Par le premier Consul : *le secrétaire d'état*, signé, Hugues B. Maret, *Le ministre de l'intérieur*, signé, LUCIEN BONAPARTE.

Arrêté relatif à la liquidation des créances sur les ci-devant fermes et régies générales.

Du 4 Germinal.

LES CONSULS DE LA RÉPUBLIQUE, sur le rapport du ministre des finances ;

Vu les lois des 27 mars 1791 et 5 juin 1793, relatives à la suppression de l'ancienne ferme générale, à l'apposition des scellés sur les caisses et papiers, et au versement au trésor public, de toutes les sommes qui se trouvoient dans celles de sa liquidation.

Vu le décret du 23 août suivant, qui défendit à la ferme générale de faire aucune recette ni dépense, et prescrivit à ses comptables et débiteurs, aux premiers de compter au bureau de comptabilité nationale, aux seconds de verser directement à la trésorerie.

Vu les articles III, XIV et XV des décrets des 24 et 27 septembre 1793, portant, celui-ci (art. III) : « Que conformément à » l'article XIV de la loi du 23 août dernier, les membres des an- » ciennes compagnies, ni leurs préposés, ne pourront plus faire » aucune recette ni dépense, ni donner suite à aucune affaire ; qu'ils » pourront néanmoins poursuivre leurs préposés pour la reddition de » leurs comptes ; »

L'art. XIV : « Qu'il est sursis, dès-à-présent, à l'exécution de » tous jugemens ou condamnations prononcés contre lesdites com- » pagnies, et à la poursuite de tous procès intentés contre elles ; que » tous ceux qui s'en prétendront créanciers, et qui sont encore dans » les délais utiles pour former et suivre leur action, présenteront » leurs titres ou mémoires au directeur général de la liquidation, d'ici » au premier avril 1794 ; passé lequel délai, ils ne seront plus admis » à réclamer ; »

Et l'article XV : « Que le directeur général procédera à la liqui- » dation de ces créances dans la forme ordinaire. »

Vu le décret du 4 frimaire an 2, portant, « Que l'article XIV » du décret du 24 septembre précédent, concernant les comptes à » rendre par les ci-devant fermiers et régisseurs généraux, n'est » point applicable aux employés de ces ci-devant fermiers et régis- » seurs, aux invalides, aux plumets, porteurs de charbon de la ville de » Paris, aux ouvriers râpeurs de tabac, aux ficeleurs et hacheurs, et

» finalement à la veuve *Vautrain*, de Nancy, qui tous avoient
» commencé des poursuites et obtenu des condamnations avant l'é-
» poque dudit décret, non plus qu'à aucun citoyen qui a des titres
» valables contre eux; *en conséquence*, la surséance prononcée
» par le même article XIV dudit décret, demeure levée envers
» chacun des ci-dessus dénommés. »

Vu enfin le décret du 23 nivose, portant:

Art. I. « Les biens meubles, immeubles, et revenus apparte-
» nant aux ci-devant fermiers généraux, sont sous la main de la
» nation.

III. » Les créanciers des ci-devant fermiers généraux sont tenus
» de faire leur déclaration sous un mois pour tout délai.

IV. » La régie de l'enregistrement fera dresser un état du passif
» et de l'actif desdits ci-devant fermiers généraux, et fera adminis-
» trer leurs biens comme ceux des émigrés, en en tenant un état
» séparé.

V. » Elle prendra connoissance de tous les procès *intentés*, ainsi
» que de ceux déja jugés par les tribunaux contre les ci-devant fer-
» miers généraux; elle en fera un état sommaire pour être présenté
» au comité des finances, qui en fera son rapport à la Convention
nationale. »

Considérant que les lois successivement rendues ont eu pour objet de remettre entre les mains de la nation tous les droits appartenant aux ci-devant fermiers généraux, et de renvoyer à la liquidation, dans la forme administrative ordinaire, toutes les créances à exercer contre la ferme générale;

Que le decret du 4 frimaire, qui rapporta l'article XIV de celui des 24 et 27 septembre 1793, ne pourroit s'exécuter, tant qu'on n'auroit pas également rapporté les articles III et XV de ce dernier décret; et qu'enfin le décret du 23 nivose a rendu plus illusoires encore les dispositions de celui du 4 frimaire;

Que dans cet état, il importe tout-à-la-fois, et à l'intérêt public, et à celui des différens créanciers des fermes et régies générales, d'accélérer les mesures de liquidation prescrites par le décret du 23 nivose, et de prévenir toutes contestations judiciaires, et les frais qui en pourroient résulter,

Le conseil d'état entendu,

Arrêtent:

Art. I. Les créanciers des ci-devant fermes et régies générales, qui, en exécution de l'article III du décret du 23 nivose, n'auroient pas fourni aux administrations de département ou de district leur déclaration du montant de leurs créances, seront tenus d'en faire la déclaration, dans les trois mois de la publication du présent, au directeur de la régie des domaines de leur département.

II. Ceux desdits créanciers qui ne se seroient pas fait liquider en exécution de l'article XV du décret des 24 et 27 septembre 1793, et auroient intenté des procès ou obtenu des jugemens, seront tenus également d'en faire leur déclaration, et de surseoir à toutes poursuites.

III. La régie de l'enregistrement fera faire, dans les trois mois suivans, l'état général du passif et de l'actif desdites fermes et régies générales.

IV. Le ministre des finances en rendra compte au Gouvernement, et proposera les mesures nécessaires pour la liquidation définitive de toutes les créances sur lesdites fermes et régies générales.

Le présent arrêté sera inséré au Bulletin des lois : les ministres de la justice et des finances sont chargés de son exécution, chacun en ce qui le concerne.

Le premier Consul, signé, BONAPARTE. Par le premier Consul : *le secrétaire d'état*, signé, Hugues B. Maret. *Le ministre des finances*, signé, GAUDIN.

Arrêté qui ordonne la mise en liberté du citoyen Debrackenier.

Du 4 Germinal.

LES CONSULS DE LA RÉPUBLIQUE, sur le rapport du ministre de la police générale ; vu l'arrêté du Directoire exécutif, du 16 fructidor an 7, qui fait l'application à l'individu ci-après nommé, des dispositions de la loi du 22 fructidor an 5 ;

Vu la loi du 3 nivose dernier,

Arrêtent :

ART. I. Le citoyen *Debrackenier*, imprimeur-rédacteur du journal *l'Impartial Bruxellois*, actuellement détenu à l'île de Ré, sera mis de suite en liberté ; il se rendra à Douay, et restera sous la surveillance du préfet du département.

II. Le ministre de la police générale est chargé de l'exécution du présent arrêté, qui sera imprimé.

Le premier Consul, signé, BONAPARTE. Par le premier Consul : *le secrétaire d'état*, signé, Hugues B. Maret. *Le ministre de la police générale*, signé, FOUCHÉ.

Acte du Sénat conservateur, qui nomme le citoyen Kepler *membre du Corps législatif.*

Du 4 Germinal.

Le Sénat, réuni au nombre de membres prescrit par l'article 90 de la constitution, procède au scrutin pour l'élection d'un membre du Corps législatif, en remplacement du citoyen *Salenave* (des Basses Pyrénées), décédé.

Le dépouillement des votes donne la majorité absolue au citoyen *Kepler* (du Bas Rhin); il est proclamé, en conséquence, membre du Corps législatif.

Le Sénat arrête que cette nomination sera notifiée, par un message, au Corps législatif, au Tribunat, et aux Consuls de la République.

Collationné à l'original, par nous président et secrétaires du Sénat conservateur. A Paris, le 4 germinal, an 8 de la République française. *Signé*, ROGER-DUCOS, *président;* LAPLACE, BOUGAINVILLE, *secrétaires.*

BONAPARTE, premier Consul de la République, ordonne que l'acte du Sénat conservateur, qui précède, sera inséré au Bulletin des lois. Le ministre de la justice enverra au citoyen *Kepler* (du Bas-Rhin), un exemplaire du Bulletin des lois où cet acte sera inséré, pour lui tenir lieu de notification, et lui servir de titre pour constater sa qualité. A Paris, le 4 germinal, an 8 de la République.

Signé, BONAPARTE. Par le premier Consul: *le secrétaire d'état*, signé, Hugues B. Maret. *Le ministre de la justice*, signé, ABRIAL.

Arrêté qui ordonne l'établissement d'un conseil de santé près le ministre de la guerre.

Du 4 Germinal.

LES CONSULS DE LA RÉPUBLIQUE, sur le rapport du ministre de la guerre; le conseil d'état entendu,

Arrêtent:

ART. I. Il sera établi près du ministre de la guerre, un conseil de santé composé de trois membres, qui seront choisis dans les trois parties de l'art de guérir, parmi les officiers de santé qui ont été employés en chef aux armées.

II. Les fonctions spéciales du conseil de santé consistent,

1°. Dans la présentation aux places d'officiers de santé de tous grades, tant aux armées que dans les hôpitaux militaires;

2°. Dans la correspondance avec les officiers de santé sur ce qui concerne l'art de guérir;

3°. Dans la rédaction des instructions et observations sur le traitement des différens genres de maladies ;

4°. Dans l'examen, le choix et la répartition des médicamens et des instrumens de chirurgie nécessaires au service des hôpitaux.

III. Le conseil de santé sera sous les ordres immédiats du ministre de la guerre : il pourra être appelé, soit en totalité, soit en partie, au directoire central des hôpitaux militaires, pour y donner son avis sur les objets sur lesquels le directoire jugera convenable de le consulter.

IV. Le réglement des hôpitaux militaires déterminera le nombre, le classement, la distribution, les fonctions, le traitement et l'uniforme des officiers de santé de tous grades, employés au service des armées de terre.

V. Le ministre de la guerre est chargé de l'exécution du présent arrêté.

Le premier Consul, signé, BONAPARTE. Par le premier Consul : *le secrétaire d'état*, signé, Hugues B. Maret. *Le ministre de la guerre*, signé, ALEX. BERTHIER.

Arrêté qui ordonne l'établissement près le ministre de la guerre, d'un directoire central des hôpitaux militaires.

Du 4 Germinal.

LES CONSULS DE LA RÉPUBLIQUE, sur le rapport du ministre de la guerre ; le conseil d'état entendu,

Arrêtent :

Art. I. Il sera établi près le ministre de la guerre, et immédiatement sous ses ordres, un directoire central, chargé de l'administration générale des hôpitaux militaires, ainsi que de l'approvisionnement et de la direction de tous les établissemens relatifs à ce service.

II. Le directoire central des hôpitaux militaires sera composé de cinq membres :

Le premier, pris parmi les officiers généraux non employés ;

Le second, parmi les commissaires ordonnateurs non employés ;

Les trois autres, parmi les anciens administrateurs ou agens en chef des hôpitaux aux armées, et les administrateurs civils.

Les membres du conseil de santé seront adjoints au directoire, et y auront voix consultative pour tout ce qui a rapport à l'art de guérir.

III. A compter du premier floréal prochain, le nombre des hôpitaux militaires sera réduit conformément au tableau ci joint. Il n'en sera établi à l'avenir, dans l'intérieur, que dans les places et garnisons permanentes, où les hospices civils ne présenteront pas des ressources suffisantes pour le traitement des militaires.

Dans les autres places de l'intérieur, le directoire central traitera avec les administrateurs des hospices civils, pour la journée des militaires qui y seront reçus.

IV. Le service de chaque hôpital militaire permanent et sédentaire, sera dirigé et surveillé par un conseil d'administration composé de trois membres; un pris parmi les anciens généraux et officiers supérieurs réformés, le second parmi les commissaires ordonnateurs ou des guerres réformés, le troisième parmi les anciens administrateurs, agens en chef, inspecteurs généraux, ou contrôleurs des hospices militaires : ils seront nommés par le ministre de la guerre.

V. Les détails de chaque hôpital seront confiés à un économe, qui sera nommé par le ministre de la guerre, sur la présentation du directoire central.

L'économe aura sous ses ordres, des employés et servans commissionnés par le directoire central; il rendra compte de sa gestion au conseil d'administration de l'hôpital.

VI. La fourniture des lits, ustensiles, linge et effets, boissons, alimens, bois et lumières, pourra être donnée au rabais, dans chaque hôpital, par le conseil d'administration.

Les médicamens ne seront jamais donnés à l'entreprise.

VII. Il y aura près de chaque armée, un directoire particulier, pour administrer et diriger les établissemens relatifs au service des malades. Ce directoire sera composé de trois membres : le premier, pris parmi les officiers généraux réformés; le second, pris parmi les commissaires ordonnateurs réformés; le troisième, parmi les administrateurs, agens en chef, inspecteurs généraux, ou contrôleurs des hôpitaux militaires.

VIII. Le service de chaque ambulance sera dirigé par un employé supérieur, et par le nombre d'employés et servans qui sera jugé nécessaire par le directoire de l'armée. Il y sera pareillement attaché le nombre d'officiers de santé qui sera désigné par les officiers de santé en chef.

IX. Le directoire de l'armée correspondra immédiatement avec les conseils d'administration des hôpitaux permanens et sédentaires compris dans son arrondissement, et surveillera leurs opérations.

X. Le ministre de la guerre affectera, chaque mois, aux dépenses du service des hôpitaux, et fera mettre à la disposition du directoire central, le douzième du montant de la masse d'hôpital établie par la loi du 26 fructidor an 7.

Quant aux sommes provenant de la retenue exercée sur la solde des militaires pendant leur séjour à l'hôpital, les payeurs les remettront directement à l'économe de chaque hôpital militaire, ou aux administrateurs des hospices civils, conformément aux feuilles de retenue vérifiées et arrêtées par le commissaire des guerres qui aura la police de l'hôpital.

Les conseils d'administration des hôpitaux militaires, et les administrateurs des hospices civils, adresseront, tous les mois, au directoire central, le double des feuilles de retenue.

XI. Les sommes qui seront mises à la disposition des directoires des armées, seront distribuées par ceux-ci aux conseils d'aministration des hôpitaux tant ambulans que sédentaires de leur arrondissement; et cette distribution sera régulièrement mise à l'ordre de l'armée.

XII. Les économes et autres employés seront responsables des fonds et des effets qui leur seront confiés pour le service.

Les conseils d'administration en répondront respectivement aux directoires des hôpitaux des armées, et ceux-ci au directoire central.

Ce dernier présentera, tous les ans, au ministre de la guerre, le compte détaillé de sa gestion: ce compte sera rendu public par la voie de l'impression.

XIII. Les fonctions et attributions du directoire central des hôpitaux militaires, des directoires particuliers des hôpitaux aux armées, et des conseils d'administration établis près de chaque hôpital, seront fixées, ainsi que leur traitement et leur costume, par un réglement particulier.

Ce réglement comprendra tous les détails du service des hôpitaux militaires; il déterminera le mode d'administration, de correspondance et de comptabilité; il fixera le nombre et le traitement des économes, des employés et servans, ainsi que les fonctions et devoirs de chacun d'eux, sous le triple rapport du service de santé proprement dit, de l'administration et de la police.

XIV. Au premier floréal prochain, la régie intéressée des hôpitaux sera supprimée; elle remettra le service au directoire central et à ses préposés.

Il sera procédé, à cet effet, à un inventaire général des lits, fournitures, ustensiles, linge et effets nécessaires auxdits lits, ainsi que des matières premières et approvisionnemens de tout genre en denrées et médicamens, et généralement de tous les objets de consommation existans dans les hôpitaux militaires et dans les magasins en dépendans.

Il en sera de même pour la remise des équipages d'ambulance.

XV. Le ministre de la guerre est chargé de l'exécution du présent arrêté, qui sera inséré au Bulletin des lois.

Le premier Consul, signé, BONAPARTE. Par le premier Consul: *le secrétaire d'état*, signé, Hugues B. Maret. *Le ministre de la guerre*, signé, ALEX. BERTHIER.

(Suit le Tableau.)

État des hôpitaux militaires à conserver ou à établir.

DIVISIONS militaires.	NOMS DES PLACES.	DÉPARTEMENS.	NOMBRE d'hôpitaux.	*Observations.*
1re.	Lille	Nord	1.	
	Douai	*Idem*	1.	
2e.	Mézières	Ardennes	1.	
3e.	Metz	Moselle	1.	
	Thionville	*Idem*	1.	
	Luxembourg	Forêts	1.	
5e.	Strasbourg	Bas-Rhin	1.	
	Landau	*Idem*	1.	
	Colmar	Haut-Rhin	1.	
6e.	Besançon	Doubs	1.	
7e.	Grenoble	Isère	1.	
	Briançon	*Idem*	1.	
8e.	Toulon	Var	1.	
	Nice	Alpes-Maritimes	1.	
10e.	Perpignan	Pyrénées Orientales	1.	
	Barége	Hautes-Pyrénées	1.	
12e.	La Rochelle	Charente-Inférieure	1.	
	Ile de Rhé		1.	
	Ile d'Oléron		1.	
13e.	Rennes	Ille-et-Vilaine	1.	
	Brest	Finistère	1.	
	Belle Ile-en-mer	Morbihan	1.	
16e.	Calais	Pas-de-Calais	1.	
17e.	Franciade	Seine	1.	
	Paris	*Idem*	1.	
18e.	Bourbonne	Haute-Marne	1.	
24e.	Bruxelles	Dyle	1.	
	Mons	Jemmape	1.	
25e.	Maëstricht	Meuse-Inférieure	1.	
	Liége	Ourthe	1.	
			30.	

Pour copie conforme : *le secrétaire général du conseil d'état*, signé, J. G. LOCRÉ. APPROUVÉ : *le premier Consul*, signé, BONAPARTE. Par le premier Consul : *le secrétaire d'état*, signé, HUGUES B. MARET. *Le ministre de la guerre*, signé, ALEX. BERTHIER.

Arrêté qui organise le corps des vétérans nationaux.

Du 4 Germinal.

Les Consuls de la République, sur le rapport du ministre de la guerre ;

Le Conseil d'État entendu,

Arrêtent :

Art. I. Le corps des vétérans nationaux sera composé de dix demi-brigades, chaque demi-brigade de trois bataillons, chaque bataillon de six compagnies.

II. L'état-major de chaque demi-brigade sera organisé ainsi qu'il suit :

1 Chef de brigade.
3 Chefs de bataillon.
1 Quartier-maître.
1 Caporal tambour.
1 Maître armurier.
1 Un maître tailleur.
1 Maître cordonnier.

Total 9.

III. Chaque compagnie sera formée ainsi qu'il suit ;

1 Capitaine de 1re. classe.
1 Capitaine de 2e. classe.
1 Lieutenant de 1re. classe.
1 Lieutenant de 2e. classe.
1 Sergent-major.
1 Fourrier-écrivain.
3 Sergens.
6 Caporaux.
60 Vétérans.
2 Tambours.

Total 77.

IV. Les places de chefs de brigade seront données aux officiers-généraux réformés ; celles de chefs de bataillon, aux adjudans-généraux et chefs de brigade ; celles de capitaines de première classe, aux chefs de brigade et d'escadron, et aux capitaines qui auront servi au moins deux ans dans ce grade ; celles de capitaines de seconde classe, aux capitaines ; celles de lieutenans de première classe, aux capitaines ou aux lieutenans qui ont servi au moins deux ans dans ce grade; celles de lieutenans de deuxième classe, aux lieutenans et sous-lieutenans; celles de sous-officiers, aux sous-officiers de toute arme.

V. Il ne sera admis dans le corps des vétérans nationaux, que des officiers, sous-officiers et soldats qui justifieront de vingt-quatre années de service dans les troupes, ou qui, par des blessures et des infirmités contractées à la guerre, seroient jugés hors d'état de continuer de servir activement aux armées, et seroient cependant encore en état d'être employés dans l'intérieur.

VI. Les officiers, sous-officiers et vétérans des compagnies actuellement existantes, qui se trouveront dans les cas prescrits par les articles IV et V ci-dessus, entreront dans la première organisation des demi-brigades de vétérans nationaux : les autres seront réformés, sauf à accorder, à ceux qui en seront susceptibles d'après les lois et réglemens militaires, la solde de retraite qui pourra leur être dûe.

VII. Les emplois d'officiers et sous-officiers qui viendront à vaquer après la première organisation des demi-brigades, seront donnés, un quart à l'ancienneté, et les trois autres quarts au choix du Gouvernement.

VIII. Lorsqu'il s'agira de places à donner à l'ancienneté, les caporaux de chaque compagnie rouleront entre eux pour les emplois de sergens; les sergens de chaque demi-brigade, pour les emplois de lieutenans en second; les lieutenans en second, pour ceux de lieutenans en premier; les lieutenans en premier, pour ceux de capitaines en second; et les capitaines en second, pour ceux de capitaines en premier.

Les chefs de brigade et de bataillon seront toujours au choix du Gouvernement.

Les quartiers-maîtres seront pris parmi les commissaires des guerres non employés, ou retirés.

IX. Il y aura un conseil d'administration dans chaque demi-brigade de vétérans nationaux. Il sera composé du chef de brigade, de trois capitaines et trois lieutenans.

Les capitaines et lieutenans seront pris à tour de rôle dans les bataillons, de manière qu'il y ait toujours dans le conseil un capitaine et un lieutenant de chaque bataillon.

Le chef de brigade sera remplacé, en cas d'absence, par le plus ancien chef de bataillon.

X. Les conseils d'administration des demi-brigades de vétérans nationaux, seront chargés de tous les détails qui sont confiés aux conseils d'administration de l'infanterie; leur comptabilité sera vérifiée et arrêtée par les inspecteurs aux revues.

XI. La solde des demi-brigades de vétérans nationaux sera réglée ainsi qu'il suit :

DÉNOMINATION DES GRADES.	SOLDE INDIVIDUELLE		
	Par jour.	Par mois.	Par an.
Chef de brigade	//	400 f. 00 c.	4800 f. 00 c.
Chef de bataillon	//	200. 00.	2400. 00.
Quartier-maître-trésorier	//	100. 00.	1200. 00.
Caporal-tambour	0 f. 55 c.	//	201. 30.
Maître armurier	0. 30.	//	109. 80.
Maître tailleur	0. 30.	//	109. 80.
Maître cordonnier	0. 30.	//	109. 80.
Capitaine de 1re classe	//	125. 00.	1500. 00.
Capitaine de 2e classe	//	100. 00.	1200. 00.
Lieutenant de 1re classe	//	83. 33.	1000. 00.
Lieutenant de 2e classe	//	75. 00.	900. 00.
Sergent-major	0. 80.	//	292. 80.
Fourrier-écrivain	0. 60.	//	225. 70.
Sergent	0. 60.	//	225. 70.
Caporal	0 45.	//	164. 70.
Tambour	0. 40.	//	146. 40.
Vétérans	0. 30.	//	109. 80.

XII. La solde des demi-brigades de vétérans nationaux sera payée sur les revues des inspecteurs ; la dépense qui en résultera, sera imputée sur les fonds mis à la disposition du ministre de la guerre, par la loi du 26 brumaire dernier, pour la solde de l'armée.

XIII. Les masses de boulangerie, d'hôpitaux, d'étapes, de chauffage, de logement, d'habillement et d'entretien, seront les mêmes que celles qui ont été réglées pour les compagnies de vétérans par la loi du 26 fructidor de l'an 7.

XIV. Les officiers généraux et supérieurs qui seront admis dans le corps des vétérans nationaux, ne pourront porter d'autre uniforme que celui qui a été précédemment réglé pour les vétérans ; ils seront seulement autorisés à porter les marques distinctives de leurs anciens grades ; savoir : les adjudans-généraux et chefs de brigade, les épaulettes de chef de brigade ; les chefs de bataillon ou d'escadron, celles de chef de bataillon : les généraux de division auront de plus trois étoiles sur les épaulettes de chef de brigade ; et les généraux de brigade, deux.

XV. Le ministre de la guerre chargera les inspecteurs aux revues, de procéder, dans le plus bref délai, à l'organisation des demi-brigades de vétérans nationaux : aussitôt cette organisation terminée, les trois cents compagnies de vétérans nationaux créées par la loi du 23 fructidor dernier, seront supprimées.

XVI. Les inspecteurs généraux aux revues rendront compte tous les mois, au ministre de la guerre, de l'effectif des demi-brigades de vétérans nationaux, ainsi que de la situation de leur habillement, équipement et armement.

XVII. Le ministre de la guerre est chargé de l'exécution du présent arrêté.

Le premier Consul, signé, BONAPARTE. Par le premier Consul : *le secrétaire d'État*, signé, Hugues B. Maret. *Le ministre de la guerre*, signé, Alex. BERTHIER.

BAUDOUIN, Imprimeur du Tribunat et du Corps législatif, rue de Grenelle-Saint-Germain, n°. 1131.

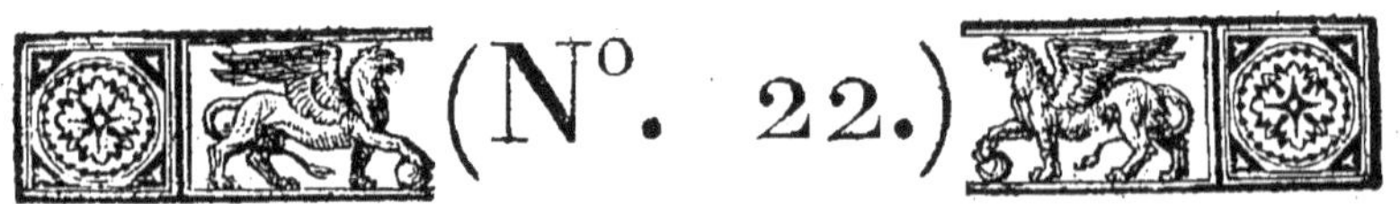

ARRÊTÉS
ET
PROCLAMATIONS
DU GOUVERNEMENT.

Arrêté qui permet au citoyen Lacariers *de rentrer sur le territoire de la République.*

Du 5 Germinal, an 8.

Les Consuls de la République, sur le rapport du ministre de la police générale ;

Vu l'article XIII de la loi du 19 fructidor an 5, qui prononce la déportation du citoyen *Lacariers ;*

Vu la loi du 3 nivose dernier, concernant les individus nominativement condamnés à la déportation, sans jugement préalable, par un acte législatif,

Arrêtent :

Art. I. Il est permis au citoyen *Lacariers* de rentrer sur le territoire de la République.

II. Il se rendra et demeurera en surveillance dans la commune qui lui sera assignée par le ministre de la police générale.

III. Le ministre de la police générale est chargé de l'exécution du présent arrêté, qui sera imprimé.

Le premier Consul, signé, Bonaparte. Par le premier Consul : *le secrétaire d'état*, signé, Hugues B. Maret. *Le ministre de la police générale*, signé, Fouché.

Arrêté portant création d'un conseil des prises.

Du 6 Germinal.

Les Consuls de la République, sur les rapports du ministre

des relations extérieures, du ministre de la marine et des colonies, et du ministre de la justice, relatifs au jugement des prises maritimes, et aux bris, naufrage et échouement des bâtimens ennemis ou neutres; le conseil d'état entendu,

Arrêtent ce qui suit :

Art. I. Il y aura à Paris un conseil des prises; il siégera dans le local qui lui sera désigné.

II. Ce conseil connoîtra des contestations relatives à la validité et à l'invalidité des prises, et à la qualité des bâtimens échoués ou naufragés.

III. Ce conseil sera présidé par un conseiller d'état, et composé en outre de huit membres.

Il aura de plus un commisaire du Gouvernement, un secrétaire et deux huissiers.

IV. Les membres qui composent le conseil des prises, sont à la nomination du premier Consul.

V. Les décisions du conseil des prises devront être portées par cinq membres au moins.

VI. En cas d'absence, maladie ou empêchement du commissaire du Gouvernement, il sera suppléé par l'un des membres, au choix du président.

VII. Le traitement des membres du conseil des prises sera de dix mille francs par an, pour chacun d'eux; celui du commissaire du Gouvernement, de quinze mille francs; celui du secrétaire, de dix mille francs, en y comprenant tous les frais de commis et fournitures; et celui des huissiers, de quinze cents francs.

VIII. L'officier d'administration de la marine du port dans lequel les prises maritimes seront amenées, ou le plus voisin de la côte où un navire ennemi ou neutre aura péri ou échoué, sera chargé, 1°. de l'apposition et de la vérification des scellés à bord des bâtimens capturés soit par les vaisseaux de l'Etat, soit par les corsaires; 2°. de la réception et de l'affirmation des rapports et déclarations, de l'audition des témoins, de l'inventaire des pièces de bord, et de l'instruction; 3°. de tout ce qui a rapport aux bris, naufrage et échouement des bâtimens ennemis ou neutres.

Il sera assisté, pour tous ces actes, du principal préposé des douanes, et appellera, en outre, à ceux relatifs aux prises, un fondé de pouvoir des équipages capteurs.

IX. Lorsqu'il résultera de l'instruction faite en vertu de l'article précédent, que le bâtiment aura été pris sous pavillon ennemi, ou qu'il est évidemment ennemi, et que, dans le délai d'une décade après cette instruction, il n'y aura point eu de réclamation dûment notifiée, à l'officier d'administration, qui sera tenu d'en donner un reçu, il sera statué sur la validité de la prise.

Pour cet effet, l'officier d'administration s'adjoindra l'officier chargé, dans le même port, des fonctions de contrôleur de la marine, et le commissaire de l'inscription maritime : leur décision sera portée à la pluralité des voix ; l'officier d'administration enverra une expédition de cette décision au secrétariat du conseil des prises.

X. Si la prise est conduite dans un port où l'officier d'administration ne puisse s'adjoindre les deux autres individus, il enverra son instruction et les pièces de bord, dans le port le plus voisin où se trouveront les trois personnes désignées par l'article précédent, pour prononcer sur la prise.

XI. Lorsqu'il aura été porté une décision qui déclarera le bâtiment de bonne prise ; si cette décision ne donne lieu, pendant le délai d'une décade, à aucune réclamation dans la forme prescrite par l'article IX, il sera procédé à la vente, ainsi qu'il est porté en l'article XIV ci-dessus.

XII. S'il y a une réclamation dans l'un des cas prévus par les articles IX et XI, ou si la prise n'a pas été faite sous pavillon ennemi, ou n'est pas trouvée évidemment ennemie, ou si enfin le jugement porté en l'article X ne prononce pas la validité de la prise, l'officier d'administration enverra, dans le délai d'une décade, au secrétariat du conseil des prises, tous les actes par lui faits, et toutes les pièces trouvées à bord.

XIII. L'instruction se fera devant le conseil des prises, sur simples mémoires respectivement communiqués par la voie du secrétariat, aux parties ou à leurs défenseurs, qui justifieront préalablement de leurs droits et de leurs pouvoirs.

Les délais pour cette instruction ne pourront excéder trois mois pour les prises conduites dans les ports de la Méditerranée, et deux mois seulement pour les autres ports de France, le tout à compter du jour où les pièces auront été remises au secrétariat du conseil des prises.

Les conclusions du commissaire du Gouvernement seront toujours données par écrit.

XIV. Les décisions du conseil des prises seront exécutées à la diligence des parties intéressées, mais avec le concours et la présence, 1°. de l'officier de l'administration de la marine, 2°. du principal préposé des douanes, et 3°. d'un fondé de pouvoir des équipages capteurs.

XV. Dans le cas où, conformément aux lois existantes, la vente provisoire des marchandises, en tout ou en partie, et même celle du bâtiment, devra avoir lieu, elle sera ordonnée par l'officier d'administration de la marine, après avoir appelé et le principal préposé des douanes et le fondé de pouvoir des équipages capteurs.

Le produit de ces ventes sera provisoirement déposé dans la caisse des invalides de la marine.

XVI. Le conseil d'administration des ports sera exclusivement chargé des liquidations, tant générales que particulières, des prises faites par les bâtimens de l'Etat.

Les contestations sur ces liquidations seront portées au ministre de la marine.

XVII. Les liquidations, tant générales que particulières, des prises amenées par les corsaires seuls, ainsi que les contestations qui pourront s'élever sur ces liquidations, seront jugées dans la forme ordinaire.

XVIII. Les liquidations des prises faites concurremment par des bâtimens de l'Etat et des corsaires, ainsi que les contestations qui pourront s'élever sur la part revenant à chacun, seront jugées comme celles mentionnées en l'article XVI.

Les liquidations et les contestations subsidiaires entre l'armateur du corsaire et les intéressés, rentreront dans les dispositions de l'article XVII.

XIX. Lorsque des prises seront conduites dans les ports des colonies françaises, ou lorsqu'un bâtiment ennemi ou neutre échouera ou fera naufrage sur les côtes desdites colonies, il sera procédé conformément aux articles VIII, IX, X, XI et XV du présent réglement.

XX. Dans tous les cas prévus par l'article XII, l'officier d'administration des colonies remettra, dans le plus bref délai, à l'ordonnateur de la marine, chaque instruction, et toutes les pièces relatives aux prises, ainsi que celles concernant les bris, naufrage et échouement. L'ordonnateur adressera le tout au ministre de la marine, pour le faire parvenir au secrétariat du conseil des prises.

Et attendu que les pièces originales pourroient être perdues, l'officier d'administration sera obligé de garder des copies collationnées desdites pièces originales.

XXI. Pourront néanmoins les agens particuliers et en chef du Gouvernement dans les colonies, et, à leur défaut, le commandant en chef et l'ordonnateur ou principal officier d'administration de la marine, dans le cas des réclamations indiquées dans les articles IX et XI, et même lorsqu'il s'agira de prises faites sous pavillon neutre, ordonner, sur le vu de l'instruction, qu'il sera statué sur la validité de la prise, conformément aux articles IX et X, et ordonner ensuite l'exécution provisoire de la décision; mais à l'égard des prises faites sous pavillon neutre, l'exécution provisoire ne pourra avoir lieu que sur la demande expresse de l'une des parties, et à la charge par elle de donner bonne et suffisante caution, qui sera agréée par l'ordonnateur et reçue par l'officier d'administration de la marine, et, en outre, de demeurer responsable des dommages-intérêts.

XXII. Chacun des articles XVI, XVII et XVIII, s'appliquera,

selon le cas, aux liquidations, tant particulières que générales, qui seront faites dans les colonies.

XXIII. Lorsque des prises seront conduites dans des ports étrangers, les commissaires des relations commerciales se conformeront exactement aux traités conclus entre la France et les puissances chez lesquelles ces commissaires seront établis, et aux instructions du Gouvernement.

Et dans le cas où le présent réglement pourra y recevoir son exécution, ils rempliront toutes les fonctions dont il charge l'officier d'administration des ports de la République, en se faisant assister de deux assesseurs, choisis, s'il est possible, parmi les citoyens français immatriculés et établis dans le lieu de la résidence de ces commissaires.

XXIV. Ils enverront, comme il est porté en l'article XX ci-dessus pour les colonies, l'instruction de la prise, et toutes les pièces devant servir à faire prononcer sur sa validité, au ministre de la marine, pour les transmettre au conseil des prises, et en garderont des copies collationnées.

XXV. Si la prise est déclarée valable par le conseil des prises, le concours des commissaires des relations commerciales sera nécessaire pour les actes relatifs à l'exécution de la décision, et ils se feront assister comme il est porté en l'article XXIII.

XXVI. Les commissaires des relations commerciales seront tenus de faire passer directement au ministre de la marine, toutes les pièces qui devront servir à la liquidation des prises qui auront été faites par les bâtimens de l'Etat seuls, ou concurremment par les bâtimens de l'Etat et par les corsaires, pour que le ministre les envoie au conseil d'administration du port où le bâtiment de l'Etat aura été armé.

XXVII. En conformité de la loi du 26 ventose dernier, le ministre de la justice, celui de la marine et des colonies, et celui des relations extérieures, donneront, dans le plus bref délai, les ordres nécessaires pour que toutes les procédures de prises actuellement pendantes dans les divers tribunaux, ou devant les commissaires aux relations commerciales, leur soient adressées : ils les feront remettre au secrétariat du conseil des prises.

XXVIII. Le Gouvernement déterminera l'époque à laquelle le conseil des prises devra cesser ses fonctions.

XXIX. Toutes dispositions contraires au présent réglement cesseront d'avoir aucun effet.

XXX. Le ministre de la marine et des colonies, le ministre des relations extérieures, et le ministre de la justice, veilleront chacun en ce qui le concerne, à l'exécution du présent réglement, qui sera inséré au Bulletin des lois.

Le premier Consul, signé, BONAPARTE. Par le premier Consul :

le secrétaire d'état, signé, Hugues B. Maret. *Les ministres de la justice, des relations extérieures, et de la marine et des colonies*, signé, ABRIAL, TALLEYRAND-PÉRIGORD, FORFAIT.

Arrêté qui met les citoyens Couchery *et* Delahaye *hors de surveillance.*

Du 7 Germinal.

LES CONSULS DE LA RÉPUBLIQUE, sur le rapport du ministre de la police générale,

Arrêtent :

Art. I. Les citoyens *Couchery* et *Delahaye*, rappelés par arrêté du 5 nivose dernier, cesseront d'être en surveillance, et sont rendus à tous les droits de citoyen.

II. Le ministre de la police générale est chargé de l'exécution du présent arrêté, qui sera imprimé.

Le premier Consul, signé, BONAPARTE. Par le premier Consul : *le secrétaire d'état*, signé, Hugues B. Maret, *Le ministre de la police générale*, signé, FOUCHÉ.

Arrêté portant nomination des officiers de paix de la commune de Paris.

Du 8 Germinal.

AU NOM DU PEUPLE FRANÇAIS, BONAPARTE, premier Consul de la République, vu la loi du 29 septembre 1791, portant établissement de vingt-quatre officiers de paix dans la commune de Paris ;

Vu l'arrêté du 19 nivose an 8, et sur la présentation du ministre de la police générale,

NOMME, pour remplir les fonctions d'officiers de paix dans ladite commune, les citoyens dont les noms suivent ;

SAVOIR ;

Bazin, officier de paix actuel.
Noël père, *idem.*
Chabanety, idem.
Spriket, idem.
Blondel, idem.
Thiboust, idem.
Mercier, idem.
Marlée, idem.
Clément, idem.
Michaud, idem.
Leclerc, idem.

Marcelin, ex-juge-de-paix.
Lafitte, ancien commissaire de police.
Destavigny, ex-officier de paix.
Gauthier . . . . . .
Boudon, capitaine blessé, et employé aujourd'hui à la police.
Bouchon, ex-commissaire de police.
Galles, ex-officier de paix.
Santerre-Tersé, ancien inspecteur-général de police.
Petit, officier de paix actuel.
Boucheron, ex-employé.
Noël fils, ancien officier de paix.
Quertin, ancien employé au département des affaires étrangères.
Yvrié, ancien inspecteur des prisons.

Le ministre de la police générale est chargé de l'exécution du présent arrêté, qui sera imprimé.

Signé, BONAPARTE, Par le premier Consul : *le secrétaire d'État*, signé, Hugues B. Maret. *Le ministre de la police générale*, signé, FOUCHÉ.

Arrêté qui crée un inspecteur général de la gendarmerie nationale.

Du 8 Germinal.

LES CONSULS DE LA RÉPUBLIQUE, le Conseil d'État entendu,

Arrêtent :

Art. I. Il sera nommé un inspecteur général de la gendarmerie nationale ; il sera choisi parmi les officiers généraux : il portera l'uniforme de chef de division de gendarmerie, avec des étoiles sur les épaulettes.

II. L'inspecteur général aura, sous l'autorité des ministres ci-après désignés, la surveillance générale et la direction de tout ce qui concerne le service de la gendarmerie nationale.

III. L'inspecteur général rendra compte au ministre de la guerre, de tous les détails relatifs à la tenue, la discipline et la police de la gendarmerie.

Les détails relatifs à la solde, aux masses et à la comptabilité, restent sous la surveillance et direction des inspecteurs généraux aux revues.

L'inspecteur général de la gendarmerie rendra compte aussi au ministre de la guerre, de tout ce qui est relatif aux conscrits, aux réquisitionnaires, aux déserteurs, et à la surveillance des militaires en route et en congé.

IV. L'inspecteur soumettra encore au ministre de la guerre, les présentations aux places de gendarme qui lui seront adressées par les conseils d'administration des compagnies.

V. Il soumettra au ministre de la guerre le tableau des brigadiers de la gendarmerie les plus dignes d'être élevés au grade de maréchal-des-logis, au choix du ministre de la guerre.

VI. La présentation au premier Consul pour tous les emplois de lieutenant, capitaine, chef d'escadron et de division, à la nomination du Gouvernement, sera faite par le ministre de la guerre, d'après le rapport qui lui sera soumis par l'inspecteur général de la gendarmerie.

VII. L'inspecteur général rendra compte au ministre de la police générale, de tout ce qui sera relatif aux changemens de résidence, aux lettres de passe, aux congés des officiers, sous-officiers et gendarmes : il lui rendra compte aussi de tout ce qui concernera les revues des chefs de division et d'escadron, les tournées des capitaines et des lieutenans, le placement des brigades, leurs points intermédiaires de correspondance, les arrondissemens de lieutenance, compagnie, escadron et division ; il lui rendra compte du service habituel et journalier des brigades, ainsi que de tous les services extraordinaires pour lesquels elles peuvent être requises par les autorités constituées, en exécution des lois ou des réglemens d'administration publique ; du rassemblement des brigades et de la formation momentanée qui peut être faite des brigades nouvelles avec des gendarmes des brigades existantes ; de toutes les arrestations, et de toutes les conduites de brigade en brigade, faites par la gendarmerie, par quelque autorité qu'elles aient été ordonnées ; de tous les transféremens de prisonniers, prévenus ou condamnés ; des escortes de deniers publics et des voitures nationales ; de la surveillance sur les mendians, vagabonds, gens sans aveu, étrangers, émigrés ; et de tout ce qui peut compromettre la tranquillité de l'État, la sûreté des personnes et des propriétés.

VIII. Il rendra compte au ministre de la justice, du service que doivent faire les capitaines et les lieutenans de la gendarmerie, dans l'exercice de la police judiciaire, et dans toutes les opérations relatives à ces fonctions.

IX. L'inspecteur général présentera aux ministres sous l'autorité desquels il surveille et dirige les différentes branches du service et de l'administration de la gendarmerie, tous les projets de changemens et d'améliorations qu'il croira convenables : il leur proposera toutes les économies qu'il croira possibles, et leur dénoncera tous les abus qu'il reconnoîtra, et particulièrement ceux qu'il ne pourra faire cesser par ses seuls ordres.

X. Il leur présentera, dans les cinq premiers jours de chaque décade, un bulletin contenant le détail des événemens et des opérations ordinaires qui sont dans leurs attributions respectives ; il leur présentera, dans les vingt-quatre heures de l'avis qu'il en aura reçu, la note des opérations et des événemens extraordinaires dont la connoissance est réservée à chacun d'eux : il leur présentera, dans les cinq premiers jours de chaque mois, un bulletin contenant le resumé des événemens et des opérations de chaque mois; et, dans la 2e. décade de chaque année, le resumé des opérations et des événemens de l'année précédente.

XI. Les chefs de division de gendarmerie auront seuls, pour le service et les événemens ordinaires, la correspondance directe avec l'inspecteur général.

XII. Chaque commandant de brigade adressera directement à l'inspecteur général, et dans les vingt-quatre heures, l'avis de tous les événemens extraordinaires dont il aura eu connoissance; il lui fera connoître, de même, tout ce qui pourra compromettre la tranquillité publique, la sûreté des personnes et des propriétés.

XIII. La correspondance directe que les officiers et sous-officiers de gendarmerie sont autorisés par l'article précédent à tenir avec l'inspecteur général, ne les dispensera point de celle qu'ils doivent, sur ces mêmes objets, tenir avec leurs chefs immédiats.

XIV. Les comptes que les officiers et sous-officiers de gendarmerie doivent rendre à leurs chefs immédiats et à l'inspecteur général, ne les dispensent point de rendre aux préfets et sous-préfets, ainsi qu'aux officiers généraux commandant dans leurs arrondissemens respectifs, les comptes qui leur sont prescrits par la loi du 28 germinal an 7.

XV. Chaque chef de division transmettra à l'inspecteur général, dans les cinq premiers jours de chaque décade, un compte détaillé des opérations et des événemens ordinaires qui se seront passés pendant la décade précédente; dans les cinq premiers jours de chaque mois, le résumé des opérations du mois précédent; et dans la première décade de chaque année, le sommaire du compte de l'année entière.

XVI. Le capitaine de chaque compagnie adressera à son chef d'escadron, le premier de chaque décade, de chaque mois, de chaque année, les élémens du compte que le chef de division doit rendre à l'inspecteur général; le chef d'escadron les transmettra de suite, avec ses observations, au chef de la division.

XVII. Toutes demandes faites par les conseils d'administration et par les individus, ne parviendront à l'inspecteur que par l'intermédiaire des chefs de division.

Les plaintes en déni de justice pourront seules être directement adressées à l'inspecteur général.

XVIII. L'inspecteur général fera imprimer et adressera à chaque chef de division des modèles de tous les comptes qui doivent lui être rendus, ainsi que de tous ceux que chaque officier et sous-officier doit à ses chefs immédiats.

XIX. L'inspecteur général est particulièrement chargé de punir par des peines de discipline, et, en cas de récidive, de provoquer des peines plus graves contre les sous-officiers et les officiers de la gendarmerie qui, dans tout autre cas que celui de la correspondance ordinaire et régulière des brigades, ne se seront pas formellement refusés à recevoir et à faire porter des dépêches par les gendarmes à leurs ordres. L'inspecteur général est aussi formellement chargé de faire connoître au ministre de la police générale les préfets et sous-préfets qui, dans toute autre circonstance que celle qui est prévue ci-dessus, auront employé les gendarmes, soit à porter des dépêches, soit à quelque autre objet étranger à leur correspondance.

XX. Outre les précautions générales pour la sûreté des routes et celle des voyageurs, l'inspecteur général en prendra de particulières pour celle des courriers des malles et des voitures publiques

Il donnera des ordres afin qu'à la réquisition des préfets ou sous-préfets, il soit accordé, sans délai, des escortes suffisantes de gendarmes aux courriers des malles, aux conducteurs des diligences et aux voitures portant des deniers publics.

XXI. Lorsque des brigands réunis et organisés en bandes arrêteront les voitures publiques, dévasteront les maisons des citoyens, et compromettront la tranquillité générale en se transportant alternativement en divers endroits, les capitaines de la gendarmerie, après en avoir prévenu les préfets, réuniront les brigades nécessaires pour les attaquer, les poursuivre et les détruire.

Dans le cas prévu ci-dessus, les chefs de division de la gendarmerie feront, s'il est nécessaire, passer des brigades d'un département dans l'autre, à charge par eux d'en prévenir les préfets respectifs.

XXII. L'inspecteur général de la gendarmerie rédigera et soumettra aux ministres de la guerre et de la police un projet de réglement destiné à rendre réguliers et uniformes la police, l'instruction, la discipline et le service de la gendarmerie nationale; il fera dresser une carte indicative, pour la République entière, des lieux de placement de brigades, de leurs points intermédiaires de correspondance, et des arrondissemens de division, d'escadron, de compagnie et de lieutenance.

XXIII. Les ministres de la guerre, de la police et de la justice sont chargés, chacun en ce qui le concerne, de l'exécution du présent arrêté.

Le premier Consul, signé, BONAPARTE. Par le premier Consul, *le secrétaire d'État*, signé, Hugues B. Maret. *Le ministre de la justice*, signé, ABRIAL.

Arrêté qui nomme le citoyen Pichon *secrétaire de la commission chargée de traiter avec les plénipotentiaires des États-Unis.*

Du 8 Germinal.

Au nom du peuple français, Bonaparte, premier Consul de la République,

Arrête :

Le citoyen *Louis-André Pichon* est nommé secrétaire de la commission chargée de traiter avec les plénipotentiaires des États-Unis.

Le présent arrêté sera inséré au bulletin des lois.

Signé, Bonaparte. Par le premier Consul, *le secrétaire d'état*, signé, Hugues B. Maret. *Le ministre de la justice*, signé, Abrial.

Acte du Sénat conservateur, qui proclame le général Lefevre *membre de ce Sénat.*

Du 11 Germinal.

L'ordre du jour appelle la nomination à l'une des places de sénateur nécessaires pour porter à soixante-deux, dans le cours de l'an 8, le nombre des membres du Sénat, conformément à l'article 15 de la Constitution.

Les candidats présentés pour cette place, sont, le citoyen *Duval*, présenté par le Corps législatif; le citoyen *Saget*, par le Tribunat; et le citoyen *Lefevre*, général de division, par le premier Consul de la République.

Le Sénat, réuni au nombre de membres prescrit par l'article 90 de la Constitution, procède au scrutin dans la forme accoutumée. Le dépouillement des votes donne la majorité absolue au citoyen *Lefevre*, général de division : il est proclamé, en conséquence, membre du Sénat conservateur.

Le Sénat arrête que cette nomination sera notifiée, par un message, au Corps législatif, lors de sa rentrée, et, sur-le-champ, au Tribunat et aux Consuls de la République.

Collationné à l'original, par nous président et secrétaires du Sénat conservateur. A Paris, le 11 germinal an 8 de la République française. *Signé*, Roger-Ducos, *président*; Bougainville, Laplace, *secrétaires*.

Bonaparte, premier Consul de la République, ordonne que l'acte du Sénat conservateur, qui précède, sera inséré au bulletin des lois. Le ministre de la justice enverra au citoyen *Lefevre*, général de division, un exemplaire du bulletin des lois où cet acte sera inséié, pour lui tenir lieu de notification, et lui servir de titre pour constater sa qualité. A Paris, le 11 germinal an 8 de la République.

Signé, BONAPARTE. Par le premier Consul : *le secrétaire d'État*, signé, Hugues B. Maret. *Le ministre de la justice*, signé, ABRIAL.

Arrêté qui nomme le citoyen Carnot *ministre de la guerre.*

Du 12 Germinal.

AU NOM DU PEUPLE FRANÇAIS, BONAPARTE, premier Consul de la République,

Arrête ce qui suit :

Le citoyen *Carnot*, inspecteur général aux revues, est nommé ministre de la guerre.

Le présent arrêté sera inséré au Bulletin des lois.

Le premier Consul, signé, BONAPARTE. Par le premier Consul : *le secrétaire d'État*, signé, Hugues B. Maret. *Le ministre de la justice*, signé, ABRIAL.

BAUDOUIN, imprimeur du Corps législatif et du Tribunat, rue de Grenelle-Saint-Germain, N°. 1131.

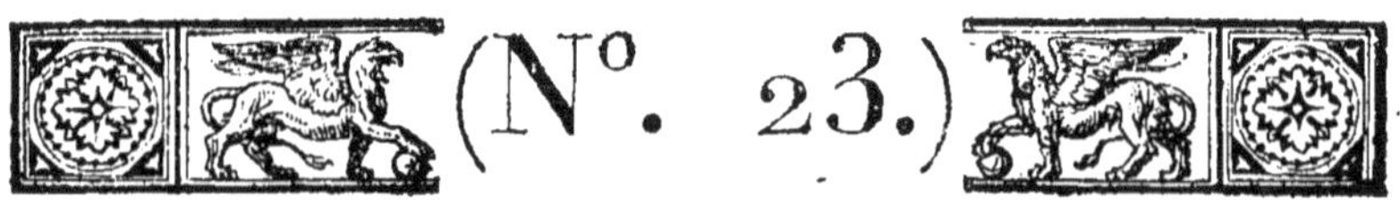

ARRÊTÉS
ET
PROCLAMATIONS
DU GOUVERNEMENT.

Arrêté qui accorde un brevet d'invention au citoyen Jean-Louis Rast-Maupas.

Du 14 Germinal an 8.

Les Consuls de la République, sur le rapport du ministre de l'intérieur,

Arrêtent :

Art. I. Il est accordé au citoyen *Jean-Louis Rast-Maupas*, habitant de la commune de Lyon, un brevet d'invention pour quinze années entières et consécutives, à compter de la date des présentes, à l'effet de pouvoir établir par-tout où il le jugera convenable, dans toute l'étendue de la République, des procédés et appareils propres à donner aux soies, quelles que soient leur nature et leur qualité, un même degré de siccité, et les moyens de le constater; procédés et appareils dont il a déclaré être l'auteur : à la charge par lui d'employer les moyens indiqués dans le mémoire ci-joint, et de se conformer aux dessins qu'il a fournis, et dont l'original demeurera joint au mémoire; sur lesquels appareils il pourra être appliqué un timbre ou cartel avec ces mots, *Brevet d'invention*, et le nom de l'auteur, pour, par lui et ses ayant-cause, jouir dudit brevet, dans toute l'étendue de la République, pendant quinze années

II. Il est expressément défendu d'imiter et d'employer les procédés dont il s'agit, sous quelque cause que ce soit; et pour assurer au citoyen *Jean-Louis Rast-Maupas* la jouissance dudit brevet, le présent arrêté sera inséré dans le Bulletin des lois.

III. Les tribunaux, préfets et sous-préfets, feront jouir pleinement et paisiblement des droits conférés par ce présent, le citoyen *Jean-Louis Rast-Maupas* ou ses ayant-cause, faisant cesser tout empêchement contraire : ils feront transcrire ce brevet sur leurs registres, lire, publier et afficher dans leurs ressorts et départemens respectifs, pour être exécuté, pendant sa durée, comme loi de la République.

Fait au palais national des Consuls de la République. *Le premier Consul*, signé, BONAPARTE. Par le premier Consul : *le secrétaire d'État*, signé, Hugues B. Maret. *Le ministre de l'intérieur*, signé, Lucien BONAPARTE.

Arrêté relatif au transport du brevet d'importation des tableaux circulaires nommés Panorama.

Du 14 Germinal.

LES CONSULS de la République, en exécution de l'article XV du titre II de la loi du 25 mai 1791, portant réglement sur la propriété des auteurs en tout genre d'industrie,

Arrêtent que l'article suivant sera inséré au plus prochain numéro du bulletin des lois :

« Par acte notarié, en date du 17 frimaire dernier, et enrégistré » au secrétariat du département de la Seine, le 22 ventose suivant, » le citoyen *Robert Fulton* a transporté au citoyen *James Thayer* et » *Henriette Beck* son épouse, la totalité du brevet d'invention qui » lui a été accordé au mois de floréal an 7, pour l'espace de dix » années, comme importateur des tableaux circulaires nommés *Pa-* » *norama*. »

Le premier Consul, signé, BONAPARTE. Par le premier Consul, *le secrétaire d'État*, signé, Hugues B. Maret. *Le ministre de la justice*, signé, ABRIAL.

Arrêté portant nomination des membres du conseil des prises.

Du 14 Germinal.

AU NOM DU PEUPLE FRANÇAIS, BONAPARTE, premier Consul de la République, nomme membres du conseil des prises les citoyens dont les noms suivent :

Président, . . . *Rhédon*, conseiller d'Etat ;
Niou, ex-législateur ;
Lacoste, ancien ministre de la marine ;
Moreau (de l'Yonne), ex-législateur ;
Monligny-Monplaisir ;
Barennes, ex-législateur ;
J. Marie Dufault ;
Parseval-Grandmaison ;
Tournachon ;
Commissaire, *Portalis*.

Le ministre de la justice est chargé de l'exécution du présent arrêté.

Signé, BONAPARTE. Par le premier Consul : *le secrétaire d'État*, signé, Hugues B. Maret. *Le ministre de la justice*, signé, ABRIAL.

EXTRAIT des registres des délibérations des Consuls de la République.

Du 14 Germinal.

Avis sur la manière dont un conseiller d'Etat peut être entendu en témoignage, donné par le Conseil d'Etat, le 14 germinal an 8.

LE CONSEIL D'ÉTAT, qui, d'après le renvoi des Consuls, et sur le rapport de la section de législation, a discuté la question de savoir si un conseiller d'Etat peut être déplacé pour servir de témoin devant un tribunal séant dans une commune autre que celle où il exerce ses fonctions,

Est d'avis que, dans ce cas, il ne doit pas être déplacé. La loi du 20 thermidor an 4 est d'accord sur ce point avec l'intérêt public. Cette loi ayant été faite pour les membres du Pouvoir législatif et ceux du Gouvernement, est applicable sous ce double rapport aux conseillers d'Etat. En effet, le Conseil d'Etat est placé par la Constitution à côté du Gouvernement, considéré comme pouvoir exécutif: il en est l'instrument nécessaire, en considérant le Gouvernement comme ayant l'initiative et la proposition des lois, et comme faisant, à cet égard, partie intégrante du pouvoir législatif. Les conseillers d'Etat ne doivent donc pas être déplacés du lieu de leurs fonctions pour servir comme témoins devant les tribunaux; leur témoignage ne peut être pris que dans la forme déterminée par la loi du 20 thermidor.

Le présent avis sera inséré au bulletin des lois.

Pour extrait conforme : *le secrétaire général du Conseil d'Etat*, signé, J. G. Locré. Approuvé : *le premier Consul*, signé, BONAPARTE. Par le premier Consul : *le secrétaire d'état*, signé, Hugues B. Maret. *Le ministre de la justice*, signé, ABRIAL.

Arrêté qui nomme le citoyen Sivard - Beaulieu *administrateur de la monnaie.*

Du 16 Germinal.

AU NOM DU PEUPLE FRANÇAIS, BONAPARTE, premier Consul de la République, sur la proposition du ministre des finances,

Arrête :

Le citoyen *Sivard - Beaulieu* est nommé administrateur de la mon naie, en remplacement du citoyen *Laumont*, appelé aux fonctions du préfet dans le département du Bas-Rhin.

Le ministre des finances est chargé de l'exécution du présent arrêté, qui sera inséré au bulletin des lois.

Signé, BONAPARTE. Par le premier Consul : *le secrétaire d'État*, signé, Hugues B. Maret. *Le ministre des finances*, signé, GAUDIN.

Arrêté qui nomme le citoyen Sivry *payeur général de la guerre.*

Du 16 Germinal.

AU NOM DU PEUPLE FRANÇAIS, BONAPARTE, premier Consul de la République, vu l'article 56 de la Constitution, et l'arrêté du premier pluviose dernier, concernant l'organisation générale du trésor public ; sur la proposition du conseiller d'État directeur du trésor public, et la présentation du ministre des finances,

Arrête ce qui suit :

Le citoyen *Sivry* est nommé payeur général de la guerre.

Le ministre des finances est chargé de l'exécution du présent arrêté, qui sera imprimé au bulletin des lois.

Signé, BONAPARTE. Par le premier Consul : *le secrétaire d'État*, signé, Hugues B. Maret. *Le ministre des finances*, signé, GAUDIN.

Arrêté qui nomme le citoyen Villeminot *payeur général de la marine.*

Du 16 Germinal.

AU NOM DU PEUPLE FRANÇAIS, BONAPARTE, premier Consul de la République, vu l'article 56 de la Constitution, et l'arrêté du premier pluviose dernier, concernant l'organisation générale du trésor public ; sur la proposition du conseiller d'État directeur du trésor public, et la présentation du ministre des finances,

Arrête ce qui suit :

Le citoyen *Villeminot* est nommé payeur général de la marine.

Le ministre des finances est chargé de l'exécution du présent arrêté, qui sera imprimé au Bulletin des lois.

Signé, BONAPARTE. Par le premier Consul : *le secrétaire d'état*, signé, Hugues B. Maret. *Le ministre des finances*, signé, GAUDIN.

Arrêté qui nomme le citoyen Boscheron *payeur général de la dette publique.*

Du 16 Germinal.

AU NOM DU PEUPLE FRANÇAIS, BONAPARTE, premier Consul

de la République, vu l'article 56 de la Constitution, et l'arrêté du premier pluviose dernier, concernant l'organisation générale du trésor public; sur la proposition du conseiller d'Etat directeur du trésor public, et la présentation du ministre des finances,

Arrête ce qui suit :

Le citoyen *Boscheron* est nommé payeur général de la dette publique.

Le ministre des finances est chargé de l'exécution du présent arrêté, qui sera imprimé au bulletin des lois.

Signé, BONAPARTE. Par le premier Consul: *le secrétaire d'État*, signé, Hugues B. Maret. *Le ministre des finances*, signé, GAUDIN.

Arrêté qui nomme le citoyen Cernut-Coincy *caissier de la recette générale.*

Du 16 Germinal.

AU NOM DU PEUPLE FRANÇAIS, BONAPARTE, premier Consul de la République, vu l'article 56 de la Constitution, et l'arrêté du premier pluviose dernier, concernant l'organisation du trésor public; sur la proposition du conseiller d'Etat directeur du trésor public, et sur la présentation du ministre des finances,

Arrête ce qui suit :

Le citoyen *Cornut-Coincy* est nommé caissier de la recette générale.

Le ministre des finances est chargé de l'exécution du présent arrêté, qui sera imprimé au bulletin des lois.

Signé, BONAPARTE. Par le premier Consul: *le secrétaire d'État*, signé, Hugues B. Maret. *Le ministre des finances*, signé, GAUDIN.

Arrêté qui nomme le citoyen Vial *caissier des recettes journalières.*

Du 16 Germinal.

AU NOM DU PEUPLE FRANÇAIS, BONAPARTE, premier Consul de la République, vu l'article 56 de la Constitution, et l'arrêté du premier pluviose dernier, concernant l'organisation générale du trésor public; sur la proposition du conseiller d'Etat directeur du trésor public, et la présentation du ministre des finances,

Arrête ce qui suit :

Le citoyen *Vial* est nommé caissier des recettes journalières.

Le ministre des finances est chargé de l'exécution du présent arrêté, qui sera imprimé au Bulletin des lois.

Signé, BONAPARTE. Par le premier Consul: *le secrétaire d'État*, signé, Hugues B. Maret. *Le ministre des finances*, signé, GAUDIN.

Arrêté qui nomme le citoyen Pitois *caissier des dépenses journalières.*

Du 16 Germinal.

Au nom du peuple français, Bonaparte, premier Consul de la République, vu l'article 56 de la Constitution, et l'arrêté du premier pluviose dernier, concernant l'organisation générale du trésor public; sur la proposition du conseiller d'Etat directeur du trésor public, et la présentation du ministre des finances,

Arrête ce qui suit:

Le citoyen *Pitois* est nommé caissier des dépenses journalières.

Le ministre des finances est chargé de l'exécution du présent arrêté, qui sera imprimé au bulletin des lois.

Signé, Bonaparte. Par le premier Consul, *le secrétaire d'État*, signé, Hugues B. Maret. *Le ministre des finances*, signé, Gaudin.

Arrêté qui nomme le citoyen Delafontaine *payeur général des dépenses diverses.*

Du 16 Germinal.

Au nom du peuple français, Bonaparte, premier Consul de la République, vu l'article 56 de la Constitution, et l'arrêté du premier pluviose dernier, concernant l'organisation générale du trésor public; sur la proposition du conseiller d'Etat directeur du trésor public, et la présentation du ministre des finances,

Arrête ce qui suit:

Le citoyen *Delafontaine* est nommé payeur général des dépenses diverses.

Le ministre des finances est chargé de l'exécution du présent arrêté, qui sera imprimé au bulletin des lois.

Signé, Bonaparte. Par le premier Consul: *le secrétaire d'état*, signé, Hugues B. Maret. *Le ministre des finances*, signé, Gaudin.

Baudouin, imprimeur du Corps législatif et du Tribunat, rue de Grenelle-Saint-Germain, N°. 1131.

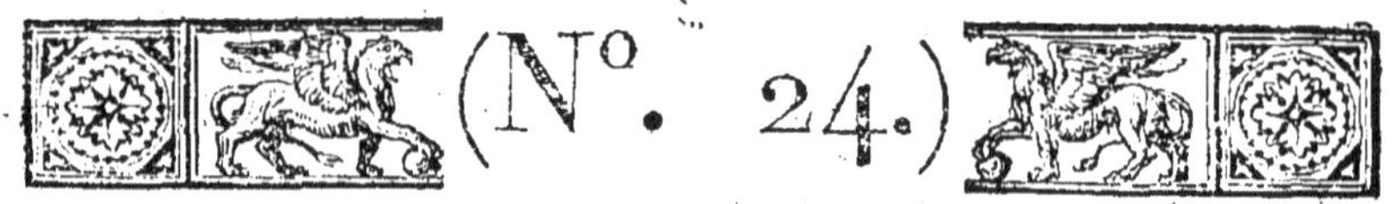

(N°. 24.)

ARRÊTÉS ET PROCLAMATIONS DU GOUVERNEMENT.

Acte du Sénat conservateur, qui nomme les juges du tribunal de cassation.

Des 13, 14, 15, 16, 17 et 18 Germinal, an 8.

LE SÉNAT, réuni au nombre de membres prescrit par l'article 90 de la Constitution, procède, conformément à l'article 20, à la nomination des juges du tribunal de cassation, fixés au nombre de quarante-huit par l'art. LVIII de la loi du 27 ventose dernier.

Il nomme à la majorité absolue des suffrages, pour composer ce tribunal, les citoyens dont les noms suivent, classés par ordre alphabétique :

Audier-Massillon (des Bouches-du-Rhône), ex-constituant.
Aumont (Ille-et-Vilaine), ex-commissaire de la justice.
Babille (Seine), ex-juge du tribunal de cassation.
Bailly (des Ardennes), ex-juge du tribunal de cassation.
Barris (du Gers), ex-législateur, ex-juge *idem.*
Bayard (de la Seine), juge actuel du tribunal *idem.*
Bazire, juge au tribunal civil de la Seine-Inférieure.
Borel (de l'Oise), ex-législateur.
Boyer (de la Haute-Garonne), chef de division au ministère de la justice.
Brillat-Savarin (de l'Ain), ex-constituant, ex-juge.
Buhan (de la Gironde), ex-juge du tribunal de cassation.
Busschop (de la Lys), juge actuel du tribunal de cassation.

A

Cassaigne (des Basses-Pyrénées), juge actuel du tribunal de cassation.

Châles (de Maine-et-Loire), juge actuel *idem.*

Cochard (Haute-Saone), ex-constituant, ex-juge du tribunal de cassation.

Coffinhal (du Cantal), ex-juge du tribunal de cassation.

Delacoste (Charente-Inférieure), substitut du commissaire du Gouvernement près le tribunal de cassation.

Desfougères, président du tribunal civil de l'Indre.

Doutrepont (de la Dyle), ex-législateur.

Dutocq (de l'Eure), juge actuel du tribunal de cassation.

Gandon (d'Ille-et-Vilaine), ex-juge du tribunal de cassation.

Genevois (de l'Isère), ex-législateur.

Goupil-Prefeln père (de l'Orne), ex-constituant.

Henrion de Pansey (de la Haute-Marne), professeur de législation.

Lachèze, président du tribunal de la Corrèze.

Legrain (de Sambre-et-Meuse), juge actuel du tribunal de cassation.

Liborel (du Pas-de-Calais), ex-législateur.

Liger (du Loiret), ex-juge du tribunal de cassation.

Malleville (de la Dordogne), ex-législateur, ex-juge du tribunal de cassation.

Minier (de la Seine), juge actuel du tribunal de cassation.

Muraire (du Var), ex-législateur.

Oudart (de la Marne), chef de division au ministère de la justice.

Oudot (de la Côte-d'Or), ex-législateur, juge au tribunal de cassation.

Pazon (de Loir-et-Cher), ex-juge du tribunal de cassation.

Porriquet (de l'Orne), jurisconsulte.

Rateau (de Seine-et-Marne), juge actuel du tribunal de cassation.

Riols (de l'Aveiron), juge actuel du tribunal de cassation.

Rousseau (de la Sarthe), juge actuel du tribunal de cassation.

Ruperon (des Côtes-du-Nord), ex-juge du tribunal de cassation.

Schwendt (du Bas-Rhin), ex-constituant, ex-juge du tribunal de cassation.

Sieyes aîné (du Var), ex-constituant.

Target (de la Seine), ex-constituant, juge actuel du tribunal de cassation.

Tronchet (de la Seine), ex-législateur.

Vallée (de la Meuse), ex-législateur.
Vasse (de l'Aisne), ex-législateur.
Verges (Pyrénées-Orientales), juge actuel du tribunal de cassation.
Vieillard (de la Marne), ex-constituant, ex-juge du tribunal de cassation.
Zangiacomi (de la Meurthe), substitut du commissaire du Gouvernement près le tribunal de cassation.

Ils sont, à mesure de leurs nominations, proclamés, par le président, membres du tribunal de cassation.

Le Sénat arrête que ces nominations seront notifiées, par un message, au Corps législatif, lors de sa rentrée, et, sur-le-champ, au Tribunat, et aux Consuls de la République.

Collationné à l'original, par nous président et secrétaires du Sénat conservateur. A Paris, le 18 germinal an 8 de la République française. *Signé*, Roger-Ducos, *président ;* Bougainville, Laplace, *secrétaires.*

Bonaparte, premier Consul de la République, ordonne que l'acte du Sénat conservateur, qui précède, sera inséré au bulletin des lois. Le ministre de la justice enverra à chacun des citoyens ci-dessus désignés, un exemplaire du bulletin des lois où cet acte sera inséré, pour lui tenir lieu de notification, et lui servir de titre pour constater sa qualité. A Paris, le 18 germinal an 8 de la République.

Signé, Bonaparte. Par le premier Consul : *le secrétaire d'État*, signé, Hugues B. Maret. *Le ministre de la justice*, signé, Abrial.

Arrêté qui nomme le secrétaire général du conseil des prises.

Du 19 Germinal.

Au nom du peuple français, Bonaparte, premier Consul de la République, arrête ce qui suit :

Le citoyen *Calmelet*, homme de loi, est nommé secrétaire général du conseil des prises.

Le ministre de la justice est chargé de l'exécution du présent arrêté.

Signé, Bonaparte. Par le premier Consul : *le secrétaire d'État*, signé, Hugues B. Maret. *Le ministre de la justice*, signé, Abrial.

Extrait des registres des délibérations des Consuls de la République.

Du 19 Germinal.

Formule d'arrêté autorisant la poursuite d'agens du Gouvernement, aux termes de l'article 75 de la Constitution.

Les Consuls de la République, en vertu de la décision du Conseil d'État, prise conformément à l'article 75 de la Constitution,

Arrêtent que (*l'agent désigné par ses nom, prénom et qualité*), prévenu de (*retracer le délit*), peut être, pour ledit fait ou lesdits faits, poursuivi devant les tribunaux ordinaires.

> *Nota.* S'il s'agit d'un délit pour lequel la République soit naturellement elle-même partie poursuivante, et à l'égard duquel il s'agisse, non d'une simple autorisation, mais d'une disposition, substituer aux mots *peut être* de la formule ci-dessus, celui-ci, *sera*, *etc.*

Le ministre de la justice est chargé de l'exécution du présent arrêté, qui sera inséré au bulletin des lois.

Le premier Consul, signé, Bonaparte. Par le premier Consul; *le secrétaire d'état*, signé, Hugues B. Maret. *Le ministre de la justice*, signé, Abrial.

Arrêté portant nomination de substituts du commissaire près le tribunal de cassation, et du greffier de ce tribunal.

Du 19 Germinal.

Au nom du peuple français, Bonaparte, premier Consul de la République,

Arrête ce qui suit :

Art. I. Les citoyens *Jourde*, substitut actuel du commissaire près le tribunal de cassation; *Arnaud*, idem; *Lecontour*, idem; *Lefessier*, idem; *Merlin* (de Douai), ex-conventionnel; *Siméon*, ex-législateur, sont nommés substituts du commissaire du Gouvernement près le tribunal de cassation.

II. Le citoyen *Jalbert*, greffier actuel, est nommé greffier du tribunal de cassation.

Le ministre de la justice est chargé de l'exécution du présent arrêté, qui sera inséré au bulletin des lois.

Signé, Bonaparte. Par le premier Consul : *le secrétaire d'État*, signé, Hugues B. Maret. *Le ministre de la justice*, signé, Abrial.

ARRÊTÉ relatif aux biens non aliénés de l'ancienne université de Louvain, et à l'établissement d'un cinquième collége à Bruxelles.

Du 19 Germinal.

LES CONSULS de la République, le ministre de l'intérieur entendu,

Arrêtent :

Art. I. Tous les biens non aliénés de l'ancienne université de Louvain, sont réunis sous l'administration centrale du Prytanée.

II. Il sera établi à Bruxelles un cinquième collége qui sera sous l'administration et la direction du Prytanée, de même que ceux de Fontainebleau, Versailles et Saint-Germain.

III. Le ministre de l'intérieur est chargé de l'exécution du présent arrêté, qui sera inséré au bulletin des lois.

Le premier Consul, signé, BONAPARTE. Par le premier Consul : *le secrétaire d'État*, signé, Hugues B. Maret. *Le ministre de l'intérieur*, signé, Lucien BONAPARTE.

ARRÊTÉ relatif à l'emploi des bons de réquisition au paiement des contributions.

Du 22 Germinal.

LES CONSULS DE LA RÉPUBLIQUE, sur le rapport du ministre des finances;

Vu les arrêtés des 29 frimaire et 4 pluviose derniers, concernant les bons de réquisition;

Considérant qu'il importe de profiter de la nouvelle organisation administrative, pour accélérer la libération des contribuables qui ont été frappés de réquisition, le Conseil d'État entendu,

Arrêtent :

Art. I. Dans la décade de la réception du présent, chaque maire se fera remettre, par ceux des citoyens de sa commune qui auront satisfait à des réquisitions depuis le premier germinal an 7, les bons dont ils sont encore porteurs, et qu'ils ont reçus pour les livraisons ou transports qu'ils ont effectués; et après vérification faite de ces bons, il y apposera son *visa*, et en fera un état double.

II. Le montant desdits bons ainsi vérifiés, sera imputé sur les contributions directes antérieures à l'an 8, et subsidiairement sur celles de l'an 8.

III. Dans la seconde décade, le maire se fera représenter, par les percepteurs, les rôles des contributions directes de sa commune, et émargera, en leur présence, à l'article de chaque porteur de bons, et à son acquit, le montant desdits bons.

IV. Le maire remettra en même temps au percepteur tous les bons qu'il aura reçus, avec un double de l'état, pour sa décharge ; et celui-ci lui en fournira un récépissé général, au pied de l'autre double.

V. Le maire adressera au sous-préfet de l'arrondissement l'état portant le récépissé du préposé.

VI. Le sous-préfet vérifiera les états qui lui auront été adressés ; il en formera un bordereau général, qu'il transmettra, avec ses observations, au préfet du département.

VII. Le préfet comparera les bordereaux à lui transmis par les sous-préfets, avec les arrêtés de réquisition pris par l'administration du département ; et il fera parvenir, après leur vérification, lesdits bordereaux au ministre des finances et au ministre de la guerre, lequel en ordonnancera le montant sur ses crédits, conformément à l'article III de la loi du 27 vendémiaire an 8.

VIII. Dans les cas où les bons d'un contribuable excéderoient le montant de ses contributions, le maire portera au *verso* du bon qui ne sera employé que pour une partie de sa valeur, la somme dont il aura été fait compensation, et donnera une coupure de l'excédant au contribuable, qui, après l'avoir fait viser par le sous-préfet, pourra l'employer en paiement de ses contributions directes, dans d'autres communes que celle de son domicile, en se conformant aux dispositions du présent.

IX. Le paiement des contributions échues et qui n'auront pas été acquittées conformément aux dispositions précédentes, sera poursuivi en la forme ordinaire.

X. Les ministres des finances et de la guerre sont chargés, chacun en ce qui le concerne, de l'exécution du présent arrêté, qui sera inséré au bulletin des lois.

Le premier Consul, signé, BONAPARTE. Par le premier Consul : *le secrétaire d'état*, signé, Hugues B. Maret. *Le ministre des finances*, signé, GAUDIN.

Arrêté relatif à l'installation des tribunaux.

Du 24 Germinal.

LES CONSULS DE LA RÉPUBLIQUE, sur le rapport du ministre de la justice ; le conseil d'état entendu,

Arrêtent :

Art. I. Le tribunal de cassation continuera à tenir ses séances dans le local qu'il occupe.

II. Le premier floréal prochain, le ministre de la justice installera le tribunal de cassation, et recevra de chacun de ses membres la promesse de fidélité à la Constitution.

III. Les tribunaux d'appel, les tribunaux criminels et les tribunaux de première instance dans les chefs-lieux de département, seront installés par le préfet, qui recevra cette promesse des membres qui les composent.

Dans les autres lieux, l'installation des tribunaux sera faite par les sous-préfets, qui recevront la promesse.

IV. L'époque de l'installation de ces tribunaux sera déterminée par les préfets, d'après les instructions qui leur seront données par le ministre de la justice.

V. Les membres non présens à l'installation, feront cette promesse dans les mains du président, à l'audience publique.

VI. Le ministre de la justice est chargé de l'exécution du présent arrêté.

Le premier Consul, signé, Bonaparte. Par le premier Consul : *le secrétaire d'état*, signé, Hugues B. Maret. *Le ministre de la justice*, signé, Abrial.

Arrêté relatif au traitement de réforme des officiers de gendarmerie.

Du 24 Germinal.

Les Consuls de la République, sur le rapport du ministre de la guerre, le Conseil d'Etat entendu,

Arrêtent :

Art. I. Les officiers de gendarmerie réformés, n'ayant pu être considérés comme assujétis aux déclarations prescrites par les articles III et IV de la loi du 21 vendémiaire an 8, ne peuvent être atteints par les dispositions de l'article V de la même loi : en conséquence, le traitement de réforme sera rendu à tous ceux qui en ont été privés uniquement pour n'avoir point fait les déclarations prescrites par les articles III et IV de la susdite loi.

II. Le ministre de la guerre est chargé de l'exécution du présent arrêté, qui sera inséré au Bulletin des lois.

Le premier Consul, signé, Bonaparte. Par le premier Consul : *le secrétaire d'état*, signé, Hugues B. Maret. *Le ministre de la guerre*, signé, Carnot.

Arrêté qui détermine le costume des fonctionnaires publics de l'ordre judiciaire.

Du 24 Germinal.

LES CONSULS DE LA RÉPUBLIQUE, sur le rapport du ministre de la justice ; le Conseil d'État entendu,

Arrêtent :

Art. I. Les présidens, vices-présidens, juges de tous les tribunaux de la République, les commissaires du Gouvernement et les greffiers, seront vêtus de noir.

Tous, à l'exception des greffiers des tribunaux de première instance, porteront, dans les actes de cérémonies publiques, un manteau court, de soie noire, à collet rabattu ; une cravate de batiste, pendant sur la poitrine ; un chapeau à trois cornes, ayant les bords rabattus sur la forme.

II. Le manteau des présidens, vice-présidens et juges du tribunal de cassation, du commissaire du Gouvernement près ce tribunal, et de ses substituts, sera garni, tout autour, d'une bande de soie pourpre, de la largeur du collet, qui sera d'un décimètre.

Les bords de leur chapeau seront rattachés à la forme par des ganses d'or ; la forme sera serrée par une tresse d'or, avec le gland pareil.

III. Le manteau des présidens, vice-présidens et juges des tribunaux d'appel et des tribunaux criminels, des commissaires du Gouvernement près de ces tribunaux, et de leurs substituts, sera garni, tout autour, d'une bande de soie bleu-de-ciel, de la largeur du collet. Les bords de leur chapeau seront rattachés à la forme par des ganses de velours noirs ; la forme sera serrée par un ruban de velours noir, avec un gland de soie noire.

IV. Le manteau des présidens, vice-présidens et juges des tribunaux de première instance, des commissaires du Gouvernement près de ces tribunaux, de leurs substituts, et des greffiers des tribunaux supérieurs, n'aura point de bordure. Les bords de leurs chapeaux seront rattachés à la forme par des ganses de soie noire ; la forme sera serrée par une tresse de soie noire.

V. Les huissiers de tous les tribunaux porteront, dans l'exercice de leurs fonctions, un habit de drap bleu national, veste et culotte rouges, chapeau à la française, et une médaille dont le modèle sera envoyé par le ministre de la justice : cette médaille sera attachée à la boutonnière de l'habit par un ruban tricolor.

VI. Le ministre de la justice est chargé de l'exécution du présent arrêté.

Le premier Consul, signé, BONAPARTE. Par le premier Consul : *le secrétaire d'État*, signé, Hugues B. Maret. *Le ministre de la justice*, signé, ABRIAL.

ARRÊTÉ relatif au versement du cautionnement des receveurs particuliers des contributions, des payeurs et caissiers du trésor public, et au mode de paiement des intérêts de l'universalité des cautionnemens.

Du 24 Germinal.

LES CONSULS DE LA RÉPUBLIQUE, sur la proposition du ministre des finances ; le Conseil d'Etat entendu,

Arrêtent ce qui suit :

Art. I. Les dispositions de l'arrêté du 18 ventose dernier, qui règlent la forme du recouvrement des cautionnemens établis par la loi du 7 du même mois, sont applicables aux cautionnemens établis par les lois des 27 ventose dernier et 4 germinal présent mois : en conséquence, et conformément à l'article II dudit arrêté, le versement desdits cautionnemens, tant en numéraire qu'en obligations, sera fait, pour Paris, au trésor public ; et pour les départemens, dans la caisse du receveur général.

II. Chaque receveur particulier des contributions, et chaque payeur et caissier du trésor public, justifiera au ministre des finances, du paiement de son cautionnement, dans la forme et dans les délais prescrits, ainsi qu'il est réglé par les articles IV et V de l'arrêté du 18 ventose.

III. Les receveurs généraux des départemens adresseront aux administrateurs de la caisse d'amortissement le *duplicata*, signé par eux, des bordereaux indicatifs des versemens qui leur auront été faits sur les cautionnemens, et qu'ils doivent adresser au trésor public, conformément à l'article III du même arrêté : il en sera de même pour les cautionnemens qui seront réalisés à la caisse des recettes journalières à Paris.

IV. D'après ces bordereaux, les administrateurs de la caisse d'amortissement ouvriront un compte, tant en capital qu'en intérêts, à chacun des fonctionnaires et employés qui se seront mis en devoir d'acquitter leurs cautionnemens.

V. A cet effet, lesdits fonctionnaires et employés seront tenus d'adresser auxdits administrateurs de la caisse d'amortissement, tant les quittances provisoires qui leur auront été fournies par les receveurs généraux de département, ou par le caissier des recettes journalières à Paris, que leurs obligations soldées.

VI. En échange desdites quittances et obligations soldées, il sera remis successivement auxdits fonctionnaires et employés, par la caisse d'amortissement, des récépissés provisoires, pour être convertis en quittances définitives après l'acquittement total du cautionnement.

VII. Les intérêts de l'universalité des cautionnemens seront acquittés par la caisse d'amortissement, aux époques et dans les proportions fixées par les lois des 6 frimaire, 7 et 27 ventose derniers, et 4 germinal présent mois. Le remboursement desdits cautionnemens s'effectuera à la même caisse, dans les cas prévus par les mêmes lois.

VIII. Aucun paiement d'intérêts ne pourra être fait que sur la représentation de la quittance définitive à délivrer par les administrateurs de la caisse d'amortissement. Lesdits intérêts courront à compter de la date soit des versemens en numéraire, soit de l'acquittement des obligations.

IX. Le ministre des finances est chargé de l'exécution du présent arrêté, qui sera inséré au bulletin des lois.

Le premier Consul, signé, BONAPARTE. Par le premier Consul : *le secrétaire d'état*, signé, Hugues B. Maret. *Le ministre des finances*, signé, GAUDIN.

Acte du Sénat conservateur, qui nomme les membres de la commission de comptabilité nationale.

Du 24 Germinal.

Le Sénat, réuni au nombre de membres prescrit par l'article 90 de l'acte constitutionnel, procède, en vertu des articles 20 et 89, à la nomination des commissaires de la comptabilité nationale.

Les citoyens,

Brière-de-Surgy, ex-commissaire de la comptabilité nationale ;
Colliat, commissaire actuel de la comptabilité nationale ;
Feval, commissaire actuel de la comptabilité nationale ;
Goussard, commissaire actuel de la comptabilité nationale ;
Regardin, commissaire actuel de la comptabilité nationale ;
Sanlot, aîné, ex-régisseur général ;

Et *Saucourt*, commissaire actuel de la comptabilité nationale, réunissent successivement la majorité absolue des suffrages. Ils sont proclamés par le président membres de la commission de comptabilité nationale.

Le Sénat arrête que ces nominations seront notifiées, par un message, au Corps législatif lors de sa rentrée, au Tribunat, et aux Consuls de la République.

Collationné à l'original, par nous président et secrétaires du Sénat conservateur. Le 24 germinal an 8 de la République française. *Signé*, ROGER-DUCOS, *président ;* LAPLACE, BOUGAINVILLE, *secrétaires.*

BONAPARTE, premier Consul de la République, ordonne que l'acte du Sénat conservateur, qui précède, sera inséré au Bulletin des lois. Le ministre de la justice enverra à chacun des citoyens y dénommés, un exemplaire du bulletin des lois où cet acte sera inséré, pour leur tenir lieu de notification, et leur servir de titre pour constater leur qualité. A Paris, le 24 germinal an 8 de la République.

Signé, BONAPARTE. Par le premier Consul : *le secrétaire d'état*, signé, Hugues B. Maret. *Le ministre de la justice*, signé, ABRIAL.

BAUDOUIN, imprimeur du Corps législatif et du Tribunat rue de Grenelle-Saint-Germain, N°. 1131.

Le Sénat ordonne que ces nominations seront notifiées par un message, au Corps législatif, au Tribunat, et aux Consuls de la République.

Collationné [illegible] Sénat [illegible] République française, [illegible] Laplace, [illegible]

[illegible] Consul de la République, ordonne que l'acte [illegible] inséré au Bulletin des lois [illegible]

Signé [illegible] Par le premier Consul : le secrétaire d'État, signé, [illegible]

Baudouin, imprimeur du Corps législatif et du Tribunat, rue de Grenelle-Saint-Germain, N°. 1131.

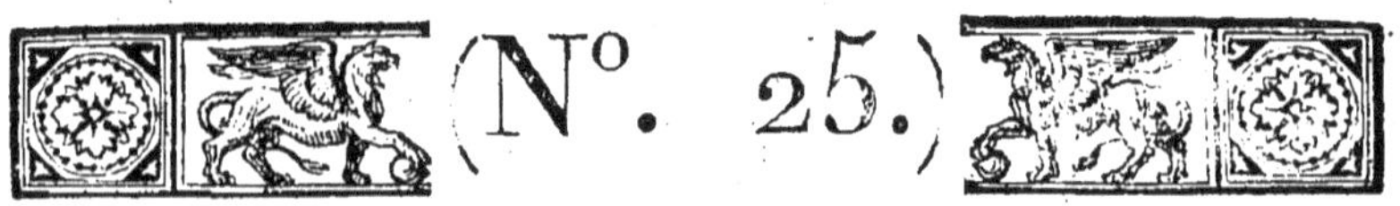

ARRÊTÉS ET PROCLAMATIONS DU GOUVERNEMENT.

Arrêté relatif aux opérations des salpêtriers ambulans.

Du 25 Germinal, an 8.

LES CONSULS DE LA RÉPUBLIQUE, sur le rapport du ministre de la guerre; le conseil d'état entendu,

Arrêtent :

Art. I. Les salpêtriers ambulans continueront, comme par le passé, de lessiver les matériaux salpêtrés dans les lieux où ils sont autorisés à les prendre, et de transporter les eaux salpêtrées seulement dans le local où est établie leur chaudière.

II. Le ministre de la guerre est chargé de l'exécution du présent arrêté, qui sera inséré au bulletin des lois.

Le premier Consul, signé, BONAPARTE. Par le premier Consul : *le secrétaire d'état*, signé, Hugues B. Maret. *Le ministre de la guerre*, signé, CARNOT.

Arrêté qui accorde aux citoyens Jacquemart *et* Benard *un brevet d'invention pour une fabrication de papiers peints imitant le linon-batiste.*

Du 28 Germinal.

LES CONSULS DE LA RÉPUBLIQUE, sur le rapport du ministre de l'intérieur,

Arrêtent ce qui suit :

Art. I. Il est accordé aux citoyens *Pierre Jacquemart* et *Eugène-Balthazar-Crescent Benard*, associés, demeurant à Paris, rue de

A

Montreuil, faubourg Saint-Antoine, n°. 52, un brevet d'invention pour cinq années entières et consécutives à compter de la date des présentes, à l'effet de pouvoir établir par-tout où ils le jugeront convenable, dans toute l'étendue de la République, une fabrication de papiers peints imitant le linon-batiste uni et brodé, par des procédés dont ils ont déclaré être les auteurs; à la charge par eux d'employer les moyens indiqués dans leur mémoire : sur lesquels papiers peints il pourra être appliqué un timbre ou cartel avec ces mots, *Brevet d'invention*, et les noms des auteurs, pour, par eux et leurs ayant-cause, jouir dudit brevet dans toute l'étendue de la République pendant cinq années.

II. Il est expressément défendu d'imiter et d'employer les procédés dont il s'agit, sous quelque cause que ce soit; et pour assurer aux citoyens *Jacquemart* et *Benard* la jouissance dudit brevet, le présent arrêté sera inséré au bulletin des lois.

III. Les tribunaux, les préfets et sous-préfets, feront jouir pleinement et paisiblement des droits conférés par ce présent, les citoyens *Jacquemart* et *Benard*, ou leurs ayant cause, faisant cesser tout empêchement contraire : ils feront transcrire ce brevet sur leurs registres, lire, publier et afficher dans leurs ressorts et départemens respectifs, pour être exécuté, pendant sa durée, comme loi de la République.

Le premier Consul, signé, BONAPARTE. Par le premier Consul : *le secrétaire d'État*, signé, Hugues B. Maret. *Le ministre de l'intérieur*, signé, Lucien BONAPARTE.

Arrêté relatif au paiement des arrérages des rentes et pensions du premier semestre de l'an 8.

Du 28 Germinal.

LES CONSULS DE LA RÉPUBLIQUE, le Conseil d'État entendu; sur la proposition du ministre des finances; vu la loi du 22 ventose an 8, portant ouverture du crédit nécessaire pour le paiement du premier semestre de l'an 8, des rentes et pensions,

Arrêtent ce qui suit :

Art. I. Il sera fait par la trésorerie les dispositions nécessaires pour que le paiement des arrérages des rentes et pensions du premier semestre de l'an 8, soit ouvert au premier messidor prochain.

II. Pour le paiement de ce semestre, il sera fabriqué, sans délai, des bons au porteur à talons, dans les coupures de vingt et vingt-cinq francs, jusqu'à concurrence de trente-neuf millions cinq cent mille francs.

III. Le libelle de ces bons sera conforme au modèle ci-annexé.

IV. Ces bons seront numérotés à la main, comme ceux du dernier semestre, et timbrés des mêmes timbres.

V. Les bons du premier semestre de l'an 8 ne seront pas signés à la main : les signatures qui y seront apposées, seront griffées ; et à cet effet, le conseiller d'état directeur général du trésor public est autorisé à choisir le nombre de griffes qu'il jugera nécessaires, parmi celles qui avoient été fabriquées pour les mandats territoriaux, et qui existent actuellement dans les mains du directeur de l'imprimerie de la République.

VI. Lorsque les sommes dues aux rentiers et pensionnaires ne pourront être payées avec des bons de vingt et vingt-cinq francs, sans fraction, ils pourront se réunir pour le réglement des appoints, ou en fournir l'excédant en numéraire.

VII. Les contribuables qui acquitteront leurs contributions avec des bons au porteur, paieront, comme par le passé, les appoints en numéraire.

VIII. Les bons ne pourront être versés qu'à la trésorerie, ou dans les mains des receveurs généraux des départemens et des receveurs particuliers, ou enfin dans celles du receveur général du département de la Seine, et de ses préposés tant dans la commune de Pari qu'à Saint-Denis et a Sceaux.

IX. Au moment de la rentrée des bons, ils seront annullés par deux barres croisées, en présence des parties qui les auront versés.

X. Dans les départemens autres que celui de la Seine, les bons rentrés seront versés, chaque décade, par les receveurs particuliers, entre les mains des receveurs généraux, et envoyés par ceux-ci au trésor public, aussi chaque décade.

XI. Dans le département de la Seine, les percepteurs remettront chaque jour au receveur général les bons qu'ils auront reçus dans la journée, avec un bordereau du montant de leur recette. Le receveur général versera lesdits bons au trésor public tous les cinq jours.

XII. Les dispositions des arrêtés des 23 ventose, 3 prairial an 7 et 18 frimaire an 8, sont étendues au premier semestre de l'an 8, en ce qui concerne les ecclésiastiques non encore compris aux états prescrits par l'arrêté du 5 prairial an 6. En conséquence, ils recevront les arrérages du premier semestre de l'an 8, sur un mandat qui leur sera délivré par le préfet du département dans lequel ils ont reçu ou dû recevoir, sur pareil mandat, le dernier semestre de l'an 7.

XIII. Le ministre des finances est chargé de l'exécution du présent arrêté, qui sera inséré au bulletin des lois.

Le premier Consul, signé, BONAPARTE. Par le premier Consul : *le secrétaire d'État*, signé, Hugues B. Maret. *Le ministre des finances*, signé, GAUDIN.

(*Suit le Modèle.*)

Modèle de BONS AU PORTEUR.

ARRÉRAGES
DE RENTES ET PENSIONS.

PREMIER SEMESTRE
de l'an VIII.

RÉPUBLIQUE FRANÇAISE.

BON de au porteur, applicable au paiement du principal des contributions directes et des neuf dixièmes des patentes de l'an VIII.

Pour le chef de la fabrication, Visa du sous-chef.

Loi du 22 Ventose an VIII. Arrêté des Consuls du an VIII.

Certifié conforme : *le secrétaire-général du conseil d'état*, signé ; J. G. LOCRÉ. Certifié conforme : *le secrétaire d'état*, signé, HUGUES B. MARET. *Le ministre des finances*, signé, GAUDIN.

Arrêté qui nomme les administrateurs généraux des poudres et salpêtres.

Du 28 Germinal.

Au nom du peuple français, Bonaparte, premier Consul de la République, sur le rapport du ministre de la guerre,

Arrête :

Art. I. Les citoyens *Jean-Pierre Champy* et *Jean-René-Denis Riffault*, sont confirmés dans leurs places d'administrateurs généraux des poudres et salpêtres.

II. Le citoyen *Jean-Baptiste Ducamp*, actuellement administrateur-général de la même partie, est supprimé ; il sera nommé au commissariat de Bordeaux, qu'il a géré précédemment.

III. Le citoyen *Jean-Joseph-Auguste Bottée*, actuellement administrateur général provisoire des poudres et salpêtres, est définitivement nommé administrateur général en remplacement du citoyen *Ducamp*.

IV. Le ministre de la guerre est chargé de l'exécution du présent arrêté, qui sera inséré au bulletin des lois.

Signé, Bonaparte. Par le premier Consul : *le secrétaire d'état*, signé, Hugues B. Maret. *Le ministre de la guerre*, signé, Carnot.

Arrêté contenant des mesures pour empêcher l'exportation des grains et farines par la Meuse, l'Escaut et le Rhin.

Du 28 Germinal.

Les Consuls de la République arrêtent ce qui suit :

Art. I. Les particuliers qui seront trouvés transportant de nuit ou sans passe-avant, des grains ou farines dans la distance de cinq kilomètres des rives de la Meuse, de l'Escaut, du Hondt, et des bras de ce fleuve connus sous la dénomination de Hellegat, Hondigat, Brakman ou canal de Philippine, Saffingat, etc., ou sur lesdits fleuves et leurs bras, sans permis d'un bureau de douane, outre les amendes et les confiscations encourues, seront arrêtés et détenus jusqu'à ce que le ministre de la police générale les ait fait interroger, et mettre, s'il y a lieu, en jugement dans les délais déterminés par la loi.

II. Seront également arrêtés et détenus les particuliers surpris à transporter, sans permission, des grains ou farines dans les cinq kilomètres des frontières de terre et de la rive gauche du Rhin depuis

Anvers jusques et y compris Versoix, ou les embarquant et transportant sur ledit fleuve, ainsi que sur le lac Léman, également sans permission.

III. L'entrepôt des grains et farines défendu par l'arrêté du Gouvernement du 17 prairial an 7, ne sera réputé tel dans l'étendue fixée par les articles I et II du présent arrêté, que d'après les bases déterminées par le ministre de l'intérieur, en suite de l'avis des préfets des départemens de l'Escaut et des Deux-Nèthes, pour ces départemens; et d'après les bases fixées par les arrêtés du commissaire du Gouvernement, pour les départemens de la rive gauche du Rhin.

IV. Seront aussi réputés en entrepôt, les grains et farines trouvés dans les lieux non habités, dans l'étendue fixée par les articles I et II.

V. Les saisies de grains et farines seront jugées au jour indiqué par la citation; et si le tribunal n'en a pas donné main-levée, il pourra être procédé le lendemain à leur vente provisoire. Le prix en sera déposé au bureau des douanes, jusqu'à ce que l'instance soit terminée.

VI. Les particuliers qui, au nombre de plus de quinze, et malgré la sommation des préposés des douanes, des militaires et autres chargés d'arrêter les exportations de grains et farines, auront voulu passer leurs chargemens à l'étranger, sont dans le cas de l'article IV de la IVe section du titre Ier du code pénal, du 6 octobre 1791, et seront poursuivis comme tels.

VII. Il n'est nullement dérogé aux dispositions de l'arrêté du 19 ventose, relatif au mode et à la régularité du cabotage sur les côtes et dans l'intérieur de la République.

Les ministres de l'intérieur, de la police, des finances et de la justice, sont chargés, chacun en ce qui le concerne, de l'exécution du présent arrêté, qui sera imprimé, publié et affiché dans les départemens frontières y désignés.

Le premier Consul, signé, BONAPARTE. Par le premier Consul : *le secrétaire d'État*, signé, Hugues B. Maret. *Le ministre de la justice*, signé, ABRIAL.

BAUDOUIN, imprimeur du Corps législatif et du Tribunat, rue de Grenelle-Saint-Germain, N°. 1131.

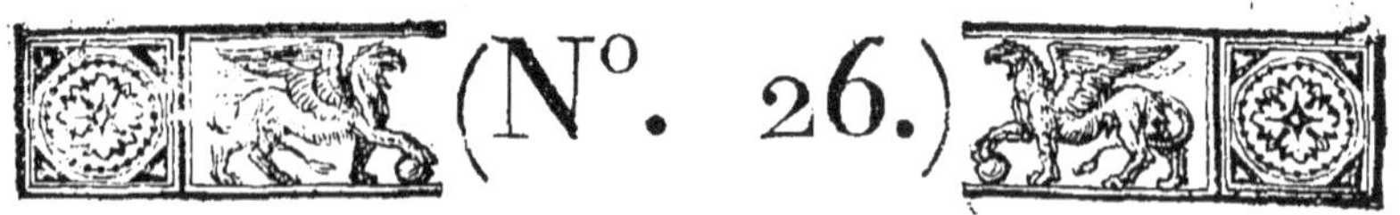

ARRÊTÉS ET PROCLAMATIONS DU GOUVERNEMENT.

Arrêté portant que l'empire de la Constitution cesse d'être suspendu dans les départemens des Côtes-du-Nord, d'Ille-et-Vilaine, du Morbihan et de la Loire-Inférieure.

Du 1er. Floréal, an 8.

LES CONSULS DE LA RÉPUBLIQUE, vu la loi du 23 nivose dernier, qui suspend l'empire de la Constitution dans les lieux des 12e, 13e, 14e et 22e divisions militaires auxquels le Gouvernement croira nécessaire d'appliquer cette mesure, et ce, pendant les trois mois qui suivront la publication de ladite loi; l'arrêté du 26 du même mois qui applique la suspension aux départemens des Côtes-du-Nord, d'Ille-et-Vilaine, du Morbihan et la Loire-Inférieure; un autre arrêté du même jour contenant des mesures relatives aux lieux où la Constitution est suspendue,

Arrêtent ce qui suit:

Art. I. Le quatrième jour du présent mois de floréal, l'empire de la Constitution cesse d'être suspendu dans les départemens des Côtes-du-Nord, d'Ille-et-Vilaine, du Morbihan et de la Loire-Inférieure.

II. Les mesures extraordinaires déterminées par le second arrêté du 26 nivose, les autorités et pouvoirs institués pour son exécution, cessent d'être en vigueur, à compter du même jour 4 floréal, dans les quatre départemens ci-dessus dénommés.

Les ministres sont chargés, chacun en ce qui le concerne, de l'exécution du présent arrêté.

Le premier Consul, signé, BONAPARTE. Par le premier Consul: *le secrétaire d'Etat*, signé, Hugues B. Maret. *Le ministre de la justice*, signé, ABRIAL.

PROCLAMATION des Consuls de la République aux habitans des départemens mis hors la Constitution par la loi du 23 nivose an 8.

Du 1er. Floréal.

CITOYENS,

Ce fut à regret que les Consuls de la République se virent forcés d'invoquer et d'exécuter une loi que les circonstances avoient rendue nécessaire. Ces circonstances ne sont plus. Les agens de l'étranger ont fui de votre territoire; ceux qu'ils égarèrent ont abjuré leurs erreurs. Le Gouvernement ne voit plus désormais parmi vous, que des Français soumis aux mêmes lois, liés par de communs intérêts, unis par les mêmes sentimens.

Si, pour opérer ce retour, il fut obligé de déployer un grand pouvoir, il en confia l'exercice au général en chef *Brune*, qui sut concilier avec les rigueurs nécessaires, cette bienveillance fraternelle qui, dans les discordes civiles, ne cherche que des innocens, et ne trouve que des hommes dignes d'excuse ou de pitié.

La Constitution reprend son empire. Vous vivrez désormais sous des magistrats qui, presque tous, sont connus de vous par des talens et par des vertus; qui, étrangers aux dissentions intestines, n'ont ni haine ni vengeance à exercer. Confiez-vous à leurs soins; ils rappelleront parmi vous l'harmonie, ils vous feront jouir des bienfaits de la liberté.

Oubliez tous les événemens que le caractère français désavoue; tous ceux qui ont démenti votre respect pour les lois, votre fidélité à la patrie : qu'il ne reste de vos divisions et de vos malheurs qu'une haine implacable contre l'ennemi étranger qui les a enfantés et nourris; qu'une douce confiance vous attache à ceux qui, chargés de vos destinées, ne mettent d'autre prix à leurs travaux que votre estime, qui ne veulent de gloire que celle d'avoir arraché la France aux discordes domestiques, et d'autre récompense que l'espoir de vivre dans votre souvenir.

Le premier Consul, signé, BONAPARTE. Par le premier Consul : *le secrétaire d'état*, signé, Hugues B. Maret. *Le ministre de la justice*, signé, ABRIAL.

Arrêté relatif à la taxe d'entretien des routes.

Du 1er. Floréal.

LES CONSULS DE LA RÉPUBLIQUE, vu la loi du 7 germinal an 8, sur la taxe d'entretien des routes; ensemble les lois des 24 fructidor an 5, vendémiaire, 3 nivose, premier thermidor an 6, et 14 brumaire an 7, toutes relatives à l'établissement et à la perception de la taxe d'entretien des routes ;

Sur le rapport du ministre de l'intérieur ; le conseil d'état entendu,

Arrêtent :

§. Ier.

De la suspension de la perception de la taxe.

Art. I. La perception de la taxe pourra être suspendue provisoirement aux barrières établies sur des portions de route qui exigent une nouvelle ou entière confection ; mais cette suspension n'aura lieu que d'après une décision du ministre de l'intérieur, provoquée par le préfet du département, et sur un avis motivé pris sur le rapport de l'ingénieur en chef.

La perception sera rétablie du moment où la route aura été mise en état de réparation et d'entretien.

II. Lorsque, par la suspension de la perception de la taxe, le bail de cette perception aura été résilié, les répétions que le fermier aura droit de former, seront liquidées par voie administrative.

Il sera tenu compte au fermier, 1°. des déboursés et frais de son premier établissement, proportionnellement à la portion de jouissance dont il sera privé ; 2°. du prix des matériaux approvisionnés et des travaux faits sur la route, au-delà des conditions de son bail.

§. II.

Des exemptions et modérations de la taxe.

III. Au moyen de la réduction opérée dans le tarif de la taxe par la loi du 7 germinal an 8, les arrêtés du ci-devant Directoire exécutif, et les décisions ministérielles, portant franchises ou modérations de quelque nature qu'elles soient, sont expressément rapportés.

Le Gouvernement statuera, s'il y a lieu, sur les nouvelles demandes en franchises ou modérations, qui pourront être faites en conséquence de l'art. VIII de la loi du 14 brumaire an 7.

IV. Les cultivateurs, entrepreneurs de routes, et autres qui ont droit aux franchises ou modérations accordées par les lois ou en vertu des lois, seront tenus de désigner et déclarer, devant le maire ou l'un de ses adjoints, le nombre des voitures, chevaux et bestiaux par eux employés, et de justifier desdites désignation et déclaration aux barrières qu'ils sont obligés de traverser.

Tout citoyen porteur d'un titre particulier de modération à lui accordé en vertu de l'article VIII de la loi du 14 brumaire an 7, sera tenu d'en justifier aux bureaux des barrières où il passera habituellement, en déposant une expédition authentique de son titre.

V. Les citoyens reconnus pour être domiciliés dans une commune où sont établies une ou plusieurs barrières, seront exempts d'acquitter la taxe lorsqu'ils seront obligés de traverser lesdites barrières, soit pour conduire leurs chevaux à l'abreuvoir, soit pour les faire ferrer, soit pour étendre du linge, soit enfin pour tout autre usage journalier, habituel et domestique.

Cette disposition n'est pas applicable aux citoyens domiciliés dans la commune de Paris.

VI. Pour assurer l'exécution des lois relativement aux cultivateurs, entrepreneurs et autres en faveur desquels il est prononcé des modérations et exemptions, il sera fait un réglement particulier et local pour chaque barrière au passage de laquelle ces modérations et exemptions peuvent être exercées.

Ce réglement local sera projeté par le sous-préfet, sur l'avis de l'ingénieur ordinaire; approuvé par le préfet, sur l'avis de l'ingénieur en chef; et définitivement arrêté par le ministre de l'intérieur.

§. III.

De la régie temporaire.

VII. Lorsque, par suite de la résiliation d'un bail de la taxe, il sera nécessaire d'en faire régir temporairement la perception, les agens de la taxe jouiront des traitemens portés par la loi du 3 nivose an 6.

Néanmoins, et lorsqu'à raison des localités il y aura lieu d'accorder en outre des indemnités à ces agens, le préfet les proposera au ministre de l'intérieur, qui statuera.

VIII. Dans les lieux où la régie de la taxe sera temporairement exercée, les receveurs seront nommés, suspendus et destitués par les préfets.

La nomination et la destitution des inspecteurs appartiendront au ministre de l'intérieur.

La suspension de ces agens pourra être prononcée par le préfet.

§. IV.

De la ferme de la taxe, et des obligations des fermiers.

IX. A l'avenir, indépendamment de l'affectation des biens des fermiers des barrières et de ceux de leurs cautions, ces fermiers se soumettront, par une clause expresse de leurs baux, à la contrainte par corps: elle sera exercée à défaut du paiement du prix de leur ferme, et à défaut de l'exécution des charges et conditions qu'ils auront contractées. Le fermier se soumettra pareillement à ce que, faute par lui de remplir les conditions de son bail, il soit procédé à sa résiliation, et à une nouvelle adjudication à la folle enchère dudit fermier.

X. Faute par le fermier de satisfaire aux contraintes décernées contre lui par le receveur de l'enregistrement, chargé, par le présent réglement, des recouvremens de la taxe, il lui fera une dernière sommation, qui sera communiquée au préfet, et par suite de laquelle il sera procédé à la résiliation du bail par le conseil de préfecture.

XI. Les baux concernant les barrières, seront passés pour trois années consécutives : néanmoins, et pour une première fois, ceux qui vont être passés ne comprendront que le restant de l'an 8 et l'an 9 en entier.

Le prix de la ferme sera payable de trois mois en trois mois, et d'avance.

Tout fermier est tenu de verser, dans le délai de deux jours après l'adjudication à lui passée, le quart à l'avance du prix annuel de son bail.

A l'échéance du trimestre dans lequel il sera entré en jouissance, il paiera la somme effective par lui dûe, proportionnellement au temps de son exploitation ; et ainsi de suite, de trimestre en trimestre, de sorte qu'il n'ait plus aucun versement à faire pour les derniers trois mois dudit bail. La monnoie de cuivre et de billon ne sera admise dans ces paiemens que pour un vingtième.

XII. Les fermiers des barrières sont tenus, 1°. d'inscrire leur recette jour par jour, et article par article, sur des registres en papier timbré ; 2°. de faire placarder, dans l'intérieur de leurs bureaux, un exemplaire des lois, réglemens et arrêtés relatifs à la taxe des routes ; et 3°. de conserver sur leur poteau, placé à l'intérieur du bureau, la pancarte indicative du tarif et des distances.

XIII. Il est expressément défendu à tout fermier d'opérer aucun changement dans le placement des barrières, ou d'en établir de nouvelles sans utilité reconnue par le préfet, et sans autorisation expresse du ministre de l'intérieur.

Dans le cas où, pour l'amélioration du produit de la taxe, le déplacement d'une barrière aura été jugé nécessaire, le préfet réglera l'excédant du prix à payer par le fermier ; il transmettra son avis au ministre pour être approuvé, s'il y a lieu.

XIV. A l'avenir, nul ne sera admis à enchérir la ferme des barrières, si, au jugement du préfet, il ne présente une garantie suffisante pour la sûreté des grandes routes et pour l'exécution de ses engagemens.

Nul aussi ne sera admis à enchérir l'entreprise des travaux des ponts et chaussées, si pareillement, au jugement du préfet, il ne présente une garantie suffisante.

Le préfet pourra aussi exiger de l'enchérisseur des travaux la représentation d'un certificat de capacité, délivré soit par l'ingénieur en chef du département, soit par l'un des ingénieurs en chef des douze départemens les plus voisins.

XV. Lorsqu'il y aura lieu à une adjudication de barrière, le préfet réglera la première mise à prix : elle sera égale au prix du bail précédent si elle a été affermée, et au produit de la régie si elle n'a n'a pas été affermée.

Dans le cas où il ne se présenteroit pas d'enchérisseur pour couvrir la première mise à prix, le préfet est autorisé à la réduire d'un dixième ; et dans le cas encore où elle ne seroit pas couverte, il la réduira de nouveau par dixième jusqu'à la moitié de la première mise à prix : s'il ne se présente pas d'enchérisseur sur cette moitié, l'adjudication sera suspendue jusqu'à la décision ultérieure du ministre de l'intérieur.

XVI. Les adjudications des barrières, passées devant le préfet, et consenties par lui, seront définitives, sans qu'il soit besoin de l'approbation du ministre de l'intérieur.

§. V.

Du recouvrement, des versemens et de la comptabilité de la taxe.

XVII. A compter du premier prairial prochain, les receveurs de la régie de l'enregistrement seront chargés de poursuivre le recouvrement des sommes dûes par les fermiers des barrières, et de celles reçues par les préposés à la recette des barrières en régie : les préfets leur feront remettre en conséquence les baux, titres et pièces nécessaires.

La régie de l'enregistrement réunira à ses comptes un chapitre particulier contenant l'état des recettes et versemens faits par ses receveurs, relativement à la taxe d'entretien ; elle en fournira les bordereaux à l'administration du trésor public.

XVIII. Il est alloué aux receveurs de la régie de l'enregistrement, une remise d'un centime par franc sur les recettes faites par eux des produits de la taxe d'entretien.

XIX. A compter du premier prairial prochain, les fonds provenant de la taxe d'entretien cesseront d'être versés aux receveurs généraux de département ; ils le seront entre les mains des préposés des payeurs généraux établis près le trésor public, pour en compter à celui de ces payeurs qui est chargé des dépenses diverses.

En conséquence, les receveurs généraux de département remettront auxdits préposés, avant le premier prairial prochain, tous les fonds appartenant à la taxe de l'entretien qu'ils auront en caisse; les receveurs de l'enregistrement leur verseront à l'avenir ceux qui seront recouvrés sur ladite taxe.

XX. Les dépenses relatives à l'entretien et à l'administration des routes, seront divisées par exercices annuels, et ordonnancées par le ministre de l'intérieur, sur les arrêtés des Consuls, sans pouvoir excéder le produit des recettes de la taxe, spécialement affecté par les lois au paiement desdites dépenses.

Les ordonnances seront visées par les administrateurs du trésor public, et les états de produit de la taxe tiendront lieu de crédit ouvert pour lesdites dépenses.

XXI. Dans le courant des mois de vendémiaire, nivose, germinal et messidor, les directeurs de la régie de l'enregistrement adresseront au ministre de l'intérieur le bordereau des sommes recouvrées par les receveurs de leur arrondissement, et des versemens par eux faits aux préposés des payeurs généraux.

Aux mêmes époques, le payeur général des dépenses diverses adressera au ministre de l'intérieur le bordereau des versemens faits à ses préposés.

XXII. Dans le courant de prairial prochain, les receveurs généraux de département renverront au ministre de l'intérieur les ordonnances qui leur auront été adressées, et qui n'auront pas été acquittées.

A l'égard de celles de ces ordonnances sur lesquelles il auroit été payé des à-comptes, le receveur général y réunira un bordereau détaillé, indicatif des sommes payées et de celles restant à payer. Ces ordonnances seront annullées, et le ministre fera expédier des coupures pour ce qui en aura été payé par à-compte : ces coupures seront renvoyées au receveur général, après avoir été visées par l'administration du trésor public.

XXIII. Les ingénieurs en chef et ordinaires des ponts et chaussées sont chargés de vérifier, auprès des fermiers des barrières, les versemens faits sur le prix de leurs baux, et de se faire, à cet effet, représenter les quittances qu'ils en ont reçues.

L'ingénieur en chef enverra, chaque mois, au ministre de l'intérieur, le bordereau des vérifications faites auprès des fermiers.

§. VI.

De l'établissement des ponts à bascule.

XXIV. Il sera incessamment établi, sur les grandes routes de la

République, des ponts à bascule ou autres machines propres à vérifier le poids des voitures.

Aussitôt après l'établissement de ces machines, il sera fait un réglement par lequel le *maximum* de la charge des voitures de roulage sera fixé.

XXV. Les ministres des finances et de l'intérieur, chacun en ce qui le concerne, sont chargés de l'exécution du présent arrêté, qui sera imprimé au Bulletin des lois.

Le premier Consul, signé, BONAPARTE. Par le premier Consul : *le secrétaire d'état*, signé, Hugues B. Maret. *Le ministre de l'intérieur*, signé, LUCIEN BONAPARTE.

Arrêté qui règle le taux auquel seront estimés, dans la liquidation des remises des employés de la régie de l'enregistrement, les bons des trois-quarts, du quart et du tiers des arrérages de rentes et pensions sur l'État.

Du 1er. Floréal.

LES CONSULS DE LA RÉPUBLIQUE, sur le rapport du ministre des finances, le Conseil d'état entendu,

Arrêtent :

Art. I. Les bons trois-quarts d'arrérages de rentes et pensions sur l'État, seront assimilés, pour la liquidation de la remise générale des régisseurs et employés de la régie de l'enregistrement, ainsi que pour celle des remises particulières des receveurs, aux bons des deux-tiers mobilisés; en conséquence, lesdits bons ne seront estimés, pour régler lesdites remises en numéraire, qu'à raison d'un et demi pour cent de leur valeur nominale.

II. Les bons d'arrérages du quart et du tiers desdites rentes et pensions, ne seront estimés en numéraire, pour la liquidation des mêmes remises, qu'à raison de dix pour cent de leur valeur nominale, ainsi qu'il est réglé pour le tiers consolidé.

III. Le ministre des finances est chargé de l'exécution du présent arrêté, qui sera imprimé au Bulletin des lois.

Le premier Consul, signé, BONAPARTE. Par le premier Consul : *le secrétaire d'état*, signé, Hugues B. Maret. *Le ministre des finances*, signé, GAUDIN.

BAUDOUIN, imprimeur du Corps législatif et du Tribunat, rue de Grenelle-Saint-Germain, N°. 1131.

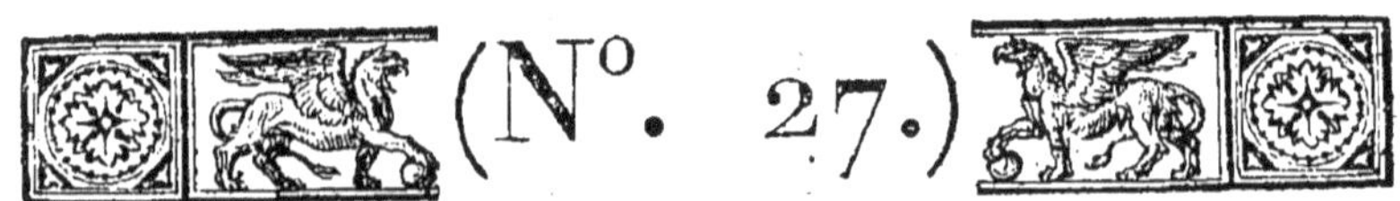

(N°. 27.)

ARRÊTÉS ET PROCLAMATIONS DU GOUVERNEMENT.

Arrêté relatif à la location et à l'administration des établissemens d'eaux minérales.

Du 3 Floréal, an 8.

Les Consuls de la République, vu le rapport du ministre de l'intérieur; le conseil d'état entendu,

Arrêtent ce qui suit :

Art. I. Les préfets feront mettre en adjudication à l'enchère le produit des eaux minérales, dans les lieux où se trouvent des sources appartenant à la République. Le cahier des charges contiendra le prix des eaux, bains et douches.

II. La durée du bail sera de trois années. A défaut de paiement du prix du bail, ou de l'exécution des clauses y contenues, il pourra être résilié par le conseil de préfecture, et réadjugé à la folle enchère du fermier.

III. Le prix des baux sera payable par trimestre et d'avance ; il sera versé, à titre de dépôt, dans la caisse des hospices du chef-lieu de préfecture, pour être uniquement employé à l'entretien et à la réparation des sources, ainsi qu'au traitement des officiers de santé chargés de l'inspection des eaux : en cas d'excédant, il en sera disposé par le ministre de l'intérieur pour les travaux et recherches nécessaires au perfectionnement de la science des eaux minérales.

IV. Aucun officier de santé inspecteur des eaux minérales, ou son adjoint, aucun propriétaire d'eau minérale dans le lieu où se trouvent des eaux minérales appartenant à la République, ne pourra se rendre adjudicataire de ces eaux.

A

V. Conformément à l'article VII du réglement du 29 floréal an 7, les préfets soumettront avant toute adjudication, et dans le plus bref délai, à la confirmation du ministre, la fixation du prix des eaux bues à la source, de celles qui seront puisées pour être envoyées dans les dépôts ou aux particuliers, ainsi que le prix des bains et des douches.

VI. L'officier de santé inspecteur indiquera les travaux nécessaires à l'entretien et à la réparation des sources, au préfet, qui, après avoir consulté l'ingénieur du département, en ordonnera l'exécution.

VII. Dans le cas où les sources exigeroient des constructions nouvelles, il en sera fait un devis estimatif, que le préfet adressera au ministre de l'intérieur, lequel en ordonnera l'exécution, s'il y a lieu.

VIII. Les officiers de santé chargés de l'inspection des eaux minérales, proposeront au préfet les réglemens nécessaires pour le maintien de l'ordre et de la discipline dans l'administration des eaux.

Ils proposeront de même les articles à insérer dans le cahier des charges, pour fixer les conditions auxquelles seront tenus les fermiers, soit pour le nombre des agens qui seront employés, soit pour les diverses fournitures de combustibles, baignoires, et autres objets nécessaires au service des eaux.

IX. Les sources d'eaux minérales sont, quant à leur produit, divisées en trois classes :

Première classe, celles dont le produit de la location excédera 3,000 francs.

Seconde classe, celles dont la location excédera 2,000 francs.

Celles dont l'adjudication sera au-dessous de 2,000 francs, seront comprises dans la troisième classe.

X. Les officiers de santé chargés de l'inspection des eaux de première classe, auront pour appointemens 1000 francs; ceux de la seconde classe, 800 francs: quant aux inspecteurs des eaux de troisième classe, ils auront la moitié du prix du bail, sans que, dans aucun cas, leur traitement puisse excéder la somme de 600 francs. Ils seront tenus de donner leurs conseils et leurs soins aux indigens admis aux eaux.

XI. Les articles de l'arrêté du directoire exécutif du 29 floréal an 7, concernant l'administration des eaux minérales, seront exécutés dans tout ce qui n'est pas contraire au présent.

XII. Le ministre de l'intérieur est chargé de l'exécution du présent arrêté, qui sera inséré au bulletin des lois.

Le premier Consul, signé, BONAPARTE. Par le premier Consul : *le secrétaire d'état*, signé, Hugues B. Maret. *Le ministre de l'intérieur*, signé, LUCIEN BONAPARTE.

Arrêté portant nomination du secrétaire général du commissariat général de police à Lyon.

Du 3 Floréal.

AU NOM DU PEUPLE FRANÇAIS, BONAPARTE, premier Consul de la République, sur le rapport du ministre de la police générale,

Arrête :

Le citoyen *Fournier* est nommé secrétaire général du commissariat général de police à Lyon, en remplacement du citoyen *Dantigny*, démissionnaire.

Le ministre de la police générale est chargé de l'exécution du présent arrêté, qui sera imprimé.

Le premier Consul, signé, BONAPARTE. Par le premier Consul : *le secrétaire d'État*, signé, Hugues-B. Maret. *Le ministre de la police générale*, signé, FOUCHÉ.

Arrêté qui nomme le secrétaire général du commissariat général de police à Bordeaux.

Du 3 Floréal.

AU NOM DU PEUPLE FRANÇAIS, BONAPARTE, premier Consul de la République, sur le rapport du ministre de la police générale, nomme secrétaire général du commissariat général de police à Bordeaux, le citoyen *Babut* neveu, administrateur du département de la Dordogne.

Le ministre de la police générale est chargé de l'exécution du présent arrêté, qui sera imprimé.

Le premier Consul, signé, BONAPARTE. Par le premier Consul : *le secrétaire d'etat*, signé, Hugues B. Maret. *Le ministre de la police générale*, signé, FOUCHÉ.

Arrêté qui nomme le secrétaire général du commissariat général de police à Marseille.

Du 3 Floréal.

AU NOM DU PEUPLE FRANÇAIS, BONAPARTE, premier Consul de la République, sur le rapport du ministre de la police générale, nomme secrétaire général du commissariat général de police à Marseille, le citoyen *Georges-Guillaume Texier*, commissaire du Gouvernement près l'administration municipale de Maixent, département des Deux-Sèvres.

Le ministre de la police générale est chargé de l'exécution du présent arrêté, qui sera imprimé.

Signé, BONAPARTE. Par le premier Consul : *le secrétaire d'état*, signé, Hugues B. Maret. *Le ministre de la police générale*, signé, FOUCHÉ.

Arrêté qui divise en grades le service du département des relations extérieures pour la partie des agences politiques.

Du 3 Floréal.

LES CONSULS DE LA RÉPUBLIQUE, sur le rapport du ministre des relations extérieures, le Conseil d'état entendu,

Arrêtent ce qui suit :

Art. I. Le service du département des relations extérieures, pour la partie des agences politiques, est divisé en grades, qui seront classés comme il suit :

1°. Secrétaire de légation de 2e classe ;

2°. *Idem* de 1re. ;

3°. Ministre plénipotentiaire ;

4°. Ambassadeur.

Il sera fait un réglement particulier pour la partie du service des relations commerciales.

II. Il sera établi, dans le département, une classe d'aspirans, qui, dans le cours de leur instruction, pourront être alternativement placés dans les bureaux et à la suite des légations. Leurs progrès seront constatés par un ou plusieurs examens, dont un réglement particulier, qui sera arrêté par le ministre, déterminera le temps et le mode, ainsi que le plan de leur enseignement.

Il sera établi pour la classe un grade spécial d'élèves, qui deviendra le premier degré de promotion du service du département.

III. Les promotions aux grades et les nominations aux emplois seront décidées sur des rapports distincts et par des arrêtés séparés. Les agens promus en grade recevront, à chaque promotion, un brevet du premier Consul.

IV. Il y aura un traitement distinct et affecté à chaque grade : ce traitement sera pris sur la quotité actuelle des appointemens de chaque agent ; et ainsi, tous les appointemens des agens brevetés seront désormais composés de deux parties, du traitement de leur emploi, et de celui de leur grade.

V. Les grades ne suivront pas indispensablement l'ordre des emplois. Le premier Consul pourra, pour des considérations de service, conférer à un agent un grade supérieur à son emploi, ou le nommer à un emploi supérieur à son grade. Dans l'un et l'autre cas, les appointemens de l'agent ne seront augmentés que dans la partie du traitement de son nouvel emploi ou de son nouveau grade.

VI. Tous les agens actuellement en activité recevront des brevets de grade. S'ils sont dans la quatrième année de leur service, ils seront brevetés du grade de leur emploi : avant ce terme, ils ne pourront être pourvus que des brevets du grade immédiatement inférieur, à moins qu'ils ne soient dans le cas prévu par l'article V. Il en sera de même à l'égard de toutes les nominations qui seront faites à l'avenir par le premier Consul.

VII. A dater du premier germinal an 8, tout agent qui sera rappelé, ne perdra, par le fait de son rappel, que le traitement de son emploi. Il jouira de son traitement de grade jusqu'au moment où il sera remis en activité.

VIII. A dater de la même époque, tout agent rappelé par arrêté portant injonction de rendre compte de sa conduite, sera tenu de produire sa justification devant une commission composée de cinq membres choisis par le premier Consul. Cette commission fera, sur cette justification, un rapport qui sera présenté par le ministre au premier Consul; et ce n'est qu'à la suite d'un tel rapport, qu'un agent pourra être destitué et privé de ses grades.

IX. Néanmoins le premier Consul, par un arrêté spécial et sans examen de commission, pourra retirer un grade à un agent rappelé : et alors cet agent ne jouira que du traitement du grade immédiatement inférieur à celui qu'il aura perdu.

X. Les grades du département seront communs aux agens extérieurs et à ceux de l'intérieur du département. Les règles de cette assimilation seront comme il suit :

Les chefs de bureau politique seront promus au grade de secrétaire de légation de seconde classe;

Les sous-chefs de division politique seront promus au grade de secrétaire de légation de première classe;

Les chefs de division politique seront promus au grade de ministre plénipotentiaire;

Le ministre des relations extérieures sera promu au grade d'ambassadeur.

Néanmoins les chefs et sous-chefs ne pourront être promus au grade de leur emploi, s'ils ne justifient pas de quatre ans de service; et le grade d'ambassadeur ne sera conféré au ministre, qu'autant qu'il aura été précédemment pourvu du grade de ministre plénipotentiaire, ou qu'il aura deux ans d'exercice des fonctions de son ministère.

XI. Les agens qui ont été rappelés antérieurement au premier germinal an 8, seront susceptibles d'être pourvus de brevets de grade, à raison des emplois qu'ils ont remplis et du temps de leur service : la durée du temps nécessaire pour qu'ils puissent être brevetés, est de quatre années au moins, dont deux depuis la révolution.

XII. Le traitement de grade sera la base de la retraite des agens du département. Le temps indispensable pour obtenir un traitement de retraite, sera au moins de vingt ans de service. Après cette période, un agent pourra, avec l'autorisation du premier Consul, se retirer et jouir de la moitié de son traitement de grade. Après vingt-cinq ans, il pourra jouir de la totalité de ce traitement : dans l'un et l'autre cas, il pourra lui être accordé un surcroît de traitement proportionné à ses talens et à ses services.

XIII. Les agens qui, en 1789, étoient retirés et jouissoient d'une pension de retraite, pourront être dispensés de justifier de leurs services pendant le cours de la révolution.

Le traitement de grade du dernier emploi qu'ils ont rempli, leur servira de traitement de retraite.

A dater du premier germinal an 8, ce traitement leur sera payé un quartier d'avance.

XIV. La nomination des agens ou employés du département, à des fonctions ou places étrangères au service du département, ne privera pas ces agens ou employés de leur grade, si ces fonctions ou places leur sont conférées par le Sénat conservateur ou par le premier Consul : les agens ne pourront en accepter d'autres sans l'agrément du ministre.

XV. Les traitemens de grade seront fixés comme il suit :

Traitement de grade	d'ambassadeur	10,000 fr.
	de ministre plénipotentiaire	6,000
	de secrétaire de légation de 1re classe	2,400
	de secrétaire de légation de 2e classe	1,000
	d'élève breveté	600

XVI. Le ministre des relations extérieures organisera le service intérieur de son département, de manière à établir une règle spéciale de promotion de bureau pour les employés qui ne sont pas en grade. Cette promotion doit donner à chaque employé un titre de stabilité, quand il sera reconnu qu'il l'a mérité par son âge et par ses services : elle doit, aux mêmes titres, leur donner encore la perspective d'être promus aux grades du département, sans qu'il soit besoin qu'ils passent par celui d'élève.

Il sera, à cet effet, formé un tableau et un réglement qui seront rédigés par le ministre, et arrêtés par le premier Consul.

XVII. Il sera fait une retenue proportionnelle sur tous les appointemens des agens politiques du département : cette retenue, ainsi que les bonifications accidentelles des fonds affectés à cet usage, sera destinée à pourvoir au surcroît de dépense qui doit résulter de l'exécution du présent réglement.

Le ministre des relations extérieures est chargé de l'exécution du présent arrêté, qui sera inséré au bulletin des lois.

Le premier Consul, signé, BONAPARTE. Par le premier Consul, *le secrétaire d'État*, signé, Hugues B. Maret. *Le ministre des relations extérieures*, signé, TALLEYRAND-PÉRIGORD.

Arrêté relatif aux conscrits mariés ou veufs, et à ceux des neuf départemens réunis.

Du 6 Floréal.

LES CONSULS DE LA RÉPUBLIQUE, sur le rapport du ministre de la guerre ; le Conseil d'état entendu,

Arrêtent :

Art. I. Tous les conscrits mariés avant l'époque du 23 nivose an 6, et qui, devenus veufs, s'étoient remariés avant la publication de la loi du 19 fructidor, seront rayés du rôle de la conscription militaire.

II. Les citoyens qui étoient mariés ou veufs à l'époque du 27 messidor an 7, et qui avoient obtenu des congés ou des dispenses provisoires, recevront des congés définitifs, sans condition de remplacement.

III. Les mesures prises par le Gouvernement pour favoriser l'agriculture dans les départemens de Jemmappe, la Dyle, l'Escaut, la Lys, les Deux-Nèthes, les Forêts, l'Ourthe, Sambre-et-Meuse et Meuse-Inférieure, seront considérées comme des congés provisoires : en conséquence, tous les conscrits desdits départemens, autres que ceux qui ont été appelés par l'article I de la loi du 17 ventose, ont la faculté de se faire remplacer par un suppléant, ou de payer trois cents francs.

IV. L'époque du 15 germinal, fixée par l'article 7 de la susdite loi, est prorogée pour lesdits départemens jusqu'au 1er prairial.

V. Le ministre de la guerre est chargé de l'exécution du présent arrêté, qui sera imprimé au bulletin des lois.

Le premier Consul, signé, BONAPARTE. Par le premier Consul : *le secrétaire d'État*, signé, Hugues B. Maret. *Le ministre de la guerre*, signé, CARNOT.

Arrêté qui rétablit le citoyen J. J. Aymé *dans tous les droits de citoyen.*

Du 7 Floréal.

LES CONSULS DE LA RÉPUBLIQUE arrêtent ce qui suit :

Art. I. Le citoyen *J. J. Aymé* cessera d'être en surveillance, et sera rendu à tous les droits de citoyen.

II. Le ministre de la police générale est chargé de l'exécution du présent arrêté, qui sera imprimé au bulletin des lois.

Le premier Consul, signé, BONAPARTE. Par le premier Consul : *le secrétaire d'État*, signé, Hugues B. Maret. *Le ministre de la justice*, signé, ABRIAL.

Arrêté relatif au service des argues nationales.

Du 7 Floréal.

LES CONSULS DE LA RÉPUBLIQUE, sur le rapport du ministre des finances ; le Conseil d'État entendu,

Arrêtent ce qui suit :

Art. I. Les argues nationales continueront, comme avant la loi du 19 brumaire an 6, de servir à dégrossir et tirer les bâtons de cuivre doré et argenté.

II. Le salaire de ce travail sera le même que celui fixé avant cette loi ; savoir,

Pour les bâtons de cuivre doré, de douze centimes par hectoramme [six sous par marc] ;

Pour les bâtons de cuivre argenté, huit centimes par hectogramme [quatre sous par marc].

III. Les propriétaires desdites matières fourniront les filières, et paieront les frais de forge et de tirage.

IV. Les tireurs d'or et d'argent paieront, aux prix fixés par l'article II, et suivant les soumissions qu'ils en ont faites à l'administration des monnoies, le travail sur les bâtons de cuivre doré et argenté qu'ils ont fait tirer aux argues nationales depuis leur rétablissement.

V. Le ministre des finances est chargé de l'exécution du présent arrêté, qui sera imprimé au Bulletin des lois.

Le premier Consul, signé, BONAPARTE. Par le premier Consul, *le secrétaire d'état*, signé, Hugues B. Maret. *Le ministre des finances*, signé, GAUDIN.

Réglement sur l'organisation de la marine.

Du 7 Floréal.

LES CONSULS DE LA RÉPUBLIQUE, sur le rapport du ministre de la marine, le conseil d'état entendu,

Arrêtent ce qui suit :

TITRE Ier.

Division du territoire maritime.

Art. I. Le territoire maritime de la France sera divisé en six arrondissemens.

II. Le premier arrondissement comprendra les ports et côtes de la Manche, depuis la frontière de la République batave jusqu'à Dunkerque inclusivement : le chef-lieu en sera déterminé par une dispotion particulière.

Le second arrondissement comprendra les ports et côtes de la Manche, depuis Dunkerque exclusivement jusqu'à Cherbourg inclusivement : il aura le port du Havre pour chef-lieu.

Le troisième arrondissement comprendra les ports et côtes de l'Océan, depuis Cherbourg exclusivement jusqu'à Quimper inclusivement, et les îles adjacentes : il aura le port de Brest pour chef-lieu.

Le quatrième arrondissement comprendra les ports et côtes de l'Océan, depuis Quimper exclusivement jusqu'à la rive gauche de la Loire : il aura le port de Lorient pour chef-lieu.

Le cinquième arrondissement comprendra les ports et côtes de l'Océan, depuis la rive gauche de la Loire jusqu'à la frontière d'Espagne, et les îles adjacentes : il aura le port de Rochefort pour chef-lieu.

Le sixième arrondissement comprendra les ports et côtes de France sur la Méditerranée, les îles adjacentes et l'île de Corse : il aura le port de Toulon pour chef-lieu.

TITRE II.

Service des ports et arsenaux.

SECTION Ire.

Des préfets maritimes, et de leurs fonctions.

III. Il y aura dans chacun des arrondissemens un préfet maritime.

IV. Le préfet maritime résidera dans le chef-lieu de son arrondissement.

V. Les préfets maritimes, dans leurs ports respectifs, recevront immédiatement les ordres du ministre de la marine, et les feront exécuter; ils auront seuls la correspondance habituelle avec lui.

VI. Ils auront sous leurs ordres les individus employés dans tous les genres de service de la marine; ils seront à la tête de l'administration, et auront la direction générale des travaux.

VII. Ils seront chargés de la sûreté des ports, de la protection de la côte, de l'inspection de la rade et des bâtimens qui y sont mouillés, et enfin de la direction de tous les bâtimens armés qui, par la nature de leur mission ou de leurs instructions, n'auront pas été mis hors de leur dépendance.

VIII. Il sera statué, par un réglement particulier, sur le traitement et les frais de bureau de chacun des préfets maritimes.

SECTION II.

Répartition du service des ports et arsenaux.

IX. Le service des ports et arsenaux de Brest, Lorient, Rochefort et Toulon, sera divisé ainsi qu'il suit:

1°. État-major, officiers, troupes d'artillerie de la marine;

2°. Constructions navales;

3°. Mouvement du port;

4°. Parc d'artillerie;

5°. Administration et comptabilité.

Ces détails seront confiés à des chefs, sous l'autorité du préfet maritime.

SECTION III.

État-major, officiers, troupes d'artillerie de la marine.

X. Il sera nommé, dans chacun des ports de Brest, Lorient, Rochefort et Toulon, un chef militaire, qui commandera les officiers de vaisseau de tous les grades, et les troupes d'artillerie de la marine.

Il sera de même spécialement chargé de la garde militaire et sûreté du port, des forts et postes qui en dépendent.

XI. Le chef militaire proposera au préfet maritime les officiers qui devront composer l'état-major des vaisseaux en armement. Les ordres donnés à cet effet par le préfet, seront exécutés sur-le-champ : ils ne pourront être changés que par ceux du ministre.

Le chef militaire proposera aussi les officiers chargés de faire provisoirement l'armement d'un vaisseau dont l'état-major n'aura pas été nommé ou ne sera pas encore en fonctions.

XII. Il destinera des officiers de vaisseau en nombre suffisant, pour, sous les ordres du chef des mouvemens, suivre les opérations de ce service.

Il destinera les officiers qui devront être de garde, de ronde, faire les visites d'hôpitaux, de casernes et autres, et assister aux recettes de matières et de vivres.

Enfin, il destinera les troupes d'artillerie de la marine qui devront être embarquées sur les bâtimens en armement.

XIII. Il surveillera l'instruction théorique et pratique des officiers de vaisseau, des troupes d'artillerie de la marine.

XIV. Des adjudans et sous-adjudans seront chargés de la surveillance du service, et de l'exécution des ordres qu'il donnera.

Ils seront nommés par le préfet maritime, sur la présentation du chef militaire.

XV. Le chef militaire, les adjudans et sous-adjudans, seront pris parmi les officiers de vaisseau.

XVI. Il sera statué, par un réglement particulier, sur le nombre de ces fonctionnaires à employer dans les différens ports, et sur les frais de commis et de bureau.

SECTION IV.

Constructions navales.

XVII. Il y aura un inspecteur général des constructions navales de la République. Il exercera ses fonctions conformément aux instructions qui lui seront données, chaque année, par le ministre.

XVIII. Il y aura dans chacun des ports de Brest, Lorient, Rochefort et Toulon, un chef des constructions navales.

XIX. Il aura sous ses ordres les officiers du génie maritime de tout grade employés dans son arrondissement.

XX. Les officiers du génie maritime seront militaires; et leurs grades seront déterminés par un réglement particulier, conformément aux lois qui ont jusqu'à présent fixé l'assimilation de ces grades entre les différens services.

XXI. Il sera chargé de la construction et refonte, radoub, entretien de tous bâtimens flottans ; de tous les travaux à exécuter dans les divers chantiers et ateliers de la construction ; des ateliers de la voilure, corderie, poulierie, tonnellerie ; du transport des matières qui sont de son ressort ; enfin, de la recherche et du martelage des bois de construction.

XXII. Il destinera les ouvriers sur les chantiers et aux ateliers, selon qu'il le jugera nécessaire : il proposera au préfet maritime les avancemens en grade et en solde, de tous les individus qui sont sous ses ordres.

Section V.

Mouvemens du port.

XXIII. Il y aura dans chacun des ports de Brest, Lorient, Rochefort et Toulon, un chef des mouvemens du port.

XXIV. Le chef des mouvemens aura sous ses ordres, pour l'exécution des travaux, des sous-chefs, des lieutenans et des enseignes de vaisseau.

XXV. Les chefs et sous-chefs des mouvemens seront pris parmi les directeurs et autres officiers qui servent actuellement dans les mouvemens des ports. Le nombre en sera déterminé par un réglement particulier.

Ces officiers feront partie de la liste des officiers de vaisseau en activité de service : ils y prendront leur rang selon leur grade et leur ancienneté, et rouleront avec eux pour leur avancement.

XXVI. Les lieutenans et enseignes destinés à suivre temporairement les mouvemens du port, seront, sur la présentation du chef des mouvemens, nommés par le chef militaire, qui n'en pourra changer qu'un tiers au plus dans l'espace de trois mois.

XXVII. Le chef des mouvemens sera chargé du mouvement, amarrage, lestage, délestage des bâtimens flottans, de leur garde et conservation dans le port ;

Du mâtement et démâtement, de l'abattage en carène, de l'entrée des bâtimens et de leur sortie des bassins et ports, du halage à terre et de toutes manœuvres à faire dans le port, de l'arrangement et entretien des grémens des bâtimens dans les magasins destinés à cet effet ;

Des travaux de la garniture ;

Du curage ordinaire des ports, et du placement des tonnes ou balises ;

Des secours à donner aux bâtimens en armement et désarmement, et à ceux qui courent des dangers ;

De la surveillance des pilotes-côtiers, des pompes à incendie et pompiers ;

Des signaux, phares, vigies, et des préposés à ces différens services.

XXVIII. Le chef des mouvemens destinera les ouvriers, marins ou journaliers, selon les travaux et les opérations dont il est chargé : il proposera au préfet les avancemens de grade ou de paye dont il jugera les individus susceptibles.

SECTION VI.

Parc d'artillerie.

XXIX. Il y aura un inspecteur général de l'artillerie, qui aura l'inspection générale des parcs d'artillerie, forges, fonderies et manufactures d'armes de la marine de la République.

XXX. Il y aura dans chacun des ports de Brest, Lorient, Rochefort et Toulon, un officier d'artillerie chargé du parc.

XXXI. Il aura sous ses ordres des officiers de la même arme particulièrement attachés à ce service.

XXXII. Il sera chargé de l'inspection des bouches à feu, poudres, bombes, boulets, armes et munitions servant à l'armement des vaisseaux ;

De l'entretien et arrangement de ces objets dans les magasins et le parc, et des travaux des ateliers de l'artillerie.

XXXIII. Il y aura dans les arsenaux un sous-garde-magasin d'artillerie, subordonné au garde-magasin général du port.

XXXIV. Le chef du parc d'artillerie inspectera les ouvriers, assistera aux revues qui seront ordonnées, et proposera les avancemens de paye ou de grade dont il jugera les individus susceptibles.

SECTION VII.

Administration et comptabilité.

XXXV. Il y aura dans chacun des ports de Brest, Lorient, Rochefort et Toulon, un chef d'administration, ayant sous lui des commissaires, des sous-commissaires et des commis

XXXVI. L'administration et comptabilité se divise ainsi qu'il suit :

Le magasin général, où se fait la recette et dépense des matières,

Les fonds et revues,

Les armemens et prises,

Les chantiers et ateliers,

Les hôpitaux et bagnes,

Les vivres.

XXXVII. Il n'est rien changé, quant à présent, aux attributions de ces différens détails et aux formes du service.

XXXVIII. Le chef de l'administration n'ordonnancera les dépenses que d'après les ordres du ministre pour la répartition des fonds.

Il rendra, tous les trois mois, le compte de sa gestion au conseil d'administration.

XXXIX. Le préfet ne pourra changer la répartition des fonds que dans les cas urgens et extraordinaires, après avoir consulté le conseil d'administration, et à la charge d'en rendre compte au ministre dans les vingt-quatre heures.

XL. Il sera statué, par un réglement, sur le nombre, les appointemens et le mode d'admission des préposés à l'administration des ports.

TITRE III.

De l'inscription maritime.

XLI. L'inscription maritime fera partie des attributions du chef de l'administration : elle restera réglée telle qu'elle est maintenant, sauf l'exception suivante.

XLII. Le premier Consul désignera, chaque année, un ou plusieurs officiers de vaisseau par arrondissement, pour faire le recensement des hommes de mer, pour connoître de leur destination sur les bâtimens de la République et du commerce ou dans les ports, pour connoître enfin de leur congé et de leur invalidité.

TITRE IV.

Service à la mer.

XLIII. Tout bâtiment en armement sera sous la garde et conservation du chef des mouvemens, jusqu'au moment où il sera mouillé dans la rade.

Dès-lors il passera sous l'autorité de celui qui le commande.

XLIV. Il y aura sur chacun des bâtimens de la République, un agent de comptabilité sous les ordres du commandant.

Il sera nommé par le préfet maritime, sur la présentation du chef de l'administration.

XLV. Tous les ordres de consommation donnés par le commandant, seront communiqués, par celui qui les aura reçus, à l'agent comptable, qui les inscrira sur un registre particulier.

Tous les achats et remplacemens seront exécutés par lui, d'après les ordres du commandant; et il en tiendra registre.

XLVI. Les registres de rations, de munitions, de tous les objets quelconques, seront vérifiés et arrêtés, chaque décade, par le lieutenant chargé du détail, et visés par le commandant.

XLVII. Les rôles d'équipage seront vérifiés, chaque décade, par le lieutenant chargé du détail et le commandant du bâtiment: ils signeront l'état de situation fait chaque décade en conséquence de ce rôle.

XLVIII. Dans toute escadre, il y aura, sur le vaisseau commandant, et sous les ordres de l'officier général, un commissaire chargé de la comptabilité générale de l'escadre, et auquel les agens de vaisseaux seront subordonnés.

Il sera nommé par le préfet maritime.

XLIX. Au retour de campagne, l'agent comptable rendra compte du mouvement de l'équipage, et de l'emploi des vivres et matières: ce compte sera examiné par une commision nommée par le conseil d'administration du port, laquelle vérifiera,

Si le rôle de rations est conforme au rôle d'équipage;

Si la quantité de vivres consommés dont l'état aura été arrêté par le commissaire des vivres dans le port, est en raison du montant du rôle des rations.

Enfin la commission donnera son opinion sur la consommation des matières, et sur la balance des recettes et dépenses.

L. Cette commission fera son rapport au conseil d'administration, qui prononcera sur le compte rendu.

Les irrégularités et inexactitudes du compte sont à la charge de l'agent comptable.

Le commandant demeure responsable des consommations extraordinaires qui n'ont dû avoir lieu que par ses ordres.

LI. L'extrait de la délibération du conseil, signé du président et du secrétaire, sera donné à l'agent du vaisseau, qui ne sera payé de ses appointemens que dans le cas où il sera à sa décharge.

LII. Il sera embarqué à bord de chaque division de vaisseaux, un officier du génie maritime, chargé, sous les ordres du commandant de la division, des travaux relatifs au radoub et entretien des bâtimens.

LIII. Dans chaque escadre de quinze vaisseaux, il sera embarqué un officier du génie maritime d'un grade supérieur.

LIV. Il pourra être embarqué un officier du génie maritime sur chaque vaisseau destiné à un voyage de long cours.

LV. Dans le cas où des travaux extraordinaires exigeroient l'établissement d'un atelier à terre, les ouvriers nécessaires seront mis, par le commandant de la division ou escadre, sous les ordres de l'officier du génie maritime.

TITRE V.

Inspection du service de la marine.

LVI. Il sera nommé par le premier Consul, et pour chacun des arrondissemens maritimes, un inspecteur qui remplira les fonctions suivantes :

1°. Il vérifiera si l'emploi des hommes de mer de tout état, et des ouvriers des ports, est conforme à la demande qui en a été faite, et à la destination qui leur a été assignée ;

2°. Il comparera le nombre d'hommes employés, avec la quotité de solde qui a été payée, et le nombre des rations qui ont été fournies, et il examinera s'il n'y a point eu erreur ou double emploi ;

3°. Il vérifiera également l'emploi des matières demandées, examinera si elles ont suivi leur destination, et s'il n'y a point eu excès ou abus dans les consommations ;

4°. Il fera observer les formes établies par les lois, dans tous les actes, baux, adjudications, marchés, recette et comptabilité ;

5°. Il remplira aussi les fonctions ci-devant attribuées aux contrôleurs.

LVII. Ces inspecteurs ne pourront diriger ni arrêter aucune espèce de travaux ni d'opérations.

LVIII. Ils exerceront leurs fonctions dans une entière indépendance de toute autorité, même de celle du préfet, qui ne pourra arrêter ni suspendre leur inspection.

LIX. Tous les bureaux et ateliers leur seront ouverts : il leur sera donné communication de tous états, registres ou pièces publiques dont ils desireront prendre connoissance.

LX. Ils ne rendront compte qu'au ministre de la marine.

LXI Les inspecteurs auront sous leurs ordres, des sous-inspecteurs et des commis, dont le nombre et le traitement seront fixés par un réglement, ainsi que leurs frais de bureau.

TITRE VI.

Travaux maritimes.

LXII. Les travaux matitimes et ceux des bâtimens civils seront dirigés par les ingénieurs des ponts et chaussées, sous les ordres du ministre de la marine.

LXIII. Sur la demande du ministre de la marine, le ministre de l'intérieur fournira le nombre d'ingénieurs de chaque grade, nécessaire tant pour les reconnoissances extraordinaires d'ouvrages à faire, que pour l'exécution des ouvrages projetés. Ces ingénieurs seront payés sur les fonds de la marine, tout le temps qu'ils y seront employés.

LXIV. Les projets de ces travaux seront arrêtés par le ministre de la marine, après avoir consulté le conseil des ponts et chaussées, auquel il adjoindra les marins dont il jugera le concours utile.

LXV. Lorsque le ministre de la marine voudra faire exécuter des ouvrages de fortification dépendans des ports et rades, il en adressera le projet au ministre de la guerre pour avoir son avis.

Ces ouvrages seront dirigés par des officiers du génie militaire.

LXVI. Les travaux de simple entretien seront également dirigés par des ingénieurs des ponts et chaussées, qui resteront attachés au service des ports tant que le ministre de la marine le jugera utile.

LXVII. Les ingénieurs des travaux maritimes, établis par les réglemens des 28 nivose, 18 pluviose et 16 ventose an 8, seront réunis au corps des ingénieurs des ponts et chaussées : ceux qui en sont dernièrement sortis, y reprendront leur rang et leur grade.

LXVIII. Ceux des ingénieurs des travaux maritimes qui étoient ci-devant ingénieurs des bâtimens civils, seront aussi réunis au corps des ingénieurs des ponts et chaussées; il leur sera donné un grade analogue à celui qu'ils avoient dans les bâtimens civils.

LXIX. Les dispositions des réglemens des 28 nivose, 18 pluviose et 16 ventose an 8, et toutes celles subséquentes prises en conséquence des susdits réglémens, sont annullées en ce qu'elles ont de contraire aux présentes dispositions.

LXX. Les ingénieurs des ponts et chaussées employés aux travaux maritimes, seront sous les ordres du préfet de l'arrondissement où s'exécuteront ces travaux.

TITRE VII.

Conseil d'administration.

LXXI. Il y aura dans les chefs-lieux des arrondissemens maritimes, un conseil d'administration composé du préfet maritime et des chefs des différens détails du service du port.

L'inspecteur sera tenu d'y assister; il y aura voix représentative.

LXXII. Il sera nommé un secrétaire du conseil, dont les fonctions seront de tenir un registre des délibérations, de garder les mémoires et plans qui ne devront pas être déposés aux archives.

Il aura le grade de sous-commissaire de la marine.

LXXIII. Le conseil s'assemblera, sous la présidence du préfet maritime, une fois tous les dix jours, et plus souvent si le préfet le juge convenable.

LXXIV. Le préfet maritime présentera au conseil les objets sur lesquels il devra délibérer. Il pourra y appeler les personnes qu'il jugera capables de l'éclairer sur les affaires contentieuses, les plans, mémoires, devis et autres matières.

LXXV. Le conseil prendra connoissance des marchés, adjudications, entreprises et baux faits dans les ports Ils seront envoyés, avec l'avis du conseil, au ministre, pour être soumis à son approbation.

LXXVI. Sur le rapport des commissions qu'il aura nommées, le conseil prononcera sur les comptes de consommation de fonds et de matières du port, ainsi que sur les comptes rendus au retour de campagne.

LXXVII. Il vérifiera, d'après les états qui lui auront été soumis, la quantité de matières de toutes espèces employées dans la construction de chaque vaisseau, et la dépense de la main-d'œuvre.

LXXVIII. Les délibérations du conseil, signées du président et du secrétaire, seront expédiées en double au ministre de la marine, qui renverra l'une de ses expéditions, revêtue de son approbation, s'il y a lieu.

TITRE VIII.

Dispositions générales.

LXXIX. Le service des différens détails du port et de l'administration, se fera selon les formes établies par les lois ou réglemens antérieurs, jusqu'à ce qu'il en ait été autrement ordonné.

LXXX. Les différens services pourront être attribués à la même personne, sur la proposition qu'en fera le préfet au ministre.

Il ne sera point alloué pour cela de supplément d'appointemens à l'individu désigné.

LXXXI. Dans le port où ne réside pas le préfet, et où il y a des chefs de différens services, le ministre déterminera celui de ces chefs qui exercera l'autorité principale.

LXXXII. Lorsque des travaux extraordinaires exigeront dans un port un plus grand nombre d'agens, les individus jugés absolument nécessaires à l'exécution de ces travaux, y seront envoyés par le préfet de l'arrondissement, d'après les ordres du ministre.

LXXXIII. Dans tous les ports de la République, chaque chef de détail fera au préfet la demande du nombre et de l'espèce d'ouvriers ainsi que des matières qui lui seront nécessaires.

Il s'assurera journellement si le nombre d'ouvriers employés est le même que celui qu'il a demandé ; il en dressera, chaque mois, un état certifié de lui.

Il en fera autant pour les matières qu'il mettra en œuvre.

LXXXIV. Le ministre déterminera d'avance, et pour chaque port, le chef du service qui remplacera le préfet maritime, en cas de mort, ou de maladie, ou d'absence.

LXXXV. La police des ateliers ou chantiers appartiendra aux individus auxquels ils ressortissent ; celle des magasins, bagnes et hôpitaux, aux administrateurs préposés. Néanmoins tout officier militaire ou d'administration pourra faire arrêter tout individu surpris en fraude.

LXXXVI. Les projets d'adjudications, marchés, pour fournitures et travaux à faire dans les ports, seront, sur les propositions du chef du détail auquel ces objets ressortissent, et du commissaire du magasin général, rédigés par le chef de l'administration.

LXXXVII. La recette des matières de tout genre, et des ouvrages faits à l'entreprise ou confectionnés dans les ports, sera faite par le commissaire du magasin général ou son suppléant.

Elle sera précédée d'une visite ou épreuve qui sera faite, suivant la forme usitée, par le chef ou un officier du détail auquel ces objets ressortiront, un officier de vaisseau et un commissaire, en présence du garde-magasin et de l'inspecteur, ou d'un de leurs subordonnés.

LXXXVIII. Toutes dispositions contraires au présent réglement, sont abrogées.

LXXXIX. Le ministre de la marine et des colonies est chargé de l'exécution du présent réglement, qui sera imprimé au Bulletin des lois.

Le premier Consul, signé, BONAPARTE. Par le premier Consul, *le secrétaire d'état*, signé, Hugues B. Maret, *Le ministre de la marine*, signé, FORFAIT.

Arrêté relatif à la forme des poids.

Du 7 Floréal.

LES CONSULS DE LA RÉPUBLIQUE, le Conseil d'État entendu,

Arrêtent :

Il est permis aux balanciers de donner aux poids telle forme que ceux qui en font usage voudront adopter : en conséquence, le bureau de vérification des poids et mesures sera tenu de les faire poinçonner aussitôt qu'ils lui auront été présentés, pourvu que ces poids soient exacts, soit que les subdivisions de l'unité principale soient des multiple du gramme ou de ses subdivisions décimales, et que chaque subdivision porte la valeur de son poids.

Le ministre de l'intérieur est chargé de l'exécution du présent arrêté, qui sera inséré au Bulletin des lois.

Le premier Consul, signé, BONAPARTE. Par le premier Consul : *le secrétaire d'état*, signé, Hugues B. Maret. *Le ministre de la justice*, signé, ABRIAL.

BAUDOUIN, imprimeur du Corps législatif et du Tribunat, rue de Grenelle-Saint-Germain, N°. 1131.

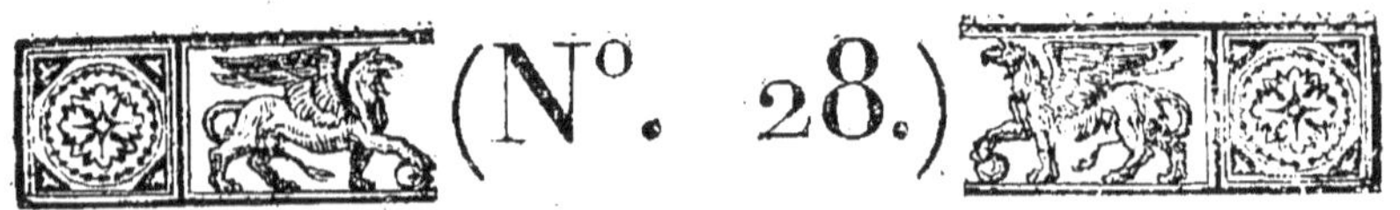

(N°. 28.)

ARRÊTÉS
ET
PROCLAMATIONS
DU GOUVERNEMENT.

Acte du Sénat conservateur qui nomme les citoyens Beaujour Félix, Perreau *et* Siméon, *membres du Tribunat.*

Du 8 Floréal, an 8.

L'ORDRE du jour appelle la nomination aux trois places vacantes dans le Tribunat par la démission des citoyens *Noël*, *Desmousseaux* et *Lecointe-Puyraveau*, appelés par le Gouvernement à d'autres fonctions.

Le Sénat, réuni au nombre de membres prescrit par l'article 90 de la constitution, procède à cette nomination dans la forme accoutumée. La majorité absolue des suffrages, recueillis au scrutin individuel, se fixe successivement sur les citoyens,

Beaujour Félix, ex-consul à Salonique;

Perreau, professeur de législation à l'école centrale du Panthéon, à Paris;

Et *Siméon*, ex-législateur, substitut du tribunal de cassation.

Ils sont proclamés par le président membres du Tribunat.

Le Sénat arrête que ces nominations seront notifiées, par un message, au Corps législatif lors de sa rentrée, au Tribunat, et aux Consuls de la République.

Collationné à l'original, par nous président et secrétaire du Sénat conservateur. Le 8 floréal, an 8 de la République française. *Signé*, ROGER-DUCOS, *président*; LAPLACE, *secrétaire*.

A

BONAPARTE, premier Consul de la République, ordonne que l'acte du Sénat conservateur, qui précède, sera inséré au Bulletin des lois. Le ministre de la justice enverra à chacun des citoyens y désignés, un exemplaire du Bulletin des lois où cet acte sera inséré, pour lui tenir lieu de notification, et lui servir de titre pour constater sa qualité. A Paris, le 8 Floréal, an 8 de la République.

Signé, BONAPARTE. Par le premier Consul: *le secrétaire d'état*, signe, Hugues B. Maret. *Le ministre de la justice*, signé, ABRIAL.

Arrêté qui accorde au citoyen James White *un brevet d'invention pour des appareils propres à perfectionner la fabrication des chandelles, etc.*

Du 8 Floréal.

LES CONSULS DE LA RÉPUBLIQUE, sur le rapport du ministre de l'intérieur,

Arrêtent ce qui suit :

Art. I. Il est accordé au citoyen *James White*, mécanicien, demeurant à Paris, rue de Lille n°. 648, un brevet d'invention pour dix années entières et consécutives, à compter de la date des présentes, à l'effet de pouvoir établir par-tout où il le jugera convenable, dans toute l'étendue de la République, des appareils propres à perfectionner la fabrication des chandelles, des bougies, et autres lumières composées de matières inflammables et figées, et dont il a déclaré être l'auteur; à la charge par lui d'employer les moyens indiqués dans son mémoire descriptif, et de se conformer aux dessins qu'il a fournis, et dont les originaux demeureront joints au mémoire: sur lesquels appareils il pourra être appliqué un timbre ou cartel avec ces mots, *Brevet d'invention*, et le nom de l'auteur, pour, par lui et ses ayant-cause, jouir dudit brevet, dans toute l'étendue de la République, pendant dix années.

II. Il est expressément défendu d'imiter et d'employer les moyens dont il s'agit, sous quelque cause que ce soit; et pour assurer au citoyen *James White* la jouissance dudit brevet, le présent arrêté sera inséré dans le Bulletin des lois.

III. Les tribunaux, les préfets et sous-préfets, feront jouir pleinement et paisiblement des droits conférés par ce présent, le citoyen *James White* ou ses ayant-cause, faisant cesser tout empêchement contraire: ils feront transcrire ce brevet sur leurs registres, lire, publier et afficher dans leurs ressorts et départemens respectifs, pour être exécuté, pendant sa durée, comme loi de la République.

Le premier Consul, signé, BONAPARTE. Par le premier Consul : *le secrétaire d'État*, signé, Hugues B. Maret. *Le ministre de l'intérieur*, signé, LUCIEN BONAPARTE.

Arrêté qui détermine l'emploi des mandats, ordonnances ou bons de réquisition délivrés pour l'habillement, l'équipement et l'armement des conscrits.

Du 9 Floréal.

LES CONSULS DE LA RÉPUBIQUE, sur la proposition du ministre des finances;

Considérant que les dépenses relatives à l'habillement, équipement et armement des conscrits, ne sont pas encore toutes régularisées, et qu'en attendant il est juste de donner aux porteurs des mandats, ordonnances ou bons délivrés par les corps administratifs pour cet objet, la faculté d'employer lesdits mandats, ordonnances ou bons, comme numéraire, en paiement des domaines nationaux à vendre en exécution de la loi du 26 vendémiaire an 7;

Le conseil d'état entendu,

Arrêtent ce qui suit :

Art. I. Les porteurs des mandats, ordonnances ou bons de réquisition délivrés par les administrations centrales, en exécution des articles XIX et XX de la loi du 14 messidor an 7, pour l'habillement, équipement et armement des conscrits, pourront les employer en paiement des domaines nationaux qui restent à vendre en exécution de la loi du 26 vendémiaire an 7; et ce, pour la totalité du prix desdits domaines, payable tant en numéraire qu'en obligations.

II. Lesdits bons ne pourront être admis qu'après avoir été vérifiés et visés par le préfet du département où ils auront été délivrés.

III. L'admission desdits bons, ainsi qu'il est dit ci-dessus, sera définitivement régularisée par les ordonnances qu'en délivrera le ministre de la guerre, sur les bordereaux qui lui seront adressés en conséquence par le préfet du département.

IV. Les ministres des finances et de la guerre sont chargés de l'exécution du présent arrêté, qui sera inséré au bulletin des lois.

Le premier Consul, signé, BONAPARTE. Par le premier Consul : *le secrétaire d'état*, signé, Hugues B. Maret. *Le ministre des finances*, signé, GAUDIN.

Arrêté qui nomme le citoyen Mengaud *commissaire de police à Calais.*

Du 9 Floréal

Au nom du Peuple français, Bonaparte, premier Consul de la République, sur la présentation du ministre de la police générale; vu l'article XII de la loi du 28 pluviose dernier, nomme commissaire de police à Calais le citoyen *Mengaud*, ex-agent diplomatique.

Le ministre de la police générale est chargé de l'exécution du présent arrêté, qui sera imprimé.

Signé, Bonaparte. Par le premier Consul: *le secrétaire d'état*, signé, Hugues B. Maret. *Le ministre de la police générale*, signé, Fouché.

Arrêté qui accorde au citoyen Fleury-Meunier *un brevet d'invention pour une nouvelle fabrication de peluché.*

Du 11 Floréal.

Les Consuls de la République, sur le rapport du ministre de l'intérieur,

Arrêtent ce qui suit:

Art. I. Il est accordé au citoyen *Fleury-Meunier*, demeurant à Lyon, quai Saint-Clair, n°. 129, un brevet d'invention pour cinq années entières et consécutives, à compter de la date des présentes, à l'effet de fabriquer dans toute l'étendue de la République, en toutes matières qu'il jugera convenables, 1°. un peluché par la trame sur les deux côtés de toute sorte d'étoffes; 2°. le même peluché par la trame sur une seule face ou sur toutes les deux, aussi sur toute sorte d'étoffes, avec dessins à fleurs, liséré, broché, chiné et fabriqué sur métiers à corps et millons tirés par mécaniques, samples ou boutons, dont il a déclaré être l'auteur; à la charge par lui d'employer les moyens indiqués dans son mémoire descriptif: sur lesquelles étoffes ainsi fabriquées, il pourra être appliqué un timbre ou cartel avec ces mots, *Brevet d'invention*, et le nom de l'auteur, pour, par lui et ses ayant-cause, jouir dudit brevet, dans toute l'étendue de la République, pendant cinq années.

II. Il est expresément défendu d'imiter et d'employer les moyens dont il s'agit, sous quelque cause que ce soit, et pour assurer au citoyen *Fleury-Meunier* la jouissance dudit brevet, le présent arrêté sera inséré dans le Bulletin des lois.

III. Les tribunaux, les préfets et sous-préfets, feront jouir pleinement et paisiblement des droits conférés par ce présent, le citoyen *Fleury-Meunier* ou ses ayant-cause, faisant cesser tout empêchement contraire : ils feront transcrire ce brevet sur leurs registres, lire, publier et afficher dans leurs ressorts et départemens respectifs, pour être exécuté, pendant sa durée, comme loi de la République.

Le premier Consul, signé, BONAPARTE. Par le premier Consul : *le secrétaire d'état*, signé, Hugues B. Maret. *Le ministre de l'intérieur*, LUCIEN BONAPARTE.

Arrêté qui nomme le citoyen Joseph Bonaparte *conseiller d'état.*

Du 15 Floréal.

AU NOM DU PEUPLE FRANÇAIS, BONAPARTE, premier Consul de la République, arrête :

Le citoyen *Joseph Bonaparte* est nommé conseiller d'état, section de l'intérieur.

Signé, BONAPARTE. Par le premier Consul : *le secrétaire d'état*, signé, Hugues B. Maret. *Le ministre de la justice*, signé, ABRIAL.

Arrêté qui ordonne le paiement de secours et pensions accordés à des veuves et orphelins de marins.

Du 15 Floréal.

LES CONSULS DE LA RÉPUBLIQUE, sur le rapport du ministre de la marine et des colonies ; vu la loi du 14 fructidor an 6, relative aux secours à accorder aux veuves et enfans des militaires et employés composant les armées de terre et de mer ;

Le Conseil d'Etat entendu,

Arrêtent :

Art. I. Le ministre des finances fera payer, sur les crédits généraux ouverts pour le paiement des rentes et pensions, à titre de secours ou de pension, la somme de 84,181 francs 82 centimes aux veuves et orphelins compris dans les deux états présentés par le ministre de la marine et des colonies et annexés au présent arrêté (1).

II. Le présent arrêté sera imprimé au bulletin des lois.

Le premier Consul, signé, BONAPARTE. Par le premier Consul : *le secrétaire d'état*, signé, Hugues B. Maret. *Le ministre de la marine*, signé, FORFAIT.

---

(1) Ces états ne s'impriment point.

Arrêté portant que le général Lacuée *remplira par* interim, *les fonctions du ministre de la guerre.*

Du 15 Floréal.

Au nom du peuple français, Bonaparte, premier Consul de la République, sur la proposition du ministre de la guerre, chargé d'une mission spéciale qui nécessite momentanément son absence, arrête que le général *Lacuée*, conseiller d'état, remplira, par *interim*, les fonctions de ce ministère.

Le présent arrêté sera inséré au bulletin des loïs.

Signé, Bonaparte. Par le premier Consul : *le secrétaire d'état*, signé, Hugues B. Maret. *Le ministre de la guerre*, signé, Carnot.

Arrêté qui règle le costume des sous-préfets, des maires, des commissaires de police, etc.

Du 17 Floréal.

Les Consuls de la République, sur le rapport du ministre de l'intérieur; le conseil d'état entendu,

Arrêtent :

Art. I. Les sous-préfets auront pour costume, l'habit bleu ; la veste, la culotte ou le pantalon blancs; collet et paremens de l'habit seulement, brodés en argent, même dessin que les préfets.

Les secrétaires généraux des préfectures de département auront le même costume que les sous-préfets, avec ceinture bleu-de-ciel à franges d'argent.

II. Les maires auront un habit bleu, et une ceinture rouge à franges tricolores.

III. Les adjoints à la mairie auront le même habit que les maires, et une ceinture rouge à franges blanches.

IV. Les commissaires de police porteront l'habit noir complet, et une ceinture tricolore à franges noires.

V. Tous les fonctionnaires ci-dessus désignés, porteront un chapeau français, uni.

Le ministre de l'intérieur est chargé de l'exécution du présent arrêté, qui sera inséré au Bulletin des lois.

En l'absence du premier Consul, *le second Consul*, signé, Cambacérés. Par le second Consul : *le secrétaire d'état*, signé, Hugues B. Maret. *Le ministre de l'intérieur*, signé, Lucien Bonaparte.

Arrêté qui répartit entre les départemens la somme de cinq millions en dégrèvemens provisoires sur la contribution foncière.

Du 17 Floréal.

LES CONSULS DE LA RÉPUBLIQUE, sur le rapport du ministre des finances; vu l'article IX de la loi du 25 ventose dernier, portant: « Le ministre des finances est autorisé à employer la somme de cinq » millions en dégrèvemens provisoires sur la contribution foncière, » au profit des départemens qui seront jugés par le Gouvernement y » avoir droit; »

Le conseil d'état entendu,

Arrêtent:

Art. I. Ladite somme de cinq millions étant employée en dégrèvemens provisoires, conformément aux dispositions de la loi, le contingent de chaque département se trouve fixé pour l'an IX comme il suit:

DÉPARTEMENS.	CONTINGENT pour l'an 9.	OBSERVATIONS.
Ain	1,192,000 f.	La différence de cette somme à celle de 1,200,000 francs, fixée par la loi, résulte de la réunion de plusieurs communes à un autre département.
Aisne	3,417,000	
Allier	1,624,000	
Alpes (Basses)	718,000	
Alpes (Hautes)	540,000	
Alpes-Maritimes	450,000	
Ardèche	950,000	La différence de cette somme au contingent de 1,009,500 fr., fixé par la loi, résulte de la réunion de plusieurs communes à un autre département.
Ardennes	1,895,000	
Arriége	626,000	
Aube	1,740,000	
Aude	1,999,000	
Aveyron	2,350,000	

DÉPARTEMENS.	CONTINGENT pour l'an 9.	OBSERVATIONS.
Bouches-du-Rhône......	1,580,000 f.	
Calvados..............	4,396,000	
Cantal................	1,530,000	
Charente..............	2,084,000	
Charente-Inférieure.....	2,770,000	
Cher..................	1,230,000	
Corrèze...............	1,180,000	
Côte d'Or.............	2,793,000	
Côtes-du Nord.........	1,740,000	
Creuse................	920,000	
Dordogne..............	2,337,000	
Doubs.................	1,192,000	
Drôme.................	1,320,000	
Dyle..................	2,534,000	
Escaut................	4,140,000	
Eure..................	3,874,000	
Eure-et-Loir..........	3,033,000	
Finistère.............	1,463,000	
Forêts................	950,000	
Gard..................	1,860,000	La différence de cette somme au contingent de 1,862,900 fr., fixé par la loi, résulte de la réunion de plusieurs communes à un autre département.
Garonne (Haute).......	3,100,000	
Gers..................	1,902,000	
Gironde...............	3,150,000	
Golo..................	114,000	
Hérault...............	2,700,000	
Ille-et-Vilaine.........	2,000,000	
Indre.................	1,170,000	
Indre et Loire........	1,940,000	
Isère.................	2,468,000	
Jemmape...............	2,010,000	

DÉPARTEMENS.	CONTINGENT pour l'an 9.	OBSERVATIONS.
Jura	1,395,000 f.	La différence de cette somme à celle de 1,399,500 fr., fixée par la loi, provient également de la distraction faite du contingent de plusieurs communes réunies à un autre département.
Landes	806,000	
Léman	518,000	Le contingent fixé par la loi n'étoit que de 487,400 francs : l'augmentation provient de la réunion au département, d'un canton du département du Mont-Blanc.
Liamone	66,000	
Loire et-Cher	1,739,000	
Loire	1,938,000	
Loire (Haute)	1,070,000	
Loire-Inférieure	1,650,000	
Loiret	2,565,000	
Lot	2,292,000	
Lot-et-Garonne	2,755,000	
Lozère	656,000	
Lys	3,334,000	
Maine-et-Loire	3,000,000	
Manche	3,820,000	
Marne	2,843,000	
Marne (Haute)	1,700,000	
Mayenne	2,170,000	
Meurthe	1,893,000	
Meuse	1,760,000	
Meuse-Inférieure	980,000	
Mont-Blanc	770,000	Le contingent fixé par la loi étoit de 829,000 francs, la diminution résulte de la distraction faite du canton de Sallanches, réuni au département du Léman.
Morbihan	1,500,000	
Moselle	2,067,000	

DÉPARTEMENS.	CONTINGENT. pour l'an 9.	OBSERVATIONS.
Nèthes (Deux).........	1,568,000 f.	
Niévre...............	1,560,000	
Nord................	4,300,000	
Oise.................	3,500,000	
Orne................	2,675,000	
Ourthe..............	1,400,000	
Pas-de-Calais..........	3,070,000	
Puy-de-Dôme..........	2,600,000	
Pyrénées (Basses).......	897,000	
Pyrénées (Hautes)......	614,000	
Pyrénées-Orient.........	720,000	
Rhin (Bas)............	2,187,000	
Rhin (Haut) et Mont-Terrible...............	1,893,000	
Rhône................	2,260,000	La différence de cette somme à celle de 2,514,300 francs, fixée par la loi, résulte de la distraction de plusieurs communes réunies à un autre département.
Sambre-et-Meusse.......	950,000	
Saone (Haute).........	1,509,000	
Saone-et-Loire.........	3,199,000	
Sarthe...............	2,910,000	
Seine................	10,200,000	
Seine-Inférieure.......	5,654,000	
Seine-et-Marne.........	3,800,000	
Seine-et-Oise..........	5,300,000	
Sèvres (Deux).........	1,870,000	
Somme..............	3,888,000	
Tarn................	1,944,000	
Var..................	1,450,000	
Vaucluse.............	920,000	
Vendée..............	1,780,000	
Vienne...............	1,420,000	
Vienne (Haute)........	1,135,000	
Vosges...............	1,276,000	
Yonne...............	2,220,000	
	205,000,000	

II. Le ministre des finances est chargé de l'exécution du présent arrêté, qui sera imprimé au bulletin des lois.

En l'absence du premier Consul, *le second Consul*, signé, CAMBACÉRÈS. Par le second Consul, *le secrétaire d'état*, signé, Hugues-B. Maret. *Le ministre des finances*, signé, GAUDIN.

BAUDOUIN, imprimeur du Corps législatif et du Tribunat, rue de Grenelle-Saint-Germain, N°. 1131.

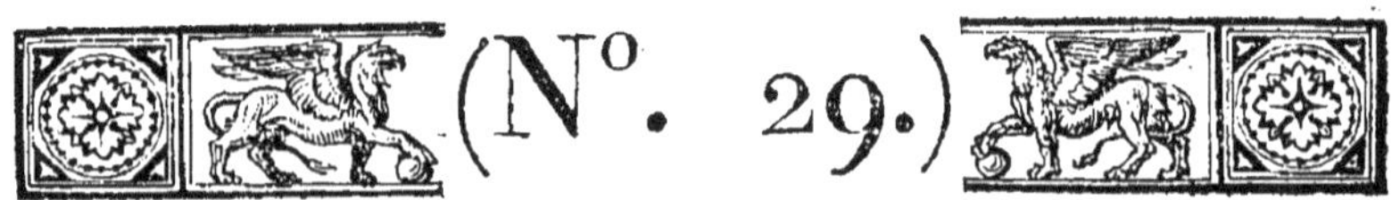

ARRÊTÉS
ET
PROCLAMATIONS
DU GOUVERNEMENT.

Arrêté relatif à la réunion des conseils d'arrondissement, et des conseils généraux de département.

Du 19 Floréal, an 8.

LES CONSULS DE LA RÉPUBLIQUE, sur le rapport du ministre de l'intérieur ; le conseil d'état entendu,

Arrêtent :

Art. I. Les conseils d'arrondissement s'assembleront le 15 prairial prochain, pour exprimer leur opinion sur l'état et les besoins de l'arrondissement, donner leur avis motivé sur les demandes en décharge qui seront formées par les villes, bourgs et villages ; recevoir du sous-préfet et du préfet dans son arrondissement, quand il y aura lieu, le compte de l'emploi des centimes additionnels destinés aux dépenses de l'arrondissement. Après avoir terminé ce premier travail, ils s'ajourneront à cinq jours après la session du conseil général du département, pour faire la répartition des contributions directes entre les villes, bourgs et villages. La durée des deux assemblées ne pourra pas excéder quinze jours, conformément à la loi : la première ne pourra pas durer plus de dix jours, et la seconde plus de cinq.

II. Les conseils généraux de département s'assembleront le premier messidor.

III. Les actes de ces assemblées ne seront pas imprimés ; les préfets en feront passer, sans délai, une copie au ministre de l'intérieur.

A

IV. Les sous préfets procéderont, sans délai, à la nomination des répartiteurs en chaque ville, bourg ou village, au nombre déterminé par les lois; et les répartiteurs termineront leur travail dans les dix jours qui suivront la réception du mandement.

V. Les préfets et sous-préfets seront tenus de préparer à l'avance les documens et instructions sur les objets sur lesquels les conseils généraux de département et ceux des arrondissemens doivent délibérer.

Ils leur feront la remise de ces pièces le premier jour de leur session

VI. Les ministres de l'intérieur et des finances sont chargés de l'exécution du présent arrêté, qui sera imprimé au Bulletin des lois.

En l'absence du premier Consul, *le second Consul*, signé, CAMBACÉRÉS. Par le second Consul: *le secrétaire d'état*, signé, Hugues B. Maret. *Le ministre de l'intérieur*, signé, LUCIEN BONAPARTE.

Arrêté contenant répartition entre les départemens, des contributions personnelle, mobilière et somptuaire de l'an 9.

Du 19 Floréal.

LES CONSULS DE LA RÉPUBLIQUE, vu l'article II de la loi du 25 ventose dernier, portant que les contributions personnelle, mobilière et somptuaire, sont réduites pour l'an IX, de quarante à trente millions;

L'article IV de la même loi, portant que la répartition de la contribution personnelle de l'an IX est faite conformément à la loi du 3 nivose an VII entre les divers départemens, sauf la déduction du quart:

Arrêtent que la contribution personnelle et mobilière de l'an IX demeure répartie entre tous les départemens situés en Europe, conformément au tableau annexé au présent arrêté.

Le ministre des finances est chargé de l'exécution de cet arrêté, qui sera inséré au Bulletin des lois.

En l'absence du premier Consul, *le second Consul*, signé, CAMBACÉRÉS. Par le second Consul: *le secrétaire d'état*, signé, Hugues B. Maret. *Le ministre de la justice*, signé, ABRIAL.

(Suit le Tableau.)

A

TABLEAU de la répartition de la contribution personnelle, mobilière et somptuaire de l'an 9.

DÉPARTEMENS.	Montant de la contribution personnelle, et mobilière, an 8.	Trois quarts formant la contribution personnelle et mobilière, an 9.	Contribution somptuaire, an 9.	*Observations.*
1. Ain	168,000 f.	126,000 f.	Impôt de quotité.	
2. Aisne..................	486,000	364,500	....	Déduction faite du contingent du canton d'Orbais.
3. Allier..................	197,000	147,750		
4. Alpes (Basses)....	80,000	60,000		
5. Alpes (Hautes)....	51,000	38,250		
6. Alpes-Maritimes...	63,000	47,250		
7. Ardèche..............	124,000	93,000		
8. Ardennes............	280,000	210,000		
9. Arriége..............	100,000	75,000		
10. Aube..................	308,000	231,000		
11. Aude..................	308,000	231,000		
12. Aveyron..............	294,000	220,500		
13. Bouches-du-Rhône.	738,000	553,500		
14. Calvados............	770,000	577,500		
15. Cantal...............	190,000	142,500		
16. Charente............	308,000	231,000		
17. Charente-Inférieure.	490,000	367,500		
18. Cher..................	160,000	120,000		
19. Corrèze.............	133,000	99,750		
20. Côte-d'Or...........	448,000	336,000		
21. Côtes-du-Nord.....	308,000	231,000		
22. Creuse..............	112,000	84,000		
23. Dordogne...........	300,000	225,000		
24. Doubs...............	230,000	172,500		
25. Drôme...............	183,000	137,250		
26. Dyle..................	645,000	483,750		
27. Escaut..............	868,000	651,000		
28. Eure..................	490,000	367,500		
29. Eure-et-Loir.......	406,000	304,500		
30. Finistère............	450,000	337,500		
31. Forêts...............	126,000	94,500		
32. Gard..................	360,000	270,000		
33. Garonne (Haute)..	490,000	367,500		
34. Gers..................	272,000	204,000		
35. Gironde.............	830,000	622,500		
36. Golo..................	21,000	15,750		
37. Hérault..............	490,000	367,500		
38. Ille-et-Vilaine......	420,000	315,000		
39. Indre.................	182,000	136,500		

DÉPARTEMENS.	Montant de la contribution personnelle et mobilière, an 8.	Trois quarts formant la contribution personnelle et mobilière, an 9.	Contribution somptuaire, an 9.	*Observations.*
40. Indre-et-Loire......	294,000 f.	220,500 f.		
41. Isère..............	336,000	252,000		
42. Jemmape..........	490,000	367,500		
43. Jura................	210,000	157,500		
44. Landes............	120,000	90,000		
45. Léman..............	100,000	75,000	....	Addition faite du contingent de l'arrondissement de Salanches.
46. Liamone...........	12,000	9,000		
47. Loir-et-Cher.......	266,000	199,500		
48. Loire..............	378,000	283,500		
49. Loire (Haute)....	150,000	112,500		
50. Loire-Inférieure....	580,000	435,000		
51. Loiret.............	470,000	352,500		
52. Lot................	370,000	277,500	Impôt de quotité.	
53. Lot-et-Garonne.....	392,000	294,000		
54. Lozère............	63,000	47,250		
55. Lys...............	690,000	517,500		
56. Maine-et-Loire.....	420,000	215,000		
57. Manche...........	588,000	441,000		
58. Marne.............	438,000	328,500	....	Addition faite du contingent de l'arrondissement d'Orbais.
59. Marne (Haute)....	252,000	189,090		
60. Mayenne..........	308,000	231,000		
61. Meurthe..........	290,000	217,500		
62. Meuse............	238,000	178,500		
63. Meuse-Inférieure...	266,000	199,500		
64. Mont-Blanc......	137,000	102,750	....	Déduction faite du contingent de l'arrondissement de Salanches.
65. Mont-Terrible......				
66. Morbihan..........	350,000	262,500		
67. Moselle...........	336,000	252,000		
68. Nèthes (Deux)...	392,000	294,000		
69. Nièvre............	225,000	168,750		
70. Nord..............	908,000	681,000		
71. Oise..............	504,000	378,000		
72. Orne..............	392,000	294,000		
73. Ourthe...........	526,000	394,500		
74. Pas-de-Calais.......	538,000	403,500		
75. Puy-de-Dôme......	448,000	336,000		
76. Pyrénées (Basses).	190,000	142,500		
77. Pyrénées (Hautes).	80,000	60,000		
78. Pyrénées-Orientales	76,000	57,000		
79. Rhin (Bas).......	475,000	356,250		
80. Rhin (Haut) et Mont-Terrible.....	330,000	247,500		
81. Rhône............	714,000	535,500		

DÉPARTEMENS.	Montant de la contribution personnelle et mobilière, an 8.	Trois quarts formant la contribution personnelle et mobilière, an 9.	Contribution somptuaire, an 9.	Observations.
82. Sambre-et-Meuse...	100,000 f.	250,000 f.	Impôt de quotité.	
83. Saone (Haute)....	178,000	133,500		
84. Saone-et-Loire.....	406,000	304,500		
85. Sarthe............	378,000	283,500		
86. Seine..............	5,043,000	3,782,250		
87. Seine-Inférieure....	1,340,000	1,005,000		
88. Seine-et-Marne.....	560,000	420,000		
89. Seine-et-Oise.......	770,000	577,500		
90. Sèvres (Deux)....	252,000	189,000		
91. Somme............	588,000	441,000		
92. Tarn..............	266,000	199,500		
93. Var................	273,000	204,750		
94. Vaucluse..........	154,000	115,500		
95. Vendée...........	245,000	183,750		
96. Vienne............	154,000	115,500		
97. Vienne (Haute)....	168,000	126,000		
98. Vosges...........	168,000	126,000		
99. Yonne.............	336,000	252,000		
TOTAUX...........	38,700,000	29,025,000	975,000	
		30,000,000		

Pour copie conforme : *le secrétaire d'État*, signé HUGUES B. MARET.

Le ministre de la justice, signé ABRIAL.

Arrêté qui révoque le receveur des contributions du département des Hautes-Pyrénées.

Du 19 Floréal.

Au nom du peuple français, Bonaparte, premier Consul de la République, arrête :

Le citoyen *Tursan-Despagnet*, receveur des contributions du département des Hautes-Pyrénées, est révoqué ; il cessera ses fonctions à la notification du présent arrêté.

Le préfet du département chargera l'inspecteur des contributions, de procéder, sans délai, à la vérification de la situation de ce comptable, et rendra compte au ministre des finances du résultat de cette vérification, pour être pris ultérieurement telles mesures qu'il appartiendra.

Le ministre des finances est chargé de l'exécution du présent arrêté, qui sera imprimé au Bulletin des lois.

En l'absence du premier Consul, *le second Consul*, signé, Cambacérès. Par le second Consul, *le secrétaire d'état*, signé, Hugues B. Maret. *Le ministre de la justice*, signé, Abrial.

Arrêté relatif à la nomination des maires et adjoints des communes au-dessous de cinq mille habitans.

Du 19 Floréal.

Les Consuls de la République, sur le rapport du ministre de l'intérieur ; le conseil d'état entendu,

Arrêtent ce qui suit :

Art. I. Dans les départemens où les sous-préfets sont installés, et où les administrations municipales de canton ont cessé leurs fonctions en exécution de l'arrêté du 17 ventose, les préfets procéderont sur-le-champ à la nomination des maires et adjoints des communes au-dessous de cinq mille habitans ; ils indiqueront le jour de leur installation dans chaque arrondissement.

II. Ce jour sera un décadi.

III. Les préfets adresseront à l'avance, à chaque sous-préfet, l'arrêté de nomination qu'ils auront pris pour leurs arrondissemens respectifs.

IV. Les sous-préfets en feront passer des extraits aux agens et adjoints actuels, et aux nouveaux maires et adjoints désignés pour chaque ville, bourg ou village, avec convocation en la maison commune pour le jour indiqué par l'arrêté de nomination.

V. Les agens et adjoints actuels de chaque commune recevront du maire le serment de fidélité à la Constitution ; celui-ci recevra de suite celui des adjoints à la mairie : il en sera dressé procès-verbal, que signeront tous les fonctionnaires municipaux présens, et qui sera envoyé aux sous-préfets par le maire.

VI. Les sous-préfets enverront au préfet le tableau nominatif des maires et adjoints qui auront prêté le serment.

VII. Le préfet adressera au ministre de l'intérieur le tableau général de ces maires et adjoints, aussitôt qu'ils seront entrés en exercice de leurs fonctions.

VIII. Les agens et adjoints municipaux remettront au maire de leur commune, le jour de son installation, tous les papiers et registres relatifs à leur administration, ainsi que ceux concernant l'état civil, et ceux qu'ils auront reçus du sous-préfet, après la levée des scellés apposés en vertu de l'article VII de l'arrêté du 17 ventose, sur les papiers des municipalités de canton : il sera dressé, de cette remise, un procès-verbal, dont le double sera remis à l'agent pour lui servir de décharge.

IX. On fera en même temps un état du mobilier appartenant aux communes et remis à la disposition des maires et adjoints ; un double sera également laissé à l'agent pour lui servir de décharge ainsi qu'à l'adjoint.

X. Le ministre de l'intérieur enverra aux préfets, qui les adresseront aux sous-préfets pour les faire passer aux maires et adjoints, des modèles des actes de naissances, décès, mariages, divorces et adoptions, pour assurer l'uniformité des actes de l'état civil dans toute la République. Ces modèles seront conformes à ceux annexés au présent arrêté (1).

XI. Jusqu'au premier vendémiaire de l'an 9, les registres de mariages pourront continuer d'être tenus dans le chef-lieu des cantons, et par le maire de ce chef-lieu, ou un de ses adjoints.

XII. Les préfets nommeront en même temps les membres des conseils municipaux, conformément à l'article XX de la loi du 28 pluviose.

XIII. Les citoyens nommés prêteront serment, lors de leur première assemblée, entre les mains du maire, qui en enverra le procès-verbal au sous-préfet, pour être transmis ensuite, par extrait, au préfet du département.

XIV. Les conseils ne s'assembleront, d'ici au 15 pluviose

---

(1) Les modèles seront insérés dans le n°. 32.

prochain, qu'autant qu'ils en obtiendroient l'autorisation du préfet pour quelque affaire extraordinaire, ou qu'ils y seroient invités par lui.

XV. Le ministre de l'intérieur est chargé de l'exécution du présent arrêté, qui sera imprimé au Bulletin des lois.

En l'absence du premier Consul, *le second Consul*, signé, CAMBACÉRÈS. Par le second Consul : *le secrétaire d'état*, signé, Hugues B. Maret. *Le ministre de l'intérieur*, signé, LUCIEN BONAPARTE.

Arrêté qui règle la répartition et l'application du crédit de quatorze cent mille francs accordé au ministre des finances.

Du 19 Floréal.

LES CONSULS DE LA RÉPUBLIQUE, vu la loi du 22 ventose dernier, qui, entre autres crédits ouverts au ministre des finances pour l'exercice de l'an 8, lui en ouvre un de quatorze cent mille francs, pour divers objets de dépense dépendans de son attribution, et le rapport du ministre des finances sur la nécessité d'en déterminer l'application ; le Conseil d'Etat entendu,

Arrêtent :

Art. I. La répartition et l'application de ce crédit total de quatorze cent mille francs, sont réglées conformément au tableau annexé au présent arrêté.

II. Les fonds additionnels déterminés dans ce tableau, et qui ne sont que des supplémens à des crédits ouverts au ministre des finances par la loi du 19 vendémiaire an 8 pour un même objet de dépense, ne formeront qu'un seul et même crédit dans la comptabilité particulière du ministère des finances et dans celle du trésor public.

III. Le ministre des finances est chargé de l'exécution du présent arrêté, qui sera inséré au bulletin des lois.

En l'absence du premier Consul, *le second Consul*, signé, CAMBACÉRÈS. Par le second Consul : *le secrétaire d'État*, signé, Hugues B. Maret. *Le ministre des finances*, signé, GAUDIN.

(Suit le Tableau.)

État de répartition du crédit supplémentaire de 1,400,000 francs, ouvert au ministre des finances par la loi du 22 ventose an 8, pour les dépenses de ce même exercice.

Ire PARTIE.

Objets de dépense déja compris dans le crédit ouvert par la loi du 19 vendémiaire an 8.

Classement des dépenses.	DIVERSES NATURES DES DÉPENSES.	1er CRÉDIT, loi du 19 vendém. an 8.	CRÉDITS additionnels et supplém. compris dans le supplément total de 1,400,000 f.	CRÉDIT total pour l'an 8.
Ministère des finances.	1°. Traitement du ministre, et dépenses de sa maison. *Nota.* Cet objet ayant été réglé par la loi du 3 nivose; savoir, pour les trois premiers mois, au quart du crédit du 19 vendémiaire, ce qui donne 17,062. 50 et pour les neuf derniers mois, sur le pied de 80,000 par an... 60,000. 00. TOTAL....... 77,062. 50. N'est compris ici que pour ordre.	*Porté pour ordre.*	*Idem.*	*Idem.*
	2°. Bureaux du ministre, y compris ceux passés sous la surveillance du conseiller d'état; gages des gardiens de bureau, et autres personnes attachées aux maisons du ministère..................	600,000.	147,803. 77.	747,803. 77.
	3°. Frais de bureau et d'impression.	36,000.	24,000. 00.	60,000. 00.
	TOTAUX..............	636,000.	171,803. 77.	807,803. 77.
	4°. Appointemens des employés supprimés, y compris le mois d'indemnité..................	....	13,388. 23.	13,388. 23.
	TOTAL GÉNÉRAL.......	....	185,192. 00.	821,192. 00.
Administration des relais.	1°. Traitemens, appointemens, frais de tournées, et indemnités aux maîtres de poste..........	167,180.	26,115. 00.	193,295. 00.
	2°. Frais de bureau, gages aux maîtres de poste, et pensions....	553,000.	....	553,000. 00.
	TOTAUX..............	720,180.	26,115. 00.	746,295. 00

Classement des dépenses.	DIVERSES NATURES DES DÉPENSES.	1er CRÉDIT, loi du 19 vendém. an 8.	CRÉDITS additionnels et supplém. compris, dans le supplément total de 1,400,000 f.	CRÉDIT total pour l'an 8.
Liquidation générale de la dette publique.	1°. Traitement du liquidateur général ; appointemens des employés et gardiens de bureau...	172,320.	44,485. 00.	216,805. 00.
	2°. Frais de bureau, impressions et réparations locatives.........	11,880.	6,120. 00.	18,000. 00.
	TOTAUX..............	184,200.	50,605. 00.	234,605. 00.
	3°. Employés supprimés, y compris le mois d'indemnité.......	....	12,136. 00.	12,136. 00.
	TOTAL GÉNÉRAL.......	....	62,741. 00.	246,941. 00.
Liquidation du passif des émigrés du département de la Seine.	1°. Traitement du liquidateur général ; appointemens des employés et gardiens de bureau..........	352,697.	54,973. 00.	407,670. 00.
	2°. Frais de bureau, impressions ; honoraires de l'architecte chargé du règlement des mémoires, frais d'arbitrage et réparations locatives......................	18,380.	1,120. 00.	19,500. 00.
	TOTAUX.............	371,077.	56,093. 00.	427,170. 00.
Commission de la comptabilité du temps intermédiaire.	1°. Traitement des commissaires ; appointemens des employés et gardiens de bureau............	358,494.	203,659. 00.	562,153. 00.
	2°. Frais de bureau, d'impressions, et réparations locatives.........	24,400.	13,939. 00.	38,339. 00.
	TOTAUX.............	382,894.	217,598. 00.	600,492. 00.
	3°. Employés supprimés, et mois d'indemnité.................	....	12,000. 00.	12,000. 00.
	TOTAL GÉNÉRAL......	....	229,598. 00.	612,492. 00.
Départem. de la Seine. Bureaux des domaines nationaux et de liquidation.	1°. Appointemens des employés et des gardiens de bureau........	98,000.	5,690. 00.	103,690. 00.
	2°. Frais de bureau, impressions.	10,000.	....	10,000. 00.
	TOTAUX............	108,000.	5,690. 00.	113,690. 00.
	3°. Employés supprimés, et mois d'indemnité..................	....	26,351. 00.	26,351. 00.
	TOTAL GÉNÉRAL.......	....	32,041. 00.	140,041. 00.

Classement des dépenses.	DIVERSES NATURES DES DÉPENSES.	1er CRÉDIT, loi du 19 vendém. an 8.	CRÉDITS additionnels et supplém. compris dans le supplément total de 1,400,000 f.	CRÉDIT total pour l'an 8.
Mêmes bureaux dans les départemens.	Appointemens des employés, frais de bureau, impressions non à la charge des acquéreurs..........	1,031,184.	34,920.	1,066,104.
	Nota. L'augmentation portée en cet article, a pour objet de rétablir aux employés de ces bureaux des départemens, le montant de la retenue du 20e qu'ils ont à supporter sur les neuf derniers mois de leurs appointemens, quoique déja réduits par la loi du 19 vendémiaire, conformément à celle du 1er thermidor an 7. Ces 34,920 francs font le 20e de 698,388 francs, formant les trois quarts pour les neuf derniers mois, des 931,184 francs à quoi on a évalué par aperçu, l'objet applicable aux appointemens, dans le crédit de 1,031,184 francs, destiné aux bureaux des départemens par la loi du 19 vendémiaire. Ce 20e leur rend, à très-peu de chose près, pour ces neuf derniers mois, le montant des réductions que leur a fait supporter la fixation de leur crédit, réglé d'après la susdite loi du 19 vendémiaire an 8.			
Dépenses imprévues du ministère des finances.	Article mentionné, mais non porté dans le crédit du 19 vendémiaire an 8..................		20,000.	20,000.

RÉCAPITULATION.

CLASSEMENT DES DIVERS CHAPITRES DE DÉPENSES.	1er CRÉDIT, loi du 19 vendém. an 8.	CRÉDITS additionnels et supplém. compris dans le supplément total de 1,400,000 f.	CRÉDIT total pour l'an 8.
Ministère de finances, non compris le traitement du ministre, porté par ordre..............	636,000.	185,192.	821,192.
Administration des relais........	720,180.	26,115.	746,295.
Liquidation de la dette publique...............	184,200.	62,741.	246,941.
	1,540,380.	274,048.	1,814,428.

CLASSEMENT DES DIVERS CHAPITRES DE DÉPENSES.	1er CRÉDIT, loi du 19 vendém. an 8.	CRÉDITS additionnels et supplém. compris dans le supplément total de 1,400,000 f.	CRÉDIT total pour l'an 8.
De l'autre part............	1,540,380.	274,048.	1,3[illegible],428.
Liquidation du passif des émigrés du département de la Seine..............................	371,077.	56,093.	427,170.
Commission de la comptabilité du temps intermédiaire..	382,894.	229,598.	612,492.
Bureaux des domaines nationaux du département de la Seine................................	108,000.	32,041.	140,041.
Mêmes bureaux dans les autres départemens de la République..................................	1,031,184.	34,920.	1,066,104.
Dépenses imprévues du ministère des finances...	....	20,000.	20,000.
TOTAUX..................	3,423,535.	646,700.	4,080,235.

IIe PARTIE.

Objets de dépense non compris dans le crédit du 19 Vendémiaire an 8.

Commission de liquidation de l'ancienne administration des postes et messageries...	150,000.
Bureau du triage des titres...	41,300.
Continuation du triage des titres dans les neuf départemens de la Belgique..	80,000.
Frais de transport et dépôt de titres dans tous les départemens............	40,000.
TOTAL..	311,300.
Crédits additionnels à ceux compris dans la loi du 3 Nivose an 8.	
1°. Frais d'installation du Gouvernement au palais des Tuileries. 300,000 f. 2°. Reste des dépenses administratives du Gouvernement antérieurement au 15 pluviose, époque à compter de laquelle les dépenses des Consuls ont cessé d'être communes........... 142,000	442,000.
TOTAL GÉNÉRAL des nouveaux crédits................	753,300.
A quoi ajoutant le montant ci-dessus des supplémens aux crédits compris dans loi du 19 vendémiaire an 8, ci..	646,700.
Il en résulte une somme semblable au crédit supplémentaire accordé en masse par la loi du 22 ventose, ci..	1,400,000.

Certifié conforme aux états produits par le ministre, à l'appui de sa demande de crédits supplémentaires détaillés ci-dessus, sauf le retranchement fait par la loi, des 3,361 francs sur le total, et qui ont été déduits, par le présent état, sur l'article des frais de bureau de la commission de la comptabilité intermédiaire. A Paris, le 25 germinal, an 8 de la République. *Le ministre des finances*, signé GAUDIN.

Pour copie conforme : *le secrétaire d'État*, signé HUGUES-B. MARET.

Le ministre de la justice, signé ABRIAL.

BAUDOUIN, imprimeur du Corps législatif et du Tribunat, rue de Grenelle-Saint-Germain, N°. 1131.

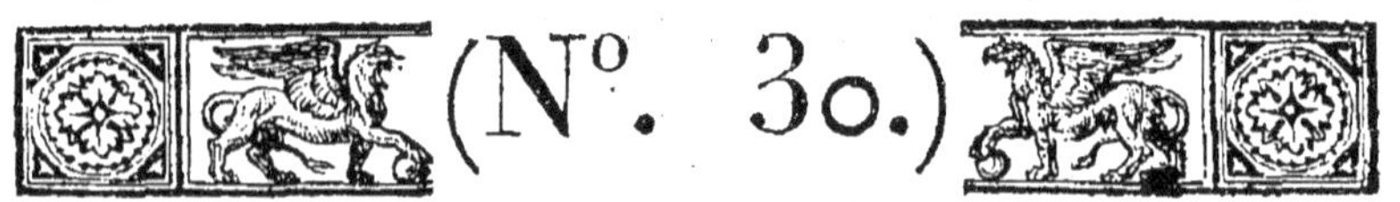

(N°. 30.)

ARRÊTÉS
ET
PROCLAMATIONS
DU GOUVERNEMENT.

Arrêté relatif aux réclamations en matière de contributions.

Du 24 Floréal an 8.

Les Consuls de la République, sur le rapport du ministre des finances ; le conseil d'état entendu,

Vu la loi du 2 messidor an 7, relative aux réclamations en matière de contribution foncière ;

La loi du 3 nivose an 7, relative aux réclamations sur la contribution personnelle, mobilière et somptuaire,

La loi du 28 pluviose an 8, concernant la nouvelle organisation administrative,

La loi du 3 frimaire an 8, qui a établi les directions des contributions directes ;

Considérant que tous les rôles de l'an 8 étant en recouvrement, il est urgent de donner aux contribuables surtaxés, ou taxés mal-à-propos, les moyens d'obtenir une justice prompte et facile, et qu'il suffit, à cet effet, d'adapter les principes posés dans les lois des 2 messidor et 3 nivose an 7, aux formes nécessitées par l'établissement des préfectures et des directions,

Arrêtent les dispositions suivantes :

Du 24 floréal an VIII.

TITRE PREMIER.

Décharges et Réductions.

Contribution foncière.

Art. I. Tout citoyen imposé, dans une commune, pour un bien situé dans une autre, remettra sa pétition au sous-préfet, qui la renverra au contrôleur de l'arrondissement, lequel vérifiera le fait et donnera son avis.

Le sous-préfet, après avoir donné aussi son avis, fera passer les pièces au préfet, qui les communiquera au directeur des contributions. Celui-ci remettra son avis au préfet; et le conseil de préfecture prononcera, s'il y a lieu, la décharge, dont le montant sera réimposé sur toutes les autres propriétés de la commune où le réclamant aura été mal-à-propos imposé.

II. Lorsqu'une propriété aura été cotisée sous un autre nom que celui du véritable propriétaire, les mêmes formes seront observées, et le conseil de préfecture statuera sur la mutation de cote.

III. Lorsqu'un contribuable se croira taxé dans une proportion plus forte qu'un ou plusieurs autres propriétaires de la commune où sont situés ses biens, il se pourvoira devant le sous-préfet de l'arrondissement; il joindra à sa réclamation une déclaration de ses propriétés et de leurs revenus.

IV. Le sous-préfet enverra la réclamation au contrôleur: ce dernier prendra l'avis des répartiteurs de la commune, lesquels le donneront dans la décade. S'ils conviennent de la justice de la réclamation, il en dressera un procès-verbal, qu'il fera passer au sous-préfet: celui-ci, après avoir donné son avis, enverra le tout au préfet, qui prendra l'avis du directeur, et le conseil de préfecture prononcera la réduction de la cote. Le montant de la réduction sera réimposé sur les autres propriétaires.

V. Si les répartiteurs ne conviennent pas de la surtaxe, deux experts seront nommés, l'un par le sous-préfet, et l'autre par le réclamant. Les experts se rendront sur les lieux avec le contrôleur; et en présence de deux répartiteurs et du réclamant ou de son fondé de pouvoir, ils vérifieront les revenus, objets de la cote du réclamant, et des autres cotes prises ou indiquées par le réclamant pour comparaison dans le rôle de la contribution foncière de la même commune.

VI. Le contrôleur rédigera un procès-verbal des dires des experts, et y joindra son avis.

Le sous-préfet, après avoir donné lui-même son avis, enverra le tout au préfet.

S'il en résulte que les cotes prises pour comparaison sont dans une proportion plus foible que celle du réclamant, le conseil de préfecture, toujours sur l'avis du directeur des contributions, prononcera la réduction, à raison du taux commun des autres cotes.

Le montant de cette réduction sera réimposé sur les autres contribuables de la commune.

Contribution personnelle.

VII. Tout citoyen qui aura été taxé à la contribution personnelle dans une commune où il n'a point de domicile, se pourvoira devant le sous-préfet. La marche réglée par l'article premier, sera suivie; et sur l'avis du directeur des contributions, le conseil de préfecture prononcera la décharge, dont le montant sera réimposé sur tous les autres habitans.

VIII. Lorsqu'un citoyen se croira surtaxé à raison de ses facultés, il se pourvoira devant le sous-préfet; il joindra à sa réclamation une déclaration de ses facultés.

IX. La marche tracée ci-dessus pour la contribution foncière, sera également suivie dans l'instruction de l'affaire; et si les répartiteurs de la commune conviennent de la justice de la réclamation, le conseil de préfecture prononcera la réduction de la cote, dont le montant sera réimposé sur les autres contribuables de la commune.

X. Si les répartiteurs ne conviennent pas de la surtaxe, le sous-préfet nommera deux commissaires qui se rendront sur les lieux avec le contrôleur de l'arrondissement; et en présence de deux répartiteurs et du réclamant ou de son fondé de pouvoir, ils vérifieront les faits, s'il s'agit d'objets compris mal-à-propos dans les facultés du réclamant.

XI. Si le contribuable ne conteste pas les objets compris dans l'évaluation de ses facultés, mais qu'il croie cette évaluation trop forte comparativement à celles des autres contribuables, le contrôleur et les deux commissaires vérifieront les évaluations servant de base à la cote du réclamant, et celles des autres cotes prises ou indiquées par celui-ci pour comparaison dans le rôle de la contribution personnelle de la même année.

XII. Le contrôleur rédigera son procès-verbal, et le remettra au sous-préfet, qui le fera passer, avec son avis, au préfet. S'il en résulte qu'il y a surtaxe, le conseil de préfecture, sur l'avis du directeur des contributions, prononcera la réduction, dont le montant sera réimposé sur les autres habitans de la commune.

Dispositions générales.

XIII. La réduction d'une cote en principal, entraînera toujours la réduction proportionnelle des centimes additionnels.

XIV. Le montant de toutes les ordonnances de décharge ou de réduction sera réimposé au profit de ceux qui les auront obtenues, par addition au rôle de l'année suivante.

XV. A cet effet, le directeur des contributions tiendra registre de toutes les décharges ou réductions prononcées, pour que, chaque année, le préfet du département indique aux communes la somme que chacune d'elles aura à réimposer.

XVI. Le percepteur remboursera, sur les deniers de la recette, les contribuables au profit de qui ces réimpositions auront été faites, en commençant par les ordonnances les plus anciennes en date.

XVII. Les frais de vérification et d'experts seront réglés par le préfet, sur l'avis du sous-préfet.

XVIII. Ils seront supportés, savoir,

Par la commune, lorsque la réclamation aura été reconnue juste;

Par le réclamant, lorsque la réclamation aura été rejetée.

XIX. Les frais à la charge de la commune seront imposés sur le rôle de l'année suivante, avec les centimes additionnels, et comme charge locale.

XX. Ceux à la charge des contribuables seront acquittés par eux, en vertu de l'ordonnance du préfet, entre les mains du percepteur.

XXI. Le percepteur fera néanmoins, dans tous les cas, l'avance de ces frais aux experts, sur le produit des centimes additionnels de la commune.

XXII. Les ordonnances de décharge ou réduction seront rendues par le préfet: elles énonceront les motifs de la pétition, l'avis du directeur, et le prononcé du conseil de préfecture.

XXIII. Les ordonnances seront remises au directeur, et par celui-ci au receveur particulier, qui les transmettra au percepteur. Le directeur en préviendra, par une lettre d'avis, la partie intéressée, qui se rendra chez le percepteur pour quittancer l'ordonnance, après en avoir reçu le montant.

TITRE II.

Remises et Modérations.

XXIV. Lorsque, par des événemens extrordinaires, un contribuable aura éprouvé des pertes, il remettra sa pétition au sous-préfet, qui la renverra au contrôleur de l'arrondisement.

XXV. Le contrôleur se transportera sur les lieux, vérifiera, en présence du maire, les faits, et constatera la quotité de la perte, des revenus fonciers ou des facultés mobilières du réclamant, et en dressera un procès-verbal qu'il enverra au sous-préfet : celui-ci le fera parvenir, avec son avis, au préfet, qui prendra l'avis du directeur des contributions.

XXVI. Lorsqu'une commune aura éprouvé des pertes de revenus par des événemens extraordinaires, elle remettra aussi sa pétition au sous-préfet, lequel nommera deux commissaires, pour vérifier, en présence du maire, conjointement avec le contrôleur de l'arrondissement, les faits et la quotité des pertes.

XXVII. Le contrôleur dressera un procès-verbal de la vérification, l'enverra au sous-préfet, qui le fera passer, avec son avis, au préfet, lequel prendra l'avis du directeur des contributions.

XXVIII. Le préfet réunira les différentes demandes qui lui auront été faites, dans le cours de l'année, en remises ou modérations; et l'année expirée, il fera entre les contribuables ou les communes dont les réclamations auront été reconnues justes et fondées, la distribution des sommes qu'il pourra accorder, d'après la portion des fonds de non-valeur mise à sa disposition pour cet objet.

Cet état de distribution sera communiqué par le préfet au conseil général du département.

XXIX. Sur les cinq centimes imposés additionnellement aux deux contributions foncière et personnelle, moitié est à la disposition du préfet de chaque département, pour être employée aux remises et modérations, conformément à l'article précédent.

L'autre moitié restera à la disposition du Gouvernement, et est destinée, 1°. à accorder des supplémens de fonds à ceux des départemens auxquels le *maximum* des centimes additionnels ne suffiroit pas pour faire face à leur dépense; 2°. à accorder des remises et modérations aux arrondissemens et aux départemens qui éprouveroient des accidens majeurs.

XXX. Le ministre des finances est chargé de l'exécution du présent arrêté, qui sera imprimé au Bulletin des lois.

En l'absence du premier Consul, *le second Consul*, signé, CAMBACÉRÈS.

Par le second Consul : *le secrétaire d'état*, signé, Hugues B. Maret. *Le ministre des finances*, signé, GAUDIN.

Arrêté relatif à la division territoriale et au mode d'administration des départemens de la Sarre, de la Roer, de Rhin-et-Moselle et du Mont-Tonnerre.

Du 24 Floréal.

LES CONSULS DE LA RÉPUBLIQUE, sur le rapport du ministre de la justice ; le conseil d'état entendu,

Arrêtent :

Art. I. Les départemens de la Sarre, de la Roer, de Rhin-et-Moselle et du Mont-Tonnerre, seront divisés en arrondissemens communaux : ces arrondissemens comprendront le territoire soumis à la jurisdiction des tribunaux de police correctionnelle.

II. Les communes où les administrations centrales tiennent leurs séances, demeureront chefs-lieux de département : les lieux où les tribunaux de police correctionnelle tiennent leurs séances, seront chefs-lieux d'arrondissemens communaux.

III. Les quatre départemens ci-dessus nommés seront administrés conformément à la loi du 28 pluviose, sous l'autorité d'un commissaire général du Gouvernement, qui correspondra avec le ministre de la justice.

IV. Le ministre de la justice est chargé de l'exécution du présent arrêté, qui sera inséré au Bulletin des lois.

En l'absence du premier Consul, *le second Consul*, signé, CAMBACÉRÈS. Par le second Consul, *le secrétaire d'état*, signé, Hugues B. Maret. *Le ministre de la justice*, signé, ABRIAL.

Arrêté qui affecte au paiement des mois de nourrice des enfans abandonnés, les portions d'amendes et de confiscations destinées au soulagement des pauvres et aux hôpitaux.

Du 25 Floréal.

LES CONSULS DE LA RÉPUBLIQUE, sur le rapport du ministre de l'intérieur ; considérant qu'il importe de faire cesser promptement les doutes et difficultés qui se sont élevés sur l'emploi des amendes et confiscations affectées au soulagement des pauvres et aux hôpitaux, par les lois qui déterminent les différens cas où elles peuvent être encourues ;

Que l'uniformité de perception et d'emploi peut seule assurer la marche des autorités administratives, et donner, pour la connoissance des produits, des résultats plus certains sur cette partie des ressources des établissemens d'humanité ;

Que parmi ces différens établissemens, la sollicitude du Gouvernement doit se porter plus particulièrement sur ceux qui sont destinés à recueillir et à soigner les enfans abandonnés ;

Le conseil d'état entendu, arrêtent ce qui suit :

Art. I. Les portions d'amendes et de confiscations attribuées par les lois rendues jusqu'à ce jour, aux hôpitaux, aux maisons de secours et aux pauvres, seront versées dans la caisse du receveur des hospices du chef-lieu de chaque département.

II. Les fonds provenant de ces versemens, seront exclusivement employés au paiement des mois de nourrice des enfans abandonnés, sur la répartition que le préfet sera tenu d'en faire, d'après le bordereau de ces sommes, que lui adressera le receveur, et d'après les états des enfans, qui lui seront remis par les commissions administratives des hospices des departemens.

III. Tous les ans, les préfets rendront compte au ministre de l'intérieur, du montant et de l'emploi des sommes dont il est parlé dans les articles ci-dessus.

IV. Les ministres de l'intérieur et des finances sont chargés de l'exécution du présent arrêté, qui sera inséré au Bulletin des lois.

En l'absence du premier Consul, *le second Consul*, signé, CAMBACÉRÈS. Par le second Consul, *le secrétaire d'état*, signé, Hugues B. Maret. *Le ministre de l'intérieur*, signé, Lucien BONAPARTE.

Arrêté relatif au paiement de la solde des troupes qui, résidant à Paris, auroient reçu des ordres directs pour se rendre aux armées.

Du 26 Floréal.

LES CONSULS DE LA RÉPUBLIQUE arrêtent ce qui suit :

Art. I. La solde des troupes ne sera payée à Paris, pendant les mois de floréal et prairial, qu'aux militaires en garnison, ou aux militaires isolés qui, résidant à Paris, auroient reçu des ordres directs pour se rendre aux armées.

II. Les ministres de la guerre et des finances sont chargés, chacun en ce qui le concerne, de l'exécution du présent arrêté, qui sera imprimé.

En l'absence du premier Consul, *le second Consul*, signé, CAMBACÉRÈS.
Par le second Consul : *le secrétaire d'État*, signé, Hugues B. Maret.
Le ministre de la justice, signé, ABRIAL.

BAUDOUIN, imprimeur du Corps législatif et du Tribunat, rue de Grenelle-Saint-Germain, N°. 1131.

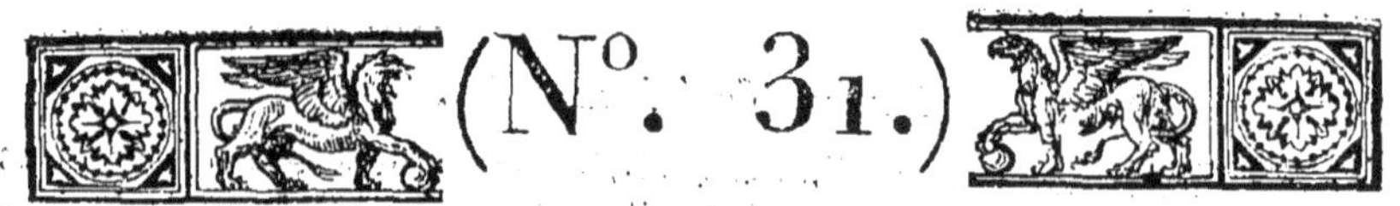

(N°. 31.)

ARRÊTÉS
ET
PROCLAMATIONS
DU GOUVERNEMENT.

Arrêté qui prescrit la destination des collections de lois existantes dans les secrétariats et greffes des administrations et tribunaux supprimés.

Du 27 Floréal, an 8.

LES CONSULS DE LA RÉPUBLIQUE, considérant qu'à l'instant de l'organisation des nouvelles autorités constituées, il importe d'utiliser les collections de lois qui existent dans les secrétariats et les greffes des administrations et tribunaux supprimés,

Arrêtent :

Art. I. Les collections des administrations centrales et des commissaires près de ces administrations, resteront à la disposition des préfets.

II. Dans les communes actuellement chefs-lieux de sous-préfecture, sur les trois collections recueillies par l'administration municipale, le commissaire et le secrétaire, deux seront remises au sous-préfet ; le maire conservera la troisième pour son usage.

III. Dans les chefs-lieux de canton autres que ceux qui sont à présent chefs-lieux de sous-préfecture, une collection restera à la disposition du maire ; le sous-préfet disposera des deux autres collections en faveur des maires des deux communes les plus populeuses, dont il enverra la liste au ministre de la justice.

IV. Les collections des tribunaux civils, dans les villes où sont établis des tribunaux d'appel, seront remises à ces derniers tribunaux.

A

V. Celles des autres tribunaux civils seront déposées aux archives des préfectures, pour y rester à la disposition du ministre de la justice.

VI. Les collections des tribunaux correctionnels seront remises aux tribunaux de première instance.

VII. Les ministres de la justice et de l'intérieur sont chargés, chacun pour ce qui le concerne, de l'exécution du présent arrêté, qui sera inséré au bulletin des lois.

En l'absence du premier Consul, *le second Consul*, signé, CAMBACÉRÈS. Par le second Consul : *le secrétaire d'État*, signé, Hugues B. Maret. *Le ministre de la justice*, signé, ABRIAL.

Arrêté relatif au paiement des intérêts du cautionnement des receveurs généraux de département.

Du 27 Floréal.

LES CONSULS DE LA RÉPUBLIQUE, sur le rapport du ministre des finances; le Conseil d'État entendu,

Arrêtent ce qui suit :

Art. I. Les intérêts des cautionnemens établis par la loi du 6 frimaire an 8, seront ordonnancés, à la fin de chaque année, par le ministre des finances, en vertu d'une décision spéciale des Consuls prise dans la forme décadaire.

II. Les ordonnances expédiées par le ministre des finances, seront acquittées par la trésorerie, en rescriptions sur la caisse d'amortissement, qui en effectuera le paiement sur les fonds à ce destinés par la loi du 6 frimaire.

III. Le ministre des finances est chargé de l'exécution du présent arrêté, qui sera inséré au bulletin des lois.

En l'absence du premier Consul, *le second Consul*, signé, CAMBACÉRÈS. Par le second Consul : *le secrétaire d'Etat*, signé, Hugues B. Maret. *Le ministre des finances*, signé, GAUDIN.

Arrêté relatif à la répartition et au mode de paiement des dépenses judiciaires à la charge des départemens pour l'an 8.

Du 27 Floréal.

LES CONSULS DE LA RÉPUBLIQUE, sur le rapport du ministre de la justice, le Conseil d'État entendu,

Arrêtent;

Art. I. Les dépenses des tribunaux d'appel seront réparties entre les départemens compris dans l'arrondissement d'appel, proportionnellement au principal des contributions foncière, personnelle et mobilière de chacun desdits départemens.

II. Les dépenses énoncées en l'article précédent, et les autres dépenses judiciaires à la charge des départemens, seront acquittées, pour l'an 8, conformément au tableau annexé au présent réglement sous le n°. 1.

III. Les dépenses de la justice de paix et des bureaux de paix seront payées pour l'an 8, conformément au tableau également annexé au présent réglement sous le n°. 2.

IV. Le préfet de chaque département délivrera, sur le receveur général, aux parties prenantes, d'après les états de distribution qui lui seront adressés par le ministre de la justice, les mandats nécessaires pour recevoir, proportionnellement au temps de leur exercice dans les anciens et nouveaux tribunaux, ce qui leur revient dans les sommes réglées aux deux tableaux ci-dessus. Le receveur général acquittera lesdits mandats aux parties prenantes qui exerceront dans l'arrondissement du chef-lieu du département, et les fera acquitter par les receveurs particuliers aux parties prenantes qui exerceront dans les autres arrondissemens.

V. Le paiement desdits mandats sera effectué sur le produit des centimes additionnels affectés par les lois aux dépenses départementales et des cantons.

VI. Les préfets des départemens dans lesquels il n'y a pas de tribunal d'appel, feront verser de mois en mois, par le receveur général de leurs arrondissemens respectifs, dans la caisse du receveur général du département où est établi le tribunal d'appel, la somme à laquelle est fixé, par l'une des colonnes du tableau n°. 1, le contingent desdits départemens dans les dépenses de ce tribunal.

VII. Le ministre de la justice est chargé de l'exécution du présent réglement, qui sera imprimé au bulletin des lois, ainsi que les états sous les n°. 1 et 2.

En l'absence du premier Consul, *le second Consul*, signé, CAMBACÉRÈS.
Par le second Consul : *le secrétaire d'État*, signé, Hugues B. Maret.
Le ministre de la justice, signé, ABRIAL.

(*Suivent les tableaux.*)

Arrêté relatif au timbre dont seront frappés les bons du premier semestre de l'an 8.

Du 27 Floréal.

LES CONSULS DE LA RÉPUBLIQUE, sur le rapport du ministre des finances;

Vu l'article IV de l'arrêté du 28 germinal dernier, portant que les bons destinés au paiement du premier semestre de l'an 8 des rentes et pensions, seront numérotés à la main comme ceux du dernier semestre, et timbrés des mêmes timbres; le Conseil d'État entendu,

Arrêtent:

Art. I. L'article IV de l'arrêté du 28 germinal dernier est rapporté en ce qui concerne l'usage des timbres qui ont servi pour les bons du second semestre de l'an 7 : en conséquence, les bons du premier semestre de l'an 8 seront frappés d'un timbre nouveau, qui sera fabriqué sur un coin neuf dont le directeur de l'imprimerie de la République est dépositaire.

II. Le ministre des finances est chargé de l'exécution du présent arrêté, qui sera inséré au bulletin des lois.

En l'absence du premier Consul, *le second Consul*, signé, CAMBACÉRÈS.
Par le second Consul : *le secrétaire d'État*, signé, Hugues B. Maret.
Le ministre des finances, signé, GAUDIN.

BAUDOUIN, imprimeur du Corps législatif et du Tribunat, rue de Grenelle-Saint-Germain, N°. 1131.

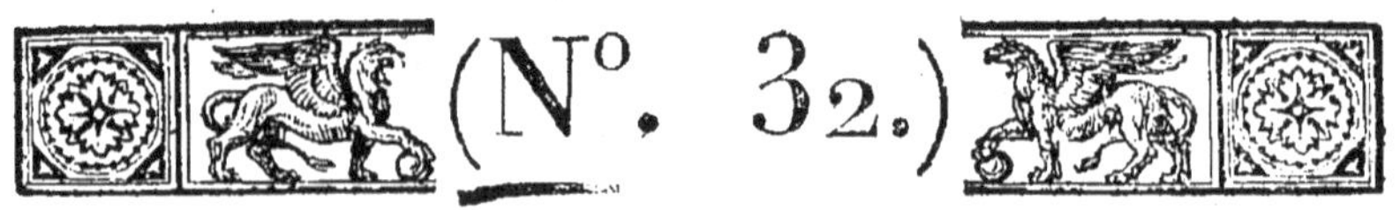

ARRÊTÉS
ET
PROCLAMATIONS
DU GOUVERNEMENT.

Arrêté relatif au paiement de la solde arriérée de l'an 8.

Du premier Prairial.

LES CONSULS DE LA RÉPUBLIQUE, sur le rapport du ministre de la guerre,

Arrêtent :

Art. I. Les dispositions de l'arrêté du 17 pluviose an 8, en ce qui concerne seulement la solde des troupes, et d'après lesquelles le paiement de la solde arriérée des mois antérieurs au premier pluviose an 8, a été suspendu momentanément, sont rapportées.

II. En conséquence, les sommes qui peuvent être dues pour solde arriérée de l'an 8, seront acquittées conjointement avec la solde courante, et dans les proportions indiquées ci-après.

III. Les sous-officiers et soldats recevront, le premier de chaque decade, cinq jours de la solde arriérée de l'an 8, indépendamment du paiement qui leur sera fait pour dix jours de la solde courante : chacun de ces deux paiemens, qui auront lieu en même temps, se fera sur une feuille de prêt distincte et séparée, et seulement pour les hommes présens aux drapeaux.

IV. Les officiers recevront, le premier de chaque mois, indépendamment de la solde du mois immédiatement échu, le paiement d'une quinzaine de leur solde arriérée de l'an 8 : chacun de ces deux paiemens, qui auront lieu en même temps, se fera, savoir,

Quant aux officiers des corps, sur un état distinct et séparé, certifié par le conseil d'administration, dûment visé par l'inspecteur aux revues, et sur la quittance dudit conseil;

Et quant aux officiers sans troupes, sur un certificat individuel pour chacun, dûment vérifié et signé par l'inspecteur aux revues, et sur la quittance de l'officier.

Ces paiemens n'auront lieu qu'à l'égard des officiers présens à leurs emplois, soit qu'ils soient sans troupes, soit qu'ils tiennent à des corps.

V. Les dispositions précédentes seront observées relativement aux sommes arriérées dues pour traitement de réforme, solde de retraite et subsistances provisoires.

VI. Le ministre de la guerre et celui des finances sont chargés, chacun en ce qui le concerne, de l'exécution du présent arrêté, qui sera imprimé.

En l'absence du premier Consul, *le second Consul*, signé, CAMBACÉRÈS.
Par le second Consul : *le secrétaire d'État*, signé, Hugues B. Maret.
Le ministre de la guerre, signé, CARNOT.

Arrêté qui casse celui par lequel l'administration centrale de Maine-et-Loire avoit autorisé un abattis de bois pour chauffage de corps-de-garde.

Du 3 Prairial.

LES CONSULS DE LA RÉPUBLIQUE, sur le rapport du ministre des finances; le Conseil d'État entendu :

Arrêtent :

Art. I. L'arrêté de l'administration centrale du département de Maine-et-Loire, du 4 brumaire dernier, qui autorise l'administration municipale du canton des Ponts-Libres à faire abattre les bois nécessaires pour le chauffage de ses corps-de-garde, est cassé et annullé.

II. Il sera procédé par les agens forestiers de la situation des bois abattus, à la reconnoissance et à l'estimation de ceux qui l'ont été, et ensuite à leur vente par adjudication, dans les formes prescrites pour la vente des bois nationaux.

III. Le ministre des finances est chargé de l'exécution du présent arrêté, qui sera imprimé au bulletin des lois

En l'absence du premier Consul, *le second Consul*, signé, CAMBACÉRÈS.
Par le second Consul : *le secrétaire d'État*, signé, Hugues B. Maret.
Le ministre des finances, signé, GAUDIN.

Réglement *sur le service du tribunal de cassation.*

Du 4 Prairial.

Extrait des registres des délibérations des Consuls de la République. —Extrait du registre des délibérations du Conseil d'état, séances des 24 floréal et 2 prairial an 8 de la République. —Extrait des registres des délibérations du tribunal de cassation, du 12 floréal an 8.

Le Tribunal de cassation, réuni dans la chambre du Conseil sous la présidence du citoyen *Tronchet*, après avoir entendu, dans la séance d'hier et dans celle de ce jour, le rapporteur de la commission nommée en exécution de son arrêté du 2 de ce mois, a adopté le projet de réglement suivant, et ordonné qu'une expédition en seroit envoyée au ministre de la justice.

Art. I. Toutes les affaires seront enregistrées au greffe, par ordre de dates et de numéros, du jour qu'elles seront présentées.

II. Les affaires attribuées à chacune des sections, à mesure qu'elles seront en état, seront portées sur deux rôles de distribution, et numérotées suivant l'ordre des dates de la mise en état.

III. L'un de ces rôles comprendra les affaires urgentes; savoir: les réquisitions du commissaire du Gouvernement ou de ses substituts; les affaires criminelles où il s'agit de condamnation à la peine de mort; celles, tant au civil qu'au criminel, où la nation est intéressée; et généralement toutes celles pour lesquelles la préférence d'expédition est établie par la loi.

L'autre comprendra, dans le même ordre, toutes les autres affaires.

IV. Les affaires en état seront distribuées, par la voie du sort, entre tous les membres présens de chaque section: le président fera cette distribution tous les quinze jours pour les affaires urgentes, et tous les mois pour les autres.

V. Les rapporteurs feront l'examen des affaires urgentes d'abord, et des autres ensuite: ils les rétabliront au greffe avec leurs notes ou extraits; savoir, les premières dans les quinze jours, et les autres dans le mois, au plus tard, du jour de la distribution.

VI. Sera présenté par le greffier, le premier jour d'audience de chaque mois, à la chambre du conseil de la section, le relevé des affaires distribuées qui n'auroient pas été rétablies à temps par les rapporteurs: ceux-ci s'expliqueront sur les motifs du retard. La section accordera un délai tel qu'elle le jugera convenable: ce délai expiré sans que l'affaire ait été rétablie, il sera, sur-le-champ, procédé par le président à une autre distribution de l'affaire, toujours par la voie du sort.

VII. Au jour où les affaires seront remises au greffe avec les notes ou extraits des rapporteurs, elles seront portées par ordre de numéros sur deux rôles d'audience ; le premier pour les affaires urgentes, le deuxième pour les autres.

VIII. Ces deux rôles seront signés du greffier, arrêtés par le président, et affichés dans les salles d'audience et au greffe, l'un tous les premiers et quinzièmes, l'autre tous les premiers de chaque mois.

IX. Si une affaire en état d'être jugée par défaut devient contradictoire par la production du défendeur, elle sera retirée du rôle, et n'y sera rétablie qu'au jour où elle sera remise en état.

X. Au jour même où les rapporteurs remettront au greffe les affaires avec leurs notes et extraits, le greffier les transmettra de suite au commis du parquet, des mains duquel elles seront prises en communication par le commissaire ou l'un des substituts de service de la section.

XI. Le commissaire ou le substitut fera l'examen des affaires, et préparera ses conclusions dans le délai le plus bref qu'il lui sera possible, et suivant l'ordre des affaires urgentes d'abord, et des autres ensuite.

XII. Le commissaire ou le substitut fera en sorte que les affaires soient remises par lui au greffe deux jours au moins avant celui où elles doivent venir à l'audience : les dossiers seront remis sur-le-champ aux rapporteurs.

XIII. Les affaires seront jugées suivant le tour du rôle : il sera néanmoins au pouvoir du président, sur la réquisition du commissaire ou substitut, d'accorder, sur le rôle des affaires urgentes, la préférence à celles qui le sont le plus.

Les réquisitoires du commissaire ou substitut qui ne peuvent souffrir de délai, peuvent être proposés à chaque audience, et jugés sans qu'il soit besoin qu'ils aient été inscrits sur les rôles.

XIV. Chaque affaire inscrite sur les rôles pourra être continuée une fois à jour fixe par les juges : il ne sera accordé aucun nouveau délai ; et l'ordre soit du rôle, soit de la remise, sera invariablement suivi pour le rapport et le jugement.

XV. Les parties ou leurs défenseurs seront entendus, s'ils le requièrent, après le rapport.

Le président est chargé de les avertir, s'il y a lieu, qu'ils doivent se borner à proposer des observations.

XVI. Les parties ni leurs défenseurs ne peuvent avoir la parole après le commissaire ou le substitut, si ce n'est lorsque ceux-ci sont chargés de la défense des intérêts propres de la nation.

XVII. Les rapporteurs remettront au greffe, le cinq de chaque décade au plus tard, la rédaction des motifs et du dispositif des jugemens rendus à leur rapport dans la décade précédente. Ces motifs et ce dispositif seront écrits de leur main dans la minute des jugemens.

XVIII. Le plumitif de chaque section est visé et arrêté tous les dix jours par le président.

XIX. Les rapports se font à un bureau particulier destiné à cet usage : dans les affaires dont le président est le rapporteur, il passe à ce bureau, et la place est occupée par le doyen d'âge, lequel préside jusqu'après le jugement.

XX. Les audiences de la section civile de cassation, et celles de la section des mémoires, tiennent les 1er, 2, 3 et 4e jours de chaque décade.

XXI. Les audiences de la section criminelle tiennent les 6, 7, 8 et 9e jours.

XXII. Les sections pourront indiquer les audiences extraordinaires lorsqu'elles le jugeront nécessaire, eu égard au nombre, à la nature et à l'urgence des affaires.

XXIII. Le quintidi de chaque décade est destiné aux assemblées ou audiences du tribunal entier, pour l'expédition des affaires qui l'intéressent ou qui lui sont attribuées, et subsidiairement aux audiences particulières de chaque section, pour vider les partages, ou aux audiences extraordinaires.

XXIV. Les audiences ordinaires des sections s'ouvrent à onze heures précises du matin, et tiennent jusqu'à trois heures.

XXV. Sera soumis à la pointe, tout juge qui ne sera rendu, aux jours d'audience de chaque section, qu'après onze heures sonnées.

XXVI. A chaque jour d'audience, le greffier tiendra note des juges absens ou soumis à la pointe aux termes du précédent article. Le registre de pointe sera arrêté par le président, à l'heure fixée pour l'ouverture de l'audience.

XXVII. La moitié du traitement des juges inscrits sur le registre de pointe, soit qu'ils aient ou non un congé, leur sera retranchée pour chaque jour d'absence ou de retard, et distribuée aux autres juges présens à l'audience dès l'heure marquée.

XXVIII. N'éprouveront aucun retranchement les absens pour cause de maladie qu'ils auront déclarée ou fait déclarer à la section ; mais ils ne participeront à aucun accroissement provenant de la moitié du traitement des absens.

XXIX. Il ne sera, pour toute autre cause que celle de maladie, accordé aucun congé par les sections ou le tribunal, qu'après s'être assuré que l'absence de celui qui le demande ne fera pas manquer le service.

XXX. Lorsque des assemblées générales auront été convoquées par une circulaire du président, ceux qui ne seront pas rendus à l'heure indiquée seront soumis à la pointe.

XXXI. Les règles ci-dessus établies seront observées à l'égard du commissaire et des substituts, lorsqu'ils manqueront aux assemblées générales convoquées selon l'article précédent, et pareillement lorsque l'un d'eux ne se présenteroit pas au jour et à l'heure pour le service de chaque audience : la pointe, dans ce dernier cas, portera sur celui qui seroit en tour de service.

XXXII. Les substituts seront répartis également dans les trois sections. Ils feront auprès de chacune d'elles, successivement, le service pendant six mois de suite, de manière cependant que le passage d'une section à une autre n'ait pas lieu en même temps pour les deux substituts.

XXXIII. Nul membre du tribunal ne peut paroître à l'audience sans être revêtu du costume prescrit pour ses fonctions.

XXXIV. Dans les discussions et délibérations, nul ne prendra la parole sans l'avoir obtenue du président : les opinions seront recueillies suivant l'ordre dans lequel chacun se trouvera placé.

XXXV. Les noms du président du tribunal et des deux présidens de section ne seront compris dans le tirage annuel au sort, pour les mutations des sections, qu'à l'expiration de la troisième année de leur présidence.

XXXVI. Aux assemblées générales du tribunal, ainsi qu'aux audiences des sections réunies, si le président du tribunal est absent, la présidence appartiendra au plus âgé des deux présidens de section, ou, à leur défaut seulement, au doyen d'âge du tribunal.

XXXVII. La direction de la bibliothèque sera confiée, sous la surveillance du président de tribunal, à l'un des membres qui sera choisi à cet effet.

Les commis du parquet sera employé, sous les ordres du directeur, au service de la bibliothèque ; et il lui sera accordé, pour ce service, un supplément de traitement, qui sera pris sur les dépenses du tribunal.

XXXVIII. Jusqu'à ce qu'il ait été fait un réglement pour la police et discipline des greffiers, avoués et huissiers, les plaintes qui pourroient s'élever contre eux, seront présentées au président du tribunal et au commissaire du Gouvernement, lesquels les régleront de concert, selon leur justice et leur prudence.

Les Consuls de la République, vu le projet de réglement ci-dessus, présenté le 12 du présent mois, par le tribunal de cassation,

Ensemble le rapport du ministre de la justice ;

Le Conseil d'état entendu,

Approuvent ledit réglement pour être exécuté suivant sa forme et teneur;

Ordonnent qu'il sera imprimé, et affiché dans les lieux des séances du tribunal, et inséré au bulletin des lois.

En l'absence du premier Consul, *le second Consul*, signé, Cambacérès. Par le second Consul : *le secrétaire d'état*, signé, Hugues B. Maret. *Le ministre de la justice*, signé, Abrial.

Arrêté relatif aux frais des conseils généraux d'arrondissemens communaux pour leur réunion de l'an 8.

Du 5 prairial.

Les Consuls de la République, sur le rapport du ministre de l'intérieur ;

Considérant que par l'arrêté du 26 ventose an 8, il a été omis de pourvoir aux frais de l'assemblée des conseils d'arrondissemens communaux qui doivent se réunir dans les chefs-lieux de préfecture ;

Le Conseil d'état entendu,

Arrêtent :

Art. I. Il est alloué une somme de cent cinquante francs à chacun des conseils généraux d'arrondissemens communaux qui doivent se réunir dans les chefs-liéux de préfecture en l'an 8, pour les frais de leur assemblée.

Cette somme sera prise sur celles attribuées, par l'arrêté du 26 ventose an 8, aux frais d'impression et autres frais de toute espèce.

II. Le ministre de l'intérieur et celui des finances sont chargés, chacun en ce qui le concerne, de l'exécution du présent arrêté, qui sera inséré au bulletin des lois.

Le premier Consul, signé, Bonaparte. Par le premier Consul : *le secrétaire d'État*, signé, Hugues B. Maret. *Le ministre de l'intérieur*, signé, Lucien Bonaparte.

Arrêté relatif aux appartemens qui devront être affectés au service des tribunaux militaires.

Du 7 Prairial.

Les Consuls de la République, le Conseil d'État entendu,

Arrêtent :

Art. I. Il sera affecté à chaque tribunal militaire, dans les quartiers, casernes ou pavillons militaires, ou dans les édifices destinés au logement des commandans d'armes, un appartement composé de deux pièces ;

Une pour les séances du tribunal, et une pour son secrétariat et ses archives réunis.

Nul individu attaché à un tribunal militaire ne pourra loger dans l'une ou l'autre desdites pièces, ni obtenir ailleurs de logement en sadite qualité.

II. Dans les villes où il n'y aura point de quartiers, de casernes ou de pavillons militaires, et où il sera impossible de placer les conseils de guerre et de révision dans l'édifice destiné au logement du commandant d'armes, il sera, par les soins du commissaire ordonnateur des guerres, loué, pour chaque tribunal militaire, un appartement conforme à ce qui est prescrit par l'article premier.

III. Les tribunaux militaires conserveront les appartemens qu'ils occupent actuellement, si lesdits appartemens n'ont que l'étendue fixée par l'article ci-dessus, et s'ils ne font pas partie d'une maison nationale, susceptible d'être louée ou vendue. Dans tout autre cas, lesdits appartemens seront, de suite, ou réduits à l'étendue ci-dessus prescrite, ou remis à la disposition du ministre des finances.

IV. Les commissaires des guerres et les officiers du corps du génie employés en chef dans les divisions militaires, seront responsables de la prompte et stricte exécution du présent arrêté.

V. Le ministre de la guerre est chargé de l'exécution du présent arrêté, qui sera inséré au bulletin des lois.

En l'absence du premier Consul, *le second Consul*, signé, CAMBACÉRÈS.
Par le second Consul, *le secrétaire d'État*, signé, Hugues B. Maret.
Le ministre de la justice, signé, ABRIAL.

Arrêté qui proroge l'époque fixée pour l'ouverture des conseils d'arrondissement et des conseils généraux de département.

Du 8 Prairial.

LES CONSULS DE LA RÉPUBLIQUE, sur le rapport du ministre de l'intérieur, le Conseil d'État entendu ;

Considérant que des empêchemens multipliés ne permettent pas à tous les conseils d'arrondissemens communaux de s'assembler le 15 prairial, conformément à l'arrêté du 19 floréal, et qu'il convient que cette opération ait lieu uniformément dans tous les arrondissemens,

Arrêtent ce qui suit :

Art. I. L'époque fixée par ledit arrêté pour l'ouverture des conseils d'arrondissemens communaux, est prorogée au 15 messidor prochain.

II. Les conseils généraux de département s'assembleront le premier thermidor suivant.

III. Le ministre de l'intérieur est chargé de l'exécution du présent arrêté, qui sera imprimé au bulletin des lois.

En l'absence du premier Consul, *le second Consul*, signé, CAMBACÉRÈS.
Par le second Consul : *le secrétaire d'État*, signé, Hugues B. Maret.
Le ministre de l'intérieur, signé, Lucien BONAPARTE.

MODÈLES des actes de naissance, décès, mariage, divorce et adoption, relatés dans l'article X de l'arrêté du 19 floréal an 8, inséré au N°. 29.

ACTE DE NAISSANCE.

MAIRIE d

ARRONDISSEMENT communal d

Du jour du mois de l'an de la République française.

ACTE DE NAISSANCE de
né le à heure du fil
de (*Il faut énoncer le nom du père et de la mère, la profession du père et son domicile, et s'ils sont mariés. — Si l'enfant est naturel, on énoncera les noms du père et de la mère, s'ils sont déclarés, en ajoutant,* non mariés, *et indiquant par qui est faite la déclaration. — Si l'enfant a été exposé, on relatera le procès-verbal de l'officier de police, suivant l'article X du titre III de la loi du 20 septembre 1792*).

Le sexe de l'enfant a été reconnu être

Premier témoin,

Second témoin (*Il faut énoncer les noms, prénoms, âge et domicile des témoins, qui doivent être majeurs*).

Sur la réquisition à nous faite par (*La réquisition doit être faite par le père, ou, à son défaut, par le chirurgien ou la sage-femme, suivant l'article III du titre III de la même loi*).

Et ont signé (*Si aucun des témoins ou déclarans ne sait signer, il en sera fait mention*).

Constaté suivant la loi, par moi maire d de faisant les fonctions d'officier public de l'état civil.

ACTE DE DÉCÈS.

Mairie d

Arrondissement communal d

Du jour du mois de l'an de la République française.

Acte de décès de décédé le à heure du profession de âgé de ans, né à département d demeurant à (*Il faut énoncer si la personne décédée est mariée, veuve ou célibataire, et, si elle est mariée, les nom et prénom du survivant, et, s'il est possible de les savoir, les noms de ses père et mère*), fil de et de

Sur la déclaration à moi faite par le citoyen (*On mettra les noms, prénoms, profession, domicile des témoins, et s'ils sont parens, voisins ou amis*), demeurant à profession de qui a dit être d défunt, et par le citoyen demeurant à profession de qui a dit être d défunt. Et ont signé (*Si les déclarans ne savent signer, il en sera fait mention. — Si le décès a été constaté à la suite d'un accident, par un officier de police, il en sera fait mention, et le procès-verbal sera relaté*).

Constaté par moi maire d faisant les fonctions d'officier public de l'état civil, soussigné.

ACTE DE MARIAGE. *

Mairie d

Arrondissement communal d

Du jour du mois de l'an de la République française.

Acte de mariage de âgé de ans, né à département

* L'âge requis pour le mariage est quinze ans pour les hommes et treize ans pour les femmes.

d le du mois de an profession de demeurant à département d fils de demeurant à département d et de
(*Il faut énoncer si le père et la mère sont vivans, ou si l'un des deux ou tous deux sont décédés*);

Et de âgée de ans, née à département d le du mois de an demeurant à département d fille (*Il faut énoncer si les époux sont majeurs ou mineurs*) de d demeurant à département d et de

Les actes préliminaires sont extraits des registres des publications de mariages faites à (*Les publications doivent être faites pour les majeurs, dans leur domicile actuel; pour les mineurs, au domicile de leurs père et mère, ou s'ils sont morts ou interdits, au lieu où s'est tenue l'assemblée de parens pour autoriser le mariage : on doit relater la date de tous les actes énoncés. — Si les époux sont mineurs, ou seulement l'un d'eux, il faut le consentement du père, s'il est vivant; de la mère, s'il est mort ou interdit; d'une assemblée de famille tenue selon la loi, s'il n'y a ni père ni mère. — Les actes de consentement doivent être énoncés; ils peuvent être donnés par le père ou la mère présens, ou par acte authentique. — S'il y a eu opposition, il faut mentionner la main-levée, et l'acte ou jugement qui l'a donnée*), et affichés aux termes de la loi et (*les actes de naissance des époux*) le tout en forme : de tous lesquels actes il a été donné lecture par moi, officier public, aux termes de la loi.

Lesdits époux présens ont déclaré prendre en mariage, l'un —

l'autre

En présence de demeurant à département d profession de âgé de

De demeurant à département d profession de âgé de

De demeurant à département d profession de âgé de

Et de demeurant à département d profession de âgé de (*Il faut énoncer si les témoins sont parens, et à quel degré*).

Après quoi, moi maire d faisant les fonctions d'officier public de l'état civil, ai prononcé qu'au nom de la loi, lesdits époux sont unis en mariage. Et ont, lesdits époux et témoins (*Il sera fait mention si les époux et témoins ont signé, ou s'ils ne le savent pas. — Si les père et mère sont présens et savent signer, ils le feront; s'ils ne le savent pas, il en sera fait mention*), signé avec moi.

ACTE DE DIVORCE.

Mairie d

Arrondissement communal d

Du jour du mois de l'an de la République française.

Acte de divorce de âgé de ans, né à département d le du mois de an profession de demeurant à département d fils de demeurant à département d et de (*Il faut énoncer si les époux sont majeurs ou mineurs*);

Et de âgée de ans, née à départemens d le du mois de an demeurant à département d fille de demeurant à département d et de

Les actes préliminaires sont (*Les actes préliminaires sont ceux exigés, suivant les cas, par les lois des 20 septembre 1792 et premier jour complémentaire an V. Les maires et adjoints doivent les consulter avec soin, les observer avec exactitude, et mentionner, suivant les causes du divorce, les actes qu'elles exigent*).

L dit (*S'il n'y a que l'époux demandeur présent, on énoncera qu'il a demandé seul le divorce : s'ils sont présens tous deux, on énoncera qu'ils ont demandé tous deux le divorce*) demandé à haute voix la dissolution de mariage

En présence de demeurant à département d profession de âgé de

De demeurant à département d profession de âgé de

De demeurant à département d profession de âgé de

Et de demeurant à département d profession de âgé de

Après quoi, moi maire d faisant les fonctions d'officier public de l'état civil, ai prononcé qu'au nom de la loi, le mariage de et de est dissous; et j'ai signé avec l requérant le divorce, et les témoins (*Il sera fait mention si les époux et témoins ont signé, ou s'ils ne le savent*).

ACTE D'ADOPTION.

Mairie d

Arrondissement communal d

Le jour du mois de l'an de la République française, par-devant moi (*Si c'est l'adjoint, il en sera fait mention*), maire d arrondissement communal d département d s présenté (*Il faut énoncer ici les noms, prénoms, âge, domicile de l'adoptant ou des adoptans, s'ils sont mari et femme, et relater les pièces justificatives de toutes les énonciations. L'âge doit être nécessairement celui de majorité.*

L quel déclaré adopter pour enfant, et pour jouir des droits qui sont ou seront en pareil cas réglés par la loi, la personne de fil du citoyen demeurant à arrondissement communal d département d et de (*Ici on mettra le nom de la femme, en ajoutant*, son épouse, *si l'enfant est légitime. — Si l'adopté est un enfant naturel et reconnu, on en fera mention, ainsi que du nom de son père ou de sa mère, et des pièces justificatives des faits. — Si l'adopté n'a pas de parens connus, on l'énoncera*), ainsi qu'il est prouvé par

L d adopté (*Il faut énoncer l'acceptation de l'adopté, s'il est présent, et celles de ses père et mère ou tuteur, ou de leurs fondés de pouvoir*).

De laquelle déclaration j'ai donné acte à toutes les parties, au nom de la loi.

En présence de demeurant à arrondissement d département d et de demeurant à arrondissement d département d témoins connus qui ont signé avec moi, et (*On fera mention de ceux qui ne savent pas signer*).

Et à l'appui du présent acte, ont été déposées aux archives de l'état civil toutes les pièces justificatives des énonciations y portées.

Au bas de chaque modèle est écrit :

Certifié conforme : *le secrétaire d'État*, signé, Hugues B. Maret. *Le ministre de la justice*, signé, ABRIAL.

Acte du Sénat conservateur, qui nomme les citoyens Thiry, Grouvelle, Bord *et* Obelin *membres du Corps législatif.*

Du 8 Prairial.

LE SÉNAT procède à la nomination de quatre membres du Corps législatif, en remplacement des citoyens *Anquetin* et *Teissier*, décédés, *Montaut-Desilles* et *Frochot*, démissionnaires.

La majorité absolue des suffrages, recueillis au scrutin individuel, se fixe sur les citoyens,

Thiry, ex-commissaire du Gouvernement près les salines de Dieuze;

Grouvelle, ex-ministre plénipotentiaire en Danemarck;

Bord, chef de la 17e. demi-brigade;

Obelin, ex-commissaire de la trésorerie, ex-législateur.

Ils sont proclamés par le président membres du Corps législatif.

Le Sénat arrête que ces nominations seront notifiées, par un message, au Corps législatif lors de sa rentrée, au Tribunat et aux Consuls de la République.

Collationné à l'original, par nous président et secrétaires du Sénat conservateur. Le 8 prairial an 8 de la République française. *Signé*, ROGER-DUCOS, *président*; Bougainville, Laplace, *secrétaires.*

BONAPARTE, premier Consul de la République, ordonne que l'acte du Sénat conservateur, qui précède, sera inséré au bulletin des lois. Le ministre de la justice enverra aux citoyens *Thiry*, ex-commissaire du Gouvernement près les Salines de Dieuze, *Grouvelle*, ex-ministre plénipotentiaire en Danemarck, *Bord*, chef de la 17e. demi-brigade, *Obelin*, ex-commissaire de la trésorerie, ex-législateur, un exemplaire du bulletin des lois où cet acte sera inséré, pour leur tenir lieu de notification, et leur servir de titre pour constater leur qualité. A Paris, le 9 prairial an 8 de la République.

En l'absence du premier Consul, *le second Consul*, signé, CAMBACÉRÈS. Par le second Consul, *le secrétaire d'État*, signé, Hugues B. Maret.

Arrêté relatif au placement et à l'organisation des archives nationales.

Du 8 prairial.

LES CONSULS DE LA RÉPUBLIQUE, le Conseil d'état entendu,

Arrêtent ce qui suit :

ART. I. Les archives nationales, ainsi que les deux sections qui en dépendent, connues sous le nom d'archives judiciaires et d'archives domaniales, seront établies dans les lieux qui seront désignés par les Consuls.

II. Les archives nationales resteront, quant à présent, dans la partie des bâtimens du palais du Corps législatif qu'elles occupent; la section judiciaire restera au palais de justice; la section domaniale sera transportée du palais national des sciences et des arts, dans le local qui sera incessamment désigné.

III. Toutes les pièces, actes et autres objets déposés aux archives jusqu'au 4 nivose dernier, y demeureront sans qu'il en soit rien distrait. L'archiviste y fera apporter, sans délai, les actes des deux Conseils et des commissions législatives qui n'y ont pas encore été déposés.

IV. Il sera proposé au Corps législatif une loi pour déterminer la nature, la forme et les époques des dépôts qui doivent être faits aux archives nationales par divers corps constitués de la République.

Les actes ou piéces qui ont été déposés aux archives depuis le 4 nivose dernier, y seront conservés, ainsi que les dépôts qui pourront y être faits ultérieurement en vertu des réglemens ou arrêtés du Sénat conservateur, du Corps législatif ou du Tribunat.

V. Les travaux ordonnés et commencés aux archives pour la rédaction et impression des tables analytiques, des procès-verbaux des Assemblées nationales et autres objets, seront continués.

VI. Il sera rendu compte aux Consuls, dans le délai d'un mois, de l'état des travaux faits par le bureau du triage des titres, de ceux qui pourroient rester à faire d'après les titres qui sont encore dans ce dépôt.

VII. La bibliothèque établie auprès du Corps législatif, demeurera provisoirement sous la direction de l'archiviste dans le local où elle est actuellement placée.

Le salon de lecture ou conférence passera à la disposition du Corps législatif ; et la dépense sera prise sur les fonds qui lui sont assignés.

La bibliothèque sera ouverte aux membres du Sénat conservateur, du Tribunat, du Corps législatif, et du Conseil d'État.

VIII. L'archiviste sera nommé et révocable par le premier Consul ; il sera sous son autorité immédiate. Il lui proposera les mesures nécessaires pour la sûreté du dépôt des archives.

IX. Le traitement de l'archiviste est, à compter du premier nivose dernier, de la somme de dix mille francs. Il sera tenu d'habiter au lieu où les archives nationales sont ou seront établies ; il ne pourra s'absenter sans la permission du Gouvernement.

X. L'archiviste nommera les employés de ses bureaux, les gardiens et employés des dépôts sous ses ordres. Il en présentera chaque année l'état avec la fixation de leur traitement, à l'approbation du premier Consul. Il présentera en même temps l'état des dépenses nécessaires aux archives et à la bibliothèque.

XI. Chaque année, d'après ces états, il sera demandé au Corps législatif un fonds pour les archives nationales. L'archiviste, après avoir arrêté l'état de dépenses de chaque mois, l'adressera au ministre de l'intérieur, qui l'ordonnancera.

Les fonds pour les neuf derniers mois de l'an 8 et pour les premiers mois de l'an 9, seront tels qu'ils ont été réglés par les lois des 3 nivose et 25 ventose derniers.

XII. L'archiviste rendra compte, chaque année, des fonds mis à sa disposition, en la manière qui a été ou qui sera réglée par les divers administrateurs des dépenses publiques.

XIII. Le présent arrêté, qui sera inséré au bulletin des lois, sera adressé par le secrétaire d'état au ministre de l'intérieur et à l'archiviste, qui rendront compte de son exécution au premier Consul.

Le premier Consul, signé, BONAPARTE. Par le premier Consul, *le secrétaire d'état*, signé, Hugues B. Maret. *Le ministre de la justice*, signé, ABRIAL.

BAUDOUIN, imprimeur du Corps législatif et du Tribunat, rue de Grenelle-Saint-Germain, n°. 1131.

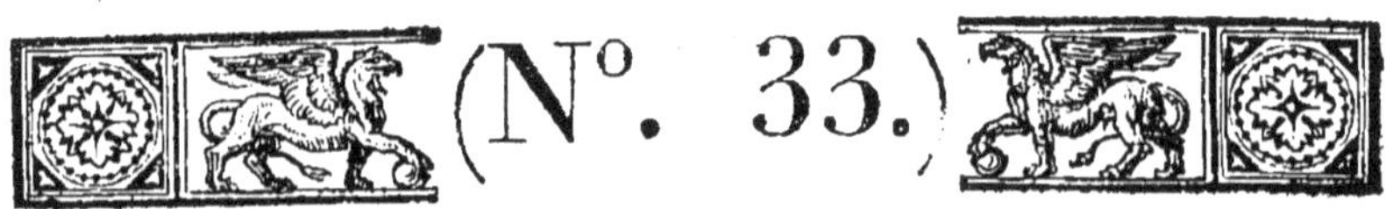

(N°. 33.)

ARRÊTÉS
ET
PROCLAMATIONS
DU GOUVERNEMENT.

Arrêté qui supprime le journal intitulé l'Ami des lois.

Du 9 Prairial an 8.

LES CONSULS DE LA RÉPUBLIQUE, sur le rapport du ministre de l'intérieur,

Arrêtent ce qui suit :

Art. I. Le journal intitulé *l'Ami des lois*, est supprimé.

II. Les ministres de l'intérieur et de la police générale sont chargés de l'exécution du présent arrêté, qui sera inséré au bulletin des lois avec le rapport du ministre de l'intérieur.

En l'absence du premier Consul, *le second Consul*, signé, CAMBACÉRÉS.
Par le second Consul : *le secrétaire d'État*, signé, Hugues-B. Maret.
Le ministre de l'intérieur, signé, Lucien BONAPARTE.

Neuilli, le 8 prairial an VIII.

Rapport présenté aux Consuls de la République par le ministre de l'intérieur.

CITOYENS CONSULS,

J'ai l'honneur de vous dénoncer un numéro du journal *l'Ami des lois*, que vous trouverez joint à ce rapport.

A

Ce journaliste pouvoit émettre son opinion sur l'Institut avec la décence convenable ; mais il ne pouvoit pas, sans mériter d'être réprimé, se permettre de verser le ridicule et le sarcasme sur une réunion d'hommes qui honorent la République par leurs lumières, et qui étendent chaque jour le cercle des connoissances humaines.

Je vous demande, citoyens Consuls, la suppression de ce journal, dont chaque numéro porte, de jour en jour, une empreinte qui ressemble peu à son titre.

Comme ami des arts et défenseur, à ce titre, de tout ce qui les intéresse, j'ai l'honneur, citoyens Consuls, de vous proposer la suppression du journal intitulé *l'Ami des lois*.

Salut et respect.

Signé, Lucien BONAPARTE.

Certifié conforme :

Le secrétaire d'État, signé, Hugues-B. Maret.

Arrêté qui ordonne des paiemens provisoires sur les pensions militaires.

Du 11 Prairial.

LES CONSULS de la République, après avoir entendu le rapport du ministre de la guerre ; considérant que la liquidation nouvelle de toutes les pensions militaires, exigée par les articles LIV et LV de la loi du 28 fructidor an 7, entraîne nécessairement des délais causés par la nature même du travail, et voulant faciliter aux pensionnaires les moyens d'attendre qu'il soit statué définitivement sur leur sort,

Arrêtent :

ART. I. Tous les militaires pensionnés recevront à titre de subsistance provisoire, à partir du premier vendémiaire dernier, le montant des pensions dont ils jouissent, pourvu qu'elles n'excèdent pas le *minimum* d'infirmités non provenant de blessures, affecté à chaque grade, et porté au tableau annexé à la loi du 28 fructidor an 7.

II. Toutes les pensions qui excéderoient ce *minimum*, y seront réduites provisoirement.

III. Le paiement de cette subsistance se fera par douzième, chaque mois, sur extraits de revue des commissaires des guerres, et suivant les formes usitées pour les militaires dont les pensions ne sont pas encore liquidées.

IV. Il sera tenu compte aux pensionnaires, lors de la recréation de leurs pensions, de la différence qui existe entre la quotité de la subsistance provisoire, et celle de la solde de retraite arrêtée définitivement par le ministre.

V. Le ministre de la guerre est chargé de l'exécution du présent arrêté, qui sera inséré au Bulletin des lois.

En l'absence du premier Consul, *le second Consul*, signé CAMBACÉRÈS.
Par le second Consul : *le secrétaire d'État*, signé, Hugues-B. Maret.
Le ministre de la guerre, signé, CARNOT.

Arrêté qui ordonne le paiement de pensions et secours à des veuves et enfans infirmes ou orphelins des défenseurs de la patrie.

Du 13 Prairial.

LES CONSULS de la République, sur le rapport du ministre de la guerre ; le conseil d'État entendu,

Arrêtent :

ART. I. Le ministre des finances fera payer annuellement, à titre de pension ou de secours, la somme de cent quatre-vingt-deux mille trente francs quatre-vingt-dix-huit centimes, aux veuves et enfans infirmes ou orphelins des défenseurs de la patrie, compris dans les treize états annexés au présent arrêté. (1)

II. Ces pensions ou secours seront payés par douzième, chaque mois, à compter de la publication du présent arrêté. Le ministre des finances prendra toutes les mesures nécessaires pour que le paiement en soit fait à domicile, conformément à l'article XI de la loi du 14 fructidor an 6.

III. Les ministres de la guerre et des finances sont chargés de l'exécution du présent arrêté, qui sera imprimé au bulletin des lois.

En l'absence du premier Consul, *le second Consul*, signé, CAMBACÉRÈS.
Par le second Consul : *le secrétaire d'État*, signé, Hugues-B. Maret.
Le ministre de la guerre, signé, CARNOT.

(1) Ces états ne s'impriment point.

EXTRAIT des registres des délibérations des Consuls de la République.

Du 13 prairial.

Avis sur l'application de la loi du 10 vendémiaire an 4, relative à la police des communes, donné par le Conseil d'état le 12 prairial.

LE CONSEIL D'ÉTAT, qui, d'après le renvoi des Consuls et sur le rapport de la section de législation, a discuté un rapport du ministre de la justice relatif à un référé du tribunal civil du département du Rhône,

Est d'avis que la loi du 10 vendémiaire an 4, s'appliquant aux communes considérées dans leur totalité et non aux arrondissemens dans lesquels elles sont divisées, le tribunal civil du département du Rhône a élevé un doute mal fondé sur une distinction que la loi n'admet pas, et qu'il a mal-à-propos suspendu le jugement du procès dont il étoit saisi.

Il est également d'avis que la même loi est applicable à toutes les communes, sans distinction des grandes et des petites, attendu que la loi n'établit pas cette distinction, et que les motifs qui l'ont fait rendre ne s'appliquent pas moins aux grandes qu'aux petites communes.

Le Conseil pense donc qu'il n'y avoit pas lieu à un référé de la part du tribunal civil du département du Rhône, et que le Gouvernement doit donner les ordres nécessaires pour la continuation du procès dont il s'agit.

Le présent avis sera inséré au bulletin des lois.

Pour extrait conforme, *le secrétaire général du Conseil d'état*, signé J. G. LOCRÉ. Approuvé : en l'absence du premier Consul, *le second Consul*, signé, CAMBACÉRÈS. Par le second Consul : *le secrétaire d'état*, signé, Hugues-B. Maret. *Le ministre de la jutice*, signé, ABRIAL.

Arrêté qui prescrit un nouveau mode pour l'exécution de celui du 12 prairial an 4, relatif à la notification de l'époque à laquelle les lois deviennent obligatoires dans chaque département.

Du 16 Prairial.

Les Consuls de la République, vu le rapport du ministre de la justice, et le Conseil d'État entendu,

Arrêtent ce qui suit :

Art. I. Les tableaux des Bulletins des lois seront envoyés par les préfets aux sous-préfets des autres arrondissemens, et par ceux-ci aux maires de l'arrondissement dans lequel ils résident.

II. Le ministre de la justice est chargé de l'exécution du présent arrêté, lequel sera imprimé et inséré au bulletin des lois.

En l'absence du premier Consul, *le second Consul*, signé, Cambacérès.
Par le second Consul : *le secrétaire d'État*, signé, Hugues-B. Maret.
Le ministre de la justice, signé, Abrial.

Arrêté relatif au recouvrement des cautionnemens à fournir par les greffiers, avoués et huissiers.

Du 18 Prairial.

Les Consuls de la République, vu les lois des 7 et 27 ventose dernier, leurs arrêtés des 18 du même mois et 24 germinal suivant ; sur la proposition du ministre des finances ; le Conseil d'État entendu,

Arrêtent :

Art. I. Les dispositions des arrêtés des 18 ventose et 24 germinal dernier, sont déclarées communes au recouvrement des cautionnemens à fournir par les greffiers, avoués et huissiers, conformément à la loi du 27 ventose.

II. En conséquence, le commissaire du Gouvernement près chaque tribunal fera connoître sans retard au préposé de la régie du domaine national dans l'arrondissement du tribunal, la nomination desdits greffiers, avoués et huissiers.

III. Dans la décade qui suivra le mois de leur nomination, lesdits greffiers, avoués et huissiers, seront tenus de justifier audit commissaire, du versement de leur cautionnement, tant pour le premier quart payable en numéraire, que pour les obligations à fournir quant aux trois autres quarts.

IV. Faute par eux de se conformer aux dispositions de l'article III ci-dessus, le commissaire du Gouvernement requerra l'exécution de l'article VIII de la loi du 7 ventose dernier.

V. Les ministres de la justice et des finances sont chargés de l'exécution du présent arrêté, qui sera imprimé au bulletin des lois.

En l'absence du premier Consul, *le second Consul*, signé, CAMBACÉRÈS. Par le second Consul : *le secrétaire d'État*, signé, Hugues-B. Maret. *Le ministre des finances*, signé, GAUDIN.

BAUDOUIN, imprimeur du Corps législatif et du Tribunat, rue de Grenelle-Saint-Germain, N°. 1131.

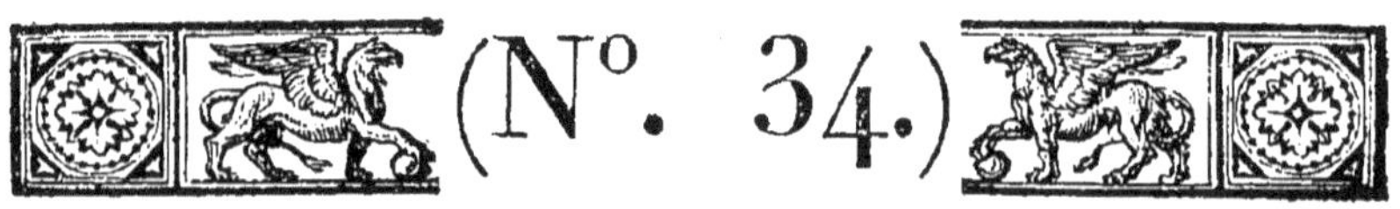

ARRÊTÉS
ET
PROCLAMATIONS
DU GOUVERNEMENT.

Rapport présenté, le 23 prairial an VIII, aux Consuls de la République, par le ministre de l'intérieur, sur l'anniversaire du 14 juillet et la fête de la Concorde.

Citoyens Consuls,

Par votre arrêté du 18 pluviose, vous avez ordonné qu'il seroit célébré une fête à l'union des Français, dans la décade qui suivra l'entière pacification de l'ouest. Depuis plusieurs mois la paix intérieure règne dans ces contrées : j'aurois déja pris des mesures pour l'exécution de l'arrêté du 18; mais, citoyens Consuls, le 14 juillet approche, et je crois devoir vous proposer de remettre la célébration de la fête de la Concorde à l'époque la plus mémorable de notre histoire, à ce jour d'espérances où tous les cœurs s'unirent pour vouloir la liberté, tous les bras pour la conquérir. Le même jour ramène chaque année les mêmes émotions; elles seront plus douces, sans doute, aujourd'hui qu'aucun sentiment pénible ne nous agite. Si nous avons des larmes à répandre sur tant de héros moissonnés au champ d'honneur, sur tant d'hommes illustres victimes de nos dissentions civiles, nous pouvons au moins opposer à l'image du passé l'image du présent : nous voyons la République jouir, sans trouble, du gouvernement qu'elle s'est donné, et toutes les affections, tous les sentimens se confondre dans l'amour de la patrie.

Le 14 juillet devant, cette année, réunir la célébration de deux grandes fêtes nationales, l'exécution de votre arrêté du 29 ventose sur les colonnes départementales m'offre une idée accessoire que je

A

crois digne de vous être exposée. L'érection de ces colonnes est le témoignage de la reconnoissance nationale envers les défenseurs de l'État : il me paroît que cet hommage doit leur être rendu le même jour sur tous les points de la République ; ce jour sera le 14 juillet.

Que l'exécution de votre arrêté, citoyens Consuls, commence le 25 messidor.

Que dès le matin la première pierre de la colonne nationale soit posée sur la place de la Concorde ; que le même jour, dans toute la France on jette les fondemens des colonnes départementales, et que par-tout, à la même heure, retentissent les noms de ces généreux guerriers dont le sang a coulé pour la patrie.

J'ai l'honneur de vous présenter, citoyens Consuls, dans le programme ci-joint, les détails d'exécution : j'ai cherché à y réunir tout ce qui peut donner aux sentimens généreux et patriotiques un nouvel essor ; j'ai écarté les ouvrages dispendieux et fragiles, qui ne laissent rien d'honorable ; et j'ai cru que nous devions attacher la pensée de l'avenir à cette belle époque, en fixant à ce jour l'établissement de monumens solides et glorieux.

C'est dans ces vues que je propose de commencer en même temps le quai de la Pelleterie, utile et depuis long-temps projeté : tout est prêt pour exécuter vos intentions à cet égard.

J'ai, en conséquence, citoyens Consuls, l'honneur de vous présenter les projets d'arrêté et de programme ci-joints.

Salut et respect.

Signé, Lucien BONAPARTE.

Pour copie conforme, *le secrétaire d'État*, signé, Hugues-B. Maret.

Arrêté relatif à la célébration des fêtes du 14 juillet et de la Concorde.

Du 23 Prairial.

LES CONSULS DE LA RÉPUBLIQUE, sur le rapport du ministre de l'intérieur,

Arrêtent :

Art. I. La fête de la Concorde, dont la célébration est ordonnée après la pacification de l'ouest, sera réunie à celle du 14 juillet.

II. Les premières pierres des colonnes nationales et départementales qui doivent être érigées en exécution de l'arrêté du 29 ventose, seront posées le même jour 25 messidor, à midi, dans toute la République.

III. Le programme présenté par le ministre de l'intérieur pour la célébration de la fête est adopté ; il sera imprimé et publié avec le présent arrêté, ainsi que le rapport du ministre, qui demeure chargé de l'exécution.

En l'absence du premier Consul : *le second Consul*, signé, CAMBACÉRÈS.
Par le second Consul : *le secrétaire d'État*, signé, Hugues B. Maret.
Le ministre de l'intérieur, signé, Lucien BONAPARTE.

Anniversaire du 14 juillet. —Fête de la Concorde.

PROGRAMME.

Art. I. Le 24 messidor, à six heures du soir, le bruit du canon annoncera la fête du lendemain.

A ce signal les théâtres seront ouverts au public.

Au Théâtre français, on représentera *les Horaces* et *le Marchand de Smyrne ;*

A l'Opéra comique, *Guillaume Tell ;*

Au Théâtre des arts, *Œdipe à Colone*, le *Chant du départ* et *un ballet.*

II. Le 25 messidor (anniversaire du 14 juillet), à cinq heures du matin, une nouvelle salve d'artillerie se fera entendre, et le canon continuera de tirer d'heure en heure.

La garde nationale et la garnison de Paris prendront les armes.

Divers détachemens se distribueront sur la place Vendôme et sur celle de la Concorde.

III. A dix heures du matin, un détachement ira recevoir des mains de plusieurs invalides, cent drapeaux ennemis, choisis parmi ceux qui décorent le temple de Mars. Ces drapeaux seront portés en triomphe sur la place Vendôme.

Là, le détachement se rangera autour du lieu où doit être érigée la colonne départementale.

A onze heures, le préfet, accompagné des autorités et des administrations locales, posera la première pierre de la colonne.

IV. A midi, les autorités et les administrations générales se réuniront, ainsi que les ministres, à l'hôtel de la marine.

Le préfet du département et les autres autorités et administrations locales, se transporteront dans le même lieu, précédés par le détachement de cavalerie qui portera les drapeaux ennemis.

Le cortége se rendra sur la place de la Concorde, auprès du lieu où sera érigée la colonne nationale.

Le ministre de l'intérieur en posera la première pierre.

V. De là le ministre ira poser la première pierre du quai de la Pelleterie, accompagné du conseiller d'Etat chargé des ponts et chaussées, des autorités locales et des ingénieurs.

VI. A une heure après midi, les ministres, le conseil d'Etat, et toutes les autorités, se réuniront aux Tuileries : à deux heures, les Consuls, précédés par le cortége, se rendront au temple de Mars.

Le corps diplomatique sera invité à se rendre au temple.

Trois des invalides les plus âgés auront des places d'honneur.

Le conservatoire de musique, les artistes et les chœurs des divers théâtres, exécuteront des hymnes.

Les Consuls distribueront ensuite à cinq invalides, désignés par leurs camarades, comme les plus dignes de cette récompense, des médailles sur lesquelles on lira :

La République française à ses défenseurs.

Cette distribution sera suivie par l'exécution d'un chant guerrier.

Un orateur prononcera le discours du 14 juillet.

VII. Toutes les troupes se rendront, à trois heures, au Champ-de-Mars.

Les invalides qui auront reçu le matin des médailles de la main des Consuls, seront conduits en triomphe au Champ-de-Mars par un détachement de leurs camarades.

Ils y auront des places réservées, auprès des ministres.

A leurs côtés se trouveront cinq élèves de l'école polytechnique, et cinq du Prytanée français, désignés par les directeurs de ces établissemens.

VIII. Aux évolutions militaires succéderont les courses.

Il y en aura de trois espèces :

1°. Courses à pied,

2°. Courses à cheval,

3°. Courses de chars.

Après les courses, le ministre de l'intérieur distribuera les prix.

IX. Le soir, les Champs-Élysées et les Tuileries seront illuminés.

Plusieurs orchestres y seront placés pour la danse.

A neuf heures, on exécutera un concert sur la terrasse du château des Tuileries.

Arrêté le 23 prairial, an 8 de la République.

Le ministre de l'intérieur, signé, Lucien BONAPARTE.

Pour copie conforme : *le secrétaire d'Etat*, signé, Hugues B. Maret.

Arrêté qui accorde au citoyen Mozzanino *un brevet d'invention pour une cheminée mécanique et économique.*

Du 23 Prairial.

Les Consuls de la République, sur le rapport du ministre de l'intérieur,

Arrêtent :

Art. I. Il est accordé au citoyen *François-Antoine-Marie Mozzanino*, poêlier-fumiste, demeurant à Paris, rue Basse-du-Rempart, n°. 363, un brevet d'invention pour dix années entières et consécutives, à compter de la date des présentes, à l'effet de pouvoir établir par-tout où il le jugera convenable, dans toute l'étendue de la République, une cheminée mécanique et économique, par des procédés dont il a déclaré être l'auteur; à la charge par lui d'employer les moyens indiqués dans son mémoire : sur lesquelles cheminées il pourra être appliqué un timbre ou cartel, avec ces mots, *Brevet d'invention*, et le nom de l'auteur, pour, par lui et ses ayant-cause, jouir dudit brevet, dans toute l'étendue de la République, pendant dix années.

II. Il est expressément défendu d'imiter et d'employer les procédés dont il s'agit, sous quelque cause que ce soit; et pour assurer au citoyen *Mozzanino* la jouissance dudit brevet, le présent arrêté sera inséré dans le Bulletin des lois.

III. Les tribunaux, les préfets et sous-préfets, feront jouir pleinement et paisiblement des droits conférés par ce présent, le citoyen *Mozzanino* ou ses ayant-cause, faisant cesser tout empêchement contraire : ils feront transcrire ce brevet sur leurs registres, lire, publier et afficher dans leurs ressorts et départemens respectifs, pour être exécuté, pendant sa durée, comme loi de la République.

En l'absence du premier Consul, *le second Consul*, signé, Cambacérés. Par le second Consul, *le secrétaire d'état*, signé, Hugues B. Maret. *Le ministre de l'intérieur*, signé, Lucien Bonaparte.

Arrêté qui accorde au citoyen Bidot *un brevet d'invention pour une pompe hydraulique.*

Du 23 Prairial.

Les Consuls de la République, sur le rapport du ministre de l'intérieur,

Arrêtent :

Art. I. Il est accordé au citoyen *Vincent Bidot*, mécanicien, demeurant à Paris, au ci-devant couvent de l'*Ave Maria*, rue des Barres, un brevet d'invention pour cinq années entières et consécutives, à compter de la date des présentes, à l'effet de fabriquer et vendre, dans toute l'étendue de la République, une pompe hydraulique dont il a déclaré être l'auteur ; à la charge par lui d'employer les moyens indiqués dans son mémoire : sur laquelle pompe il pourra être appliqué un timbre ou cartel, avec ces mots, *Brevet d'invention*, et le nom de l'auteur, pour, par lui et ses ayant-cause, jouir dudit brevet dans toute l'étendue de la République.

II. Il est expressément défendu d'imiter et d'employer les moyens dont il s'agit, sous quelque cause que ce soit ; et pour assurer au citoyen *Vincent Bidot* la jouissance dudit brevet, le présent arrêté sera inséré au Bulletin des lois.

III. Les tribunaux, les préfets et sous-préfets, feront jouir pleinement et paisiblement des droits conférés par ce présent, le citoyen *Vincent Bidot* ou ses ayant-cause, faisant cesser tout empêchement contraire : ils feront transcrire ce brevet sur leurs registres, lire, publier et afficher dans leurs ressorts et départemens respectifs, pour être exécuté, pendant sa durée, comme loi de la République.

En l'absence du premier Consul, *le second Consul*, signé, CAMBACÉRÈS. Par le second Consul, *le secrétaire d'état*, signé, Hugues B. Maret. *Le ministre de l'intérieur*, signé, LUCIEN BONAPARTE.

Arrêté qui détermine un mode pour accélérer la fixation définitive des soldes de retraite, et ordonne des paiemens provisoires à titre de subsistance.

Du 24 Prairial.

LES CONUSLS DE LA RÉPUBLIQUE, sur le rapport du ministre de la guerre ;

Considérant que la fixation des soldes de retraite, prescrite par les articles LIV et LV de la loi du 28 fructidor an 7, consumera nécessairement un temps considérable, et que, s'il n'y étoit pourvu, les défenseurs de la patrie qui seront liquidés les derniers seroient privés, pendant ce temps, d'un traitement peut-être nécessaire à leur existence et auquel ils ont de si légitimes droits ;

Considérant que la justice exige aussi qu'il soit établi dans la liquidation des soldes de retraite, un ordre qui assure aux militaires qui ont le plus souffert pour la patrie, la priorité de jouissance qui leur est due ;

Le Conseil d'état entendu,

Arrêtent :

Art. I. Le ministre de la guerre accélérera, le plus qu'il sera possible, la fixation définitive des soldes de retraite, prescrite par les articles LIV et LV de la loi du 28 fructidor an 7.

II. Le ministre de la guerre donnera des ordres pour qu'on s'occupe de la fixation des soldes de retraite dans l'ordre suivant :

1°. Des soldes de retraite pour blessures, ou infirmités provenant de blessures ;

2°. Des soldes de retraite pour ancienneté ;

3°. Des soldes de retraite pour infirmités non provenant des blessures.

Dans chacune des deux premières classes, on s'occupera d'abord des militaires qui ont droit au *maximum* de leur grade ; on commencera de préférence par les grades les moins élevés.

III. Les militaires pensionnés dont la solde de retraite n'est point encore définitivement fixée en conformité de la loi du 28 fructidor an 7, recevront jusqu'au moment de cette fixation, à titre de subsistance provisoire, le *minimum* déterminé par ladite loi, pour leurs grades respectifs, dans la colonne intitulée : *Infirmités non provenant de blessures.*

IV. Toutes les pensions qui excéderont ce *minimum*, y seront provisoirement réduites.

V. Le paiement de cette subsistance se fera par douzième chaque mois, sur des extraits de revue, et suivant les formes usitées pour les militaires dont les pensions ne sont pas encore liquidées.

VI. Lorsqu'une solde de retraite aura été définitivement fixée par le ministre de la guerre, il sera payé au militaire à qui elle aura été attribuée, avec le premier mois de ladite solde, la différence qui aura existé, depuis le premier vendémiaire an 7, entre la susdite solde et la subsistance provisoire qu'il aura touchée en exécution du présent arrêté.

VII. Les ministres de la guerre et des finances sont, chacun en ce qui le concerne, chargés de l'exécution du présent arrêté, qui sera imprimé au Bulletin des lois.

En l'absence du premier Consul, *le second Consul*, signé, CAMBACÉRÈS. Par le second Consul : *le sécrétaire d'état*, signé, Hugues B. Maret. *Le ministre de la guerre*, signé, CARNOT.

Arrêté qui ordonne le paiement de rentes et pensions dues à des veuves et enfans de militaires et employés aux armées de terre et de mer.

Du 26 Prairial.

Les Consuls de la République, sur le rapport du ministre de la guerre ; vu la loi du 14 fructidor an 6, relative aux secours à accorder aux veuves et enfans des militaires et employés composant les armées de terre et de mer :

Le conseil d'état entendu,

Arrêtent :

Art. I. Le ministre des finances fera payer, sur les crédits généraux ouverts pour le paiement des rentes et pensions, à titre de secours ou de pensions, la somme de trente-cinq mille six cent trente-sept francs cinquante-sept centimes, aux veuves et enfans infirmes ou orphelins compris dans les quatre états présentés par le ministre de la guerre, et annexés au présent arrêté (1).

II. Le présent arrêté sera imprimé au Bulletin des lois.

En l'absence du premier Consul, *le second Consul*, signé, Cambacérès. Par le second Consul : *le secrétaire d'état*, signé, Hugues B. Maret. *Le ministre de la guerre*, signé, Carnot.

(1) Ces états ne s'impriment point.

Baudouin, imprimeur du Corps législatif et du Tribunat, rue de Grenelle-Saint-Germain, N°. 1131.

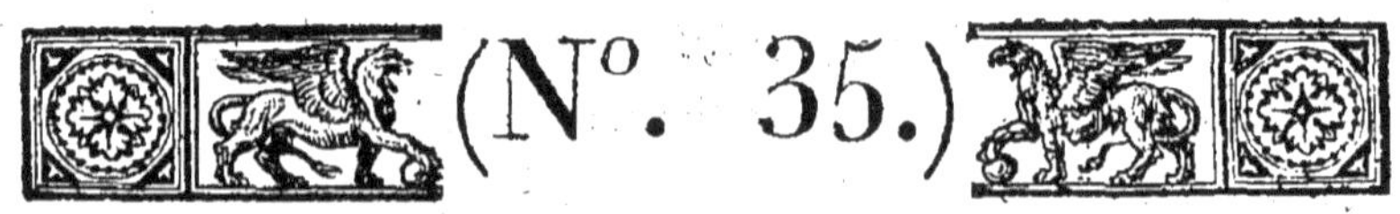

(N°. 35.)

ARRÊTÉS ET PROCLAMATIONS DU GOUVERNEMENT.

Arrêté portant réglement sur les franchises et contre-seings.

Du 27 Prairial.

Les Consuls de la République, vu l'article XIII de la loi du 25 frimaire an 8, portant qu'ils détermineront, par un réglement, l'usage des franchises et contre-seings, et les fonctionnaires qui devront en jouir; sur le rapport du ministre des finances;

Le conseil d'état entendu,

Arrêtent ce qui suit :

Section Ire.

Franchise et contre-seing indéfinis.

Art. I. Les Consuls de la République jouiront seuls indéfiniment de la franchise et du contre-seing.

Section II.

Franchise indéfinie.

II. Le président du Sénat conservateur,
Le président du Corps législatif,
Le président du Tribunat,
Les ministres,
Les conseillers d'état chargés de diverses parties d'administration,
Le président du conseil des prises maritimes,
Le secrétaire d'état,
Le secrétaire général des Consuls,
Le secrétaire général du conseil d'état,

Les généraux en chef et ordonnateurs en chef de chaque armée,

Les administrateurs de la trésorerie nationale,

Et l'administration générale des postes,

Jouiront de la franchise indéfinie, pour toutes les lettres et paquets qui leur seront adressés.

III. Le caissier général et le caissier des recettes journalières de la trésorerie nationale,

Les quatre payeurs généraux,

Et l'archiviste de la République,

Jouiront de la franchise, mais seulement pour les lettres et paquets qui leur seront adressés et seront souscrits par les autorités constituées et fonctionnaires compris dans l'état annexé au présent réglement.

SECTION III.

Contre-seing limité.

IV. Le contre-seing est accordé,

Aux ministres,

Aux conseillers d'état chargés de diverses parties d'administration,

Au président du conseil des prises maritimes,

Au secrétaire d'état,

Au secrétaire du conseil d'état,

Aux généraux en chef et ordonnateurs en chef de chaque armée,

Aux administrateurs de la trésorerie nationale,

Et à l'administration générale des postes.

Ce contre-seing n'opérera la franchise qu'à l'égard des autorités constituées et des fonctionnaires compris dans l'état annexé au présent réglement, et seulement lorsque leurs qualités seront énoncées dans la suscription de la lettre.

V. Le contre-seing de l'administration générale des postes opérera la franchise, tant à l'égard des autorités constituées ou fonctionnaires publics que de ceux auxquels il sera écrit pour objets relatifs au service des postes.

SECTION IV.

Franchise et contre-seing limités.

VI. Les généraux de division,

Les généraux de brigade,

Les chefs d'état-major des armées et des diverses divisions militaires,

Les divers inspecteurs généraux dépendans du ministère de la guerre,

Les préfets maritimes ou ceux qui en remplissent les fonctions,

Recevront en franchise les lettres et paquets qui leur seront adressés, soit par les uns aux autres, soit par les fonctionnaires de leur service désignés en l'état annexé au présent réglement, mais seulement dans l'étendue de leurs commandemens ou arrondissemens respectifs

VII. Ils auront le contre-seing dans le même cas et avec la même limitation.

SECTION V.

Franchise illimitée, mais sous bandes.

VIII. Le Bulletin des lois continuera de circuler par la poste en franchise, mais sous bandes, dans toute l'étendue de la République, et conformément à la loi du 9 vendémiaire an 6 ; cette franchise aura lieu également pour la correspondance relative au Bulletin, et toujours sous bandes.

SECTION VI.

Franchise illimitée sous bandes, et contre-seing limité.

IX. La franchise est accordée, mais sous bandes seulement,

1°. Au conseil des mines, en nom collectif;

2°. A la comptabilité nationale, aussi en nom collectif;

3°. A la comptabilité intermédiaire, également en nom collectif;

4°. Au directeur de la liquidation de la dette publique;

5°. A celui de la liquidation de la dette des émigrés du département de la Seine.

Ils jouiront également du contre-seing, et toujours sous bandes; mais il n'opérera la franchise qu'à l'égard des préfets.

SECTION VII.

Franchise et contre-seing sous bandes, limités.

X. Les préfets, soit civils, soit de police, soit maritimes, jouiront de la franchise dans l'étendue de leur préfecture, mais sous bandes, pour toutes les lettres et paquets qui leur seront adressés par les autorités constituées et fonctionnaires de leur préfecture, désignés dans l'état annexé au présent réglement.

Il en sera de même pour les lettres et paquets qui leur seront adressés par le commandant de la division militaire dont leur préfecture fait partie.

XI. Le contre-seing des préfets n'opérera la franchise, et toujours sous bandes, qu'à l'égard des commandans en chef des divisions militaires dont leur préfecture fait partie, des conseils d'administration, et des autorités ou fonctionnaires quelconques de leur préfecture, désignés dans l'état annexé au présent réglement.

Il en sera de même des sous-préfets pour la franchise et le contre-seing dans leurs arrondissemens respectifs.

La même chose aura lieu à l'égard des commissaires généraux de police pour l'étendue du département dans lequel ils sont établis.

SECTION VIII.

Franchise limitée et sous bandes, sans contre-seing.

XII. Les receveurs généraux et particuliers, les directeurs, inspecteurs et contrôleurs des contributions publiques, jouiront de la franchise seulement, mais sous bandes, et dans l'étendue du département de leur résidence, pour les lettres et paquets qu'ils s'adresseront respectivement à raison de leur service.

XIII. Il en sera de même de la correspondance des commissaires des guerres et de ceux de l'inscription maritime, des inspecteurs et sous-inspecteurs aux revues, des directeurs des fortifications, des commandans d'armes, et des officiers de gendarmerie, dans l'étendue de leurs arrondissemens.

SECTION IX.

États de crédit.

XIV. Il sera tenu comme ci-devant, par les directeurs des postes, des états de crédit pour les juges-de-paix, les commissaires du Gouvernement près les tribunaux criminels et près de ceux de première instance, ainsi que pour ces mêmes tribunaux, en nom collectif, et les directeurs de jury d'accusation, relativement aux lettres taxées concernant leurs fonctions seulement.

XV. Le montant des crédits continuera d'être payé chaque mois, aux directeurs des postes, par les fonctionnaires ci-dessus désignés, qui en seront remboursés par les receveurs de l'enregistrement, sur la représentation des états rendus exécutoires par les présidens des tribunaux criminels, et visés par les préfets des départemens, le tout dans la forme et les délais prescrits par l'arrêté du 9 frimaire an 7.

SECTION X.

Dispositions réglementaires.

XVI. Le contre-seing des Consuls, celui des ministres et autres fonctionnaires compris dans l'article IV du présent réglement, ainsi que le contre-seing des préfets, se fera par une griffe qui sera fournie par l'administration générale des postes, et dont l'usage ne pourra être confié qu'à une seule personne, qui en sera responsable.

XVII. Tous les autres fonctionnaires seront tenus de mettre de leur propre main, sur l'adresse des lettres qu'ils expédieront, leur signature au-dessous de la désignation de leurs fonctions.

XVIII. Conformément aux anciens réglemens, les lettres et paquets contre-signés devront être remis, savoir, dans les départemens aux directeurs des postes; et à Paris, au bureau du départ de l'administration générale.

Lorsqu'ils auront été jetés à la boîte, ils seront assujétis à la taxe.

XIX. Les lettres et paquets contre-signés qui seront dans le cas d'être chargés, ne pourront être reçus ni expédiés en franchise qu'en y joignant une réquisition signée des autorités ou fonctionnaires qui les adresseront.

XX. Il est défendu, conformément aux anciens réglemens, de comprendre dans les paquets expédiés en franchise ou sous contre-seing, aucune lettre, billet, papier, ou chose quelconque étrangère au service.

Dans le cas de suspicion de fraude, ou d'omission d'aucune des formalités prescrites, les préposés des postes sont autorisés à taxer les lettres et paquets en totalité, ou à exiger que le contenu en soit vérifié; et si, par la vérification, il résulte qu'il y a fraude, les préposés des postes en rédigeront procès-verbal, dont ils enverront un double au commissaire du Gouvernement près l'administration générale des postes, qui en rendra compte au Gouvernement.

XXI. Conformément à l'article XIV de la loi du 28 août 1791, les ports de lettres et paquets seront payés comptant: il sera libre cependant à tout particulier de refuser chaque lettre ou paquet au moment même où il lui sera présenté, et avant de l'avoir décacheté.

XXII. Le ministre des finances est chargé de l'exécution du présent arrêté, qui sera inséré au bulletin des lois, ainsi que l'état ci-annexé.

ÉTAT des fonctionnaires à l'égard desquels le contre-seing opérera la franchise en exécution des articles IV, VII, X et XI du réglement ci-dessus.

1°. Tous les fonctionnaires dénommés aux articles II et III du réglement.

2°. Les conseillers d'état.

3°. Les agens du Gouvernement pour les relations exterieures.

4°. Les agens des relations extérieures et commerciales.

5°. Les commissaires extraordinaires du Gouvernement.

6°. Les préfets, soit civils, soit de police.

7°. Les sous-préfets civils.

8°. Les maires des communes.

9°. Les commissaires généraux de police.

10°. Les officiers et adjudans généraux.

11°. Les généraux de division.

12°. Les généraux de brigade.

13°. Les chefs de l'état-major.

14°. Les inspecteurs généraux dépendans du ministère de la guerre.

15°. Les commandans d'armes.

16°. Les chefs des corps et détachemens militaires.

17°. Les inspecteurs aux revues.

18°. Les commissaires des guerres.

19°. Les directeurs des fortifications.

20°. Les officiers et commandans de brigade de la gendarmerie.

21°. Les conseils des guerres, en nom collectif.

22°. Les préfets maritimes, ou le chef qui les représente dans les ports où ne réside pas le préfet.

23°. Le commissaire du Gouvernement près le conseil des prises maritimes.

24°. Les officiers de marine commandant en chef une armée navale, escadre ou division, ou un bâtiment ayant une mission particulière.

25°. Les inspecteurs de marine dans les ports, et les sous-inspecteurs dans ceux où ne réside pas un inspecteur.

26°. L'inspecteur des troupes d'artillerie de la marine.

27°. L'inspecteur des fonderies et manufactures d'armes et usines de la marine, et les officiers chargés de l'inspection lorsqu'ils résideront.

28°. Les officiers du génie maritime chargés du martelage des bois dans les six arrondissemens forestiers.

29°. L'inspecteur des constructions navales.

30°. Les inspecteurs de l'inscription maritime, mais dans le temps seulement où ils sont en fonctions.

31°. L'inspecteur de l'administration forestière de la marine.

32°. Les commissaires de la marine.

33°. Les officiers d'administration préposés à l'inscription maritime dans les ports où ils ne se trouvent pas sous l'autorité immédiate d'un chef y résidant.

34°. Les tribunaux en nom collectif, et les commissaires du Gouvernement auprès d'eux.

35°. Les directeurs de jury.

36°. Les juges-de-paix.

37°. Les administrateurs du trésor public.

38°. L'administration de l'enregistrement, et l'administration des douanes.

39°. L'administration de la loterie nationale.

40°. L'administration de la caisse d'amortissement.

41°. La régie des poudres et salpêtres.

42°. L'administration des monnoies.

43°. Les directeurs des hôtels des monnoies, et commissaires du Gouvernement près d'eux.

44°. La comptabilité nationale, en nom collectif.

45°. Le directeur de la liquidation de la dette publique, et celui de la dette des émigrés.

46°. Les receveurs généraux des départemens.

47°. Les receveurs d'arrondissemens communaux.

48°. Les payeurs généraux.

49°. Les payeurs des départemens.

50°. Les vérificateurs généraux.

51°. Les directeurs des contributions.

52°. Les inspecteurs généraux, les ingénieurs en chef et les ingénieurs ordinaires des ponts et chaussées.

53°. Le conseil des mines.

54°. Les établissemens d'instruction publique, les sociétés des sciences, d'agriculture et d'arts, en nom collectif, et les chefs ou directeurs de ces établissemens et sociétés.

55°. Le contre-seing des ministres de la justice et des finances, ainsi que celui des préfets civils et des sous-préfets, opéreront la franchise à l'égard, 1°. des agens forestiers; 2°. des adjoints de maire, comme remplissant les fonctions de commissaires du Gouvernement près les tribunaux de police.

En l'absence du premier Consul: *le second Consul*, signé, Cambacérès. Par le second Consul: *le secrétaire d'état*, signé, Hugues B. Maret. *Le ministre des finances*, signé, Gaudin.

Arrêté relatif aux congés et feuilles de route à délivrer aux militaires invalides.

Du 27 Prairial.

Les Consuls de la République, après avoir entendu le ministre de la guerre,

Arrêtent:

Art. I. Il sera accordé des feuilles de route aux militaires invalides sortant par congé de l'hôtel ou de son annexe pour se rendre dans leurs foyers, quand des affaires particulières ou d'autres besoins les y appelleront, et qu'ils y auront des moyens de subsistance dûment constatés d'après un certificat délivré par l'administration municipale.

II. Ceux de ces militaires invalides qui ne produiront pas le certificat mentionné en l'article précédent, n'obtiendront ni congé ni feuille de route; mais s'ils ont des affaires d'intérêts à soutenir, et pour mettre leurs propriétés à l'abri des atteintes que pourroit y porter la cupidité ou la mauvaise foi, ils jouiront du bénéfice accordé, par la loi du 6 brumaire an V, aux défenseurs de la patrie et aux autres citoyens attachés au service des armées: en conséquence, ils pourront requérir qu'il soit nommé, par le tribunal de l'arrondissement, trois citoyens probes et éclairés, qui formeront un conseil officieux, à l'effet de défendre gratuitement leurs affaires, sur la demande des fondés de pouvoir.

III. Les officiers invalides de tout grade qui auront obtenu des feuilles de route, recevront indistinctement et à raison de leur inactivité, deux francs cinquante centimes par jour d'étape, quand il aura été reconnu qu'ils ont servi comme officiers. Quant aux autres militaires, il ne leur sera payé que quinze centimes par demi-myriamètre, comme à tout sous-officier ou soldat.

IV. Il ne sera accordé de voiture qu'à ceux qui, ayant des moyens d'existence et des affaires dûment constatées par le juge-de-paix, ne pourroient voyager à pied, d'après l'avis des officiers de santé.

V. Les congés seront délivrés par le commandant en chef de l'hôtel; et il en déterminera la durée de manière qu'il n'en puisse résulter aucun surcroît de dépense pour le trésor public.

VI. Les commissaires des guerres, ou, à leur défaut, les maires des communes, ne pourront leur délivrer de feuilles de route pour leur retour à l'hôtel ou à son annexe, que la veille au plutôt de l'expiration du congé; et il ne sera accordé aucune indemnité pour celles qui auroient été expédiées antérieurement à cette époque.

VII. Le ministre de la guerre et celui des finances sont chargés, chacun en ce qui le concerne, de l'exécution du présent arrêté, qui sera imprimé au bulletin des lois.

En l'absence du premier Consul, *le second Consul*, signé, CAMBACÉRÈS.
Par le second Consul : *le secrétaire d'État*, signé, Hugues B. Maret.
Le ministre de la guerre, signé, CARNOT.

Arrêté relatif au traitement des officiers réformés pour cause d'infirmités, et jugés en état de reprendre du service.

Du 27 Prairial.

Les Consuls de la République, sur le rapport du ministre de la guerre,

Arrêtent :

Art. I. Tout officier réformé pour cause d'infirmités non provenant de blessures, du moment où, après avoir été jugé par les officiers de santé parfaitement guéri et en état de reprendre du service, il cessera de toucher la solde de retraite qui lui avoit été accordée, jouira dans ses foyers, jusqu'à ce qu'il soit remis en activité, du traitement de réforme affecté à son grade, et porté au tableau annexé à la loi du 28 fructidor an VII.

II. Le ministre de la guerre est chargé de l'exécution du présent arrêté, qui sera inséré au bulletin des lois.

En l'absence du premier Consul, *le second Consul,* signé, Cambacérès.
Par le second Consul : *le secrétaire d'État*, signé, Hugues B. Maret.
Le ministre de la guerre, signé, Carnot.

Arrêté qui maintient provisoirement à Mezières, Draguignan *et* Gap, *le siége des tribunaux criminels des départemens des Ardennes, du Var et des Hautes-Alpes.*

Du 27 Prairial.

Les Consuls de la République, sur le rapport du ministre de la justice ; le Conseil d'État entendu ;

Vu l'article XXXII, titre IV de la loi du 27 ventose dernier, sur l'organisation judiciaire, qui fixe à Embrun le siége du tribunal criminel du département des Hautes-Alpes, séant actuellement à Gap ;

A Toulon, celui du département du Var, séant actuellement à Draguignan ;

A Charleville, celui du département des Ardennes, séant actuellement à Mézières ;

Attendu que la translation de ces tribunaux occasionneroit des dépenses considérables, à raison du mauvais état des prisons et des prétoires de chacun des lieux indiqués pour leur siége ; que de là conséquemment naîtroit le danger de compromettre la sûreté publique, ou la nécessité, jusqu'à la confection des ouvrages, de suspendre le cours de la justice,

Arrêtent :

Les tribunaux criminels actuellement existans, savoir, celui des Ardennes à *Mézières*, celui du Var à *Draguignan*, et celui des Hautes-Alpes à *Gap*, continueront provisoirement d'y siéger, jusqu'à ce qu'il en soit autrement ordonné.

Le ministre de la justice est chargé de l'exécution du présent arrêté, qui sera inséré au bulletin des lois.

En l'absence du premier Consul : *le second Consul*, signé, CAMBACÉRÈS.
Par le second Consul : *le secrétaire d'état*, signé, Hugues B. Maret.
Le ministre de la justice, signé, ABRIAL.

Arrêté relatif à l'emploi des capitaux de rentes dont le rachat et l'aliénation ont été autorisés par la loi du 21 nivose an VIII.

Du 27 Prairial.

LES CONSULS DE LA RÉPUBLIQUE, sur la proposition du ministre des finances ; vu la loi du 21 nivose dernier ; le Conseil d'État entendu,

Arrêtent ce qui suit :

Art. I. Les capitaux de rentes dont le rachat et l'aliénation ont été autorisés par la loi du 21 nivose an VIII, pourront être donnés en paiement des ordonnances des ministres.

II. Lesdites ordonnances seront acquitées par la trésorerie en rescriptions au nom et au profit de la partie prenante : elles ne pourront excéder quarante-cinq millions, suivant l'état de la régie annexé au présent ; elles seront tirées sur le directeur de chaque département, dans la proportion établie dans cet état.

III. Ce directeur tiendra registre des rescriptions au fur et à mesure de leur présentation.

IV. Il fera, au profit de chaque partie, et successivement dans l'ordre de l'enregistrement des rescriptions, les transferts en capitaux de rentes, du montant de chaque rescription.

V. Ce transfert sera inscrit au bas d'un état nominatif des débiteurs des rentes employées au paiement de chaque rescription, avec indication de leur consistance et de leur nature ; il sera visé par le préfet du département.

Le transfert ci-dessus ne sera assujéti qu'au droit fixe d'enregistrement d'un franc.

VI. Si le capital des rentes excède le montant de la rescription, l'excédant sera payé au receveur du domaine, au taux fixé par la loi.

VII. Tous les titres, pièces, extraits de registres et autres renseignemens constatant la propriété et la perception des rentes ainsi transférées, seront remis par les préposés de la régie ou autres dépositaires, à la partie prenante, qui en donnera décharge au pied d'un double du transfert.

VIII. Les arrérages courront au profit de la partie prenante, à compter de la date du transfert.

IX. Le ministre des finances est chargé de l'exécution du présent arrêté, qui sera imprimé au bulletin des lois.

En l'absence du premier Consul, *le second Consul*, signé, CAMBACÉRÈS.
Par le second Consul : *le secrétaire d'État*, signé, Hugues-B. Maret.
Le ministre des finances, signé, GAUDIN.

(*Suit l'État.*)

ÉTAT des arrérages et capitaux de rentes nationales susceptibles d'être rachetées ou aliénées, en exécution de la loi du 21 Nivose an 8.

DÉPARTEMENS.	RECETTES faites dans les six premiers mois.	TOTAL pour l'année.	CAPITAL au denier 15.	*OBSERVATIONS.*
Ain.	11,015 f.	22,030 f.	198,270 f.	La première colonne présente le montant des sommes perçues pendant les six premiers mois de l'an 8 Ces perceptions donneroient pour une année entière, un produit de plus de cinq millions, conformément à la seconde colonne; mais comme la régie ne calcule ce revenu que sur le pied de 3,500,000 fr., on a cru devoir ne l'évaluer qu'au *minimum* de trois millions, et l'on a déduit en conséquence deux cinquièmes sur le produit résultant des perceptions faites pendant les six premiers mois de l'an 8, pour établir le capital porté dans la dernière colonne.
Aisne.	25,630	51,260	461,340	
Allier.	8,799	17,598	158,382	
Alpes (Basses).	3,777	7,554	67,986	
Alpes (Hautes)	1,983	3,966	35,694	
Alpes-Maritimes.	4,415	8,830	79,470	
Ardèche.	7,724	15,448	139,032	
Ardennes.	11,311	22,622	203,598	
Arriège.	15,625	31,250	281,250	
Aube.	10,753	21,506	193,554	
Aude.	3,993	7,986	71,874	
Aveyron.	14,302	28,604	257,436	
Bouches-du Rhône.	31,505	63,010	567,090	
Calvados.	44,287	88,574	797,166	
Cantal.	4,370	8,740	78,660	
Charente.	9,539	19,078	171,702	
Charente-Inférieure.	11,962	23,924	215,316	
Cber.	3,561	7,122	64,098	
Corrèze.	1,493	2,986	26,874	
Côte d'Or.	46,200	92,400	831,600	
Côtes-du-Nord.	117,195	234,390	2,109,510	
Creuse.	833	1,666	14,994	
Dordogne.	4,426	8,852	79,668	
Doubs.	6,997	13,994	125,946	
Drôme.	9,649	19,298	173,682	
Dyle.	22,632	45,264	407,376	
Escaut.	22,078	44,156	397,404	
Eure.	29,956	59,912	539,208	
Eure-et-Loir.	20,776	41,552	373.968	
Finistère.	233,207	466,414	4,197,726	
Forêts.	21,148	42,296	380,664	
Gard.	15,768	31,536	283,824	
Garonne (Haute).	26,839	53,678	483,102	
Gers.	9,937	19,874	178,866	
Gironde.	7,337	14,674	132,066	
Golo.	31	62	558	
Hérault.	11,678	23,356	210,204	
Ille-et-Vilaine.	19,570	39,140	352,260	

DÉPARTEMENS.	RECETTES faites dans les six premiers mois.	TOTAL pour l'année.	CAPITAL au denier 15.	OBSERVATIONS.
Indre	5,906 f.	11,812 f.	106,308 f.	
Indre-et-Loire	31,894	63,788	574,092	
Isère	8,851	17,702	159,318	
Jemmappe	52,983	105,966	953,694	
Jura	7,719	15,438	138,942	
Landes	9,105	18,210	163,890	
Léman	87,056	174,112	1,567,008	
Liamone	3,323	6,646	59,814	
Loir-et-Cher	10,091	20,182	181,638	
Loire	973	1,946	17,514	
Loire (Haute)	12,774	25,548	229,932	
Loire-Inférieure	9,911	19,822	178,398	
Loiret	24,869	49,738	447,642	
Lot	7,781	15,562	140,058	
Lot-et-Garonne	19,698	39,396	354,564	
Lozère	6,678	13,356	120,204	
Lys	18,710	37,420	336,780	
Maine-et-Loire	43,247	86,494	778,446	
Manche	40,510	81,020	729,180	
Marne	19,404	38,808	349,272	
Marne (Haute)	5,343	10,686	96,174	
Mayenne	3,770	7,540	67,860	
Meurthe	28,005	56,010	504,090	
Meuse	13,367	26,734	240,606	
Meuse-Inférieure	42,754	85,508	769,572	
Mont-Blanc	64,104	128,208	1,153,872	
Mont-Terrible	11,826	23,652	212,868	
Mont-Tonnerre	14,803	29,606	266,454	
Morbihan	71,017	142,034	1,278,306	
Moselle	42,040	84,080	757,720	
Nèthes (Deux)	13,666	27,332	245,988	
Nièvre	4,351	8,702	78,318	
Nord	12,584	25,168	226,512	
Oise	15,350	30,700	276,300	
Orne	32,856	65,712	591,468	
Ourthe	50,127	100,254	902,286	
Pas-de-Calais	11,086	22,172	199,548	
Puy-de-Dôme	10,122	20,244	182,196	
Pyrénées (Basses)	3,975	7,950	71,550	
Pyrénées (Hautes)	7,777	15,554	139,986	
Pyrénées-Orientales	9,015	18,030	162,270	
Rhin (Bas)	91,931	183,862	1,654,758	
Rhin (Haut)	11,753	23,506	211,554	
Rhin-et-Moselle	4,860	9,720	87,480	

DÉPARTEMENS.	RECETTES faites dans les six premiers mois.	TOTAL pour l'année.	CAPITAL au denier 15.	OBSERVATIONS.
Rhône	16,663 f.	33,326 f.	299,934 f.	
Roer	14,051	28,102	252,918	
Sambre-et Meuse	16,592	33,184	298,656	
Saone (Haute)	16,936	33,872	304,848	
Saone-et-Loire	9,542	19,084	171,756	
Sarre	26,217	52,434	471,906	
Sarthe	7,731	15,462	139,158	
Seine { Enregistrement	6,581	13,162	118,458	
Seine { Domaine	35,891	71,782	646,038	
Seine-Inférieure	140,471	280,942	2,528,478	
Seine-et-Marne	27,037	54,074	486,666	
Seine-et-Oise	101,077	202,154	1,819,386	
Sèvres (Deux)	21,241	42,482	382,338	
Somme	11,391	22,782	205,038	
Tarn	20,523	41,046	369,414	
Var	41,851	83,702	753,318	
Vaucluse	41,748	83,496	751,464	
Vendée	4,417	8,834	79,505	
Vienne	46,449	92,898	836,082	
Vienne (Haute)	4,723	9,446	85,014	
Vosges	35,561	71,122	640,098	
Yonne	33,469	66,938	602,442	
TOTAUX	2,530,428	5,060,856	45,547,704	

Certifié le présent état, en adoptant l'observation dont il est émargé. A Paris, le 18 prairial an 8 de la République. *Signé* LACOSTE, GINOUX, DESCHAMPS, BOCHET, VIOT, LOIZEL, VANNIEVILLE, POISSON *et* GARNIER-DES-CHÊNES, *régisseurs de l'enregistrement et du domaine national.*

Le ministre des finances, signé GAUDIN.

Pour copie conforme : *le secrétaire d'État*, signé HUGUES-B. MARET.

Extrait du registre des délibérations du Conseil d'État.

Du 28 Prairial.

Avis sur des questions relatives aux juges des tribunaux de commerce, et aux greffiers de ces tribunaux et des justices de paix.

Le Conseil d'État, qui, d'après le renvoi des Consuls, a entendu le rapport de la section de législation sur celui du ministre de la justice, présentant les trois questions suivantes :

1°. Si les tribunaux de commerce peuvent se renouveler cette année par moitié, conformément aux lois de leur établissement, ou si les juges actuels doivent rester en exercice, et de quelle manière il sera pourvu, dans ce cas, aux remplacemens qui deviendroient nécessaires ;

2°. Si les greffiers des tribunaux de commerce et ceux des justices de paix, actuellement en exercice, qui n'ont pas trente ans accomplis, peuvent continuer leurs fonctions provisoirement ;

3°. Si les greffiers des tribunaux de commerce sont obligés à fournir le cautionnement dans les délais prescrits par la loi du 27 ventose,

Estime, sur la première question, que les tribunaux de commerce restent assujétis aux lois de leur établissement, et ne sont point compris dans les articles 41 et 68 de la Constitution.

Les juges de commerce ne sont point des juges ordinaires, mais simplement des arbitres, des espèces de jurés choisis librement par leurs pairs pour exercer des fonctions particulières. Leur attribution est purement personnelle ; ils n'ont pas de territoire ni de véritable jurisdiction : il faut considérer, d'ailleurs, qu'ils ne sont pas rétribués, et que, sous aucun rapport, ils ne peuvent être à vie. On ne peut donc les assimiler aux juges dont parle la Constitution ; leur existence est simplement légale, et ils doivent rester sous l'empire des lois qui les ont établis, jusqu'à ce que le législateur ait jugé convenable de modifier ou de supprimer ces lois : seulement, il faut observer que les juges ou arbitres de commerce nommés par les négocians, ne peuvent entrer en fonctions sans être institués par le premier Consul.

Cette institution dérive du texte des lois existantes ; elle est dans la nature des choses et de nos principes constitutionnels ; elle doit donc avoir lieu pour autoriser l'exercice des fonctions des arbitres de commerce.

Sur la seconde question, le Conseil d'État pense que le Gouvernement peut laisser en place les greffiers des tribunaux de commerce et de paix qui sont actuellement en exercice. C'est la loi seule, et non la Constitution, qui exige trente ans pour ces sortes de places; et cette loi porte que les citoyens actuellement en exercice y resteront jusqu'à leur remplacement. Le Gouvernement peut profiter de cette disposition pour laisser en possession ceux des greffiers qu'il jugera dignes de sa confiance.

Sur la troisième question, le Conseil d'État est d'avis, avec le ministre, que les greffiers des tribunaux de commerce doivent payer leurs cautionnemens dans les délais prescrits par la loi, cette obligation leur étant imposée sans restriction ni délai comme à tous les autres greffiers.

Pour extrait conforme : *le secrétaire général du Conseil d'État*, signé, J. G. Locré. Approuvé, en l'absence du premier Consul, *le second Consul*, signé, Cambacérès. Par le second Consul : *le secrétaire d'État*, signé, Hugues B. Maret. *Le ministre de la justice*, signé, Abrial.

Arrêté relatif à l'envoi du Bulletin des lois aux maires et aux fonctionnaires publics, au moyen d'un abonnement annuel.

Du 29 Prairial.

Les Consuls de la République, sur le rapport de la section de législation; le Conseil d'État entendu,

Arrêtent :

Art. I. Le bulletin des lois sera envoyé aux maires de toutes les communes de la République, au moyen d'un abonnement.

II. La première année comprendra la Constitution de l'an VIII, et les numéros publiés et à publier de la troisième série du bulletin, jusqu'au premier vendémiaire an IX. Le prix en sera de quatre francs cinquante centimes; celui des années suivantes sera de six francs: il sera double pour le texte accompagné de la version allemande ou flamande.

III. Ces abonnemens feront partie des dépenses communales; et le paiement en sera effectué par les percepteurs entre les mains du receveur particulier d'arrondissement, sur le recouvrement des centimes additionnels.

IV. Tous les fonctionnaires publics qui ne reçoivent pas officiellement le bulletin des lois, pourront s'y abonner au même prix, dont le versement sera fait entre les mains du receveur particulier de leur arrondissement.

V. Le produit de ces abonnemens est spécialement affecté aux frais de l'impression et de l'envoi du bulletin. Le conseiller d'État directeur général du trésor public, donnera en conséquence les ordres nécessaires pour qu'il soit versé à la trésorerie nationale, et y soit tenu à la disposition du ministre de la justice.

VI. Les ministres de la justice, des finances et de l'intérieur, sont chargés de l'exécution du présent arrêté, qui sera inséré au bulletin de lois.

En l'absence du premier Consul, *le second Consul*, signé, CAMBACÉRÈS.
Par le second Consul : *le secrétaire d'État*, signé, Hugues B. Maret.
Le ministre de la justice, signé, ABRIAL.

Extrait du registre des délibérations des Consuls de la République.

Du 29 Prairial.

Avis sur la peine à infliger pour les délits prévus par la loi du 29 nivose an VI, et non encore jugés, donné par le Conseil d'État le 28 Prairial.

LE CONSEIL D'ÉTAT, qui, d'après le renvoi des Consuls, a entendu le rapport de la section de législation sur celui du ministre de la justice, présentant la question suivante :

« Les délits prévus par la loi du 29 nivose an VI, non encore » jugés, mais commis pendant l'existence de cette loi, doivent-ils, » sans aucune distinction si les procédures ont été commencées ou » non avant qu'elle se trouvât abrogée, être punis des peines qu'elle » prononce, ou de celles portées par le code pénal » ?

Est d'avis que, dans tous les cas, le code pénal est seul applicable aux délits prévus par la loi du 29 nivose an VI, et non jugés avant l'abrogation de cette loi.

Il est de principe en matière criminelle, qu'il faut toujours adopter l'opinion la plus favorable à l'humanité comme à l'innocence. Les délits énoncés dans la loi du 29 nivose, et punis par elle d'une peine extraordinaire, étoient déja prévus par le code pénal : l'exécution de ce code n'a été que suspendue dans cette partie par la loi du 29 nivose. Dès que celle-ci a cessé d'exister, elle a fait place à l'application du code pénal, qui est la loi générale, et le droit commun des

Français : c'est d'après ce code que doivent être jugés les individus coupables des délits dont il s'agit. L'article XXII de la loi du 29 nivose n'est applicable qu'au mode de procéder, et non à la peine à infliger. Cette opinion, conforme au principe éternel que nous venons d'énoncer, se trouve consacrée par le dernier article du code pénal, ouvrage de l'Assemblée constituante.

Pour extrait conforme : *le secrétaire général du Conseil d'État*, signé, J. G. Locré. Approuvé, en l'absence du premier Consul, *le second Consul*, signé, Cambacérès. Par le second Consul : *le secrétaire d'État*, signé, Hugues B. Maret. *Le ministre de la justice*, signé, Abrial.

Baudouin, imprimeur du Corps législatif et du Tribunat, rue de Grenelle-Saint-Germain, N°. 1131.

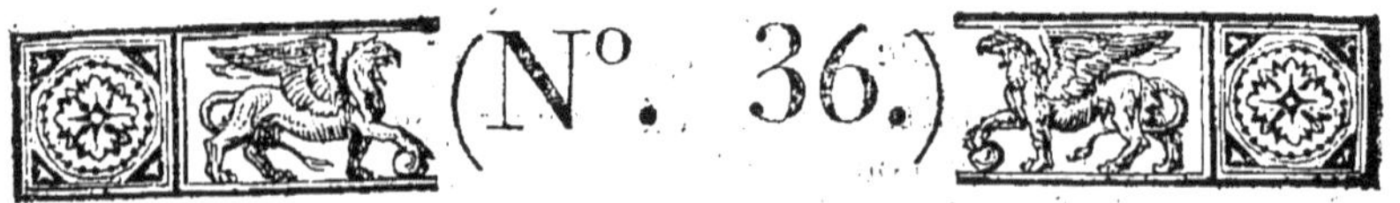

(N°. 36.)

ARRÊTÉS ET PROCLAMATIONS DU GOUVERNEMENT.

Arrêté relatif au mode à observer pour le choix des gendarmes et l'avancement dans la gendarmerie des 12e, 13e, 14e, 22e et 23e divisions militaires.

Du 5 Messidor an 8.

Les Consuls de la République, sur le rapport du ministre de la guerre;

Considérant que la loi du 16 frimaire an VI a donné à la gendarmerie de la 23e division militaire une organisation différente de celle du reste de la République, et que l'arrêté du 17 pluviose an VIII, relatif au choix des gendarmes et à l'avancement dans le corps de la gendarmerie, ne peut, sans nuire au bien du service, être mis à exécution dans ladite division militaire;

Considérant que les lois et les arrêtés relatifs à la gendarmerie n'ont point statué sur le choix des gendarmes et des sous-officiers de gendarmerie à pied établis tant dans la 23e division que dans les 12e, 13e, 14e et 22e;

Le Conseil d'État entendu,

Arrêtent :

Art. I. Dans toutes les divisions militaires où il a été établi des brigades de gendarmerie à pied, les gendarmes seront, comme les gendarmes à cheval, à la nomination du ministre de la guerre, sur la présentation des conseils d'administration : ils seront pris parmi les militaires âgés de vingt-cinq au moins, et de quarante au plus, ayant au moins 1 mètre et 702 millimètres (ou 5 pieds 3 pouces), sachant lire et écrire couramment, ayant servi quatre ans dans l'un des corps d'infanterie ou des troupes à cheval de la République, dont un au moins pendant la guerre. Ils devront, en outre, être porteurs d'un congé en bonne et due forme, et d'un certificat de bonne conduite, délivré par le conseil d'administration du corps dans lequel ils auront servi.

II. Les emplois de brigadier à pied seront donnés, dans chaque compagnie, aux gendarmes de ladite compagnie qui se seront fait distinguer par des actions d'éclat, ou par un zèle et une activité soutenus, ou qui auront donné des preuves d'une grande aptitude à remplir les fonctions de brigadier. Ils seront nommés par le chef de division, sur une liste de cinq candidats formée par le capitaine, et réduite à trois par le chef d'escadron.

III. Les emplois de maréchal-des-logis à pied seront donnés,

Un tiers aux plus anciens brigadiers à pied de la compagnie;

Un tiers par le chef de division aux brigadiers à pied de la compagnie, sur une liste de cinq candidats, formée par le capitaine, et réduite à trois par le chef d'escadron;

Le tiers restant, par le ministre de la guerre, qui pourra les choisir soit parmi tous les brigadiers à pied, soit parmi les sergens de toute l'infanterie française.

IV Dans la 23e division militaire, le maréchal-des logis en chef secrétaire-greffier sera choisi, par le conseil d'administration de la compagnie, parmi les maréchaux-des-logis à pied et à cheval de la division.

V. Les maréchaux-des-logis à pied rouleront dans toutes les divisions où il y en a, avec les maréchaux-des-logis à cheval, tant pour les emplois de lieutenant qui sont dévolus à l'ancienneté, que pour ceux qui sont nommés par le Gouvernement.

VI. Lorsque, dans la 23e division militaire, il y aura un emploi de brigadier à cheval vacant, chaque capitaine désignera à son chef d'escadron un gendarme à cheval pour candidat; chaque chef d'escadron effacera de cette liste un des candidats à son choix, et le chef de division élira un sujet parmi les quatre candidats restans.

VII. Dans la 23e division militaire, un tiers des emplois de maréchal-des-logis à cheval sera donné par l'ancienneté, un tiers par le chef de division, un tiers par le ministre de la guerre.

Les emplois dévolus à l'ancienneté appartiendront au plus ancien brigadier de la division.

Lorsqu'un emploi de maréchal-des-logis à cheval devra être rempli par le choix du chef de division, chaque chef d'escadron présentera un brigadier à cheval : le chef de division choisira entre les deux candidats.

Les emplois au choix du ministre seront donnés soit à un brigadier à cheval de la division, soit à un brigadier à cheval du corps de la gendarmerie, soit à un maréchal-des-logis des troupes à cheval.

VIII. Les nominations aux emplois d'officier restent, dans la 23e division comme dans toutes les autres, soumises aux dispositions prescrites par l'arrêté du 17 pluviose an 8.

Le ministre de la guerre est chargé de l'exécution du présent arrêté, qui sera imprimé au bulletin des lois,

En l'absence du premier Consul, *le second Consul*, signé, Cambacérès.
Par le second Consul, *le secrétaire d'État*, signé, Hugues-B. Maret.
Le ministre de la guerre, signé, Carnot.

Arrêté relatif aux honneurs qui seront rendus à la mémoire du général Desaix.

Du 5 Messidor.

Les Consuls de la République, sur le rapport du ministre de l'intérieur,

Arrêtent :

Art. I. Le nom du général *Desaix*, tué à Maringo, sera inscrit sur la colonne nationale.

II. Il sera frappé une médaille en l'honneur du général *Desaix*. Elle sera placée sous la première pierre de la colonne nationale.

III. A la fête du 25 messidor, un trophée sera élevé dans le temple de Mars à la mémoire du général *Desaix*.

IV. Le ministre de l'intérieur transmettra à la famille du général *Desaix* le présent arrêté, avec les témoignages de l'estime et des regrets du Gouvernement pour cet illustre citoyen.

Le present arrêté sera inséré au bulletin des lois.

En l'absence du premier Consul, *le second Consul*, signé, Cambacérès.
Par le second Consul : *le secrétaire d'État*, signé, Hugues-B. Maret.
Le ministre de l'intérieur, signé, Lucien Bonaparte.

Arrêté relatif au costume des conseillers de préfecture, et des maires et adjoints à la nomination du premier Consul.

Du 8 Messidor.

LES CONSULS DE LA RÉPUBLIQUE, sur le rapport du ministre de l'intérieur, le Conseil d'État entendu,

Arrêtent :

Art. I. Les maires et adjoints qui sont à la nomination du premier Consul, auront un costume particulier.

II. Celui des maires sera composé, ainsi qu'il est porté en l'arrêté des Consuls du 17 floréal dernier, de l'habit bleu complet, auquel ils ajouteront des boutons d'argent et un triple liséré uni, brodé en argent, au collet, aux poches et aux paremens ; le chapeau à la française, avec une ganse et un bouton d'argent, et une arme : la ceinture sera telle qu'elle a été précédemment réglée.

III. Le costume des adjoints sera le même, excepté qu'ils n'auront que deux rangs de liséré brodé.

IV. Le secrétaire de la municipalité n'aura qu'un rang de liséré.

V. Les conseillers de préfecture auront pour costume un habit complet bleu ; le collet et les paremens brodés en soie bleue unie, du même dessin que les préfets, mais de largeur moindre de moitié ; chapeau à la française avec bouton et ganse noirs ; ceinture rouge, franges blanches.

VI. Le ministre de l'intérieur est chargé de l'exécution du présent arrêté, qui sera inséré au bulletin des lois.

En l'absence du premier Consul, *le second Consul*, signé, CAMBACÉRÈS.
Par le second Consul : *le secrétaire d'État*, signé, Hugues-B. Maret.
Le ministre de l'intérieur, signé, Lucien BONAPARTE.

Arrêté qui règle le costume des ingénieurs et élèves des ponts et chaussées.

Du 8 Messidor.

LES CONSULS DE LA RÉPUBLIQUE, sur le rapport du ministre de l'intérieur ; le Conseil d'État entendu,

Arrêtent ce qui suit :

Art. I. Les ingénieurs et élèves des ponts et chaussées porteront un habit uniforme.

Cet habit sera de drap bleu national, doublé de même, croisé sur la poitrine et dégagé sur les cuisses ; le derrière de l'habit sera aussi croisé ;

Huit gros boutons placés sur chaque revers ; poches en travers et à trois pointes ; trois gros boutons sur chaque poche ;

Un gros bouton à la naissance des plis, et deux dans leur longueur ;

Collet renversé, de drap cramoisi, monté sur un collet droit de huit centimètres de hauteur ;

La manche de l'habit coupée en dessous, avec paremens et pattes de drap cramoisi, garnis de trois petits boutons ;

Gilet croisé, chamois ou blanc, garni de douze petits boutons de chaque côté ;

Culotte ou pantalon bleu ;

Bouton surdoré, avec un fond uni ; autour du bouton, les mots, *Ingénieurs des ponts et chaussées*, suivant la figure ci-jointe ;

Chapeau uni, à la française, avec ganse en or, pareille à la baguette de la broderie ; la ganse arrêtée par un petit bouton ;

La cocarde nationale, et une arme.

II. Les grades seront distingués par une broderie en or, formée d'une branche d'olivier enroulée d'un ruban et portée par une baguette de fleurons, ayant ensemble une largeur de trente-cinq millimètres, suivant le modèle ci-joint.

Inspecteurs généraux. Ils auront la broderie sur le collet, et la baguette à fleurons autour de l'habit.

Ingénieurs en chef. Ils auront sur le collet, les paremens et les poches, la baguette à fleurons.

Ingénieurs ordinaires. Ils auront sur le collet et les paremens, la baguette à fleurons.

Elèves des ponts et chaussées. Ils auront une simple baguette sur le collet.

III. Le ministre de l'intérieur est chargé de l'exécution du présent arrêté, qui sera imprimé.

En l'absence du premier Consul, *le second Consul*, signé, Cambacérès.
Par le second Consul : *le secrétaire d'État*, signé, Hugues-B. Maret.
Le ministre de l'intérieur, signé, Lucien Bonaparte.

Arrêté relatif à la cession faite par le citoyen Robert *au citoyen* Léger Didot, *du brevet délivré pour l'invention d'une machine propre à faire, sans ouvriers, du papier d'une grandeur indéfinie.*

Du 8 Messidor.

LES CONSULS DE LA RÉPUBLIQUE, en exécution de l'article XV du titre II de la loi du 25 mai 1791, portant réglement sur la propriété des auteurs en tout genre d'industrie, arrêtent que l'article suivant sera inséré au plus prochain numéro du bulletin des lois.

« Par acte notarié en date du 7 germinal dernier, et enregistré » au secrétariat de la préfecture du département de la Seine le 29 » prairial suivant, le citoyen *Nicolas-Louis Robert* a cédé au citoyen » *Léger Didot*, propriétaire de la manufacture de papier d'Essonne, » département de Seine-et-Oise, le brevet qui lui a été délivré le » 29 nivose de l'an VII, pour quinze années, à l'effet de fabri- » quer, et vendre dans toute l'étendue de la République, une ma- » chine propre à faire, sans ouvriers, du papier d'une grandeur in- » définie. »

En l'absence du premier Consul: *le second Consul*, signé, CAMBACÉRÈS.
Par le second Consul, *le secrétaire d'état*, signé, Hugues B. Maret.
Le ministre de la justice, signé, ABRIAL.

ARRÊTÉ relatif au traitement des greffiers des tribunaux.

Du 8 Messidor.

LES CONSULS DE LA RÉPUBLIQUE, sur le rapport du ministre de la justice; le Conseil d'État entendu,

Arrêtent:

Art. I. En exécution de l'article XCII de la loi du 27 ventose sur la nouvelle organisation judiciaire, et jusqu'à ce qu'il ait été fourni les renseignemens propres à déterminer une fixation définitive, le traitement des greffiers, commis-greffiers et commis-expéditionnaires des tribunaux d'appel, criminels, de première instance et de commerce, est provisoirement réglé, par an, et pour chaque département, aux sommes portées dans le tableau annexé au présent réglement.

II. Le paiement en sera fait sur les mêmes fonds et suivant les formes indiqués aux articles IV, V et VI de l'arrêté du 27 floréal dernier concernant les autres dépenses judiciaires.

III. Les greffiers jouiront, en outre, des remises et autres droits qui leur sont attribués ; savoir, par la loi du 21 ventose an VII, pour les affaires d'appel, de commerce, et de première instance en matière civile ; et par celle du 30 nivose an V, pour les procédures criminelles, et de police correctionnelle.

IV. Ils tiendront un état détaillé, par jour et par article, tant du produit de ces émolumens que des diverses dépenses du greffe ; et ils en feront un relevé, ainsi que du registre établi par l'article XIII de la loi du 21 ventose an VII. Le tribunal, après avoir examiné ces pièces en présence du commissaire du Gouvernement, donnera son avis sur leur contenu, et transmettra le tout au préfet, pour être vérifié soit par lui, soit par les sous-préfets, et envoyé chaque mois au ministre de la justice, avec des observations qui mettent à portée de procéder au réglement définitif.

Le ministre de la justice est chargé de l'exécution du présent réglement, qui sera imprimé au bulletin des lois, avec l'état y annexé.

En l'absence du premier Consul, *le second Consul*, signé, CAMBACÉRÈS.
Par le second Consul : *le secrétaire d'état*, signé, Hugues-B. Maret.
Le ministre de la justice, signé, ABRIAL.

(*Suit le Tableau.*)

TABLEAU GÉNÉRAL des traitemens provisoires des greffiers et commis-greffiers des tribunaux de première instance, d'appel, et criminels, ainsi que des greffiers des tribunaux de commerce, pour l'an 8 de la République.

NOMS et numéros des Départemens.	TRAITEMENS des greffiers et commis-greffiers des tribunaux de 1re instance.	criminels.	de commerce.	Contingent de chaque département dans les dépenses du greffe du tribunal d'appel auquel il ressortit.	TOTAUX.
1. Ain	6,800 f.	3,000 f.	" f.	1,514 f.	11,314 f.
2. Aisne	9,200	3,000	2,400	1,920	16,520
3. Allier	7,200	3,000	800	907	11,907
4. Alpes (Basses)	8,000	3,000	"	537	11,537
5. Alpes (Hautes)	5,200	3,000	"	492	8,692
6. Alpes-Maritimes	5,600	3,600	"	352	9,552
7. Ardèche	5,200	3,000	1,600	984	10,784
8. Ardennes	8,800	3,000	800	1,713	14,313
9. Arriége	4,800	3,000	"	594	8,394
10. Aube	8,800	3,000	800	697	13,897
11. Aude	7,600	3,000	3,200	1,160	14,960
12. Aveyron	9,200	3,000	800	1,332	14,332
13. Bouches-du-Rhône	12,200	3,600	5,200	1,555	22,555
14. Calvados	13,900	4,500	6,400	2,451	27,251
15. Cantal	7,200	3,000	2,400	898	13,498
16. Charente	8,400	3,000	1,600	2,185	15,185
17. Charente-Infér.	12,400	3,000	5,600	1,719	22,719
18. Cher	6,000	3,600	800	1,109	11,509
19. Corrèze	5,600	3,000	800	1,286	10,686
20. Côte-d'Or	7,600	3,600	4,000	1,318	16,518
21. Côtes-du-Nord	9,200	3,000	1,600	1,473	15,273
22. Creuse	6,400	3,000	"	1,005	10,405
23. Dordogne	9,200	3,000	2,400	2,426	17,026
24. Doubs	7,200	3,600	800	1,085	12,685
25. Drôme	7,200	3,000	800	1,218	12,217
26. Dyle	9,100	5,400	1,700	1,679	17,899
27. Escaut	9,900	5,400	900	2,644	18,844
28. Eure	9,200	3,000	1,600	2,725	16,525
29. Eure-et-Loir	7,600	3,000	1,600	1,137	13,337
30. Finistère	9,600	3,000	2,400	1,342	16,342
31. Forêts	6,800	3,000	800	805	11,495
32. Gard	9,500	4,500	1,600	1,928	17,528
33. Garonne (Haute)	11,500	5,400	900	2,997	20,797
34. Gers	9,290	3,000	800	1,102	14,102
35. Gironde	16,200	6,300	2,800	3,789	29,089
36. Golo	5,200	3,000	800	1,903	10,903
37. Hérault	9,500	4,500	4,800	1,608	20,408
38. Ille-et-Vilaine	13,100	4,500	1,600	1,745	20,945

NOMS et numéros des Départemens.	TRAITEMENS des greffiers et commis-greffiers des tribunaux de 1re instance.	criminels.	de commerce.	Contingent de chaque département dans les dépenses du greffe du tribunal d'appel auquel il ressortit.	TOTAUX.
39. Indre	7,200 f.	3,000 f.	1,600 f.	1,070 f.	12,870 f.
40. Indre-et-Loire	6,000	3,600	800	1,410	11,810
41. Isère	7,600	3,600	800	2,280	14,280
42. Jemmappe	6,400	3,600	1,600	1,321	12,921
43. Jura	7,600	3,000	//	1,220	11,827
44. Landes	4,800	3,000	//	1,026	8,826
45. Léman	5,600	3,600	800	639	10,639
46. Liamone	4,800	3,000	1,600	1,097	10,497
47. Loir et-Cher	6,000	3,000	1,600	1,230	11,830
48. Loire	6,000	3,000	800	2,675	12,475
49. Loire (Haute)	5,600	3,000	1,600	627	10,827
50. Loire-Inférieure	11,100	5,420	900	1,606	19,006
51. Loiret	9,100	4,500	1,600	1,860	17,060
52. Lot	8,000	3,000	2,400	1,349	14,749
53. Lot-et-Garonne	6,800	4,500	800	1,549	12,149
54. Lozère	4,800	3,000	//	624	8,424
55. Lys	10,300	4,500	800	2,320	17,920
56. Maine-et-Loire	10,700	4,500	1,600	2,223	19,023
57. Manche	8,800	3,000	2,400	2,093	16,293
58. Marne	11,100	4,500	1,600	1,105	18,305
59. Marne (Haute)	5,600	3,000	1,600	817	11,017
60. Mayenne	5,600	3,000	800	1,670	11,070
61. Meurthe	11,100	4,500	800	1,745	18,145
62. Meuse	7,200	3,000	1,600	1,593	13,393
63. Meuse-Inférieure	6,000	3,600	//	1,542	11,142
64. Mont-Blanc	6,800	3,000	//	810	10,610
65. Morbihan	8,000	3,000	1,600	1,334	13,934
66. Moselle	9,100	4,500	800	1,892	16,292
67. Nethes (Deux)	9,100	5,400	900	1,036	16,436
68. Nièvre	6,800	3,000	800	1,421	12,021
69. Nord	15,100	3,600	3,300	2,837	24,837
70. Oise	7,200	3,000	1,600	1,930	13,730
71. Orne	7,200	3,000	2,400	1,456	14,056
72. Ourthe	8,300	5,400	900	2,327	16,927
73. Pas-de-Calais	12,000	3,600	3,200	1,963	20,763
74. Puy-de-Dôme	10,000	3,000	4,800	1,568	19,368
75. Pyrénées (Basses)	8,800	3,000	1,600	1,204	14,604
76. Pyrénées (Hautes)	5,200	3,000	800	770	9,770
77. Pyrénées-Oriental.	5,200	3,000	800	400	9,400
78. Rhin (Bas)	8,700	4,500	800	1,634	15,634
79. Rhin (Haut)	8,400	3,000	1,600	1,366	14,366
80. Rhône	9,400	6,300	2,000	3,572	21,272
81. Sambre-et-Meuse	7,200	3,600	800	1,531	13,131
82. Saone (Haute)	5,200	3,000	800	1,288	10,288

NOMS et numéros des Départemens.	TRAITEMENS des greffiers et commis greffiers des tribunaux			Contingent de chaque département dans les dépenses du greffe du tribunal d'appel auquel il ressortit.	TOTAUX.
	de 1re instance.	criminels.	de commerce.		
83. Saone-et-Loire....	9,200 f.	3,000 f.	4,800 f.	1,465 f.	18,465 f.
84. Sarthe.	7,600	3,600	800	2,107	14,107
85. Seine...........	25,200	7,500	1,800	5,079	39,579
86. Seine-Inférieure. .	13,100	5,400	5,700	4,475	28,675
87. Seine-et-Marne...	9,600	3,000	2,400	1,514	16,514
88. Seine-et-Oise.....	11,100	4,500	1,600	2,104	19,304
89. Sèvres (Deux)...	6,800	3,000	800	1,141	11,741
90. Somme..........	11,100	4,500	3,200	2,150	20,950
91. Tarn.	7,600	3,000	1,600	1,809	14,009
92. Var..	8,400	3,600	4,000	1,156	17,156
93. Vaucluse.	8,400	3,000	1,600	964	13,964
94. Vendée...	5,200	3,000	800	1,135	10,135
95. Vienne..........	9,200	3,600	1,600	805	15,205
96. Vienne (Haute)..	7,600	3,600	800	1,309	15,309
97. Vosges..........	9,200	3,000	800	1,162	14,162
98. Yonne..........	8,800	3,000	3,200	864	15,864
TOTAUX......	824,900	352,200	158,200	153,700	1,489,000

Certifié conforme : *le secrétaire d'État*, signé HUGUES-B. MARET.

Le ministre de la justice, signé ABRIAL.

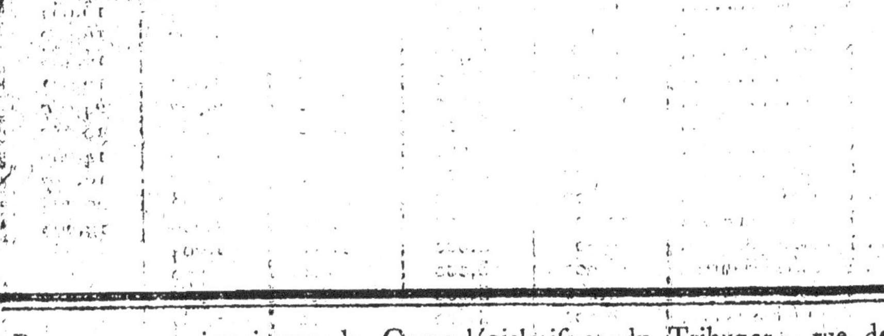

BAUDOUIN, imprimeur du Corps législatif et du Tribunat, rue de Grenelle-Saint-Germain N°. 1131.

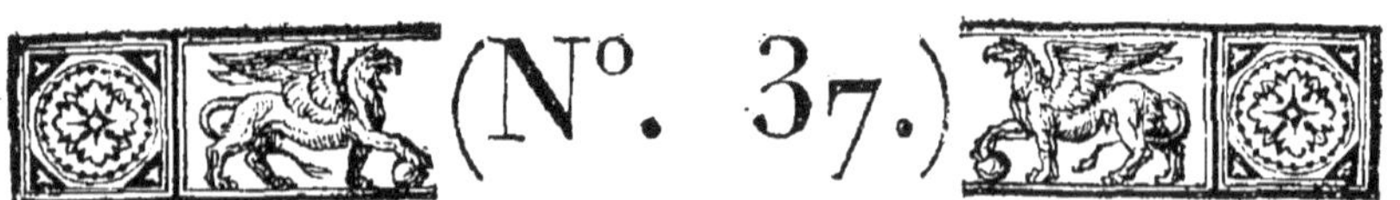

ARRÊTÉS

ET

PROCLAMATIONS

DU GOUVERNEMENT.

ARRÊTÉ relatif aux conseils municipaux des communes dont la population est de cent mille habitans et au-dessus.

Du 9 Messidor an 8.

LES CONSULS DE LA RÉPUBLIQUE, sur le rapport du ministre de l'intérieur;

Le Conseil d'État entendu,

Arrêtent :

Art. I. L'institution d'un conseil municipal, établie par l'art. XV de la loi du 28 pluviose an 8, devant s'étendre, suivant la loi même, aux villes dont la population est de cent mille habitans et au-dessus; dans ces villes, les conseils municipaux seront nommés par le préfet de département, conformément au § II de l'article XV et au § Ier de l'article XX de la loi du 28 pluviose an 8. Ils seront composés de trente membres, y compris les maires et adjoints.

II. Ils seront présidés par le plus âgé des maires.

III. Un des membres du conseil, désigné par le président, fera les fonctions de secrétaire.

IV. Le ministre de l'intérieur est chargé de l'exécution du présent arrêté, qui sera inséré au bulletin des lois.

En l'absence du premier Consul, *le second Consul*, signé, CAMBACÉRÈS.
Par le second Consul : *le secrétaire d'état*, signé, Hugues-B. Maret.
Le ministre de l'intérieur, signé, Lucien BONAPARTE.

ARRÊTÉ relatif au chef-lieu de préfecture du département des Ardennes.

Du 9 Messidor.

LES CONSULS DE LA RÉPUBLIQUE, sur le rapport du ministre de l'intérieur, le Conseil d'État entendu,

Arrêtent :

Art. I. L'arrêté du 17 ventose dernier est rapporté, en ce qu'il établit par erreur, pour chef-lieu du département des Ardennes, le nom de *Charleville.*

II. La ville de *Mézières*, qui étoit le siége de l'administration centrale du département des Ardennes, sera chef-lieu de la préfecture.

III. Le ministre de l'intérieur est chargé de l'exécution du présent arrêté, qui sera inséré au bulletin des lois.

En l'absence du premier Consul, *le second Consul*, signé, CAMBACÉRÈS.
Par le second Consul : *le secrétaire d'état*, signé Hugues-B. Maret.
Le ministre de l'intérieur, signé, Lucien BONAPARTE.

ARRÊTÉ qui accorde au citoyen Thilorier *un brevet d'invention pour les poêles et fourneaux fumivores.*

Du 11 Messidor.

LES CONSULS DE LA RÉPUBLIQUE, sur le rapport du ministre de l'intérieur,

Arrêtent :

Art. I. Il est accordé au citoyen *Jean-Charles Thilorier*, demeurant à Paris, rue Martin, n°. 32, vis-à-vis celle aux Ours, un brevet d'invention pour dix années entières et consécutives, à compter de la date des présentes, à l'effet de pouvoir fabriquer, vendre et débiter par-tout où il le jugera convenable, dans toute l'étendue de la République, des poêles et fourneaux fumivores, dont il a déclaré être l'auteur, et qu'il présente comme un perfectionnement de l'art de brûler économiquement les combustibles; à la charge par lui d'employer les moyens indiqués dans son mémoire, et de se conformer aux dessins qu'il a fournis, et dont les originaux demeureront joints au mémoire : sur lesquels poêles ou fourneaux il pourra être appliqué un timbre ou cartel, avec ces mots, *Brevet d'invention*, et le nom de l'auteur, pour, par lui et ses ayant-cause, jouir dudit brevet, dans toute l'étendue de la République, pendant dix années.

II. Il est expressément défendu d'imiter et d'employer les moyens dont il s'agit, sous quelque cause que ce soit ; et pour assurer au citoyen *Thilorier* la jouissance dudit brevet, le présent arrêté sera inséré dans le bulletin des lois.

III. Les tribunaux, les préfets et sous-préfets, feront jouir pleinement et paisiblement des droits conférés par ce présent, le citoyen *Thilorier* ou ses ayant-cause, faisant cesser tout empêchement contraire : ils feront transcrire ce brevet sur leurs registres, lire, publier et afficher dans leurs ressorts et départemens respectifs, pour être exécuté, pendant sa durée, comme loi de la République.

En l'absence du premier Consul, *le second Consul*, signé, CAMBACÉRÈS.
Par le second Consul : *le secrétaire d'état*, signé, Hugues-B. Maret.
Le ministre de l'intérieur, signé, Lucien BONAPARTE.

BAUDOUIN, Imprimeur du Tribunat et du Corps législatif, rue de Grenelle-Saint-Germain, n°. 1131.

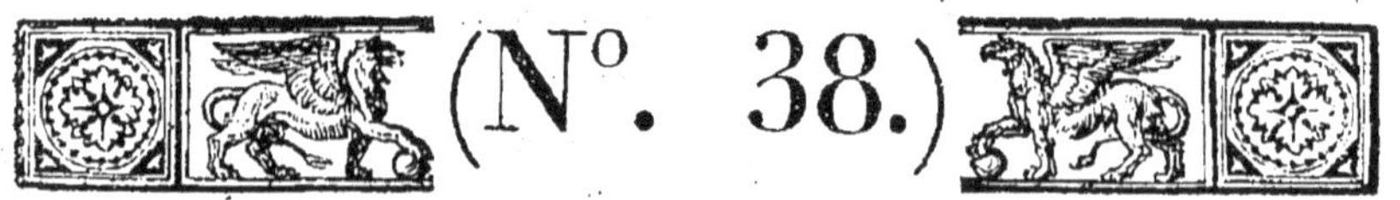

ARRÊTÉS ET PROCLAMATIONS DU GOUVERNEMENT.

Arrêté qui détermine les fonctions du préfet de police.

Du 12 Messidor an 8.

Les Consuls de la République, sur le rapport du ministre de la police ; le Conseil d'état entendu,

Arrêtent :

Section Ire.

Dispositions générales.

Art. I. Le préfet de police exercera ses fonctions, ainsi qu'elles sont déterminées ci-après, sous l'autorité immédiate des ministres ; il correspondra directement avec eux pour les objets qui dépendent de leurs départemens respectifs.

II. Le préfet de police pourra publier de nouveau les lois et réglemens de police, et rendre les ordonnances tendant à en assurer l'exécution.

Section II.

Police générale.

Passe-ports.

III. Il délivrera les passeports pour voyager de Paris dans l'intérieur de la République.

A

Il visera les passe-ports des voyageurs.

Les militaires ou marins qui auront obtenu des congés limités ou absolus, et qui voudront résider ou séjourner à Paris, seront tenus, indépendamment des formalités prescrites par les réglemens militaires, de faire viser leurs permissions ou congés par le préfet de police.

Cartes de sûreté.

IV. Il délivrera les cartes de sûreté et d'hospitalité.

S'il a besoin, à cet effet, de renseignemens, il pourra faire prendre communication par les commissaires de police, ou demander des extraits des registres civiques, des tableaux de population que tiennent les municipalités, et des états d'indigens : les bureaux de bienfaisance lui donneront copie de leurs états de distribution.

Permission de séjourner à Paris.

V. Il accordera les permissions de séjour aux voyageurs qui veulent résider à Paris plus de trois jours.

Mendicité, vagabondage.

Il fera exécuter les lois sur la mendicité et le vagabondage.

En conséquence, il pourra envoyer les mendians, vagabonds et gens sans aveu, aux maisons de détention, même à celles qui sont hors de Paris, dans l'enceinte du département de la Seine.

Dans ce dernier cas, les individus détenus par ordre du préfet de police, ne pourront être mis en liberté que d'après son autorisation.

Il fera délivrer, s'il y a lieu, aux indigens sans travail, qui veulent retourner dans leur domicile, les secours autorisés par la loi du 13 juin 1790.

Police des prisons.

VI. Le préfet de police aura la police des prisons, maisons d'arrêt, de justice, de force et de correction de la ville de Paris.

Il continuera de l'exercer dans la maison de Bicêtre.

Il aura la nomination des concierges, gardiens et guichetiers de ces maisons.

Il délivrera les permissions de communiquer avec les détenus pour fait de police.

Il fera délivrer aux détenus indigens, à l'expiration du temps de détention porté en leurs jugemens, les secours pour se rendre à leur domicile, suivant l'arrêté du 23 vendémiaire an 5.

Maisons publiques.

VII. Il fera exécuter les lois et réglemens de police concernant les hôtels garnis et les logeurs.

VIII. Il se conformera, pour ce qui regarde la police des maisons de jeu, à ce qui est prescrit par la loi du 22 juillet 1791.

IX. En conformité de la même loi du 22 juillet 1791, il fera surveiller les maisons de débauche, ceux qui y résideront ou s'y trouveront.

Attroupemens.

X. Il prendra les mesures propres à prévenir ou dissiper les attroupemens, les coalitions d'ouvriers pour cesser leur travail ou enchérir le prix des journées, les réunions tumultueuses ou menaçant la tranquillité publique.

Police de la librairie et imprimerie.

XI. Il fera exécuter les lois de police sur l'imprimerie et la librairie, en tout ce qui concerne les offenses faites aux mœurs et à l'honnêteté publique.

Police des théâtres.

XII. Il aura la police des théâtres en ce qui touche la sûreté des personnes, les précautions à prendre pour prévenir les accidens, et assurer le maintien de la tranquillité et du bon ordre tant au dedans qu'au dehors.

Vente de poudres et salpêtres.

XIII. Il surveillera la distribution et la vente des poudres et salpêtres.

Émigrés.

XIV. Il fera exécuter, en ce qui concerne la police, les lois relatives aux émigrés.

XV. Il délivrera les certificats de résidence.

XVI. Il délivrera les actes de notoriété aux citoyens qui ont voyagé ou séjourné en pays étranger, et qui réclament les exceptions portées par l'article II de la loi du 25 brumaire an 3.

Cultes.

XVII. Il recevra les déclarations des ministres des cultes et leur promesse de fidélité à la Constitution de l'an 8, ordonnée par la loi, même lorsqu'ils n'auroient pas prêté les sermens prescrits par les lois antérieures.

Il surveillera les lieux où on se réunit pour l'exercice des cultes.

Port d'armes.

XVIII. Il recevra les déclarations et délivrera les permissions pour port d'armes à feu, pour l'entrée et sortie de Paris avec fusils de chasse.

Recherche des déserteurs.

XIX. Il fera faire la recherche des militaires ou marins déserteurs, et des prisonniers de guerre évadés.

Fêtes républicaines.

XX. Il fera obsever les lois et arrêtés sur les fêtes républicaines.

SECTION III.

Police municipale.

Petite voirie.

XXI. Le préfet de police sera chargé de tout ce qui a rapport à la petite voirie, sauf le recours au ministre de l'intérieur contre ses décisions.

Il aura à cet effet, sous ses ordres, un commissaire chargé de surveiller, permettre ou défendre,

L'ouverture des boutiques, étaux de boucherie et de charcuterie,

L'établissement des auvents ou constructions du même genre qui prennent sur la voie publique,

L'établissement des échoppes ou étalages mobiles;

D'ordonner la démolition ou réparation des bâtimens menaçant ruine.

Liberté et sûreté de la voie publique.

XXII. Le préfet de police procurera la liberté et la sûreté de la voie publique, et sera chargé à cet effet,

D'empêcher que personne n'y commette de dégradation;

De la faire éclairer;

De faire surveiller le balayage auquel les habitans sont tenus devant leurs maisons, et de le faire faire aux frais de la ville dans les places et la circonférence des jardins et édifices publics;

De faire sabler, s'il survient du verglas, et de déblayer au dégel les ponts et lieux glissans des rues ;

D'empêcher qu'on n'expose rien sur les toits ou fenêtres qui puisse blesser les passans, en tombant.

Il fera observer les réglemens sur l'établissement des conduits pour les eaux de pluie et les gouttières.

Il empêchera qu'on n'y laisse vaguer des furieux, des insensés, des animaux mal-faisans ou dangereux ;

Qu'on ne blesse les citoyens par la marche trop rapide des chevaux ou des voitures ;

Qu'on n'obstrue la libre circulation, en arrêtant ou déchargeant des voitures et marchandises devant les maisons dans les rues étroites, ou de toute autre manière.

Le préfet de police fera effectuer l'enlèvement des boues, matières mal-saines, neiges, glaces, décombres, vases sur les bords de la rivière après les crues des eaux.

Il fera faire les arrosemens dans la ville, dans les lieux et dans la saison convenables.

Salubrité de la cité.

XXIII. Il assurera la salubrité de la ville,

En prenant des mesures pour prévenir et arrêter les épidémies, les épizooties, les maladies contagieuses ;

En faisant observer les réglemens de police sur les inhumations ;

En faisant enfouir les cadavres d'animaux morts, surveiller les fosses vétérinaires, la construction, entretien et vidange des fosses d'aisance ;

En faisant arrêter, visiter les animaux suspects de mal contagieux, et mettre à mort ceux qui en seront atteints ;

En surveillant les échaudoirs, fondoirs, salles de dissection, et la basse geole ;

En empêchant d'établir dans l'intérieur de Paris, des ateliers, manufactures, laboratoires ou maisons de santé, qui doivent être hors de l'enceinte des villes, selon les lois et réglemens ;

En empêchant qu'on ne jette ou dépose dans les rues aucune substance mal-saine ;

En faisant saisir ou détruire dans les halles, marchés et boutiques, chez les bouchers, boulangers, marchands de vin, brasseurs, limonadiers, épiciers-droguistes, apothicaires, ou tous autres, les comestibles ou médicamens gâtés, corrompus ou nuisibles.

Incendies, débordemens, accidens sur la rivière.

XXIV. Il sera chargé de prendre les mesures propres à prévenir ou arrêter les incendies.

Il donnera des ordres aux pompiers, requerra les ouvriers charpentiers, couvreurs, requerra la force publique et en déterminera l'emploi.

Il aura la surveillance du corps des pompiers; le placement et la distribution des corps-de-garde et magasins des pompes, réservoirs, tonneaux, seaux à incendies, machines et ustensiles de tout genre destinés à les arrêter.

En cas de débordemens et débâcles, il ordonnera les mesures de précaution, telles que déménagement des maisons menacées, rupture de glaces, garage de bateaux.

Il sera chargé de faire administrer des secours aux noyés.

Il déterminera à cet effet le placement des boîtes fumigatoires et autres moyens de secours.

Il accordera et fera payer les gratifications et récompenses promises par les lois et réglemens à ceux qui retirent les noyés de l'eau.

Police de la bourse et du change.

XXV. Il aura la police de la bourse et des lieux publics où se réunissent les agens-de-change, courtiers, échangeurs, et ceux qui négocient et trafiquent sur les effets publics.

Sûreté du commerce.

XXVI. Il procurera la sûreté du commerce, en faisant faire des visites chez les fabricans et les marchands, pour vérifier les balances, poids et mesures, et faire saisir ceux qui ne seront pas exacts ou étalonnés;

En faisant inspecter les magasins, boutiques et ateliers des orfévres et bijoutiers, pour assurer la marque des matières d'or et d'argent, et l'exécution des lois sur la garantie.

Indépendamment de ses fonctions ordinaires sur les poids et mesures, le préfet de police fera exécuter les lois qui prescrivent l'emploi des nouveaux poids et mesures.

Taxes et mercuriales.

XXVII. Il fera observer les taxes légalement faites et publiées.

XXVIII. Il fera tenir les registres des mercuriales, et constater le cours des denrées de première nécessité.

Libre circulation des subsistances.

XXIX. Il assurera la libre circulation des subsistances suivant les lois.

Patentes.

XXX. Il exigera la représentation des patentes des marchands forains.

Il pourra se faire représenter les patentes des marchands domiciliés.

Marchandises prohibées.

XXXI. Il fera saisir les marchandises prohibées par les lois.

Surveillance des places et lieux pubics.

XXXII. Il fera surveiller spécialement les foires, marchés, halles, places publiques, et les marchands forains, colporteurs, revendeurs, porte-faix, commissionnaires ;

La rivière, les chemins de halage, les ports, chantiers, quais, berges, gares, estacades, les coches, galiotes, les établissemens qui sont sur la rivière, pour les blanchisseries, le laminage ou autres travaux, les magasins de charbons, les passages d'eau, bacs, batelets, les bains publics, les écoles de natation, et les mariniers, ouvriers, arrimeurs, chargeurs, déchargeurs, tireurs de bois, pêcheurs et blanchisseurs ;

Les abreuvoirs, puisoirs, fontaines, pompes, et les porteurs d'eau ;

Les places où se tiennent les voitures publiques pour la ville et pour la campagne, et les cochers, postillons, charretiers, brouetteurs ; porteurs de chaisse, porte-fallots ;

Les encans et maisons de prêt ou monts-de-piété, et les fripiers, brocanteurs, prêteurs sur gage ;

Le bureau des nourrices, les nourrices et les meneurs.

Approvisionnemens.

XXXIII. Il fera inspecter les marchés, ports et lieux d'arrivage des comestibles, boissons et denrées, dans l'intérieur de la ville.

Il continuera de faire inspecter, comme par le passé, les marchés où se vendent les bestiaux pour l'approvisionnement de Paris, à Sceaux, Poissy, la Chapelle et Saint-Denis.

Il rendra compte au ministre de l'intérieur, des connoissances qu'il aura recueillies, par ses inspections, sur l'état des approvisionnemens de la ville de Paris.

Protection et préservation des monumens et édifices publics.

XXXIV. Il fera veiller à ce que personne n'altère ou dégrade les monumens et édifices publics appartenant à la nation ou à la cité.

Il indiquera au préfet du département et requerra les réparations, changemens ou constructions qu'il croira nécessaires à la sûreté ou salubrité des prisons et maisons de détention qui seront sous sa surveillance.

Il requerra aussi, quand il y aura lieu, les réparations et l'entretien des corps-de-garde de la force armée sédentaire ;

Des corps-de-garde des pompiers, des pompes, machines et ustensiles ;

Des halles et marchés ;

Des voiries et égouts ;

Des fontaines, regards, aqueducs, conduits, pompes à feu et autres ;

Des murs de clôture ;

Des carrières sous la ville et hors les murs ;

Des ports, quais, abreuvoirs, bords, francs-bords, puisoirs, gares, estacades, et des établissemens et machines placés près de la rivière pour porter secours aux noyés ;

De la bourse ;

Des temples ou églises destinés aux cultes.

SECTION IV.

Des agens qui sont subordonnés au préfet de police ; de ceux qu'il peut requérir ou employer.

XXXV. Le préfet de police aura sous ses ordres,

Les commissaires de police,

Les officiers de paix,

Le commissaire de police de la bourse,

Le commissaire chargé de la petite voirie,

Les commissaires et inspecteurs des halles et marchés,

Les inspecteurs des ports.

XXXVI. Il aura à sa disposition, pour l'exercice de la police, la garde nationale et la gendarmerie.

Il pourra requérir la force armée en activité.

Il correspondra, pour le service de la garde nationale, pour la distribution des corps-de-garde de la ville de Paris, avec le commandant militaire de Paris, et le commandant de la dix-septième division militaire.

XXXVII. Les commissaires de police exerceront, aux termes de la loi, le droit de décerner des mandats d'amener, et auront, au surplus, tous les droits qui leur sont attribués par la loi du 3 brumaire an 4, et par les dispositions de celle du 28 juillet 1791 qui ne sont pas abrogées.

Ils exerceront la police judiciaire pour tous les délits dont la peine n'excède pas trois jours de prison et une amende de trois journées de travail.

Ils seront chargés de rechercher les délits de cette nature,

D'en recevoir la dénonciation ou la plainte,

D'en dresser procès-verbal,

D'en recueillir les preuves,

De poursuivre les prévenus au tribunal de police municipale.

Ils rempliront, à cet égard, les fonctions précédemment attribuées aux commissaires du Gouvernement.

Le commissaire qui aura dressé le procès-verbal, reçu la dénonciation ou la plainte, sera chargé, selon la loi du 27 ventose, des fonctions de la partie publique.

En cas d'empêchement, il sera remplacé par l'un de ses trois collégues du même arrondissement, et, au besoin, par un commissaire d'un autre arrondissement, désigné par le préfet de police.

XXXVIII. Le préfet de police et ses agens pourront faire saisir et traduire aux tribunaux de police correctionnelle les personnes prévenues de délits du ressort de ces tribunaux.

XXXIX. Ils pourront faire saisir et remettre aux officiers chargés de l'administration de la justice criminelle, les individus surpris en flagrant délit, arrêtés à la clameur publique, ou prévenus de délits qui sont du ressort de la justice criminelle.

SECTION V.

Recette, dépense, comptabilité.

XL. Le préfet de police ordonnera, sous l'autorité du ministre de l'intérieur, les dépenses de réparation et entretien à faire à l'hôtel de la préfecture de police.

XLI. Il sera chargé, sous les ordres du ministre de l'intérieur, de faire les marchés, baux, adjudications et dépenses nécessaires pour le balayage, l'enlèvement des boues, l'arrosage et l'illumination de la ville.

XLII. Il sera chargé de même de régler et arrêter les dépenses pour les visites d'officiers de santé et artistes vétérinaires, transport de malades et blessés, transport des cadavres, retrait des noyés, et frais de fourrière.

XLIII. Il ordonnera les dépenses extraordinaires en cas d'incendies, débordemens et débâcles.

XLIV. Il réglera, sous l'autorité du ministre de la police, le nombre et le traitement des employés de ses bureaux, et de ceux des agens sous ses ordres qui ne sont pas institués et dont le nombre n'est pas déterminé par les lois.

XLV. Les dépenses générales de la préfecture de police, ainsi fixées par les ministres de l'intérieur et de la police, seront acquittées sur les centimes additionnels aux contributions et sur les autres revenus de la commune de Paris, et ordonnancées par le préfet de police.

Le conseil général de département en emploiera, à cet effet, le montant dans l'état des dépenses générales de la commune de Paris.

XLVI. Il sera ouvert en conséquence, au préfet de police, un crédit annuel du montant de ses dépenses, sur la caisse du receveur général du département de la Seine, faisant les fonctions de receveur de la ville de Paris.

XLVII. Le ministre de l'intérieur mettra chaque mois, à la disposition du préfet de police, sur ce crédit, les fonds nécessaires pour l'acquit de ses ordonnances.

XLVIII. Le préfet de police aura entrée au conseil général de département, pour y présenter ses états de dépense de l'année, tels qu'ils auront été réglés par les ministres de l'intérieur et de la police.

XLIX. Il y présentera aussi le compte des dépenses de l'année précédente, conformément aux dispositions de la loi du 28 pluviose, sur les dépenses communales et départementales.

SECTION VI.

Costume du préfet de police et de ses agens.

L. Le préfet et les commissaires de police porteront le costume qui a été réglé par les arrêtés des Consuls.

Les ministres de l'intérieur et de la police sont chargés de l'exécution du présent réglement, qui sera inséré au bulletin des lois.

En l'absence du premier Consul, *le second Consul*, signé, CAMBACÉRÉS. Par le second Consul : *le secrétaire d'État*, signé, Hugues B. Maret, *Le ministre de la police générale*, signé, FOUCHÉ.

BAUDOUIN, imprimeur du Corps législatif et du Tribunat, rue de Grenelle-Saint-Germain, N°. 1131.

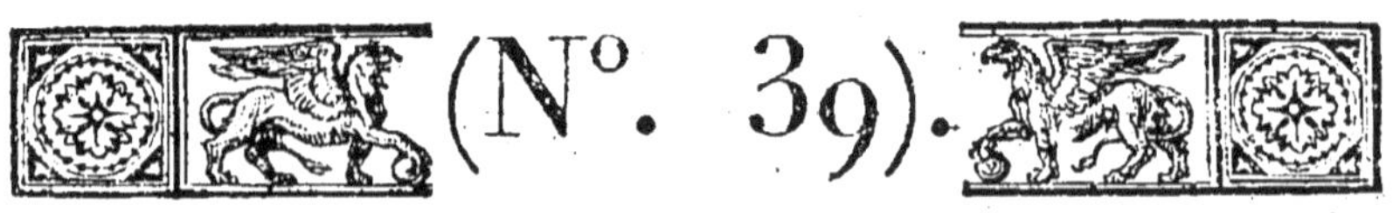

(N°. 39).

ARRÊTÉS

ET

PROCLAMATIONS

DU GOUVERNEMENT.

Arrêté qui fixe le droit à percevoir sur les farines transportées par le canal du Centre.

Du 16 Messidor, an 8.

Les Consuls de la République, vu la loi du 2 floréal an 6, qui autorise à taxer par assimilation les marchandises non énoncées dans le tarif du 28 fructidor an 5 ;

Vu ledit tarif, dans lequel les farines ne sont point comprises ;

Considérant que la taxe établie sur le blé par ce tarif, est la seule qui puisse être prise pour base dans la fixation de la taxe sur les farines ;

Que néanmoins la première a lieu sur le volume, tandis qu'il convient de régler la seconde sur le poids ;

Mais qu'en réduisant au poids le kilolitre de blé, les dix myriagrammes de cette denrée se trouvent taxés à 3 centimes par cinq kilomètres de trajet ;

Le Conseil d'État entendu,

Arrêtent :

Art. I. Le droit à percevoir sur les farines transportées sur le canal du Centre, sera, quel que soit le mode de chargement, perçu à raison du poids.

II. Le droit sera de 3 centimes par dix myriagrammes, et par cinq kilomètres de trajet.

III. Le présent arrêté sera imprimé et affiché : le ministre des finances est chargé de son exécution.

Le premier Consul, signé, BONAPARTE. Par le premier Consul, *le secrétaire d'État*, signé, Hugues B. Maret. *Le ministre de la justice*, signé, ABRIAL.

EXTRAIT des registres des délibérations des Consuls de la République.

Du 16 Messidor.

Avis du Conseil d'État sur le mode de rectification des erreurs de noms et prénoms dans les titres de propriété des rentes perpétuelles et viagères.

LE CONSEIL D'ÉTAT, qui, d'après le renvoi des Consuls, et sur le rapport de la section des finances, a discuté un projet d'arrêté présenté par le ministre des finances, tendant à substituer le directeur général du trésor public et le liquidateur général de la dette publique, aux commissaires de la trésorerie, pour la rectification des erreurs de noms et prénoms dans les titres de propriété des rentes perpétuelles et viagères,

Est d'avis qu'un nouvel arrêté n'est pas nécessaire ; attendu que, quant au directeur général du trésor public, il ne s'agit que de se conformer au §. IV de l'article Ier du chapitre X de l'arrêté concernant l'organisation de la trésorerie. Cet article porte que le directeur de la dette publique demeure substitué aux commissaires de la trésorerie nationale, pour opérer toutes rectifications, en se conformant aux huit premiers articles de la loi du 8 fructidor an 5.

A l'égard du liquidateur général de la dette publique, il peut se servir du même agent, pour les erreurs et rectifications relatives aux créances qu'il liquide.

Pour extrait conforme : *le secrétaire général du Conseil d'état*, signé, J. G. LOCRÉ. Approuvé : *le premier Consul*, signé, BONAPARTE. Par le premier Consul : *le secrétaire d'état*, signé, Hugues B. Maret. *Le ministre de la justice*, signé, ABRIAL.

Arrêté relatif au paiement des pensions accordées à des militaires pour actions d'éclat ou services importans.

Du 17 Messidor.

LES CONSULS DE LA RÉPUBLIQUE, sur le rapport du ministre de la guerre,

Arrêtent :

Art. I. A dater du premier vendémiaire an 8, les pensions accordées à des militaires en considération de quelqu'action d'éclat ou de services importans rendus à la patrie, seront payées en totalité en numéraire, par douzième chaque mois, sur extraits de revues des commissaires des guerres, et cumulativement avec toute espèce de traitement.

Ils seront tenus de faire viser, en exécution du présent, leurs brevets par le ministre de la guerre.

II. Le ministre de la guerre est chargé de l'exécution du présent arrêté, qui sera inséré au bulletin des lois.

Le premier Consul, signé, BONAPARTE. Par le premier Consul: *le secrétaire d'État*, signé, Hugues B. Maret. *Le ministre de la guerre*, signé, CARNOT.

ARRÊTÉ qui accorde des pensions à des veuves d'invalides.

Du 17 Messidor.

LES CONSULS DE LA RÉPUBLIQUE, sur le rapport du ministre de la guerre; le Conseil d'État entendu,

Arrêtent:

ART. I. Le ministre des finances fera payer annuellement, à titre de pension, la somme de six mille neuf cents francs aux veuves des invalides comprises dans l'état annexé au présent arrêté (1).

II. Ces pensions seront payées par douzième chaque mois, à compter de la publication du présent arrêté: le ministre des finances prendra toutes les mesures nécessaires pour que le paiement en soit fait à domicile, conformément aux dispositions de l'article XI de la loi du 14 fructidor an VI.

III. Les ministres des finances et de la guerre sont chargés de l'exécution du présent arrêté, qui sera imprimé au bulletin des lois.

Le premier Consul, signé, BONAPARTE. Par le premier Consul: *le secrétaire d'état*, signé, Hugues B. Maret. *Le ministre de la guerre*, signé, CARNOT.

ARRÊTÉ relatif aux minutes existantes dans les greffes des tribunaux supprimés.

Du 18 Messidor.

LES CONSULS DE LA RÉPUBLIQUE, sur le rapport du ministre de la justice; voulant pourvoir à l'établissement et à la conservation des minutes existantes dans les greffes des tribunaux supprimés;

(1) Cet état n'est pas susceptible d'impression.

Le Conseil d'État entendu,

Arrêtent ce qui suit :

Art. I Les minutes existantes dans les greffes de ci-devant tribunaux civils de département, resteront dans ces greffes, et seront confiées à la garde des greffiers des tribunaux d'appel, dans les lieux où il y a de tels tribunaux; et aux greffiers des tribunaux de première instance, dans ceux où il n'y a pas de tribunaux d'appel.

II. Les minutes existantes dans les greffes des ci-devant tribunaux de police correctionnelle, seront déposées dans le greffe du tribunal de première instance dans le ressort duquel se trouvoient les chefs-lieux de ces ci-devant tribunaux, et confiées à la garde du greffier de ce tribunal de première instance.

III. Il n'est rien innové en ce qui concerne le dépôt établi à Paris en exécution de l'arrêté des Consuls qui en a ordonné et maintenu la formation.

V. Le ministre de la justice est chargé de l'exécution du présent arrêté, qui sera imprimé au bulletin des lois.

Le premier Consul, signé, BONAPARTE. Par le premier Consul : *le secrétaire d'État*, signé, Hugues B. Maret. *Le ministre de la justice*, signé, ABRIAL.

Arrêté relatif à la confection des listes de jurés.

Du 18 Messidor.

LES CONSULS DE LA RÉPUBLIQUE, sur le rapport du ministre de la justice ; le Conseil d'état entendu,

Arrêtent ce qui suit :

Art. I. Les listes des jurés qui devoient être formées en exécution de la loi du 6 germinal dernier, et qui ne l'ont pas encore été, le seront, sans délai, dans le courant du mois.

II. Les tribunaux criminels qui, faute de ces listes, sont restés dans l'inaction, formeront leur tirage sur ces nouvelles listes, qui auront effet pour le reste du trimestre.

Le ministre de la justice est chargé de l'exécution du présent arrêté, qui sera inséré au bulletin des lois.

Le premier Consul, signé, BONAPARTE. Par le premier Consul, *le secrétaire d'État*, signé, Hugues B. Maret. *Le ministre de la justice*, signé, ABRIAL.

BAUDOUIN, imprimeur du Corps législatif et du Tribunat, rue de Grenelle-Saint-Germain, N°. 1131.

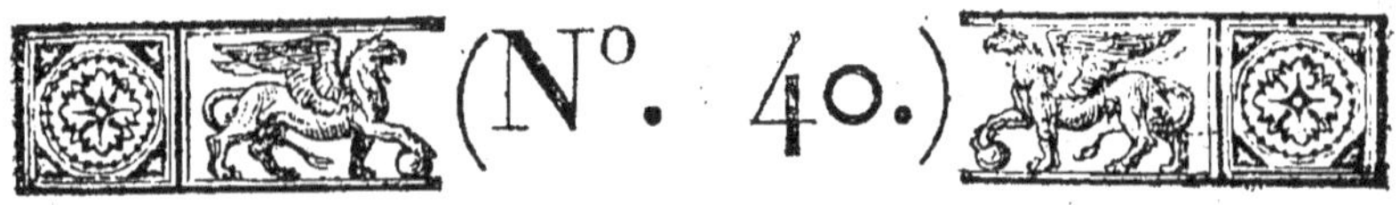

ARRÊTÉS ET PROCLAMATIONS DU GOUVERNEMENT.

Arrêté qui accorde au citoyen Pochon *un brevet de perfectionnement des buanderies communes.*

Du 21 Messidor, an 8.

Les Consuls de la République, sur le rapport du ministre de l'intérieur;

Arrêtent :

Art. I. Il est accordé au citoyen *Jean-Marie Pochon*, artiste, demeurant à Paris, rue Croix-des-Petits-Champs, n°. 121, un brevet de perfectionnement pour le terme de quinze années entières et consécutives, à compter de la date des présentes, à l'effet d'établir dans toute l'étendue de la République, des buanderies communes, d'après de nouveaux moyens mécaniques dont il a déclaré être l'auteur ; à la charge par lui d'employer les procédés indiqués dans ses mémoires : sur les machines inventées pour cet établissement, et tracées sur les plans annexés auxdits mémoires, il pourra être appliqué un timbre ou cartel, avec ces mots, *Brevet d'invention*, et le nom de l'auteur, pour, par lui et ses ayant-cause, jouir dudit brevet, dans toute l'étendue de la République.

II. Il est expressément défendu d'imiter et d'employer les moyens dont il s'agit, sous quelque cause que ce soit ; et pour assurer au citoyen *Pochon* la jouissance dudit brevet, le présent arrêté sera inséré au bulletin des lois.

A

III. Les tribunaux, les préfets et sous-préfets, feront jouir pleinement et paisiblement des droits conférés par ce présent, le citoyen *Pochon* ou ses ayant-cause, faisant cesser tout empêchement contraire. Ils feront transcrire ce brevet sur leurs registres, lire, publier et afficher dans leurs ressorts et départemens respectifs, pour être exécuté, pendant sa durée, comme loi de la République.

II. Le ministre de l'intérieur est chargé de l'exécution du présent arrêté.

Le premier Consul, signé, BONAPARTE, par le premier Consul: *le secrétaire d'état*, signé, Hugues B.-Maret. *Le ministre de l'intérieur*, signé, Lucien BONAPARTE.

ARRÊTÉ qui accorde un brevet d'invention au citoyen Ebingre, *pour une mécanique propre à faire des fonds sablés sur la toile.*

Du 27 Messidor.

LES CONSULS DE LA RÉPUBLIQUE arrêtent :

Art. I. Il est accordé au citoyen *Rodolphe Ebingre*, fabricant de toiles peintes à Franciade, un brevet d'invention pour le terme de cinq années entières et consécutives, à compter de la date des présentes, à l'effet de pouvoir fabriquer et vendre, par-tout où il le jugera convenable, dans toute l'étendue de la République, une mécanique propre à faire des fonds sablés sur la toile, mécanique dont il a déclaré être l'inventeur; à la charge par lui d'employer les moyens indiqués dans son mémoire descriptif, et de se conformer aux dessins qu'il a fournis et dont les originaux resteront joints au mémoire : sur les pièces de laquelle mécanique il pourra être appliqué un timbre ou cartel avec ces mots, *Brevet d'invention*, et le nom de l'auteur, pour, par lui et ses ayant-cause, jouir dudit brevet dans toute l'étendue de la République pendant cinq années.

II. Il est expressément défendu d'imiter et d'employer les moyens dont il s'agit, sous quelque cause que ce soit; et pour assurer au citoyen *Rodolphe Ebingre* la jouissance dudit brevet, le présent arrêté sera inséré au bulletin des lois.

III. Les tribunaux, les préfets et sous-préfets, feront jouir pleinement et paisiblement des droits conférés par ce présent, le citoyen *Rodolphe Ebingre* ou ses ayant-cause, faisant cesser tout empêchement contraire. Ils feront transcrire ce brevet sur leurs registres, lire publier et afficher dans leurs ressorts et départemens respectifs, pour être exécuté, pendant sa durée, comme loi de la République.

Le ministre de l'intérieur est chargé de l'exécution du présent arrêté.

Le premier Consul, signé, BONAPARTE. Par le premier Consul : *le secrétaire d'état*, signé, Hugues B. Maret. *Le ministre de la justice*, signé, ABRIAL.

Arrêté relatif à la dénomination de général, *et à l'uniforme des officiers et employés de l'armée.*

Du 27 Messidor.

LES CONSULS DE LA RÉPUBLIQUE, le Conseil d'état entendu, Arrêtent :

Art. I. A dater de la publication du présent arrêté, la dénomination de *général* ne sera plus donnée qu'aux généraux en chef, aux généraux de division et aux généraux de brigade.

Les officiers actuellement connus sous le nom d'adjudans-généraux, seront à l'avenir désignés par celui d'adjudans-commandans ; et les inspecteurs généraux aux revues, par celui d'inspecteurs en chef aux revues.

II. L'uniforme des généraux en chef, des généraux de division et des généraux de brigade, restera tel qu'il a été fixé par le réglement du ministre de la guerre concernant les uniformes des généraux et officiers des états-majors des armées de la République.

III. Les adjudans-commandans porteront les épaulettes, la dragonne, l'épée, le ceinturon et les boutons affectés aux adjudans-généraux par le réglement précité ; mais ils n'auront plus de broderie sur l'habit : ils conserveront sur la veste et sur le pantalon la baguette dentelée qui faisoit partie de la broderie de leur habit.

Leur chapeau sera bordé avec un ruban en velours noir ; les bords en seront rattachés à la forme par sept ganses en or.

Les adjoints aux adjudans-généraux ne porteront aucune espèce de broderie.

IV. Les officiers du corps du génie conserveront le fond de l'uniforme qui leur a été précédemment affecté, mais sans galon ni broderie : leur chapeau sera bordé en soie noire, et les bords rattachés à la forme par des ganses aussi en soie noire.

V. Les officiers réformés porteront un habit bleu national, avec les marques distinctives de leur grade, mais sans aucune espèce de galon ni broderie : ils auront les paremens et le collet cramoisis.

VI. Le corps des inspecteurs aux revues conservera le fond de l'uniforme, les paremens, le collet et les boutons qui lui ont été donnés par l'arrêté des Consuls du 9 pluviose dernier ; mais il ne portera ni épaulettes ni broderie.

Les inspecteurs en chef aux revues seront distingués par une double broderie de soie verte, de deux centimètres de largeur, placée sur le collet, les paremens et la patte de la poche de l'habit.

Les inspecteurs porteront sur le collet et les paremens une double broderie de soie verte, semblable à celle des inspecteurs en chef.

Les sous-inspecteurs porteront une seule broderie de soie verte sur le collet et les paremens.

Le ministre de la guerre déterminera le dessin de la broderie attribuée au corps des inspecteurs aux revues.

VII. Le corps des commissaires des guerres portera un habit bleu-de-ciel, paremens et collet écarlate, veste, culotte et doublure blanches. Le bouton sera le même que celui qui a été fixé par le réglement du ministre.

Les ordonnateurs en chef porteront une double broderie de soie blanche, de deux centimètres de largeur, placée sur le collet, les paremens et la patte de la poche de l'habit ;

Les ordonnateurs des divisions, une double broderie de soie blanche, semblable à celle des ordonnateurs en chef, sur le collet et les paremens ;

Les commissaires ordinaires, une seule broderie de soie blanche sur le collet et les paremens.

Les adjoints ne porteront point de broderie.

Le ministre de la guerre déterminera le dessin des broderies attribuées au corps des commissaires des guerres.

VIII. Le corps des officiers de santé conservera l'uniforme qui lui a été attribué par le réglement du ministre, précité ; mais à l'avenir le drap du fond de l'habit sera piqué d'un seizième de blanc au lieu d'un trente-deuxième, sans aucun galon ni broderie.

IX. Les officiers du train d'artillerie ne porteront point d'épaulettes. Ils seront distingués entre eux, ainsi qu'il suit :

L'inspecteur du train d'artillerie, et le major, porteront un double galon d'argent, de deux centimètres de largeur : ce galon sera placé sur les paremens seulement, avec veste et pantalon brodés en argent ;

Les capitaines-inspecteurs, un simple galon sur les paremens;

Les lieutenans et le quartier-maître, un galon seul sur les paremens.

Le ministre de la guerre déterminera le dessin du galon affecté aux officiers du train d'artillerie.

X. Les couriers des armées et du Gouvernement ne porteront plus de galon en or ou en argent; mais ils pourront en porter en laine ou en soie jaune: ils auront pour marque distinctive une plaque ou médaille d'argent fixée sur la poitrine, ou un médaillon brodé en soie ou en laine.

XI. Le ministre de la guerre pourra affecter des uniformes particuliers aux différentes administrations militaires des armées; mais le fond n'en sera ni bleu national, ni bleu-de-ciel, ni rouge, ni vert, et ne sera chargé d'aucun galon ni broderie en or ou en argent.

XII. Les officiers généraux pourront, lorsqu'ils ne seront pas de service, porter, comme petit uniforme, un frac en drap bleu national: ils pourront faire placer la broderie ou galon de leur grade sur le collet et les paremens de l'habit, ou des épaulettes de chef de brigade, surchargées du nombre d'étoiles déterminé pour leurs grades respectifs.

Les inspecteurs aux revues et les commissaires des guerres pourront aussi, lorsqu'ils ne seront pas de service, porter, comme petit uniforme, un frac bleu national, mais sans galon, ni broderie, ni épaulettes: ils y feront placer les boutons qui leur auront été attribués par le réglement du ministre.

Le présent arrêté sera inséré au bulletin des lois.

Le premier Consul, signé, BONAPARTE. Par le premier Consul: *le secrétaire d'état*, signé, Hugues-B. Maret. *Le ministre de la justice*, signé, ABRIAL.

Arrêté qui maintient sur la liste des émigrés les individus inscrits, et dont les réclamations n'étoient pas enregistrées le 25 messidor an 8.

Du 29 Messidor.

LES CONSULS DE LA RÉPUBLIQUE, sur le rapport du ministre de la police généra e;

Le conseil d'état entendu,

Arrêtent:

Art. I. Tous les individus inscrits sur la liste des émigrés, qui n'ont pas réclamé avant le 4 nivose an 8, et tous ceux dont les réclamations n'étoient pas arrivées et enregistrées au ministère de la police générale au 25 messidor an 8, sont définitivement maintenus.

II. La liste de ceux qui ont réclamé, et dont les réclamations ont été enregistrées aux termes de l'article premier, sera faite, par ordre alphabétique, par le ministre de la police générale, et remise aux Consuls le premier thermidor prochain.

III. Le double de cette liste sera envoyé par le ministre de la police à celui de la justice. La commission établie par arrêté du 7 ventose dernier, ne pourra, sous quelque prétexte que ce soit, procéder à l'examen des réclamations, sans être préalablement assurée que les individus réclamans sont compris sur ladite liste.

IV. Les projets d'arrêtés de radiation énonceront que cette formalité a été remplie.

V. Les ministres de la police générale et de la justice sont chargés, chacun en ce qui le concerne, de l'exécution du présent arrêté, qui sera inséré au bulletin des lois.

Le premier Consul, signé, BONAPARTE. Par le premier Consul : *le secrétaire d'état*, signé, Hugues - B. Maret. *Le ministre de la police générale*, signé, FOUCHÉ.

ARRÊTÉ *relatif aux demandes en restitution des fruits et revenus, ou du prix de la vente des biens séquestrés, et aux reventes à la folle enchère pour cause de déchéance.*

Du 29 Messidor.

LES CONSULS DE LA RÉPUBLIQUE, sur le rapport du ministre des finances, le conseil d'état entendu,

Arrêtent :

Art. I. Toutes demandes en restitution ou indemnité, soit des fruits ou revenus échus des biens séquestrés jusqu'au jour de la radiation définitive des inscrits, soit du prix de la vente des biens séquestrés à raison de l'inscription des propriétaires sur la liste des émigrés, ne peuvent être admises.

II. Les biens vendus antérieurement à la radiation définitive des inscrits, et qui, par défaut de paiement des adjudicataires, auroient donné ou donneront lieu de prononcer sur leur déchéance, seront revendus à la folle enchère comme domaines nationaux.

III. Le ministre des finances est chargé de l'exécution du présent arrêté, qui sera imprimé au Bulletin des lois.

Le premier Consul, signé, BONAPARTE. Par le premier Consul: *le secrétaire d'état*, signé, Hugues B. Maret. *Le ministre des finances*, signé, GAUDIN.

BAUDOUIN, imprimeur du Corps législatif et du Tribunat, rue de Grenelle-Saint-Germain, n°. 1131.

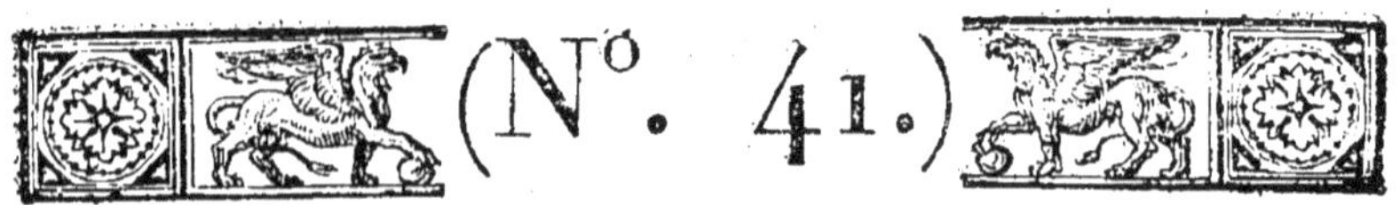

ARRÊTÉS
ET
PROCLAMATIONS
DU GOUVERNEMENT.

ARRÊTÉ qui ordonne le paiement d'une indemnité à la mère du général Desaix, *et lui accorde une pension viagère.*

Du 1er Thermidor an 8.

LES CONSULS DE LA RÉPUBLIQUE, sur le rapport du ministre de la guerre,

Arrêtent :

Art. I. Le ministre de la guerre est autorisé à faire payer sur-le-champ à la citoyenne *Beaufranchet*, mère du général *Desaix*, tué sur le champ de bataille à l'affaire de Maringo le 25 prairial an 8, la somme de trois mille francs, à titre d'indemnité.

II. Il est accordé à cette citoyenne, en conformité de l'article IX de la loi du 14 fructidor an 6, une pension viagère de trois mille francs, à compter du jour de la mort de son fils.

III. Le ministre de la guerre et celui des finances sont chargés, chacun en ce qui le concerne, de l'exécution du présent arrêté, qui sera inséré au bulletin des lois.

Le premier Consul, signé, BONAPARTE. Par le premier Consul : *le secrétaire d'état*, signé, Hugues B. Maret. *Le ministre de la guerre*, signé, CARNOT.

Arrêté qui ordonne le dépôt du sabre de Latour-d'Auvergne.

Du 1er. Thermidor.

Les Consuls de la République arrêtent ce qui suit :

Art. I. Le sabre de *Latour-d'Auvergne*, premier grenadier de l'armée, sera suspendu dans le temple de Mars.

II. Le ministre de l'intérieur est chargé de l'exécution du présent arrêté, qui sera inséréé au bulletin des lois.

Le premier Consul, signé, Bonaparte. Par le premier Consul : *le secrétaire d'état*, signé, Hugues B. Maret. *Le ministre de la justice*, signé, Abrial.

Arrêté portant nomination des préfets maritimes.

Du 1er. Thermidor.

Au nom du peuple français, Bonaparte, premier Consul de la République, arrête :

Art. I. Le citoyen *Caffarelli*, conseiller d'état, est nommé préfet maritime à Brest.

Le citoyen *Vence*, contre-amiral, est nommé préfet maritime à Toulon ;

Redon, conseiller d'état, préfet maritime à Lorient ;

Martin, contre-amiral, préfet maritime à Rochefort ;

Nielly, contre-amiral, préfet maririme à Anvers ;

Bertin, ordonnateur, préfet maritime au Havre.

II. Le ministre de la marine est chargé de l'exécution du présent arrêté, qui sera inséré au Bulletin des lois.

Signé, Bonaparte. Par le premier Consul : *le secrétaire d'état*, signé, Hugues B. Maret. *Le ministre de la justice*, signé, Abrial.

Arrêté relatif au mode de liquidation des effets émis par l'État.

Du 4 Thermidor.

Les Consuls de la République, sur le rapport du ministre des finances ;

Vu les lois des 9 vendémiaire et 24 frimaire an 6, et 9 frimaire an 7, sur la liquidation de la dette publique ;

Vu aussi celle du 22 frimaire an 7, qui exempte de la formalité de l'enregistrement tous effets de la dette publique inscrits ou à inscrire ;

Considérant que les lois des 27 août, 17 septembre et 28 novembre 1792, et 18 juillet 1793, qui avoient assujéti les effets au porteur émis par l'État à la formalité du *visa* et de l'enregistrement à peine de nullité, sont abrogées par les lois postérieures ci-dessus citées sur la liquidation de la dette publique, lesquelles ont relevé de la déchéance les porteurs qui l'avoient encourue, et que la loi du 22 frimaire an 7 a exempté de l'enregistrement les effets de la dette ;

Le Conseil d'État entendu,

Arrêtent :

Art. I. Tous effets émis par l'État, et soumis à la liquidation dans les délais prescrits par les lois sur la liquidation générale de la dette publique, seront liquidés en conformité desdites lois ; les dispositions de celles des 27 août, 17 septembre et 28 novembre 1792, et 18 juillet 1793, se trouvant abrogées par les lois des 9 vendémiaire et 24 frimaire an 6, et 9 et 22 frimaire an 7.

II. Le ministre des finances est chargé de l'exécution du présent arrêté, qui sera inséré au bulletin des lois.

Le premier Consul, signé, BONAPARTE. Par le premier Consul : *le secrétaire d'état*, signé, Hugues B. Maret. *Le ministre des finances*, signé, GAUDIN.

ARRÊTÉ qui accorde aux citoyens Smith, Cuchet *et* Monfort, *un brevet d'invention pour des filtres inaltérables.*

Du 4 Thermidor.

LES CONSULS DE LA RÉPUBLIQUE, sur le rapport du ministre de l'intérieur ;

Arrêtent :

Art. I. Il est accordé aux citoyens *James Smith*, demeurant à Paris, rue de Lille, n°. 643, *Gaspard-Joseph Cuchet*, rue de Tournon, n°. 1160, et *Pierre-Denis Montfort*, au collége de Navarre, un brevet d'invention pour le terme de cinq années entières et consécutives, à compter de la date des présentes, à l'effet d'établir, vendre et débiter par-tout où ils le jugeront convenable, dans toute l'étendue de la République, des filtres inaltérables tirés des trois règnes de la nature, dont ils ont déclaré être les auteurs ; à la charge par eux d'employer les procédés indiqués dans leur mémoire descriptif : sur les vases renfermant ces filtres, il pourra être appliqué un timbre ou cartel, avec ces mots, *Brevet d'invention*, et les noms des auteurs, pour, par eux et leurs ayant-cause, jouir dudit brevet dans toute l'étendue de la République.

II. Il est expressément défendu d'imiter et d'employer les moyens dont il s'agit, sous quelque cause que ce soit; et pour assurer aux citoyens *Smith*, *Cuchet* et *Montfort*, la jouissance dudit brevet, le présent arrêté sera inséré au bulletin des lois.

III. Les tribunaux, les préfets et sous-préfets, feront jouir pleinement et paisiblement des droits conférés par ce présent, les citoyens *Smith*, *Cuchet* et *Montfort*, ou leurs ayant-cause, faisant cesser tout empêchement contraire. Ils feront transcrire ce brevet, lire, publier et afficher dans leurs ressorts et départemens respectifs, pour être exécuté, pendant sa durée, comme loi de la République.

Le ministre de l'intérieur est chargé de l'exécution du présent arrêté.

Le premier Consul, signé, BONAPARTE. Par le premier Consul : *le secrétaire d'État*, signé, Hugues B. Maret. *Le ministre de l'intérieur*, signé, Lucien BONAPARTE.

Extrait des registres des délibérations des Consuls de la République.

Du 4 Thermidor.

Avis du conseil d'état sur les baux à complant.

LE CONSEIL D'ÉTAT, qui, sur le renvoi des Consuls, et sur le rapport de la section des finances, a discuté un rapport du ministre des finances sur la question de savoir s'il est nécessaire de proposer au Corps législatif une loi dont l'objet seroit de déclarer que la loi du 29 décembre 1790, qui autorise le rachat des rentes foncières, et celle du 17 juillet 1793, portant suppression, sans indemnité, des redevances seigneuriales et féodales, ne sont pas applicables aux baux *à complant*, ou baux de vignes à portion de fruits, usités dans le département de la Loire-Inférieure;

Après avoir vu quinze baux de vignes *à complant*, des années 1638 (*vieux style*) et suivantes jusques et compris l'an 6, ensemble un acte de notoriété du tribunal civil du département de la Loire-Inférieure, du 4 nivose an 8;

Considérant que, d'après ces actes, il est évident que le bail *à complant* ne transfère au preneur aucun droit sur la propriété des biens qui en sont l'objet; que celui-ci, ses héritiers et représentans, ne possèdent qu'au même titre et de la même manière que les fermiers ordinaires, sauf la durée de la jouissance; que la contribution foncière est due et payée par le bailleur, circonstance qui détermine avec encore plus de précision le caractère de cette tenure; et qu'on ne pourroit considérer les colons ou fermiers comme propriétaires des biens qu'ils tiennent *à complant*, sans rendre inutiles et sans valeur les bâtimens, celliers et pressoirs répandus sur la surface du territoire appartenant aux bailleurs, et destinés, par eux, à l'exploitation des fruits dont leurs fermiers ou colons sont redevables envers eux;

Considérant aussi que la tenure dont il s'agit, rentre dans l'espèce de celle connue sous le nom de *tenure convenancière* ou *à domaine congéable*, usitée dans plusieurs des départemens formés de la ci-devant Bretagne, et que les bailleurs des biens concédés à ce titre ont été maintenus dans la propriété de ces biens par décrets de l'Assemblée constituante des 30 mai, 1er., 6 et 7 juin 1791, confirmés par la loi du 9 brumaire an 6:

Est d'avis qu'il n'est pas nécessaire de recourir au législateur, pour maintenir ou conserver dans la main des bailleurs ou de leurs héritiers ou représentans, la propriété des biens concédés sous le titre de bail *à complant* dans le département de la Loire-Inférieure; que la portion de fruits que s'y sont réservée les bailleurs, doit leur être payée, sans difficulté, par les preneurs, lesquels ne peuvent forcer les bailleurs d'en recevoir le rachat; et qu'enfin le ministre des finances doit prescrire à la régie de l'enregistrement, de se conformer à ces principes relativement aux redevances de cette nature qui appartiennent à la nation.

Le présent avis sera inséré au bulletin des lois.

Pour extrait conforme: *le secrétaire général du Conseil d'État*, signé, J. G. Locré. Approuvé: *le premier Consul, signé*, BONAPARTE. Par le premier Consul: *le secrétaire d'Etat*, signé, Hugues B. Maret. *Le ministre de la justice*, signé, ABRIAL.

Arrêté qui nomme le citoyen Camus *garde des archives nationales.*

Du 4 Thermidor.

AU NOM DU PEUPLE FRANÇAIS, BONAPARTE, premier Consul de la République,

Arrête ce qui suit:

Le citoyen *Camus*, archiviste actuel, est nommé garde des archives nationales.

Le présent arrêté sera inséré au bulletin des lois.

Signé, BONAPARTE. Par le premier Consul : *le secrétaire d'état*, signé, Hugues B. Maret. *Le ministre de la justice*, signé, ABRIAL.

BAUDOUIN, Imprimeur du Corps législatif et du Tribunat, rue de Grenelle-Saint-Germain, n°. 1131.

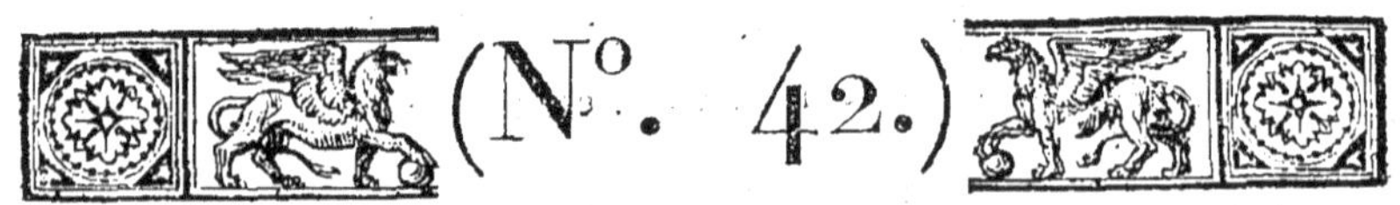

(N°. 42.)

ARRÊTÉS ET PROCLAMATIONS DU GOUVERNEMENT.

Arrêté qui nomme le général Jourdan *ministre extraordinaire en Piémont.*

Du 5 Thermidor.

Au nom du peuple français, Bonaparte, prémier Consul de la Républiqu e,

Arrête :

Art. I. Le général *Jourdan* est nommé ministre extraordinaire de la République française en Piémont.

II. Le ministre des relations extérieures est chargé de l'exécution du présent arrêté, qui sera inséré au bulletin des lois.

Signé, Bonaparte. Par le premier Consul : *le secrétaire d'état*, signé, Hugues B. Maret. *Le ministre de la justice*, signé, Abrial.

Arrêté qui nomme le citoyen Berlier *président du conseil des prises.*

Du 5 Thermidor.

Au nom de peuple français, Bonaparte, prémier Consul de la République,

Arrête :

A

Le citoyen *Berlier*, conseiller d'état, est nommé président du conseil des prises.

Le présent arrêté sera imprimé au bulletin des lois.

Signé, BONAPARTE. Par le premier Consul : *le secrétaire d'état*, signé, Hugues B. Maret. *Le ministre de la justice*, signé, ABRIAL.

Arrêté qui nomme le citoyen Najac *conseiller d'état.*

Du 5 Thermidor.

AU NOM DU PEUPLE FRANÇAIS, BONAPARTE, premier Consul de la République,

Arrête :

Le citoyen *Najac*, ordonnateur de la marine, est nommé conseiller d'état, section de la marine.

Le présent arrêté sera imprimé au Bulletin des lois.

Signé, BONAPARTE. Par le premier Consul : *le secrétaire d'état*, signé, Hugues B. Maret. *Le ministre de la justice*, signé, ABRIAL.

Arrêté qui nomme le citoyen Barbé-Marbois *conseiller d'état.*

Du 5 Thermidor.

AU NOM DU PEUPLE FRANÇAIS, BONAPARTE, premier Consul de la République,

Arrête ce qui suit :

Le citoyen *Barbé-Marbois* est nommé conseiller d'état, section de la marine.

Le présent arrêté sera inséré au Bulletin des lois.

Signé, BONAPARTE. Par le premier Consul : *le secrétaire d'état*, signé, Hugues B. Maret. *Le ministre de la justice*, signé, ABRIAL.

BAUDOUIN, imprimeur du Corps législatif et du Tribunat, rue de Grenelle-Saint-Germain, N°. 1131.

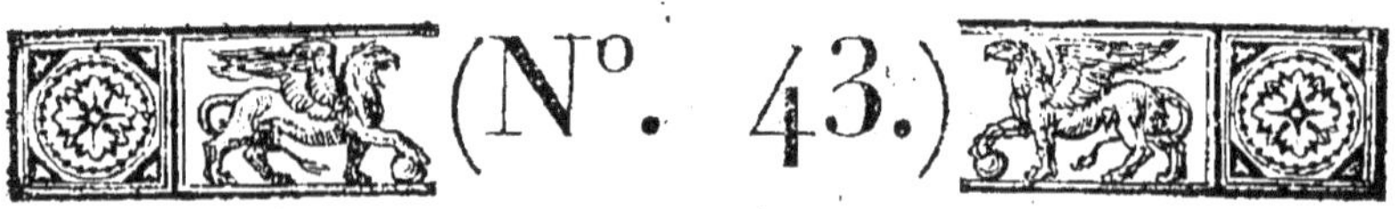

ARRÊTÉS ET PROCLAMATIONS DU GOUVERNEMENT.

ARRÊTÉ qui ordonne le versement au trésor public, de la portion du demi pour cent des mises à prix de domaines nationaux qui étoit attribuée aux membres et employés des administrations centrales.

Du 7 Thermidor.

LES CONSULS DE LA RÉPUBLIQUE, sur le rapport du ministre de l'intérieur concernant la question de savoir si les préfets de département doivent jouir de la part attribuée aux administrations centrales dans la rétribution d'un demi pour cent du prix des mises à prix des domaines nationaux.

Vu l'article XXI de la loi du 28 pluviose, qui règle en sommes fixes les traitemens des préfets;

Vu aussi l'article XXIV de la même loi, portant que le Gouvernement a fixé pour chaque département la somme des frais de bureau qui sera employée pour l'administration; vu l'arrêté du 26 ventose dernier, qui règle en sommes fixes les traitemens des secrétaires et employés des préfectures;

Le Conseil d'État entendu,

Arrêtent:

La portion du demi pour cent du prix des mises à prix des domaines nationaux qui étoit payée aux administrateurs, commissaires du Directoire et employés des administrations centrales, sera versée dans

A

la caisse des domaines nationaux, qui en fera compte au trésor public.

II. Le ministre de l'intérieur est chargé de l'exécution du présent arrêté, qui sera inséré au bulletin des lois.

Le premier Consul, signé, BONAPARTE. Par le premier Consul : *le secrétaire d'état*, signé, Hugues B. Maret. *Le ministre de l'intérieur*, signé, Lucien BONAPARTE.

ARRÊTÉ relatif à l'exécution des lois des 15 germinal et 4 floréal an 6 sur les conscrits.

Du 7 Thermidor.

LES CONSULS DE LA RÉPUBLIQUE, sur le rapport du ministre de la justice, le Conseil d'État entendu,

Arrêtent :

Il n'y a pas lieu à modifier, en faveur des conscrits, les dispositions des lois des 15 germinal et 4 floréal an 6.

Le ministre de la justice est chargé de l'exécution du présent arrêté, qui sera imprimé.

Le premier Consul, signé, BONAPARTE. Par le premier Consul : *le secrétaire d'état*, signé, Hugues B. Maret, *Le ministre de la justice*, signé, ABRIAL.

ARRÊTÉ relatif aux enfans de troupe et aux femmes à la suite de l'armée.

Du 7 Thermidor.

LES CONSULS DE LA RÉPUBLIQUE arrêtent :

Art. I. A dater du premier vendémiaire prochain, il pourra être admis dans chaque compagnie de l'armée, deux enfans de troupes, à la solde militaire.

II. Il y aura deux classes dans la solde des enfans de troupe :

1°. Demi-solde, vêtement et logement ;

2°. Deux tiers de solde, vêtement, logement, pain et chauffage.

Il ne pourra jamais y avoir plus de la moitié des enfans de troupe qui jouissent de la solde de la seconde classe.

III. Nul enfant de troupe ne sera, dans aucun cas, admis à la solde de première classe, et de celle-ci ne passera à la solde de seconde classe, que sur la présentation du chef du corps et la décision écrite de l'inspecteur aux revues.

IV. Nul enfant de troupe ne sera admis à la solde de première classe, ou à une augmentation de solde, qu'à dater du premier jour du premier mois de chaque trimestre.

V. Ne seront admis parmi les enfans de troupe, que les enfans mâles qui auront atteint leur deuxième année, et qui seront issus de légitime mariage d'une femme attachée à un corps militaire en qualité de blanchisseuse ou vivandière, avec un défenseur de la patrie actuellement en activité de service, ou mort à la guerre de ses blessures.

VI. Toutes les fois qu'il y aura concurrence pour une place d'enfant de troupe, vacante dans la première classe, la préférence sera donnée dans l'ordre suivant :

Il ne sera présenté d'enfant de sous-officier que lorsqu'il n'y aura point d'enfant de soldat, de caporal ou brigadier, admissible ; d'enfant d'officier, que lorsqu'il n'y aura point d'enfant de sous-officier, admissible.

Dans chaque classe, on donnera la préférence,

1°. Aux enfans orphelins de père et de mère ;

2°. Aux enfans orphelins de père ou de mère seulement.

Si deux ou plusieurs enfans réunissent des conditions semblables, on donnera la préférence à ceux qui auront le plus de frères ou de sœurs ; et enfin, en cas d'égalité, à ceux dont les pères et les mères auront le plus de droit à la reconnoissance nationale par leurs services.

VII. Les places d'enfans de troupe de la seconde classe seront données par les chefs des corps aux enfans de la première classe qui auront fait le plus de progrès dans la lecture, l'écriture, l'arithmétique, la natation, la course, les exercices militaires et gymnastiques, et dans un métier utile aux armées.

VIII. Les enfans de troupe seront sous la surveillance directe d'un des officiers du corps, nommé à cet effet par le chef de brigade ; cet officier sera secondé par deux sous-officiers, et quatre caporaux ou brigadiers.

L'officier, les sous-officiers et les caporaux ou brigadiers chargés des enfans de troupe, seront toujours choisis parmi les plus instruits, les plus distingués par leur conduite et leurs mœurs. Ils seront spécialement chargés de leur enseigner à lire, à écrire, à calculer, nager, courir, etc. ; ils seront aussi chargés de leur instruction militaire, et de la surveillance de leur institution morale ; ils seront enfin chargés de veiller à ce qu'ils profitent des leçons qu'on leur donnera pour apprendre un art ou métier utile aux armées. Ceux desdits officiers, sous-officiers, caporaux ou brigadiers qui se feront remarquer par un zèle éclairé et soutenu, seront désignés pour obtenir un prompt avancement.

IX. Dès que les enfans de troupe auront atteint leur seizième année, ils seront admis à contracter un enrôlement volontaire ; et dès-lors ils jouiront de la solde entière, et cesseront de compter parmi les enfans de troupe.

X. Les enfans de troupe qui auront fait des progrès dans la musique pourront, dès l'âge de quatorze ans, être admis dans la musique du corps ; et dès-lors ils cesseront d'être employés comme enfans de troupe, et jouiront de la solde entière.

Nul enfant de troupe ne pourra, avant seize ans, être employé comme tambour.

XI. Les maîtres ouvriers attachés au corps seront obligés d'avoir toujours, comme apprentis, chacun au moins deux enfans de troupes.

XII. Si, en exécution des réglemens militaires antérieurs, il existoit dans les corps, des enfans de troupe précédemment admis à la solde entière, ils continueront à la toucher ; mais il en sera fait mention expresse dans les livrets de revue.

XIII. Les dispositions de la loi du 30 avril 1793, concernant les femmes à congédier des armées, seront exécutées suivant leur forme et teneur ; en conséquence, il ne pourra y avoir à la suite des corps que celles qui seront réellement employées au blanchissage, et à la vente des vivres et boissons.

Le nombre des femmes à la suite de chaque bataillon, ne pourra, sous aucun prétexte, être porté au-delà de quatre, et de deux par escadron.

Le nombre des vivandières et blanchisseuses à la suite du quartier-général de l'armée et des quartiers-généraux de division, ne pourra, dans aucun cas, excéder celui des corps qui composeront ladite armée.

XIV. S'il existe à la suite des corps ou des quartiers-généraux, un plus grand nombre de femmes que celui qui vient d'être déterminé, le chef de brigade choisira celles qui devront être attachées aux bataillons ou escadrons ; le chef de l'état-major général choisira celles qui devront être attachées aux quartiers-généraux.

Ils donneront la préférence à celles qui, mariées à des soldats ou à des sous-officiers actuellement en activité de service, seront reconnues pour être en même temps les plus actives, les plus utiles aux troupes, et celles dont la conduite et les mœurs sont les plus régulières.

XV. Toute femme qui, actuellement à la suite d'un corps ou d'une armée, n'aura pas été admise, ainsi qu'il vient d'être dit, en qualité de blanchisseuse ou vivandière, sera congédiée ; et il lui sera donné vingt centimes par lieue pour se rendre dans son domicile, et fait défense de s'approcher de l'armée de plus de quatre lieues. Celles qui, ayant été ainsi congédiées, se trouveront, après une décade, dans un rayon de quatre lieues de l'armée, seront considérées et traitées ainsi qu'il est prescrit par l'art. XLII de la loi du 10 juillet 1791.

XVI. Les veuves des officiers, sous-officiers et soldats, qui, ayant perdu leurs maris par suite des événemens de la guerre, seront actuellement à la suite des corps ou des états-majors, et qui ne seront pas conservées comme blanchisseuses ou vivandières, se retireront aussi dans leurs foyers, pour y jouir des secours qui leur sont accordés par la loi du 14 messidor an 6. Il leur sera délivré des feuilles de route, sur lesquelles elles recevront, dans les lieux de logement militaire, le logement et la ration d'étape en nature, pour elles et pour chacun de leurs enfans qui n'auront pas été compris parmi les enfans de troupes.

Les enfans orphelins de père et de mère desdits officiers, sous-officiers et soldats, qui ne seront pas placés parmi les enfans de troupe, seront aussi, à la diligence des chefs de corps, renvoyés dans leurs domiciles respectifs, pour y jouir des secours qui leur sont accordés par la susdite loi. Il leur sera délivré une feuille de route, sur laquelle ils recevront le logement et la ration d'étape.

XVII. Quoique les femmes qui seront autorisées à rester à la suite des corps et des états-majors, n'aient droit à aucune solde ni distribution, les inspecteurs aux revues ne s'en feront pas moins fournir un état désignatif de leur âge, de leur profession et de leur signalement. Ils délivreront à chacune d'elles un extrait certifié de cet état ; cet extrait leur servira de carte de sûreté dans l'étendue de l'armée. Celles qui ne seront point pourvues de cette carte, seront congédiées ; et si elles sont, après une décade, trouvées dans un rayon de quatre lieues de l'armée, elles seront considérées et traitées ainsi qu'il est prescrit par l'art. XLII de la loi du 10 juillet 1791.

XVIII. Le ministre de la guerre est chargé de l'exécution du présent arrêté, qui sera imprimé au Bulletin des lois.

Le premier Consul, signé, BONAPARTE. Par le premier Consul : *le secrétaire d'état*, signé, Hugues B. Maret. *Le ministre de la justice*, signé, ABRIAL.

Arrêté relatif à l'observation des jours fériés.

Du 7 Thermidor.

Les Consuls de la République, sur le rapport du ministre de l'intérieur;

Le Conseil d'État entendu,

Arrêtent:

Art. I. Les jours de décadi sont les seuls jours fériés reconnus par l'autorité nationale.

II. L'observation des jours fériés n'est d'obligation que pour les autorités constituées, les fonctionnaires publics et les salariés du Gouvernement.

III. Les simples citoyens ont le droit de pourvoir à leurs besoins et de vaquer à leurs affaires tous les jours, en prenant du repos suivant leur volonté, la nature et l'objet de leur travail.

IV. Les jours de foire et marché restent fixés conformément à l'annuaire républicain et aux arrêtés des administrations centrales et municipales.

En cas de réclamation pour un changement, les jours de foire se règlent par les Consuls, sur le rapport du ministre de l'intérieur et sur l'avis du préfet. Les jours de marché se règlent par le ministre de l'intérieur, sur l'avis du préfet, selon les intérêts du commerce, la commodité des habitans, et les jours et dates portés au calendrier républicain.

Le ministre de l'intérieur est chargé de l'exécution du présent arrêté, qui sera inséré au Bulletin des lois.

Le premier Consul, signé, Bonaparte. Par le premier Consul: *le secrétaire d'état*, signé, Hugues B. Maret. *Le ministre de l'intérieur*, signé, Lucien Bonaparte.

Arrêté qui fixe le jour des publications de mariage.

Du 7 Thermidor.

Les Consuls de la République, sur le rapport du ministre de l'intérieur;

Vu la loi du 20 septembre 1792, qui détermine le mode de constater l'état civil des citoyens; la disposition réglementaire de la loi du 13 fructidor, qui ordonne la célébration des mariages aux chefs-lieux de canton, et la fixe aux jours de décadi seulement; la loi du

28 pluviose, qui abroge l'institution des cantons et la réunion des citoyens au chef-lieu ;

Le Conseil d'État entendu,

Arrêtent :

Art. I. Les publications prescrites par la loi du 20 septembre 1792 pour parvenir à la célébration des mariages, ne pourront avoir lieu que les jours de décadi, dans le lieu et à l'heure des séances municipales.

II. La déclaration de mariage ne pourra être reçue que huit jours après la publication, en conformité de la même loi du 20 septembre 1792.

Le ministre de l'intérieur est chargé de l'exécution du présent arrêté, qui sera inséré au Bulletin des lois.

Le premier Consul, signé, BONAPARTE. Par le premier Consul : *le secrétaire d'état*, signé, Hugues B. Maret. *Le ministre de l'intérieur*, signé, Lucien BONAPARTE.

Arrêté portant réglement sur l'organisation et le service général de la marine.

Du 7 Thermidor.

LES CONSULS DE LA RÉPUBLIQUE, sur le rapport du ministre de la marine et des colonies ; le conseil d'état entendu,

Arrêtent :

SECTION Ire.

Des préfets maritimes.

Art. I. Les préfets maritimes auront des appointemens ainsi qu'il suit :

Celui de Brest, par an	30,000 fr.
et pour frais de bureau	6,000
Celui de Rochefort, par an	20,000
et pour frais de bureau	5,000
Celui de Toulon, par an	24,000
et pour frais de bureau	5,000
Celui de Lorient, par an	15,000
et pour frais de bureau	4,000
Celui du Havre, par an	12,000
et pour frais de bureau	3,000
Celui du premier arrondissement, par an . . .	12,000
et pour frais de bureau	3,000
TOTAL	139,000 fr.

Ainsi la dépense totale des six préfets et de leurs bureaux, monte à cent trente-neuf mille francs par an.

II. Ils seront tenus, au moyen de leurs appointemens et indemnités, de payer leurs secrétaires, et de fournir leurs bureaux de bois et lumières, et de papier, même imprimé.

III. Si la place de préfet est occupée par un individu qui jouisse d'appointemens attribués à une fonction quelconque, ces appointemens cesseront de lui être payés, à moins qu'ils ne soient supérieurs à ceux de sa place de préfet; auquel cas il conserve la totalité des appointemens dont il jouissoit avant sa nomination à la préfecture.

Section II.

État-major de ports.

IV. L'état-major de chacun des ports ci-après nommés, sera composé ainsi qu'il suit :

A Brest.

1 Chef militaire. . . . . . Contre-amiral ou Chef de division.
1 Adjudant. . . . . Capitaine de vaisseau.
2 Adjudans. . . . . Capitaines de frég. ou lieut. de vaiss.
3 Adjudans. . . . . Enseignes de vaisseau.

A Rochefort.

1 Chef militaire. . . . . . Contre-amiral ou Chef de division.
1 Adjudant. . . . . Capitaine de vaisseau.
1 *Idem*. . . . . Capitaine de frég. ou lieut. de vaiss.
2 Sous-adjudans. . . . . . Enseignes de vaisseau.

A Toulon.

1 Chef militaire. . . . . . Contre-amiral ou Chef de division.
1 Adjudant. . . . . Capitaine de vaisseau.
1 *Idem*. . . . . Capitaine de frég. ou lieut. de vaiss.
3 Sous-adjudans. . . . . . Enseignes de vaisseau.

A Lorient.

1 Chef militaire. . . . . . Capitaine de vaisseau.
1 Adjudant. . . . . Capitaine de frég. ou lieut. de vaiss.
1 Sous-adjudant. . . . . . Enseigne de vaisseau.

Au Havre.

Les fonctions de chef militaire seront remplies par le chef des mouvemens; il aura sous ses ordres,

1 Adjudant. . . . . Lieutenant de vaisseau.
1 Sous-adjudant . . . . . Enseigne de vaisseau.

Quant au premier arrondissement, lorsque les besoins du service exigeront qu'il y soit établi un état-major, il sera composé comme celui du Havre.

V. Les officiers attachés à l'état-major étant officiers de vaisseau, jouiront de la totalité des appointemens de leur grade, dans l'exercice de leurs fonctions, sans aucun traitement particulier.

VI. Les frais de bureau seront fixés ainsi qu'il suit :

A Brest........	au Chef militaire	3,000 fr.
A Rochefort..	*Idem*.	2,400
A Toulon.....	*Idem*.	2,400
A Lorient.....	*Idem*.	1,800
Au Havre.....	*Idem*	1,000
	Dépense totale des bureaux	10,600 fr.

Section III.

Officiers du génie maritime.

VII. Le génie maritime sera composé, à l'avenir, ainsi qu'il suit :

1 Inspecteur du génie maritime.
6 Chefs de construction.
7 Ingénieurs de première classe.
7 *Idem* de deuxième classe.
18 Sous-ingénieurs de première classe.
18 *Idem* de deuxième classe.
4 Elèves.

VIII. Le ministre de la marine les répartira dans les arrondissemens, ainsi qu'il le jugera convenable pour le service des ports, pour la conservation et l'exploitation des bois destinés à la marine, et pour l'école d'application à Paris.

IX. Les officiers du génie maritime obtiendront des grades dans la marine militaire, lorsqu'ils auront rempli les conditions suivantes :

Le grade d'enseigne de vaisseau sera donné au sous-ingénieur qui aura fait, sur un vaisseau ou une frégate, une campagne de six mois de navigation effective ;

Celui de lieutenant, au sous-ingénieur qui aura fait sur un vaisseau ou une frégate, une ou plusieurs campagnes formant au moins un an de navigation effective ;

Celui de capitaine de frégate, à l'ingénieur qui aura fait dix-huit mois de navigation effective, dont six mois au moins sur un vaisseau de ligne ;

Celui de capitaine de vaisseau, à l'ingenieur qui aura fait deux ans de navigation, dont huit mois au moins sur un vaisseau ;

Celui de chef de division, au chef de construction qui aura fait trois ans de navigation effective, dont un an au moins sur un vaisseau ;

Enfin le grade de contre-amiral, à l'inspecteur qui aura fait quatre ans de navigation, dont dix-huit mois au moins sur un vaisseau.

X. Les officiers du génie maritime qui seront embarqués, feront le service du grade militaire qu'ils auront précédemment acquis.

Celui qui commencera à naviguer, se bornera à remplir ses fonctions d'ingénieur, et fera, en outre, le service militaire qui lui sera attribué par le commandant du vaisseau.

XI. Les officiers du génie maritime resteront sans grades militaires, jusqu'à ce qu'ils aient satisfait aux conditions de l'article X.

XII. Les appointemens des officiers du génie maritime seront réglés ainsi qu'il suit :

	A l'inspecteur général		12,000 fr.
6	Chefs de construction	à 7,000	42,000
7	Ingénieurs de 1re classe	{ 3 à 6,000 4 à 5,400 }	39,600
7	Ingénieurs de 2e classe	à 4,200	29,400
18	Sous-ingénieurs de 1re classe	à 3,300	59,400
18	Sous-ingénieurs de 2e classe	à 2,400	43,200
4	Élèves	à 1,800	7,200
		TOTAL	232,800 fr.

Ainsi la totalité des appointemens s'élève à la somme de 232,800 francs.

XIII. Les chefs de construction du génie maritime seront pris parmi ceux qui sont ou qui ont été directeurs de construction ;

Les ingénieurs de 1re. classe, parmi les directeurs restans et les ingénieurs ;

Les ingénieurs de 2e. classe, parmi les ingénieurs restans ;

Les sous-ingénieurs, parmi les sous-ingénieurs actuels.

XIV. Il n'est rien changé au mode d'admission déterminé par les lois et réglemens antérieurs, pour entrer dans le génie maritime.

XV. Ceux des ingénieurs qui ne seroient pas compris dans le tableau d'organisation ci-dessus, conserveront leurs appointemens, seront employés selon le rang qu'ils occupent, et seront admissibles aux emplois de ce rang lorsqu'il y aura des places vacantes.

XVI. Ceux d'entre les ingénieurs qui, compris dans le tableau, ont des appointemens plus forts que ceux de leur grade, les conserveront jusqu'à ce qu'ils soient élevés à un grade supérieur.

XVII. Les frais de bureau des chefs de construction dans les ports, seront fixés ainsi qu'il suit :

A Brest	3,000 fr.
A Rochefort	2,400
A Toulon	2,400
A Lorient	2,000
TOTAL	9,800 fr.

Ainsi la dépense des bureaux de ces ports monte à 9,800 francs.

XVIII. Si l'on fait des travaux au Havre ou à Baïonne, ou à tel autre port, il sera alloué à l'officier du génie chargé en chef des travaux, pour frais de bureau, 800 francs.

SECTION IV.

Mouvemens des ports.

XIX. Les mouvemens des ports seront dirigés par des officiers de vaisseau dont le nombre est déterminé ainsi qu'il suit :

Brest.

1 Chef des mouvemens . .	Chef de division ou capit. de vaiss.
3 Sous-chefs	Capitaines de vaisseau ou frégate.
6 Lieutenans.	
6 Enseignes.	

Rochefort.

1 Chef des mouvemens . .	Chef de division ou capit. de vaiss.
2 Sous-chefs	Capitaines de vaisseau ou frégate.
4 Lieutenans.	
4 Enseignes.	

Toulon.

1 Chef des mouvemens . .	Chef de division ou capit. de vaiss.
2 Sous-chefs	Capitaines de vaisseau ou frégate.
4 Lieutenans.	
4 Enseignes.	

Lorient.

1 Chef de mouvemens . . Capitaine de vaisseau.
1 Lieutenant.
2 Enseignes.

Le Havre.

3 Chef de mouvemens . . Capitaine de vaisseau.
1 Lieutenant
2 Enseignes.

XX. Dans les autres ports de la République où il y a des chefs de mouvemens, ceux-ci seront ou des capitaines de frégate ou des lieutenans de vaisseau.

XXI. Le préfet maritime destinera pour suivre les mouvemens du port, un nombre d'aspirans fixé sur les besoins du service.

XXII. Les officiers de vaisseau employés aux mouvemens des ports jouiront de la totalité des appointemens fixés pour leur grade en temps de guerre.

XXIII. Les frais de bureau relatifs au service des mouvemens seront fixés ainsi qu'il suit :

A Brest	1,800 fr.
A Rochefort	1,800
A Toulon	1,800
A Lorient	1,800
Au Havre.	800
	8,000 fr.

Sur la demande du ministre, il sera assigné une somme de huit cents francs, pour frais de bureau, au chef des mouvemens d'un des ports autres que ceux mentionnés ci-dessus, où le service sera assez étendu pour l'exiger.

XXIV. Il n'est rien alloué pour les autres ports de la République.

SECTION V.

Administration.

XXV. Les chefs d'administration, les commissaires, sous-commissaires et commis, seront répartis dans les ports ainsi qu'il suit :

Brest.

1	Chef d'administration.	
10	Commissaires	4 de 1re classe. 3 de 2e. 3 de 3e.
10	Sous-commissaires	4 de 1re. 3 de 2e. 3 de 3e.
20	Commis principaux.	
100	Commis, dont	30 de 1re. 30 de 2e. 40 de 3e.
1	Garde-magasin	de 1re.
1	Sous-garde-magasin.	
143.		

Rochefort.

1	Chef d'administration.	
7	Commissaires	3 de 1re classe. 2 de 2e. 2 de 3e.
7	Sous-commissaires	3 de 1re. 2 de 2e. 2 de 3e.
10	Commis principaux.	
60	Commis	20 de 1re classe. 20 de 2e. 20 de 3e.
1	Garde-magasin.	
1	Sous-garde-magasin.	
87.		

Toulon.

1	Chef d'administration.	
9	Commissaires	3 de 1re classe. 3 de 2e. 3 de 3e.
8	Sous-commissaires	3 de 1re. 3 de 2e. 2 de 3e.
15	Commis principaux.	
75	Commis	20 de 1re. 20 de 2e. 25 de 3e.
1	Garde-magasin	de 1re.
1	Sous-garde-magasin.	
110.		

Lorient.

1	Chef d'administration.	
5	Commisaires, dont	2 de 1re classe. 2 de 2e. 1 de 3e.
4	Sous-commissaires	2 de 1re. 1 de 2e. 1 de 3e.
5	Commis principaux.	
25	Commis, dont	6 de 1re. 6 de 2e. 13 de 3e.
1	Garde-magasin.	
41.		

Le Havre.

1	Commissaire principal	de 1re classe.
1	Commissaire	de 1re.
4	Sous-commissaires, dont	2 de 1re. 2 de 2e.
4	Commis principaux.	
16	Commis, dont	4 de 1re. 4 de 2e. 8 de 3e.
1	Sous-garde-magasin.	
27.		

Anvers.

1	Commissaire principal	de 2e classe.
1	Sous-commissaire	de 1re.
1	Commis principal.	
3	Commis, dont	1 de 1re. 1 de 2e. 1 de 3e.
6.		

Dunkerque.

1	Commissaire principal	de 2e classe.
2	Sous-commissaires, dont	1 de 1re. 1 de 2e.
2	Commis principaux.	
3	Commis, dont	1 de 1re. 2 de 2e.
1	Sous-garde-magasin.	
9.		

Flessingue.

1 Commissaire . . . . de 1re classe.
1 Sous-commissaire . . . . de 1re.
2 Commissaire principal.
3 Commis, dont . . . . { 1 de 1re. 2 de 2e.

6.

Ostende.

1 Commissaire . . . . de 2e classe.
1 Commis . . . . de 1re.

2.

Cherbourg.

1 Commissaire principal . . . . de 2e classe.
1 Sous-commissaire . . . . de 1re.
1 Commis principal.
2 Commis, dont . . . . { 1 de 1re. 1 de 2e.

5.

Saint-Malo.

1 Commissaire principal. . . . . de 2e classe.
1 Sous-commissaire . . . . de 1re classe.
2 Commis principaux.
3 Commis, dont . . . . { 1 de 1re. 2 de 2e.

7.

Nantes.

1 Commissaire principal . . . . de 2e classe.
2 Sous-commissaires, dont . . . . { 1 de 1re. 1 de 2e.
2 Commis principaux.
7 Commis, dont . . . . { 2 de 1re. 2 de 2e. 3 de 3e.

12.

Bordeaux.

1	Commissaire principal	de 1re classe.
2	Sous-commissaires, dont	1 de 1re. 1 de 2e.
2	Commis principaux.	
8	Commis, dont	2 de 1re classe. 2 de 2e. 4 de 3e.
1	Sous-garde-magasin.	
14.		

Baïonne.

1	Commissaire principal	de 2e classe.
1	Sous-commissaire	de 1re.
1	Commis principal.	
4	Commis, dont	1 de 1re. 1 de 2e. 2 de 3e.
7.		

Marseille.

1	Commissaire	de 1re classe.
1	Sous-commissaire	de 1re
2	Commis	de 1re.
4.		

XXVI. Le ministre pourra, lorsque les circonstances l'exigeront, déplacer les membres de l'administration d'un port à un autre, sans cependant en augmenter le nombre : ce déplacement ne sera que temporaire.

XXVII. Les appointemens seront réglés ainsi qu'il suit :

Le chef d'administration aura,

A Brest		12,000 fr.
A Rochefort		12,000
A Toulon		12,000
A Lorient		10,000
Les commissaires principaux	de 1re classe.	9,000
	de 2e.	8,000
Les commissaires	de 1re classe.	6,000
	de 2e	5,400
	de 3e	4,800

Les sous-commissaires	de 1re classe	3,000 fr.
	de 2e. . . .	2,700
	de 3e. . . .	4,200
Les commis principaux.		2,100
Les commis	de 1re classe	1,800
	de 2e. . . .	1,500
	de 3e. . . .	1,200
Les gardes-magasins.	de 1re classe	4,200
	de 2e. . . .	3,600
Les sous-gardes-magasins		2,100

Ainsi l'administration des ports sera composososée et soldée ainsi qu'il suit :

4 Chefs d'administration,			
	3 à 12,000 fr.	36,000 fr.	46,000 fr.
	1 à 10,000	10,000	
8 Commissaires principaux,			
	2 à 9,000	18,000	66,000.
	6 à 8,000	48,000	
35 Commissaires,			
	15 à 6,000	90,000	192,600.
	11 à 5,400	59,400	
	9 à 4,800	43,200	
45 Sous-commissaires,			
	23 à 3,000	69,000	126,000.
	14 à 2,700	37,800	
	8 à 2,400	19,200	
66 Commis principaux,			
	à 2,100		138,600.
311 Commis,			
	93 à 1,800	167,400	456,600.
	92 à 1,500	138,000	
	126 à 1,200	151,200	
4 Gardes-magasins,			
	3 à 4,200	12,600	16,200.
	1 à 3,600	3,600	
6 Sous-gardes-magasins,			
	à 2,100		12,600.
479			1,054,600 fr.

Ainsi la dépense totale des administrations se monte à la somme de 1,054,600 francs.

XXVIII. Les frais de bureau seront payés ainsi qu'il suit :

A Brest	15,000 fr.
Rochefort	10,500
Toulon	13,500
Lorient	6,000
Le Havre	4,500
Anvers	1,500
Dunkerque	3,000
Flessingue	1,000
Ostende	500
Cherbourg	1,000
Saint-Malo	1,500
Nantes	2,000
Bordeaux	2,500
Baïonne	750
Marseille	750
TOTAL	64,000 fr.

XXIX. Les chefs d'administration des ports, ou commissaires principaux, chacun dans le port de sa résidence, feront la répartition de ces sommes entre les différens bureaux de leur ressort.

XXX. Le magasin général fournira les registres imprimés nécessaires à la comptabilité, les acquits, et les casernets du port.

XXXI. Il ne pourra être fait au compte de la République aucune impression que celles ci-dessus désignées, ni aucune fourniture de bois, lumières, papier, plumes, encre, etc.

XXXII. Ceux des ordonnateurs qui seront nommés aux places de chefs d'administration, conserveront, tant qu'ils seront employés en cette qualité, les appointemens dont ils jouissent à présent.

XXXIII. Tous les employés dans l'administration des ports, qui ne seront pas conservés dans la présente organisation, jouiront du tiers de leurs appointemens, avec la faculté d'être appelés à remplir les places vacantes. Mais si, après deux ans, ils ne sont pas remis en activité de service, ils seront censés réformés, et jouiront du traitement de réforme alloué par la loi.

XXXIV. Nul ne peut être admis en qualité de commis d'administration dans les ports, s'il n'est âgé de dix-huit ans, s'il n'a six mois de navigation, s'il ne répond à un examen sur l'arithmétique et les élémens de géométrie, et s'il n'est constaté qu'il a une bonne écriture.

XXXV. Les commis d'administration feront le service des bureaux des ports et de l'inscription maritime, et pourront faire celui de la comptabilité à bord des vaisseaux de la République.

Nul commis ne sera promu à un grade supérieur, sans avoir satisfait à un examen sur les diverses parties du service de l'administration, soit en présence du chef, ou des deux plus anciens commissaires de l'administration.

SECTION VI.

Agens de la comptabilité à bord des vaisseaux.

XXXVI. Les chefs de l'administration dans les ports, proposeront les agens de comptabilité à embarquer sur les vaisseaux et bâtimens de la République, au préfet maritime, qui les choisira.

XXXVII. Les appointemens des agens de comptabilité seront fixés ainsi qu'il suit :

Sur les vaisseaux de 80 canons et au-dessus . . .	2,100 fr.
Sur les vaisseaux de 74 canons et au-dessous. . .	1,800
Sur les frégates.	1,500
Sur les corvettes et autres bâtimens inférieurs . . .	1,200

XXXVIII. S'il est embarqué sur les bâtimens de la République, des commis du port comme agens comptables, ils ne pourront avoir des appointemens inférieurs à ceux dont ils jouissent.

XXXIX. Il ne sera embarqué d'agens comptables en titre, que sur les bâtimens portant des canons et au moins soixante hommes d'équipage. Sur les plus petits bâtimens, ces fonctions seront remplies par un aspirant ou un novice timonnier, qui tiendra les comptes sous l'inspection du lieutenant et les ordres du capitaine.

XL. A défaut de commis d'administration des ports, il ne pourra être embarqué, en qualité d'agens comptables, sur les vaisseaux, que des citoyens âgés de plus de vingt ans, ayant fait au moins une année de navigation sur les vaisseaux de la République ou du commerce, ayant eu de bons certificats de leur conduite, et étant en état de répondre à un examen sur l'arithmétique et sur la tenue des comptes des vaisseaux.

XLI. Leur première campagne devra être sur les corvettes de 16 canons et au-dessous, avec appointemens de commis de troisième classe.

XLII. A une seconde campagne, ils pourront être embarqués en la même qualité sur les frégates, avec les appointemens de commis de deuxième classe.

XLIII. A une troisième campagne, ils pourront être embarqués en la même qualité sur les vaisseaux de 74 canons et au-dessous, concurremment avec les commis ordinaires de première classe, dont ils auront les appointemens et le titre pendant la campagne.

XLIV. A une quatrième campagne, ils pourront être embarqués en la même qualité sur les vaisseaux de 80 canons et au-dessus, concurremment avec les commis principaux des ports, dont ils auront les appointemens et le titre pendant la campagne.

XLV. Après quatre campagnes, ils pourront prétendre avec les commis principaux de l'administration, au grade de sous-commissaire, soit dans la marine, soit dans les colonies.

XLVI. Les appointemens des agens comptables qui ne sont pas employés comme commis de l'administration, cesseront de leur être payés le quinzième jour après le désarmement du vaisseau.

SECTION VII.

Inscription maritime.

XLVII. Les commissaires, sous-commissaires, commis, préposés et syndics de l'inscription maritime, sont maintenus provisoirement sur le pied où ils se trouvent actuellement.

XLVIII. Les officiers de vaisseau nommés pour inspecter les hommes de mer, recevront, en indemnité de frais de voyage, une somme qui sera déterminée par le préfet maritime, et qui ne pourra excéder 2,400 francs pour chacun et par an.

SECTION VIII.

Des inspecteurs de marine.

XLIX. Il y aura pour l'inspection de marine,

A Brest.

1 Inspecteur.

5 Sous-inspecteurs, dont . . . . { 3 de 1re classe. / 2 de 2e.

16 Commis, dont . . . . { 6 de 1re. / 5 de 2e. / 5 de 3e.

A Rochefort.

1 Inspecteur.

3 Sous-inspecteurs, dont . . . . { 2 de 1re classe. 1 de 2e.

10 Commis, dont . . . . { 4 de 1re. 3 de 2e. 3 de 3e.

14.

A Toulon.

1 Inspecteur.

4 Sous-inspecteurs, dont . . . . { 2 de 1re classe. 2 de 2e.

12 Commis, dont . . . . 4 de chaque cl.

17.

A Lorient.

1 Inspecteur.

2 Sous-inspecteurs, dont . . . . { 1 de 1re classe. 1 de 2e.

6 Commis, dont . . . . 2 de chaque cl.

9.

Au Havre.

1 Inspecteur.

1 Sous-inspecteur . . . . de 2e classe.

2 Commis, dont . . . . { 1 de 1re. 1 de 2e.

4.

A Anvers.

1 Sous-inspecteur. . . . . de 1re classe.

1 Commis. . . . . de 1re.

2.

A Dunkerque.

1 Sous-inspecteur . . . . de 2e classe.

1 Commis . . . . de 1re.

2.

A Cherbourg.

1	Sous-inspecteur	de 2e classe.

A Saint-Malo.

1	Sous-inspecteur	de 2e classe.
2	Commis, dont	1 de 1re. / 1 de 2e.
3.		

A Nantes.

1	Sous-inspecteur	de 1re classe.
2	Commis, dont	1 de 1re. / 1 de 2e.
3.		

A Bordeaux.

1	Sous-inspecteur	de 1re classe.
2	Commis, dont	1 de 1re. / 1 de 2e.
3.		

A Baïonne.

1	Sous-inspecteur	de 1re classe.
1	Commis	de 1re.
2.		

L. Les inspecteurs seront pris parmi ceux qui ont été ou qui sont encore contrôleurs, administrateurs, officiers de vaisseau, ou ingénieurs-constructeurs.

LI. Les appointemens des inspecteurs seront de 12,000 francs dans les ports de Brest, Toulon, Rochefort; de 10,000 francs dans les ports de Lorient et du Havre.

Ceux des sous-inspecteurs seront,

pour la 1re. classe, de	5,000 fr.
pour la 2e., de	4,000

Ceux des commis seront,

pour la 1re. classe, de	1,800 fr.
pour la 2e., de	1,500
pour la 3e., de	1,200

LII. Pour frais de bureau, il sera alloué aux inspecteurs dans les ports de Brest, Toulon et Rochefort . . . . 1,500 fr.

Dans ceux de Lorient et du Havre . . . . 1,200.

Aux sous-inspecteurs dans les autres ports, à chacun . . . . 800.

Ainsi le tableau de la dépense de l'inspection sera comme il suit :

5 Inspecteurs, dont.	3 à 12,000 fr.	. . . 36,000 fr.	56,000 fr.
	2 à 10,000	. . . 20,000	
22 Sous-inspecteur. . .	12 à 5,000	. . . 60,000	10,000
	10 à 4,000	. . . 40,000	
55 Commis.	23 à 1,800	. . . 41,400	85,200
	18 à 1,500	. . . 27,000	
	14 à 1,200	. . . 16,800	
		TOTAL	241,200 fr,

Et celle des bureaux

3 Bureaux à	1,500 fr.	. . . . . 4,500 fr.
2 Bureaux à	1,200	 2,400
6 Bureaux à	800	 4,800
		11,700 fr.

SECTION IX.

Du conseil.

LIII. Il y aura pour chacun des ports de Brest, Rochefort, Toulon et Lorient, un secrétaire du conseil.

Les appointemens des secrétaires seront fixés ainsi qu'il suit :

A ceux de Brest, Toulon, Rochefort, chacun 3,000 fr. . 9,000 fr.

A celui de Lorient. 2,400

11,400 fr.

Dans les autres arrondissemens, un des sous-commissaires fera les fonctions de secrétaire.

SECTION X.

Dispositions générales.

LIV. Il sera accordé une indemnité pour frais de route,

Au préfet, dans l'étendue de son arrondissement ;

Au chef de l'état-major des ports, lorsqu'il aura reçu des ordres qui exigeront un déplacement de deux jours et plus ;

Aux officiers qui auront reçu des ordres pour se rendre d'un port dans un autre ;

A l'inspecteur des constructions navales ;

Au chef de construction qui sera dans le cas de se déplacer pendant deux jours et plus ;

Au chef de l'administration et aux commissaires envoyés dans l'arrondissement, pour le service, ou pour les prises des bâtimens naufragés, lorsque le déplacement durera deux jours et plus ;

Aux inspecteurs et sous-inspecteurs dans le même cas ;

Aux commis de la marine qui recevront des ordres de déplacement.

LV. L'indemnité sera réglée selon un tarif particulier.

LVI. Les préfets maritimes jouiront des honneurs accordés au vice-amiral.

LVII. Lorsqu'un officier général aura reçu du Gouvernement le titre d'amiral, il exercera, dans l'arrondissement où il sera envoyé, l'autorité ministérielle ; le préfet maritime se conformera à ses ordres.

LVIII. Le rang au conseil, dans les cérémonies publiques et partout où il y a concours d'autorités différentes, est déterminé par l'article suivant, qui n'établit d'ailleurs aucune identité de grade.

LIX. L'inspecteur du génie maritime prendra place avec les contre-amiraux suivant la date de son brevet ;

Les inspecteurs de marine, les chefs d'administration et les chefs de construction, avec les chefs de division ;

Les commissaires principaux, après les chefs de division et avant les capitaines de vaisseau ;

Les ingénieurs de 1re. classe, les commissaires et le premier des sous-inspecteurs de marine, avec les capitaines de vaisseau ;

Les ingénieurs de 2e. classe, avec les capitaines de frégate ;

Les sous-ingénieurs de 1re. classe, les sous-inspecteurs de marine et les sous-commissaires, avec les lieutenans de vaisseau ;

Les sous-ingénieurs de 2e. classe, avec les enseignes de vaisseau ;

Les commis de l'administration, après les enseignes de vaisseau ;

Les élèves du génie maritime, avec les aspirans de la marine.

LX. Dans aucun cas ni sous aucun prétexte, le ministre ne pourra excéder le nombre d'employés déterminé par les lois ou réglemens ;

mais il lui est toujours permis de ne pas aller jusqu'à ce nombre, et de laisser vacantes dans chaque grade les places qui peuvent l'être sans nuire au service.

LXI. Les uniformes des préfets, ceux des officiers de vaisseau, des officiers du génie maritime, des officiers d'administration et des inspecteurs de marine, seront fixés par un réglement particulier.

LXII. Le ministre de la marine et des colonies est chargé de l'exécution du présent réglement, qui sera inséré au bulletin des lois.

Le premier Consul, signé, BONAPARTE. Par le premier Consul: *le secrétaire d'état*, signé, Hugues B. Maret. *Le ministre de la marine et des colonies*, signé, FORFAIT.

Arrêté qui nomme le citoyen Dubois *substitut du commissaire du Gouvernement près le tribunal de cassation.*

Du 7 Thermidor.

AU NOM DU PEUPLE FRANÇAIS, BONAPARTE, premier Consul de la République,

Arrête :

Art. I. Le citoyen *Dubois*, du Haut-Rhin, est nommé substitut du commissaire du Gouvernement près le tribunal de cassation.

II. Le ministre de la justice est chargé de l'exécution du présent arrêté, qui sera inséré au bulletin des lois.

Signé, BONAPARTE. Par le premier Coneul: *le secrétaire d'état*, signé, Hugues B. Maret. *Le ministre de la justice*, signé, ABRIAL.

Arrêté relatif au cautionnement des payeurs et caissiers du trésor public.

Du 7 Thermidor.

LES CONSULS DE LA RÉPUBLIQUE, sur le rapport du ministre des finances;

Vu l'article 16 de l'arrêté du 1er pluviose an 8 sur l'organisation du trésor public,

La loi du 4 germinal suivant, relative aux cautionnemens à fournir par les payeurs et caissiers dudit trésor,

L'arrêté du 5 dudit mois de germinal, contenant fixation desdits cautionnemens,

Ensemble les représentations desdits caissiers et payeurs ;

Considérant que leur traitement a été réglé par l'arrêté du 5 germinal dernier, en considération du cautionnement qui y étoit exigé d'eux ; qu'en réduisant leur cautionnement de plus de moitié, l'intérêt public commande de diminuer leur traitement dans une proportion calculée sur leur cautionnement actuel et sur la responsabilité qui résulte des services dont ils sont respectivement chargés :

Le Conseil d'État entendu,

Arrêtent :

Art. I. Les dispositions du chapitre XIX de l'arrêté réglementaire du 5 germinal dernier, sont rapportées en ce qui concerne la fixation des cautionnemens des caissiers, des payeurs généraux et des payeurs particuliers du trésor public.

II. Lesdits cautionnemens sont fixés et seront fournis conformément au tableau annexé au présent arrêté.

III. Le premier quart du montant desdits cautionnemens sera payé en numéraire, dans le cours du présent mois de messidor ; et pour les trois autres quarts, il sera fourni par lesdits caissiers, payeurs et préposés, des obligations payables en vendémiaire, nivose et germinal prochains.

IV. A compter de leur entrée en exercice, les caissiers et payeurs du trésor public jouiront d'un traitement fixe, et d'une indemnité pour les pertes auxquelles la nature de leur service et leur responsabilité les exposent :

SAVOIR :

Le caissier général jouira d'un traitement de 10,000 francs, et d'une indemnité de 15,000 francs ;

Le caissier des recettes journalières, d'un traitement de 10,000 fr., et d'une indemnité de 10,000 francs ;

Le payeur des dépenses journalières, d'un traitement de 8,000 fr., et d'une indemnité de 10,000 francs ;

Le payeur de la guerre, d'un traitement de 12,000 francs, et d'une indemnité de 24,000 francs ;

Le payeur de la marine, d'un traitement de 12,000 francs, et d'une indemnité de 16,000 francs ;

Le payeur des dépenses diverses, d'un traitement de 12,000 francs, et d'une indemnité de 12,000 francs ;

Le payeur de la dette publique, d'un traitement de 12,000 francs, et d'une indemnité de 12,000 francs.

V. Le ministre des finances est chargé de l'exécution du présent arrêté, qui sera imprimé au Bulletin des lois.

Le premier Consul, signé, BONAPARTE. Par le premier Consul : *le secrétaire d'état*, signé, Hugues B. Maret. *Le ministre des finances*, signé, GAUDIN.

(Suit le Tableau.)

TABLEAU des cautionnemens que doivent fournir au trésor public ; ès cassiers, payeurs et préposés nommés en conséquence de la loi du 4 germinal an 8, et des réglemens consulaires des 1er Pluviose et 5 dudit mois de germinal ; pour être annexé au nouvel arrêté du 7 Thermidor an 8.

	NUMÉROS des divisions.	des subdivisions.	NOMS DES CHEFS-LIEUX des divisions.	NOMS DES PAYEURS.	CAUTIONNEMENS En numéraire.	En immeubles	TOTAUX.
Le cit. *Comut-Coincy*...					120,000 f.	120,000 f.	240,000 f.
Le cit. *Vial*...........					40,000	40,000	80,000
Le cit. *Pitois*.........					40,000	40,000	80,000
Le cit. *Sivry*..........					200,000	200,000	400,000
Le cit. *Villeminot*.. ...					160,000	160,000	320,000
Le cit. *Delafontaine*....					120,000	120,000	240,000
Le cit. *Boscheron*.......					120,000	120,000	240,000
	1.	1.	Lille........	Martin........	28,000	10.000	38,000
		2.	Valenciennes.....	Duliége........	66,000	22,000	88,000
	2.	//	Mezières.......	Godard........	69,000	20,000	89,000
	3.	//	Metz.........	Weyer.........	105,000	34,000	139,000
	4.	//	Nanci........	Brodelet........	64,000	21,000	85,000
	5.	//	Strasbourg......	Blanchot........	106,000	40,000	146,000
	6.	//	Besançon.......	Devoisinnes......	97,000	31,000	128,000
	7.	//	Grenoble.......	Regnard........	113.000	37,000	150,000
	8.	//	Marseille.......	Garnier........	106,000	40,000	146,200
	9.	1.	Nîmes........	Bobé.........	34,000	11,000	45,000
		2.	Montpellier.....	Poitevin........	32,000	11,000	43,000
	10.	1.	Perpignan......	Delcros........	37,000	12,000	49,000
		2.	Toulouse.......	Thizion........	28,000	10,000	38,000
	11.	//	Bordeaux.......	Laussat........	67,000	22,000	89,000
	12.	1.	Larochelle......	Person........	57,000	19,000	76,000
		2.	Nantes.......	Mesny.........	74,000	24,000	98,000
	13.	//	Rennes........	Willioume......	106,020	40,000	146,000
	14.	//	Caen.........	Paimbœuf.......	106,000	40,000	146,000
	15.	//	Rouen........	Jehannot.......	99,000	32,000	131,000
	16.	//	Arras........	Thiebaut.......	55,000	18,000	73,000
	17.	//	Paris.........	Delamarre......	90,000	30,000	120,000
				Transporté.....	2,339,000	1,324,000	3,663,000

	NUMÉROS des divisions.	NUMÉROS des subdivisions.	NOMS DES CHEFS-LIEUX des divisions.
	18.	1.	Troyes. . . . .
		2.	Dijon . . . .
	19.	"	Lyon. . . . .
	20.	"	Périgueux. . . . . . .
	21.	1.	Bourges . . . .
		2.	Poitiers. . . . . . .
	22.	"	Tours . . . .
	23.	"	Bastia . . . .
	24.	"	Bruxelles. . . . . . .
	25.	"	Liége . . . .
	26.	"	Mayenne. . . . . . .
Les payeurs des armées. .	du Rhin		Bâle. . . . .
	d'Italie.		Nice. . . . .
	de Réserve		Dijon . . . .
	d'Égypte.		. . . .
Les payeurs des douze ports de la marine.			Brest. . . . .
			Toulon. . . . .
			Rochefort. . . . . . .
			Lorient. . . . .
			Anvers. . . . .
			Dunkerque. . . . . . .
			Le Havre. . . . . . .
			Cherbourg. . . . . . .
			Bordeaux. . . . . . .
			Bayonne . . . .
			Nantes. . . . .
			Saint-Malo. . . . . .

Pour copie conforme : *le secrétaire d'État*, signé HUGUES-B. MARET.

NOMS DES PAYEURS.	CAUTIONNEMENS En numéraire.	CAUTIONNEMENS En immeubles.	CAUTIONNEMENS TOTAUX.
Report.	2,339,000 f.	1,324,000 f.	3,663,000 f.
Foassier.	34,000	11,000	45,000
Saint-Firmin	53,000	18,000	71,000
Guesdon	99,000	32,000	131,000
Allemet.	39,000	13,000	52,000
Brissot.	28,000	10,000	38,000
Danvilliers	28,000	10,000	38,000
Pazein	66,000	21,000	87,000
Courtois	28,000	10,000	38,000
Bully.	96,000	31,000	127,000
Montanier	62,000	20,000	82,000
Laquiante.	82,000	27,000	109,000
Labouillerie.	100,000	200,000	300,000
Scitivaux.	100,000	200,000	300,000
Jehannot.	44,000	88,000	132,000
Estève	*Mémoire.*	"	"
Gombault.	83,000	27,000	110,000
Peyruse.	83,000	27,000	110,000
Petit.	76,000	24,000	100,000
Geffroy.	60,000	19,000	79,000
Tréan	44,000	14,000	58,000
Marcellin.	50,000	16,000	66,000
Filleul	37,000	12,000	49,000
Collard.	43,000	14,000	57,000
Lagermonière.	43,000	14,000	57,000
Pelusset.	23,000	5,000	28,000
Lanchan	34,000	11,000	45,000
Bosquet.	23,000	5,000	28,000
TOTAUX. . . .	3,797,000	2,203,000	6,000,000

Le ministre de la justice, signé ABRIAL.

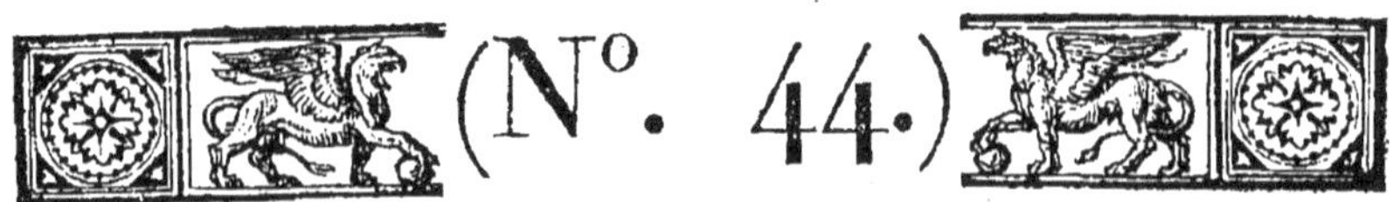

ARRÊTÉS
ET
PROCLAMATIONS
DU GOUVERNEMENT.

Acte du Sénat conservateur, qui nomme le genéral Vaubois *membre de ce Sénat.*

Du 8 Thermidor.

LE SÉNAT CONSERVATEUR, réuni au nombre de membres prescrit par l'article 90 de la Constitution, nomme, en exécution de l'article 15, à la seconde des places qui doivent être remplies pour porter à soixante-deux, dans le cours de l'an 8, le nombre des sénateurs.

Les candidats présentés pour cette place, conformément à l'art. 16 de la Constitution, sont, le citoyen *Vacher*, législateur, présenté par le Corps législatif; le citoyen *Saget* (de Nantes), présenté par le Tribunat; et le général *Vaubois*, commandant à Malte, présenté par le premier Consul de la République.

Le Sénat procède au scrutin dans la forme accoutumée. Le dépouillement des votes donne la majorité absolue au citoyen général *Vaubois*, commandant à Malte: il est proclamé par le président membre du Sénat conservateur.

Le Sénat arrête que cette nomination sera notifiée, par un message, au Corps législatif lors de sa rentrée, au Tribunat, et aux Consuls de la République.

Signé, LEMERCIER, *président;* Kellermann, Garat, *secrétaires.* Par le Sénat conservateur: *le secrétaire général*, signé, Cauchy.

BONAPARTE, premier Consul de la République, ordonne que l'acte du Sénat conservateur, qui précède, sera inséré au Bulletin des lois.

Le ministre de la justice enverra au citoyen *Vaubois* un exemplaire du Bulletin des lois où cet acte sera inséré, pour lui tenir lieu de notification, et lui servir de titre pour constater sa qualité. A Paris, le 8 thermidor, an 8 de la République.

Signé, BONAPARTE. Par le premier Consul : *le secrétaire d'Etat*, signé, Hugues B. Maret. *Le ministre de la justice*, signé, ABRIAL.

ARRÊTÉ qui proroge jusqu'au premier vendémiaire an 9 la commission établie pour le travail relatif à la radiation des individus inscrits sur la liste des émigrés.

Du 9 Thermidor.

LES CONSULS DE LA RÉPUBLIQUE, sur le rapport du ministre de la justice,

Arrêtent :

Art. I. La commission établie, en vertu de l'arrêté du 7 ventose dernier, pour le travail relatif à la radiation des individus inscrits sur la liste des émigrés, est prorogée jusqu'au premier vendémiaire de l'an 9 : les membres en seront nommés par le ministre de la justice.

II. Elle sera divisée en cinq bureaux, composés de six membres chacun, par la voie du sort, et renouvellés tous les quinze jours.

III. Il sera formé, aux mêmes époques, un bureau de révision, composé de cinq commissaires désignés par le sort dans chaque bureau.

IV. Les membres de la commission et de la révision seront tenus, sous leur responsabilité, de n'exprimer leur avis que sur les réclamations antérieures au 4 nivose dernier : ils feront mention, dans leur avis, que les réclamans se trouvent sur la liste envoyée par le ministre de la police.

V. Lorsque le bureau de révision se trouvera d'un avis différent d'avec le bureau révisé, l'affaire sera rapportée au ministre de la justice par un des commissaires du bureau de révision.

VI. Les affaires distribuées à chaque bureau seront examinées suivant l'ordre numérique des cartons.

VII. Le travail qui sera présenté chaque décade à la signature des Consuls, le sera dans le même ordre.

VIII. Les fonds nécessaires aux dépenses ultérieures de cet établissement, continueront d'être distraits du crédit du ministre de la police générale, jusqu'à concurrence de la somme de soixante-dix-neuf mille huit cent cinquante francs.

IX. Le ministre de la justice est chargé de l'exécution du présent arrêté, qui sera inséré au bulletin des lois.

Le premier Consul, signé, BONAPARTE. Par le premier Consul, *le secrétaire d'état*, signé, Hugues B. Maret. *Le ministre de la justice*, signé, ABRIAL.

ARRÊTÉ portant création d'un directoire de l'habillement et de l'équipement des troupes.

Du 9 Thermidor.

LES CONSULS DE LA RÉPUBLIQUE, sur le rapport du ministre de la guerre; le Conseil d'État entendu,

Arrêtent :

TITRE PREMIER.

De la composition du directoire de l'habillement.

Art. I. Le service de l'habillement et de l'équipement des troupes sera, à compter du premier vendémiaire prochain, confié, sous les ordres immédiats du ministre de la guerre, à un directoire composé de trois membres.

II. Le ministre de la guerre nommera et révoquera les membres du directoire; il les choisira parmi les citoyens versés dans la connoissance et le commerce des matières premières, et dans la fabrication des étoffes et des autres fournitures nécessaires à l'habillement et équipement des troupes.

III. Le directoire sera présidé par l'un de ses membres, nommé chaque année par le ministre de la guerre.

IV. Le président du directoire travaillera directement avec le ministre : il lui rendra compte une fois par décade, et plus souvent si le ministre le desire ou si les circonstances l'exigent, de la situation de tout ce qui concernera l'habillement et l'équipement des troupes; il prendra ses ordres sur tous ces objets, les transmettra au directoire, chargé d'en assurer et d'en poursuivre l'exécution.

Les ordres du ministre au directoire seront consignés dans un registre à ce destiné; il en sera de même des délibérations du directoire, des commandes qu'il fera aux manufactures, aux fabricans, aux ouvriers, et des ordres du ministre qu'il transmettra aux corps militaires.

TITRE II.

Des attributions et fonctions du directoire.

V. Le directoire sera chargé de traiter avec les manufacturiers, fabricans, marchands, ouvriers et commissionnaires, pour la fourniture, l'emballage et le transport des draps, étoffes, toiles et autres objets nécessaires à la confection de l'habillement et de l'équipement des troupes : les marchés que le directoire aura passés, ne seront valables que lorsqu'ils auront été approuvés par le ministre de la guerre. Lesdits marchés seront imprimés, et un exemplaire en sera adressé par le directoire à chaque corps militaire.

Ces marchés détermineront les quantités et les prix, ainsi que les qualités et les proportions des draps, étoffes, toiles et autres objets pour lesquels le directoire aura traité : ils feront connoître le nombre des fils dont la chaîne des draps et autres étoffes sera composée, le lieu de la fabrication, le nom du fabricant, manufacturier, ouvrier ou commissionnaire chargé de les fournir ; ils feront connoître aussi le prix de l'emballage, ainsi que celui du transport ; ils contiendront enfin toutes les clauses qui pourront assurer aux corps un service aussi bon que régulier.

VI. Le directoire fera toujours adresser directement aux corps, par les manufacturiers, fabricans ou commissionnaires avec lesquels il aura traité, les draps, étoffes, toiles et autres objets qui doivent servir à la confection de l'habillement et de l'équipement des troupes ; en conséquence, il ne pourra, sous aucun prétexte, ni former ni avoir de magasins ou entrepôts.

Le directoire ne pourra non plus former, au compte de la République ni au sien, des ateliers de confection ; l'intention formelle du Gouvernement étant que l'article XXVI de la loi du 26 fructidor an 7, qui veut que les corps fassent confectionner dans leur sein, et au moyen de leur masse d'entretien, tous leurs effets d'habillement et d'équipement, reçoive sa pleine et entière exécution, et que lesdits corps fassent fabriquer et confectionner, ou du moins tirent directement eux-mêmes des fabriques ou manufactures, les chapeaux, schakos, gibernes, porte-gibernes, baudriers, ceinturons, bretelles de fusil, tambours, colliers de tambour, et autres objets qui sortent confectionnés des manufactures ou ateliers.

VII. Le directoire sera tenu de tirer directement des manufactures nationales tous les objets à l'usage des troupes : tous achats à l'étranger lui sont spécialement interdits, à moins qu'il n'y ait été formellement autorisé par une décision préalable du ministre, en exécution d'un arrêté des Consuls.

VIII. Le directoire ne pourra traiter d'aucun drap qu'avec le manufacturier ou le fabricant. Quant aux toiles, serges ou autres objets pour doublure qui s'achètent pièce à pièce, il ne pourra s'adresser qu'à des commerçans en gros déja connus pour faire ce genre de commerce, ou ne se servir que des commissionnaires avoués par le commerce pour faire ces sortes d'achats, et auxquels il ne sera alloué d'autres commissions que celles que le commerce est dans l'usage d'allouer.

IX. Il y aura toujours un des membres du directoire auprès du ministre; les deux autres seront occupés à faire des tournées pour s'assurer de la bonne qualité des matières premières, pour surveiller la fabrication des draps et des étoffes dans les manufactures, pour qu'il ne soit adressé aux corps que des draps, étoffes ou toiles de la qualité déterminée par les marchés, et pour faire partir, aux époques fixées, les envois destinés aux corps militaires.

X. Les membres du directoire ne pourront, pendant qu'ils seront en exercice, faire pour leur compte aucune espèce de commerce qui ait pour objet des étoffes ou matières premières du genre de celles qui sont nécessaires à l'habillement; ils ne pourront de même, sans se rendre coupables de péculat, prendre, directement ni indirectement, aucun intérêt, retirer aucun bénéfice, recevoir aucune remise, cadeau ou gratification, en un mot faire un profit quelconque sur les achats, transports et autres opérations qu'ils seront chargés de diriger ou d'exécuter.

XI. Le ministre de la guerre arrêtera, chaque année, avant la fin de thermidor, et par une décision générale, la quantité de draps, d'étoffes, de toiles et autres objets dont le directoire devra traiter pour l'armée.

Il lui prescrira les époques auxquelles ces fournitures devront être faites, et lui remettra, munis de son cachet, des échantillons de tous ces objets: à ces échantillons seront joints des ordres explicatifs des qualités, dimensions et propriétés de chacun des objets qui devront être fournis aux troupes.

XII. Par des ordres subséquens, le ministre indiquera au directoire les quantités d'objets de chaque espèce qui devront être envoyées à chaque corps, et les lieux où ces objets devront être adressés.

XIII. Lorsque le ministre prescrira au directoire de faire adresser à chaque corps les draps, étoffes, toiles et boutons nécessaires à son habillement, il fera adresser à chacun d'eux la note des habits, vestes, culotes, etc. qu'ils devront faire confectionner; il leur fera connoître en même temps la quantité de chapeaux, schakos, tambours, colliers de tambour, etc. qu'ils sont autorisés à remplacer, et dont ils doivent se pourvoir eux-mêmes, soit en les faisant confectionner dans le corps, soit en s'adressant directement à des manufacturiers, fabricans français, et en traitant en même temps de l'emballage et des frais de transport.

Le ministre leur adressera en même temps, muni de son cachet, un modèle de chacun des objets qu'ils devront faire confectionner, ou acheter confectionnés.

Le conseil d'administration sera militairement et pécuniairement responsable de toutes les différences qui se trouveront dans les formes et proportions entre les modèles adressés par le ministre et les objets qu'il aura fait confectionner dans le corps, ou qu'il aura achetés confectionnés.

XIV. Avant de faire faire aucune expédition, le directoire remettra au ministre, pour chaque corps militaire, un échantillon de chacun des objets qui doivent entrer dans sa fourniture.

Ces échantillons seront timbrés du cachet ou marque du fournisseur, et du cachet du directoire. Le ministre, après s'être assuré que ces échantillons sont semblables en qualités et proportions à ceux qu'il aura lui-même donnés au directoire, fera apposer son cachet sur ceux qu'il acceptera, et les adressera au corps pour lequel l'envoi sera destiné. Ces échantillons serviront de pièces de comparaison et de vérification de la fourniture ; ils seront toujours, pour les étoffes, extraits du chef d'une des pièces comprises dans l'envoi fait au corps. Le nom du fabricant sera tissu dans l'étoffe, et plombé du plomb de la manufacture. Si c'est une pièce de toile, elle sera empreinte de la marque en usage dans le pays.

La réception que le ministre aura faite des échantillons qui lui auront été remis par le directoire, ne préjugera rien sur la réception définitive des draps et étoffes, qui appartient exclusivement aux corps.

XV. Le directoire adressera à chaque corps,

1°. Copie de l'état des draps, étoffes et autres fournitures qui, d'après la décision du ministre, doivent lui être envoyés ;

2°. Une note explicative des qualités, propriétés, dimensions et proportions de chaque objet ;

3°. Le nom du fabricant, ouvrier ou commissionnaire chargé de l'envoi, et l'indication de l'époque où ces objets doivent être rendus au corps ;

4°. Une facture détaillée des prix, du métrage, des frais d'emballage et de transport.

XVI. Les modèles et les échantillons seront conservés par les soins du conseil d'administration, afin que l'inspecteur en chef aux revues puisse les comparer avec ceux des années précédentes et avec la fourniture de l'année, et qu'il puisse rendre compte au ministre, des changemens qui pourroient survenir tant dans les qualités des draps et autres fournitures, que dans la forme et les proportions des parties de l'habillement.

TITRE III.

De la comptabilité de la masse d'habillement, et du paiement des marchandises.

XVII. Lorsque les manufacturiers, fabricans, ouvriers et commissionnaires adresseront aux corps militaires les objets qui leur auront été commandés par le directoire ou par les corps eux-mêmes, ils accompagneront leur envoi d'une lettre de voiture et d'une facture qui contiendra la quantité et l'espèce des différens objets compris dans la fourniture, ainsi que le nombre et le poids des balles ou caisses, en spécifiant dans quelle manufacture chaque chose a été fabriquée.

Les frais d'emballage et de transport seront ajoutés aux frais d'achat, et compris dans les factures, mais en formeront des articles séparés.

XVIII. Dans les cinq jours qui suivront l'arrivée des effets qui lui auront été annoncés, le conseil d'administration fera procéder à leur réception, ainsi qu'il est prescrit par les réglemens militaires relatifs à l'habillement et à l'équipement des troupes.

XIX. Lorsque les objets annoncés se trouveront de bonne qualité et conformes aux échantillons ou modèles, le conseil d'adminisration en accusera la réception au manufacturier, fabricant ou commissionnaire. Ce récépissé sera conforme au modèle annexé au présent arrêté sous le n°. 1er.

Il adressera, en même temps, au ministre de la guerre, un autre récépissé conforme au n°. 2.

XX. Lorsque les mandats tirés par un conseil d'administration seront destinés à payer des objets commandés directement par les corps, le directoire examinera si lesdits conseils n'ont point excédé en qualité ou quantité les autorisations qui leur auront été données par le ministre, ou si les prix n'excèdent pas la valeur des objets fournis: dans chacun de ces cas, il en fera un rapport au ministre, qui décidera s'il y a lieu à punir militairement les membres du conseil, ou même à leur faire solidairement payer la dépense superflue dans laquelle ils auront induit leur corps; mais, dans aucun cas, le ministre ne pourra refuser d'expédier son ordonnance au bas du mandat délivré par le conseil d'administration.

Lorsque les mandats tirés par les conseils d'administration auront pour objet le paiement de draps, étoffes ou toiles commandés par le directoire, celui-ci vérifiera si les prix des fournitures, de l'emballage et du transport sont conformes aux conditions précédemment arrêtées par lui; et sur son *visa*, le ministre de la guerre délivrera, au bas du récépissé et du mandat qui lui aura été adressé par le conseil d'administration en faveur du fabricant, commissionnaire ou fournisseur, une ordonnance d'une somme égale à celle du mandat tiré par le corps: cette ordonnance sera imputable sur la masse d'habillement du corps qui aura délivré le mandat. Cette forme sera constamment et la seule suivie pour tous les paiemens à faire sur la masse d'habillement des corps militaires.

Le directeur du trésor public ne pourra, sous aucun prétexte, approuver ni faire effectuer aucun paiement sur la masse d'habillement des corps militaires, qu'au bas du récépissé du conseil d'administration et du mandat délivré par lui, et de l'ordonnance du ministre de la guerre.

XXI. Toutes les fois qu'un conseil d'administration croira devoir refuser tout ou partie des objets qui lui auront été adressés en vertu de ses propres demandes ou en vertu d'une commande du directoire de l'habillement, il en rendra compte au commissaire des guerres dans l'arrondissement duquel il se trouvera. Le commissaire des guerres dressera de suite, en présence d'un délégué du conseil d'administration et du fondé de pouvoir du manufacturier, fabricant ou commerçant qui aura fait l'envoi, et, à son défaut, en présence du maire ou d'un des adjoints de la municipalité, un procès-verbal dans lequel il constatera les motifs du refus du conseil d'administration, ainsi que l'état, la nature et la quantité des marchandises refusées: ce procès-verbal sera, de suite, remis ou adressé au conseil de préfecture du département, qui, après avoir fait vérifier les faits par des experts et entendre le manufacturier, fabricant ou commerçant dans ses réponses, prononcera définitivement entre le corps et le fabricant. Le conseil de préfecture jugera de même, sauf l'appel au Conseil d'Etat, de toutes les discussions qui s'élèveront entre les conseils d'administration ou le directoire et les fabricans, commerçans et fournisseurs, relativement à l'exécution des clauses des marchés relatifs à l'habillement et a l'équipement des troupes.

Lorsque le conseil d'administration jugera ne devoir refuser qu'une partie de l'envoi, il soldera de suite, ainsi qu'il a été dit ci-dessus, la portion qu'il aura cru pouvoir accepter.

XXII. Toutes les fois que le conseil de préfecture jugera que les objets envoyés au corps étoient ou de mauvaise qualité ou mal confectionnés, il condamnera les fabricans à payer les frais d'emballage et de transport, et à adresser au corps, dans un délai qu'il déterminera, le complément de sa fourniture. Si, à l'époque déterminée, le fabricant n'a point fourni ou n'a point donné des marchandises conformes au modèle, le conseil d'administration sera autorisé par le conseil de préfecture, à se pourvoir, aux dépens du commerçant, fabricant ou commissionnaire, des objets qui devoient lui être fournis.

XXIII. La masse d'habillement réglée par la loi du 26 fructidor dernier, sera comprise tous les trois mois, et par quart, dans les décomptes de revues, et payée comme solde; mais elle restera provisoirement en dépôt dans la caisse du payeur de la guerre, pour servir à l'acquit des mandats des corps, ordonnancés par le ministre de la guerre.

XXIV. Le directoire de l'habillement tiendra un compte ouvert avec chaque corps militaire : il lui portera en recette, de trois mois en trois mois, la somme qui lui sera due pour sa masse d'habillement; et en dépense, le montant des mandats qui auront été délivrés par le conseil d'administration en faveur des fournisseurs.

Dans aucun cas, le directoire ne pourra, sans une autorisation écrite du ministre, ni permettre qu'un corps excède les fonds annuels de sa masse, ni disposer, même en faveur dudit corps, des fonds qui pourront lui être redus par la masse à la fin de chaque année : et néanmoins lesdits fonds ne pourront, sous aucun prétexte, être destinés ni à un autre corps, ni à un autre emploi; ils resteront réservés pour des besoins à venir du même corps.

XXV. Le compte des fournitures faites à chaque corps sera réglé tous les ans par le ministre, qui en adressera le bordereau général aux conseils d'administration, avant le premier messidor. Le payeur général fera passer, de son côté, aux conseils d'administration, les mandats qu'ils auront tirés et les pièces à l'appui, qui seront donnés pour comptant lors du décompte final de la masse d'habillement, afin que la comptabilité de cette masse puisse être comprise dans la comptabilité générale du corps, et arrêtée par l'inspecteur en chef aux revues.

XXVI. Les membres du directoire auront chacun dix mille francs de traitement fixe. Le président jouira d'un supplément annuel de deux mille francs, lorsque les ordres du ministre de la guerre relatifs à l'habillement et équipement des troupes, auront été bien et ponctuellement exécutés. Le ministre pourra disposer, chaque année, d'une somme de douze mille francs, soit en faveur du directoire en corps, soit en faveur de ceux de ses membres qui auront développé le plus de talent, d'activité et de zèle.

Il sera alloué huit francs par poste pour les tournées que les membres du directoire prouveront avoir courues pour remplir leurs fonctions.

Il leur sera aussi alloué, chaque année, une somme fixe pour leurs frais de bureau : cette somme sera déterminée par le ministre, ni pourra jamais s'élever au-delà de vingt-quatre mille francs.

XXVII. Le ministre de la guerre est chargé de l'exécution du présent arrêté, qui sera inséré au bulletin des lois.

Le premier Consul, signé, BONAPARTE. Par le premier Consul : *le secrétaire d'État*, signé, Hugues B. Maret. *Le ministre de la guerre*, signé, CARNOT.

Suivent les modèles.

N°. Ier.

Extrait des registres du conseil d'administration de la

Vu la décision du ministre de la guerre, en date du
de laquelle il résulte que la doit recevoir par la voie du directoire de l'habillement,

237 mètres de drap de Lodève, bleu ;
mètres de drap blanc ;
mètres de tricot ;

Vu la lettre du directoire de l'habillement, en date du
qui annonce que le citoyen *Pierre*, de Lodève, doit faire parvenir à la demi-brigade,

237 mètres de drap de Lodève, bleu ;
mètres de drap blanc ;
mètres de tricot ;

Vu la délibération du conseil, qui nomme le citoyen *Louis*, membre du conseil, et le citoyen *Joseph*, capitaine chargé de l'habillement, pour recevoir, reconnoître et examiner de concert l'envoi du citoyen *Pierre*, de Lodève ;

Vu la facture adressée par le citoyen *Pierre*, et dont la teneur suit :

Oui le rapport des citoyens *Louis* et *Joseph*, duquel il résulte que tous les articles de ladite facture ont été remplis, et que tous et chacun des objets se sont trouvés de bonne qualité, et parfaitement conformes aux échantillons et modèles adressés à la demi-brigade par le ministre (1),

Arrête :

(1) On a supposé dans ce modèle, que la totalité des marchandises étoit de bonne qualité : dans la supposition contraire, le procès-verbal relatera le nombre des objets bons et admis, et le nombre des objets reconnus non admissibles.

ARTICLE Ier.

Copie du présent arrêté sera adressée au citoyen *Pierre* pour lui servir de récépissé et de lettre d'avis pour son paiement.

(*Signatures des membres du conseil.*)

Certifié conforme : *le secrétaire d'État*, signé, Hugues B. Maret. *Le ministre de la guerre*, signé, CARNOT.

N°. II.

Extrait des registres du conseil d'administration de la

Vu la décision du ministre de la guerre, en date du de laquelle il résulte que la doit recevoir par la voie du directoire de l'habillement,

237 mètres de drap de Lodève, bleu ;
mètres de drap blanc ;
de tricot ;

Vu la lettre du directoire de l'habillement, en date du qui annonce que le citoyen *Pierre*, de Lodève, doit faire parvenir à la demi-brigade,

237 mètres de drap de Lodève, bleu ;
mètres de drap blanc ;
de tricot ;

Vu la délibération du conseil, qui nomme le citoyen *Louis*, membre du conseil, et le citoyen *Joseph*, capitaine chargé de l'habillement, pour recevoir, reconnoître et examiner de concert l'envoi du citoyen *Pierre*, de Lodève ;

Vu la facture adressée par le citoyen *Pierre*, et dont la teneur suit :

Oui le rapport des citoyens *Louis* et *Joseph*, duquel il résulte que tous les articles de ladite facture ont été remplis, et que tous et chacun des objets se sont trouvés de bonne qualité, et parfaitement conformes aux échantillons et modèles adressés à la demi-brigade par le ministre :

Arrête :

ARTICLE Ier.

Le ministre de la guerre est invité à vouloir bien faire délivrer de suite au citoyen *Pierre*, de Lodève, une ordonnance de la somme de imputable sur la masse d'habillement de la pour les causes énoncées au présent arrêté.

(Signatures des membres du conseil d'administration.)

Vu par le ministre de la guerre l'extrait ci-dessus des registres du conseil d'administration de la

En vertu de la loi du qui accorde un fonds de à chaque pour sa masse d'habillement et d'équipement pour le service de l'an

Vu la répartition décadaire du

En vertu de l'arrêté des Consuls, du qui veut que la masse d'habillement soit comprise tous les trois mois, et par quart, dans le décompte des revues, et payée comme la solde, mais qu'elle reste provisoirement en dépôt dans la caisse du payeur de la guerre pour servir à l'acquit des mandats des corps, ordonnancés par le ministre de la guerre,

Le payeur général de la guerre paiera à Paris, au citoyen au vu de la présente ordonnance, et pour les motifs énoncés dans l'article ci-dessus du conseil d'administration de la somme de laquelle somme sera imputée sur la masse d'habillement et équipement de ladite demi-brigade.

Fait à Paris, le

Le ministre de la guerre.

TRÉSOR PUBLIC.

N°. d'ordre du registre des crédits ouverts au contrôle central de la guerre.

Vu par le contrôleur central des dépenses de la guerre, lesdits jour et an.

Vu par le contrôleur près le payeur général de la guerre.

Vu par l'administration du trésor public, l'ordonnance ci-dessus, ensemble le mandat et l'arrêté du conseil d'administration de la

Paris, le

Certifié conforme : *le secrétaire d'état*, signé, Hugues B. Maret.
Le ministre de la guerre, signé, CARNOT.

Arrêté relatif au mode d'approbation des tarifs et réglemens pour la perception des octrois municipaux.

Du 13 Thermidor.

Les Consuls de la République, sur le rapport du ministre de l'intérieur;

Vu la loi du 11 frimaire an 7, celles des 19, 27 frimaire et 5 ventose an 8, relatives à l'établissement des octrois municipaux et de bienfaisance;

Vu l'article II de la même loi du 5 ventose, portant que « le » conseil municipal de chacune des villes où les octrois doivent être » établis, sera tenu de présenter, dans deux mois, les projets de » tarifs et de réglemens convenables aux localités; qu'ils seront sou- » mis à l'approbation du Gouvernement, et par lui définitivement » arrêtés s'il y a lieu; »

Considérant que l'examen et l'approbation des tarifs et réglemens de perception, s'ils étoient successivement et isolément soumis aux Consuls, entraîneroient des lenteurs incompatibles avec les besoins auxquels il est urgent de pourvoir,

Arrêtent ce qui suit:

Art. I. Le ministre de l'intérieur approuvera les tarifs et les réglemens présentés par les conseils municipaux, avec les modifications qu'il jugera convenables, conformément aux principes déterminés par les susdites lois.

II. Tous les mois, le ministre présentera aux Consuls, qui prononceront définitivement, les tarifs et les réglemens qu'il aura approuvés.

III. En attendant, et provisoirement, l'autorisation du ministre sera considérée comme décision du Gouvernement, en tout ce qui concerne tant les octrois précédemment établis que ceux qui le seront par la suite.

Le présent arrêté sera inséré au bulletin des lois.

Le premier Consul, signé, Bonaparte. Par le premier Consul: *le secrétaire d'état*, signé, Hugues B. Maret. *Le ministre de l'intérieur*, signé, Lucien Bonaparte.

Arrêté relatif à la perception du droit de transit dans les nouveaux départemens situés sur la rive gauche du Rhin.

Du 14 Thermidor.

LES CONSULS DE LA RÉPUBLIQUE, sur le rapport du ministre de la justice ; le Conseil d'état entendu,

Arrêtent :

Art. I. L'arrêté pris, le 12 brumaire an 7, par le citoyen *Rudler*, alors commissaire du Gouvernement dans les nouveaux départemens situés sur la rive gauche du Rhin, est rapporté en tout ce qui concerne le droit de transit perçu dans les treize bureaux placés sur cette rive.

II. La perception de ce droit sera rétablie pour le tiers seulement des sommes portées aux tarifs qui étoient en vigueur à l'époque de la conquête.

III. Le produit du droit de transit rétabli par le présent arrêté, est spécialement et limitativement affecté aux réparations des digues, chemins de halage, et autres travaux de navigation, sur la rive gauche du Rhin.

IV. La perception du droit de transit sur le Rhin sera faite par les préposés des douanes dans les lieux où étoient anciennement établis les bureaux, ou dans tous autres lieux qui seront désignés par le ministre de la justice.

V. La régie des douanes comptera, par bordereaux séparés, du produit de la recette du droit de transit ; elle transmettra copie de ces bordereaux au ministre de la justice et au commissaire des quatre départemens réunis.

VI. Il sera alloué à la régie des douanes une remise sur les recettes ; cette remise sera réglée par le ministre de la justice.

VII. Le ministre de la justice est chargé de l'exécution du présent arrêté, qui sera imprimé, et inséré au bulletin des lois.

Le premier Consul, signé, BONAPARTE. Par le premier Consul : *le secrétaire d'état*, signé, Hugues B. Maret. *Le ministre de la justice*, signé, ABRIAL.

BAUDOUIN, imprimeur du Corps législatif et du Tribunat, rue de Grenelle-Saint-Germain, N°. 1131.

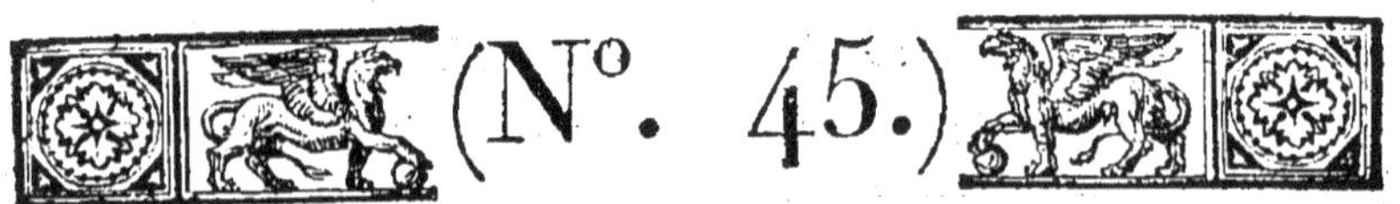

(N°. 45.)

ARRÊTÉS ET PROCLAMATIONS DU GOUVERNEMENT.

Arrêté qui détermine les cas où les tabacs en feuilles importés par bâtimens français sont admis à la réduction du droit d'entrée.

Du 16 Thermidor.

Les Consuls de la République, sur le rapport du ministre des finances; vu le tarif du 15 mars 1791, et les lois des 5 septembre 1792, 22 germinal an 5 et 22 brumaire an 7, relatifs aux droits d'entrée des tabacs en feuilles importés par bâtimens français;

Le Conseil d'état entendu,

Arrêtent:

Art. I. Les tabacs en feuilles importés par bâtimens français, ne seront admis à la réduction du droit d'entrée de vingt francs par cinq myriagrammes, accordée par la loi du 22 brumaire an 7, qu'autant que l'importation, conformément au tarif du 15 mars 1791, et aux lois des 5 septembre 1792 et 22 germinal an 5, en aura été faite directement par lesdits bâtimens, soit des États-Unis de l'Amérique, soit des colonies espagnoles, de l'Ukraine ou du Levant, et qu'il en sera justifié.

II. A défaut de justification de l'importation directe desdits tabacs par bâtimens français, du port de l'enlèvement, ils seront assujétis au

A

droit de trente francs par cinq myriagrammes, lors même qu'ils seroient introduits dans les ports de la République par bâtimens français.

III. Le ministre des finances est chargé de l'exécution du présent arrêté, qui sera inséré au Bulletin des lois.

Le premier Consul, signé, BONAPARTE. Par le premier Consul : *le secrétaire d'État*, signé, Hugues B. Maret. *Le ministre des finances*, signé, GAUDIN.

Arrêté qui ordonne la formation de quatre nouvelles brigades de gendarmerie à pied pour le département d'Ille-et-Vilaine.

Du 16 Thermidor.

LES CONSULS DE LA RÉPUBLIQUE,

Le Conseil d'Etat entendu,

Arrêtent :

Art. I. Il sera formé quatre nouvelles brigades de gendarmerie à pied pour le département d'Ille-et-Vilaine.

II. Il sera pourvu à l'habillement et équipement de quarante hommes formant les quatre brigades de gendarmerie à pied, conformément à l'article VI de l'arrêté des Consuls du 29 pluviose.

III. Le ministre de la guerre est chargé de l'exécution du présent arrêté, qui sera inséré au bulletin des lois.

Le premier Consul, signé, BONAPARTE. Par le premier Consul : *le secrétaire d'état*, signé, Hugues-B. Maret. *Le ministre de la justice*, signé, ABRIAL.

Arrêté contenant réglement sur le recouvrement des contributions directes et l'exercice des contraintes.

Du 16 Thermidor.

LES CONSULS DE LA RÉPUBLIQUE, sur le rapport du ministre des finances ;

Vu les lois des premier décembre 1790, 2 octobre 1791, 17 brumaire an 5 et 3 frimaire an 7, relatives aux contributions directes ;

Considérant que ces lois, en autorisant l'envoi et le séjour des porteurs de contraintes chez les contribuables en retard de payer leurs contributions, ne règlent pas l'emploi de cette mesure; que le Gouvernement doit aux contribuables, autant qu'au trésor public, de la régulariser, pour assurer non-seulement le recouvrement des contributions, mais pour prévenir en même temps les rigueurs qui en résulteroient, si elle étoit employée sans nécessité ou d'une manière arbitraire;

Considérant aussi qu'il est important de coordonner avec le systême actuel de l'administration les principes consacrés par les lois en matière de contributions;

Le Conseil d'État entendu,

Arrêtent:

§. Ier.

Dispositions générales.

Art. I. Les contributions directes sont payables à raison d'un douzième par mois.

II. Il y aura pour leur recouvrement un percepteur par chaque ville, bourg et village ayant son rôle particulier.

III. L'adjudication de la levée des contributions directes sera faite par les maires, ou, à leur défaut, par les adjoints, avant le premier fructidor de chaque année.

IV. L'adjudication sera faite au rabais, et ne pourra pas excéder cinq centimes par franc.

V. L'adjudicataire fournira un cautionnement en immeubles, dont la valeur libre sera du quart, au moins, du montant du rôle de la contribution foncière.

VI. Le receveur particulier de l'arrondissement fera fournir, sous sa responsabilité personnelle, dans la décade qui suivra l'adjudication, le cautionnement exigé par l'article précédent; à l'effet de quoi les maires ou adjoints adresseront, sans délai, au receveur particulier, le procès-verbal d'adjudication.

VII. Dans les dix jours de la réception de leur cautionnement, les percepteurs seront tenus, à leurs frais,

1°. De le faire inscrire au bureau de la conservation des hypothèques de la situation des biens, et d'en rapporter, certificat au receveur particulier;

2°. De lui rapporter, dans le même délai, l'état certifié par le conservateur, des charges et hypothèques inscrites sur lesdits biens, ou le certificat qu'il n'en existe aucune.

VIII. Aucun percepteur en exercice ne pourra se rendre adjudicataire qu'après avoir justifié de l'entier versement du produit des contributions dont les termes seront échus.

IX. A défaut d'adjudicataire, le conseil municipal, convoqué extraordinairement par le maire ou son adjoint, nommera d'office, dans la première décade de fructidor, un percepteur dont la solvabilité soit connue.

X. Le percepteur nommé d'office qui n'aura pas fourni de cautionnement, ne jouira que d'une remise de trois centimes par franc ; la remise sera de cinq centimes, s'il fournit le cautionnement déterminé par l'article V.

XI. S'il se trouve un déficit dans la caisse d'un percepteur dont l'insolvabilité soit constatée par la discussion de ses biens et de ceux de son cautionnement, et que le receveur particulier, le maire et les membres du conseil municipal aient satisfait, chacun en ce qui le concerne, aux dispositions ci-dessus, la somme manquante restera à la charge de la communauté, et sera réimposée sur les rôles de la même année.

Le sous-préfet est chargé de l'exécution du présent article.

XII. Le procès-verbal d'adjucation, ou, à défaut d'adjudication, l'acte de nomination d'office du percepteur, sera envoyé, avant le 15 fructidor, par les maires ou adjoints, au sous-préfet, qui en donnera récépissé.

XIII. Les rôles de contributions directes seront rendus exécutoires par le préfet, dans la décade, à compter de leur réception ; il les remettra ensuite au directeur des contributions, qui les fera passer, par les contrôleurs, aux maires ou adjoints, avant le 1er. vendémiaire de chaque année.

XIV. Dans les cinq jours qui suivront la réception des rôles, les maires ou adjoints les feront publier, et les remettront au percepteur, qui en donnera sa reconnoissance au bas du procès-verbal.

XV. Le percepteur ne pourra rien exiger des contribuables, qu'il ne soit porteur d'un rôle rendu exécutoire et publié.

XVI. Il émargera sur le rôle, en présence du contribuable, la somme qu'il recevra : il croisera les articles entièrement soldés ; et s'il en est requis par le contribuable, il lui en donnera quittance sur papier libre, pour laquelle il ne pourra rien exiger.

XVII. Les percepteurs qui n'auront fait aucune poursuite contre les contribuables en retard, pendant trois années consécutives, perdront leur recours et toute action contre eux.

Après ce délai, les maires ou adjoints retireront les rôles, et les déposeront aux archives de l'arrondissement communal.

§. II.

Organisation des porteurs de contraintes.

XVIII. A compter de la publication du présent réglement, il sera choisi dans chacun des arrondissemens communaux, des porteurs de contraintes, chargés exclusivement d'exécuter celles qui seront décernées par le receveur particulier pour le paiement des contributions directes.

Les porteurs de contraintes feront seuls les fonctions d'huissier pour les contributions directes.

Ils ne sont pas assujétis au droit de patente.

XIX. Les porteurs de contraintes seront choisis parmi les citoyens de l'arrondissement, sachant lire, écrire, calculer, et ayant une instruction suffisante pour exécuter toutes les opérations relatives à leurs fonctions.

Les invalides et les anciens militaires réunissant ces conditions, et munis de certificats de bonne conduite, seront choisis de préférence.

Aucun des individus attachés au service du préfet, des sous-préfets et des receveurs, ne pourra remplir les fonctions de porteur de contraintes.

XX. Les porteurs de contraintes seront nommés par le sous-préfet, sur la présentation du receveur particulier.

Les choix du sous-préfet seront soumis à l'approbation du préfet.

Il sera fait un état triple de cette nomination : le premier, pour être déposé aux archives de la préfecture ; le second, à celles de la sous-préfecture ; et le troisième, pour être remis au receveur, le tout sans frais.

XXI. Le sous-préfet recevra des porteurs de contraintes la promesse de fidélité à la constitution, prescrite par la loi ; il en sera fait mention sur la commission, laquelle ne sera délivrée qu'après avoir été visée par le préfet.

XXII. Les porteurs de contraintes devront être munis de leur commission dans l'exercice de leurs fonctions ; ils en feront mention dans leurs actes, et la représenteront lorsqu'ils en seront requis.

XXIII. Le nombre des porteurs de contraintes sera calculé sur la population des communes composant l'arrondissement communal, et il ne pourra pas excéder celui de deux par quinze communes rurales.

Dans les villes et gros bourgs, le nombre des porteurs de contraintes sera calculé proportionnellement à la population de vingt communes rurales.

XXIV. Dans le cas où les porteurs de contraintes seront injuriés, ou s'il leur est fait rebellion, ils se retireront chez le maire ou l'adjoint du lieu, pour en dresser procès-verbal et l'affirmer.

XXV. Les receveurs particuliers seront chargés de surveiller et de faire surveiller la conduite des porteurs de contraintes, de prendre à leur égard tous les renseignemens qui pourront leur être fournis soit par les percepteurs, soit par les contribuables, et de les adresser, sans délai, au sous-préfet de l'arrondissement.

Celui-ci surveillera lui-même et fera surveiller les porteurs de contraintes par les maires ou adjoints.

Le directeur des contributions directes fera aussi surveiller par les contrôleurs, les porteurs de contraintes; et il transmettra au sous-préfet les renseignemens qu'il aura recueillis sur la conduite de ceux-ci.

Les contribuables pourront porter directement leurs plaintes au sous-préfet, qui statuera sommairement sur toutes celles qui lui parviendront contre les porteurs de contraintes ; il pourra même les révoquer, sauf, dans tous les cas, le recours au préfet.

XXVI. Si les délits donnent lieu, par leur nature, à des poursuites extraordinaires, le préfet adressera les pièces aux juges compétens.

XXVII. Les porteurs de contraintes ne jouiront d'aucun traitement fixe, et ne seront payés qu'autant qu'ils seront employés.

Le prix de leurs journées sera réglé chaque année par le préfet, sur l'avis des sous-préfets, et ne pourra pas excéder deux francs, ni être au-dessous d'un franc.

L'arrêté du préfet, portant cette fixation, sera imprimé et affiché.

XXVIII. Les porteurs de contraintes ne pourront rien prétendre pour les jours qu'ils auront été en route en se rendant dans les lieux où ils doivent être employés, non plus que pour le temps qu'ils y auront passé sans travailler; ils ne pourront, étant en activité de service, exiger du percepteur ni des redevables, que le logement, la nourriture et une place au feu commun.

Il leur est expressément défendu de se loger à l'auberge aux frais des redevables, même sur la demande de ceux-ci.

Il leur est également défendu de recevoir, ni des percepteurs, ni des redevables, le prix de leur travail, qui ne devra leur être payé que par le receveur particulier, d'après la taxe qui en aura été faite.

XXIX. Les procès-verbaux et actes des porteurs de contraintes, relatifs à leur séjour chez les percepteurs et chez les redevables, ne seront soumis ni au timbre, ni à l'enregistrement; mais le commandement qui précédera les saisies et ventes, sera assujéti à ces droits.

XXX. Les receveurs particuliers décerneront, dans leurs arrondissemens respectifs, les contraintes contre les percepteurs et les contribuables en retard de se libérer.

Les contraintes seront signées par le receveur particulier, et ne pourront être mises à exécution qu'après avoir été visées par le sous-préfet de l'arrondissement.

Elles seront conformes au modèle annexé au présent réglement, sous le n°. premier.

§. III.

Contraintes et poursuites à exercer contre les percepteurs.

XXXI. Les porteurs de contraintes vérifieront, à leur arrivée, en présence du maire ou de son adjoint, la situation du percepteur, d'après les sommes qu'il aura reçues, et les quittances que le receveur lui aura délivrées.

XXXII. Les porteurs de contraintes s'établiront à domicile réel chez le percepteur, et à ses frais, sans répétition contre les redevables, et avant de pouvoir exercer contre eux aucune contrainte ni poursuite, dans les cas suivans:

1°. Si sur les informations que prendront d'abord les porteurs de contraintes, les maires ou adjoints leur attestent, par écrit, que le percepteur n'a pas fait toutes les diligences auxquelles il est obligé pour dispenser le receveur de poursuivre les redevables;

2°. Si le percepteur a recouvré et conserve entre ses mains le tiers de la somme exigée par la dernière contrainte;

3°. Si le percepteur a commis un divertissement de deniers, constaté par un procès-verbal des porteurs de contraintes, affirmé devant le maire ou son adjoint.

XXXIII. Aussitôt que le receveur particulier aura été informé d'un divertissement de deniers, il fera faire à l'instant toutes les saisies et actes conservatoires.

Il pourra, en outre, décerner une contrainte par corps contre le percepteur, laquelle ne pourra néanmoins être mise à exécution qu'avec le *visa* du juge-de-paix.

XXXIV. Le receveur particulier enverra aussi le procès-verbal et les pièces à l'appui au sous-préfet, qui ordonnera au maire ou à son adjoint, de procéder sans retard, sous peine de responsabilté, à une nouvelle adjudication de ce qui restera à recouvrer sur les rôles; en conséquence, le receveur particulier fera remettre, dans le jour s'il est possible, au maire ou à son adjoint, les rôles avec l'état des sommes à recouvrer.

A défaut d'adjudicataire, le conseil municipal nommera d'office un percepteur.

XXXV. Si dans les cinq jours suivans la somme divertie n'est pas remplacée, le receveur particulier fera procéder à la vente des meubles et effets du percepteur, même à l'expropriation forcée de ses immeubles, par-devant les juges compétens, jusqu'à concurrence de ladite somme; et en cas d'insuffisance, il sera procédé par les mêmes voies sur le cautionnement.

XXXVI. Les mesures prescrites par les articles qui précèdent, n'empêcheront pas les poursuites extraordinaires auxquelles le divertissement de deniers pourroit donner lieu.

XXXVII. Tous les frais faits à l'occasion d'un divertissement de deniers, seront à la charge des percepteurs, et seront réglés par les sous-préfets, sauf le recours au préfet, à l'exception des frais faits devant les tribunaux, lesquels seront réglés en la forme ordinaire.

XXXVIII. Les maires ou adjoints vérifieront, toutes les décades, les rôles du percepteur.

Ils dresseront, chaque mois, un procès-verbal de leurs vérifications, conformément au modèle annexé au présent sous le n°. 2, et l'enverront au sous-préfet.

XXXIX. Les porteurs de contraintes ne pourront rester plus de cinq jours consécutifs chez le même percepteur.

§. IV.

Contraintes et poursuites à exercer contre les redevables.

XL. Les porteurs d'une contrainte la présenteront, à leur arrivée, au maire ou à son adjoint, et en demanderont la publication.

XLI. Après que les porteurs de contraintes auront vérifié que le percepteur ne se trouve pas dans le cas prévu par l'article XXXII, ils feront sur le rôle le relevé des contribuables en retard, les porteront sur un bulletin, et distribueront à chacun des redevables un avertissement sur papier non timbré, conforme au modèle annexé au présent réglement sous le n°. 3.

Il ne sera payé que cinq centimes pour chaque avertissement, par le redevable qui l'aura reçu.

Les porteurs de contraintes passeront successivement dans les autres communes comprises dans la contrainte, pour y faire la même opération.

XLII. Le percepteur, à la première réquisition faite en présence du maire ou de son adjoint, indiquera aux porteurs de contraintes la demeure et les facultés connues des redevables. En cas de refus de la part du percepteur, les porteurs de contraintes s'établiront à domicile réel chez celui-ci, à ses frais, et sans répétition contre les redevables.

XLIII. Quand les porteurs de contraintes auront distribué leurs avertissemens dans toutes les communes qui y seront désignées, ils viendront en rendre compte au receveur particulier, lui présenteront de nouveau la contrainte à viser, et partiront ensuite pour séjourner chez les redevables qui n'auront pas satisfait à l'avertissement.

XLIV. Les porteurs d'une contrainte ne pourront séjourner plus de dix jours dans la même commune, et plus de deux jours chez un redevable.

Ils s'établiront d'abord à domicile chez le plus fort contribuable en retard, et successivement chez les autres, toujours en continuant par le plus fort.

Les porteurs de contraintes ne pourront pas s'établir à domicile chez les redevables qui paieront moins de quarante francs de contributions directes.

Les frais de séjour des porteurs de contraintes, seront répartis sur tous les redevables de la commune, en proportion de leurs débets.

XLV. Après les dix jours fixés par l'article précédent, le bulletin conforme au modele annexé au présent réglement sous le n°. 4, sera rempli et fait double ; il sera signé par les porteurs de contraintes, et certifié par les maires ou adjoints ; il sera ensuite remis cacheté au percepteur, qui le portera au receveur particulier, avec les sommes que le séjour des porteurs de contraintes lui aura procurées.

XLVI. A mesure que les bulletins parviendront au receveur particulier, il les adressera au sous-préfet pour en régler la taxe, qui se fera sans frais, et ne pourra jamais excéder le huitième de la somme due.

XLVII. Le sous-préfet renverra, sans retard, les bulletins taxés, au receveur particulier, qui en gardera un double, et remettra l'autre, quittancé de lui, au percepteur, après lui en avoir retenu le montant, dont celui-ci se remboursera sur les redevables, en leur donnant quittance.

XLVIII. Le receveur particulier paiera sur le bulletin taxé, resté entre ses mains, les salaires des porteurs de contraintes, qui lui en donneront quittance.

XLIX. A la fin de chaque année, le receveur particulier rendra au sous-préfet un compte général des frais établis en recette et dépense par les quittances des porteurs de contraintes.

L. Les porteurs de contraintes ne pourront, dans aucun cas ni sous aucun prétexte, recevoir aucune somme des percepteurs ni des contribuables, pour les porter au receveur particulier, à peine de destitution, et de restitution des sommes reçues.

Il est défendu aux percepteurs et aux redevables de leur en confier, à peine de payer deux fois.

LI. Après les dix jours fixés par l'art. XLIV, le percepteur pourra faire procéder par voie de saisie et vente des meubles et effets, même des fruits pendans par racines, contre les contribuables qui n'auront pas acquitté leurs contributions échues.

LII. Ne pourront être saisis pour contributions arriérées et pour frais faits à ce sujet, les lits, vêtemens nécessaires au contribuable et à sa famille, les chevaux, mulets et bêtes de trait servant au labour, les harnois et instrumens aratoires, ni les outils et métiers à travailler.

Il sera laissé au contribuable en retard une vache à lait, à défaut de vache une chèvre, ainsi que la quantité de grains ou graines nécessaire à l'ensemencement ordinaire des terres qu'il exploite.

Les abeilles, les verres à soie, les feuilles de mûriers, ne seront saisissables que dans les temps déterminés par les lois sur les biens et usages ruraux.

Les porteurs de contraintes qui contreviendront à ces dispositions, seront condamnés à cent francs d'amende.

LIII. Les fonctions attribuées aux sous-préfets et aux receveurs particuliers par le présent réglement, seront respectivement exercées par les préfets et receveurs généraux dans l'arrondissement communal du chef-lieu du département.

LIV. Le ministre des finances est chargé de l'exécution du présent arrêté, qui sera imprimé au bulletin des lois.

Le premier Consul, signé, BONAPARTE. Par le premier Consul: *le secrétaire d'état*, signé, Hugues B. Maret. *Le ministre des finances*, signé, GAUDIN.

(Suivent les modèles.)

N°. Ier.

CONTRAINTE.

AU NOM DE LA LOI.

ARRONDISSEMENT communal d

CONTRAINTE décernée par le receveur particulier des contributions directes, soussigné, pour l'an en exécution de l'arrêté des Consuls de la République du contre les percepteurs et redevables des communes ci-après mentionnées, et délivrée aux citoyens lesquels porteurs de contraintes seront payés à raison de par jour, ainsi qu'il a été fixée par arrêté du préfet du département, en date du

Lesquels porteurs de contraintes seront tenus de faire viser la présente contrainte par le sous-préfet de l'arrondissement, avant de la mettre à exécution, à peine de nullité ; SAVOIR :

COMMUNES.	SOMMES dues par chacune desdites communes, pour le paiement desquelles la contrainte sera exercée soit sur les percepteurs, soit sur les redevables.	SOMME demandée pendant le séjour que feront les porteurs de contraintes.	OBSERVATIONS faites par le receveur pour la conduite que les porteurs de contrainte doivent tenir dans chaque commune.

Au paiement desquelles sommes seront les percepteurs et redevables des villes, bourgs et autres lieux, poursuivis chacun en droit soi par séjour des porteurs de contraintes, à l'effet de quoi ceux-ci s'établiront à domicile réel chez les percepteurs et redevables arriérés, jusqu'à ce qu'ils aient payé ce qu'ils doivent des contributions sur le termes échus ; sans toutefois que lesdits porteurs de contraintes puissent demeurer plus de deux jours chez chacun desdits redevables, et plus de cinq chez chacun des percepteurs : après lesquels délais les percepteurs et redevables seront poursuivis s'ils ne sont pas acquittés.

Fait et délivré au bureau de l'arrondissement de recette d par moi receveur dudit arrondissement, le an

Vu par moi, sous-préfet dudit arrondissement, pour être exécuté selon sa forme et teneur. A le an

N°. II.

PROCÈS-VERBAL *de la vérification des rôles du percepteur.*

LE du mois de an de la République française une et indivisible, les maire et adjoints de la commune de se sont transportés chez le percepteur des contributions directes, et se sont fait représenter, 1°. le rôle de la contribution foncière, 2°. celui de la contribution personnelle, mobilière et somptuaire, 3°. celui de la contribution des portes et fenêtres, et ont reconnu (*Ici constater quelle somme a été recouvrée dans le mois précédent, si les émargemens ont été exactement faits*, etc.) Ils se sont assurés de plus. (*Ici énoncer si la somme recouvrée dans le mois précédent a été versée au receveur particulier; et dans le cas où le versement n'auroit pas eu lieu, enjoindre au percepteur de l'effectuer.*)

Fait à lesdits jour et an.

N°. III.

AU NOM DE LA LOI.

JE soussigné, porteur de contraintes pour le recouvrement des contributions directes, signifie au citoyen de la commune d que faute par lui d'avoir payé, dans un très-court délai, la somme de échue des contributions de l'an je m'établirai à domicile réel chez lui, et à ses frais.

A le an de la République.

RECETTE PARTICULIÈRE
de l'arrondissement communal
d

Département
de

No.

BULLETIN des porteurs de contraintes, dressé en exécution de l'arrêté du

NOM ET SIGNATURE des porteurs de contraintes.	SOMME portée sur la contrainte.	SOMME trouvée en course, au moment de l'arrivée des porteurs de contraintes.	SOMME payée pendant le séjour des porteurs de contraintes et lors de leur départ.

Nota. Les maires et adjoints doivent avoir l'attention de ne signer que le nombre effectif des jours qui auront été employés.

Nous, maire, adjoint et percepteur de la commune de certifions le présent état véritable, et que les porteurs de contraintes sont restés jour

Fait audit lieu, le an

NOMS des REDEVABLES.	TOTAL de leurs contributions pour l'an	PAIEMENS faits avant l'arrivée des porteurs de contraintes.	PAIEMENS faits pendant le séjour des porteurs de contraintes.

IV.

Argent . . . .
Frais . . . . .
TOTAL . . .

DATE ET HEURE de l'arrivée des porteurs de contraintes dans la commune pour distribuer les avertissemens; date et heure de leur départ.	DATE ET HEURE de la rentrée des porteurs de contraintes, pour séjourner; date et heure auxquelles ils ont terminé leur séjour.	NOMBRE DES JOURS employés par les porteurs de contraintes.

SOLDE des porteurs de contraintes.

RESTANT DU lors du départ des porteurs de contraintes.	FRAIS TAXÉS pour le paiement des porteurs de contraintes.	ÉMARGEMENT du paiement fait au percepteur pour les frais à la charge de chaque redevable.	*OBSERVATIONS.*

BAUDOUIN, imprimeur du Corps législatif et du Tribunat, rue de Grenelle-Saint-Germain, No. 1131.

Fin 16 thermidor an 4

[illegible] contraintes, dressé en exécution [illegible]

TOTAL [illegible]

[illegible]	DATE ET HEURE de la rentrée des porteurs de contraintes pour déjeuner, date et heure auxquelles ils ont terminé leur séjour.	NOMBRE DES JOURS employés par les porteurs de contraintes.

[illegible] commune de [illegible] porteurs de contraintes sont [illegible]	SOLDE des porteurs de contraintes.

INSTANT DU jour du départ des porteurs de contraintes.	FRAIS TAXÉS pour le paiement des porteurs de contraintes.	ÉMARGEMENT du paiement fait au percepteur pour les frais à la charge de chaque redevable.	OBSERVATIONS.

BAUDOUIN, Imprimeur du Corps législatif et du Tribunat, rue de Grenelle-Saint-Germain, N° 1131.

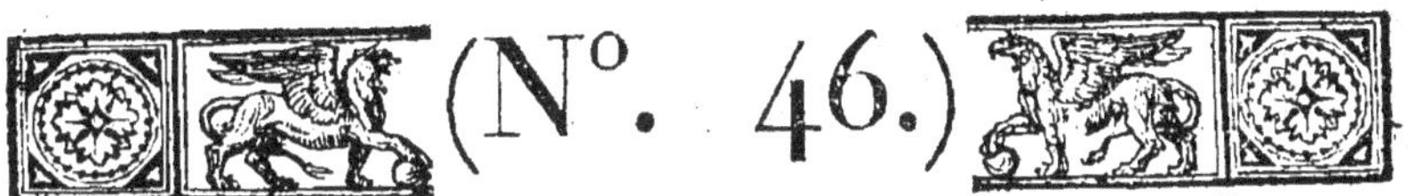

(N°. 46.)

ARRÊTÉS
ET
PROCLAMATIONS
DU GOUVERNEMENT.

Arrêté relatif à l'exemption de droit pour la bière fabriquée à Dunkerque.

Du 17 Thermidor an 8.

Les Consuls de la République, sur le rapport du ministre de la justice; le conseil d'état entendu,

Arrêtent :

Art. I. Il ne peut être perçu, d'après la loi du 17 fructidor an 7, aucun droit sur la bière fabriquée dans la ville de Dunkerque : en conséquence, il n'y a lieu à aucune poursuite pour paiement de droit contre les brasseurs, pour bière fabriquée dans l'intérieur de Dunkerque.

II. Le conseil municipal de Dunkerque présentera au Gouvernement, pour être par lui, s'il y a lieu, définitivement arrêté, le projet de tarif et de réglement qu'il croira convenable pour établir et percevoir un droit d'octroi sur la bière et autres objets de consommation.

III. Le ministre de la justice et celui de l'intérieur sont chargés de l'exécution de cet arrêté, qui sera imprimé au bulletin des lois.

Le premier Consul, signé, Bonaparte. Par le premier Consul : *le secrétaire d'état*, signé, Hugues B. Maret. *Le ministre de la Justice*, signé, Abrial.

Arrêté relatif au remboursement des sommes payées par les salpêtriers, pour le transport du salpêtre et des terres et démolitions salpêtrées.

Du 17 Thermidor.

Les Consuls de la République, sur le rapport du ministre de la guerre ; le conseil d'état entendu,

Arrêtent :

Art. I. La régie nationale des poudres et salpêtres est autorisée à tenir compte aux salpêtriers, des sommes qu'ils sont dans le cas de payer tant pour le transport des terres et démolitions salpêtrées que pour celui du salpêtre.

Elle pourra autoriser les commissaires des poudres à traiter par abonnement avec les salpêtriers de leurs arrondissemens respectifs.

II. Le ministre de la guerre est chargé de l'exécution du présent arrêté, qui sera inséré au Bulletin des lois.

Le premier Consul, signé, Bonaparte. Par le premier Consul, *le secrétaire d'État*, signé, Hugues B. Maret. *Le ministre de la guerre*, signé, Carnot.

Arrêté relatif à la nomination, à l'installation et au service des huissiers.

Du 22 Thermidor.

Les Consuls de la République, sur le rapport du ministre de la justice ;

Le conseil d'état entendu,

Vu l'article premier de la loi du 27 ventose dernier, ainsi conçu :

« Les tribunaux civils et criminels de département, et les tri-
» bunaux de police correctionnelle, sont supprimés ; et néanmoins
» ils continueront leurs fonctions jusqu'à l'installation des nouveaux
» tribunaux » ;

Vu également l'art. XCVI de la même loi, ainsi conçu :

« Il sera établi près de chaque tribunal de première instance, près
» de chaque tribunal d'appel, près de chaque tribunal criminel, un
» nombre fixe d'huissiers, qui sera réglé par le Gouvernement, sur
» l'avis du tribunal près duquel ils devront servir ; ils seront nommés

» par le premier Consul, sur la présentation de ce même tri-
» bunal »,

Arrêtent ce qui suit:

Art. I. Dans la décade qui suivra la publication du présent arrêté, chaque tribunal de première instance, tribunal d'appel et tribunal criminel, indiquera, si fait n'a été, par un avis en forme d'arrêté, le nombre d'huissiers dont il croira la création nécessaire.

II. Cet avis, ainsi que la liste contenant les noms, prénoms, âge et demeure des candidats que le tribunal présentera à la nomination du premier Consul, seront, si fait n'a été, adressés de suite au ministre de la justice.

III. Le lendemain du jour d'audience qui aura suivi immédiatement celui où le tribunal aura connu officiellement et porté sur ses registres l'arrêté du premier Consul portant création de nouveaux huissiers, tous les anciens huissiers autres que ceux compris dans cet arrêté, soit qu'ils fussent immédiatement attachés aux tribunaux supprimés par la loi du 27 ventose, soit qu'ils exercassent dans leur ressort en vertu de pouvoirs antérieurs, n'auront plus aucun caractère public, et cesseront leurs fonctions.

IV. La liste contenant les noms, prénoms, âge et demeure desdits huissiers, ensemble l'article III du présent réglement, seront, à la diligence du commissaire du Gouvernement près chaque tribunal, imprimés, et affichés, dans le plus bref délai, partout où besoin sera.

V. Les huissiers nouvellement créés, ne pourront exercer qu'après avoir prêté serment devant le tribunal auprès duquel ils sont établis.

VI. Aucun huissier ne sera admis à cette prestation de serment, qu'au préalable il n'ait justifié de la quittance du cautionnement exigé par la loi du 27 ventose an 8.

VII. Les huissiers seront chargés exclusivement, 1°. du service personnel près leurs tribunaux respectifs, 2°. des significations d'avoué à avoué, aussi près leurs tribunaux respectifs: ils feront concurremment tous autres exploits, mais dans le ressort seulement du tribunal de première instance.

VIII. Le ministre de la justice est chargé de l'exécution du présent arrêté.

Le premier Consul, signé, BONAPARTE. Par le premier Consul: *le secrétaire d'État, signé*, Hugues B. Maret. *Le ministre de la justice*, signé, ABRIAL.

Arrêté portant qu'à compter du second semestre de l'an 8, les rentes et pensions sur l'État seront acquittées en numéraire.

Du 23 Thermidor.

LES CONSULS DE LA RÉPUBLIQUE, sur la proposition du ministre des finances,

Arrêtent ce qui suit :

Art. I. A compter du second semestre de l'an 8, les rentes et pensions sur l'État seront acquittées en numéraire.

II. Ces paiemens seront effectués par l'intermédiaire de la banque de France.

III. La banque ouvrira, à cet effet, un compte avec la trésorerie nationale, pour la recette des fonds destinés à l'acquit des rentes et pensions, et pour le paiement à chaque partie prenante, du mandat sur la banque qui lui aura été délivré à cet effet au trésor public.

IV. La banque établira un nombre de caisses suffisant pour que le service soit fait sans trouble et avec l'activité nécessaire ; elle ne pourra donner, dans chaque paiement, plus du vingtième en monnoie de cuivre.

V. Le paiement des rentes et pensions, pour le second semestre de l'an 8, s'ouvrira au premier nivose prochain ; il s'effectuera dans les six mois, et par ordre de numéros des inscriptions. La somme nécessaire pour les paiemens sera fournie par la trésorerie nationale, à la banque, en obligations de receveurs généraux, aux échéances correspondantes, dont la première sera au 30 brumaire an 9, et ainsi successivement de mois en mois.

VI. La banque fera payer, par ses correspondans dans les départemens, tous les rentiers et pensionnaires qui y sont actuellement payés, et ceux qui voudront l'être à l'avenir, après qu'ils en auront fait leur déclaration dans les formes d'usage.

VII. Il sera alloué à la banque, pour tous frais de recouvrement, établissement de bureaux, transport de fonds, et indemnités quelconques, une provision d'un et demi pour cent, pour raison du service des rentes et pensions du deuxième semestre de l'an 8.

La fixation de cette commission sera de nouveau réglée pour le service du premier semestre de l'an 9.

Le ministre des finances est chargé de l'exécution du présent arrêté, qui sera imprimé au Bulletin des lois.

Le premier Consul, signé, BONAPARTE. Par le premier Consul : *le secrétaire d'État*, signé, Hugues B. Maret. *Le ministre des finances*, signé, GAUDIN.

Arrêté qui approuve la levée sur les propriétaires des polders du département de l'Escaut, de sommes destinées à la réparation des digues de mer.

Du 23 Thermidor.

Les Consuls de la République, vu les différentes pétitions adressées par les directions des polders de la ci-devant Flandre hollandaise, tendant à réclamer une mesure qui puisse les garantir d'une submersion générale dont ils sont menacés par le mauvais état des digues de mer; le rapport de l'inspecteur général des ponts et chaussées du département de l'Escaut, les plans desdits polders et digues;

Vu l'arrêté du préfet dudit département, en date du 19 messidor dernier, soumis à l'approbation du Gouvernement, lequel arrêté a pour objet de régler et ordonner, suivant les anciens usages, la levée sur les propriétaires des polders, des sommes nécessaires pour subvenir à leur conservation, et de faire verser ces fonds dans une caisse de secours établie par lesdits propriétaires; sur le rapport du ministre de l'intérieur;

Le conseil d'état entendu,

Arrêtent ce qui suit:

Art. I. L'arrêté pris par le préfet du département de l'Escaut, en date du 19 messidor an 8, est approuvé, pour être exécuté suivant sa forme et teneur.

Une expédition de cet arrêté sera annexée à la minute des présentes.

II. Le ministre de l'intérieur est chargé de l'exécution du présent arrêté, qui sera imprimé.

Le premier Consul, signé, Bonaparte. Par le premier Consul: *le secrétaire d'État*, signé, Hugues B. Maret. *Le ministre de l'intérieur*, signé, L. Bonaparte.

Arrêté qui autorise la commune de Pont-de-Vaux *à élever, à ses frais, un monument à la mémoire du général* Joubert.

Du 23 Thermidor.

Les Consuls de la République, vu la pétition présentée par les maire et adjoint de la commune de *Pont-de-Vaux*, et sur le rapport du ministre de l'intérieur;

Arrêtent :

Art. I. La commune de *Pont-de-Vaux* est autorisée à élever, à ses frais, un monument à la mémoire du général *Joubert.*

II. Le ministre de l'intérieur est chargé de l'exécution du présent arrêté, qui sera imprimé au Bulletin des lois.

Le premier Consul, signé, BONAPARTE. Par le premier Consul : *le secrétaire d'état*, signé, Hugues B. Maret. *Le ministre de l'intérieur*, signé, L. BONAPARTE.

BAUDOUIN, imprimeur du Corps législatif et du Tribunat, rue de Grenelle-Saint-Germain, N°. 1131.

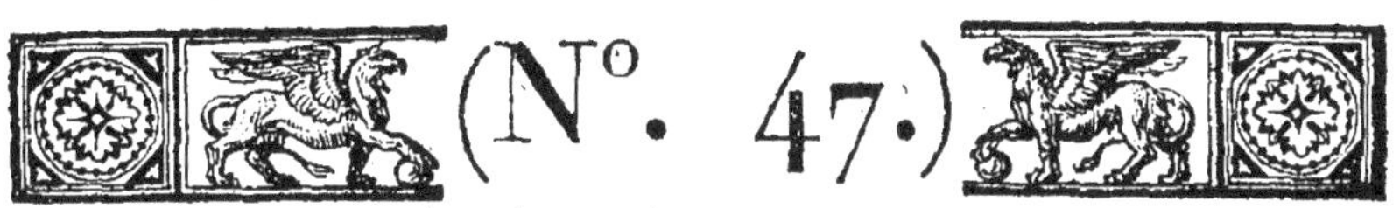

ARRÊTÉS
ET
PROCLAMATIONS
DU GOUVERNEMENT.

Arrêté relatif aux passe-ports ou sauf-conduits accordés par les ministres et autres agens diplomatiques des puissances alliées ou neutres.

Du 25 thermidor an 8.

LES CONSULS DE LA RÉPUBLIQUE, sur le rapport du ministre de la police générale; le Conseil d'État entendu,

Arrêtent :

Art. I. Les passe-ports ou sauf-conduits accordés par les ministres et autres agens diplomatiques des puissances alliées ou neutres, soit à des individus qui ne sont pas de leur nation, soit à des Français naturalisés chez ces puissances depuis le 14 juillet 1789, ne seront point admis en France.

II. L'entrée du territoire de la République est interdite aux personnes désignées dans l'article précédent, sous peine d'être traitées comme gens sans aveu ou comme émigrés.

III. Tout étranger actuellement en France en vertu de passe-port à lui délivré par un ministre ou agent d'une puissance alliée ou neutre, et qui se trouve dans le cas de l'article premier du présent arrêté, est tenu de faire constater, d'ici au 15 fructidor, par un certificat du ministre ou agent de sa nation, résidant en France, qu'il est de la nation au nom de laquelle le passe-port lui a été délivré.

IV. Tout étranger qui se trouve dans le cas prévu par l'art. Ier, et

A

qui n'aura pas satisfait aux dispositions ci-dessus, sera arrêté, et conduit hors du territoire de la République.

V. Tout individu né Français, actuellement en France en vertu d'un passe-port étranger, sera tenu, pour pouvoir y continuer son séjour, de se pourvoir, dans le délai de trois jours pour Paris, et de deux décades pour les départemens, de la permission expresse du ministre de la police générale, sous peine d'être traité comme prévenu d'émigration.

VI. Le ministre de police générale est chargé de l'exécution du présent arrêté, qui sera inséré au bulletin des lois.

Le premier Consul, signé, BONAPARTE. Par le premier Consul: *le secrétaire d'état*, signé, Hugues-B. Maret. *Le ministre de la police générale*, signé, FOUCHÉ.

Arrêté qui accorde amnistie aux habitans des départemens mis hors l'empire de la Constitution par la loi du 23 nivose an 8.

Du 25 thermidor.

LES CONSULS DE LA RÉPUBLIQUE, sur le rapport du ministre de la police générale; le Conseil d'État entendu,

Arrêtent:

TITRE PREMIER.

Art. I. L'arrêté du 14 ventose dernier qui applique aux quatre départemens des Deux-Sèvres, de la Vendée, de Maine-et-Loire et de la Loire-Inférieure, le bénéfice de l'amnistie accordée par celui du 7 nivose précédent, est rendu commun aux départemens mis hors l'empire de la Constitution par la loi du 23 nivose dernier.

II. Aucun habitant de ces départemens ne pourra être recherché et poursuivi pour les faits relatifs à ces troubles, soit par action publique au nom de la nation, soit par action civile au nom des individus qui prétendroient avoir été lésés.

III. Tout mandat d'arrêt, de quelque autorité qu'il soit émané, tout acte d'accusation ou jugement pour faits relatifs aux troubles antérieurs à la publication du présent arrêté, seront considérés comme non avenus.

IV. Au moyen de ces dispositions générales, tout certificat particulier d'amnistie devenant inutile, il est défendu à tout agent civil d'en accorder à l'avenir.

V. Ceux d'entre les amnistiés qui croiront avoir besoin d'un titre particulier pour leur garantie personnelle, et qui auroient obtenu précédemment un certificat des agens militaires ou civils auxquels ils ont remis les armes, sont tenus de s'adresser au ministre de la police générale pour l'obtenir. Tout autre certificat est nul et de nul effet.

VI. Aucun certificat d'amnistie, même ceux signés par le ministre de la police, ne pourra tenir lieu de passe-port aux individus qui en seront porteurs : ils se conformeront, à cet égard, aux lois et réglemens sur les passe-ports.

TITRE II.

VII. L'amnistie n'effaçant que les délits commis pendant les troubles et à leur occasion, et ne pouvant couvrir le crime d'émigration, ne dispense pas les amnistiés inscrits, et non rayés définitivement, des formalités et mesures prescrites par les lois envers tous les Français prévenus d'émigration.

VIII. Tout individu inscrit sur la liste des émigrés, qui ne sera pas rayé définitivement,

Ou qui n'aura pas obtenu du ministre de la police générale une surveillance antérieure au 25 messidor,

Ou qui résidant dans l'un des départemens mis hors l'empire de la Constitution, n'aura pas obtenu du préfet dudit département une surveillance antérieure au premier floréal an 8,

Sera tenu de sortir du territoire de la République dans les dix jours qui suivront la publication du present arrêté.

IX. Les surveillances qui auroient pu être accordées par les préfets des départemens qui n'ont point été mis hors de la Constitution, sont nulles.

X. Les préfets des départemens mis hors de la Constitution par la loi du 23 nivose, enverront, dans les cinq jours de la publication du présent réglement, au ministre de la police générale, la note des individus domiciliés dans leur département, prévenus d'émigration, et auxquels ils auroient accordé des surveillances antérieures au premier floréal : le ministre de la police générale remettra au Gouvernement ledit état par ordre alphabétique, dans la dernière décade de fructidor.

XI. Les ministres de la justice et de la police générale sont chargés, chacun en ce qui le concerne, de l'exécution du présent arrêté, qui sera imprimé.

Le premier Consul, signé, BONAPARTE. Par le premier Consul : *le secrétaire d'état*, signé, Hugues-B. Maret. *Le ministre de la police générale*, signé, FOUCHÉ.

Extrait des registres des délibération des Consuls de la République.

Du 25 thermidor.

Avis portant qu'il n'y a pas lieu à proroger les dispositions de la loi du 26 frimaire an 3, sur l'emploi des détenus âgés de seize ans; donné par le Conseil d'Etat le 24 thermidor.

Le Conseil d'Etat, qui, d'après le renvoi des Consuls, a entendu le rapport de la section de législation sur celui du ministre de la justice tendant à faire examiner la question suivante :

Y a-t-lieu de proroger, *par un arrêté*, les dispositions de la loi du 26 frimaire an 3, portant : « Tous les jeunes gens de seize ans » et au-dessous *actuellement détenus* dans les maisons de détention, » par jugement de police correctionnelle, ainsi que ceux de même » âge détenus et non jugés, sont mis à la disposition de la commission » de marine, pour être employés de la manière qu'elle jugera la plus » utile à la République, sans néanmoins qu'ils puissent y être con- » traints. »

Est d'avis, 1°. que la loi dont il s'agit, par ces mots, *actuellement détenus*, a interdit elle-même toute application subséquente, et qu'elle n'a pu recevoir d'exécution qu'à l'égard des jeunes gens de seize ans et au-dessous qui étoient détenus à l'époque où la loi a été portée ;

2°. Que cette loi du 26 frimaire an 3 contient une véritable commutation de peine, et que, sous ce seul rapport, elle ne pourroit être prorogée que par le Pouvoir législatif, seul compétent pour fixer quelle doit être la punition des délits ;

3°. Qu'il lui paroît que le renouvellement d'une pareille loi pourroit avoir des inconvéniens très-graves dans les circonstances actuelles ;

En effet, s'il peut être avantageux, à quelques égards, d'empêcher que la corruption, qui est la suite inévitable du séjour des prisons, ne perde pour jamais des êtres que leur âge rend dignes de commisération, et que l'on peut espérer de rendre encore à la vertu quoique la loi les ait frappés, il peut être dangereux, lorsque nos armées de terre sont parvenues au plus haut degré de gloire, de montrer aux braves marins qu'on veut leur donner pour compagnons des individus que le crime a dégradés, et établir publiquement que, servir dans la marine, ou servir aux fers, sont deux choses équivalentes ;

4°. Enfin, que ce seroit dégrader la marine française aux yeux de toute l'Europe, et la rendre peut-être incapable de grandes choses, puisque l'estime de soi, et la place qu'on tient dans l'opinion des autres, sont les deux plus grands mobiles des actions d'éclat.

Pour extrait conforme : *le secrétaire général du Conseil d'État*, signé, J. G. Locré. Approuvé, *le premier Consul*, signé, BONAPARTE. Par le premier Consul : *le secrétaire d'État*, signé, Hugues-B. Maret. *Le ministre de la justice*, signé, ABRIAL.

Arrêté relatif à la construction d'un canal pour détourner le cours de la rivière du Coesnon.

Du 25 thermidor.

LES CONSULS de la République, vu, 1°. le procès-verbal rédigé le 29 novembre 1791, en conséquence d'un arrêté du directoire du département d'Ille-et-Vilaine, du 19 octobre précédent, qui constate que le détournement du Coesnon du pied des digues de Dol, est le seul moyen de les préserver de leur destruction; 2°. le décret de la Convention nationale du 24 février 1793, et le rapport fait en conséquence le 29 thermidor an 2, par les ingénieurs *Anfray* et *Gugelin*, ainsi que les devis, détails estimatifs et nivellement joints à ce rapport, pour l'exécution des travaux; 3°. les avis de l'assemblée des ponts-et-chaussées, en date des 6 messidor an 3, 4 nivose et 21 frimaire an 4, qui estiment qu'on ne peut entretenir les digues de Dol tant que le Coesnon sera attaché à leur pied; 4°. le message du Directoire au Conseil des Cinq-Cents, en date du 3 frimaire an 5, qui fait connoître la nécessité de changer le lit du Coesnon; 5°. les réclamations en date des 9 du même mois, 5, 8 et 15 ventose même année, formées par les cantons de Pontorson, Avranches et Sancley, contre le projet de faire passer le Coesnon à travers le département de la Manche, dont ils font partie;

Sur le rapport du ministre de l'intérieur;

Le Conseil d'État entendu,

Arrêtent :

Art. I. Le cours de la rivière du Coesnon sera détourné du pied des digues de Dol, par un canal qui prendra depuis le coude de Foréolle, passera à travers les grèves herbues de Beauvoir, à l'est du Mont-Saint-Michel, près la Tour-Boucle, et ira aboutir à la rivière de Celune.

II. Ce redressement sera effectué conformément aux plans et d'après les devis estimatifs déja rédigés et approuvés en la manière accoutumée.

III. Pour aider aux dépenses, il est accordé par le Gouvernement, un secours de deux cent mille francs sur les fonds mis à la disposition du ministre de l'intérieur. Le paiement sera effectué à raison de cinquante mille francs par an pendant les années 9, 10, 11 et 12, par le receveur particulier de l'arrondissement communal de Port-Malo, sur la recette du principal de la contribution foncière établie sur les terres qui composent le marais de Dol.

IV. Les propriétaires desdites terres seront tenus, en conformité de leurs offres, de payer, dans le même délai, une pareille somme de deux cent mille francs; à l'effet de quoi ils répartiront sur eux-mêmes une contribution égale au principal de la contribution foncière établie sur lesdites terres.

V. Ces diverses sommes seront versées dans la caisse des syndics des propriétaires des marais de Dol : les quittances du caissier, visées par les syndics, des sommes versées par le receveur particulier de l'arrondissement, seront prises pour comptant par le receveur général du département, qui les remettra au payeur général des dépenses diverses, contre les ordonnances du ministre de l'intérieur.

VI. Le préfet du département surveillera l'emploi des fonds destinés auxdites réparations, conformément à la loi du 4 pluviose an 6 et arrêtés relatifs.

VII. En cas d'insuffisance de la somme de quatre cent mille francs, les propriétaires seront tenus de faire, par la même voie d'une contribution entre eux, les fonds nécessaires pour l'entier achèvement du canal de dérivation.

VIII. Les indemnités qui seront dues aux propriétaires des terrains sur lesquels sera établi le nouveau lit du Coesnon, seront réglées en la forme accoutumée, et acquittées sur les fonds ci-dessus désignés.

IX. Les ministres de l'intérieur et des finances sont chargés, chacun en ce qui le concerne, de l'exécution du présent arrêté, qui sera imprimé.

Le premier Consul, signé, BONAPARTE. Par le premier Consul : *le secrétaire d'état*, signé, Hugues-B. Maret. *Le ministre de l'intérieur*, signé, L. BONAPARTE.

BAUDOUIN, imprimeur du Corps législatif et du Tribunat, rue de Grenelle-Saint-Germain, N°. 1131.

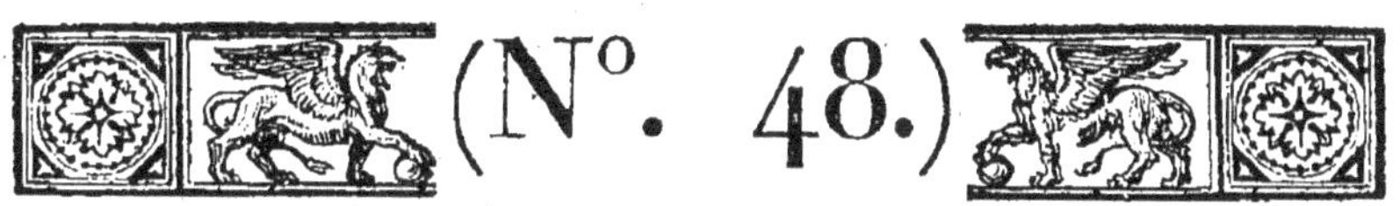

ARRÊTÉS
ET
PROCLAMATIONS
DU GOUVERNEMENT.

Arrêté portant fixation des dépenses du bureau des colonies établi à Paris.

Du 27 Thermidor.

Les Consuls de la République, sur le rapport du ministre de la marine et des colonies;

Le conseil d'état entendu,

Arrêtent :

Art. I. La dépense du bureau des colonies établi à Paris, ne pourra excéder la somme de soixante mille neuf cents francs par an.

II. La réduction des dépenses de ce bureau aura son effet à dater du premier vendémiaire an 9.

III. Le ministre de la marine et des colonies est chargé de l'exécution du présent arrêté, qui sera imprimé au bulletin des lois.

Le premier Consul, signé, Bonaparte. Par le premier Consul : *le secrétaire d'État*, signé, Hugues-B. Maret. *Le ministre de la marine et des colonies*, signé, Forfait.

A

Arrêté portant que les noms des militaires qui auront obtenu des sabres, des fusils d'honneur, etc. seront inscrits au temple de Mars.

Du 27 Thermidor.

LES CONSULS DE LA RÉPUBLIQUE arrêtent ce qui suit :

Les noms des militaires qui auront obtenu des sabres, des fusils, des mousquetons ou carabines, des baguettes, des trompettes ou des grenades d'honneur, seront inscrits sur une table de marbre, dans l'enceinte du temple de Mars, avec désignation du département et de la commune où ils sont nés.

Le ministre de l'intérieur est chargé de l'exécution du présent arrêté, qui sera imprimé au Bulletin des lois.

Le premier Consul, signé, BONAPARTE. Par le premier Consul : *le secrétaire d'état*, signé, Hugues-B. Maret. *Le ministre de la justice*, signé, ABRIAL.

Arrêté relatif à la composition et à l'organisation du corps des officiers de la marine.

Du 29 Thermidor.

LES CONSULS DE LA RÉPUBLIQUE, sur le rapport du ministre de la marine et des colonies ; le conseil d'état entendu,

Arrêtent ce qui suit :

TITRE PREMIER.

Composition du corps militaire de la marine.

Art. I. Il sera entretenu, pour le service de la marine, le nombre de treize cent cinquante-quatre officiers, déterminé par la loi du 3 brumaire an 4.

II. Ce nombre d'officiers sera réparti dans les différens grades de la marine, dans la proportion suivante :

8 vice-amiraux,
16 contre-amiraux,
150 capitaines de vaisseau,
180 capitaines de frégate,
400 lieutenans de vaisseau,
600 enseignes de vaisseau.

1354

III. Les officiers de tous les grades seront distingués en officiers en activité de service, et officiers en non-activité.

IV. La liste des officiers en activité sera arrêtée, chaque année, par le premier Consul.

V. Elle sera réglée sur les besoins prévus du service de l'année : elle comprendra le nombre d'officiers nécessaire,

1°. Pour former l'état-major de tous les vaisseaux, frégates et autres bâtimens armés et à armer pendant le cours de l'année ;

2°. Pour être employés aux mouvemens des ports ;

3°. Pour le service habituel des ports et arsenaux, comprenant gardes, rondes, visites, recettes et autres fonctions attribuées aux officiers de vaisseau par les réglemens.

VI. Chaque année, dans la dernière décade de thermidor, le ministre fera au premier Consul un rapport, dans lequel, exposant les armemens à faire ou à conserver pour l'année suivante, il proposera le nombre d'officiers à laisser ou à mettre en activité pour le service de l'année, et en présentera la liste nominative.

VII. La liste, telle qu'elle aura été arrêtée par le premier Consul, sera publiée au plus tard dans la dernière décade de fructidor.

VIII. Les fonctions de préfet maritime n'interrompent point l'activité de service.

IX. Les officiers à mettre en activité de service ne pourront être pris que parmi ceux composant le corps des officiers de vaisseau.

TITRE II.

Service des officiers en activité.

X. Les officiers en activité de service seront employés sur les bâtimens armés, ou dans les ports.

XI. Au désarmement de chaque vaisseau, le dernier capitaine qui l'aura commandé, et à son défaut, le capitaine de frégate qui y étoit employé, restera affecté à ce vaisseau pour veiller à son entretien : il sera secondé par un lieutenant de vaisseau et un enseigne.

Il sera pareillement affecté au vaisseau nouvellement construit un capitaine de vaisseau, et à son défaut, un capitaine de frégate, également secondé par un lieutenant et un enseigne.

XII. Il sera affecté, par le même service, un capitaine de frégate et un lieutenant à chaque frégate ; il aura sous ses ordres un enseigne ;

Un lieutenant, à toute corvette de vingt canons et au-dessus ;

Et un enseigne, à toute corvette ou brig de douze à vingt canons; et à tout bâtiment de charge de 300 tonneaux et au-dessus.

XIII. L'officier attaché en chef à la surveillance d'un bâtiment de guerre, sera tenu d'en faire, au moins deux fois par an, la visite, et d'en dresser procès-verbal.

XIV. Les officiers employés de cette manière, feront aussi le service habituel des gardes, rondes, visites et recettes, à exécuter dans les ports.

XV. Les officiers affectés à chaque bâtiment, seront chargés d'en commencer l'armement jusqu'à la formation de leur état-major; et il leur sera adjoint le nombre d'officiers nécessaires pour les seconder.

XVI. Les officiers de vaisseau préviendront le chef des mouvemens, de tous les besoins que pourroient avoir les bâtimens auxquels ils sont attachés.

Ils rendront compte au chef militaire, des détails relatifs aux autres parties du service dont ils pourroient être chargés.

TITRE III.

Des officiers en non-activité.

XVII. Les officiers en non-activité de service seront autorisés à se retirer dans les lieux qui leur conviendront davantage, sous l'obligation d'en prévenir le préfet maritime de leur arrondissement.

XVIII. Il ne sera payé aucune conduite aux officiers en non-activité, tant pour se rendre du port de leur résidence au lieu de leur retraite, que pour revenir à ce port au moment où ils seront rappelés.

XIX. Ils pourront commander des bâtimens de commerce, ou y être employés en quelque qualité que ce soit, après en avoir obtenu la permission du ministre, s'ils sont capitaines de vaisseau, et du préfet, s'ils n'ont qu'un grade inférieur.

Ils seront tenus de produire cette permission au commissaire de l'inscription maritime du port d'équipement du bâtiment de commerce.

XX. A dater de la formation de la première liste d'activité, tout officier qui aura été trois ans sans activité de service militaire, sera censé réformé; et il lui sera alloué un traitement de réforme proportionné à la durée de ses services.

XXI. Tout officier cessera d'être en activité de service dès le moment où il ne sera plus compris dans la liste d'activité, qui sera publiée, chaque année, dans le mois de fructidor.

TITRE IV.

Officiers non-entretenus.

XXII. Il ne sera employé d'officiers non entretenus que lorsque la totalité des officiers entretenus mis en activité sera insuffisante pour les besoins du service.

XXIII. Les officiers non entretenus appelés au service, y seront en activité dans le grade dont ils ont le titre, et en auront le traitement.

XXIV. Les capitaines des bâtimens de commerce au long cours, ne peuvent être appelés au service qu'en qualité d'enseignes non entretenus.

Ils ne pourront devenir lieutenans que par leurs services dans la marine militaire, ou par des actions d'éclat sur des bâtimens particuliers, dont mention sera faite dans leurs commissions.

XXV. Les appointemens des officiers non entretenus cesseront du moment où ils ne seront plus employés.

XXVI. Il leur sera payé des conduites pour aller et revenir, à moins qu'ils n'aient demandé de quitter le service, auquel cas il ne leur est dû aucune conduite de retour.

XXVII. Les officiers non entretenus prendront rang avec les officiers entretenus, suivant leur ancienneté.

L'ancienneté des officiers non entretenus est évaluée par le temps pendant lequel ils ont été réellement employés au service de l'État, soit dans les ports, soit sur les vaisseaux.

XXVIII. Tout enseigne non entretenu, qui sera fait lieutenant de vaisseau, fera partie du corps des officiers entretenus de la marine, et prendra rang de la date de son brevet de lieutenant.

TITRE V.

Appointemens.

XXIX. Les appointemens de tous les officiers seront réglés pour le temps de paix : en temps de guerre, ils seront augmentés d'une moitié en sus.

XXX. Pour les officiers de vaisseau, le service à terre, à moins qu'il n'ait lieu dans l'armée de terre, est réputé service de paix, en temps de guerre comme en temps de paix : le service à la mer est réputé service de guerre, pendant la paix comme pendant la guerre.

XXXI. A compter du premier vendémiaire, les appointemens des officiers de vaisseau en activité de service, en temps de paix, seront,

Pour les vice-amiraux, de	. . . .	12,000fr.
Contre-amiraux	. . . .	8,000
Capitaines de vaisseau	Un tiers à la 1re classe . .	4,000
	Deux tiers à la 2e classe . .	3,600
Capitaines de frégate	. . . .	2,800
Lieutenans de vaisseau	. . . .	1,600
Enseignes de vaisseau	. . . .	1,200

XXXII. L'augmentation d'une moitié en sus, pour les officiers de vaisseaux armés, n'aura lieu que depuis le jour de la revue d'armement, jusqu'au jour de la revue du désarmement.

XXXIII. Seront traités comme les officiers embarqués ceux qui seront employés d'une manière permanente, aux mouvemens des ports, et les officiers d'état-major des ports en temps de guerre seulement.

XXXIV. Les officiers en non-activité n'auront que la moitié du traitement dont jouissent, à terre, les officiers en activité de service.

XXXV. Les officiers remis en activité jouiront de la totalité des appointemens de paix, dès le jour de leur arrivée dans le lieu où ils auront été rappelés.

XXXVI. Les appointemens d'activité cesseront pour les officiers non compris dans la liste d'activité, du jour où cette liste sera arrivée dans le port où ils sont employés.

XXXVII. Les officiers hors d'activité qui, sans excuse valable, ne se rendront pas au port où ils auront été rappelés, seront censés démissionnaires, et ne pourront prétendre à aucun traitement de réforme ou de solde de retraite.

TITRE VI.

Avancement.

XXXVIII. Il ne sera fait de promotion dans les grades de la marine, que lorsque le nombre des officiers sera au-dessous de celui qui a été fixé par l'article II pour chaque grade.

Sont exceptés les avancemens extraordinaires pour faits de guerre et actions d'éclat.

XXXIX. Les promotions seront faites à l'ancienneté ou au choix, dans les proportions suivantes :

Les officiers généraux seront tous au choix du premier Consul ;

Les capitaines de vaisseau seront nommés, un quart à l'ancienneté, et les trois quarts au choix du premier Consul;

Les capitaines de frégate, moitié à l'ancienneté, moitié au choix;

Les lieutenans de vaisseau, les trois quarts à l'ancienneté, le quart au choix;

Les enseignes de vaisseau, les sept huitièmes au concours, et le huitième au choix.

XL. Nul officier ne pourra être promu à un grade qu'après avoir passé deux ans au moins dans le grade immédiatement inférieur.

XLI. Nul individu, aspirant ou autre, ne peut être fait enseigne de vaisseau, qu'après quatre ans effectifs de navigation en quelque qualité que ce soit: néanmoins ceux qui prouveront, par extraits ou journaux détaillés et certifiés de capitaine, qu'ils ont deux ans de navigation effective, c'est-à-dire sous voile, non compris le temps de relâche et les séjours en rade ou dans le port, seront réputés avoir le temps de navigation exigé pour être fait enseigne.

XLII. Les quatre ans de navigation seront également exigés des aspirans qui se présenteront au concours pour être fait enseignes.

XLIII. Sont exceptés les avancemens pour actions d'éclat, qui ne sont assujétis à aucune des conditions ci-dessus énoncées.

XLIV. Les promotions, soit à l'ancienneté, soit au choix, porteront indistinctement sur les officiers entretenus et les officiers non entretenus, suivant leur mérite ou leur ancienneté respective.

XLV. Elles ne pourront avoir lieu que parmi les officiers en activité de service.

XLVI. Tout officier remis en activité, reprendra son rang, mais seulement dans le grade qu'il avoit lorsqu'il a cessé d'être en activité.

XLVII. Le ministre de la marine et des colonies est chargé de l'exécution du présent arrêté, qui sera imprimé au Bulletin des lois.

Le premier Consul, signé, BONAPARTE. Par le premier Consul: *le secrétaire d'état*, signé, Hugues B. Maret. *Le ministre de la marine et des colonies*, signé, FORFAIT.

Arrêté qui accorde au citoyen Fremin *un brevet d'invention pour son procédé de carbonisation par distillation.*

Du 29 Thermidor.

LES CONSULS DE LA RÉPUBLIQUE arrêtent:

Art. I. Il est accordé au citoyen *Pierre Fremin*, chimiste, demeurant à Paris, rue du faubourg Martin, n°. 206, un brevet d'invention de quinze années entières et consécutives, à compter de la date des présentes, à l'effet de pouvoir fabriquer, vendre et débiter, par-tout où il le jugera convenable, dans toute l'étendue de la République, le charbon de bois, la tourbe corporifiée ou en charbon, et tous autres charbons résultant d'opérations faites suivant son procédé, et d'après ses appareils pour la carbonisation par distillation, dont il a déclaré être à-la-fois et l'inventeur et le perfectionneur ; à la charge par lui d'employer les moyens indiqués dans son mémoire : sur les appareils servant à cette carbonisation, il pourra être appliqué un timbre ou cartel, avec ces mots, *Brevet d'invention*, et le nom de l'auteur, pour, par lui et ses ayant-cause, jouir dudit brevet, dans toute l'étendue de la République, pendant quinze années.

II. Il est expressément défendu d'imiter et d'employer les moyens dont il s'agit, sous quelque cause que ce soit; et pour assurer au citoyen *Pierre Fremin* la jouissance dudit brevet, le présent arrêté sera inséré au bulletin des lois.

III. Les tribunaux, les préfets et sous-préfets feront jouir pleinement et paisiblement des droits conférés par ce présent, le citoyen *Pierre Fremin* ou ses ayant-cause, faisant cesser tout empêchement contraire : ils feront transcrire ce brevet sur leurs registres, lire, publier et afficher dans leurs ressorts et départemens respectifs, pour être exécuté, pendant sa durée, comme loi de la République.

Le premier Consul, signé, BONAPARTE. Par le premier Consul : *le secrétaire d'État*, signé, Hugues-B. Maret. *Le ministre de la justice*, signé, ABRIAL.

BAUDOUIN, imprimeur du Corps législatif et du Tribunat, rue de Grenelle-Saint-Germain, N°. 1131.

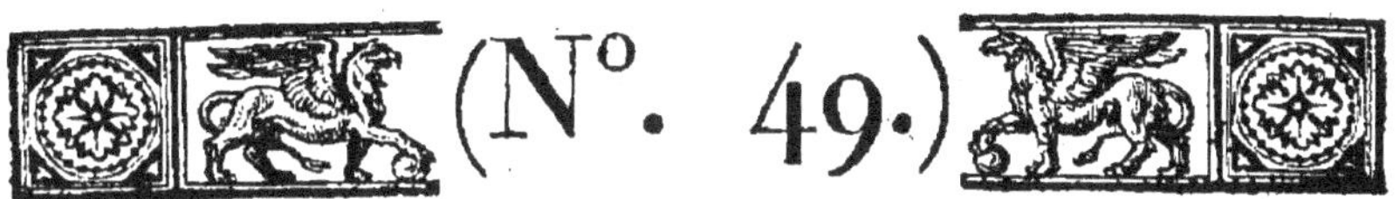

(N°. 49.)

ARRÊTÉS
ET
PROCLAMATIONS
DU GOUVERNEMENT.

Arrêté relatif aux étapes.

Du premier Fructidor an 8.

Les Consuls de la République, le conseil d'état entendu, Arrêtent :

TITRE PREMIER.

Du taux de l'indemnité pour l'étape.

Art. I. Il sera tracé sans délai une nouvelle carte d'étapes.

Les gîtes seront, autant qu'il sera possible, choisis de manière à ce que la journée de marche soit de 30 kilomètres [6 lieues de 2,556 toises chacune] au moins, et de 40 kilomètres [8 lieues] au plus.

II. A dater du premier vendémiaire prochain, les troupes à pied qui seront en marche dans l'intérieur de la République, ne recevront en nature que le logement et la ration de pain; les troupes à cheval recevront le logement, le pain et le fourrage.

III. Les troupes à pied et à cheval recevront toujours le pain pour quatre jours.

Les troupes à cheval recevront les fourrages pour deux jours au plus.

En conséquence, les gîtes seront distingués en trois classes:

A

1°. Les gîtes où l'on ne donnera que le logement ;

2°. Ceux où l'on donnera le logement et le pain ;

3°. Ceux où l'on donnera le logement, le pain et les fourrages.

Il sera, dans les ordres de route, fait mention des lieux où ces différentes livraisons devront être faites.

IV. Les troupes à pied et à cheval recevront une indemnité en argent pour leur tenir lieu de supplément d'étape. Cette indemnité sera de vingt-cinq centimes par jour pour les caporaux, brigadiers et soldats ;

De trente-cinq pour les fourriers, sergens et maréchaux-des-logis ;

De quarante pour les maréchaux-des-logis chefs et les sergens-majors ;

D'un franc pour les adjudans sous-officiers ;

De deux francs cinquante centimes pour les lieutenans et sous-lieutenans ;

De trois francs pour les capitaines ;

De quatre francs pour les chefs de bataillon et d'escadron ;

De cinq francs pour les chefs de brigade et adjudans-commandans.

Les officiers autorisés à avoir des chevaux, et ceux qui sont tenus à en avoir, recevront, en nature, des rations de fourrage, mais seulement pour les chevaux qu'ils auront réellement. Dans aucun cas, les capitaines, les chefs de bataillon et d'escadron, ne pourront en avoir plus de trois ; les chefs de brigade, plus de quatre ; les généraux de brigade, plus de six ; les généraux de division, plus de huit.

V. Le pain des troupes en marche leur sera fourni par les entrepreneurs généraux des subsistances militaires. Il en sera de même des fourrages.

TITRE II.

Du mode de paiement de l'indemnité ; gîte.

VI. Les troupes ne voyageront dans l'intérieur qu'en exécution des ordres du ministre ou des généraux en chef des armées, ou enfin que d'après les réquisitions des préfets.

Lorsque le ministre de la guerre donnera à un corps l'ordre de voyager, il adressera en même temps au conseil d'administration, une rescription du trésor public, d'une somme égale à celle qui sera nécessaire au corps pour le paiement de la totalité de ses indemnités de route.

Lorsque le général en chef d'une armée donnera à un corps l'ordre de voyager dans les départemens de la République faisant partie de l'arrondissement de l'armée qu'il commande, il lui fera adresser en même temps, par l'ordonnateur en chef, les fonds nécessaires au paiement de ses indemnités de route.

L'ordonnateur en chef adressera, chaque décade, l'état des fonds dont il aura ainsi disposé, au ministre de la guerre, afin qu'il pourvoie à leur remboursement.

Lorsque les préfets requerront un mouvement de troupes, ils pourvoiront provisoirement au paiement des indemnités de route, et en instruiront le ministre de la guerre, qui leur en fera tenir compte.

VII. L'indemnité sera payée aux troupes sur le reçu des conseils d'administration.

Les officiers qui ne seront pas présens au corps, et ceux qui ne voyageront point avec les étendards ou drapeaux, n'auront aucun droit à l'indemnité de route.

VIII. Les quinze centimes par lieue, accordés par la loi du 23 floréal an 5, ne seront payés aux sous-officiers et soldats qui voyageront isolément, que dans les cas et dans les formes prescrites par l'art. XXXV du réglement du 26 ventose an 8.

Les sous-préfets donneront aux sous-officiers et soldats qui seront dans ce cas, un mandat sur le receveur de la sous-préfecture, qui donnera lesdits mandats pour comptant au receveur général du département.

Les receveurs généraux des départemens adresseront, chaque décade, au payeur général de la guerre, des bordereaux (conformes au modèle ci-joint) des mandats qui auront été acquittés.

Celui-ci fera les fonds nécessaires dans les caisses de ses préposés dans les départemens, pour le remboursement des mandats, en sorte que les receveurs généraux des départemens ne puissent jamais être en avance, chacun, de plus de 20,000 fr.

IX. Les sous-préfets enverront, chaque décade, au préfet, un bordereau (conforme au modèle ci-joint) des mandats qu'ils auront donnés. Le préfet en enverra l'état général au ministre de la guerre, afin de le mettre à même de délivrer son ordonnance.

X. Le quartier-maître précédera de trois jours toute troupe en marche dans l'intérieur de la République, afin de prendre les mesures nécessaires pour que les marchés soient abondamment pourvus.

XI. Le ministre de la guerre remettra sous les yeux des chefs de corps et des conseils d'administration, les réglemens concernant les revues de route et de subsistances, ainsi que la police des troupes en marche.

Le présent arrêté sera inséré au Bulletin des lois.

Le premier Consul, signé, BONAPARTE. Par le premier Consul: *le secrétaire d'état*, signé, Hugues B. Maret. *Le ministre de la justice*, signé, ABRIAL.

Suivent les Modèles.

RÉGLEMENT du 26 Ventose an VIII.

ART. XXXV.

(Art. IX de l'arrêté du 1er Fructidor.)

MANDAT

Pour le paiement des 15 centimes par lieue.

N fusilier *ou*
compagnie n°.
bataillon
demi-brigade
ordre de
en date du
partant de
pour se rendre à
distance de lieues de poste.

LE RECEVEUR de la sous-préfecture de paiera au dénommé ci-dessus la somme de

A ce du mois de an de la République.

RÉGLEMENT
du 26 Ventose an 8.

ART. XXXVI.

ART. VIII.
de l'arrêté du 1er Fructidor.

Du premier fructidor an VIII.

MILITAIRES VOYAGEANT ISOLÉMENT.

BORDEREAU des mandats délivrés pour le paiement des quinze centimes par lieue, aux militaires ci-après nommés, pendant la décade du mois de an

DATES des mandats.	NOMS ET QUALITÉS des signataires.	NOMS ET PRÉNOMS des militaires.	GRADES.	CORPS ou COMPAGNIES auxquels ils appartiennent.	ORDRES en vertu desquels ils marchent.	DATES desdits ordres.	LIEUX du départ.	LIEUX de la destination.	Nombre de journées de marche.	Montant des sommes payées.

BAUDOUIN, imprimeur du Corps législatif et du Tribunat, rue de Grenelle-Saint-Germain, N°. 1131.

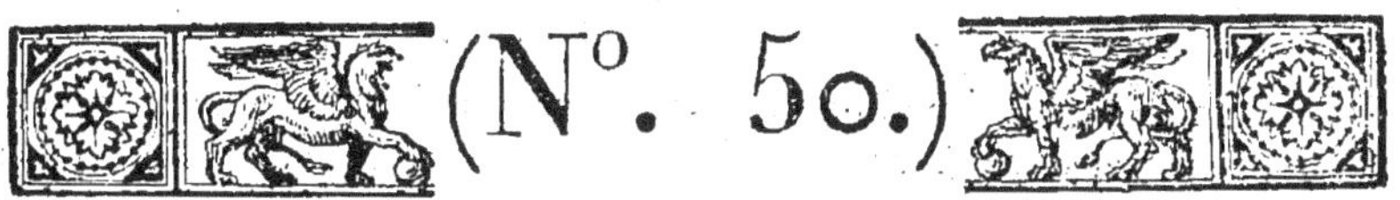

ARRÊTÉS

ET

PROCLAMATIONS

DU GOUVERNEMENT.

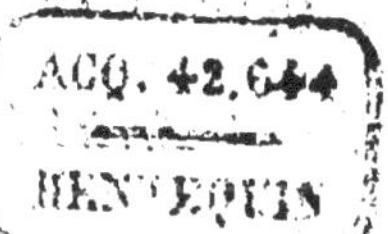

Arrêté qui prononce des peines contre les militaires invalides convaincus d'avoir vendu ou donné des effets distribués à leur usage.

Du 3 Fructidor an 8.

LES CONSULS DE LA RÉPUBLIQUE, sur le rapport du ministre de la guerre,

Le Conseil d'état entendu,

Arrêtent :

Art. I. Tout militaire invalide qui sera convaincu d'avoir vendu ou donné en totalité ou en partie les effets qui lui auront été distribués pour son usage, sera puni, s'il est officier, d'un mois de prison; de vingt jours de prison, s'il est sous-officier; de quinze jours, s'il est soldat.

Les uns et les autres seront, en sortant de prison, consignés à l'hôtel, privés de l'honneur de porter l'habit d'invalide, de la moitié de leur ration de vin, et de la moitié de leur pension pour menus besoins, jusqu'au moment où, par l'effet de ces deux retenues réunies, ils auront soldé le prix entier des effets qu'on leur aura fournis en remplacement de ceux qu'ils auront donnés ou vendus.

A

II. Le militaire invalide qui aura commis deux fois cette même faute, sera renvoyé avec la pension représentative de l'hôtel; dans aucun temps, il ne pourra être de nouveau admis audit hôtel.

III. Tout invalide consigné à l'hôtel pour les cas prévus au présent arrêté, ou qui l'aura été pour toute autre faute, portera, pendant la durée de sa punition, un bonnet de police, et une longue redingote d'une grosse étoffe de laine grise. Celui qui, consigné à l'hôtel, en sortira, subira un mois de prison; et après ce temps, il recommencera le temps pour lequel il avoit été consigné.

IV. Le ministre de la guerre est chargé de l'exécution du présent arrêté, qui sera imprimé.

Le premier Consul, signé, BONAPARTE. Par le premier Consul: *le secrétaire d'état*, signé, Hugues B. Maret. *Le ministre de la guerre*, signé, CARNOT.

Arrêté relatif aux états-majors des divisions et des places.

Du 3 Fructidor.

LES CONSULS DE LA RÉPUBLIQUE, le conseil d'état entendu, Arrêtent:

TITRE PREMIER.

État-major des divisions.

Art. I. A dater du premier vendémiaire prochain, il ne sera employé pour le commandement des divisions militaires, que deux cent trente officiers;

SAVOIR:

Généraux de division	26.
Généraux de brigade	50.
Adjudans commandans ou chefs de brigade	52.
Aides-de-camp	102.
	230

II. Tous les officiers généraux supérieurs ou subalternes qui sont actuellement employés dans lesdites divisions, à quelque titre, sous quelque dénomination et pour quelque service que ce soit, qui ne seront pas compris parmi les deux cent trente officiers conservés en activité, ne jouiront, à dater du premier vendémiaire, que du traitement de non-activité.

Il est expressément prohibé au ministre de la guerre, d'employer dans lesdites divisions un plus grand nombre d'officiers, sous prétexte de dépôt de conscrits, de levée de chevaux, de tribunaux militaires, ou sous tout autre; les deux cent trente officiers conservés en activité devant suffire à ces divers objets.

III. Il sera attaché à chaque division militaire, un général de division et deux généraux de brigade, Chacun desdits généraux de brigade aura le commandement de l'un des départemens de la division.

Le commandement de chacun des autres départemens de la division sera confié à l'un des cinquante-deux adjudans-commandans ou chefs de brigade conservés en activité de service.

IV. Les adjudans-commandans employés dans les divisions militaires, n'auront point d'adjoints.

L'un des aides-de-camp du général de division remplira les fonctions de chef d'état-major de la division.

Nul des aides-de-camp des généraux de division ou de brigade, ne pourra jouir d'un traitement plus élevé que celui de capitaine.

V. Il ne sera conservé pour les divisions territoriales militaires, que cent vingt-huit commissaires des guerres;

SAVOIR:

26 Commissaires ordonnateurs;

102 Commissaires ordinaires, dont cinquante-un de première classe, et cinquant-un de deuxième.

VI. Il sera attaché à chaque division militaire un commissaire ordonnateur, et autant de commissaires des guerres qu'il y aura de départemens dans la division.

Les commissaires des guerres actuellement employés dans l'intérieur qui ne seront pas compris dans le nombre des cent vingt-huit conservés en activité, ne jouiront, à dater du premier vendémiaire, que du traitement de non-activité.

Le ministre de la guerre ne pourra, sous aucun prétexte, employer dans les divisions militaires un plus grand nombre de commissaires des guerres que celui qui est déterminé par l'art. V.

VII. Le ministre de la guerre adressera, avant le premier vendémiaire, aux préfets, un état nominatif de tous les officiers d'état-major qui auront droit de toucher la solde dans leurs départemens.

respectifs : les préfets enverront copie dudit état au payeur de la guerre de la divsion militaire.

Le ministre de la guerre adressera en même temps, au ministre des finances, un état nominatif général de tous lesdits officiers d'état-major qui devront être soldés dans chaque division.

Le ministre des finances adressera à chaque payeur l'extrait du tableau qui le concernera, et donnera des ordres pour qu'à la fin de vendémiaire, et successivement de mois en mois, il y ait dans la caisse du payeur de chaque division, les fonds nécessaires au paiement de ladite solde.

Les payeurs de la guerre ne pourront, sous aucun prétexte, payer valablement, comme employés dans les divisions, des officiers dont le nom ne leur aura pas été transmis par le ministre des finances et un préfet ; ils ne pourront non plus payer valablement, pour chaque division, un plus grand nombre d'officiers d'état-major que celui qui est fixé dans les articles précédens.

TITRE II.

Des états-majors des places.

VIII. Conformément à l'arrêté du 26 germinal an 8, le nombre des individus employés aux états-majors des places est fixé à quatre cent quatre-vingt-huit ;

SAVOIR:

7 Commandans d'armes de première classe.
17 de 2e.
30 de 3e.
90 de 4e.
100 Adjudans de première classe.
100 Adjudans de 2e.
7 Secrétaires de première classe.
17 de 2e.
30 de 3e.
90 de 4e.

488.

IX. Tous autres officiers attachés aux places, à quelque titre et sous quelque dénomination que ce soit, cesseront d'y être employés à dater du premier vendémiaire prochain, et jouiront, dans leurs domiciles respectifs, du traitement de non-activité.

Le ministre de la guerre ne pourra, sous aucun prétexte, employer dans les places ou à leur suite un nombre d'officiers plus considérable que celui qui est déterminé par l'article ci-dessus.

L'article VII ci-dessus, relatif à la solde des états-majors des divisions, est rendu commun à celle des états-majors des places.

TITRE III.

Des inspecteurs aux revues.

X. Le ministre de la guerre déterminera le nombre des inspecteurs en chef, inspecteurs et sous-inspecteurs aux revues, ainsi que leurs adjoints, qui devront être payés dans l'intérieur de la République, et les divisions dans lesquelles ils devront être soldés.

L'article VII du présent arrêté est, du reste, rendu commun à la solde des inspecteurs en chef, inspecteurs, sous-inspecteurs, et de leurs adjoints.

XI. Outre les officiers généraux et commissaires des guerres, dont le nombre a été fixé ci-dessus, le ministre de la guerre est autorisé à employer, dans l'intérieur de la République, où le besoin du service l'exigera, deux généraux de division, quatre généraux de brigade, et six commissaires des guerres, dont trois de première classe et trois de seconde classe. Lesdits officiers généraux et commissaires des guerres seront censés attachés à la 17e. division militaire, et y toucheront leur solde.

XII. Les ministres de la guerre et des finances sont chargés, chacun en ce qui le concerne, de l'exécution du présent arrêté, qui sera imprimé au Bulletin des lois.

Le premier Consul, signé, BONAPARTE. Par le premier Consul : *le secrétaire d'état*, signé, Hugues B. Maret. *Le ministre de la justice*, signé, ABRIAL.

Arrêté qui nomme le citoyen Turpin *administrateur de la trésorerie nationale.*

Du 4 Fructidor.

Au nom du peuple français, Bonaparte, premier Consul de la République, sur le rapport du ministre des finances,

Arrête :

Le citoyen *Turpin* est nommé troisième administrateur de la trésorerie nationale, pour la partie de la comptabilité et de l'agence.

Le ministre des finances est chargé de l'exécution du présent arrêté, qui sera imprimé au bulletin des lois.

Signé, Bonaparte. Par le premier Consul, *le secrétaire d'état*, signé, Hugues B. Maret. *Le ministre des finances*, signé, Gaudin.

Baudouin, imprimeur du Corps législatif et du Tribunat, rue de Grenelle-Saint-Germain, N°. 1131.

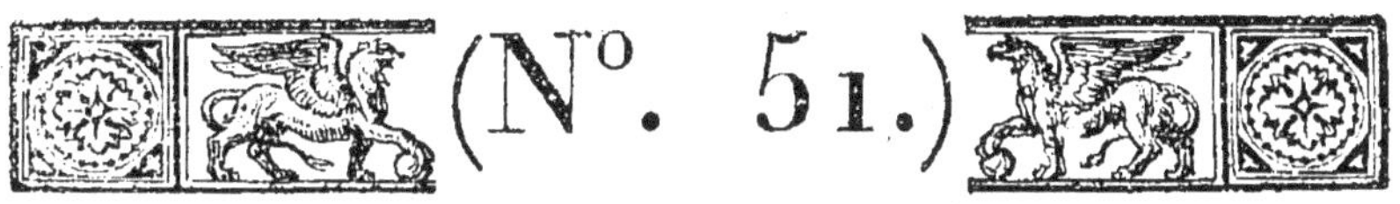

(N°. 51.)

ARRÊTÉS ET PROCLAMATIONS DU GOUVERNEMENT.

Arrêté relatif aux vacances des tribunaux.

Du 5 Fructidor an 8.

Les Consuls de la République, sur le rapport du ministre de la justice ;

Considérant la nécessité de concilier avec l'organisation actuelle des tribunaux, le vœu de la loi qui accorde des vacances aux juges ;

Le conseil d'état entendu,

Arrêtent ce qui suit :

Art. I. Dans l'intervalle du 15 fructidor au 15 brumaire, il sera donné, par chaque section des tribunaux, soit d'arrondissement, soit d'appel, une audience au moins par décade pour le service des vacations.

II. Les sections auxquelles les matières de police correctionnelle sont exclusivement dévolues dans quelques tribunaux d'arrondissement, tels que celui de Paris, n'ont point de vacance.

III. Le tribunal de cassation, les tribunaux criminels, les tribunaux de commerce, n'ont point de vacance, non plus que les directeurs de jury qui sont en exercice depuis le 15 fructidor jusqu'au 15 brumaire.

IV. Le ministre de la justice est chargé de l'exécution du présent arrêté, qui sera imprimé au bulletin des lois.

Le premier Consul, signé, Bonaparte. Par le premier Consul : *le secrétaire d'état*, signé, Hugues-B. Maret. *Le ministre de la justice*, signé, Abrial.

A

Arrêté relatif à l'uniforme des préfets maritimes, vice-amiraux et autres officiers de la marine.

Du 7 Fructidor, an 8.

LES CONSULS DE LA RÉPUBLIQUE, sur le rapport du ministre de la marine et des colonies;

Le conseil d'état entendu,

Arrêtent :

Art. I. Les préfets maritimes porteront un habit français bleu; veste et pantalon bleus, brodés en argent de la largeur de trois centimètres, le dessin représentant des ancres entrelacées dans des câbles; chapeau brodé en argent, et une arme.

II. Il n'est rien changé à l'uniforme des vice-amiraux et contre-amiraux.

III. Les capitaines de vaisseau et capitaines de frégate n'auront plus de broderie; ils seront distingués par les épaulettes de leur grade.

IV. L'uniforme des officiers du corps du génie maritime sera habit bleu national, collet de velours noir, veste rouge et culotte bleue, boutons de cuivre doré portant une ancre, chapeau uni, cocarde nationale retenue par une ganse d'or et un petit bouton à l'ancre.

L'inspecteur aura collet, revers et paremens de velours noir, et deux boutonnières brodées en or sur le collet, cinq sur les revers, et trois sur chaque parement.

Le chef de construction aura collet, revers et paremens de velours noir, et des boutonnières en or sur le collet seulement.

Les ingénieurs auront collet, revers et paremens de velours noir;

Les sous-ingénieurs, collet et paremens de velours noir, et l'habit sans revers;

Les élèves, le collet de velours noir, et les paremens de la couleur de l'habit.

Les officiers du génie maritime joindront à leur uniforme les épaulettes du grade militaire qu'ils auront acquis à la mer.

V. L'uniforme des inspecteurs sera réglé ainsi qu'il suit :

Habit de drap écarlate; collet et paremens de drap bleu national; veste et culotte blanches; boutons de cuivre doré portant une ancre; chapeau uni, ganse verte et bouton à l'ancre.

Les inspecteurs porteront une double broderie de soie verte, semblable à celle qui a été arrêtée pour les inspecteurs aux revues, sur le collet, les paremens et la patte de la poche.

Les sous-inspecteurs porteront une seule broderie de soie verte sur le collet et les paremens.

VI. L'uniforme de l'administration de la marine sera habit bleu de ciel, paremens et collet écarlate ; veste, culotte et doublures blanches, et boutons de cuivre doré portant une ancre ; chapeau uni, ganse blanche et un petit bouton à l'ancre.

Les chefs d'administration porteront une double broderie de soie blanche, de deux centimètres de largeur, conformément au dessin arrêté par le département de la guerre pour les ordonnateurs et commissaires des guerres, sur le collet, les paremens et la patte de la poche ;

Les commissaires principaux, une double broderie de soie blanche, semblable à celle des chefs d'administration, sur le collet et les paremens.

Les commissaires ordinaires porteront une seule broderie de soie blanche sur le collet et les paremens.

Les sous-commissaires porteront une seule broderie sur le collet seulement.

Les commis principaux de l'administration porteront l'habit bleu-de-ciel, le collet et les paremens écarlate, avec le bouton à l'ancre.

Les commis ordinaires de la marine porteront l'habit bleu-de-ciel et le collet écarlate.

VII. L'uniforme des officiers de santé de la marine et des colonies, est composé d'un habit de drap bleu, piqué d'un seizième de blanc, et conforme à celui des officiers de santé du département de la guerre.

Les collets, revers et paremens seront de velours noir pour les médecins, cramoisi pour les chirurgiens, et vert-bouteille pour les pharmaciens : boutons surdorés, timbrés d'une ancre ; la doublure de même couleur que l'habit, et la culotte de même drap ;

La veste, écarlate en hiver, et blanche en été ; chapeau uni, ganse noire et petit bouton à l'ancre.

Les premiers officiers de santé en chef des trois états, et les consultans, auront le collet, revers et paremens de velours de la couleur attachée à leur profession, avec neuf boutonnières brodées en soie bleu-de-ciel sur le revers de l'habit, deux sur le collet, deux sur chaque parement, et trois sur la patte de la poche.

Les seconds officiers de santé en chef porteront sept boutonnières, sur le revers, deux sur le collet, deux aux paremens, et trois sur la patte de la poche.

Les professeurs porteront cinq boutonnières sur le revers, deux au collet, deux aux paremens, et trois sur la patte de la poche de l'habit.

Les officiers de santé de première classe auront le collet, les revers et le parement de velours de la couleur affectée pour désigner leur état; ils porteront deux boutonnières brodées au collet, deux au parement, et trois sur la patte de la poche de l'habit.

Les officiers de santé de seconde classe porteront deux boutonnières brodées au collet, et deux sur le parement.

Les officiers de santé de troisième classe porteront deux boutonnières brodées sur le collet seulement.

Les étudians qui, après un examen, auront mérité d'être comptés au nombre des candidats, pourront, sur la proposition du conseil de salubrité, approuvée par le préfet maritime, porter l'habit uni, avec les boutons uniformes.

VIII. Le ministre de la marine et des colonies est chargé de l'exécution du présent arrêté, qui sera imprimé au Bulletin des lois.

Le premier Consul, signé, BONAPARTE. Par le premier Consul: *le secrétaire d'état*, signé, Hugues B. Maret. *Le ministre de la marine et des colonies*, signé, FORFAIT.

Arrêté relatif à la nomination des officiers de la marine.

Du 7 Fructidor.

LES CONSULS DE LA RÉPUBLIQUE, sur le rapport du ministre de la marine et des colonies,

Le conseil d'état entendu,

Arrêtent :

Art. I. Il sera fait une liste des officiers de la marine, qui ne comprendra que le nombre d'officiers indiqué, pour chaque grade, par l'article II de l'arrêté du 26 thermidor : le projet de cette liste sera présenté, par le ministre, à l'approbation du premier Consul.

II. Les cent cinquante places de capitaines de vaisseau seront remplies indistinctement par des chefs de division et des capitaines de vaisseau actuels.

III. Les chefs de division qui seront conservés au service, prendront rang avant tous les capitaines de vaisseau.

Leurs appointemens de paix restent fixés à quatre mille huit cents francs.

IV. Le service attribué par les lois et réglemens aux chefs de division, sera fait par les capitaines de vaisseau.

V. Les officiers généraux, chefs de division, capitaines de vaisseau, capitaines de frégate et lieutenans de vaisseau non compris dans la liste ordonnée par l'article premier, seront censés réformés ; et il leur sera alloué le traitement de réforme affecté à leurs grades et à leurs services, lequel leur sera payé à compter du premier vendémiaire an 9.

VI. Les enseignes non compris dans cette liste, seront réputés officiers non entretenus, et seront les premiers appelés au service, si les besoins de la marine l'exigent.

A défaut d'emploi, ils seront réputés officiers réformés, et les dispositions de l'article précédent leur seront appliquées.

VII. Le premier vendémiaire an 9 est fixé pour l'époque de la mise en activité de la nouvelle organisation du corps de la marine.

VIII. Le ministre de la marine et des colonies est chargé de l'exécution du présent arrêté, qui sera imprimé au Bulletin des lois.

Le premier Consul, signé, BONAPARTE. Par le premier Consul : *le secrétaire d'état*, signé, Hugues B. Maret. *Le ministre de la marine et des colonies*, signé, FORFAIT.

Arrêté qui proroge, pour l'an 9, les droits établis sur les spectacles, etc.

Du 7 Fructidor.

LES CONSULS DE LA RÉPUBLIQUE, vu les les lois du 7 frimaire an 5, du 8 thermidor même année, du 6e jour complémentaire an 7, relatives aux droits à percevoir sur les spectacles ;

Vu la loi du 5 ventose an 8, relative aux octrois :

Vu également la loi du 25 ventose an 8, qui proroge pour l'an 9 les contributions directes et indirectes de l'an 8 ; sur le rapport du ministre de l'intérieur ;

Le Conseil d'Etat entendu,

Arrêtent :

Art. I. Les droits établis sur les spectacles, bals, feux d'artifice, concerts, courses et exercices de chevaux et autres fêtes où l'on est admis en payant, continueront à être perçus pendant l'an 9, suivant le mode établi par les lois.

II. Le produit de ces droits continuera d'être affecté aux besoins des hôpitaux et aux secours à domicile de chaque commune, d'après la répartition qui en sera faite par le préfet, sur l'avis du sous-préfet.

III. Le ministre de l'intérieur est chargé de l'exécution du présent arrêté, qui sera inséré au bulletin des lois.

Le premier Consul, signé, BONAPARTE. Par le premier Consul : *le secrétaire d'État*, signé, Hugues B. Maret. *Le ministre de l'intérieur*, signé, L. BONAPARTE.

Arrêté portant qu'il sera établi des succursales à la maison nationale des militaires invalides de Paris.

Du 7 Fructidor.

LES CONSULS DE LA RÉPUBLIQUE, le conseil d'état entendu,

Arrêtent :

Art. I. Il sera successivement, et à mesure du besoin, donné quatre succursales à la maison nationale des militaires invalides située à Paris.

La première sera placée dans la 24e division militaire ;

La seconde dans la 26e ;

La troisième dans la 12e ;

La quatrième dans la 8e.

II. Chacune de ces maisons sera destinée à recevoir deux mille invalides au moins.

III. Les invalides qui résideront dans les succursales, seront logés, vêtus, nourris et traités, sous tous les rapports, comme le sont ceux qui résident à l'hôtel.

IV. L'état-major de la seconde de ces succursales ne sera formé qu'au moment où la première sera complète.

V. L'état-major de chaque succursale sera composé d'un général de brigade, commandant en chef ; d'un chef de brigade, commandant en second, et d'un commissaire des guerres de première classe.

VI. On n'admettra, à l'avenir, dans l'hôtel de Mars, situé à Paris, que les militaires qui auront été très-grièvement blessés : les rations distribuées hors l'hôtel, seront d'abord éteintes.

VII. Les militaires invalides qui aimeront mieux se retirer dans leurs familles, ou dans quelque autre partie de la République, que de résider à l'hôtel ou dans ses succursales, jouiront de la pension destinée à représenter l'hôtel.

Cette pension sera déterminée d'après les bases fixées par la loi du 28 fructidor an 7.

VIII. Le ministre de la guerre est chargé de l'exécution du présent arrêté, qui sera imprimé au Bulletin des lois.

Le premier Consul, signé, BONAPARTE. Par le premier Consul : *le secrétaire d'État*, signé, Hugues B. Maret. *Le ministre de la justice*, signé, ABRIAL.

Arrêté portant que l'on continuera de verser dans la caisse des invalides de la marine un décime par franc du produit des prises.

Du 7 Fructidor.

LES CONSULS DE LA RÉPUBLIQUE, sur le rapport du ministre de la marine ;

Le conseil d'état entendu,

Arrêtent :

Art. I. L'arrêté du Directoire exécutif, du 14 brumaire an 8, qui ordonne qu'indépendamment des retenues précédemment établies au profit de la caisse des invalides de la marine, il sera prélevé un décime par franc sur le produit net de toutes les prises faites soit par les bâtimens de la République, soit par les bâtimens du commerce, est maintenu ; en conséquence, ladite retenue sera exercée ainsi qu'il est prescrit par les articles I et IV dudit arrêté, pour en être le produit versé dans la caisse des invalides la marine, et employé au soulagement et à l'entretien des prisonniers de guerre français provenant des bâtimens de la République et du commerce, conformément à l'article II du même arrêté.

II. Le ministre de la marine et des colonies est chargé de l'exécution du présent arrêté, qui sera inséré au bulletin de lois.

Le premier Consul, signé, BONAPARTE. Par le premier Consul : *le secrétaire d'État*, signé, Hugues B. Maret. *Le ministre de la marine et des colonies*, signé, FORFAIT.

BAUDOUIN, imprimeur du Corps législatif et du Tribunat, rue de Grenelle-Saint-Germain, N°. 1131.

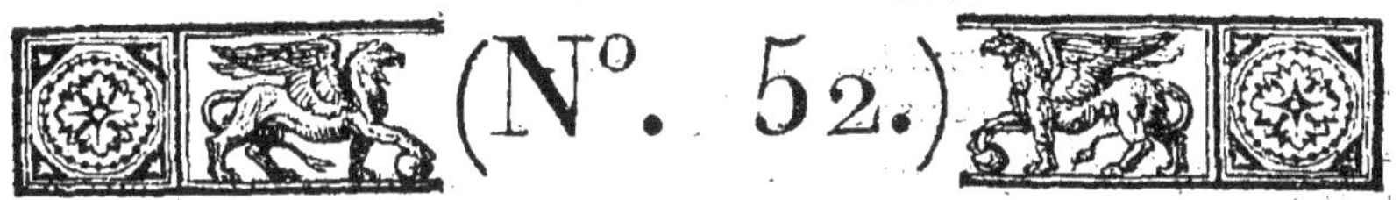

ARRÊTÉS ET PROCLAMATIONS DU GOUVERNEMENT.

Arrêté relatif aux marins étrangers résidant sur le territoire de la République.

Du 14 Fructidor, an 8.

Les Consuls de la République, sur le rapport du ministre de la marine et des colonies ;

Le Conseil d'État entendu,

Arrêtent :

Art. I. Tous marins étrangers résidant sur le territoire de la République, qui ont épousé une femme française, et navigué sur les bâtimens du commerce français, sont assujétis à servir sur les vaisseaux de l'Etat.

II. Lesdits marins sont tenus à se présenter au bureau de l'inscription maritime du quartier dans l'étendue duquel ils résident, et à s'y faire inscrire.

III. Après leur inscription, ils seront considérés comme marins français, et participeront, comme eux, aux avancemens, augmentations de paie, parts de prises, et pensions, accordés par les lois aux gens de mer.

IV. Les préfets feront faire par les sous-préfets, maires ou tous autres dépositaires des registres de l'état civil, le relevé des mariages contractés avec des femmes françaises, depuis 1792, par des marins étrangers actuellement résidant sur le territoire de la République.

Ils enverront ces états, dans le mois qui suivra la publication du présent arrêté, aux officiers d'administration et préposés à l'inscription maritime de chaque quartier.

V. A l'avenir, lesdits maires et adjoints feront passer, au commencement de chaque mois, aux administrateurs chargés de l'inscription maritime, un semblable état desdits mariages contractés dans le mois précédent.

VI. Lesdits administrateurs porteront sur les registres de l'inscription maritime de leur quartier, les susdits marins étrangers dont l'établissement en France sera constaté par les états ci-dessus énoncés, et lorsqu'ils auront le nombre de mois de mer fixé par la loi du 3 brumaire an 4 concernant l'inscription maritime.

VII. Le ministre de la marine et des colonies est chargé de l'exécution du présent arrêté, qui sera inséré au Bulletin des lois.

Le premier Consul, signé, BONAPARTE. Par le premier Consul : *le secrétaire d'État*, signé, Hugues-B. Maret. *Le ministre de la marine et des colonies*, signé, FORFAIT.

Arrêté qui détermine le mode de liquidation des rentes stipulées en nature.

Du 14 Fructidor.

LES CONSULS DE LA RÉPUBLIQUE, sur le rapport du ministre des finances ;

Considérant que les intérêts de la République seroient lésés, si le prix commun du prix des grains et autres denrées s'établissoit, pour la liquidation du rachat des rentes dues en nature à la République, sur les années pendant lesquelles les denrées ont été vendues en papier-monnoie et au *maximum* ;

Considérant qu'il seroit même impossible, dans beaucoup d'endroits, de régler le prix desdites années, faute de mercuriales du temps du papier-monnoie ;

Le Conseil d'Etat entendu,

Arrêtent :

Art. I. L'article II de l'arrêté des Consuls, du 18 ventose dernier, portant que les rentes stipulées en nature seront liquidées d'après le mode établi par la loi du 29 décembre 1790, sera exécuté de la manière suivante :

Pour former l'année commune du prix des grains et autres objets en nature, on prendra les dix-huit dernières années, desquelles on retranchera, 1°. les années 1793, 1794, 1795 et 1796 (*v. s.*), pendant lesquelles le papier-monnoie a eu cours, 2°. les deux plus fortes et les deux plus faibles des autres quatorze années ; et le prix commun sera établi sur les dix années restantes.

II. Le ministre des finances est chargé de l'exécution du présent arrêté, qui sera inséré au bulletin des lois.

Le premier Consul, signé, Bonaparte. Par le premier Consul : *le secrétaire d'État*, signé, Hugues B. Maret. *Le ministre des finances*, signé, Gaudin.

Arrêté qui règle l'ordre du travail des bureaux chargés des comptabilités arriérées et de la liquidation de la dette publique.

Du 14 Fructidor.

Les Consuls de la République, sur le rapport du ministre des finances ;

Vu les articles XVIII et XXI de l'arrêté du 1er. pluviose dernier, sur l'organisation du trésor public ;

Vu pareillement la loi du 2 messidor an 6, et l'arrêté du 18 ventose dernier ;

Le Conseil d'Etat entendu,

Arrêtent :

Art. I. Les différentes comptabilités dont étoient chargés à la trésorerie nationale les bureaux mentionnés en l'art. XVIII de l'arrêté du 1er. pluviose, seront continuées de la manière suivante.

II. Le troisième administrateur du trésor public, nommé par arrêté du 4 de ce mois, surveillera le bureau qui sera formé pour les comptabilités arriérées et l'agence judiciaire.

III. Il sera, de plus, chargé de surveiller la caisse générale, la confection du grand-livre de la dette publique, le contentieux qui en dérive, la comptabilité centrale, la conservation des oppositions, dépôts et consignations, même les parties qui n'appartiennent ni à la recette ni à la dépense.

IV. Les comptes non encore rendus des anciens gardes du trésor ci-devant royal, et des anciens administrateurs ; le compte des restes de l'exercice de 1790, ordonné par l'art. XXVI de la loi du 23 août 1793, et généralement tous les comptes des anciens comptables faillis, émigrés ou condamnés, qui se formoient ci-devant à la trésorerie nationale, seront achevés, dans le plus bref délai, par le bureau des comptabilités arriérées.

V. Ce bureau dressera, dans trois mois au plus tard, un état de situation desdits comptes, avec indication du temps présumé nécessaire pour l'achevement de chacun d'eux; il remettra, dans le courant de nivose prochain, un double de cet état au ministre des finances et aux commissaires de la comptabilité nationale.

VI. Ces comptes seront certifiés par le directeur des comptabilités arriérées qui les aura formés, et visés par le troisième administrateur du trésor public.

VII. Tous les comptes à rendre depuis le 1er. juil. 1791 au 1er. germinal an 8, par les comptables directs de la trésorerie nationale, ainsi que ceux des dépenses d'administration faites par la trésorerie, seront formés par le bureau des comptabilités arriérées, désigné en l'art. Ier. ci-dessus.

VIII. Le bureau des comptabilités arriérées se bornera à une vérification sommaire des acquits, mais de manière à reconnoître les parties prenantes qui auront touché par avances ou par à-comptes sur les fournitures qu'elles devoient faire, sans justification préalable de la livraison desdites fournitures; et il sera formé un état nominatif desdites parties prenantes qui paroîtroient redevables au trésor public.

IX. Cet état sera adressé au ministre des finances et à la commission de comptabilité intermédiaire, pour être par elle, de concert avec les ministères qui auroient ordonné les paiemens, procédé à la confection des comptes desdites parties prenantes.

X. Les régies et administrations nationales qui n'auroient pas déposé leurs comptes à la trésorerie, les formeront elles-mêmes, et les remettront avec les pièces justificatives, directement à la commission de la comptabilité nationale, dans le délai que celle-ci déterminera d'après l'état que chaque administration lui fournira, dans le mois, de la situation de ses comptes.

XI. Le bureau des comptabilités arriérées du trésor public, dans le premier mois de sa mise en activité, remettra à la commission de comptabilité nationale, un double de l'état nominatif des comptables directs de la trésorerie nationale.

XII. Les comptables qui n'auroient pas remis à la trésorerie nationale les acquits et pièces justificatives de leurs divers exercices, seront tenus de les adresser, avec leurs comptes ou bordereaux, au bureau des comptabilités arriérées du trésor public, dans les deux mois de la demande qui leur en sera faite par lettre chargée, et sous les peines portées par les lois des 28 pluviose an 3 et 2 messidor an 6.

XIII. Les receveurs des impositions entre les mains desquels il seroit resté des ordonnances de dégrèvement, décharges ou modérations, seront tenus seulement d'en dresser un bordereau par chaque année.

XIV. Ils remettront ce bordereau, avec ces ordonnances, au préfet ou sous-préfet de leur département, pour être soumis à l'examen du conseil de préfecture qui, d'après vérification, arrêtera le bordereau, y joindra ses observations, et en fera passer une expédition au troisième administrateur du trésor public, qui fera créditer chaque receveur, du montant des sommes reconnues employées en décharge, et en fera expédier récépissé provisoire au receveur.

XV. Les conseils de préfecture garderont dans leurs archives lesdites pièces.

XVI. Les comptes ou bordereaux à former seront, conformément au décret du 9 fructidor an 3, et aux écritures de la trésorerie nationale, divisés en divers exercices :

Le premier exercice, du premier juillet 1791 au premier vendémiaire an 3;

Le second, du premier vendémiaire an 3 au premier vendémiaire an 4;

Et pour le surplus, d'année en année, jusqu'au premier germinal an 8.

XVII. Il sera fourni aux comptables qui auront adressé leurs acquits, des récépissés provisoires du montant des envois reconnus.

XVIII. Chaque récépissé provisoire délivré à un comptable, opérera un crédit à son compte, du montant de la somme y exprimée.

XIX. Les pièces de chaque gestion, après avoir été vérifiées, demeureront classées par comptables, de manière à présenter une masse égale au montant des récépissés provisoires délivrés à chacun.

XX. La recette de chaque comptable sera provisoirement fixée par une attestation signée par le chef de la comptabilité centrale, et visée par le troisième administrateur.

XXI. En conséquence des dispositions de la loi du 2 messidor an 6 sur les comptabilités et liquidations du temps intermédiaire, le bureau établi par cette loi suivra et activera par tous les moyens mis à sa disposition,

1°. La reddition, formation, vérification et arrêté provisoire des comptes en deniers et en matières, dépendans des diverses parties de comptabilité qui lui ont été attribuées ;

2°. La liquidation de tout l'arriéré des ministères, commissions exécutives, agences, administrations et parties non comptables du même temps intermédiaire, et de toutes les parties prenantes dont les états lui seront adressés par le bureau des comptabilités arriérées de la trésorerie.

XXII. Tous les comptes, soit particuliers, soit généraux, déja formés et adressés à la trésorerie par ses préposés et comptables directs, pour tout ou partie de leurs exercices, seront remis, avec les pièces justificatives, à la commission de la comptabilité nationale.

Dispositions générales.

XXIII. A mesure que les comptes seront formés par le bureau des comptabilités arriérées, ils seront certifiés par le directeur des comptabilités arriérées qui les aura formés, et visés par le troisième administrateur, pour être ensuite adressés par lui, avec les pièces justificatives, à la commission de comptabilité nationale, pour y être vérifiés et réglés définitivement.

En même temps il donnera aux comptables avis de cette remise et du résultat de leurs comptes, avec indication des pièces et renseignemens qui resteroient à fournir à la comptabilité nationale.

XXIV. La formation des comptes, et leur transmission à la comptabilité nationale, soit de la part des comptables, soit de la part du bureau des comptabilités arriérées, ne pourront être empêchées ni retardées, sous prétexte qu'il y manqueroit quelques pièces, qu'elles ne seroient pas régulières, ou que les acquits ne seroient que provisoires, à compte ou par urgence.

XXV. Il pourra être suppléé aux pièces et acquits manquans ou irréguliers, soit par les livres journaux et registres des comptables, soit par des *duplicata*, bordereaux, certificats de paiement et d'emploi, extraits de pièces probantes, certifiés par des autorités constituées ou fonctionnaires publics, soit par des motifs valables, conformément aux lois des 23 août 1793 et 2 thermidor an 6.

XXVI. En cas d'incendie, vol, pillage, et autres événemens de force majeure, qui auroient privé les comptables de tout ou partie des pièces justificatives de leurs recettes et dépenses, la comptabilité nationale, avant de les allouer ou rejeter, en référera et donnera son avis motivé au Gouvernement, qui statuera s'il y a lieu, ou proposera une loi d'exception ou de dispense.

XXVII. Si, de la balance des comptes formés par les comptables, il résulte des débets, la commission de comptabilité nationale en adressera l'état déclaratif à l'agent du trésor public, pour en poursuivre le recouvrement, sans préjudice de la vérification définitive.

A l'égard des comptes formés par le bureau des comptabilités arriérées et dont la balance présenteroit également des débets, la commission de comptabilité nationale, aussitôt la réception desdits comptes, en donnera avis à l'agent du trésor public, qui fera tous actes conservatoires sur les biens des comptables.

XXVIII. Si les débets sont contractés en papier-monnoie, la réduction en espèces métalliques en sera faite dans les états déclaratifs de la comptabilité nationale, suivant le tableau de dépréciation annexé à la loi du 5 messidor an 5, et au cours du temps où le versement desdits débets auroit dû être effectué.

XXIX. Les formes prescrites par les lois des 28 pluviose an 3, 18 frimaire an 4 et 2 messidor an 6, pour les arrêtés de comptes, ainsi que pour les poursuites et recouvremens des débets, seront observées à l'égard des comptes de la comptabilité arriérée.

XXX. La consistance du nouveau bureau de comptabilité et de celui de l'agence, sera de cent quatre employés et six gardiens de bureau; et la dépense, tant pour traitemens que pour frais de bureau, chauffage, fourniture de papier, d'impression et autres frais, sera imputée sur le crédit législatif de l'an 8, accordé à la trésorerie nationale, et ne pourra excéder 300,000 francs : la répartition en sera faite de manière que le traitement des directeurs ne pourra excéder 8,000 francs, celui des premiers commis 4,000 francs, celui des commis principaux 3,000 francs, celui des commis ordinaires 2,000 francs, celui des commis-expéditionnaires 1,500 francs, et celui des garçons de bureau 900 francs

XXXI. Le dépôt général des bordereaux et acquit restera dans la ci-devant église de Panthemont. On en extraira successivement les pièces nécessaires pour la formation des comptes ou bordereaux généraux. Une partie des bureaux qui devront les faire, sera établie dans les bâtimens de la ci-devant caisse de l'extraordinaire, et le surplus dans ceux qui restent libres dans la maison des ci-devant Petits-Pères. Les frais de cet établissement ne pourront pas excéder la somme de vingt-cinq mille francs, une fois payée.

XXXII. Le troisième administrateur remettra au ministre des finances et au directeur général du trésor public, au commencement de chaque mois, l'état des rentrées de deniers opérées, ainsi que l'état de situation des travaux faits pendant le mois précédent, sur les acquits des comptables, en exécution des dispositions des articles qui précèdent. Il leur soumettra des difficultés l'exécution qui ralentiroient l'activité de ces travaux.

XXXIII. Le ministre des finances est chargé de l'exécution du présent arrêté, qui sera imprimé et inséré au bulletin des lois.

Le premier Consul, signé, BONAPARTE. Par le premier Consul : *le secrétaire d'état*, signé, Hugues B. Maret. *Le ministre des finances*, signé, GAUDIN.

Arrêté relatif aux patentes.

Du 15 Fructidor.

LES CONSULS DE LA RÉPUBLIQUE, vu la loi du premier brumaire an VII, concernant les patentes, celle du 11 frimaire suivant relative aux dépenses départementales, municipales et locales, et celle du 28 pluviose an 8, qui établit un nouveau régime administratif, sur le rapport du ministre des finances ;

Le Conseil d'État entendu,

Arrêtent :

Art. I. A compter de l'an 9, les contrôleurs des contributions directes sont chargés de former, pour le premier frimaire au plus tard, chacun dans son arrondissement, les tableaux des citoyens assujétis à la patente ; d'établir la nature de leur commerce, industrie et profession les plus imposables ; la valeur locative de leurs maisons d'habitation, usines, ateliers, magasins et boutiques, d'après les règles prescrites par les articles V et IX de la loi du premier brumaire an 7. Lesdits tableaux seront arrêtés par les maires, qui pourront y joindre leurs observations, et qui en conserveront un double, dont les citoyens pourront aussi prendre communication.

II. Les contrôleurs enverront sans délai les tableaux qu'ils auront formés en exécution de l'article Ier, au sous-préfet, qui, dans la décade suivante, les fera passer avec ses observations, au préfet, lequel remettra le tout aux directeurs des contributions directes.

III. Dans la décade qui suivra la réception des tableaux, le directeur fixera, d'après les lois, le montant de chaque patente ; il remettra au préfet les rôles ainsi formés, et il y joindra les observations qui auront été adressées par les sous-préfets et par les maires.

IV. Dans la décade suivante, le préfet, après avoir vérifié les rôles et les avoir rendus exécutoires, les adressera au directeur de l'enregistrement, qui les fera parvenir aux receveurs chargés d'en suivre le recouvrement.

V. Le receveur de l'enregistrement délivrera aux parties intéressées quittance du droit de patente ; il leur remettra en même temps la formule de patente, après l'avoir rédigée au nom du maire du domicile du requérant patenté: cette formule de patente sera signée par le maire, sur la remise pe la quittance, et revêtue du sceau de la commune. La quittance restera déposée au secrétariat de la mairie, et il y sera aussi tenu un registre conforme à l'article XXII de la loi du premier brumaire an 7.

VI. Il sera statué sur les réclamations formées par les citoyens compris aux rôles des patentes, contre leur taxe, de la manière prescrite par l'arrêté du 24 floréal dernier, concernant les décharges et réductions en matière de contributions directes.

VII. Il est alloué pour l'an 9, aux agens de la direction des contributions directes, pour leur travail relatif à la contribution des patentes, y compris les frais des registres, impressions, et tous autres, deux décimes par franc du dixième affecté par les lois aux dépenses locales des communes sur le produit net des patentes.

La distribution de cette somme sera réglée, pour chaque département, par le ministre des finances, sur les états qui lui seront fournis par les directeurs des contributions.

VIII. Le montant des sommes qui sont accordées pour ces différens frais, sera acquitté, sur les états du ministre, par les receveurs de l'enregistrement des chefs-lieux des préfectures et sous-préfectures.

IX. Le dixième du produit net des droits de patente, déduction faite de deux décimes par franc, continuera à être affecté et employé aux dépenses locales de chaque commune, pour les dépenses de l'an 8 et pour celles de l'an 9 ; et la délivrance en sera faite par les receveurs de l'enregistrement, sur les mandats des préfets.

X. Le ministre des finances est chargé de l'exécution du présent arrêté, qui sera imprimé au Bulletin des lois.

Le premier Consul, signé, BONAPARTE. Par le premier Consul: *le secrétaire d'état*, signé, Hugues B. Maret. *Le ministre des finances*, signé, GAUDIN.

Arrêté relatif à la formalité du timbre pour les pétitions.

Du 15 Fructidor.

LES CONSULS DE LA RÉPUBLIQUE, vu la réclamation du citoyen *Dupetit-Manieux*, contre une décision du ministre des finances, en date du 14 pluviose an 7, relative à un passage contesté entre le réclamant, acquéreur du ci-devant presbytère de la commune d'Esbly, département de Seine-et-Marne, et le citoyen *Frager*; acquéreur de la maison d'école de la même commune;

Vu aussi la loi du 13 brumaire an 7 sur le timbre;

Considérant qu'aucune des pièces produites par le citoyen *Dupetit-Manieux* n'est revêtue des formes exigées par la loi;

Le Conseil d'Etat entendu,

Arrêtent:

Art. I. Il ne sera statué sur la pétition du citoyen *Dupetit-Manieux*, qu'autant qu'il présentera une nouvelle pétition sur papier timbré.

II. Le ministre des finances est chargé de l'exécution du présent arrêté, qui sera imprimé au bulletin des lois.

Le premier Consul, signé, BONAPARTE. Par le premier Consul: *le secrétaire d'État*, *signé*, Hugues B. Maret. *Le ministre de la justice*, signé, ABRIAL.

Arrêté relatif à la gestion et administration des biens et revenus des Béguinages.

Du 16 Fructidor.

LES CONSULS DE LA RÉPUBLIQUE, vu les divers arrêtés des administrations centrales des départemens de la Lys, de la Dyle, des Deux-Nèthes, de l'Ourthe et de l'Escaut, sur les établissemens nommés *Béguinages*;

Vu les actes des diverses autorités locales, qui constatent que ces établissemens ont toujours été consacrés au soulagement des pauvres et aux soins des malades indigens;

Vu les lois des premier mai 1793, 3 fructidor an 3, 2 brumaire et 28 germinal an 4, 16 vendémiaire et 20 ventose an 5, et 5 frimaire an 6, qui exceptent de la vente des domaines nationaux les biens dépendans de pareils établissemens;

Le Conseil d'État entendu; sur le rapport du ministre de l'intérieur,

Arrêtent:

Art. I. Tous les biens et revenus des établissemens de secours existans dans les départemens réunis à la France, et connus sous le nom de *Béguinages*, continueront d'être gérés et administrés, conformément aux lois, par les commissions des hospices dans l'arrondissement desquels ces établissemens sont situés.

II. Les ministres de l'intérieur et des finances sont, chacun en ce qui le concerne, chargés de l'exécution du présent arrêté, qui sera inséré au bulletin des lois.

Le premier Consul, signé, BONAPARTE. Par le premier Consul : *le secrétaire d'État*, signé, Hugues-B. Maret. *Le ministre de l'intérieur*, signé, Lucien BONAPARTE.

BAUDOUIN, imprimeur du Corps législatif et du Tribunat, rue de Grenelle-Saint-Germain, N°. 1131.

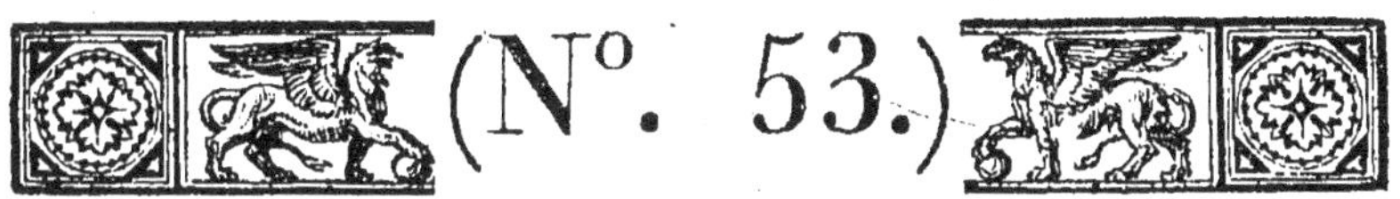

(N°. 53.)

ARRÊTÉS
ET
PROCLAMATIONS
DU GOUVERNEMENT.

Arrêté relatif à la fête du premier Vendémiaire an 9.

Du 18 Fructidor.

LES CONSULS DE LA RÉPUBLIQUE, sur le rapport du ministre de l'intérieur,

Arrêtent :

Art. I. Le programme présenté par le ministre de l'intérieur pour la fête du premier vendémiaire an 9, est adopté.

II. Le ministre de l'intérieur est chargé de l'exécution du présent arrêté, qui sera imprimé ainsi que le rapport.

Le premier Consul, signé, BONAPARTE. Par le premier Consul : *le secrétaire d'État*, signé, Hugues B. Maret. *Le ministre de l'intérieur*, signé, Lucien BONAPARTE.

Rapport présenté, le 18 Fructidor, aux Consuls de la République par le ministre de l'intérieur.

CITOYENS CONSULS,

Je viens vous présenter le programme de la fête du premier vendémiaire.

J'ai, d'après vos ordres, invité des fonctionnaires publics de tous les départemens à s'y trouver : ainsi sera représentée la grande famille des Français ; ainsi se resserreront les liens qui unissent les enfans de la patrie.

Je vous propose de rendre, dans cette circonstance, un hommage solennel à la mémoire d'un grand homme : il faut honorer tout ce qui est grand, tout ce qui a servi la patrie ; et quel citoyen, quel guerrier mérite plus que *Turenne* d'être placé dans un monument élevé à la gloire des armées françaises ?

Vous avez ordonné que les noms des braves qui ont obtenu des armes d'honneur, fussent inscrits sur des tables de marbre ; vos intentions seront remplies.

Le même jour, on proclamera dans toute la République et dans les armées, conformément à votre arrêté du 17 ventose, le nom des départemens qui ont le mieux payé leurs contributions, le nom de ceux qui ont fourni le plus de conscrits ; et une place de Paris prendra le nom du département que vous aurez jugé digne de cet honneur.

Ainsi tout rappellera la gloire de la nation.

J'ai en conséquence l'honneur de vous proposer le projet d'arrêté ci-joint.

Salut et respect.

Signé, Lucien Bonaparte.

Pour copie conforme : *le secrétaire d'état*, signé, Hugues B. Maret.

Programme de la fête du premier Vendémiaire an 9.

Art. I. Le dernier jour complémentaire, à six heures du matin, des salves d'artillerie annonceront la fête ; elles continueront d'heure en heure jusqu'à la nuit.

Il en sera de même le premier vendémiaire.

II. Les envoyés des départemens invités à la fête, seront présentés aux Consuls par le ministre de l'intérieur.

III. Le corps de *Turenne* sera solennellement transféré au temple de Mars, où il restera déposé. Le monument élevé à sa mémoire y sera placé.

IV. A six heures, les spectacles seront ouverts au public.

V. Le premier vendémiaire à midi, toutes les autorités se réuniront au temple de Mars, pour célébrer l'anniversaire de la fondation de la République.

Les fonctionnaires des départemens y occuperont une place distinguée.

Conformément à l'arrêté des Consuls du 17 ventose, les noms des départemens qui ont le mieux payé leurs contributions et qui ont fourni le plus de conscrits, seront solennellement proclamés; ils le seront également dans les armées.

VI. A trois heures, il y aura des jeux au Champ-de-Mars : ils consisteront dans l'exercice du tir-au-blanc à pied et au fusil ; dans le même exercice à cheval, et au pistolet; dans les courses à cheval, et dans les courses de char.

Ils seront terminés par l'enlèvement d'un aérostat, et une descente en parachute.

VII. Le soir, il y aura illumination et feu d'artifice.

Le ministre de l'intérieur, signé, Lucien Bonaparte.

Pour copie conforme, *le secrétaire d'état*, signé, Hugues B. Maret.

Arrêté qui ordonne l'exécution provisoire des lois des 6 et 20 mars 1791, relativement aux avoués, greffiers et huissiers.

Du 18 Fructidor.

Les Consuls de la République, sur le rapport présenté par le ministre de la justice;

Vu la pétition des avoués établis près le tribunal d'appel de Paris;

La loi du 20 mars 1791, portant :

Art. III. « Il y aura auprès des tribunaux de district, des officiers » ministériels ou avoués, dont la fonction sera exclusivement de re- » présenter les parties, d'être chargés et responsables des pièces et » titres des parties; de faire les actes de forme nécessaires pour la » régularité de la procédure et mettre l'affaire en état : les avoués » pourront même défendre les parties, soit verbalement, soit par » écrit » ;

La loi du 6 mars 1791, portant :

Art. XXXII. « Par provision, et en attendant qu'il ait été » fait un nouveau tarif, les émolumens personnels des greffiers sur » chaque expédition des avoués, sur chaque acte de procédure des » huissiers audienciers, sur chaque exploit ou signification, seront des » trois quarts des anciens.

» Tous ces droits ne seront perçus sur ce pied, même dans les affaires » d'appel, qu'eu égard aux tarifs établis dans chaque lieu pour les af- » faires de première instance.

» A Paris, le tarif de 1778, qui avoit lieu aux requêtes du palais,

» servira de base aux proportions ci-dessus déterminées, en ce qui » concerne les droits des greffiers et des avoués, sans qu'il puisse être » alloué aux avoués aucun droit de conseil ni de consultation, attri- » bué par ce tarif aux ci-devant procureurs »;

Et article XXXIV. « Jusqu'à ce que l'Assemblée nationale ait » statué sur la simplification de la procédure, les avoués suivront » exactement celle qui est établie par l'ordonnance de 1667 et régle- » mens postérieurs »;

Vu la loi du 3 brumaire an 2, qui supprime les avoués et la procédure;

Vu la loi du 27 ventose dernier, qui rétablit les avoués et leur donne le droit de postuler et de conclure;

Considérant que de la loi du 27 ventose dernier, qui rétablit des avoués et leur donne le droit de postuler et conclure, il résulte que la loi qui avoit supprimé les avoués et la procédure, est implicitement rapportée;

Que le droit de postuler est celui d'instruire les affaires et de les présenter aux tribunaux pour être jugées suivant les formes établies par les lois et réglemens;

Le conseil d'état entendu,

Arrêtent ce qui suit:

Art. I. Jusqu'à ce qu'il ait été statué, par une loi, sur la simplification de la procédure, la loi du 20 mars 1791 relative aux attributions des avoués, celle du 6 mars 1791 qui fixe les émolumens des greffiers, avoués et huissiers, et qui ordonne que par provision les avoués suivront exactement la procédure établie par l'ordonnance de 1667 et réglemens postérieurs, seront exécutées.

II. Le ministre de la justice est chargé de l'exécution du présent arrêté, qui sera inséré au bulletin des lois.

Le premier Consul, signé, Bonaparte. Par le premier Consul: *le secrétaire d'état*, signé, Hugues B. Maret. *Le ministre de la justice*, signé, Abrial.

Arrêté qui fixe la solde des chefs d'escadron ou de bataillon adjoints aux états-majors généraux.

Du 18 Fructidor.

Les Consuls de la République, sur le rapport du ministre de de la guerre,

Arrêtent ce qui suit:

Art. I. Les chefs d'escadron ou de bataillon adjoints aux états-majors généraux, recevront la même solde que les aides-de-camp du même grade.

II. Les ministres de la guerre et des finances sont chargés, chacun en ce qui le concerne, de l'exécution du présent arrêté, qui sera inséré au bulletin des lois.

Le premier Consul, signé, BONAPARTE. Par le premier Consul : *le secrétaire d'état*, signé, Hugues B. Maret. *Le ministre de la guerre*, signé, CARNOT.

Arrêté qui autorise les préfets maritimes et les commissaires de marine à proroger le terme des passe-ports accordés aux colons.

Du 18 Fructidor.

LES CONSULS DE LA RÉPUBLIQUE, sur le rapport du ministre de la marine et des colonies ; le conseil d'état entendu,

Arrêtent :

Art. I. Lorsque les colons propriétaires, ou autres citoyens français, munis de passe-ports visés du ministre de la marine et des colonies, auront éprouvé du retard pour leur embarquement pour les colonies, les préfets maritimes dans les grands ports, ou les commissaires principaux de marine dans les ports de commerce, sont autorisés à proroger le terme de ces passe-ports pour trois mois, ou plus suivant les circonstances, en rendant compte au ministre de la marine et des colonies.

II. Le ministre de la marine et des colonies est chargé de l'exécution du présent arrêté, qui sera imprimé au bulletin des lois.

Le premier Consul, signé, BONAPARTE. Par le premier Consul : *le secrétaire d'état*, signé, Hugues B. Maret. *Le ministre de la marine et des colonies*, signé, FORFAIT.

Arrêté relatif au service des tribunaux divisés par sections, pendant la durée des vacances.

Du 18 Fructidor.

LES CONSULS DE LA RÉPUBLIQUE, sur le rapport du ministre de la justice ; le conseil d'état entendu,

Arrêtent :

Art. I. Les tribunaux d'arrondissement et d'appel auxquels il est accordé des vacances, et qui sont divisés en sections, remplissent le devoir qui leur est imposé par l'article premier de l'arrêté du 5 de ce mois, soit que chacune des sections en particulier donne au moins une audience par décade pendant le temps des vacations, soit qu'une des sections, ou même une réunion suffisante de juges pris sur tout le tribunal, satisfasse à l'obligation commune, en donnant, par décade, au moins autant d'audiences qu'il y a de sections dans le tribunal.

II. Le ministre de la justice est chargé de l'exécution du présent arrêté, qui sera inséré au Bulletin des lois.

Le premier Consul, signé, BONAPARTE. Par le premier Consul: *le secrétaire d'état*, signé, Hugues B. Maret. *Le ministre de la justice*, signé, ABRIAL.

Arrêté qui détermine la manière de régler les dépenses imprévues faites dans les départemens pour le service militaire.

Du 18 Fructidor.

LES CONSULS DE LA RÉPUBLIQUE arrêtent ce qui suit:

Art. I. A compter du premier vendémiaire an 9, les préfets feront régler, par le commissaire ordonnateur de la division militaire, les dépenses en fournitures de denrées, manutention et transports, que des circonstances imprévues pourroient exiger pour le service militaire, dans les départemens.

II. Ce réglement devra être fait dans la décade qui suivra la fourniture effectuée.

III. Dans la décade suivante, le commissaire ordonnateur adressera au ministre de la guerre les pièces de service par lui réglés. Le montant en sera ordonnancé par ce ministre, dans la forme ordinaire, et payé en numéraire sur les fonds mis à sa disposition.

IV. Il sera fait déduction par le ministre de la guerre, du montant de ces dépenses, sur les premiers paiemens à faire aux compagnies chargées du service.

V. Au moyen de ces dispositions, il est de nouveau expressément défendu à toute autorité civile ou militaire, à peine d'en répondre personnellement, de disposer d'aucune somme dans les caisses publiques. Les payeurs et receveurs seront également responsables de tout ce qu'ils auroient payé sans une ordonnance régulière.

Les ministres de la guerre et des finances sont chargés de l'exécution du présent arrêté, qui sera imprimé au bulletin des lois.

Le premier Consul, signé, BONAPARTE. Par le premier Consul: *le secrétaire d'état*, signé, Hugues B. Maret. *Le ministre de la justice*, signé, ABRIAL.

Arrêté qui autorise l'érection d'un monument à la mémoire de Latour-d'Auvergne.

Du 18 Fructidor.

Les Consuls de la République, sur le rapport du ministre de l'intérieur,

Arrêtent :

Art. I. Les habitans du département du Finistère sont autorisés à élever, à Carhaix, un monument à la mémoire de *Latour-d'Auvergne.*

II. Le ministre de l'intérieur est chargé de l'exécution du présent arrêté, qui sera imprimé au Bulletin des lois.

Le premier Consul, signé, Bonaparte. Par le premier Consul : *le secrétaire d'état*, signé, Hugues B. Maret. *Le ministre de l'intérieur*, signé, Lucien Bonaparte.

Arrêté qui ordonne l'érection d'un monument à la mémoire des généraux Desaix *et* Kleber.

Du 19 Fructidor.

Les Consuls de la République arrêtent ce qui suit :

Art. I. Il sera élevé un monument à la mémoire des généraux *Desaix* et *Kleber*, morts le même jour, dans le même quart-d'heure ; l'un après la bataille de Maringo, qui reconquit l'Italie aux armes de la République ; l'autre en Afrique, après la bataille d'Héliopolis, qui reconquit l'Egypte aux Français.

II. Ce monument sera élevé au milieu de la place des Victoires. La première pierre en sera posée par le premier Consul le premier vendémiaire prochain : un orateur sera chargé de prononcer l'oraison funèbre de ces deux illustres citoyens.

III. Le ministre de l'intérieur est chargé de l'exécution du présent arrêté, qui sera inséré au Bulletin des lois.

Le premier Consul, signé, Bonaparte. Par le premier Consul, *le secrétaire d'état*, signé, Hugues B. Maret. *Le ministre de la justice*, signé, Abrial.

Arrêté portant que tous les individus déportés à la Guiane française, seront transférés et mis en surveillance dans les îles de Ré et d'Oléron.

Du 19 Fructidor.

Les Consuls de la République, sur le rapport du ministre de la police générale ; le conseil d'état entendu,

Arrête ce qui suit :

Art. I. Tous les individus condamnés à la déportation autrement que par des actes du pouvoir judiciaire, et qui sont actuellement à la Guiane française, seront transférés, dans le plus court délai possible, dans les îles de Ré et d'Oléron, et mis sous la surveillance du préfet de la Charente-Inférieure.

II. Ceux d'entre eux qui, d'après les lois ou les actes du Gouvernement, croiroient avoir droit à leur mise en liberté, adresseront des lieux déterminés pour leur transfèrement par le présent arrêté, leurs réclamations aux autorités compétentes.

III. Le ministre de la marine et des colonies, et celui de la police générale, sont chargés de l'exécution du présent arrêté, qui sera imprimé au bulletin des lois.

Le premier Consul, signé, BONAPARTE. Par le premier Consul : *le secrétaire d'état*, signé, Hugues B. Maret. *Le ministre de la police générale*, signé, FOUCHÉ.

Arrêté qui rappelle l'ex-législateur Ferrand-Vaillant, *condamné à la déportation.*

Du 19 Fructidor.

LES CONSULS DE LA RÉPUBLIQUE, sur le rapport du ministre de la police générale,

Arrête ce qui suit :

Art. I. Le nom de *Ferrand-Vaillant*, ex-législateur, condamné à la déportation par la loi du 19 fructidor an 5, sera ajouté à la liste des individus qui, se trouvant dans le même cas, ont été rappelés par l'arrêté du 5 nivose dernier.

II. Le ministre de la police générale est chargé de l'exécution du présent arrêté, qui sera imprimé.

Le premier Consul, signé, BONAPARTE. Par le premier Consul : *le secrétaire d'état*, signé, Hugues B. Maret. *Le ministre de la police générale*, signé, FOUCHÉ.

Arrêté qui nomme le citoyen Collet-Descotils *membre du conseil des prises.*

Du 19 Fructidor.

AU NOM DU PEUPLE FRANÇAIS, BONAPARTE, premier Consul de la République,

Arrête ce qui suit :

Le citoyen *Collet-Descotils*, préfet du Calvados, est nommé membre du conseil des prises.

Le ministre de la justice est chargé de l'exécution du présent arrêté, qui sera inséré au bulletin des lois.

Signé, Bonaparte, Par le premier Consul : *le secrétaire d'état*, signé, Hugues B. Maret. *Le ministre de la justice*, signé, Abrial.

Arrêté qui nomme le général Dugua *préfet du département du Calvados.*

Du 19 Fructidor.

Au nom du peuple français, Bonaparte, premier Consul de la République,

Arrête ce qui suit :

Le citoyen *Dugua*, général de division, est nommé préfet du département du Calvados.

Le ministre de l'intérieur est chargé de l'exécution du présent arrêté, qui sera inséré au Bulletin des lois.

Le premier Consul, signé, Bonaparte. Par le premier Consul : *le secrétaire d'état*, signé, Hugues B. Maret. *Le ministre de la justice*, signé, Abrial.

Arrêté additionnel à celui du 3 fructidor qui autorise le ministre de la guerre à employer près de lui neuf officiers supplémentaires.

Du 21 Fructidor.

Les Consuls de la République, sur le rapport du ministre de la guerre ; le conseil d'état entendu,

Arrêtent ce qui suit :

Art. I. En outre des officiers mis à la disposition du ministre de la guerre en vertu de l'article XI de l'arrêté du 3 fructidor an 8, il est autorisé à appeler près de lui, ou à attacher au dépôt de la guerre, trois adjudans-commandans ou chefs de brigade, et six autres officiers d'un grade inférieur à celui de chef de brigade.

II. Ces officiers jouiront du traitement d'activité de service attribué à leurs grades respectifs dans la dix-septième division militaire, en se conformant, à leur égard, aux dispositions de l'article VII de l'arrêté précité.

III. Les ministres de la guerre et des finances sont chargés, chacun en ce qui le concerne, de l'exécution du présent arrêté, qui sera imprimé au bulletin des lois.

Le premier Consul, signé, Bonaparte. Par le premier Consul : *le secrétaire d'état*, signé, Hugues B. Maret. *Le ministre de la guerre*, signé, Carnot.

Arrêté portant qu'à compter du premier vendémiaire an 9, les départemens de la Roer, de la Sarre, du Mont-Tonnerre et de Rhin-et-Moselle, seront assimilés aux autres déparemens de la République.

Du 22 Fructidor.

Les Consuls de la République, le conseil d'état entendu,

Arrêtent :

Art. I. A compter dn premier vendémiaire de l'an 9, les départemens de la Roer, de la Sarre, du Mont-Tonnerre et de Rhin-et-Moselle, seront assimilés aux autres départemens de la République : en conséquence les lois et réglemens concernant la justice, l'intérieur, la police, les finances, la guerre et la marine, y seront mis en exécution, d'après les ordres succesifs du Gouvernement.

II. A compter de la même époque, l'attribution exclusive de l'administration des quatre départemens au ministère de la justice, cessera d'avoir lieu. Les préfets correspondront directement avec le commissaire général, qui correspondra avec les différens ministres, chacun dans ses attributions.

III. Le ministre de la justice adressera le présent arrêté aux autorités constituées existantes dans les départemens de la Roer, de la Sarre, du Mont-Tonnerre, de Rhin-et-Moselle ; et les ministres sont chargés, chacun en ce qui le concerne, de son exécution ultérieure.

Le présent arrêté sera inséré au Bulletin des lois.

Le premier Consul, signé, Bonaparte. Par le premier Consul : *le secrétaire d'état*, signé, Hugues B. Maret. *Le ministre de la justice*, signé, Abrial.

Arrêté qui annulle un jugement rendu en faveur du citoyen Desandrouin, *par le tribunal civil du département de Sambre-et-Meuse, en conflit d'attribution avec l'administration centrale.*

Du 23 Fructidor.

Les Consuls de la République ;

Vu, 1°. la pétition présentée le 6 germinal à l'administration centrale du département de Sambre et-Meuse, par *Charles-Joseph Dupuis*, fondé des pouvoirs de *Jean-Marie-Stanislas Desandrouin*, se prétendant propriétaire de biens dépendans de la constrie de Namur et de l'église collégiale de Walcourt ;

2°. L'arrêté pris par l'administration centrale le 23 pluviose an 8 ;

3°. L'acte extrajudiciaire signifié à la requête dudit *Desandrouin*, le 25 ventose an 8, aux membres composant l'administration centrale ;

4°. Le nouvel arrêté pris par ladite administration centrale, le 28 ventose an 8, qui établit le conflit d'attribution ;

5°. Le jugement rendu le 25 floréal an 8, par lequel le tribunal civil du département de Sambre-et-Meuse s'est déclaré compétent ;

6°. L'appel interjeté de ce jugement par le préfet du département de Sambre-et-Meuse ;

7°. Les lettres-patentes du 3 mai 1758 ;

8°. L'article XXVII de la loi du 21 fructidor an 3, ainsi conçu : « En cas de conflit d'attribution entre les autorités judiciaires et » administratives, il sera sursis jusqu'à la décision du ministre, con- » firmée par le Directoire exécutif » ;

9°. La loi du 5 novembre 1790.

Considérant, 1°. que lorsque le conflit d'attribution est établi, au Gouvernement seul appartient le droit de régler la compétence : que ce droit lui est solennellement attribué par l'art. XXVII de la loi du 21 fructidor an 3 ;

2°. Que, dans l'espèce particulière, l'administration centrale du département de Sambre-et-Meuse a pu prononcer, ayant été volontairement saisie par le citoyen *Desandrouin*, qui, par ses conclusions et par ses déclarations, a annoncé vouloir être jugé administrativement, et la question étant moins, d'ailleurs, de prononcer sur la propriété que sur la nature des biens dont il s'agit ;

3°. Que des pièces remises par ledit *Desandrouin* lui-même, il résulte, 1°. que l'office de la constrie de Namur et trésorier de l'église collégiale de Walcourt, est un office laïc supprimé par la loi du 5 frimaire an 6, 2°. qu'il ne lui est point fait concession de biens-fonds, mais de *l'office*, et des droits, profits, émolumens attachés à *l'office, tels et semblables que ses prédécesseurs ont eus et sont accoutumés d'avoir ;*

4°. Que la jouissance des émolumens de l'office assujétissoit celui qui en étoit pourvu à des fonctions et des devoirs ; que ces devoirs et ces fonctions ont cessé par la suppression de cet office, et qu'il ne peut plus réclamer cette jouissance ;

5°. Que le citoyen *Desandrouin*, pour obtenir le remboursement du prix de son office, doit se pourvoir en liquidation dans les formes voulues par les lois ;

Le conseil d'état entendu,

Arrêtent ce qui suit :

Art. I. Le jugement rendu par le tribunal de Sambre-et-Meuse, le 25 floréal dernier, et tout ce qui a pu s'ensuivre, est déclaré non avenu.

II. Sans s'arrêter à l'opposition formée par *Jean-Marie-Stanislas Desandrouin*, l'arrêté du 23 pluviose an 8 est confirmé pour être exécuté suivant sa forme et teneur.

III. Les ministres de la justice et des finances sont, chacun en ce qui le concerne, chargés de l'exécution du présent arrêté, qui sera inséré au bulletin des lois.

Le premier Consul, signé, BONAPARTE. Par le premier Consul : *le secrétaire d'état*, signé, Hugues B. Maret. *Le ministre de la justice*, signé, ABRIAL.

BAUDOUIN, imprimeur du Corps législatif et du Tribunat, rue de Grenelle-Saint-Germain, n°. 1131.

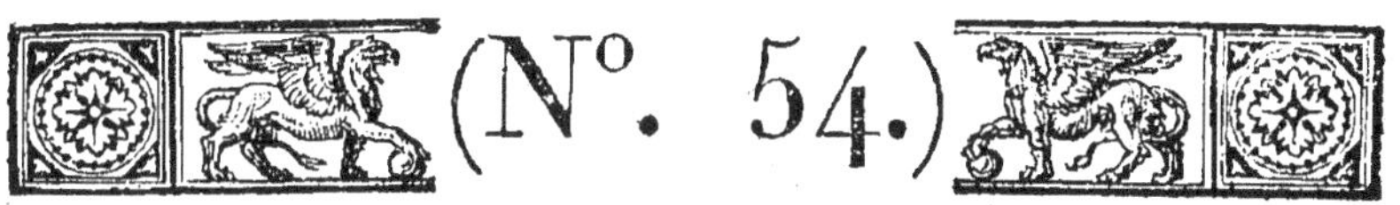

ARRÊTÉS ET PROCLAMATIONS DU GOUVERNEMENT.

ARRÊTÉ concernant les masses.

Du 23 Fructidor, an 8.

LES CONSULS DE LA RÉPUBLIQUE, le Conseil d'État entendu,

Arrêtent :

TITRE PREMIER.

Du nombre des masses.

Art. I. Il sera accordé pour l'an 9, ainsi qu'il l'a été pour l'an 8, des fonds fixes pour pourvoir à chacun des objets que l'Etat fournit aux troupes. Ces fonds continueront à être désignés sous le nom de *masses.*

II. Les masses seront au nombre de neuf pour les troupes à pied, et de douze pour les troupes à cheval; savoir :

Pour les troupes à pied,

Boulangerie, —Étapes, —Chauffage et ustensiles de campement, —Logement et casernement, —Campement, Hôpitaux, —Habillement et équipement militaire, —Entretien et confection, et première fourniture du petit équipement, —Linge et chaussure.

A

De plus, pour les troupes à cheval,

Fourrages, —Remontes, —Ferrage.

III. Les masses seront divisées en trois classes :

1°. Celles qui seront remises aux corps, et dont ils auront l'administration sous la surveillance du ministre de la guerre ;

2°. Celles qui seront administrées par le ministre avec le concours des conseils d'administration ;

3°. Celles qui resteront entre les mains du ministre, et qu'il administrera seul.

IV. Dans la première classe seront rangées les masses

De chauffage et d'ustensiles de campement, —D'entretien, de confection, et de première fourniture de petit équipement, —De linge et chaussure, —De remonte, —Et de ferrage.

Dans la deuxième classe seront les masses

De boulangerie, —Des hôpitaux, —D'habillement et d'équipement militaire, —De fourrages.

Dans la troisième classe seront les masses

D'étapes, —De logement et casernement, —De campement.

V. Les masses seront faites et payées en totalité pour les corps dont l'effectif s'élevera aux deux tiers de leur complet.

Il n'en sera payé que les trois quarts aux corps dont l'effectif ne s'élevera pas au-dessus des deux tiers du complet.

VI. Le ministre de la guerre déterminera, dans la première décade de chaque trimestre, d'après les états de situation des corps, la quotité des masses dont chaque corps jouira.

Il fera connoître à chaque conseil d'administration la décision qu'il aura prise sur cet objet à son égard.

La décision prise par le ministre ne variera point pendant le cours du trimestre, quelque perte que le corps éprouve ; mais elle variera au commencement de chaque mois, si le corps a reçu, pendant le mois précédent, un accroissement qui le porte d'une classe dans l'autre.

Le ministre de la guerre fournira à la même époque, au ministre des finances, un bordereau général des dépenses relatives aux masses.

Le ministre de la guerre distinguera dans ce bordereau les sommes qui doivent être payées aux corps en numéraire et comme la solde, d'avec celles qui doivent être soldées directement par le trésor public.

Il lui indiquera aussi les lieux et les époques où ces différentes sommes devront être payées.

TITRE II.

De la destination, de la force et de l'administration des masses de la première classe.

VII. La masse de chauffage et d'ustensiles de campement, est destinée à la fourniture, 1°. du bois et autres combustibles nécessaires au chauffage des troupes dans leurs cantonnemens, logemens, quartiers ou casernes, ainsi que sous la tente ; 2°. à celle des combustibles nécessaires à la préparation de leurs alimens ; 3°. du bois et lumière des corps-de-garde ; 4°. et pendant la guerre, des marmites et gamelles, des grands et petits bidons, des barils à eau, des sacs à marmite, des faulx, des outils, sacs à outils, et des couvertures.

VIII. La masse des chauffages sera, pour l'an 9, portée à 9 francs 50 centimes par homme. Elle sera payée en numéraire, en douze mois, un douzième par mois, au complet déterminé par l'article V, de la même manière et aux mêmes époques que la solde : elle ne sera payée que pour les sous-officiers et soldats. La masse de chauffage n'est payée en totalité qu'aux troupes qui sont sur le territoire de la République : hors du territoire, les troupes réunies en corps d'armée ne reçoivent que quatre francs par homme et par an pour ladite masse.

IX. Les officiers, excepté lorsqu'ils sont au corps-de-garde, ne peuvent rien demander ni obtenir sur la masse de chauffage. Cette masse ne doit rien fournir pour le chauffage des bureaux de l'état-major ou autres. Les sous-officiers et soldats recevront sur cette masse un petit bidon au moment où ils seront admis dans un corps ; ils devront ensuite s'en entretenir eux-mêmes.

X. Il n'est rien innové aux dispositions des lois et des réglemens qui fixent la quotité des distributions en bois et lumière qui doivent être faites dans les divers lieux et les diverses saisons.

XI. Le conseil d'administration de chaque corps chargera un capitaine, un lieutenant, un sous-lieutenant et quatre sous-officiers, des détails relatifs à l'achat, conservation et distribution du bois et lumière.

Le conseil d'administration tracera au capitaine chargé du bois et lumière, les règles qu'il devra suivre dans sa comptabilité tant en argent qu'en matières. Il prendra pour base les dispositions des réglemens des 26 ventose et 8 floréal an 8.

XII. Nul ne pourra, sans aucun prétexte, réclamer de décompte sur le résidu de la masse de chauffage.

Ce résidu sera conservé dans la caisse du corps, et porté d'une année sur l'autre, ou employé à la confection ou à l'achat des bidons, marmites, couvertures et autres effets qui doivent être fournis au soldat pendant la guerre.

XIII. La masse d'entretien et de première fourniture des effets de petit équipement est chargée de la dépense de tous les objets désignés dans l'article IV du titre IV de l'arrêté du 8 floréal an 8.

XIV. Cette masse est réglée, pour l'an 9, ainsi qu'il suit :

Pour l'infanterie de bataille	9 fr.
Pour l'artillerie à pied	
Pour l'infanterie légère	
Pour la cavalerie et dragons	12.
Pour les chasseurs, hussards et artillerie légère .	13.

XV. Cette masse est payée au complet déterminé par l'article V, et ainsi qu'il est dit article VIII de la masse de chauffage.

Les officiers n'ont aucun droit à cette masse, et ne font pas nombre pour son paiement.

XVI. Cette masse est administrée ainsi qu'il est prescrit par l'arrêté du 8 floréal an 8.

XVII. La masse de linge et chaussure est formée, soldée et administrée ainsi qu'il est dit par l'arrêté du 8 floréal an 8.

XVIII. La masse de remontes doit fournir à l'achat des chevaux de remonte, à leur nourriture jusqu'à ce qu'ils soient arrivés au dépôt du corps, à tous les frais accessoires audit achat, et à la gratification journalière dont il va être parlé, et qui sera accordée aux cavaliers qui conserveront leurs chevaux au-delà du terme fixé pour leur durée commune.

XIX. Cette masse est réglée, pour l'an 9, ainsi qu'il suit :

Pour la garde des Consuls	90 fr.
Pour les carabiniers-cuirassiers	80
Pour la cavalerie.	70
Pour les dragons.	65
Pour les chasseurs, hussards et canonniers à cheval.	60

XX. Cette masse est payée au complet prescrit par l'article V, ainsi qu'il est dit à l'article VIII : les officiers n'y ont aucun droit, et leurs chevaux ne font pas nombre pour son paiement.

XXI. Cette masse est administrée par le conseil d'administration. Ce conseil ne peut traiter de la remonte du corps, avec des fournisseurs ou entrepreneurs généraux, qu'avec l'autorisation du ministre : le ministre n'accorde cette autorisation que lorsqu'il y a lieu de craindre que des officiers envoyés en remonte dans les différentes parties de la République ne puissent suffire aux achats ou ne se nuisent par la concurrence.

XXII. Tout sous-officier et soldat de troupes à cheval qui, pendant la paix, aura conservé le même cheval pendant six ans, jouira, à titre de gratification, pendant tout le temps qu'il le conservera au-delà de ce terme, d'une somme de deux francs par mois. Cette somme lui sera payée chaque mois sur la masse de remonte.

XXIII. Nul ne pourra, sous aucun prétexte, réclamer de décompte sur le résidu de la masse de remonte.

Ce résidu sera conservé dans la caisse du corps, et porté d'une année sur l'autre.

XXIV. Le ministre de la guerre déterminera par des instructions les formes de la comptabilité de la masse des remontes, ainsi que tous les objets relatifs à l'achat des chevaux, à leur réception et à leur réforme.

XXV. La masse de ferrage est destinée à fournir aux dépenses prévues par l'art. LXVII du titre IV de l'arrêté du 8 floréal an 8.

Cette masse sera, pendant l'an 9, de 12 francs par cheval en garnison, et 15 francs pour les chevaux en campagne ; elle sera payée au complet déterminé par l'article V, et ainsi qu'il est dit article VIII.

Les officiers n'ont aucun droit à la masse de ferrage, et leurs chevaux ne comptent point.

Cette masse est administrée ainsi qu'il est prescrit par l'article LXV et les suivans du titre IV de l'arrêté du 8 floréal an 8.

TITRE III.

De la destination, de la force et de l'administration des masses de la 2e classe.

XXVI. Les masses de boulangerie, des hôpitaux, d'habillement, d'équipement et de fourrages sont administrées par le ministre de la guerre ; elles sont payées par l'Etat, au complet, en dix-huit mois, un dix-huitième chaque mois : les fonds qu'elles produisent sont versés dans la caisse du payeur de la guerre, et ne peuvent en sortir qu'en vertu des mandats des corps, ordonnancés par le ministre de la guerre.

Chacune de ces masses est administrée d'après les formes qui lui sont propres, et qui seront détaillées ci-après.

XXVII. La masse de boulangerie doit fournir,

1°. A chacun des sous-officiers et soldats présens au corps ou détachés pour le service, une ration de pain conforme à ce qui est fixé par les lois et les réglemens ;

2°. A tous les hommes qui voyagent avec leurs drapeaux, une ration semblable : cette ration, qui est fournie en nature par la masse des étapes, est remboursée par la masse de boulangerie, sur le pied de quatorze centimes ;

3°. A tous les frais d'administration générale pour le service du pain militaire.

XXVIII. La masse de boulangerie est fixée à cinquante-un francs pour l'an 9 : elle est payée au complet déterminé par l'article V, des sous-officiers et soldats de chaque corps.

Les officiers n'ont aucun droit à la masse de boulangerie, et ne font point nombre pour son paiement. La gendarmerie nationale n'a point de masse de boulangerie.

XXIX. Le ministre traite avec une association de citoyens, de la fourniture aux troupes, du pain militaire dans toute l'étendue de la République.

Ce traité est fait par ration fournie, c'est-à-dire que tous les frais d'administration sont compris dans le prix de la ration fournie.

Le prix que le ministre accorde pour chaque ration fournie, est rendu public par la voie de l'impression, et communiqué aux corps par le ministre de la guerre.

Ce prix est divisé en trois parties : 1°. frais de l'approvisionnement d'avance, 2°. frais d'administration générale, 3°. prix de la ration proprement dite.

XXX. Dans la première décade de chaque mois, le conseil d'administration de chaque corps forme le bordereau des rations de pain qu'il a reçues pendant le mois précédent.

Ce bordereau est formé par compagnie et par distribution ; il est appuyé des bons des capitaines, et des récépissés des lieutenans.

Au bas dudit bordereau, le conseil d'administration tire, sur le payeur général de la guerre, un mandat en faveur des entrepreneurs des subsistances militaires : la somme portée par ce mandat est égale à celle qui est due à l'entrepreneur pour les rations qu'il a fournies pendant le mois. Ce bordereau est envoyé au ministre de la guerre.

XXXI. L'entrepreneur des subsistances militaires adresse aussi, aux mêmes époques, au ministre, un bordereau de ce qu'il a fourni pour chaque corps militaire; il joint, à l'appui de son bordereau, les récépissés des quartiers-maîtres.

XXXII. Dès que le ministre a reçu les pièces exigées par les articles XXX et XXXI ci-dessus, il ordonnance le mandat de chaque corps, le fait parvenir à la trésorerie nationale, et en donne avis à l'entrepreneur général.

Les paiemens des deux premiers mois ne sont considérés que comme des à-comptes.

XXXIII. Dans la première décade de chaque trimestre, le conseil d'administration forme le bordereau général du trimestre précédent, toujours par distribution et par compagnie : ce bordereau est signé par chaque capitaine, au bas de l'état des fournitures faites à sa compagnie.

Le conseil d'administration donne, au bas de ce bordereau, un mandat sur le payeur général de la guerre, et l'adresse au ministre.

L'entrepreneur général adresse aussi au ministre le bordereau du trimestre.

Ces pièces sont renvoyées par le ministre au comité des inspecteurs en chef aux revues. Le comité, après avoir comparé les deux bordereaux ensemble et avec la revue et les mouvemens du corps, ainsi qu'avec les bons et les récépissés des capitaines, lieutenans et quartiers-maîtres, détermine les sommes qui doivent être définitivement payées à l'entrepreneur pour ledit corps, et rend, par écrit, compte au ministre, de tous les abus qu'il a pu remarquer.

Le ministre ordonnance les mandats définitifs.

XXXIV. Le compte général de la masse de boulangerie de chaque corps lui est adressé par le ministre à la fin de chaque année. Le résidu de ladite masse est porté d'une année sur l'autre; et il ne peut en être disposé que d'après l'autorisation des Consuls, et pour l'avantage du corps auquel il appartient.

XXXV. Le ministre de la guerre est de même chargé d'assurer, par des traités ou par toute autre voie, la fourniture du pain pour les troupes qui se trouvent réunies en corps d'armée hors du territoire de la République : mais, dès ce moment, le compte de la masse de chaque corps qui fait partie de l'armée, est arrêté, et sa masse passe en totalité à la disposition du ministre, sans que néanmoins les conseils d'administration et les entrepreneurs des vivres-pain puissent se dispenser d'exécuter les dispositions des articles XXX et suivans. Le ministre de la guerre solde, sur les fonds extraordinaires, l'excédant, s'il y en a, entre le produit de la masse et le montant du pain fourni à chaque corps.

Les officiers de tous les grades reçoivent, pendant la guerre, s'ils les demandent, les rations de pain accordées à leurs grades par les réglemens antérieurs.

Ils les reçoivent sur des bons individuels signés d'eux.

Ils éprouvent pour chaque ration de pain, une retenue sur leurs appointemens égale au prix fixé par le ministre de la guerre pour la ration distribuée.

A la fin de chaque mois, l'entrepreneur adresse au conseil d'administration du corps le bordereau du pain fourni à chaque officier, accompagné des bons qu'ils ont donnés.

Le quartier-maître donne de suite au fournisseur un récépissé général.

Le conseil d'administration ordonne le paiement desdits bons, et la retenue de leur montant sur les appointemens de chacun des officiers qui les ont signés.

Les bons donnés par les officiers qui ne sont attachés à aucune troupe, sont présentés avec un bordereau par le fournisseur, à l'ordonnateur ou au commissaire des guerres qui en fait les fonctions près de chaque division de l'armée. Le commissaire garde lesdits bons, en vise le bordereau, ordonne qu'ils soient payés par le payeur de l'armée, et donnés pour comptant aux officiers qui les ont signés.

XXXVI. La masse des fourrages est destinée à fournir,

1°. A la nourriture des chevaux de troupe ;

2°. A la nourriture ou à l'indemnité de nourriture des chevaux des officiers de tous les grades, qui sont obligés ou autorisés à en avoir ;

3°. A tous les frais quelconques de manutention et distribution, tant au vert qu'au sec, loyer de magasins, frais de transport et d'administration.

XXXVII. Les rations de fourrages resteront fixées ainsi qu'il est prescrit par l'art. VI de la loi du 26 fructidor an 7.

XXXVIII. Les officiers de tous les grades qui ne font partie constituante d'un corps de cavalerie, lorsqu'ils ne seront pas réunis en corps d'armée, n'auront point droit, dans l'intérieur de la République, à la distribution des fourrages en nature; il leur sera accordé en remplacement, pour chaque cheval effectif, une indemnité de 85 centimes par ration.

XXXIX. La masse de fourrages est fixée, pour l'an 9, à 300 francs par cheval au complet déterminé par l'article V. Les chevaux des officiers sont nourris par ladite masse, et font nombre pour fixer le complet.

Outre la masse pour les corps, il est mis à la disposition du ministre une somme de 300 francs pour chacun des chevaux que sont autorisés à avoir les officiers généraux ou autres qui ne font point partie des corps.

XL. Le ministre traite avec une association de citoyens pour la fourniture des fourrages à distribuer aux troupes qui sont dans l'intérieur de la République.

Ce traité est fait par ration fournie.

Le prix que le ministre accorde pour chaque ration fournie, est rendu public par la voie de l'impression, et communiqué aux corps par le ministre de la guerre.

Ce prix est divisé en deux parties :

1°. Frais d'administration générale;

2°. Prix de la ration proprement dite.

XLI. Les articles XXX et suivans, relatifs à l'administration et à la comptabilité de la masse de boulangerie, sont rendus communs à l'administration et à la comptabilité de la masse des fourrages.

XLII. Quant aux indemnités dues aux officiers qui ne font point partie des corps, elles sont payées de trois mois en trois mois, à la fin de chaque trimestre, sur une déclaration donnée par les parties prenantes, qu'ils ont eu et qu'ils ont encore le nombre de chevaux pour lesquels ils demandent ladite indemnité.

Cette déclaration sera remise à l'inspecteur aux revues, qui, après s'être fait représenter lesdits chevaux, les portera sur la revue particulière qu'il aura passée auxdits officiers.

XLIII. La masse d'habillement restera fixée, pour l'an 9, ainsi qu'elle l'a été pour l'an 8 par l'article XXIII et les suivans de la loi du 26 fructidor an 7 : elle est payée au complet déterminé par l'article V. Les officiers n'y ayant point de droit, leur nombre n'influe pas sur la détermination du complet.

La comptabilité et l'administration de la masse d'habillement restent fixées ainsi qu'il est réglé par l'arrêté des Consuls du 9 thermidor an 8.

XLIV. La masse des hôpitaux est destinée à fournir,

1°. Aux militaires qui seront reçus dans les hôpitaux militaires et civils, ainsi que dans les ambulances des armées, tous les secours nécessaires au rétablissement de leur santé ;

2°. A toutes les dépenses relatives à ce service.

XLV. La masse des hôpitaux est fixée, pour l'an 9, à 20 francs par officier, sous-officier et soldat au complet déterminé par l'art. V.

Cette masse est augmentée par la retenue qui sera faite à chaque sous-officier et soldat, des deux tiers de sa solde pendant le temps qu'il sera resté à l'hôpital.

Cette retenue sera exercée ainsi qu'il est prescrit par la loi du 26 fructidor an 7, et par le réglement du 8 floréal an 8.

XLVI. La masse des hôpitaux est divisée en deux parties : 1°. les frais d'administration générale, achat, entretien et renouvellement des bâtimens et ustensiles ; 2°. journées de malades proprement dites.

XLVII. Pour subvenir à la première partie, il est mis à la disposition du ministre de la guerre une somme de 12 francs par an et par homme, et pour la solde des journées de malades une somme de 8 fr. par an et par homme, non compris la retenue à exercer sur la solde des hommes qui seront entrés dans les hôpitaux.

XLVIII. Le ministre de la guerre administre, par l'intermédiaire du directoire des hôpitaux, la portion de la masse consacrée à l'administration générale.

L'administration et la comptabilité de la portion de la masse consacrée aux journées, seront réglées ainsi qu'il suit.

XLIX. Le ministre de la guerre fera, sans nul délai, avec chaque hôpital civil, un traité pour la journée des militaires malades pendant l'an 9.

Le ministre de la guerre déterminera, d'après le prix commun des journées dans les hôpitaux civils, la journée des hôpitaux militaires sédentaires.

Le ministre fixera de même, d'après les traités anciennement faits, ou d'après les bases qui lui seront soumises par le directoire central, le prix commun des journées des hôpitaux temporaires et des ambulances.

Ces différens traités et ces fixations seront rendus publics par la voie de l'impression, et adressés aux différens corps militaires.

L. Indépendamment des feuilles de retenue, qui continueront à être envoyées et acquittées ainsi qu'il est prescrit par l'article VI et suivans de l'arrêté du 8 floréal an 8, l'administration de chaque hopital civil, sédentaire, temporaire ou d'ambulance, adressera, à la fin de chaque trimestre, au conseil d'administration de chaque corps dont elle aura reçu des malades, un bordereau désignatif du nom et du signalement de chaque individu appartenant audit corps.

Ce bordereau sera visé par le commissaire des guerres chargé de la police dudit hôpital. A défaut de commissaire des guerres, le bordereau sera visé par le préfet, si c'est un chef-lieu de département; par le sous-préfet, dans les sous-préfectures; et dans les autres villes, par le maire.

LI. Dès que le conseil d'administration du corps aura reçu lesdits bordereaux, et qu'il les aura vérifiés, il tirera au bas desdits bordereaux un mandat égal à la somme qu'il redevra à chaque hôpital, après en avoir défalqué le montant des feuilles de retenue.

Ce mandat sera adressé au ministre de la guerre, qui l'ordonnancera et l'adressera au directoire des hôpitaux pour en toucher le montant, s'il s'agit d'un hôpital militaire; ou à l'administration de l'hôpital, s'il s'agit d'un hôpital civil.

LII. Le ministre de la guerre jugera définitivement les difficultés qui auront pu s'élever entre les corps et les administrateurs des hôpitaux, relativement aux feuilles de retenue que les corps n'auront pas voulu admettre.

LIII. Le ministre de la guerre arrêtera, chaque année, l'état de situation de la masse des hôpitaux de chaque corps, et lui en adressera le résultat.

Les dispositions des articles relatifs au résidu de la masse de boulangerie, sont communes au résidu de la masse des hôpitaux.

LIV. Le directoire des hôpitaux militaires administrera, sous la surveillance et la direction du ministre de la guerre, et d'après les formes prescrites par l'arrêté des Consuls du 4 germinal an 8, la portion de la masse des hôpitaux mise à la disposition du ministre.

Il rendra compte tant des sommes que le ministre aura mises à sa disposition sur ladite portion, que du produit des feuilles de retenue et de celui des mandats tirés par les corps sur la portion de leur masse.

LV. Lorsque les troupes sont réunies en corps d'armée ou hors du territoire de la République, le compte de la masse des hôpitaux est arrêté pour chaque corps qui fait partie de l'armée, et sa masse passe en totalité à la disposition du ministre ; et néanmoins les conseils d'administration des corps, les directoires des hôpitaux des armées, les conseils d'administration des hôpitaux militaires et les économes des hôpitaux civils, n'en sont pas moins tenus à exécuter les dispositions des articles L et suivans. Le ministre de la guerre solde, sur les fonds à lui réservés par les hôpitaux, l'excédant, s'il y en a, entre le produit de la masse des corps et le montant des dépenses des hôpitaux.

LVI. L'administrateur du trésor public ne pourra, sous aucun prétexte, soit pendant la guerre, soit pendant la paix, mettre son *visa* au bas des ordonnances délivrées par le ministre de la guerre, sur les masses de boulangerie et de fourrages, ainsi que sur la portion de la masse des hôpitaux laissée à la disposition des corps, non plus que sur la masse d'habillement, ainsi qu'il a été prescrit par l'arrêté du 9 thermidor an 8, que lorsque lesdites ordonnances seront elles-mêmes mises au bas des mandats des conseils d'administration ; lesquels mandats doivent eux-mêmes être placés au bas des bordereaux des fournitures ou des journées d'hôpital.

TITRE IV.

De la destination, de la force et de l'administration des masses de la 3e classe.

LVII. Les masses de la 3e classe sont administrées par le ministre de la guerre.

Le montant desdites masses est versé dans la caisse du payeur de la guerre, dans l'espace de dix-huit mois, un dix-huitième par mois.

Les ordonnances du ministre sont spéciales pour chacune desdites masses.

Le ministre rend, chaque année, un compte particulier de l'emploi des fonds affectés à chacune desdites masses.

Lorsqu'un exercice est terminé, le ministre ne peut délivrer d'ordonnances sur lesdits fonds pour service courant, qu'en vertu d'une autorisation spéciale des Consuls.

Le ministre ne peut de même, sans une semblable autorisation, employer les fonds d'une masse à un objet qui lui est étranger.

LVIII. La masse des étapes doit pourvoir,

1°. A la fourniture du pain et des fourrages des troupes en route;

2°. Au paiement de l'indemnité de route fixée par l'arrêté des Consuls du 1er fructidor an 8;

3°. A celui des quinze centimes par lieue pour les hommes qui voyagent isolément;

4°. Aux frais des transports des bagages des troupes;

5°. A la fourniture des chevaux et voitures pour les militaires malades ou blessés.

LIX. Cette masse sera de huit francs par an et par homme au complet déterminé par l'art. V, y compris les officiers et la gendarmerie tant à pied qu'à cheval.

Cette masse sera accrue par les versemens que feront dans sa caisse les masses de boulangerie et de fourrages, de la somme de quatorze centimes par jour pour chaque homme en marche par étape, et de quatre-vingt-cinq centimes aussi par jour et par homme pour chaque cheval d'officier, de sous-officier et de soldat aussi en marche par étape.

LX. Le ministre de la guerre déterminera par une instruction la quantité de bagages dont le transport sera fait par l'Etat pour chaque corps militaire, et les moyens de prévenir les abus qui ont lieu dans la fourniture des chevaux et des voitures aux militaires malades ou blessés qui voyagent isolément.

LXI. La masse de logement et de casernement doit pourvoir à l'acquittement des dépenses prévues par l'art. XX de la loi du 26 fructidor an 7, en exceptant toutefois le numéro 5 dudit article, auquel il sera pourvu par la masse du campement.

LXII. Cette masse sera de dix-sept francs par homme au complet déterminé par l'art. V: elle est payée pour les officiers, sous-officiers et soldats, et pour la gendarmerie nationale.

LXIII. La masse de campement doit pourvoir à la fourniture et entretien de tous les effets de campement non compris dans la masse de chauffage.

Cette masse sera d'un franc cinquante centimes par homme au complet déterminé par l'art. V, pour les officiers, sous-officiers et soldats de tous les grades, excepté la gendarmerie et les vétérans.

LXIV. Les ministres de la guerre et des finances sont chargés, chacun en ce qui le concerne, de l'exécution du présent arrêté, qui sera imprimé au bulletin des lois.

Le premier Consul, signé, BONAPARTE. Par le premier Consul, *le secrétaire d'État*, signé, Hugues B. Maret. *Le ministre de la justice*, signé, ABRIAL.

BAUDOUIN, Imprimeur du Corps législatif et du Tribunat, rue de Grenelle-Saint-Germain, n°. 1131.

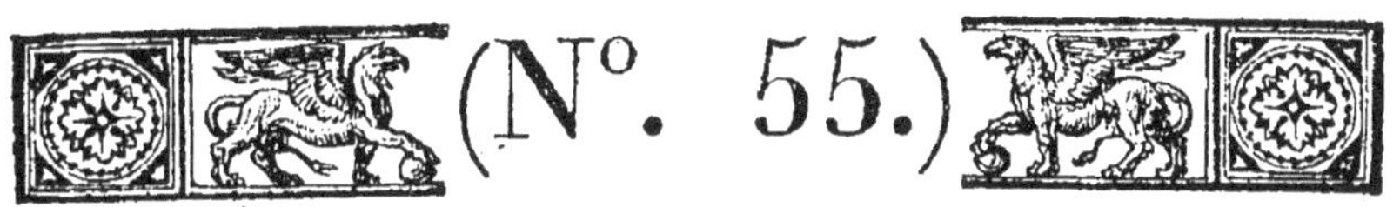

(N°. 55.)

ARRÊTÉS ET PROCLAMATIONS DU GOUVERNEMENT

ARRÊTÉ portant qu'il sera établi à Lyon un collège formant une division du Prytanée français.

Du 27 Fructidor an 8.

LES CONSULS DE LA RÉPUBLIQUE, sur le rapport du ministre de l'intérieur,

Arrêtent :

Art. I. Il sera établi dans la ville de Lyon un collège qui formera une division du Prytanée français.

II. Le ministre de l'intérieur est chargé de l'exécution du présent arrêté, qui sera imprimé.

Le premier Consul, signé, BONAPARTE. Par le premier Consul : *le secrétaire d'état*, signé, Hugues B. Maret. *Le ministre de l'intérieur*, signé, Lucien BONAPARTE.

Acte du Sénat conservateur, qui nomme les citoyens Lasaudade *et* Seignette *membres du tribunal de cassation.*

Du 28 Fructidor.

Vu le message des Consuls de la République, du 17 thermidor

A

dernier, annonçant le décès du citoyen *Bayard*, l'un des juges du tribunal de cassation ;

Vu pareil message du 5 de ce mois, annonçant la non-acceptation du citoyen *Buhan* (de la Gironde) nommé juge au même tribunal le 17 germinal dernier,

Le Sénat conservateur, réuni au nombre de membres prescrit par l'article 90 de la Constitution, procède, en vertu de l'article 20, au remplacement de ces deux fonctionnaires.

La majorité absolue des suffrages recueillis au scrutin individuel, se fixe sur les citoyens *Lasaudade*, ex-substitut du commissaire du Gouvernement près le tribunal de cassation,

Et *Seignette* (*Henri*), ex-président du tribunal de cassation, président actuel du tribunal de révision à Trèves.

Ils sont proclamés, par le président, membres du tribunal de cassation.

Le Sénat arrête que ces nominations seront notifiées, par un message, au Corps législatif lors de sa rentrée, au Tribunat, et aux Consuls de la République.

Signé, LEMERCIER, *président ;* Kellermann, Garat, *secrétaires.* Par le Sénat conservateur : *le secrétaire général*, signé, Cauchy.

BONAPARTE, premier Consul de la République, ordonne que l'acte du Sénat conservateur, qui précède, sera inséré au Bulletin des lois. Le ministre de la justice enverra à chacun des citoyens *Lasaudade* et *Seignette*, un exemplaire du Bulletin des lois où cet acte sera inséré, pour leur tenir lieu de notification, et leur servir de titre pour constater leur qualité. A Paris, le 28 fructidor, an 8 de la République.

Signé, BONAPARTE. Par le premier Consul : *le secrétaire d'état*, signé, Hugues B. Maret. *Le ministre de la justice*, signé, ABRIAL.

Arrêté qui ordonne le paiement de pensions accordées à des veuves de militaires invalides.

Du 28 Fructidor.

LES CONSULS DE LA RÉPUBLIQUE, sur le rapport du ministre de la guerre ;

Le conseil d'état entendu,

Arrêtent :

Art. I. Le ministre des finances fera payer annuellement, à titre de pensions, la somme de 1,650 francs aux veuves de militaires invalides comprises dans l'état annexé au présent arrêté (1).

II. Ces pensions seront payées par douzième chaque mois, à compter de la publication du présent arrêté. Le ministre des finances prendra toutes les mesures nécessaires pour que le paiement en soit fait à domicile, conformément aux dispositions de l'article XI de la loi du 14 fructidor an 6.

III. Les ministres de la guerre et des finances sont chargés, chacun en ce qui le concerne, de l'exécution du présent arrêté, qui sera imprimé au Bulletin des lois.

Le premier Consul, signé, BONAPARTE. Par le premier Consul : *le secrétaire d'État*, signé, Hugues B. Maret. *Le ministre de la guerre*, signé, CARNOT.

Arrêté qui ordonne le paiement de pensions et secours accordés à des veuves et enfans infirmes ou orphelins de militaires.

Du 28 Fructidor.

LES CONSULS DE LA RÉPUBLIQUE, sur le rapport du ministre de la guerre ;

Vu la loi du 14 fructidor an 6, relative aux secours à accorder aux veuves et enfans des militaires et employés composant les armées de terre et de mer ;

Le conseil d'état entendu,

Arrêtent :

Art. I. Le ministre des finances fera payer sur les crédits généraux ouverts pour le paiement des rentes et pensions, à titre de pensions ou de secours, la somme de soixante-dix-neuf mille huit cent cinquante-quatre francs trente-huit centimes, aux veuves et enfans infirmes ou orphelins compris dans les cinq états présentés par le ministre de la guerre et annexés au présent arrêté (2).

II. Ces secours et pensions seront payés à domicile, par douzième chaque mois, à compter de la publication du présent arrêté.

III. Les ministres de la guerre et des finances sont chargés, chacun en ce qui le concerne, de l'exécution du présent arrêté, qui sera imprimé au bulletin des lois.

---

(1) Ces états ne s'impriment point.

(2) Ces états ne s'impriment point.

Le premier Consul, signé, BONAPARTE. Par le premier Consul : *le secrétaire d'état*, signé, Hugues B. Maret. *Le ministre de la guerre*, signé, CARNOT.

Extrait des registres des délibérations des Consuls de la République.

Du 28 Fructidor.

Avis sur la manière d'acquitter les frais de perception des contributions directes, donné par le conseil d'état le 26 Fructidor.

LE CONSEIL D'ÉTAT, qui, sur le renvoi des Consuls, a entendu le rapport de la section des finances, sur celui du ministre de l'intérieur présentant la question de savoir si les frais de perception des contributions directes, qui sont à la charge des communes, doivent être acquittés sur le produit des cinq centimes additionnels au principal desdites contributions, affectés par la loi du 25 ventose dernier aux dépenses municipales,

Est d'avis que les frais de perception des contributions directes, doivent moins être considérés comme dépenses municipales que comme dépenses générales dont la loi a voulu que les communes fussent chargées, et qu'ils doivent être compris dans les rôles, indépendamment des centimes additionnels spécialement destinés aux dépenses municipales, et dont le *maximum* est limité pour l'an 9 à cinq centimes.

Le modèle de procès-verbal d'adjudication de la perception des contributions directes, annexé à la loi du 2 octobre 1791, porte en dehors des sous additionnels les taxations du percepteur ; et cette disposition des lois de l'Assemblée constituante, devient sur-tout nécessaire pour l'an 9.

En effet, l'arrêté des Consuls, du 16 thermidor an 8, sur l'exercice des contraintes en matière de contributions directes, étend jusqu'à cinq centimes par franc les taxations des percepteurs ; la loi du 25 ventose dernier fixe à pareille somme le *maximum* des centimes additionnels affectés aux dépenses municipales. Si donc les frais de perception devoient être pris sur lesdits centimes additionnels, ils pourroient, dans beaucoup de communes, en absorber le montant, et il ne resteroit aucune ressource pour faire face aux dépenses municipales. Ce seroit rendre illusoire la loi du 25 ventose, dont l'objet a été de pourvoir aux dépenses municipales par une perception de cinq centimes additionnels, indépendamment des frais de perception.

Le conseil est en outre d'avis que, pour établir une règle uniforme, il est intéressant de transmettre une copie du présent au ministre des finances.

Pour extrait conforme : *le secrétaire général du conseil d'état*, signé, J. G. Locré. Approuvé : *le premier Consul*, signé, BONAPARTE. Par le premier Consul : *le secrétaire d'état*, signé, Hugues B. Maret. *Le ministre de la justice*, signé, ABRIAL.

Arrêté qui nomme le citoyen Jolivet *préfet du département du Mont-Tonnerre.*

Du 5e. jour complémentaire.

AU NOM DU PEUPLE FRANÇAIS, BONAPARTE, premier Consul de la République,

Arrête ce qui suit :

Le citoyen *Jean-Baptiste-Moïse Jolivet*, conseiller d'état, est nommé préfet du département du Mont-Tonnerre, commissaire général dans les départemens de la rive gauche du Rhin, en remplacement du citoyen *Shée.*

Le ministre de l'intérieur est chargé de l'exécution du présent arrêté, qui sera inséré au bulletin des lois.

Signé, BONAPARTE. Par le premier Consul : *le secrétaire d'état*, signé, Hugues B. Maret. *Le ministre de la justice*, signé, ABRIAL.

Arrêté qui nomme le citoyen Moreau de Saint-Méry *résident à Parme.*

Du 5e. jour complémentaire.

AU NOM DU PEUPLE FRANÇAIS, BONAPARTE, premier Consul de la République,

Arrête ce qui suit :

Le citoyen *Moreau de Saint-Méry*, conseiller d'état, est nommé résident de la République à Parme.

Le ministre des relations extérieures est chargé de l'exécution du présent arrêté, qui sera inséré au bulletin des lois.

Signé, BONAPARTE. Par le premier Consul : *le secrétaire d'état*, signé, Hugues B. Maret. *Le ministre de la justice*, signé, ABRIAL.

Arrêté qui nomme les citoyens Saint-Cyr, Portalis, Thibaudeau, Miot, Français (*de Nantes*) et Shée *conseillers d'état.*

Du 5e. jour complémentaire.

Au nom du peuple français, Bonaparte, premier Consul de la République,

Arrête ce qui suit :

Sont nommés conseillers d'état,

Les citoyens

Saint-Cyr, lieutenant de général en chef, pour la section de la guerre ;

Portalis, commissaire du Gouvernement auprès du conseil des prises, pour la section de législation ;

Thibaudeau, préfet de la Gironde, pour la section de législation ;

Miot, membre du Tribunat, pour la section de l'intérieur ;

Français (de Nantes), préfet de la Charente-Inférieure, pour la section de l'intérieur ;

Shée, commissaire général près des départemens de la rive gauche du Rhin, pour la section de l'intérieur.

Le présent arrêté sera inséré au bulletin des lois.

Signé, Bonaparte. Par le premier Consul : *le secrétaire d'état*, signé, Hugues B. Maret. *Le ministre de la justice*, signé, Abrial.

Arrêté qui nomme le citoyen Dubois-des-Vosges *préfet de la Gironde.*

Du 5e. jour complémentaire.

Au nom du peuple français, Bonaparte, premier Consul de la République,

Arrête ce qui suit :

Le citoyen *Dubois des-Vosges*, conseiller d'état, est nommé préfet de la Gironde.

Le ministre de l'intérieur est chargé de l'exécution du présent arrêté, qui sera inséré au Bulletin des lois.

Signé, Bonaparte. Par le premier Consul : *le secrétaire d'état*, signé, Hugues B. Maret. *Le ministre de la justice*, signé, Abrial.

Baudouin, imprimeur du Corps législatif et du Tribunat, rue de Grenelle-Saint-Germain, N°. 1131.

20 Mai 76